高級政治經濟學

主編/劉燦、李萍、蓋凱程

序

　　政治經濟學是馬克思主義的三大組成部分之一，它的創立者即馬克思和恩格斯用辯證唯物主義和歷史唯物主義研究政治經濟學，使古典政治經濟學體系發生了根本性的變革。他們第一次從社會生活的各個領域劃出經濟領域來，從一切社會關係中劃出生產關係來，指明它是一切社會關係中最根本最本質的關係。他們把生產關係歸結於生產力的高度，指明生產關係是隨生產力的發展而發展變化的，每一種生產關係都是暫時地存在於歷史的一定階段。這樣，馬克思和恩格斯就科學地闡明了生產方式及與之相應的生產關係的發展變化遵循著不以人們意志為轉移的客觀經濟規律，表現為一種自然歷史過程。馬克思和恩格斯把政治經濟學建立在以客觀經濟規律為依據的堅實的基礎上，使政治經濟學成為真正的科學。

　　與時俱進、創新發展是馬克思主義政治經濟學的學科品質。當代人類社會歷史發展的進程中出現了馬克思時代沒有遇到的一系列新現象、新問題，政治經濟學需要揭示其客觀規律性，體現出其學科的時代特徵。20世紀社會主義在中國等國家的實踐證明了馬克思主義政治經濟學基本結論的正確性，但是，中國基於自己的國情走了一條獨特的建設社會主義的道路，這就是中國特色社會主義。中國特色社會主義是馬克思主義普遍真理同中國具體實際相結合的典範。特別是黨的十一屆三中全會以來中國改革開放的實踐，不斷地探索建設中國社會主義的經濟規律，即社會主義初級階段生產關係和生產力的矛盾運動規律，累積了一系列寶貴的實踐經驗和科學觀點。政治經濟學需要深刻認識這些規律，總結這些規律，把它們上升為系統化的理論。同時，在建設中國特色社會主義和構建社會主義市場經濟體制的過程中，我們也遇到了前所未有的、複雜的社會現象和矛盾。當前

面臨全面深化改革的重大任務，中國特色社會主義政治經濟學研究需要對這些現象、矛盾的根源有科學的認識，並找到解決這些矛盾的路徑，形成新的經濟學理論，為馬克思主義政治經濟學的創新發展貢獻「中國智慧」。

30多年來，在中國特色社會主義經濟建設的實踐中產生的中國化馬克思主義經濟學已經成為指導中國經濟改革和經濟發展的理論經濟學科，同時又具有強烈的實踐性特點。政治經濟學以現代化建設中提出的重大理論和實踐問題為主攻方向，研究經濟運行機制、經濟體制、宏觀經濟政策，研究戰略性、全局性、前瞻性的重大課題，可以為國家和企業的經濟決策提供理論依據。政治經濟學要成為指導中國經濟改革和發展的理論經濟學，需要根據中國經濟改革發展的需要不斷創新發展，需要重構中國特色社會主義政治經濟學的理論體系，塑造政治經濟學對中國特色社會主義經濟建設的解釋力、前瞻力和影響力。

結合中國特色社會主義偉大實踐，開拓當代中國馬克思主義政治經濟學的新境界，這是我們承擔的歷史使命。這一歷史使命包括以下任務：

一是要構建當代中國馬克思主義政治經濟學的學術話語體系和理論體系。即以馬克思主義經濟學（《資本論》）為基礎，構建當代中國馬克思主義政治經濟學的學術話語體系（基本範疇和概念），包括對現有的正在使用的學術名稱和概念進行全面梳理，給予它們豐富的內涵（文獻中的語言和實踐運用中的語言）。恩格斯在評價馬克思《資本論》的科學成就時曾指出：「一門科學提出的每一種新見解都包含這門科學的術語的革命。」在馬克思主義經濟學中，有原創性的「術語的革命」，如「勞動二重性」「剩餘價值」「不變資本」「可變資本」等；有批判繼承性的「術語的革命」，如「交換價值」「貨幣」「資本」等；有中國特色社會主義政治經濟學的「話語」，如「社會主義初級階段」「經濟體制改革」「社會主義本質」「三個有利於」「家庭聯產承包責任制」「先富和共富」「社會主義市場經濟」「對外開放」等。構建當代中國馬克思主義政治經濟學的理論體系，包括對象和方法、基本範疇、基本理論問題以及理論分析範式（研究範式）。馬克思主義理論內核的支撐點在於兩個基本的命題，即歷史唯物主義的「生產力決定生產關係，經濟基礎決定上層建築」，它們構成了馬克思主義政治經濟學分析範式的精髓。

二是立足於中國實踐，以原創性成果貢獻「中國智慧」。我們對基於中國特色社會主義實踐的理論創新成果進行全面系統的總結、梳理、提煉，

從而奉獻了一批理論成果。這些成果是馬克思主義經濟學中國化的原創性成果，它推進了20~21世紀現代經濟學的繁榮與發展，對世界經濟發展和發展中國家轉型發展有重要貢獻。這些成果包括：關於社會主義初級階段基本經濟制度的理論；關於樹立和落實創新、協調、綠色、開放、共享的發展理念的理論；關於發展社會主義市場經濟，使市場在資源配置中起決定性作用和更好發揮政府作用的理論；關於中國經濟發展進入新常態的理論；關於推動新型工業化、信息化、城鎮化、農業現代化相互協調的理論；關於用好國際國內兩個市場、兩種資源的理論；關於促進社會公平正義，逐步實現全體人民共同富裕的理論，等等。改革開放30多年來，立足於中國特色社會主義偉大實踐的「中國經濟學」取得了豐碩的成果，但從整體上來說，我們中國的經濟理論基本上還處於一個「引進和消化階段」。儘管這些年來我們中國的經濟學者在國際上發表的學術論文和出版的專著多了起來，但在20~21世紀整個現代經濟學的理論發展中，我們的貢獻還很少，對作為整個人類思想財富的現代經濟學理論的貢獻還不是太大。隨著中國市場化進程的發展，隨著中國經濟成長為世界第二大經濟體，隨著中國經濟越來越融入世界市場分工體系，特別是隨著一些發達國家的市場體系出現過的問題（如股市波動、產能過剩、經濟週期）也開始在中國經濟體內部出現，我們應該進行創造性的理論思考。

　　三是在21世紀經濟學的新發展中增強學科自信和理論自信。馬克思主義政治經濟學自它在150多年前由馬克思、恩格斯創立以來至今仍有強大的生命力，即使是不接受它的意識形態的西方學者也不能否認馬克思、恩格斯對人類社會歷史發展的進程以及資本主義經濟運動規律揭示的科學性。但是，我們也要看到，20世紀以來人類文明和社會思想的巨大發展，使經濟學已經發展成為一個龐大的體系。這個可以稱之為現代經濟學的理論體系，不斷隨著經濟學內部「分工」和「專業化」的研究和發展而不斷演化，也不斷把其他新的經濟學流派的理論吸收進來，包括新制度經濟學的理論和博弈論的研究進展，等等。可以說到現在為止，在國際上基本上形成了一個比較成熟、完整和規範的經濟學理論體系。但是，這個理論體系又有一些問題。首先，經過幾十年的發展，經濟學越來越「科學化」「精細化」，從而變成了一個非常數理化、公理化的一個體系。其次，這個理論體系是以發達國家經濟發展的經驗和成熟市場經濟的運行為基礎而構建的，不能以此為參照物來解釋中國和其他發展中國家、不發達國家、轉型國家

的經濟現象（例如「華盛頓共識」）。最后，西方主流經濟學不能解釋當前資本主義社會的政治分裂、兩極分化、貧富差距等問題的根本原因。雖然一些學者尖銳地看到資本主義市場制度出了問題，也看到了主流經濟學「市場原教旨主義」的缺陷，並有「回到凱恩斯」「回到馬克思」的說法，但西方經濟學的新自由主義主流立場和作為其理論內核的「一般均衡模型」的缺陷使它一次又一次地面臨「理論信任」危機。馬克思主義政治經濟學的世界觀、方法論，所堅持的生產關係分析和「物質生產是社會歷史的決定性因素」，以及以人民為中心的發展理念，決定了它在當前經濟學多元發展和各種思想、理論交鋒中的優勢和科學性，我們切不可妄自菲薄。

習近平總書記於 2016 年 5 月 17 日在哲學社會科學座談會上的講話中指出，中國特色社會主義建設是前無古人的偉大實踐，必將給理論創造、學術繁榮提供強大動力和廣闊空間。這是一個需要理論而且一定能夠產生理論的時代，這是一個需要思想而且一定能夠產生思想的時代。在這個時代，我們應該承擔起產出創造性思想、產出創造性理論的責任，以馬克思主義中國化的原創性成果貢獻出「中國智慧」，貢獻出體現繼承性和民族性、原創性和時代性、系統性和專業性的研究成果。

是為序。

劉詩白

目　錄

第一篇　政治經濟學的研究對象與方法研究

3	第一章　關於《資本論》的研究對象的幾個問題
22	第二章　全面地研究社會主義生產關係體系
44	第三章　馬克思制度理論的精髓：方法論的視角
49	第四章　從政治經濟學研究對象到中國政治經濟學的創新
60	第五章　馬克思是演化經濟學家嗎？

第二篇　政治經濟學的基本理論研究

79	第六章　勞動價值論的歷史使命
92	第七章　勞動價值實體是市場經濟社會分配的必然客體
99	第八章　知識產品價值的形成與壟斷價格
112	第九章　生態價值：基於馬克思勞動價值論的一個引申分析
122	第十章　中國勞動力商品化程度的變動及其對勞動者報酬的影響
144	第十一章　劉易斯拐點：基於馬克思產業後備軍模型的解析
165	第十二章　資本累積、利潤率下降趨勢與經濟週期

177	第十三章	馬克思主義貧困理論的創新與發展
191	第十四章	絕對地租產生原因、來源與價值構成實體的探討

第三篇　中國特色社會主義政治經濟學研究

205	第十五章	社會主義所有制理論的新發展
211	第十六章	發展公有制經濟必須立足於實際
214	第十七章	論社會主義經濟體制創新
220	第十八章	轉型期中國國家創新體系中的市場和政府
230	第十九章	現代股份公司與企業產權制度
245	第二十章	試論中國自然壟斷行業放松管制的所有制基礎與企業改革
258	第二十一章	關於公益性國有企業的理論探討
271	第二十二章	關於當前國有企業改革的幾個問題
284	第二十三章	中國國有企業改革演進：另一種視角的解讀
295	第二十四章	國民收入分配中的 V 擴張
310	第二十五章	社會資本與貧困：一個理論框架的解釋
320	第二十六章	中國居民收入差距的演變與解析
328	第二十七章	對轉型期中國居民收入分配制度變遷的經驗分析
337	第二十八章	構建以用益物權為內涵屬性的農村土地使用權制度
357	第二十九章	糧食生產組織化程度的提高：市場內生與政府引導
369	第三十章	農村土地集體產權的主體化及其治理機制
386	第三十一章	推進中國科技進步體制和機制創新
395	第三十二章	經濟增長：資源、環境和極限問題的理論爭論與人類面臨的選擇
409	第三十三章	生態環境與經濟協調發展的政治經濟學分析

| 420 | 第三十四章　轉變經濟發展方式：三個命題 |

第四篇　當代資本主義研究

433	第三十五章　論金融化與美國的金融危機
448	第三十六章　金融化何以可能——一個馬克思主義的解讀
458	第三十七章　信用的發展與資本主義演進
467	第三十八章　全球金融危機下的就業衝擊
481	第三十九章　當代資本主義國家勞資關係的變化及企業治理的新特點
491	第四十章　勞資關係研究的理論脈絡與進展
505	第四十一章　現代社會的雙重困惑：經濟危機與生態危機

第五篇　發展當代馬克思主義政治經濟學研究

521	第四十二章　中國經濟學構建的若干問題
535	第四十三章　關於中國特色社會主義政治經濟學的幾點認識
546	第四十四章　改革開放以來馬克思主義經濟學在中國的運用及經驗
598	第四十五章　經濟學的發展：馬克思經濟學與西方主流經濟學範式耦合芻議
608	第四十六章　馬克思主義中國化與中國經濟學理論創新
615	后記

第一篇

政治經濟學的研究對象與方法研究

關於《資本論》的研究對象的幾個問題

全面地研究社會主義生產關係體系

馬克思制度理論的精髓：方法論的視角

從政治經濟學研究對象到中國政治經濟學的創新

馬克思是演化經濟學家嗎？

第一章　關於《資本論》的研究對象的幾個問題

劉詩白

一、關於《資本論》研究對象問題的討論

（一）關於對象問題的討論

無產階級政治經濟學的研究對象是生產關係，這是馬克思主義經典作家明確地加以論述了的。在《資本論》第一卷的有關序言和跋中，馬克思指出，《資本論》研究的是現代社會的「經濟運動規律」，並且同意了俄國作家關於經濟運動的規律就是生產關係發生、發展和轉變為更高級的生產關係的規律的見解。馬克思在《資本論》第一卷第二版跋中轉引了考夫曼的如下一段評述：「馬克思竭力去做的只是一件事：通過準確的科學研究來證明一定的社會關係秩序的必然性」[1]，「生產力的發展水平不同，生產關係和支配生產關係的規律也就不同。馬克思給自己提出的目的是，從這個觀點出發去研究和說明資本主義經濟制度……這種研究的科學價值在於闡明了支配著一定社會機體的產生、生存、發展和死亡以及為另一更高的機體所代替的特殊規律」[2]。馬克思指出，考夫曼對他的方法「描述得這樣恰當」[3]。恩格斯在《反杜林論》的「政治經濟學篇」中也明確指出，「政治經濟學，從最廣的意義上說，是研究人類社會中支配物質生活資料的生產

---

[1] 馬克思恩格斯全集：第 23 卷 [M]. 北京：人民出版社，1972：20.
[2] 馬克思恩格斯全集：第 23 卷 [M]. 北京：人民出版社，1972：23.
[3] 馬克思恩格斯全集：第 23 卷 [M]. 北京：人民出版社，1972：23.

和交換的規律的科學」①。列寧在《什麼是人民之友》中更明確地指出，「政治經濟學絕不是研究『生產』，而是研究人們在生產上的社會關係，生產的社會制度」②，並認為：「凡是資產階級經濟學家看到物與物之間的關係的地方（商品交換商品），馬克思都揭示了人與人之間的關係。」③ 他又說：馬克思「把這個形態的活動規律和發展規律做了極詳盡的分析。這個分析僅限於社會成員間的生產關係，馬克思一次也沒有利用這些生產關係以外的什麼因素來說明問題」④。斯大林在《蘇聯社會主義經濟問題》一書中也提出了「政治經濟學的對象是人們的生產關係，即經濟關係」的定義。

還需要指出的是，馬克思主義政治經濟學的研究對象是生產關係，清楚地表現在馬克思的政治經濟學巨著《資本論》中，《資本論》第一卷研究資本的生產過程，在這裡，作為對象的「資本不是物，而是一種以物為媒介的人和人之間的社會關係」⑤。更具體地說，資本是生產資料的壟斷者，無償佔有雇傭勞動者生產的剩餘價值的關係。《資本論》第一卷科學地論述了剩餘價值生產的實質，它的條件、過程、方法與后果，這一切的理論分析都集中在資本主義直接生產過程中的人與人的關係上，旨在揭示資本主義物質生產過程所體現的資產階級對無產階級的剝削與壓迫。《資本論》第二卷研究資本的流通過程，它通過個別資本流通與社會總資本流通的形式與機制，進一步揭示了資本家生產和實現剩餘價值的方法及其后果。《資本論》第三卷研究作為資本主義生產過程和流通過程的統一的資本主義生產的總過程，「揭示和說明資本運動過程作為整體考察時所產生的各種具體形式」⑥。通過分析從產業資本分化出來的商業資本、借貸資本等新的資本形式，進一步闡明剩餘價值的分化為商業利潤、企業主收入、利息、地租等具體形式，由此揭示了資本主義分配的重要方面：剩餘價值在資本主義社會各個剝削集團之間的瓜分以及這一分配機制所體現的資本家對工人階級的剝削的加深。總之，《資本論》這一部宏大的著作的內容表明，它研究的是以榨取剩餘價值為實質的資本主義生產關係（狹義的）、交換關係與

---

① 恩格斯. 反杜林論 [M] //馬克思恩格斯選集：第 3 卷. 北京：人民出版社，1972：186.
② 列寧全集：第 3 卷 [M]. 北京：人民出版社，1959：42.
③ 列寧全集：第 19 卷 [M]. 北京：人民出版社，1959：5-6.
④ 列寧全集：第 1 卷 [M]. 北京：人民出版社，1955：121.
⑤ 馬克思恩格斯全集：第 23 卷 [M]. 北京：人民出版社，1972：834.
⑥ 馬克思恩格斯全集：第 25 卷 [M]. 北京：人民出版社，1974：29.

分配關係（包括了消費關係）。無法否認的是，對資本主義生產關係（廣義的）的各個重要方面、側面與環節的全面研究，對支配資本主義生產關係的發展變化的客觀規律的揭示，正是《資本論》這一部政治經濟學巨著的鮮明特色。而《資本論》也正是以其最深刻、最全面地闡明支配資本主義生產關係的運動規律（包括某些前資本主義形態的和社會主義、共產主義形態的規律）的科學業績，確立了馬克思主義政治經濟學以生產關係為研究對象的格局。我們可以看到，馬克思主義經典作家主要的政治經濟學著作，如恩格斯的《反杜林論》經濟篇，列寧的《俄國資本主義的發展》、《帝國主義論》，斯大林的《蘇聯社會主義經濟問題》等，都是把生產關係作為研究對象的。在這些著作中，作為研究對象和加以科學闡述的對象的運動規律——經濟規律，從來都是集中於生產關係的規律的範圍之內的。

儘管馬克思主義經典作家對政治經濟學的研究對象有許多論述，對這個問題的看法在理論界卻一直還存在一些分歧。社會主義國家學術界，對於政治經濟學的研究對象是什麼進行了多次討論。蘇聯從 20 世紀 20 年代以來開始這一討論，中國在 20 世紀 50 年代末和 70 年代末有兩次大討論。

大體說來，對政治經濟學研究對象的認識可分為三種觀點：第一種認為政治經濟學研究生產關係；第二種認為生產力也是政治經濟學的研究對象，特別是政治經濟學的社會主義部分的主要研究對象[①]；第三種認為政治經濟學研究生產方式。第二、第三兩種觀點均認為應該把生產力納入政治經濟學的研究對象之中。

把生產力也當作政治經濟學的研究對象的觀點之所以產生，一方面是出於對馬克思主義經典作家的有關論述的理解不一樣，但更主要的是出於社會主義建設的特殊的歷史條件對生產力的研究本身所具有的重要意義。眾所周知，無產階級領導的革命取得了勝利的國家，在建設社會主義中一方面要解決對私有制生產關係的改造問題，另一方面要解決發展生產力，建立起與社會主義經濟制度相適應的強大的物質技術基礎的問題，特別是在生產資料的社會主義改造基本完成以後，發展生產力更成了社會主義建設的中心任務。正是在這種歷史條件下，一些經濟學家提出了要把對生產力的研究作為政治經濟學的主要任務與主要課題的主張。如在蘇聯，在 20

[①] 1929 年，蘇聯學者貝索洛夫提出生產力應該是政治經濟學的對象，他說物質生產過程的兩個方面即生產力和生產關係應平等地列入政治經濟學的對象之中。

世紀50年代，雅羅申柯就提出了「社會主義政治經濟學的主要問題不在於研究社會主義社會中人們的相互關係，而在於制定和發揮社會生產中生產力組織的科學理論、國民經濟發展計劃化的理論」①，主張將社會主義政治經濟學變成「生產力合理組織學」。在中國，近年來在關於政治經濟學的研究對象的討論中，一些同志也提出了與此相類似的見解。按照上述意見，政治經濟學的研究對象本來就應該是二重的，即包括生產關係與生產力，或者至少政治經濟學的社會主義部分的研究對象應該是二重的。而上述意見，不言而喻地都是否認政治經濟學是以生產關係為研究對象的提法的。

對馬克思主義政治經濟學的研究對象的爭論，關係到對馬克思創立的無產階級政治經濟學的性質與特色的正確認識，關係到對《資本論》這一部偉大政治經濟學著作的內容的正確理解，也關係到政治經濟學社會主義部分這門正在發展中的學科的內容、範疇、規律、體系，關係到這門學科的性質與在建設社會主義、共產主義中的作用。正由於此，弄清馬克思主義三個組成部分之一的政治經濟學的研究對象，弄清馬克思和恩格斯關於他們所創立的無產階級政治經濟學的本來面貌，不僅具有理論意義，而且具有重大現實意義。

二、關於《資本論》研究對象的三個問題

（一）社會生產的兩個方面——生產的物質技術形式與社會經濟形式

要弄清一門學科的性質，首先要弄清一門學科區別於其他學科的特點，即弄清它的研究對象是什麼，因為正是研究對象的特殊性質把這種學術研究劃分為不同的學科。研究對象是自然及其規律的當然屬於自然科學，研究對象是社會現象及其規律的當然屬於社會科學。在社會科學中，政治學、法律學等學科是研究政治上層建築的，而哲學、美學、倫理等學科是研究意識形態的。經濟學是研究物質生產的。馬克思說：「面前的對象，首先是

---

① 斯大林. 蘇聯社會主義經濟問題 [M]. 北京：人民出版社，1961：47.

物質生產。」① 這就把經濟學與政治學、法律學、哲學、倫理學、美學等區別開來了。

馬克思運用歷史唯物主義理論來分析物質生產，指出了物質生產並不是如資產階級政治經濟學中經常引用的魯濱孫故事中那樣單個的、孤立的獵人與漁夫的生產，而一開始就是社會的生產。「在社會中進行生產的個人——因而，這些個人的一定社會性質的生產，自然是出發點。」② 作為社會生產，它一方面體現人與自然之間的關係，「是人以自身的活動來引起、調整和控制人和自然之間的物質變換的過程」③。另一方面，它又體現人與人之間的關係，「為了進行生產，人們便發生一定的聯繫和關係；只有在這些社會聯繫和社會關係的範圍內，才會有他們對自然界的關係，才會有生產」④。生產中人與自然的關係屬於生產力的範疇，它是生產的物質技術內容，而生產中的人與人的關係則屬於生產關係的範疇，它是生產的社會形式。可見，社會生產包括兩個方面：生產力與生產關係，它們二者共同組成社會生產方式或生產方式。

生產方式中作為生產力的這一方面的關係，具體體現於作為生產力的人的要素與物質要素的物質技術性的結合方式中。任何一種生產就其人與自然的關係來說，都是具有特定素質的人運用特定的工具與工藝方法來從事生產，這裡體現了一種生產要素的物質技術性的結合形式，馬克思稱之為勞動方式。在人類生產發展史上，原始人與原始工具相結合的物質技術性的形式，表現為遊牧、採集、漁獵以及新石器時期的原始農業等原始的勞動方式。此后，在生產中對青銅器的使用產生了東方的灌溉農業，鐵器的使用產生了更發達的鋤耕農業。此后，在手工工具基礎上產生的是個體生產者的小手工業，在機器的技術基礎上產生的是現代機器大工業，在當代電子計算機基礎上發展出了自動化與自控化生產。這一系列的生產要素的物質技術性結合形式或勞動方式的變化，首先決定於生產力的物質技術

---

① 馬克思.《政治經濟學批判》導言 [M] //馬克思恩格斯選集：第 2 卷. 北京：人民出版社，1972：86.
② 馬克思.《政治經濟學批判》導言 [M] //馬克思恩格斯選集：第 2 卷. 北京：人民出版社，1972：86.
③ 馬克思恩格斯全集：第 23 卷 [M]. 北京：人民出版社，1972：201-202.
④ 馬克思. 雇傭勞動與資本 [M] //馬克思恩格斯選集：第 1 卷. 北京：人民出版社，1972：362.

因素的變化，具體地講，它首先決定於生產資料特別是生產工具的性質。此外，也取決於勞動力的性質，如直接生產者勞動的熟練與技巧、智力勞動的發展狀況及管理的水平。總之，生產力的構成因素，特別是勞動手段因素，它的狀況、性質、能量決定生產的物質技術形式。

生產的物質技術形式在人類社會發展中呈現出一個由低級向高級發展的有規律的過程，而且往往表現為循序漸進的、不能任意超越的自然歷史過程。固然，在生產關係適合生產力發展的時期，我們看見生產的物質技術方式由低級形式向高級形式發展和過渡的步伐加快，但是，它的必要發展的階梯是不能任意超越的。如農業中的家庭小生產的勞動方式，是與手工工具的物質技術基礎相適應的。即使在社會主義制度下，如果農業生產還是以手工工具為基礎，家庭生產這種勞動方式也將仍然存在和包孕於社會主義農業聯合勞動方式之中，成為后者的補充。對屬於社會生產力範疇的生產的物質技術性的結合形式的運動規律，顯然，人們是應該加以研究的。

馬克思主義政治經濟學不以生產的物質技術形式的運動規律為研究對象。馬克思說：「政治經濟學不是工藝學。」[1] 生產的物質技術形式的變動規律，要由一系列自然科學、部門經濟學、生產力經濟學、技術經濟學等來研究。比如農業生產的物質技術形式，就需要由農業經濟學、農藝學、農業技術經濟學等來加以研究。

生產方式中的另一方面是生產關係，即生產的社會經濟形式，它是體現在生產中的人與人之間的相互關係，是人們共同活動與互相交換其活動的一定社會結合方式。馬克思說：「他們如果不以一定方式結合起來共同活動和互相交換其活動，便不能進行生產。」[2] 生產關係的總和，構成社會的經濟結構。在生產發展史中，生產的社會經濟形式是不斷發展和變化的，大體說來，存在著以勞動者平等協作和互助為特點的社會經濟形式和以人對人的剝削和奴役為特點的社會經濟形式，前者是原始公社的社會經濟形式和社會主義、共產主義的社會經濟形式，后者又分為奴隸制的社會經濟

---

[1] 馬克思.《政治經濟學批判》導言 [M] //馬克思恩格斯選集：第 2 卷. 北京：人民出版社，1972：88.

[2] 馬克思. 雇傭勞動與資本 [M] //馬克思恩格斯選集：第 1 卷. 北京：人民出版社，1972：362.

形式、封建制的社會經濟形式和資本主義的社會經濟形式。

馬克思把辯證唯物主義應用於社會生活領域，特別是應用於社會生產關係領域，科學地論證了人類社會的生產的發展進程，也就是社會經濟形式由低級形式向高級形式有秩序地依次遞進和向前演進的有規律的過程。馬克思說：「大體說來，亞細亞的、古代的、封建的和現代資產階級的生產方式可以看做是社會經濟形態演進的幾個時代。」①

基於以上的分析，我們可以看見，社會形態（或形式）包括社會生產方式、政治生活方式、文化生活方式等方面的內容。而生產方式又包括物質技術性的生產形式與社會經濟形式兩個方面。政治經濟學則是一門以社會經濟形式為它的研究對象的學科。這可以用圖表示如下：

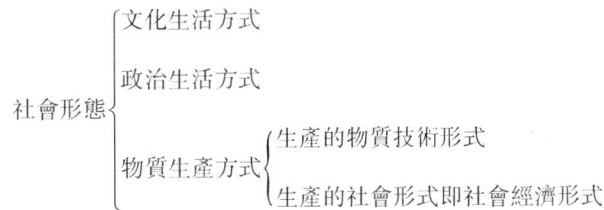

(二) 馬克思主義政治經濟學的研究對象是生產關係

馬克思主義政治經濟學為什麼要以生產關係為研究對象？對這一問題有必要進一步加以論述。

作為生產兩個方面的物質技術性的生產形式與社會經濟形式，是對立統一的關係。它們緊密地聯繫在一起，是互為表裡、互相依存、彼此制約的。一方面，物質技術性的生產形式或組織，是生產的物質內容，它決定和制約著生產的社會經濟形式的發展變化。社會生產方式發展的內在聯繫和機制，可以表示為：生產力（首先是生產工具）的發展→物質技術性的生產形式的變化→生產的社會經濟形式的變化。正如馬克思所說：「隨著新生產力的獲得，人們改變自己的生產方式，隨著生產方式即保證自己生活的方式的改變，人們也就會改變自己的一切社會關係。手推磨產生的是封

---

① 馬克思.《政治經濟學批判》序言 [M] //馬克思恩格斯選集：第 2 卷. 北京：人民出版社，1972：83.

建主為首的社會，蒸汽磨產生的是工業資本家為首的社會。」[1] 但另一方面，生產的社會經濟形式又反作用於生產的物質技術基礎，促進或延緩社會的勞動方式由低級向高級發展的進程。

生產所具有的上述二重性——生產的物質技術性質與生產的社會經濟性質——並不能成為政治經濟學必定要把生產力和生產關係兩方面都作為研究對象的理由。恰恰相反，作為一門十分嚴謹的科學的馬克思主義政治經濟學，它在研究中不能把上述二重性質不同的關係並列，不能把兩方面同等地作為研究對象，而必須集中地研究生產關係。這是由於下述的理由：

（1）作為一門科學，總是要研究事物的一個特定範圍，才能全面地深入地揭示某一領域的客觀事物的本質聯繫。眾所周知，作為科學研究的對象的世界，包括不同的領域——自然界、社會精神世界，它們各自具有其特殊的矛盾，從而具有不同的性質。對於自然界與人類社會來說，它們各自又有著極其複雜的結構，可以分解為不同的系統和不同的組成部分。這些部分、成分又各有其特殊的矛盾與性質。基於世界的這一多樣的和多層次的性質，人們要正確地認識世界，必須採取辯證唯物主義的分析與綜合相結合的方法。首先，要區分出世界的某一特定的領域，作為自己的特有的研究對象，這樣，就形成了各種各樣的門類不同的學科。一門學科如果不區分和規定它特有的對象範圍，而是無所不包、面面俱到地研究事物的一切方面和一切領域，就不可能揭示出世界某一特定領域的精確結構與運動規律，這種學科就只是一個大雜燴，就不能成為科學。人類認識史表明，科學的發展經過了一個門類分化的過程，比如社會科學的發展就經歷了一個由最初的無所不包的哲學和歷史學，一步步分化出歷史、哲學、經濟、政治、法律、宗教、藝術等學科的過程。自然科學中，自近代牛頓力學出現以後，就經歷了一個不斷分化為化學、物理學、天文學、地理學、生物學等眾多的分支學科的過程。當然，當代又出現了以邊緣科學為標誌的科學的綜合化發展，但是，每門學科的綜合化仍然是以先行的學科不斷分化為基礎的。

（2）以生產關係為研究對象就使政治經濟學區別於經濟學的其他學科。生產的物質技術性結合形式，涉及勞動力、生產工具、生產方法、科學技

---

[1] 馬克思. 政治經濟學的形而上學 [M] //馬克思恩格斯選集：第1卷. 北京：人民出版社，1972：108.

術、生產組織等生產力要素，這種對象的特點，決定了它有其獨特的研究方法（在許多範圍內要使用自然科學的方法），也決定了這一研究要由一系列技術學或技術經濟學的學科來承擔。生產的社會經濟形式則純屬生產關係的性質，與研究對象的這種性質相適應，需要採用特殊的研究方法——科學抽象法。在研究對象上與研究方法上的特點表明，對生產的社會形式的研究本身應該是一門獨特的學科。特別是社會經濟結構具有非直觀性的特點，它的內部構造與本質聯繫並不是直接地和清晰地表露出來的。加之社會生產關係不同於自然物質關係，它體現人的能動作用，從而分外具有複雜性與多變性。要發現與闡明社會經濟形式的運動規律甚至比發現自然物質對象的規律還困難得多。特別是就資本主義商品經濟結構來說，一方面，它帶有物化的與異化的特徵，具有虛假的與顛倒的表現形式；另一方面，它是發達的從而十分複雜的經濟機體，而與前資本主義的社會經濟形態不同。就前資本主義社會來說，一方面，它的經濟結構還是不發達的從而是較為簡單的；另一方面，它的經濟在性質上是自然經濟，直接生產過程中的人與人的關係帶有某種不言自明的性質。例如在原始公社，氏族成員之間的共同勞動與平等分配關係是表現得一清二楚的，奴隸制社會或是農奴制社會，奴隸主或莊園主對直接生產者實行超經濟的強制和進行殘酷的剝削與壓迫，也是公開表露出來的。因而發現與揭示社會直接生產過程中人與人之間的相互關係，可以說並不是十分困難的。但是對於資本主義商品經濟形態來說，要全面剖析生產中人們的社會結合形式，揭示它的內部聯繫和運動機制，卻是一個十分艱難的課題，要得到任何重大的科學成果，都需要長期的艱苦的探索。因而，這就需要有一門獨立的學科來進行這一方面的研究。

　　政治經濟學以生產關係為研究對象，這樣也就與經濟學的其他許多門類區別開了。眾所周知，經濟學有部門經濟學、生產力經濟學、技術經濟學等數十個門類，這些學科或者以生產力為對象，或者對象範圍既包括生產力又包括生產關係。這些經濟學科的共同特徵是：它們都要涉及對生產的技術規律的研究。如以研究評價技術的經濟效益為任務的技術經濟學，除了要進行成本、利潤等方面的研究外，它的研究對象還包括生產的地理位置、自然經濟條件，如原料來源、運輸條件、水文、氣象條件，還要研究有關環境保護、生態平衡等技術問題，它的對象在很大程度上屬於生產力。而政治經濟學則以生產關係為研究對象，以揭示支配社會經濟結構的

運動規律為任務，以形成有關社會經濟形態的基本理論為基本特徵。學科內容的這種劃分，就使政治經濟學成為一門與其他具體的部門經濟學科有嚴格區別的理論經濟學，成為所有的一切經濟學科的理論基礎。

（3）馬克思主義政治經濟學是一門有階級性和黨性的科學，是無產階級爭取解放的強大思想武器。馬克思主義政治經濟學是一門「批判的和革命的」學說，它不僅要科學地解釋世界，更主要的還在於改變世界[①]。也就是說，無產階級政治經濟學的使命是要通過對資本主義必然滅亡、社會主義必然勝利的歷史規律的闡明來武裝無產階級，來促進人類社會由資本主義向社會主義轉變。因此，要求政治經濟學集中地和系統地研究社會生產關係，研究社會的經濟結構與階級結構，特別是要揭露資本主義生產關係的剝削雇傭勞動的本質，揭露資本主義社會不可調和的階級對抗，以發揮這門學科對舊世界的「批判的和革命的」作用。

生產關係在階級社會中體現為階級關係，對階級社會生產關係的研究與剖析必然要公開暴露生產中一小撮生產資料壟斷者剝削與壓迫廣大勞動者的真相。正是因此，對生產關係的科學研究從來就要受到剝削階級的壓制。馬克思說：「政治經濟學所研究的材料的特殊性，把人們心中最激烈、最卑鄙、最惡劣的感情，把代表私人利益的復仇女神召喚到戰場上來反對自由的科學研究。」[②]

處於資本主義上升時期的資產階級古典經濟學者，由於當時資產階級與無產階級的鬥爭還處於潛伏形態，因而他們還能在一定程度內研究資本主義生產關係的內在聯繫。古典經濟學家的資產階級立場，決定了他們有時又停留在經濟關係的表層與現象形態上，不能把以生產關係作為對象的科學方法貫徹到底。如亞當·斯密就提出政治經濟學是研究財富的科學的含糊的論點，他不能達到政治經濟學研究資產階級社會生產關係的明確認識與科學規定。馬克思指出，亞當·斯密不能得出「政治經濟學所研究的是財富的特殊社會形式」[③] 的科學命題。19世紀30年代，隨著西歐資本主義國家無產階級與資產階級的鬥爭的激化和帶有威脅性的形式，科學的資

---

① 馬克思說：「哲學家們只是用不同的方式解釋世界，而問題在於改變世界。」參見：馬克思恩格斯選集：第1卷 [M]. 北京：人民出版社，1972：19.

② 馬克思恩格斯全集：第23卷 [M]. 北京：人民出版社，1972：12.

③ 馬克思恩格斯全集：第46卷（下）[M]. 北京：人民出版社，1979：383.

產階級政治經濟學的喪鐘就敲響了。19世紀以來迄至當代的資產階級庸俗經濟學則往往用對物的表面現象的描述來代替對生產關係的研究，甚至是用心理過程與心理現象的研究代替經濟過程的分析。關於資本—利息、勞動—工資、土地—地租三位一體公式，迴避了資本對雇傭勞動的剝削這一基本生產關係，而將資本主義的各種收入的來源歸結為生產力要素的自然性質。邊際效用學派的各種越來越「新穎」的價值理論，把商品固有的現實的價值性歸結為人的對產品的主觀評價，實際上是用對心理的研究來代替對物的研究。當代資產階級經濟學中的時髦理論——凱恩斯主義，更是立足於關於人的消費偏好、投資收入的預期等心理規律之上。當代資產階級經濟學中的宏觀理論，在有關累積和消費、投資與儲蓄、投資與經濟增長等方面的研究中，在一定程度上分析了資本主義的經濟關係，但是應該說這些具有一定實用意義的理論，頂多也只是接觸到某些表層性生產關係，在生產關係的表層上打轉轉，根本談不上進一步研究和揭示資本主義經濟關係的內在聯繫與本質。如當代西方資產階級經濟學的重要特色是越來越趨於數學化，汗牛充棟的各種經濟學教科書中，越來越塞滿了各種各樣的數學模型，如宏觀的國民經濟增長模型、微觀的收入分配模型與各種價格決定模型，等等。其中某些有關經濟關係與經濟過程的數學模式，未嘗不具有一定的實用價值，作為一種分析的工具與方法，是具有一定的積極意義的。但是，這種經濟理論分析的數學化，乃是用表層生產關係的數學方面的研究來代替和取消對生產關係的深層的本質的理論分析，而且，如果透過他們的高深玄妙的數學設計與推導的外觀，我們就會看見他們的各種庸俗經濟理論的大雜燴的內容。總之，西方資產階級經濟學越來越趨向於用對有關經濟關係的表面現象、數量關係、物質技術關係、心理現象等的研究來代替對社會生產關係的內在本質的研究，特別是迴避對資產階級所有制和資本剝削雇傭勞動這個資本主義生產關係的核心的研究，乃是當代資產階級經濟學進一步庸俗化的表現。資產階級政治經濟學千方百計地迴避對生產關係的研究，其目的在於掩蓋當代資本主義社會日益深化的基本矛盾與階級矛盾，掩蓋資本主義制度的剝削本質，否認資本主義轉變為社會主義的歷史必然性。這裡，也就清楚地表現出資產階級經濟學的辯護性質。

馬克思主義政治經濟學繼承了資產階級古典經濟學以生產關係為研究對象的科學方法，批判了古典經濟學中存在的用對物的性質與關係的研究

來代替對生產關係的性質的研究的庸俗的研究方法，建立了最徹底、最全面的研究生產關係的內在聯繫與規律的方法。馬克思創立的無產階級政治經濟學闡明了在人類社會整個發展史中，社會生產關係按其性質來說，可以歸結為兩類：一類是生產中的勞動者之間的互助合作關係；另一類是一小撮寄生者與廣大的勞動者之間的剝削與被剝削的關係。前者是公有制社會中人們互相之間的關係，后者是私有制社會中的生產關係。以生產關係為對象的馬克思主義政治經濟學，通過十分完備的科學方法與嚴密的理論分析，闡明了人類社會生產關係發展的規律是：由原始公社的勞動者之間原始的互助協作性質的生產關係，經過階級社會中的三種不同形式的剝削性的生產關係的梯級，最終過渡到擺脫了階級剝削與壓迫的自由人之間的社會主義、共產主義的互助協作的生產關係。這樣就科學地闡明了人類社會生產的發展，要經歷一系列使人身受到束縛、壓抑和摧殘的社會結合形式，最后過渡到使人的本質得以充分實現的社會結合形式。恩格斯說：「人們自己的社會結合一直是作為自然界和歷史強加於他們的東西而同他們相對立的，現在則變成他們自己的自由行動了。一直統治著歷史的客觀的異己的力量，現在處於人們自己的控制之下了。只是從這時起，人們才完全自覺地自己創造自己的歷史；只是從這時起，由人們使之起作用的社會原因才在主要的方面和日益增長的程度上達到他們所預期的結果。這是人類從必然王國進入自由王國的飛躍。」[①] 因而政治經濟學通過對人類社會生產關係發展變化和由低級向高級形式轉化的規律的科學闡明，不可辯駁地論證了全人類最終獲得解放的歷史必然性，從而使全世界無產階級認清了他們自身肩負的歷史使命。這裡也就表明了政治經濟學是無產階級爭取自身解放與全人類解放的革命的學說。

《資本論》是以生產關係為研究對象的理論經濟學的光輝典範。在《資本論》中，馬克思把研究的焦距對準生產關係，深入透澈地剖析了資產階級社會的經濟結構，分析了資本主義經濟的基本矛盾，最清楚地揭示了資產階級與無產階級之間的對抗，科學地論證了社會主義取代資本主義的歷史規律。《資本論》以關於支配資本主義生產關係的運動規律體系的系統和完備的科學理論，為正在從事埋葬資本主義、爭取社會主義勝利而戰鬥的無產階級提供了強大的思想武器。可見，正是以生產關係為研究對象，

---

① 恩格斯. 反杜林論 [M] //馬克思恩格斯選集：第3卷. 北京：人民出版社，1972：323.

决定了马克思主义政治经济学所具有的革命性与批判性，并使它从根本上区别于资产阶级的经济学。

归根到底，以生产关系作为它的研究对象，是使马克思主义政治经济学这门学科真正成为科学所需要的，而且也是使这门学科成为革命的理论所需要的。集中研究支配人类社会生产关系的运动规律，正是马克思主义政治经济学的鲜明特色。

(三) 紧密联系生产力、上层建筑研究生产关系

政治经济学以生产关系为对象，并不意味着政治经济学在研究中不涉及生产力，也不意味着政治经济学不需要对生产力进行任何考察，更不意味着可以脱离生产力从事纯生产关系的研究。恰恰相反，马克思主义政治经济学的研究方法的鲜明特色是：紧密地联系生产力来研究生产关系。

马克思把唯物辩证法用于分析社会生产，论证了生产力与生产关系二者本来就是社会生产方式的不可分割的两个方面，指出这两方面处在有机的联系之中，它们互相推动、互相制约，是一种对立统一的关系。在生产力与生产关系的辩证关系中，生产力乃是决定性的因素，它决定生产关系的性质并成为生产关系变化的根本动因。这就是说，有什么样的生产工具（它是生产力水平的标志）就有什么样的劳动方式，也就有什么样的生产关系。因此，对社会经济结构的运动机制的研究，不能脱离对生产的物质基础的研究，而应该把生产关系归结为劳动方式并最终归结为物质生产力的发展水平，乃是马克思主义政治经济学的一项基本原理与基本研究方法。[1]

基于上述原理，对任何社会的生产关系的产生，都要从物质生产力的性质与状况去加以说明。恩格斯在致卡尔·考茨基的信中说：「你不应该把农业和技术同政治经济学分开……正如蒙昧人和野蛮人的工具同他们的生产分不开一样，轮作制、人造肥料、蒸汽机、动力织机同资本主义的生产是分不开的。正如现代工具制约着资本主义社会一样，蒙昧人的工具也制约着他们的社会……一说到生产资料，就等于说到社会，而且就是说到由

---

[1] 马克思在《政治经济学批判》导言中概括：「4，生产。生产资料和生产关系」……「生产力（生产资料）的概念的辩证法」。参见：马克思恩格斯选集：第 2 卷 [M]. 北京：人民出版社，1972：111-112.

這些生產資料所決定的社會。」①

基於上述原理，人類歷史上社會生產關係由低級形式向更高形式的發展變化，即生產關係的發展採取原始公社制、奴隸制、封建制、資本主義、社會主義與共產主義五種形式有規律地向前演進，以及同一個社會經濟形態發展過程中生產關係的具體形式的變化，這些均要聯繫生產力來加以說明。

馬克思在闡明人類社會的五種社會經濟狀態的區別時，就是與生產力的發展水平特別是與生產工具的狀況聯繫起來考察的。馬克思說：「儘管直到現在，歷史著作很少提到物質生產的發展，即整個社會生活以及整個現實歷史的基礎，但是至少史前時期是在自然科學研究的基礎上，而不是在所謂歷史研究的基礎上，按照製造工具和武器的材料，劃分為石器時代、青銅時代和鐵器時代的。」②

馬克思主義政治經濟學（廣義的）基於上述原理，聯繫生產力的狀況，論證了人類社會生產關係的發展變化的規律。這就是：大體說來，在人類社會的發展中，與石器的使用相適應的是原始公社制的生產關係，與鐵器（在東方是青銅器）的使用相適應的是奴隸制的生產關係，與手工磨相適應的是封建的生產關係，與機器生產相適應的是資本主義生產關係，與現代機器大生產這一物質基礎相適應的是社會主義生產關係。

政治經濟學不僅要緊密聯繫生產力的狀況來闡明整個人類歷史的生產關係的發展變化的規律，而且還要由此闡明某一社會形態的生產關係的發展變化的規律。

眾所周知，就某一社會形態來說，生產關係也不是停滯不變的，而是有一個發生、發展與向更高級的新社會的生產關係過渡的過程。因而，某一社會形態的特殊類型生產關係也有一個由初生期不成熟的生產關係具體形式，逐步發展為成熟的形式，最終轉化為衰亡的形式（就私有制社會來說）的發展過程。因而，對某一社會形態來說，根據生產關係成熟程度的不同，大體上可以將它區分為不發達的階段和發達的階段。如原始公社制有母系制與父系制的區分；奴隸制經濟有東方的不發達的奴隸制與希臘、羅馬的發達的奴隸制的區分；封建制經濟有以勞役地租為主要形式的莊園

---

① 馬克思恩格斯《資本論》書信集 [M]. 北京：人民出版社，1976：438.
② 馬克思恩格斯全集：第 23 卷 [M]. 北京：人民出版社，1972：204 頁註 (52).

制經濟與以實物地租和貨幣地租為主要形式的地主經濟的區分；資本主義經濟有一個以工場手工業為形式的不發達的資本主義和以機器大工業為形式的發達的資本主義。而發達的資本主義又經歷了自由資本主義與壟斷資本主義兩個發展階段。壟斷資本主義又要區分為企業家的壟斷資本主義到國家壟斷資本主義，等等。也就是說，資本主義生產關係的發生、發展變化，要經歷一個由帶有過渡性的萌芽形式、幼年期形式、成熟形式、過度成熟與腐朽形式的一系列階梯。對於上述某一特定社會形態的生產關係的發展與演變的內在聯繫與規律的闡明，是政治經濟學的重要任務。

當然，政治經濟學要研究的是支配生產關係的發展變化的規律即其總的趨勢，而不是研究生產關係的具體形式與細節。列寧在評論愛·大衛《社會主義和農業》一書時指出：「他十分詳細地探討了幾百個技術性的細節，把問題的政治經濟本質反而淹沒了。」[1] 並指出：「大衛對問題的社會經濟意義連懂也不懂。」[2] 但是必須看到，生產關係的規律總是要通過它的具體形式的發展變化來體現的，因而，只有從生產關係的具體形式的發展變化中找出它的一系列的階梯與關節，由此闡明生產關係經歷量變、局部質變到根本質變的全部運動，才能說對生產關係的發展變化的規律做出了深入的與科學的闡明。如果人們只是停留在諸如生產關係要發生、發展和滅亡這一類的極其一般的、極其概括的表述上，那麼，就還遠遠沒有完成政治經濟學這門學科的任務。

對上述各個社會形態的生產關係發展變化所必須經歷的一系列階段的闡明，必須聯繫社會物質生產力的性質及其發展的狀況。如原始公社制生產關係發展成熟程度的不同階段是與生產工具由舊石器演變為新石器密切聯繫的；奴隸制生產關係成熟程度的不同發展階段是與青銅器演進至鐵器密切聯繫的；封建制生產關係發展成熟的不同階段，則是與粗放的三圃農業演進至精耕細作的家戶農業密切聯繫的；而資本主義生產關係成熟程度的不同發展階段，則是與生產工具和現代勞動方式的狀況、與勞動社會化的程度密切聯繫的。可見，要科學地闡明某一社會形態的生產關係的運動規律，深入揭示某一社會形態的生產關係由低級形式向高級形式的發展演變所必須經歷的階梯與步驟，是不能求諸生產關係本身的，而必須緊密地

---

[1] 列寧全集：第13卷 [M]. 北京：人民出版社，1959：155.
[2] 列寧全集：第13卷 [M]. 北京：人民出版社，1959：156.

聯繫生產力的狀況，必須立足於對生產關係與生產力的矛盾的分析。

聯繫生產力來研究生產關係的方法，正是《資本論》的基本方法。馬克思並不想構造一個單一地研究生產關係的純而又純的理論經濟學，在《資本論》這一巨著中，就包含著對有關生產力的規律的精要的闡述。大體說來，《資本論》中對有關生產力的規律的論述包括以下這些方面：①有關勞動過程的要素的分析。《資本論》論述了任何物質生產都是人的因素與物的因素的統一與結合；論述了生產的物的因素的組成方式及其內在矛盾，以及由這一內在矛盾所推動的勞動手段發展變化的規律。②有關生產力的人的要素的分析。《資本論》論證了勞動者這一要素發揮作用的形式——勞動，如何由個體的、孤立的勞動轉化為社會化的、社會結合的勞動，以及如何由結合勞動的初級的、不發達的形式發展為成熟的、高級的形式。例如，由簡單協作這一結合勞動的低級形式轉化為以分工為基礎的協作，由以手工技術為基礎的工場手工業的結合勞動形式，轉化為以機器大生產為基礎的現代結合勞動形式。③有關現代化大生產的生產力中的決定要素——科學技術的分析。《資本論》論述了科學技術由原本的知識形態，轉化為物質形態——機器、技術設備並由此轉化為直接生產力的機制與規律。④有關勞動方式的分析。如手工業生產方式轉化為工場生產方式，再進一步轉化為機器大生產方式的規律。馬克思上述對有關生產力的規律的概括與闡述，目的不是為了研究生產力本身，而完全是著眼於揭示生產關係的發展與變動的規律。

在《資本論》第一卷第四篇第 11 章至第 13 章就是結合資本主義勞動過程的具體形態，結合從屬於資本的勞動生產方式的發展變化來研究資本主義所有制的發生和發展。在這幾章中，體現了馬克思通過對生產物質技術形式的考察來進一步分析生產關係所採取的如下三個步驟：

（1）對生產的物質條件與物質技術性質的研究。首先，通過對生產力的物質要素的內在矛盾的分析，揭示勞動手段由簡單的手工工具到發達的手工工具再到機器的轉化。在《資本論》第 13 章中，馬克思利用了自然科學的大量研究成果，闡明了什麼是機器，論述了機器內部運動的機制，如動力機生產出動力，經過傳送機，最終推動工具機運動。馬克思分析了機器的內在結構和矛盾，論述了產業革命後新產生的工具機與中世紀動力機之間的矛盾。馬克思指出，正是由於工具機的發展與有限制的水力的矛盾，

推動了蒸汽機的發明和應用。① 其次，論述了與上述生產工具的發展相適應的是個人手工勞動到工場手工業再到機器大工業的轉化。

（2）對勞動的技術性的社會結合形式——勞動組織——的研究。《資本論》論述了工場手工業的以簡單協作為特徵的企業勞動組織到以分工為特徵的企業勞動組織，再到工廠制度下分工更加發達的企業勞動組織的變化。

（3）對生產的社會結合形式的研究。這就是在闡明各種勞動方式的內容的基礎上，進一步引進資本主義生產關係，考察工場手工業和機器大工業這些勞動方式所體現的資本主義生產關係的發展變化，分析資本對勞動的統治與奴役關係在廣度和深度上的發展及其帶來的資本主義基本矛盾的尖銳化。

以上的論述，歸結到一點，就是：政治經濟學以生產關係為研究對象同以某種方式某種角度來進行一些對生產力的考察與研究是一致的。

可能有的同志會說，上面那種說法豈不是證明生產力與生產關係一起都是政治經濟學的對象？我們的答覆是：不是的。因為我們在這裡說的是從某種角度和以某種方式研究生產力，通過聯繫生產力的運動規律達到闡明生產關係的運動規律的目的。它同把生產力作為政治經濟學的研究對象，作為這門學科所要揭示其規律的客體是根本不同的。

我在 1961 年關於馬克思主義政治經濟學的對象的一篇文章中提出，要把研究範圍和對象範圍加以區分。對象範圍是一門學科要通過研究以揭示出其客觀規律的一個特定的領域。無論是自然科學或是社會科學的各門學科，都是以研究某一個特定領域中的特殊矛盾、特殊規律為其任務的。毛澤東同志在《矛盾論》中說：某一現象的領域正是「因為具有特殊的矛盾和特殊的本質，才構成了不同的科學研究的對象」②。把客觀事物的一個特定的領域作為研究對象，作為這門學科要發現其規律的客體，這就叫對象範圍。但是由於客觀事物處在普遍聯繫之中，某一特定領域的事物的運動與其他領域的事物的運動，是互相關聯的，因此，對這一特定的對象範圍的事物的規律的研究，不能不涉及其對象範圍以外的更為廣大的領域，這

---

① 在《機器、自然力與科學的應用》（1861—1863 年手稿）中，馬克思更為詳細地考察了歷史上各種生產力的發展。

② 毛澤東選集：第 2 卷 [M]. 北京：人民出版社，1991：776.

些為研究獨特的對象範圍而涉及的更廣闊的客觀事物領域就叫研究範圍。

「作為研究對象，乃是這門科學要揭示其規律的特殊領域，而在研究範圍中所要包括的某些對象範圍以外的現象和事物，它們只是用來完滿地闡明對象範圍的規律性所必須涉及的從屬性領域，對於后一領域事物的規律性的闡明，不是這門科學的任務。如哲學史、美學史、文學史等科學，固然也要研究和考察經濟基礎與政治制度，但是却不是以經濟基礎和政治制度為對象，不是以揭示后者的規律性為任務。由此可見，只有弄清楚研究範圍和對象範圍的區別，我們才能在各門科學研究所要涉及的頗為廣泛的領域中明確主次，分清對象，弄清各門科學所要探索和揭示的是什麼領域的事物的規律性，從而明確各門科學的特有的任務。」[1] 如氣象學以寒暑風雨等自然氣候變化現象為對象，它的任務是揭示各種氣候變化的規律，為此，它的研究範圍不僅要包括太陽、地球、月球等宇宙現象，而且要涉及地理與地質現象，涉及山區、平原、沿海的地表與地質結構，涉及地質學的研究範圍，但不能說氣象學以地質為對象。又如地質學的研究對象是地球的地質結構及其形式，但它的研究範圍還要涉及宇宙的、天體的方面的現象，但不能說地質學是以天體現象為研究對象的。同樣，政治經濟學以生產關係為對象，以揭示社會生產關係的運動規律為其任務，但它的研究範圍不限於生產關係。由於生產力與生產關係聯繫密切，生產力是生產關係變動的決定因素，因而為了闡明生產關係的運動規律，也要聯繫生產力的狀況，從而要在一定程度上涉及對生產力的研究；與生產關係相聯繫和制約著生產關係的運動的還有政治、法律等上層建築，所以，政治經濟學在一定程度上還要研究上層建築；與生產力相聯繫的還有人的精神作用（包括思想、道德觀念、覺悟水平與文化水平的作用），所以，政治經濟學還在一定程度上要涉及對倫理道德與文化教育生活的經濟作用的研究。但是以上這些領域在性質上只是政治經濟學的研究範圍而不是對象範圍。如果把研究涉及的一切關係和一切領域不加區別地統統作為它的對象，那就找不到哪一門學科有它的獨特的對象，而任何一門學科都將成為多對象的綜合科學或邊緣科學，從而取消了學科的類別劃分，政治經濟學也將變成既研究生產關係又研究生產力還研究上層建築的混合物，從而取消了馬克思主義政治經濟學固有的特色。

---

[1] 劉詩白. 論馬克思列寧主義政治經濟學的對象 [J]. 經濟研究，1961（10）.

總之，馬克思所創立的無產階級政治經濟學，一方面十分明確地把生產關係作為對象而反對把生產力納入對象之中從而將政治經濟學混同於工藝學的錯誤方法；另一方面又緊密聯繫生產力來研究生產關係，反對脫離生產的物質技術基礎，拋開勞動方式來孤立地研究生產關係的形而上學。這樣的把政治經濟學的對象範圍與研究範圍加以區別又在研究中加以聯繫的方法，體現了馬克思主義政治經濟學的唯物辯證法的方法論。

［本文選自：劉詩白. 關於《資本論》的研究對象的幾個問題［M］// 劉詩白文集：第 2 卷. 成都：西南財經大學出版社，1999：3-18、45-54.］

第二章　全面地研究社會主義生產關係體系

——有關社會主義政治經濟學理論體系建設若干問題

劉詩白

　　社會主義社會的生產機體並不是簡單明瞭的，而是一個由多方面、多層次的社會主義生產關係組成的社會組織。特別是對於還存在著商品生產與交換關係的社會主義發展階段而言，帶有商品性的社會主義經濟結構更是分外的複雜。因此，應該把社會主義生產關係看作是一個體系，這一體系存在著多方面內在聯繫。無產階級專政的國家，為了自覺組織、調節與完善社會主義生產關係，使之最充分地適應生產力的性質，這就要求社會主義政治經濟學對社會主義生產關係的體系進行全面的研究，通過分析它的多方面的內在聯繫來揭示社會主義生產關係的發展和完善的客觀規律。對社會主義生產關係體系進行全面的研究也是進一步改進、完善與豐富社會主義政治經濟學的理論體系所必需的。在本文中，將就如何全面分析研究社會主義生產關係體系問題，談一點不成熟的意見。

　　對社會主義生產關係體系的全面研究，包括擴大研究的廣度和加強研究的深度兩個方面。一方面，擴大研究的廣度，就是不僅要研究社會主義的生產、分配、交換、消費四個方面，或生產關係的四維形態，而且有必要對生產、分配、交換、消費四個方面進一步地加以剖析，將它再分為許多環節和側面，這實際上就是要研究生產關係的多樣具體形式，或者說生產關係的多維形態；另一方面，要加強對生產關係的研究的深度，這就是要研究生產關係四個方面之間的內在、有機的聯繫，揭示由這些生產關係組合成的宏觀的社會經濟結構的內在層次，找出與區分社會主義經濟結構中哪些生產關係屬於基層性的生產關係，哪些屬於上層性的生產關係，哪些是表層性的生產關係，哪些是裡層性的生產關係。這樣，才能細緻、周

詳、全面地刻畫出社會主義社會經濟結構這個複雜機構的雕塑式的具體形態。

一、對社會主義生產關係從橫的方面進行研究的主要課題

對生產關係的研究，大體地說，可以採取剖析它的橫切面的方面和分析它的縱的發展序列的方法。從橫的方面研究社會主義生產關係，就是運用四分法，按生產、分配、交換、消費這四個環節來進行研究。由於任何社會再生產過程總是要包括生產、分配、交換、消費四個環節，因而，任何一種社會形態的生產關係都要表現為四個方面或四個橫切面。馬克思在《政治經濟學批判》導言中，論述了政治經濟學在研究社會生產關係時，有必要對生產關係進行四分。這種四分法體現了科學抽象法的應用。它把呈現在人們眼目中的生產中人們相互關係的具體形式，歸結為四種簡單的關係與規定性，這種思維的抽象使社會經濟結構的本質特徵得到了比較完全的反應。四分法，即剖析生產關係的橫切面的方法，是政治經濟學的科學研究方法，社會主義政治經濟學研究、剖析社會主義社會的經濟機理時，也有必要採用這種方法。這種方法包括以下四個方面：

（一）社會主義直接生產過程中人們相互關係的研究

直接生產過程是社會再生產過程中最重要的環節，分配、交換、消費等環節都是從屬於它的。我們所說的生產關係，首先是指直接生產過程中人們的相互關係。

對直接生產過程中人們相互關係的研究可以歸結為下述內容：

1. 研究與揭示人們參加物質生產過程的形式與方法，即人們進行物質生產的社會結合的形式與性質

人們參加物質生產過程的形式與方法，如：是社會全體有勞動能力的成員共同參加生產，還是只有社會部分人或某一階級從事生產；是人們自願地從事生產還是被強制地參加生產；在自願從事的生產中，是基於個人利益即私人利益參加生產還是為集體利益而參加生產；等等。對社會主義直接生產過程中人們相互關係的研究，則要揭示社會主義勞動者進行共同生產的方式，要研究吸引聯合勞動者自願地去從事勞動的社會主義物質利

益的性質，如要研究與分析現階段全民所有制聯合勞動所體現的作為主體的社會公益性及企業局部利益因素的結合，還要分析與研究集體所有制聯合勞動所體現的作為主體的集體利益性，等等。要揭示在社會主義社會走向成熟的過程中社會主義勞動所體現的物質利益的特點及其發展變化的規律。如全民所有制企業聯合勞動體現的利益公共性的增強和企業局部利益的逐步減退，以及集體企業聯合勞動體現的利益公共性的增強，由體現小集體利益逐步提高到體現大集體利益，由體現集體利益逐步提高到體現全社會利益，等等。

2. 研究在生產中人們的相互關係或地位

人們在生產中的相互關係或地位，如：生產中人們彼此間是互助合作關係，還是剝削與被剝削的關係；在直接生產過程中，人們相互間是處於共同勞動者之間的平等地位，還是處於統治與從屬的主奴之間的地位。在社會主義制度下，則是要揭示社會主義聯合勞動者之間的互助合作關係的發展變化，揭示不成熟的社會主義互助合作形式發展成為更成熟的社會主義互助合作形式和轉變為共產主義的互助合作形式的規律。與此相適應，還要闡明廣大勞動者日益廣泛地參與企業管理和社會經濟管理的形式，以及不斷擴大與增強勞動者實際的當家做主的地位的途徑；還要揭示聯合勞動者隨著城鄉差別、工農差別、體力勞動與腦力勞動的差別的逐步消失，共同勞動者之間的真正的、社會主義與共產主義的徹底平等地位與關係的形成。

3. 對勞動性質的分析

社會勞動性質的概念是直接生產過程中人們相互關係的最集中的理論概括，是生產關係更深層次的理論表現。對直接生產過程的政治經濟學的分析，總是要深入到對直接生產者的勞動性質的剖析，要通過各種各樣的勞動形式的外觀，揭示出直接生產者所從事的是被壓迫、被強制、被剝削的勞動，還是擺脫了人對人的壓迫與剝削的自由的、自願的勞動；對於前者還要揭示它是奴隸勞動、是農奴勞動，還是雇傭勞動。社會主義政治經濟學要對社會主義勞動的性質進行深入的研究，要闡明社會主義勞動的下述性質：

第一，社會主義勞動是擺脫了階級壓迫與剝削關係的勞動。無剝削性，是社會主義公有制在勞動性質上的實現，是社會主義勞動的本質特徵。馬克思常稱社會主義勞動為自由人的勞動。正是這種擺脫了人對人的剝削的

自由的勞動，使社會主義勞動區別於階級社會中的奴隸勞動、農奴勞動和雇傭勞動。

第二，社會主義勞動是體現了公共利益性質的勞動。公益性是社會主義公有制賦予勞動的另一重要特徵。社會勞動總要體現某種物質利益。在以私有制為基礎的壓榨直接生產者的剩余勞動的生產方式中，勞動總是體現著剝削者的私利，如雇傭勞動體現資本家的私利、農奴勞動體現農奴主的私利。小手工業、個體農民的勞動雖不帶有剝削性，但體現的是小生產狹隘的私人利益。社會主義勞動體現公共利益，由於所有制不同，體現公共利益的程度也就不同。全民所有制體現的是社會的公共利益。集體所有制體現的公共利益帶有局限性，只能體現一個小集體的公共利益。

第三，社會主義勞動的公益性質是不完全的，它在體現公共利益的同時，還要在不同程度上體現個人特殊利益。勞動的性質不僅體現了生產資料所有制的性質，而且也體現了消費品分配的性質。社會主義制度下消費品實行按勞分配，它把勞動與消費品的佔有聯繫起來從而使勞動具有了有酬性；由於按勞分配，多勞多得，它又把勞動與個人相聯繫從而使勞動具有了私益性。勞動的有酬性與私益性是社會主義勞動的又一特徵，二重性質構成了作為謀生的勞動的內容。共產主義實行各盡所能，按需分配，共產主義勞動是與消費品的個人佔有脫鉤的，從而使勞動具有無酬性。按需分配消費品，使勞動與消費品的個人佔有不再有直接聯繫，多勞不要求多得，人們不再計較勞動的個人得失，從而使勞動不再具有私益性，而真正成為體現無差別的公共利益的勞動。這種勞動的無酬性和勞動的完全的公益性，乃是共產主義勞動的內容，它表明人們實現了徹底的勞動的解放，直接生產者得到徹底解放，不僅從超出人們的生理負擔界限的沉重勞動下獲得解放，而且使勞動從狹隘的個人佔有和個人利益關係的羈絆中得到解放。

總之，結合社會主義生產關係由不成熟形式向成熟形式的發展，研究與闡明社會主義勞動的性質與特點的變化，闡明社會主義勞動向共產主義勞動發展與轉化的條件和規律，乃是社會主義政治經濟學在分析直接生產過程時的一個重要內容。

4. 對生產資料所有制性質的分析

上述直接生產過程中人們相互關係的性質，歸根到底決定於所有制的性質。社會主義生產是以生產資料公有制為基礎的，要闡明社會主義直接

生產過程中人們的相互關係及其發展變化的規律，歸根到底，在於闡明生產資料公有制的形式、性質、特點及其發展規律。為此，有必要尋找加強對社會主義所有制進行理論分析的廣度與深度的途徑。

我們認為，可以採取下列不同的角度，來對社會主義社會所有制進行更全面的研究，以揭示它的多方面的聯繫。

第一，對社會主義社會所有制結構的分析。社會主義社會所有制，並不表現為單一的內容，而是一個多層次的體系，特別是在社會主義的初始階段，所有制關係的多層次性表現得更為鮮明。首先，社會主義公有制就是具有多樣性的，它以生產資料的全民所有制為主體，此外還在一定範圍內存在著集體所有制，同時，也還有一定數量的、作為上述所有制的混合生長形式的聯合所有制。不發達社會主義的所有制體系中還存在著附屬和補充性的前社會主義所有制形式的殘余和痕跡，它的主要表現是個體所有制。此外，還在某些範圍內存在著帶有私人資本因素的所有制形式，比如在中國現階段的國家資本主義性質的公私合營和經濟特區的中外合資經營等形式。

如果說，由生產關係組合成的經濟結構是社會的經濟基礎，那麼，由多層次所有制關係組合成的社會主義社會所有制結構，就是社會主義社會的經濟結構大廈的基石。由於整個社會主義經濟結構中的其他生產關係都是立足於社會主義所有制結構之上的，並且受到社會主義所有制結構的制約，因而，我們可以把社會主義社會的所有制結構稱為基層性的生產關係。而人們要在理論上展示出社會主義經濟結構的清楚的圖像，首先就要從對多樣性的社會所有制結構的剖析著手。

第二，對現實的社會主義佔有關係的分析。研究社會主義所有制，不是要停留在對物的法權形式上，而是要分析作為經濟關係的現實的佔有關係。如對於社會主義全民所有制來說，由於現階段社會主義全民所有制表現為國家所有制形式，國家是佔有主體，因而，首先要研究以國家為主體的佔有關係，要深入闡明現階段國家對生產資料和產品（企業純收入）的佔有權、支配權、使用權的表現及其範圍。研究以國家為主體的佔有關係，是認識現階段社會主義全民所有制的性質和特點的重要內容。

社會主義企業是社會主義生產的基層單位，是社會主義全民所有制經濟的一個重要環節。社會主義全民所有制，除了表現為作為經濟主體的國家產品的佔有、支配和使用關係而外，更要表現為作為經營主體的企業對

生產資料的支配使用關係和對產品（企業純收入）的局部佔有關係（包括企業與企業內部經濟核算單位之間的利益關係）。因而，弄清楚現階段社會主義全民所有制的特徵，還有必要深入闡明作為經營主體的企業所擁有的現實的支配、佔有關係。只有把國家對生產資料與產品的佔有關係與企業對生產資料和產品的支配使用關係結合起來，全面地進行研究，找出其相互關係的規律性，才能揭示現階段社會主義全民所有制的性質與特點。

對社會主義集體所有制，也要分別地就集體與勞動者個人對生產資料佔有、支配、使用等關係的狀況及其性質和對產品的佔有的狀況及其性質進行研究，由此來揭示現階段社會主義集體所有制的特徵。

第三，對社會主義聯合勞動者佔有生產資料的直接形式的研究。馬克思和恩格斯曾經論述，社會主義社會實行生產資料歸社會即全體勞動者直接佔有。全體勞動者直接佔有除了體現產品分配（包括生產資料與消費品）從屬於社會公共利益而外，還體現了直接生產者對它們所從事的生產的最充分的當家做主與表現其自由意志。這種佔有的直接性，乃是社會主義全民所有制的成熟形式的重大特徵，而不是社會主義全民所有制一旦出現就能得到充分體現的。

社會主義政治經濟學要把社會主義勞動者佔有的直接性的研究作為對生產資料所有制的研究的一項重要內容。要通過對全民所有制的佔有形式以及經濟管理體制的研究，來揭示現階段全民所有制企業聯合勞動者的直接佔有性質的不完全性和特點，揭示隨著全民所有制的日益完善與成熟，以及隨著國家高度民主化和企業民主管理的完善，廣大職工的真正的當家做主，聯合勞動者佔有直接性的程度將增大和表現得更加鮮明。要通過這一研究來清楚地揭示社會主義制度下公共佔有的直接性得到發展與增強的條件與規律，為人們自覺地完善社會主義全民所有制指明途徑。

以上是社會主義直接生產關係的重要方面，對這些方面進行深入的分析，才能全面揭示社會主義直接生產過程的性質和特徵。

（二）社會主義分配結構的分析

社會主義分配結構（它是社會主義分配關係的總和）是社會主義經濟結構的重要組成因素，社會主義分配關係的性質表現了社會主義經濟的重大本質特徵。眾所周知，列寧把社會主義的特徵概括為生產資料公有制和按勞分配。因此，深入地研究社會主義分配的全部內容及其多方面的聯繫，

揭示社會主義分配結構的內容及其發展變化的規律,就有著重要的意義。

對社會主義分配關係的全面分析,包括如下的內容:

1. 分配在社會主義經濟中的地位

社會主義社會與一切社會形態一樣,分配是從屬於生產的。馬克思指出,分配關係是直接生產關係的反面。社會主義分配的性質決定於社會主義的直接生產關係,決定於社會主義所有制。但是在社會主義經濟結構中,分配有其特殊的作用與機制。

資本主義經濟是以私有制為基礎的,自發地、盲目地發展的商品經濟,在那裡分配要通過交換來實現,交換是生產與分配的媒介。比如,沒有先行的勞動力的市場交換和生產品的市場交換,就不能實現物化在產品中的剩餘價值的歸資本家佔有和必要產品價值的歸工人佔有這種分配;也不能實現剩餘價值按照平均利潤形式在不同的產業部門的資本家之間的分配。因而政治經濟學中資本主義部分範疇體系的邏輯序列,交換關係應該是作為所有制關係的繼起環節,而資本主義社會生產關係的邏輯次序就表現為生產、交換、分配、消費。

在社會主義制度下,在生產資料社會主義全民所有制條件下,生產資料與產品歸全民所有,國家不僅直接掌握和決定國民收入中累積和消費的分配比例,而且根據客觀經濟規律的作用,對生產資料和消費品的分配實行有計劃的集中管理、指導和調節。這樣,社會主義制度下就實現了生產與分配之間的直接的聯繫。固然,社會主義制度下交換有著重要的作用,但是,假設一個以生產資料全社會公有制為基礎的社會,那麼,交換就會失去商品經濟中那種突出的意義,而變成實現有計劃分配的一個手段。即使是在還存在商品關係的社會主義發展階段,交換與市場的作用也要在保證分配的計劃性的前提下來加以運用。可見,在以公有制為基礎的社會主義經濟中,就生產關係鏈條的本質聯繫來說,分配就成了更主要的環節。因而,社會主義政治經濟學理論體系中,社會主義生產關係的邏輯次序就表現為生產、分配、交換、消費。把「分配」放在「交換」之前,這樣的範疇體系是與社會主義經濟機體的運行機制相契合的。

2. 社會主義分配結構的宏觀分析

社會主義分配包括極其多樣的形式與關係,因而是一個分配結構。大體說來,有下述方面:

(1) 國家與企業之間的分配關係;

（2）國家與地區之間的分配關係；
（3）企業與企業之間的分配關係；
（4）地區與地區之間的分配關係；
（5）國家與個人之間的分配關係；
（6）企業與個人之間的分配關係。

上述社會主義分配關係，是一個以國家為中心的蛛網式的複雜的分配體系，各種分配關係既是互相交錯的，又是互相制約的。在這個分配之網中，任何一個環節的變動都會對其他的環節發生一系列的連鎖性反應，因而存在一個社會主義分配網路內部的複雜的運行機制。社會主義國家在對這些複雜的分配關係進行計劃管理與調節中，必須通曉與熟練地運用這一宏觀的分配變動的機制與規律。因此，研究與揭示這一社會主義分配關係的運行機制和規律，是社會主義政治經濟學的重要課題。

3. 對社會主義消費品分配結構的分析

分配關係包括生產資料的分配與消費資料的分配，而生產資料分配總是要歸結到消費資料的分配，因為任何一種生產資料的佔有形式總是為維護某種消費品的佔有形式服務的。社會主義生產的目的是滿足全體社會成員不斷增長的物質與文化生活的需要。這就決定了消費品的分配具有特別重要的意義，消費品分配的完善，是完善社會主義分配關係的關鍵。因而，研究消費品分配關係及其運動規律，就成為政治經濟學中社會主義部分的重要課題。

現階段社會主義消費品的分配關係也具有多層次性質，占統治地位的是社會主義的按勞分配。按勞分配是生產資料社會主義公有制條件下的分配方式，這種分配方式是由社會主義直接生產關係決定的，它又反作用於社會主義生產，成為社會主義經濟發展的重要動力。因而堅持與不斷完善社會主義按勞分配，尋找與各個經濟領域的具體條件相適應的按勞分配的具體形式，乃是順利地推進社會主義經濟建設所必須解決的重要問題。

社會主義政治經濟學要結合社會主義公有制的不同形式及其經營方式來研究按勞分配的各種具體形式及特點。如全民所有制內部的按勞分配和集體所有制內部的按勞分配，它們本質上相同但各自又有不同的特點。農村集體所有制經濟實行家庭聯產承包責任制條件下的按勞分配形式與統一核算、統一分配的工分制按勞分配形式就具有不同的特點。城市實行經營承包制條件下的按勞分配關係，較統一工資制下的按勞分配又有所不同。

國營企業實行浮動工資制下的按勞分配關係，較固定工資制下的按勞分配又具有新的特點。按勞分配還有產品關係中的按勞分配、商品關係中的按勞分配，它們各自也有不同的特點。現階段社會主義的按勞分配與未來消除了商品貨幣關係下的社會主義按勞分配也有所不同。可見，按勞分配存在著多樣的具體形式和複雜的實現機制，特別是在商品生產與交換存在的條件下，按勞分配更要表現為不純粹與不完全的形態。對按勞分配的政治經濟學的分析絕不是簡單地停留在馬克思《哥達綱領批判》中所闡述的一般原理上，而是要結合社會主義國家的具體條件，闡明它的各種生動的具體形式。我們也不能把社會主義分配結構看作單一的社會主義按勞分配。要看到社會主義分配關係的體系中某些萌芽性的按需分配因素是客觀存在的。從理論上承認社會主義階段存在數量上極其有限的、不完全的、局限在特殊範圍中的萌芽性的按需分配，並不是就混淆了社會主義與共產主義這兩個發展階段的界限，恰恰相反，它揭示了社會主義與共產主義的經濟既是相區別的又是相聯繫的。

在社會主義社會分配關係體系中還存在以個體勞動為基礎的分配關係。在社會主義社會發展的很長階段，還將存在個體所有制經濟，如農村集體經濟組織中包孕的個體所有制經濟因素（自營經濟和家庭副業）和城市的個體經營這種以勞動者個人所有制為基礎的分配關係，它既不是資本主義的按資分配，也不是公有制下的按勞分配，而是帶有個人佔有性的前社會主義小生產分配關係的殘余。特別是實行包干到戶的農村集體所有制的合作經濟，採用包干分配的獨特形式，這種分配主要體現按勞分配的性質，但帶有某些個人佔有的性質。此外，一定範圍內存在的投資分紅關係還體現了非勞動的佔有因素。

總之，社會主義社會的分配關係是多層次的。分析社會主義社會分配關係的內在層次結構，揭示它的內在聯繫、矛盾和發展變化的規律，是社會主義政治經濟學的重要研究課題。

4. 國民收入的依次繼起的分配序列的研究

為了全面地闡明社會主義分配的機制，還必須弄清國民收入分配的依次繼起的序列，即國民收入的分配與再分配。社會主義制度下，企業創造的純收入 V+M，要在國家、集體、個人之間進行一系列的分配。國家與勞動者之間在物質生產領域中分配的第一級的原生性的分配關係，就是對企業創造的純收入的 V+M，由國家扣除一部分產品價值作為社會基金，一部

分通過企業分配給勞動者。這就是第一次分配。繼第一次分配之後的是一系列派生的分配關係。首先是國家將集中的社會基金用於支付國家機關和文教科學等事業單位的職工的工資，這就是物質生產領域的勞動者與非物質生產領域的勞動者之間的分配，即第二次分配。物質生產領域的勞動者通過支付各種生活服務費用，其收入的一部分就轉到非物質生產領域的勞動者手中。非物質生產領域的勞動者之間也相互購買服務，這就形成第三次分配。第四次分配是勞動者與不勞動者之間的分配。勞動者為了贍養失去勞動能力的家庭成員、就學的子女，要把他的收入分給不勞動者，這是一種家庭範圍內的勞動者與不勞動者之間的特殊的分配，可稱為第四次分配。

可見，社會主義分配包括一個原生的分配和多級派生的分配，組成一系列的依次繼起的分配序列，是一個由國民收入的初次分配與多次再分配組成的運動。闡明這一多次分配組成的國民收入分配運動的內在關係與機制，尋求使這一分配暢通的途徑，也是社會主義政治經濟學的任務。

(三) 社會主義交換結構的研究

社會主義交換結構（交換關係的總和），是社會主義生產關係的一個重要環節。特別是在還存在商品關係的社會主義發展階段，交換關係更具有重要的作用，它不僅是實現社會主義分配的槓桿，而且也是組織社會主義生產的重要經濟槓桿。

社會主義社會的交換是一個多層次的體系，它是由經濟性質上各具特點的交換關係組成的，具體地說，它包括：

(1) 全民所有制之間的交換關係；
(2) 全民所有制與全民所有制範圍內的職工之間的交換關係；
(3) 全民所有制與集體所有制之間的交換關係；
(4) 全民所有制與個體所有制之間的交換關係；
(5) 集體所有制之間的交換關係；
(6) 集體所有制與個體所有制之間的交換關係；
(7) 個體所有制之間的交換關係。

上面這一系列的交換都表現為商品交換形式，但是就其經濟性質來說，它包含社會主義的不完全的商品交換關係到社會主義的比較完整的商品交換關係，以及由社會主義性質的商品交換關係到個體經濟性質的商品交換

關係的一系列階梯。除了上述商品交換關係而外，還存在著某些社會主義產品交換關係，如用於救災的物資供應以及各地區之間的物資相互支援，這是一種無償的產品交換關係。

社會主義社會各類商品交換關係性質上的特點，決定了商品交換的不同形式。如：①全民所有制之間的商品交換，是從屬於國家的計劃管理與指導的商品交換。它的最嚴格的交換形式，是從屬於直接計劃的商品交換，即生產資料的計劃調撥（包括由國家直接控制的強制性供貨形式）和消費品的計劃供應；它的一般交換形式，則是由間接計劃來加以指導和調節的國營企業之間的商品交換。②集體所有制經濟單位，由於它的生產具有更完整的商品性，因而，集體所有制與外部的商品交換，要在更大程度上從屬於價值規律的調節，各種交換關係表現為由國家運用經濟槓桿進行調節的自主的商品交換。如國家與農村社隊和城鎮集體經濟單位之間工農產品（特別是三類農產品）實行議價購銷形式的交換。③以生產資料的個體所有制與消費品的個人所有制為基礎的自由的商品交換。它包括城鄉集市貿易，以及國營企業和合作企業與職工和居民之間的消費品的自由市場買賣。這種交換主要從屬於價值規律的自發的調節。

總之，深入地分析社會主義社會交換關係體系，特別是揭示商品交換關係的多層次性質及其內在矛盾，由此闡明支配各個交換領域的商品交換的規律，是社會主義政治經濟學的重要任務。

（四）社會主義消費關係的研究

消費按其性質可分為生產的消費（包括生產資料的消費和勞動力的消費）和個人的生活消費，這二者構成廣義的消費概念。狹義的消費僅指生活消費。生產的消費雖然使用「消費」一詞，但嚴格說來應稱為「消耗」，生產資料的消費實際上就是一種生產中的物質的消耗，勞動力的消費實際上是人力消耗，它們共同形成物質產品。所以，消費按其狹隘的意義和真正的意義講是指個人生活消費。

在任何一種社會形態中，消費均是再生產的一個必要環節，但是消費在各個社會形態再生產中的地位是不同的。在原始社會，與當時的極其落後的物質生產力水平相適應，那裡存在的是受到限制的以維持生存為內容的極其低下的共同消費。在此后的階級社會，是一種對占社會成員絕大多數的直接生產者進行壓抑的消費。社會主義生產方式在人類歷史上第一次

把社會全體成員的內容不斷充實的、健康的生活消費,提升到生產的目的與動機上來。社會主義的實質,不僅在於使作為生產主體的勞動者擺脫了剝削,而且還要使人們擺脫貧困,日益富裕起來。可見,消費在社會主義經濟生活中佔有十分重要的地位,而對消費的研究,也就理所當然地成為政治經濟學的重要課題。

政治經濟學對消費的研究,不是旨在研究消費的自然生理方面的內容,如社會及各地區、各個階層的消費方式、消費心理及消費行為、消費結構等等(上述問題乃是消費經濟學的研究對象),而是著眼於消費過程中人們的相互關係。如要研究社會主義階段由三大差別的存在引起的消費水平的社會差別,揭示社會主義消費的社會差別的變化規律與探索形成與發展社會主義消費生活的組織形式,找出逐步縮小消費的社會差別,發展社會主義的共同的健康的消費,實現全體社會成員生活的普遍提高和共同富裕的途徑。消費生活中的社會關係,包含著十分豐富的內容,它為社會主義政治經濟學提供了許多嶄新的課題。那種認為消費的社會關係沒有什麼可研究從而不能成為政治經濟學的研究對象的觀點,是不能令人同意的。

二、對社會主義生產關係從縱的方面進行研究的主要課題

社會主義的經濟機體除了可以剖析為生產關係、分配關係、交換關係、消費關係這一四維經濟結構而外,還可以剖析為由所有制形式、企業生產組織形式、企業經營管理形式、社會生產組織形式、國民經濟管理形式形成的縱的社會經濟組織形式。因此社會主義政治經濟學對於社會主義經濟機體的分析研究,除了要按照生產、分配、交換、消費的序列,從橫切面來揭示社會主義生產關係的內在聯繫而外,還有必要按照所有制、生產組織方式、企業經營管理形式、社會生產組織形式、國民經濟管理形式的序列,從縱的方面進行分析與研究。

(一) 第一級的始發性的生產關係——生產資料

1. 所有制的研究

如果把整個社會主義社會的經濟組織形式作為一座大廈,生產資料所有制形式就是它的基石。在社會主義社會的某一發展階段,企業的生產組

織方式、經營管理形式、社會生產組織形式和國民經濟管理形式均是受生產資料所有制制約的,並且體現了這一發展階段的生產資料所有制的特點。從上述意義來說,生產資料所有制乃是一種始發性與基層的生產關係,而體現於企業的生產組織、企業經營管理形式、國民經濟管理體制中的生產關係則可以稱為「第二級的和第三級的東西,總之,派生的、轉移來的、非原生的生產關係」①。因此,從縱的方面來剖析社會主義社會的經濟組織,理所當然地要從對生產資料所有制的分析開始。

進行所有制研究的內容,已經在上節加以論述,在此不再贅述。

2. 結合企業生產組織形式來研究社會主義的生產關係

企業生產組織形式首先是勞動方式,它的主要內容是指生產中的勞動協作與分工形式。如企業的生產是實行沒有分工的簡單協作,還是以複雜的分工為基礎的協作,是小而全的非專業化生產,抑或是專業化的小企業還是實行生產集中的大企業,等等。以勞動分工協作為內容的勞動組織與生產組織,馬克思稱之為「社會地發展了的勞動的形式」,或者說是勞動力的社會結合方式。這種人們勞動的社會組織形式是由物質生產條件的性質與狀況決定的,首先是由生產工具的性質與狀況決定的。如手工工具決定了生產中的簡單的勞動協作形式,專門化的工具決定了手工業工場中的以分工為基礎的勞動協作形式,機器生產決定了專業化生產這樣的現代工廠制度下的發達的分工與勞動協作形式。可見,分工協作的各種具體形式可以是決定於生產的物質技術條件的社會勞動的組織形式,也可以稱之為技術性的生產關係或形式。這種技術性的勞動的社會結合形式帶有生產力的性質。只要物質生產條件不變,以特定的勞動分工與協作作為內容的生產組織形式,並不因所有制的改變而存廢。

但是另一方面,由於生產組織形式乃是勞動力的社會結合形式,而勞動力具有社會的規定性,在不同社會,勞動力的社會結合,就不能不體現勞動力的社會性質與特點。例如,資本主義的簡單協作,乃是從屬於資本的社會結合勞動方式,它體現了資本榨取剩餘勞動的關係,它與體現人們生產中的社會主義互助合作關係的社會主義的簡單協作具有本質的差別。同樣,資本主義企業的專業化生產組織與社會主義企業的專業化生產組織,它所體現的生產關係是根本不同的。上述情況表明,企業生產組織形式還

---

① 馬克思恩格斯選集:第 2 卷 [M]. 北京:人民出版社,1972:112.

有社會生產關係的一面，從而要體現出某種社會經濟制度的特徵。也就是說，要看到企業的生產組織形式帶有二重性，它主要作為生產力的社會勞動組織形式，但是它又要受所有制的制約，從而體現某種特殊的社會生產關係的性質。可見，勞動組織與生產組織具有處在生產力與狹義生產關係「結合處」的特點，可以稱之為技術性生產關係與社會生產關係的複合體。

由於企業生產組織是生產力的具體組織形式，它首先決定於生產的物質技術條件，因而生產力決定生產關係的原理就要具體表述為生產力→企業生產組織形式→生產關係。在社會主義制度下，要表述為社會主義物質技術基礎的變化，引起企業生產組織形式的變化，進一步引起社會主義所有制的發展變化。因此，社會主義政治經濟學在研究社會主義所有制的發展變化時，就要採取生產力→企業生產組織形式→所有制的程序與方法，這樣才能細緻地揭示社會主義生產關係變革的一些必經的階梯，真正闡明社會主義所有制發展的規律。

馬克思在研究資產階級所有制的發生、發展的規律時，就採用了上述方法。我們可以看見，《資本論》在研究資本的產生時，分析了表1所示的內在的聯繫。

表1

生產力	生產組織形式	所有制
手工工具	小規模簡單協作	資本的萌芽
發達的手工工具	以分工為基礎的協作	資本家所有制的產生
機器體系	工廠制度下更發達的專業化生產與協作	資本家所有制的確立

按照這一方法，我們不難發現現代資本主義經濟發展中也存在著如表2所示的內在聯繫。

表2

生產力	生產組織形式	所有制
自動化機器大生產	生產集中，聯合化	壟斷性聯合資本
高度自控化的機器大生產	更高度的聯合化	國際壟斷性聯合資本

上述分析的方法對社會主義政治經濟學的研究也是同樣適用的。如就農業來說，中國農業生產力水平還很低，還在很大程度上是以手工工具這一落后技術為基礎的，這就決定了中國現階段的農業企業的生產組織就不能不以小規模集體生產與家庭分散生產相結合為特徵。除了某些農業生產與經營領域實行「統一」而外，在農林牧漁生產的廣泛範圍內實行「分散」，這樣就可以既發揮統一經營與集中勞動的優越性，又可以充分發揮分散生產與經營的潛力，使勞動力與生產資料有效地結合起來。因而統分結合，把集中勞動與家庭分散勞動相結合，乃是適應於農村生產力發展水平的現階段社會主義農業的勞動方式與生產組織形式。這種社會主義農業的勞動方式也就決定了農業的社會主義所有制的下述特點：它是以集體所有制為主體的，但又包孕有部分的生產資料的個人佔有，從而使集體所有制帶有不純粹與不成熟的特徵。農村當前實行的家庭聯產承包責任制形式，在所有制上就鮮明地體現了上述特點。

　　當然，上述社會主義初始階段的幼年期的集體所有制生產關係，是要不斷發展變化的。隨著今后農業機械化的發展，農業勞動方式與生產組織形式日益先進和現代化，農業分散生產與經營將進一步為統一的集體生產所取代，小而全的與粗放的生產為專業化與集約化的生產所取代，農業集體所有制就會進一步完善，生產資料的個人所有將通過聯合化而日益社會化，不成熟的集體所有制就要發展成為更成熟的、更完全的集體所有制。而在此後農業現代化的進一步發展中，現代技術與科學在農業中的應用又將使農業生產進一步專業化與協作化，企業勞動方式與生產組織形式將進一步改變，如為了實行聯合化這種大規模的生產組織形式，農工商聯合體將要普遍建立。勞動方式與生產組織的這種變革將帶來所有制的變革，將會出現集體所有制企業的聯合，或者是國營企業和集體企業的聯合，以及其他形式的聯合，從而產生新型的聯合所有制。這種情況表明，隨著社會主義物質技術基礎的壯大，企業生產組織將進一步完善與先進，生產資料公有化將進一步發展。總之，結合企業的勞動方式與生產組織的演變來研究社會主義生產關係發展與完善的規律，是社會主義政治經濟學的重要課題。

　　3. 結合企業的經營管理形式來研究社會主義生產關係

　　經營管理形式是企業在組織生產與經營中運用、支配生產資料，組織產品交換與收入分配的具體形式。經營管理形式主要體現生產關係，因為：

①經營管理形式體現生產資料的支配關係，如生產資料是歸企業佔有還是歸企業支配使用；②經營管理形式體現收益分配關係，如收益主要歸企業所有還是主要上交國家；③經營管理形式體現產品的交換關係，如是企業自主的商品交換還是國家支配的產品調撥。顯然，這些方面體現的是企業與國家、企業與企業、企業與職工之間的生產關係，因而，經營管理形式主要屬於生產關係範疇。

經營管理形式首先是取決於所有制，但是它又不等同於所有制。對於同樣的生產資料所有制來說，可以採用多樣的經營管理形式，如社會主義全民所有制經濟中，由於企業經濟條件不同——包括物質條件、產品性質、銷售條件、價格制定，企業在經營管理形式上也是不同的。如郵政、航空、鐵路、重要軍工、原子能、最新科學技術等企業採取較長期的統負盈虧的經營形式。某些小型企業主要實行經營承包、自負盈虧形式。某些企業如小型零售商業、飲食服務業，還可以採取租賃形式，或租給集體，或租給個人。由此可見經營管理形式具有多樣性。

所有制關係總是通過一定的具體的經營管理形式而體現出來。如集體所有制關係要通過集體企業的具體經濟管理形式而得到體現，全民所有制關係要通過國營企業的具體的經營管理形式而得到體現。上述國營企業的多樣經營管理形式都體現了全民所有制關係，無論是統負盈虧，還是自負盈虧（相對的）或是租賃等經營管理形式都並不改變全民所有制的基本性質。

但是另一方面也要看到，經營管理涉及生產、分配、交換等關係的具體形式，因而某種經營管理形式總是要體現某種所有制的特點。例如國營企業實行相對的獨立經營和自負盈虧，在這種經濟形式下：①生產資料所有權屬於國家，部分支配使用權屬於企業，全民所有制關係沒有改變，但生產資料支配使用權有了變化。②在統負盈虧下，收益分配權集中於國家，實行統收統支，而自負盈虧則是以稅代利，向國家上繳稅金，自留利潤歸企業支配使用，在產品收益分配關係上就有了變化。③實行自負盈虧，就要給予企業以一定的自主生產余地，除了在必要的生產與交換領域實行指令性計劃外，還要實行指導性計劃，這就表明計劃管理方式具有其特點。可見，自負盈虧使全民所有制企業在生產資料支配使用關係、產品佔有關係上都要發生某些變化，它使全民所有制企業帶有產品局部佔有因素，從而具有不成熟與不完全的全民所有制的特點。

基於以上論述，我們可以看出，政治經濟學不能撇開企業的經濟管理形式來抽象地論述社會主義生產關係的特徵。只有結合企業的經營管理形式來進行分析研究，才能闡明社會主義所有制的具體形式和特點。

4. 結合研究宏觀的社會生產組織形式來研究生產關係

宏觀的社會生產組織形式是相對於微觀的企業生產組織形式而言的，它首先是國民經濟範圍內生產力的組織形式，但也體現有生產關係的性質，因此具有二重性。

從國民經濟範圍來看生產組織形式，首先是指國民經濟範圍內的產業結構，它包括：

（1）物質生產與非物質生產部門的結構。物質生產與非物質生產的結構是任何社會生產組織的必然內容。由於非物質生產部門的勞動者與社會不生產的成員的生活消費數量是以物質生產部門的剩余產品總量為極限，因而社會生產力發展水平越低，就越需要把絕大多數勞動力用於物質生產，而以較少的勞動力用於非物質生產。相反，生產力發展水平較高的社會，就會以較少的勞動力用於物質生產，以較多的勞動力用於各種社會服務，如各種消費服務、文化服務、醫療衛生服務等。可以說，物質生產在社會生產結構中的地位與社會生產力發展水平成反比，乃是生產力發展的規律。比如，中國現階段較低的生產力水平就要求有數億農民從事農業生產，要求大量職工從事工業生產，服務行業及文化教育、醫療衛生事業等部門的發展就受到限制。按物質生產力的發展水平所提供的可能性，把必要的勞動力用於物質生產，同時把足夠的勞動力用於服務部門，特別是用於發展科學文教事業，形成一個最合理的物質生產部門與非物質生產部門的結構，這是合理的宏觀生產組織所要解決的重要問題。

（2）物質生產的內部結構。物質生產部門包括工業、農業、交通、郵電（嚴格說來是它的為生產服務的那一部分）等部門以及商業（其中的大部分）。形成某種物質生產領域中的合理的產業結構乃是生產順利進行的必要條件。物質生產內部各個部門的相互關係的一般規律是：農業部門中占用的勞動力與物質生產力的發展水平成反比。生產力水平越低，用於農業中的勞動力就越多，農業這一部門在國民經濟中所占比重就越大；反之，生產力發展水平越高，工業、交通等部門就能在物質生產部門中占優勢，形成工業為主要成分的現代產業結構。就工業而言，重工業與輕工業之間又有一定的規律性。作為現代化的生產力，重工業在工業結構中要占更大

的比重，即形成重型的工業結構，才能適應於技術進步下的擴大再生產的需要。

（3）第Ⅰ部類和第Ⅱ部類的結構，即生產資料部類與消費資料部類的結構。社會生產兩大部類的合理結構，是順利實現社會再生產所必需的。如Ⅰ(v+m)=Ⅱc的兩部類結構是實現簡單再生產的物質條件，Ⅰ(c+v+m)=Ⅰ(c+Δc)+Ⅱ(c+Δc)的結構則是實現擴大再生產的物質條件。隨著社會生產力水平的不斷發展與技術的不斷進步，社會兩大部類的關係表現為第Ⅰ部類比重逐步增長和第Ⅱ部類比重相對降低的規律性，即生產資料優先增長的規律，這是對於任何社會都適用的技術進步下的擴大再生產的一般規律。當然，隨著物質生產力達到很高發展水平，隨著生產資料部類勞動生產力的發展，新技術的微型化和新技術帶來的生產資料生產中勞動的節約，這些因素將對第Ⅰ部類優先增長起反作用，從而為第Ⅱ部類以服務行業為主的消費資料的生產的更迅速的發展提供物質條件。

（4）物質生產部門與科學技術部門的結構（包括作為第二層次的物質生產與文教部門即所謂智力開發部門的結構）。當代科學技術日益迅速地轉化為直接的生產力，科學技術部門不僅服務於物質生產，而且日益顯示出它的某些物質生產的性質。這裡我們指的是與物質生產密切結合的科學技術部門，如工廠裡的研究所與技術科室，它們密切地與生產相結合而進行的科技勞動，也具有物質生產勞動的性質。當然，從事理論研究的勞動，如高能物理、原子物理等理論研究的勞動，一般地還只是為物質生產服務，還不具有直接生產的性質。這些理論研究要被運用於生產還得經過若干中間環節，還要經過由知識形態的可能的生產力向直接生產力的轉化。因此，形成國民經濟範圍的最有利於生產力發展的合理的生產組織，還要求處理形成一個合理的物質生產勞動與科學技術勞動的結構。與此相關聯，作為上述一般生產勞動與技術勞動結構的第二層次的，乃是物質生產部門與文教部門的結構。這一結構的合理化，乃是一般生產勞動與技術勞動結構合理化的前提。

總之，社會生產組織形式包括物質生產部門與服務部門、科技部門、文教部門之間的結構。除此而外，宏觀的社會生產組織還包括地區生產結構，如工業與農業的結構、城市與鄉村的結構、一般經濟地區與生產力高度發展的經濟中心的結構、中小城市與大城市的結構。上述的生產結構本身是生產力的一種特殊組織形式。但是，這些結構卻又體現著生產關係的

性質。如生產部門與非生產部門的結構，體現了生產勞動與非生產勞動的關係；工業與農業的結構，體現了工人與農民的關係；一般生產部門與科技、文教部門的結構，體現了體力勞動與腦力勞動的關係；等等。因此，社會主義政治經濟學不僅有可能而且有必要聯繫這一宏觀的社會生產組織，從更大的廣度來研究社會主義生產關係。

5. 結合國民經濟管理形式來研究社會主義生產關係

為了全面地對社會主義生產關係進行剖析，還必須通過對國民經濟管理形式（即國民經濟管理體制）的分析來把握社會主義生產關係的具體形式。社會主義的國民經濟管理是國家對宏觀經濟活動的管理和控制，以及對企業經濟活動的調節和個人的經濟活動指導。國民經濟管理包括廣泛的內容，如企業利潤以稅收形式上交國家與自留利潤比例的制定、國民收入的累積和消費的分配、國民經濟基本比例關係的確定、勞動力在各部門中分配比例的確定，等等。

社會主義國民經濟管理的方式與體制，不是可以任意地來設置的，而是決定於生產資料的社會主義所有制的性質及其特點。如對於國營企業來說，它的生產資料屬於全民所有，因而它的生產與交換活動就是從屬於全社會利益的，它的剩余產品的分配和使用也應從屬於全社會的需要，企業職工的勞動報酬也應該有社會統一的尺度。上述情況決定了社會主義國民經濟管理體制的集中形式，它要以國家為最高管理主體和由國家對國民經濟的主要活動進行集中統一的管理、控制和調節。但是，現階段全民所有制經濟關係還表現為商品關係，國營企業還要表現為不完全的相對獨立的商品生產者，這一情況決定了企業在微觀經濟活動中的部分決策權。社會主義國民經濟管理體制的形式，必須適應上述特點，把國家的決策權與企業的決策權結合起來。

國民經濟管理體制，作為社會管理、調節與指導國民經濟活動的方法和制度，包括：①最高管理主體的形式（例如是以國家為主體還是實行其他管理主體如以社會中心作為管理主體）；②管理模式，例如是高度中央集權型的、集中型的，還是分權型的，等等；③管理的組織機構體系與模式，例如是以國家行政機關為主，還是以經濟組織為主；④管理方法，例如是以行政手段為主還是行政手段、經濟手段與法律手段並用，但以經濟手段為主。上述管理的主體、機構、方法等均是人們根據客觀經濟規律的要求而採用與確定的一種制度。從這一方面來說，它帶有上層建築的性質，但

這是一種具有特殊含義的上層建築，即它既包括有一部分政治上層建築性質，但還包括另一種上層建築：聳立於生產關係體系之上的經濟管理體系——經濟上層建築[①]。正由於此，我們不能把國民經濟管理體制範疇與生產關係範疇混為一談，要看到它與所有制關係是有區別的。例如，社會主義社會某一發展階段的所有制，其性質與基本形式總是穩定的，而國民經濟管理體制却不是持久不變的，而是隨著客觀條件的變化而不斷地改進和完善。因此，同樣的所有制形式下，可以採取不同的管理形式。例如，對於全民所有制領域的經濟活動，根據不同的政治經濟條件，可以採取不同的管理形式。如在不發達的社會主義國家初始發展階段，或在戰爭、自然災害時期，由於物資缺乏或比例關係不協調，要求實行某種較為集中的管理體制。在社會主義經濟發展到以內涵的擴大再生產為主的階段，實行企業決策和個人決策相結合的管理制度，就要擴大企業必要的自主權，適當減少國家干預。顯然，國民經濟管理體制的這些變革，並不會改變社會主義國家所有制的性質。

但是也必須看到，如同上層建築會積極反作用於經濟基礎，上層性的管理關係也會影響作為它的基礎的所有制關係。社會主義的國民經濟管理體制實際上涉及生產資料的支配、使用形式。如生產資料的所有權、支配使用權是統統歸國家，還是實行所有權歸國家，企業有部分的支配使用權。管理體制還涉及分配形式，如國家與企業之間是實行全收全支，還是實行把利潤分為國家徵收稅金和企業自留利潤的分配方式。管理體制還涉及交換方式，如是實行全面的統購統銷、統購包銷、統購統配，還是給企業某些自主購銷權。總之，國民經濟管理體制模式的不同，也就意味著在生產資料佔有、產品分配與交換等的現實關係與具體形式上有所不同。這也就表明，在社會主義制度下，國民經濟管理體制的完善就不僅僅是一般上層建築完善的問題，而是也直接體現為社會主義生產關係的完善。特別是在生產資料的社會主義公有制的改造取得基本勝利，社會主義經濟制度基本確立后，社會主義生產關係的進一步完善，在很大程度上就是通過國民經濟管理體制的改進來實現的。如果人們能夠尋找到和建立起一種與社會主義所有制的性質和本國的國情相適應的完善的國民經濟管理體制，那麼，就意味著社會主義生產關係的具體形式進一步完善和更加適應於生產力的

---

① 從這種意義上講，國民經濟管理形式是一種管理關係，可以稱之為上層性的經濟關係。

性質。

　　基於以上的論述，我們就可以看出：國民經濟管理體制這一上層性的管理關係的性質，及其在實現社會主義生產關係的完善中的重要作用，正是社會主義政治經濟學要對社會主義國民經濟管理體制進行深入研究的原因。

三、保證社會主義生產關係全面適應於生產力性質，是生產力最迅速發展的根本前提

　　對社會主義經濟組織的縱向的研究可以歸納為如圖1所示：

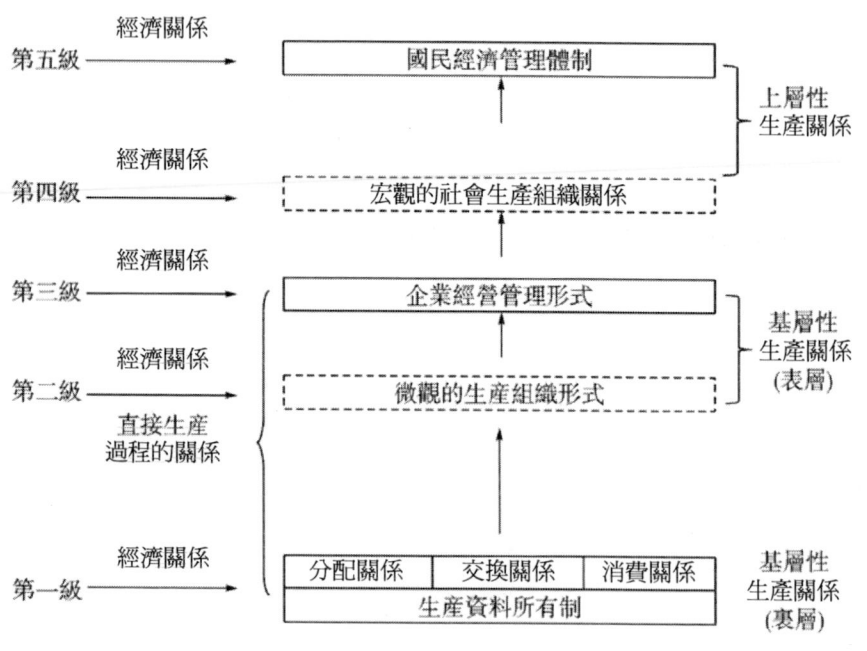

```
第五級 ──經濟關係──→ ┌─國民經濟管理體制─┐ ┐
                                          │ │上層性
                                          ↑ │生產關係
第四級 ──經濟關係──→ ┌─宏觀的社會生產組織關係─┐ ┘
                                          ↑
第三級 ──經濟關係──→ ┌─企業經營管理形式─┐ ┐
                                          ↑ │基層性
                                          │ │生產關係
第二級 ──經濟關係──→ ┌─微觀的生產組織形式─┐ │(表層)
                                          ↑ ┘
       直接生產
       過程的關係
                                          ↑
第一級 ──經濟關係──→ │分配關係│交換關係│消費關係│ ┐基層性
                     │　　　生產資料所有制　　　│ │生產關係
                                               ┘(裏層)
```

圖1（虛線體現生產力與生產關係二者）

　　圖1表明：①確立完善的生產資料社會主義所有制結構，是建立社會主義社會的經濟組織的基礎。②社會主義國家的微觀的即企業生產組織形式是以生產資料公有制為基礎的，但它又將更直接地適應生產力的變化。探索這種由直接生產力制約的最適當的企業經營管理形式，是組織社會主義生產的一個重大課題。③企業經營管理形式位於企業生產組織形式之上，就是說企業經營管理形式要適應於勞動方式與生產組織形式的要求，以促

進作為社會主義經濟細胞的企業的生產與經營的順利發展。④國民經濟管理體製作為上層性的生產關係，它必須適應於與有利於具有相對獨立性的企業的生產經營的發展。

圖1也表明，為了更清楚地揭示社會主義經濟組織的內在構造，可以將社會主義生產關係劃分為基層性的生產關係和上層性的生產關係以及原生性的生產關係和派生性的生產關係。對經濟關係還可以劃分為第一級、第二級、第三級等一系列階梯，即生產關係的序列。具體地說，所有制關係乃是原生性和第一級的即基層性的裡層的生產關係，企業的生產組織與經營管理中體現的生產關係，是基層性的表層的生產關係。國民經濟管理體制是管理關係，它是所有制關係派生的，可以稱為上層性的生產關係。基於上述對經濟關係的進一步劃分與經濟關係新概念的確立，我們就能對社會主義制度下生產關係一定要適合生產力性質的規律做出如下的闡述：要使作為上層性的生產關係的國民經濟管理體制與基層性生產關係的要求相適應，要使基層性生產關係的表層與基層性生產關係的裡層相適應，要使上述多層次的社會主義生產關係互相適應，從而建立社會主義經濟組織中的全面協調關係，最根本的則是要保證社會主義所有制形式與生產力的性質相適應。社會主義政治經濟學對社會主義生產關係的全面的分析與研究所得出的最終結論就是：要保證社會主義生產關係體系全面地適應於生產力的性質。社會主義社會生產力生氣勃勃地發展的根源正在於此。

[本文選自：劉詩白. 全面研究社會主義生產關係體系 [M] //劉詩白文集：第3卷. 成都：西南財經大學出版社，1999：82-112.]

第三章　馬克思制度理論的精髓：方法論的視角

李　萍

馬克思理論研究的經典主題始終是制度，其制度理論集中分析以資本主義私有制為基礎的市場制度，主要包括所有制與所有權理論、市場制度對經濟增長和社會發展的作用、資本主義社會經濟制度的本質及其動態發展與更替的一般規律，以及國家與意識形態理論等內容。從方法論角度來認識，馬克思制度理論的精髓，主要體現為以下兩個特點：

一、強調制度對經濟增長的雙重效應

馬克思的制度理論從研究生產關係、所有制入手，詳細分析了資本主義所有制及其所有權的形成和發展、所有制結構的變遷及其本質。

一方面，馬克思認為：資本主義私有制的建立是資本主義社會生產力迅速發展的前提條件，他充分肯定了資本主義私有產權的效率及其促進資本主義經濟增長和社會發展的歷史功績；另一方面，馬克思又指出：隨著生產力的日益社會化，資本主義私有制與之越來越不相適應，逐步成為制約生產力進一步發展的桎梏，成為制約經濟增長和社會發展的關鍵因素。

首先，從歷史上看，隨著資本主義的發展，勞動者和生產資料徹底分離，成為出賣自己勞動力的雇傭勞動者，而生產資料和資本則集中在少數資本家手中。這樣，一方面使得新興資本主義生產方式下的生產發展獲得了豐富而廉價的勞動力，另一方面又為以大規模的分工與協作為前提的資本主義生產的社會化發展提供了現實條件和可行性。

恩格斯在《反杜林論》中指出，「把這些分散的小的生產資料加以集

中和擴大,把它們變成現代的強有力的生產標杆,這正是資本主義生產方式及其體現者即資產階級的歷史作用」。資本主義社會生產方式以雇傭勞動與資本家私人所有的生產資料的間接結合為特徵,相應地,資本主義佔有規律取代了小生產者的佔有規律。而資本家對剩余價值(即利潤)追求的無限性和內在驅動及競爭的強制性和外在壓力,則變成了迫使資本家「不斷改進自己的機器、不斷提高機器的生產能力」和不斷「擴大生產規模」的「強制性指令」,從而在客觀上推動了社會生產力的發展。可見,私有制的激勵作用,比過去大為增加了。

其次,以資本主義私有產權為基礎的市場制度的確立,為要素的流動提供了誘導機制,各種要素市場(勞動力、資本市場等)的出現,為潛在的獲利機會與要素的結合提供了現實的制度裝置,從而直接推動了經濟增長。

相對於封建生產方式下的超經濟強制、等級制度、行會制度等對勞動者的諸多限制,以及占統治地位的自然經濟對商品交易和市場發展的限制所帶來的社會生產緩慢發展、長期處於封閉和停滯的狀態而言,新興的資本主義市場制度具有鮮明的「開放性」特徵,它賦予了勞動者更大的獨立性和更多的自由,增強了勞動力市場上勞動者選擇職業的自主性和勞動力流動的自由性,極大地提高了勞動生產率。

同時,隨著資本市場的出現和發展,融資方式開始轉向社會化,並通過資本集中,借助競爭和信用槓桿迅速形成規模經濟,極大地突破了企業內部單純資本積聚方式的時間限制和數量限制。而企業制度的創新、公司法的正式實施,又使融資社會化行為得到法律確認。這樣,為獲取規模經濟的行為主體提供了現實的物質資本保障,整個社會的資本資源也得到了更有效的配置。

美國學者查爾斯·林德布洛姆在《政治與市場》一書中,對市場制度在前資本主義經濟向資本主義經濟發展過渡的歷史過程中的作用有過精闢的分析。他認為,從歷史上看,新興資本主義經濟的迅速增長和發展,是由於其存在著一種內在的、自然的協調和促進力量,即市場制度。到了16世紀,由商人們鍛造的「市場環的鏈條」頭一次使西歐連為一個整體化的經濟,實現了甚至連政府都望塵莫及的一個大陸的協調。不僅如此,伴隨著資本主義企業的形成和發展,使一種曾經是同質的交換形式及其領域一分為三:商品市場、勞動力市場和資本市場。企業在資本累積、組織生產、

尋找原材料和銷售產品的過程中，使得世界在 18~19 世紀「在人類歷史上首次完成了一元化的整體——在勞動的協調和世界資源的利用上」。毫無疑問，市場的開放性，在資本主義社會得到了制度上的保障和最充分的體現，而資源在區域乃至世界範圍的廣泛利用，則適應了早期資本主義經濟數量擴張的需求，從而促進了經濟的迅速增長。

對處於上升時期的資本主義制度在推動和發展社會生產力方面的歷史作用，馬克思在《共產黨宣言》一書中亦給予了高度的評價。他指出：「資產階級在它的不到一百年的階級統治中所創造的生產力，比過去一切世代創造的全部生產力還要多，還要大。自然力的徵服，機器的採用，化學在工業和農業中的應用，輪船的行駛，鐵路的通行，電報的使用，整個大陸的開墾，河川的通航，仿佛用法術從地下呼喚出來的大量人口——過去哪一個世紀能夠料想到有這樣的生產力潛伏在社會勞動裡呢？」由此可見，馬克思是把制度視為影響經濟增長和社會發展的重要因素之一的，而且強調這種影響具有雙重效應：適合一定的生產力性質的經濟制度，就必然能夠大大地促進經濟增長和社會發展，成為經濟增長和社會發展的巨大推動力；相反，與一定的生產力性質不相適應的經濟制度，就會阻礙經濟增長和社會發展。因而，制度因素既可能是經濟增長和社會發展的增函數，又可能是經濟增長和社會發展的減函數。正因為如此，馬克思在肯定了私有產權的效率及其歷史進步作用的同時，又進一步指出：隨著資本主義社會生產力的發展，生產資料的資本主義私人佔有制度又與高度社會化的生產力發展不相適應，成為社會生產力發展的桎梏，因而，只有實現所有制關係的社會化才能適應生產力社會化的進一步發展。

二、強調制度是可變的，制度變遷或變革的根源在於技術和生產力的變化

制度的變遷與變革，是兩個不同層面的變化發展的過程。制度變遷，一般是指在一定社會經濟制度總體不變的前提下，具體經濟制度的階段性調整、改革和創新；而制度變革，則主要是社會經濟制度的根本改變、更替，即一種社會經濟制度被另一種社會經濟制度替代。馬克思的制度理論更強調對後者的研究。

馬克思的制度理論是在批判地繼承古典經濟學的基礎上形成的。一方

面,馬克思批評古典經濟學家「把資本主義制度不是看做歷史上過渡的發展階段,而是看做社會生產的絕對的最后的形式」,「把社會的一個特定歷史階段的物質規律看成同樣支配著一切社會形式的抽象規定」。即把資本主義制度看做既定的、不變的、永恆合理的。而在馬克思看來,資本主義制度和其他任何一種社會經濟制度一樣,都有其產生、發展、成熟並走向衰亡,被更高級、更合理的社會經濟制度替代的歷史。另一方面,馬克思又繼承和汲取了斯密、李嘉圖經濟理論中把社會劃分為資本家、雇傭勞動者和大土地所有者三個階級的制度結構思想,從動態發展的角度分析了生產要素(土地、資本、勞動力)在這三大階級之間進行分配的所有制和所有權關係,特別是生產資料資本家私人所有制及由此決定的資本家與雇傭工人之間的經濟關係對經濟增長的影響,其目的是要證明資本主義制度的歷史性。

馬克思運用了矛盾分析法和社會發展觀來研究制度變遷和變革的過程。他認為:社會基本矛盾表現為生產力與生產關係、經濟基礎與上層建築的矛盾。其中,生產力是最革命、最活躍的因素,它處於不斷的發展變化之中,這就引起了與原有生產關係的不相適應,從而要求生產關係進行調整,做出相應的改變;而經濟基礎的這種變化進一步引起原有的上層建築的不相適應,從而又要求上層建築也要做出相應的調整和改變。正是這一社會基本矛盾的存在及其運動,引起了制度變遷,並隨著矛盾的不斷累積,最終導致了社會經濟制度的根本性變革。而制度變遷和變革又是由一定社會經濟制度中相應的利益集團的矛盾及其行動直接推動的。在資本主義社會,這又集中體現為資本家階級與雇傭勞動者階級之間的階級矛盾、階級利益及其階級行動的直接推動。

其次,馬克思在《〈政治經濟學批判〉序言》(1859)中,還對制度變革的客觀條件做了進一步分析。他提出了一個著名的論題:無論哪一種經濟制度,在它們所能容納的全部生產力發揮出來之前,是不會滅亡的;而新的更高的經濟制度,在它存在的物質條件在舊社會的胎胞裡成熟以前,是決不會出現的。由此不難看出,馬克思十分強調制度變革的動力、條件的客觀性。

此外,在馬克思制度理論中,把一定的國家制度、法律制度及相應的意識形態看做建立在經濟基礎之上的上層建築。作為上層建築,國家和意識形態以其是否與一定的經濟基礎相適應,而對社會經濟的增長和發展起

著積極的促進作用或消極的阻礙作用。概言之，馬克思制度理論的突出貢獻在於他的歷史唯物主義的根本方法。其制度理論的核心在於：①看到了一定社會經濟增長與發展、生產力（技術）進步與否，取決於社會經濟制度的狀況，即是解放、推動生產力的發展，還是束縛、阻礙生產力的發展；②指出了制度是可變的，制度變遷或變革的根源在於技術和生產力的變化。這對我們今天正確認識和分析制度因素在經濟增長與發展中的作用，以及制度與經濟增長和發展二者之間的內在關聯，都是極具現實指導意義的。

參考文獻：

[1] 恩格斯. 反杜林論 [M] //馬克思恩格斯選集：第3卷. 北京：人民出版社，1972.

[2] 查爾斯·林德布洛姆. 政治與市場：世界的政治—經濟制度 [M]. 王逸舟，譯. 上海：上海三聯書店，1992.

[3] 馬克思，恩格斯. 共產黨宣言（1838）[M] //馬克思恩格斯選集：第1卷. 北京：人民出版社，1972.

[4] 馬克思. 資本論 [M] //馬克思恩格斯全集：第23卷. 北京：人民出版社，1975.

[5] 馬克思.《〈政治經濟學批判〉序言》（1859）[M] //馬克思恩格斯選集：第2卷. 北京：人民出版社，1972.

[本文選自：李萍. 馬克思制度理論的精髓：從方法論角度的認識 [J]. 理論與改革，2003（3）：59-60.]

第四章　從政治經濟學研究對象到中國政治經濟學的創新

楊慧玲

我們今天所說的「經濟學」，在剛產生的時候被稱為「政治經濟學」，儘管后來的發展使「經濟學」和「政治經濟學」這兩個名詞所代表的含義並不完全相同，但從學科演進的歷史進程這個角度看，它們是同一學科。

恩格斯說，「政治經濟學，從最廣的意義上說，是研究人類社會中支配物質生活資料的生產和交換的規律的科學……」「人們在生產和交換時所處的條件各個國家各不相同，而在每一個國家裡，各個世代又各不相同。因此，政治經濟學不可能對一切國家和一切歷史時代都是一樣的……政治經濟學本質上是一門歷史的科學。」[1] 正因為如此，從誕生至今，政治經濟學研究的問題始終在隨著社會的發展而不斷地變化，它同社會經濟一樣是一個開放的、不斷創新的系統。政治經濟學「所涉及的是歷史性的即經常變化的材料；它首先研究生產和交換的每一個發展階段的特殊規律……」[2] 所以，我們要把握它的發展軌跡和發展方向，首先應該從歷史的角度對政治經濟學研究的對象進行考察，弄清楚它在政治經濟學發展過程中是如何演變的。

一、古典政治經濟學對財富的研究

第一次創立系統的古典政治經濟學理論體系的是英國的亞當·斯密。

---

[1] 馬克思恩格斯選集：第1卷 [M]．北京：人民出版社，1995：56．
[2] 馬克思．資本論 [M]．法文版中譯本．中共中央馬克思恩格斯列寧斯大林著作編譯局，譯．北京：中國社會科學出版社，1983：68-69．

馬克思說：「在亞當·斯密那裡，政治經濟學已發展為某種整體，它所包括的範圍在一定程度上已經形成。」① 亞當·斯密的《國富論》（又譯為《國民財富的性質和原因的研究》）認為政治經濟學的目的就是促進國民財富的增長。「政治經濟學，提出兩個不同的目標，第一，給人民提供充足的收入或生計……第二，給國家或社會提供充分的收入，使公務得以進行。總之，其目的在於富國裕民。」② 這本書的主題就是探討國民財富增長的原因是什麼，或者國民財富如何才能增長。他認為主要取決於兩個因素，一是勞動生產力的高低，二是勞動者數量的增加。這本書就是圍繞著這個思路展開說明和論證的：第一篇闡明如何提高勞動生產力，並對相關範疇：分工、交換、貨幣、價值、工資、利潤等進行了論述。第二篇分析影響財富增加的第二個因素即勞動人數增加問題。斯密認為勞動者數量或者勞動者素質的提高都離不開資本的增加。就此，斯密對資本做了系統的分析，他還區分了生產性勞動和非生產性勞動。第三篇和第四篇從經濟發展史的角度說明政策主張與國民財富增長之間存在著必然的聯繫，積極倡導經濟自由主義。第五篇闡明政府在促進國民財富增長中的作用，認為政府在經濟發展中應發揮「守夜人」職責。總之，斯密力圖從不同的角度研究國民財富增長的原因，以國民財富的增長為中心構築了政治經濟學的理論體系。

作為英國古典政治經濟學傑出代表的李嘉圖，繼承和發展了前人主要是亞當·斯密經濟學的成果，將英國古典政治經濟學推進到一個新的高度，並且對西方經濟學后來的發展產生了深遠影響。李嘉圖的代表作《政治經濟學及賦稅原理》於1817年出版，在這部著作中，李嘉圖直接繼承和發展了斯密理論中的科學因素，建立起以勞動價值論為基礎、以分配論為中心的理論體系。

由此，我們認為，古典政治經濟學的研究對象已經比較突出地體現在亞當·斯密的《國民財富的性質和原因的研究》一書所創立的基本框架中，那就是財富及其增長。這本書對一些經濟範疇的展開是以財富的增長為中心的，后來大衛·李嘉圖的研究也基本上是沿著斯密的這條思路所提出的問題展開的，而且對斯密提出的一些問題和範疇做了更加深入和科學的論

---

① 馬克思恩格斯全集：第23卷 [M]. 北京：人民出版社，1972：85.
② 馬克思. 資本論 [M]. 法文版中譯本. 中共中央馬克思恩格斯列寧斯大林著作編譯局，譯. 北京：中國社會科學出版社，1983：73.

述。這一觀點從同一時期西歐其他經濟學家的論述中可以得到進一步的證實。

作為法國古典政治經濟學的完成者，又是小資產階級經濟學創始人的西斯蒙第，對當時古典政治經濟學只把財富作為研究對象進行了批判。他認為單純以財富的增長為主題的政治經濟學研究，只重視財富的生產、流通和分配而拋開了人的消費，忽視了對人能真正得到的物質福利的研究。他強調政治經濟學應該研究人的物質福利。「從政府的事業來看，人們的物質福利是政治經濟學的對象。」① 正是基於這一點，他主張國家干預經濟。

比斯密稍晚，而幾乎與李嘉圖同時代的法國經濟學家薩伊，認為任何科學都必須首先明確研究對象才能取得進展。他認為，雖然斯密的《國民財富的性質和原因的研究》已經基本確立了政治經濟學研究的框架，但對於政治經濟學的研究對象仍然缺乏規範的說明。他提出政治經濟學的研究對象就是財富的生產、分配和消費。薩伊的這種「三分法」對政治經濟學的研究對象系統化地進行了界定或者表達，從而改變了他以前的政治經濟學或者將研究範圍局限於少數幾個經濟範疇或者過於龐雜的情況。甚至於在今天，這種根據社會再生產的幾個環節進行的劃分仍然是具有合理性的。就是根據這種對研究對象的明確界定，薩伊對財富的生產和財富的分配進行了研究。當然，薩伊強調政治經濟學的研究的「普遍性」和「超階級性」，又使經濟學的研究趨向於庸俗化。

直到19世紀下半葉，作為古典經濟學時期各個經濟學流派的綜合者，約翰·穆勒總結並繼承了前人關於政治經濟學研究對象是財富的性質及其生產和分配規律的觀點，把財富的定義總結為具有效用和交換價值的物品。

總之，當時物質財富還不豐富，人們急需從各方面調動生產積極性，促進生產力的發展，創造更多的財富來滿足個人和社會生存和發展的需要。在這樣的生產力條件下，古典政治經濟學的研究對象確定無疑是圍繞著財富增長的，對財富的生產、分配和消費等各個方面進行理論研究。並且，從古典政治經濟學的科學成果來看，比如提出勞動價值論、重視對分配的研究等等，都說明「他們事實上把生產看做是資本主義生產，並在一定程度上透過物和物的關係看到人和人的關係。古典經濟學家的這一科學傳統

---

① 馬克思. 資本論 [M]. 法文版中譯本. 中共中央馬克思恩格斯列寧斯大林著作編譯局，譯. 北京：中國社會科學出版社，1983：68-69.

沒有被他們的后繼者繼承」①。

二、經濟學研究資本主義市場經濟條件下的資源配置

早在古典時期，一些資產階級經濟學家就開始傾向於認為政治經濟學所研究的規律具有普遍性和永恆性，在他們的研究中實際上已經開始抹殺生產關係的歷史性和階級性，把資本主義的生產、分配和消費規律當成人類永恆的經濟規律加以研究。其代表人物首先是薩伊，然后就是西尼爾，他們都主張把經濟學變為「抽象的演繹的科學」和「準確的科學」，強調政治經濟學的研究是超歷史的和超階級的。這種思想到了19世紀70年代「邊際主義革命」時期，又有了進一步的發展。

邊際主義者深化了市場體制有效配置資源和促進經濟自由的認識，尋求增進所有人的利益，由此也開始改變了政治經濟學的研究方法和研究對象，從而使古典政治經濟學轉變為經濟學。

比如邊際主義的代表——奧地利學派，其研究方法是唯心主義的抽象演繹法，其代表人物門格爾說這種方法是「使人類經濟的複雜現象還原成為可以進行單純而確實的觀察的各種要素，並對這些要素加以適合於其性質的衡量，然后再根據這個衡量標準，從這些要素中探求複雜的經濟現象是如何合乎規律地產生著」②。具體而言，這種方法把研究的著眼點確定為人和物的關係，從而把人與人的關係排除在經濟學之外；同時，這種方法把研究的經濟問題看成是超歷史的，忽視了經濟活動所發生的具體社會歷史條件，這使古典時期薩伊、西尼爾等人的思想得到了登峰造極的發揮。它所假設的「一般經濟」，由於存在人類慾望的無窮和物質資源的相對稀缺，導致經濟問題產生，所以需要經濟學來解釋和解決如何用有限的資源實現人們慾望的最大滿足等問題。就此，經濟學實際上把研究對象局限在資源的市場配置，這與古典經濟學的研究對象已經大相徑庭。也正是由於這一點，使得經濟學選擇了個體主義的研究方法，並把人的心理活動作為分析的起點。這個過程標誌著政治經濟學向經濟學的轉變。

此外，邊際主義的洛桑學派、瓦爾拉斯等，都用同樣的方法來研究經

---

① 馬克思恩格斯全集：第23卷 [M]．北京：人民出版社，1972：107-108．
② 馬克思恩格斯全集：第25卷 [M]．北京：人民出版社，1975：584．

濟問題。政治經濟學的研究對象已經局限於既定資本主義私有制條件下市場配置資源的問題。至此，經濟學產生了。

到了 19 世紀末，世界主要資本主義國家都進入了壟斷資本主義階段。劍橋學派的創始人馬歇爾，吸收和綜合了包括約翰‧穆勒的傳統理論和邊際學派等在內的以前各派經濟理論，對自由競爭時代的經濟學進行了總結。在融合前人理論的基礎上，馬歇爾提出了均衡價格理論，並由此而在經濟學說史上被視為新古典經濟學的奠基人。以馬歇爾為代表的新古典經濟學，其研究的範圍仍然是在既定的資本主義私有制條件下，市場通過供求機制進行資源最優配置的問題。1932 年，英國經濟學家來昂內爾‧羅賓斯在他的論文《經濟科學的性質和意義》中說：「經濟學是一門研究作為目的和具有不同用途的稀缺手段之間關係的人類行為的科學。」[1] 這被認為是第一次正式把稀缺資源的合理配置規定為經濟學的研究對象。這篇論文發表以來，西方很多正統經濟學教科書以各種形式重申羅賓斯的經濟學定義，把他的定義奉為經典，至今仍然影響很大。

到 20 世紀 30 年代，經濟學說史上發生了凱恩斯革命。凱恩斯宏觀經濟理論的出發點在於認為市場不能保證對社會資源加以充分利用，所以需要國家進行干預，以實現充分就業，達到社會資源的充分利用，這樣，宏觀經濟學就把經濟學研究的對象從資源配置進一步擴展到了資源利用。

綜上所述，西方正統經濟學是把既定資本主義制度下的資源配置和資源的利用作為研究的對象，其研究基本局限於人與物和物與物的關係領域。把社會制度和生產關係也就是人與人的關係逐出了經濟學的研究範圍，因而經濟現象都被它解釋為純粹的技術函數關係，甚至對分配也以要素價格均衡的技術公式加以說明。這是經濟學與古典政治經濟學在研究對象上的根本區別，由此也導致了它們在研究方法等方面產生了很大的不同。

時至今日，從西方經濟學各個流派的發展來看，無論是主流經濟學內部（比如新劍橋學派和新古典綜合學派）還是非主流經濟學各流派，在研究對象或者是研究領域上都做了不同程度的探索和創新，其基本點就是對一味拘泥於既定制度下資源配置的研究提出了質疑，認為這不符合經濟發展的現實，不能揭示經濟現象的實質和規律。這表現在主流經濟學的研究不再局限於充分就業假設下的均衡價格分析，而是越來越多地關注經濟總

---

[1] 馬克思恩格斯全集：第 26 卷（第二冊）[M]. 北京：人民出版社，1973：576.

量均衡問題，開始對失業現象進行深入研究，還對社會收入和效率的關係進行了討論。特別是新劍橋學派提出按「兩個階級的模式」研究收入分配，發現收入分配失調是資本主義社會的癥結所在，認為對資本主義社會弊病的消除首要的任務是改進收入分配制度。非主流經濟學則或多或少引入了制度和經濟關係、經濟利益的分析。所有這些都可以看成是隨著時代的發展，經濟學對自身的一種修正或者補充。

三、馬克思主義經濟學體系的創立

在《資本論》第一版序言中，馬克思說「我要在本書研究的是資本主義的生產方式，以及和它相適應的生產關係和交換關係」①。從這句話我們可以對《資本論》從而對馬克思政治經濟學的研究對象有一個明確的認識，那就是它研究資本主義的生產方式和生產關係以及交換關係。馬克思所說的「資本主義生產方式」，是指生產過程在資本主義特定條件下採取的社會形式，即勞動和生產資料相結合的具體形式。馬克思把「資本主義生產方式」等同於「資本主義生產」，他在親自校訂的《資本論》法文版中，「資本主義生產方式」有時又被改寫為「資本主義生產」。馬克思說：「我們稱之為資本主義生產的是這樣一種社會生產方式，在這種生產方式下，生產過程從屬於資本，或者說，這種生產方式以資本和雇傭勞動的關係為基礎，而且這種關係是起決定作用的、占支配地位的生產方式。」②可見，資本主義生產方式的基本特點在馬克思看來就是資本雇傭勞動，實現資本增殖；而資本主義生產關係作為《資本論》的研究對象，其內容包括資本主義生產資料私有制、資本主義社會各種社會集團在生產中的地位及其相互關係，資本主義社會的產品分配形式等；交換關係作為研究對象，主要針對的是資本主義商品生產，人們之間交換勞動的關係轉化為商品交換關係，所以就是對作為商品經濟基本規律——價值規律及等價交換關係的研究。

要理解馬克思在《資本論》中的研究對象，還需要領會馬克思的生產力→生產方式→生產關係原理。首先，生產力決定生產方式，生產方式又決定生產關係。「對資本主義生產方式的科學分析却證明：資本主義生產方

---

① 馬克思恩格斯全集：第46卷（上）[M]．北京：人民出版社，1979：80．
② 馬克思恩格斯全集：第46卷（下）[M]．北京：人民出版社，1980：434．

式是一種特殊的、具有獨特歷史規定性的生產方式；它和任何其他一定的生產方式一樣，把社會生產力及其發展形式的一定階段作為自己的歷史條件，而這個條件又是一個先行過程的歷史結果和產物，並且是新的生產方式由以產生的現成基礎；同這種獨特的、歷史規定的生產方式相適應的生產關係——即人們在他們的社會生活過程中、在他們的社會生活的生產中所處的各種關係——具有獨特的、歷史的和暫時的性質。」[1] 可見，馬克思認為，生產力決定生產方式，一定歷史發展階段上的生產力水平是一定的社會生產方式賴以產生的基礎，如果生產力發生變化，則要求有新的生產方式與之相適應；生產方式再決定生產關係，一定的生產關係必定是從與之相適應的社會生產方式產生的，如果生產方式發生變化，則生產關係也將發生變化。其次，由於生產力是不斷發展變化的，所以首先生產方式繼而生產關係也是具有歷史暫時性的。這裡需要注意的是，生產力並不是《資本論》的研究領域。馬克思說：「正如考察商品的使用價值本身是商品學的任務一樣，研究實際的勞動過程是工藝學的任務。」[2]

從《資本論》的內容來看，馬克思首先研究了資本主義生產方式產生的前提是勞動力成為商品，而生產資料和勞動者相分離成為資本雇傭勞動這個特定生產方式的起點。這一切的基礎則是生產力發展到了一定的水平：生產由協作到分工再到機器大生產。在這些分析之後，馬克思專門研究了資本雇傭勞動的資本主義生產方式，揭示其生產過程同時又是資本增殖的過程；而在分析資本主義生產方式的同時，馬克思揭示了資本主義私人佔有制下資本家對工人的剝削等由資本主義生產方式決定的資本主義生產關係。以上內容分析的前提就是商品生產和交換，因此，馬克思的分析從商品貨幣關係開始，而且這個過程本身也滲透著對資本主義商品貨幣關係表現形式演變的分析，比如貨幣的出現導致供給和需求脫節，勞動力作為商品在市場上等價自願買賣，商品所有權規律轉化為資本主義佔有規律等問題的分析，這實際上也就是對資本主義生產方式下交換關係的研究。正是通過對這三個問題的研究，馬克思剖析了資本主義生產方式的直接目的和決定性動機，揭示了資本主義生產方式的矛盾和對抗，並指出其歷史暫時性。

---

[1] 馬克思恩格斯選集：第4卷 [M]．北京：人民出版社，1995：11．
[2] 馬克思恩格斯全集：第13卷 [M]．北京：人民出版社，1962：37．

總之，從《資本論》第一版序言馬克思對《資本論》研究對象的陳述及《資本論》的分析內容看，馬克思政治經濟學的研究對象就是資本主義的社會生產方式以及與之相適應的生產關係和交換關係。馬克思政治經濟學堅持唯物主義歷史觀，所以它又是一門歷史性的科學。因此，馬克思主義政治經濟學的研究對象從更廣泛意義上看，就應該是特定社會的生產方式及與之相適應的生產關係和交換關係。

　　這裡需要明確的是，馬克思政治經濟學並沒有排除對資源配置的研究。所謂資源配置，就是指任何生產過程中，必要的人的要素和物的要素如何進行合理配置以實現效率優化的問題。不論社會形式如何，由於資源的功能是不同的，所以必然要根據資源的用途對其進行合理配置，這是一切社會組織生產所共同面臨的、不可迴避的問題。在西方經濟學那裡，這種配置是「超制度的」，它把資源配置單純地理解為人與自然之間的物質變換過程，因此，這種配置就成為不受社會生產方式和社會制度影響的純粹技術問題。而馬克思政治經濟學理解的生產過程（資源配置）一方面是人與自然的關係，從這個意義上，研究生產一般所共同具有的資源配置規律是必要的；另一方面資源配置也是人與人的關係，所以對資源配置的研究不能離開一定的社會生產方式及與之相適應的生產關係，從這個意義上，研究具體的生產方式的資源配置十分重要；並且生產一般的資源配置總是滲透在特定的生產方式的資源配置過程中的。馬克思認為在奴隸制的社會生產方式中，資源是作為「會說話的工具」與「不會說話的工具」，為了滿足奴隸主的直接需要而進行配置的；在資本主義生產方式中則是勞動從屬於資本，雇傭勞動根據資本增殖的需要從一個部門轉到另一個部門；馬克思還設想在社會主義生產方式下，所有社會化的、自由聯合起來的人，以所有人的富裕為目的，自覺地合理調整他們與自然之間的物質變換。所以，馬克思的政治經濟學不僅沒有排除對資源配置的研究，而且還認為資源配置的研究既要研究生產一般的資源配置，還要研究特定生產方式的配置。由此可見，馬克思的政治經濟學研究對象不僅比西方經濟學研究對象具有更加豐富的內容，而且也為西方經濟學把生產一般的資源配置作為研究對象提供了科學的依據。

四、對中國政治經濟學創新之思考

通過以上對政治經濟學研究對象歷史軌跡的回顧與分析，我們發現作為一門研究社會經濟運動規律的學科，政治經濟學研究的基本因素必須要隨著社會經濟的發展而不斷開拓和創新，這是它青春常在的基礎。縱觀政治經濟學研究對象的演變，其基本事實是：研究對象或者研究材料必定是從當時所處社會經濟發展的要求出發的，這樣才有利於揭示特定的社會經濟運動規律。

當代中國的社會經濟形態發生了很大的變化。政治經濟學在中國的主要任務是研究中國的經濟運動規律，因此，經濟學在中國必然面臨著創新和發展。實踐證明，如果政治經濟學依然拘泥於計劃經濟下傳統政治經濟學的框架，把研究重點放在對理想的社會主義生產關係的描述和論證上，那它必然沒有發展前途。正如恩格斯所說：「政治經濟學作為一門研究人類各種社會進行生產和交換並相應地進行產品分配的條件和形式的科學——這樣廣義的政治經濟學尚有待於創造。」[1] 然而，如果僅僅因為中國已經深入進行了經濟的市場化改革，中國的經濟體制已經越來越與國際市場經濟體制接軌，就認為研究中國的經濟運動規律只需要「拿來主義」——運用西方的經濟學就可以，則這種觀點依然是違背經濟學的創新精神的。西方經濟學研究的是西方資本主義成熟市場經濟模式下的經濟運行規律，我們應該承認西方經濟學在這方面取得了很大的成就，對於研究中國市場經濟的運行也是有用的，「不言而喻，適用於一定的生產方式和交換形式的規律，對於具有這種生產方式和交換形式的一切歷史時期也是適用的」[2]。但是西方經濟學的基本方法和理論不涉及基本經濟制度及其變遷問題，也不涉及市場經濟體制在非資本主義制度下的特殊因素，「……誰要想把火地島的政治經濟學和現代英國的政治經濟學置於同一規律之下，那末，除了最陳腐的老生常談以外，他顯然不能揭示出任何東西」[3]。

所以西方經濟學不可能成為中國的經濟學。中國目前的基本經濟情況

---

[1] 馬克思恩格斯全集：第46卷（上）[M]．北京：人民出版社，1979：185．
[2] 恩格斯．反杜林論 [M] //馬克思恩格斯選集：第3卷．北京：人民出版社，2012：526．
[3] 恩格斯．反杜林論 [M] //馬克思恩格斯選集：第3卷．北京：人民出版社，2012：525．

既不是過去的計劃體制，更不是現代的資本主義市場經濟體制，反而存在體制「轉型」「三農」問題、「二元經濟結構」「國有企業下崗工人」，存在資源環境的超負荷問題，社會保障不健全……面對諸多制度的和歷史的因素，經濟學在中國要能解釋現實、發現規律、指導實踐，就必須不僅要改變傳統政治經濟學的研究模式，更要突破西方經濟學只研究私有制市場經濟體制下資源配置的抽象模式。

　　政治經濟學創新的關鍵在於研究對象隨著歷史發展而不斷創新，正如前面所論述的那樣，研究對象決定了政治經濟學的研究是否符合時代發展的需要，也正是這一點決定著這門學科的基本框架和發展方向。馬克思認為：任何社會經濟的運動，最基本的是這個社會的生產方式，只有把特定生產方式的特點研究清楚了，才能進一步把握以之為基礎的基本經濟關係及其運動規律。恩格斯也說：「隨著歷史上一定社會的生產和交換方式和方法的產生，隨著這一社會的歷史前提的產生，同時也產生了產品分配的方式和方法……隨著分配上的差別的出現也出現了階級差別……分配……反過來又同樣地影響生產和交換……每一種社會的分配和物質生存條件的聯繫，如此深刻地存在於事物的本性之中，以至於它經常反應在人民的本能上。」所以，政治經濟學在中國應該立足於中國社會主義初級階段這個基本制度條件，關注計劃經濟體制向市場經濟體制轉軌這個基本事實，在這個事實中必然會有很多新的東西等待認識。它包括的研究內容應該有：以社會轉軌過程中特定的生產方式的研究為基礎，探索這個過程產生的各種經濟關係及其矛盾運動規律，例如市場體制在社會主義制度下的基本特點及其優越性的研究和其特有發展規律及資源配置的探索；分配關係；公有制和私有制之間的關係，國家利益與個人利益之間的關係，員工和國有企業以及私有企業的關係；經濟發展與資源環境的關係；發達地區與落後地區的關係；產業之間及城鄉之間的關係；經濟增長與經濟發展的關係；還有失業與社會保障的關係等一系列基本關係的研究以及這些矛盾之間的內在聯繫；在市場經濟條件下社會主義和資本主義之間的國際交換關係的研究；當然也應當包括對市場經濟普遍運行規律的研究。總之，政治經濟學應該把各種人們之間的經濟利益關係納入特定的生產方式之中進行研究，充分體現經濟學應有的倫理性。需要明確的是，政治經濟學的創新，並不排斥在政治經濟學發展歷史中一切有用的東西，也就是說對西方經濟學關於市場經濟共性規律的研究成果應該加以吸收，這樣才符合政治經濟學在發展

歷史進程中承前啓后的傳統。

五、最后的幾句話

《超越》一文的作者在其文章中表露出這樣幾點做學問上的問題：第一，既不去較系統和深入地學習和研究馬克思論著中的有關論述和理論觀點，又不去搜集所涉及的問題的學術歷史資料。在理論觀點和對所引馬克思原話的解釋上，表現出隨意性和盲目性。第二，在學術交流與討論中，顯示出一種傲慢、武斷和自負的態度。例如，作者說：「與其說貨幣是一般商品，毋寧說貨幣是特殊商品。將貨幣商品的一般性和特殊性割裂開來，這是貨幣觀上的形而上學；視一般性為貨幣商品的本質，這可以說是一種舍本逐末的貨幣觀。」聽聽，這種批評的口氣有多大！他把自己還沒有弄清楚的馬克思的有關觀點批評為「形而上學」「舍本逐末」的貨幣觀。第三，空話連篇還引出常識性的錯誤。作者用大量篇幅不完全準確地轉述與所討論的本題無關的常識性的東西，如講什麼價值通過交換價值表現呀；價值形式的發展過程如何呀；什麼是相對價值形式、什麼是等價形式呀；什麼是個別等價物、特殊等價物、一般等價物呀……而作者歸結等價物的發展階段時，是這樣講的：從「個別等價物」發展到「特殊等價物」，然后從「特殊等價物」發展到「一般等價物」，最后從「一般等價物」發展到「貨幣等價物」。本來，政治經濟學的常識告訴我們，從一般價值形式到貨幣形式的過渡，並沒有發生質的變化。貨幣就是固定在特定商品上的一般等價物，並不存在從「一般等價物」發展到「貨幣等價物」的說法。難道還存在超越「一般等價物」的「貨幣等價物」？

[本文選自：楊慧玲. 從政治經濟學研究對象到中國政治經濟學的創新[J]. 當代經濟研究，2005（2）：27-31.]

第五章 馬克思是演化經濟學家嗎？

肖磊　趙磊

在演化經濟學的發展中，對於馬克思是否為演化經濟學家存在分歧，有不同的看法。這個問題關係到馬克思主義經濟學和演化經濟學兩種分析範式在方法論上的異同，涉及兩者是否有融通的可能性，有必要對此進行科學的辨析和解答。

一、不同的觀點

把馬克思的基本理論認定為一種進化論的體系，較早地源於第二國際的理論家[1]；在晚近的經濟學家如保羅·斯威齊那裡，也可以看到把馬克思的理論理解為一種「經濟進化論」的傾向。[2] 據考證，19 世紀末 20 世紀初，馬克思主義在中國的第一個理論形態並不是辯證唯物主義和歷史唯物主義，而是「社會進化論」，馬克思的形象被塑造為一個「進化論者」。例如李大釗指出：「馬克思的唯物史觀有二要點：其一是關於人類文化的經驗的說明；其二即社會組織進化論。」[3]

同樣的立場也出現在歐內斯特·曼德爾（Ernest Mandel）為《新帕爾格雷夫經濟學大辭典》所寫的關於「馬克思」的詞條中：「馬克思經濟分

---

[1] 在第一次世界大戰爆發前，許多馬克思主義者如拉法格等，都傾向於將馬克思看做「達爾文主義者」。

[2] 保羅·斯威齊. 資本主義發展論——馬克思主義政治經濟學原理 [M]. 陳觀烈，秦亞男，譯. 北京：商務印書館，2006：112-113.

[3] 單繼剛. 社會進化論：馬克思主義哲學在中國的第一個理論形態 [J]. 哲學研究，2008（8）.

析的特點是以相對主義為主導,並借助於遺傳學和進化論的思想方法(這就是為什麼常常把達爾文主義用來做比較,雖然有時候太極端了一些)。在談及馬克思經濟分析的一般方法時,也經常使用『遺傳結構主義』這種說法。」① 英國學者 L. 佛埃爾將馬克思看做「社會生物學家」:「馬克思后期受到達爾文《物種起源》思想的影響。1860 年以后,他幾乎完全放棄了黑格爾的形而上學和術語,而把黑格爾的辯證法與達爾文的進化模型結合在一起,應用於社會科學。從馬克思《資本論》1867 年和 1873 年的第一版序言和第二版跋中可以看出,馬克思已經改變了他的理論和研究方法,成為達爾文學派的社會主義進化論者。」②

在演化經濟學內部,大多數學者認為馬克思是演化經濟思想的先驅。例如,以威廉·H. 杜格(William H. Dugger)和霍爾德·J. 謝爾曼(Howard J. Sherman)為代表的學者直接地將馬克思的唯物史觀認定為社會進化論:「19 世紀第一位提出進化理論重要性的社會科學家是卡爾·馬克思⋯⋯馬克思對社會進化理論的貢獻被稱為歷史唯物主義。他的進化觀包含了漸進變遷和革命兩種觀點⋯⋯馬克思的合作者,弗里德里希·恩格斯,在 19 世紀 80 年代完成了他關於家庭和進化的著名著作。」③

20 世紀 80 年代演化經濟學的代表人物納爾遜和溫特在其開創性的著作《經濟變遷的演化理論》中指出:「馬克思的經濟理論有許多是演化的。同情馬克思的經濟學家和有較多正統傾向的經濟學家們近來正規地表述了馬克思的多次嘗試。我們認為,他們都被當代正統理論的分析工具緊緊地束縛住了。結果,他們不能公正地對待馬克思關於經濟變遷規律的思想。我們自己的某些思想與馬克思的思想是很一致的⋯⋯一個馬克思主義者最可能對我們的討論挑毛病的地方,就是我們不能把關於矛盾和階級的思想運用於建立我們的實證演化模型和我們的規範分析。我們沒有發現這些概念

---

① 約翰·伊特韋爾,默里·米爾蓋特,彼得·紐曼. 新帕爾格雷夫經濟學大辭典:第 2 卷 [M]. 陳岱孫,等,譯. 北京:經濟科學出版社,1996:399-400.
② L. 佛埃爾. 作為社會生物學家的馬克思和恩格斯 [J]. 裘輝,譯. 國外社會科學,1980(1).
③ 威廉·H. 杜格,霍華德·J. 謝爾曼. 回到進化:馬克思主義和制度主義關於制度變遷的對話 [M]. 張林,等,譯. 北京:中國人民大學出版社,2007:4.

特別有用。」①

在《光陰似箭》一書中，克里斯·弗里曼（Chris Freeman）和弗朗西斯科·盧桑（Francisco Lousau）也將馬克思的思想理解為演化經濟學的觀點：「為了說明結構不穩定系統的動態穩定性的二重性，必須運用非線性複雜模型……更重要的是：至關重要的不穩定性產生新發展和動態穩定的新階段。這種形態變異特徵是資本主義的奇特力量，它不僅吸引了熊彼特，而且在馬克思和恩格斯的《共產黨宣言》中被栩栩如生地描述為現代化的步驟。」②

關於馬克思與舊制度學派的關係，國外一些學者如奧哈諾（O'Hara）認為，馬克思和凡勃倫是制度經濟學和演化經濟學的兩位奠基者，凡勃倫真正地遵循了馬克思的道路，把二者所開創的傳統對立起來是輕率的和錯誤的；格魯奇認為，馬克思主義與舊制度主義的主要區別是理論觀點而不是方法論。中國學者賈根良在一系列文章中也指出：凡勃倫、熊彼特和馬克思都是演化經濟學的前驅，具有馬克思經濟學淵源的法國調節學派也是自稱演化經濟學的重要流派。③

與上述觀點不同，英國學者 G. M. 霍奇遜（G. M. Hodgson）根據本體論標準〔經濟演化過程是否包含著持續的或週期性出現的新事象（Novelty）和創造性〕、方法論標準〔反還原主義（Anti-reductionism）〕和隱喻標準（在理論上廣泛使用生物學類比），認為馬克思經濟學不接納新事象、使用非生物學隱喻，將馬克思與艾爾斯、米契爾一起劃歸非演化經濟學家的陣營。在其他的一些文章中，霍奇遜對馬克思經濟學做了許多判定，例如馬克思使用的特殊概念和普遍概念的矛盾，忽視了多樣性問題，對人類的動機沒有給予任何解釋，「著重於技術的視角而將歷史視為朝著給定方向的進步過程」④，等等。根據這些觀點，馬克思被排斥於演化經濟學

---

① 理查德·R. 納爾遜，悉尼·G. 溫特. 經濟變遷的演化理論 [M]. 胡世凱，譯. 北京：商務印書館，1997：52-53.

② 克里斯·弗里曼，弗朗西斯科·盧桑. 光陰似箭 [M]. 沈宏亮，譯. 北京：中國人民大學出版社，2007：121-122.

③ 賈根良. 演化經濟學：現代流派與創造性綜合 [J]. 學術月刊，2002（12）.

④ 杰弗里·M. 霍奇遜. 演化與制度：論演化經濟學與經濟學的演化 [M]. 任榮華，等，譯. 北京：中國人民大學出版社，2007：132；杰弗里·M. 霍奇遜. 制度與演化經濟學現代文選：關鍵性概念 [M]. 賈根良，等，譯. 北京：高等教育出版社，2005：181-201.

大門之外。

　　針對霍奇遜的觀點，中國學者孟捷認為，霍奇遜內心中的真實思想是將人在實踐活動中的選擇與動物的選擇等量齊觀，「雖然社會存在領域與生物界的生命領域的確實存在相似性，但不應該將這種相似性片面誇大，用生物學的原理解釋社會發展的規律。由於盲目地看輕馬克思的貢獻，像霍奇遜這樣的學者不當地誇大了演化經濟學在方法論上的原創性。事實上，是馬克思最先開闢了一條能夠解釋社會經濟發展的方法論路徑，諸如新事象、選擇、多樣性等，都應該作為社會存在的特有範疇來加以解釋，而無須特別求助於生物學」[1]。馬克思經濟學的「硬核」（歷史唯物主義）和對象，與演化經濟學在本體論上並非相互排斥的，「但根據演化經濟學的標準，馬克思主義經濟學的確存在若干未解決甚至未曾由自身提出的問題」，如經濟演化中的「協調」、資本主義制度的多樣性問題。[2]

　　與此同時，也有學者提出了演化經濟學範圍之外的批評意見。例如，余斌對演化經濟學家梅特卡夫所著的《演化經濟學與創造性毀滅》一書中提出的演化模型的分析表明，雖然演化經濟學「不滿於新古典經濟學的均衡範式和過度的數學形式主義，但是它局限於抓住西方經濟學中的某一方面來反對整個體系，或反對西方主流經濟學家所抓住的那些方面，從而在科學性上，演化經濟學並沒有比西方主流經濟學更進一步……演化經濟學儘管試圖『接納新事象、反對還原論，但是由於演化經濟學與西方主流經濟學一樣背離了歷史唯物主義和唯物辯證法，甚至沿襲了西方主流經濟學濫用數學的傳統，從而其『科學性』與它所要批判的西方主流經濟學並無本質的差別。」[3]

　　綜上可知，馬克思主義經濟學與演化經濟學之間的關係，在哲學上和經濟學上都是一個並未解決的問題。這個問題不僅包含馬克思主義與達爾文主義之間的關聯，而且也涉及現代系統科學（特別是自組織理論）與馬克思主義方法論的異同。誠如孟捷所言：「國內外學者還沒有就馬克思是不

---

[1] 孟捷. 總序 [M]//威廉·M. 杜格, 霍華德·J. 謝爾曼. 回到進化：馬克思主義和制度主義關於社會變遷的對話. 張林, 等, 譯. 北京：中國人民大學出版社, 2007：總序.

[2] 孟捷. 演化經濟學與馬克思主義 [J]. 經濟學動態, 2006 (6).

[3] YU BIN. Unsuccessfully Evolved Competitive Process: A Comment on Evolutionary Economics and Creative Destruction [J]. World Review of Political Economy, 2010, 1 (1).

是演化經濟學家這個問題充分地展開過討論。」① 從經濟學史的角度看，自19世紀中期開始對英法的古典政治經濟學進行範式革命而形成的三大經濟學流派——邊際效用學派、德國歷史學派和馬克思經濟學派，在后期的發展中分別形成了以牛頓物理學、達爾文進化論以及「唯物辯證法」為「方法論內核」的新古典經濟學、演化經濟學和馬克思主義經濟學。② 這三大範式的區別不在於對事實和材料的收集和分類，而在於如何賦予歷史事實以一個統一的理性分析框架。「科學就在於用理性方法去整理感性材料」③。所謂理性的方法，就是指理論背後所隱含的世界觀和方法論，是人們據以看待紛繁蕪雜的現象世界的思維結構，是事物本身的內在規律在人類思維中的反應和實現。基於此，我們認為，以「本體論上是否包含新奇」來判斷馬克思經濟學的性質，並沒有透析兩種範式的根本區別，馬克思經濟學並非不研究新奇或者創新，只不過在馬克思看來，資本家的創新行為內在於資本主義生產方式發展的具體進程之中。同樣的，新古典經濟學將制度或者技術的變化作為外在約束條件，探討其變化對經濟均衡的影響，也很難說它拒斥新事象，而熊彼特的創新理論實際上是建立在瓦爾拉斯一般均衡的基礎之上的。因此，馬克思主義經濟學與演化經濟學的根本差異是方法論上的辯證方法與演化方法的不同，而非在研究對象上是否包含新奇創造，更不是較為具體的理論觀點。正像霍奇遜對新古典經濟學的評價那樣，它既可以為論證自由市場經濟服務，也可以為論證中央計劃經濟服務（如蘭格），用「自然選擇」解釋制度演進，或者用成本—收益的「理性選擇」解釋制度變遷，它們的根本區別不在於制度變易的經濟事實，而在於用於解釋的框架和結構，在於這個分析模式能否深入事物的本質，是否更具有普遍性（包容其他理論），能不能反應認識客體的內在聯繫，這是判斷一種理論範式是否具有科學性的主要標準。根據這個標準，我們認為馬克思主義經濟學的唯物辯證法在理論上更徹底、更具有包容性和普遍性，從而是一種更具科學性和開放性的方法論體系。在《資本論》中，我們可以看到

---

① 孟捷. 演化經濟學與馬克思主義 [J]. 經濟學動態，2006（6）.

② 值得注意的是，作為邊際效用學派的三位奠基者之一的門格爾及其后的奧地利學派所繼承的核心思想是以休謨、斯密、福格森、曼德維爾等為代表的蘇格蘭啟蒙運動的思想傳統，也被歸之為演化經濟學。而新古典經濟學的奠基者馬歇爾也曾說過，經濟學的麥加（聖地）不在於物理學，而在於生物學。

③ 馬克思恩格斯全集：第2卷 [M]. 北京：人民出版社，1990：163.

均衡分析方法、成本—收益分析法、生物學類比、新事象等，都被統一於對資本主義生產方式的辯證發展過程的研究之中。

二、經典作家的立場

關於馬克思經濟學與達爾文主義之間的關係問題，在經典作家的著作中實際上已經做了較為充分的探討。達爾文於1859年11月24日在倫敦出版了影響世界的名著《物種起源》，不到一個月，恩格斯在1859年12月13日致馬克思的信中，就對其做了評價；此後，恩格斯在《反杜林論》《自然辯證法》等著作中對達爾文的理論做了進一步的研究。馬克思在1860年12月19日致恩格斯的信中首次提到閱讀達爾文《自然選擇》一書，並在后期的通信和研究過程中多次談到達爾文[①]。歸納起來，馬克思、恩格斯對達爾文進化論的觀點主要有以下幾個方面：

第一，充分肯定了達爾文在生物學研究上的偉大功績。恩格斯認為，達爾文進化論是與細胞的發現、能量守恒定律相並列的三個科學發現之一，這一理論不僅「駁倒了目的論」「極其有力地打擊了形而上學的自然觀」，[②]而且「至今還從來沒有過這樣大規模的證明自然界的歷史發展的嘗試」。[③]馬克思則指出，它「不僅第一次給了自然科學中的『目的論』以致命的打擊，而且也根據經驗闡明了它的合理的意義」。[④] 1883年3月17日《在馬克思墓前的講話》中，恩格斯將「達爾文發現有機界的發展規律」同馬克思發現的「人類歷史的發展規律」等量齊觀。[⑤]

第二，闡釋了達爾文進化論對唯物史觀的自然科學意義。唯物史觀和進化論是馬克思和達爾文在人類史和自然史兩個不同的領域所做的對等的科學發現，它證明了這兩個領域的各環節都是有聯繫的、運動的過程。在達爾文之前，馬克思、恩格斯就提出了唯物史觀（1845年），證明了階級社會是歷史發展的產物，而階級鬥爭必然導向共產主義這一科學社會主義

[①] 在《資本論》中馬克思三次提到達爾文，將技術工藝變化同生物演化做類比。
[②] 馬克思恩格斯選集：第3卷 [M]. 北京：人民出版社，1990：736.
[③] 馬克思恩格斯全集：第29卷 [M]. 北京：人民出版社，1990：503.
[④] 馬克思恩格斯全集：第30卷（下）[M]. 北京：人民出版社，1990：575.
[⑤] 馬克思恩格斯選集：第3卷 [M]. 北京：人民出版社，1990：776.

的基本原理。但是這一偉大發現還需要以前古代社會的歷史作為前提，必須闡明人類的由來，才能將自然史和人類史統一於同一門「歷史科學」中。正是達爾文關於生物起源的探索，為人類歷史的研究提供了自然科學的依據，補充了歷史科學的史前部分。1860年12月19日馬克思在致恩格斯的信中指出：「雖然這本書用英文寫得很粗略，但是它為我們的觀點提供了自然史的基礎。」[1] 1861年1月16日馬克思在致裴迪南・拉薩爾的信中認為，「這本書我可以用來當做歷史上的階級鬥爭的自然科學根據」。[2] 同樣地，1867年恩格斯在《卡爾・馬克思〈資本論〉第一卷書評——為〈觀察家報〉作》一文中也指出，馬克思「極力證明，現代社會，從經濟上來考察，孕育著另一個更高的社會形態，所以他力圖在社會關係方面作為規律確立的，只是達爾文在自然史方面所確立的同一個逐漸變革的過程。」[3] 這些評述表明，馬克思、恩格斯都認為人類的生物學存在是其「社會存在」的前提，探討生物特別是人類的生物起源，是研究人類歷史和市民社會的自然史的基礎和必要前提，二者應該統一於同一個辯證的歷史過程。恩格斯晚年研究勞動在從猿到人轉變過程中的作用，以及致力於構建自然辯證法的宏大體系，就是這一思想的繼續和發展。它表明，所謂「辯證法只適用於人類歷史領域而不適合自然領域」的觀點是荒謬的。實際上，馬克思和恩格斯對自然辯證法的觀點是完全一致的。當然，這並不意味著也否認他們的興趣點及研究的側重點的不同。

第三，從辯證唯物主義和歷史唯物主義的高度揭示了達爾文進化論的局限性和適用領域。在達爾文之前，人類採集、整理生物學領域的材料和事實已經經歷了相當長的歷史時期，達爾文之所以能夠有生物進化論的偉大發現並不是偶然的，而是社會發展到一定歷史階段的必然產物。達爾文將人類社會的階級鬥爭以及市民社會的「生存競爭」的思想運用於自然史領域，而這些思想的產生只不過是人類歷史發展到階級社會以及資本主義競爭的殘酷現實在人們頭腦中的反應而已。所以，馬克思在高度讚揚達爾文劃時代的功績之后，緊接著在1862年6月18日致恩格斯的信中就指出：「我重新閱讀了達爾文的著作，使我感到好笑的是，達爾文說他把馬爾薩斯

---

[1] 馬克思恩格斯全集：第30卷（上）[M]. 北京：人民出版社，1990：131.
[2] 馬克思恩格斯全集：第30卷（下）[M]. 北京：人民出版社，1990：574.
[3] 馬克思恩格斯全集：第16卷 [M]. 北京：人民出版社，1990：256.

的理論也應用於植物和動物。其實在馬爾薩斯先生那裡，全部奧妙恰好在於這種理論不是應用於植物和動物，而是只應用於人類。」「達爾文在動、植物界中重新認識了他自己的英國社會及其分工、競爭、開闢新市場、『發明』以及馬爾薩斯的『生存鬥爭』，這使人想起黑格爾的《現象學》，那裡面把市民社會描寫為『精神動物的世界』，而達爾文則把動物世界描寫為市民社會。」[1]

　　由於缺少辯證思維，達爾文的理論存在諸多局限性。馬克思認為，比·特莫雷於1865年出版的《人類和其他生物的起源和變異》一書總體上就比達爾文前進了一步：在達爾文那裡進步是偶然的，而在這裡卻是必然的；達爾文不能解釋退化，在這裡解釋得很簡單；在應用到歷史和政治方面，比達爾文更有意義和內容，等等。[2] 恩格斯則指出，達爾文對進化論的「證明方法（生存鬥爭、自然選擇）只是對一種新發現的事實所做的初步的、暫時的、不完善的說明」，自然界事物的相互作用既有和諧，也有衝突，既有合作，也有鬥爭；強調鬥爭和合作有一定道理，但都是片面的，「如果有一個所謂的自然研究家想把歷史發展的全部多樣性的豐富內容一律概括在『生存鬥爭』這一干癟而又片面的說法中，那麼這種說法本身就已經判決自己有罪，這句空話即使適用於自然領域，也還是值得商榷的」[3]。另外，在恩格斯看來，達爾文的缺點還在於，他不知道「適應」既意味著進步，也意味著退步[4]；他並沒有解釋在自然選擇時引起單個個體變異的原因[5]，等等。

　　對於社會達爾文主義，馬克思、恩格斯持有共同的看法，並都給予了批評性的意見。馬克思指出，達爾文將英國社會的生存鬥爭運用到自然界，而社會達爾文主義者卻將這一規律再搬過來用於人類社會，「認為這是證明人類社會永遠不能擺脫自己的獸性的決定性論據」[6]。恩格斯則譏諷地說道：「達爾文並不知道，當他證明經濟學家們當做最高歷史成就加以頌揚的自由競爭、生存鬥爭是動物界的正常狀態的時候，他對人們，特別是對他

---

[1] 馬克思恩格斯全集：第30卷（上）[M]. 北京：人民出版社，1990：251-252.
[2] 馬克思恩格斯全集：第31卷（上）[M]. 北京：人民出版社，1990：250-251.
[3] 馬克思恩格斯選集：第4卷 [M]. 北京：人民出版社，1990：621.
[4] 馬克思恩格斯選集：第4卷 [M]. 北京：人民出版社，1990：371.
[5] 馬克思恩格斯選集：第3卷 [M]. 北京：人民出版社，1990：410-411.
[6] 馬克思恩格斯全集：第32卷 [M]. 北京：人民出版社，1990：580.

的同胞做了多麼辛辣的諷刺。」① 「達爾文的全部生存鬥爭學說，不過是把霍布斯一切人反對一切人的戰爭的學說和資產階級經濟學的競爭學說以及馬爾薩斯的人口論從社會搬到生物界而已。完成這個戲法以後（它的無條件的合理性，特別是同馬爾薩斯的學說相關的東西，還很成問題），要把這些學說從自然界的歷史中再搬回到社會的歷史中去，那是很容易的；如果斷言這樣一來這些論斷是社會的永恆的自然規律，那就過於天真了。」②

由於馬克思和恩格斯掌握了唯物辯證法的武器，所以儘管他們並非生物學家，卻能夠更為準確和深入地對達爾文的進化論做出科學公正的評價。在恩格斯看來，「自然界是檢驗辯證法的試金石」③，達爾文的進化論只不過是在自然界確證了辯證法的勝利。雖然生物界和人類社會有某種相似之處，但是並不能由此抹殺二者本質上的不同：「動物最多是搜集，而人則能從事生產」。人類社會的「階級鬥爭」與動物界的「生存鬥爭」的根本區別在於：人類不僅為生存資料鬥爭，而且為發展資料鬥爭；動物界的生存鬥爭是自然結果，而人類的階級鬥爭則不僅不是自然匱乏的結果，而恰恰是生產發展和出現剩餘產品的結果；動物界的生存鬥爭規律體現為自然必然性，而人類的階級鬥爭則是由於社會原因和制度原因，是適應一定生產發展階段的生產關係的必然產物。所以，恩格斯反問：在資本主義條件下，生產出來的生存資料和發展資料遠比社會消費所應有的需要多得多，以至於不得不通過週期性的危機、不得不通過強制性地削減生產力的手段加以緩解，在這種情況下，生存鬥爭的「空談」還有什麼意義呢？④

三、辯證方法與演化方法

馬克思主義經濟學的基本分析框架是：①從「生產力→交往形式→市民社會→上層建築」的角度研究資本主義經濟運動的歷史進程；②用唯物辯證法作為「材料加工的方法」⑤，並採用「辯證的闡述方法」⑥。演化經濟

---

① 馬克思恩格斯選集：第4卷 [M]. 北京：人民出版社，1990：275.
② 馬克思恩格斯選集：第4卷 [M]. 北京：人民出版社，1990：371-372.
③ 馬克思恩格斯選集：第3卷 [M]. 北京：人民出版社，1990：736.
④ 馬克思恩格斯全集：第34卷 [M]. 北京：人民出版社，1990：163.
⑤ 馬克思恩格斯文集：第10卷 [M]. 北京：人民出版社，2009：143.
⑥ 馬克思恩格斯文集：第10卷 [M]. 北京：人民出版社，2009：266.

學的基本分析框架是：①研究新奇的創生過程，把創新放在核心地位，「同意新奇在經濟變化中所起的關鍵作用」[1]；②將遺傳、變異、選擇機制作為組織材料的方法，把達爾文主義看成一個複雜演化系統的一般理論，也有學者主張用現代系統科學（自組織理論）的方法代替達爾文主義的生物學隱喻。將事物和歷史理解為一種運動的、變化的過程，是辯證方法和演化方法共同的，也是馬克思主義經濟學和演化經濟學共同的。然而，雖然馬克思主義經濟學和演化經濟學都採納了動態的、有機的和系統的世界觀[2]，從而區別於新古典經濟學牛頓力學的機械決定論，但是，馬克思主義經濟學主張的「辯證決定論」與演化經濟學的「非決定論」，在世界觀和方法論上還是有根本性的區別的。這些不同主要體現在以下幾個方面：

第一，唯物主義基礎。演化經濟學最明顯的特徵就是在歷史觀上的唯心主義。演化經濟學關注的主題是技術、制度、文化的演進，但是對於演化的動力、根源的分析並不徹底，並未抓住事物的根本。例如，凡勃倫研究的是文化中起決定作用的「金錢動機」；熊彼特將技術創新的原因歸結為企業家的個人意志和個性特徵；哈耶克則強調主觀主義方法，關注人類的「精神事實」[3]。而在馬克思和恩格斯看來，「觀念的東西不外乎是移入人的頭腦並在人的頭腦中改造過的物質的東西而已」[4]，所謂「動機」、頭腦中的觀念、「人性」等都不是自己產生的，也不是先驗的和偶然的，而是一定歷史情境的產物，只有在一定的歷史條件和具體的社會關係中，才能夠對人的行為和意識做出科學的解釋。演化經濟學之所以不徹底，「並不在於承認精神的動力，而在於不從這些動力進一步追溯到它的動因……使人們行動起來的一切，都必然要經過他們的頭腦；但是這一切在人們的頭腦中採

---

[1] 賈根良. 理解演化經濟學 [J]. 中國社會科學，2001（2）.

[2] 賈根良. 演化經濟學：第三種經濟學體系的綜合與創新 [J]. 學術月刊，2011（6）.

[3] 按照哈耶克的說法，人類頭腦中的知識、觀念或意見不是「解釋對象」，而是「用來建立個人之間可能的關係結構的要素」。社會科學包括經濟學正是通過這些主觀事實，研究人們之間「共享的精神結構」，以建構一種關於複雜現象的未經人刻意設計的「秩序」。參見：賈根良. 理解演化經濟學 [J]. 中國社會科學，2001（2）. 在批評社會科學中普遍存在的理性濫用和唯科學主義立場的時候，哈耶克甚至認為：「過去一百年裡經濟學的每一項重大進步，都是向著不斷採用主觀主義的方向又前進了一步。」參見：哈耶克. 科學的反革命——理性濫用之研究 [M]. 馮克利，譯. 南京：譯林出版社，2003：74.

[4] 馬克思. 資本論：第1卷 [M]. 北京：人民出版社，2004：22-23.

取什麼形式,這在很大程度上是由各種情況決定的」①。如果以唯物主義和唯心主義作為劃界標準②,那麼演化經濟學與西方主流經濟學都沒有超越唯心史觀的局限。儘管現代演化經濟學是以新古典經濟學批判者的面目出現的,但是他們的歷史觀本質上是相同的。特別值得注意的是,唯物主義歷史觀要以唯物主義自然觀為必要前提,但是自然觀上的唯物主義絕不等同於歷史觀上的唯物主義。

第二,辯證的轉化(過渡)。在演化經濟學看來,「演化」並沒有目標和方向,事物的運動是受偶然性和不確定性支配的,是一個「本質上屬於沒有明確方向的、非目的論的累積式因果序列的過程」③;在馬克思、恩格斯看來,事物的發展是偶然性和必然性的辯證統一,在表面的、大量的、無序的偶然性現象中有其內在的必然性和無法抗拒的規律性,必然性是通過偶然性為自己開闢道路的④,科學的任務正在於揭示事物運動的「鐵的必然性」。現代科學證明,事物的運動有漸變和突變兩種基本形式,達爾文明確支持漸進進化的觀點,「突變論」強調客觀事物的非連續性變化和突然躍遷;而馬克思主義則堅持「質↔量→度」的辯證邏輯,即質變和量變互為前提、相互規定並向對立面轉化,判別量變是否達到質變的標誌是「度」,量變超過一定的「度」就會導致質變。馬克思在分析由勞動協作所產生的「社會生產力」以及資金累積必須超過一定的限額才能變成資本等問題時,就特別地運用了這個規律。關於運動和變化的動力,達爾文並沒有對其給予解釋,現代系統科學認為,「系統的進化是由漲落的放大導致的」⑤;馬克思、恩格斯則認為,「矛盾」是事物運動的動力。在《資本論》中,商品的使用價值與價值之間的內在矛盾,構成了商品經濟乃至資本主義經濟運動的邏輯起點,資本主義是商品矛盾不斷展開的歷史過程,簡單商品形式「就包含著貨幣形式的全部秘密,因此也就包含著萌芽狀態的勞動產品的一切資產階級形式的全部秘密」⑥。辯證方法與演化方法的主要區

---

① 馬克思恩格斯選集:第4卷 [M].北京:人民出版社,1990:248-249.
② 趙磊.西方主流經濟學的方法論危機:唯心論抑或唯物論 [J].經濟學動態,2004 (7).
③ 托爾斯坦·凡勃倫.科學在現代文明中的地位 [M].張林,張天龍,譯.北京:商務印書館,2008:310.
④ 馬克思恩格斯文集:第10卷 [M].北京:人民出版社,2009:669.
⑤ 胡皓,樓慧心.漲落與系統的進化 [J].大自然探索,1988 (1).
⑥ 馬克思恩格斯文集:第10卷 [M].北京:人民出版社,2009:264.

別，可以引用列寧在《哲學筆記》中的精闢總結：「辯證的轉化和非辯證的轉化的區別在哪裡呢？在於飛躍、在於矛盾性、在於漸進過程的中斷、在於存在和非存在的統一（同一）。」[1]

第三，歷史主體及其目的性。自然領域和社會領域的本質區別在於人具有理性，人自己創造自己的歷史，[2] 人類的「實踐」是一種合目的性、合規律性的能動的歷史活動。因此，人類社會的發展就不是簡單地表現為排除了人的主觀意志的一種被動的歷史必然性，而是理性和計劃不斷克服盲目性和無政府主義，建構理性主義不斷超越進化理性主義的歷史進程。正是這一特點將人類與動物界區分開來，在自然界是盲目的自然必然性在起作用；在社會領域則是人的理性選擇、人對於自身的規劃、人的自我約束（自律）發揮了越來越強烈的主導性作用，從而使人類歷史相對於自然史表現出更多的自我規定性和主觀能動性，表現出更多的主體意志和人為建構。社會達爾文主義的錯誤在於，它未看到「有目的的人的選擇是進化中的支配力量」[3]，從而不適當地僭越了理論應有的領域。這對演化經濟學的方法論是同樣適用的，演化經濟學用同樣的方式來處理技術、制度和文化變遷，忽略了這些要素是人類行為的結果，而不是具有獨立生命、具有活動能力的個體。正如一些學者所指出的，馬克思並不信奉人類歷史中「適者生存」的達爾文理論，「人類生產活動方面的進步和剝削者與被剝削者之間的鬥爭，是不會自然而然地納入任何可以通過選擇來保證只有最適者才能生存和在生產的系統的……有些人，如潘涅庫克，則企圖把這種漸進的發展同馬克思主義者所信仰的必然到來的社會主義結合在一起。這種進化觀點的主要障礙涉及這樣一些問題，即各個個人或階級的鬥爭是漸進的還是革命的，自然界和歷史領域之間的區別，以及人類行為的科學規律與人在改造社會中的有目的的行動之間的關係。」[4]

---

[1] 列寧. 哲學筆記 [M]. 北京：人民出版社, 1990：314.
[2] 馬克思恩格斯全集：第23卷 [M]. 北京：人民出版社, 1990：409.
[3] 鮑爾. 馬克思和達爾文——一種重新考慮 [J]. 吳明, 譯. 國外社會科學文摘, 1990 (12).
[4] 湯姆·博托莫爾. 馬克思主義思想辭典 [K]. 陳叔平, 等, 譯. 鄭州：河南人民出版社, 1994：136-137.

四、凡勃倫的誤判

　　如果說大多數讚成馬克思是演化經濟學家的學者,模糊了辯證方法與演化方法論的本質區別,那麼反對馬克思作為演化經濟學家的學者如凡勃倫、霍奇遜等對馬克思主義經濟學的認識也同樣是值得商榷的。這裡我們將以凡勃倫的觀點為依據作一說明。[1]

　　在《卡爾·馬克思和他的擁護者的社會主義經濟學》的文章中,凡勃倫斷言,馬克思的學說作為其出發點的「先入之見」,是「黑格爾哲學的唯物主義和自然權利的英國體系」,馬克思引入其著作的觀念是「黑格爾辯證法的一個改變了的框架」,馬克思「常常暗自表明勞動者有權獲得全部勞動產品」[2]。這裡,很顯然,凡勃倫對於馬克思在社會科學領域中的革命性突破缺乏應有的理解。從黑格爾的唯心辯證法到馬克思的唯物辯證法並不是一個簡單的思維方式的轉變,而是必須深入到事物的內部聯繫的一種刻苦的研究過程。在馬克思完成《資本論》第一卷之前,試圖將黑格爾的辯證法同政治經濟學結合起來的並非只有馬克思一人,蒲魯東和拉薩爾都做過嘗試,但是他們都以學術上的「悲劇」而告終!馬克思從1843年開始政治經濟學研究到1859年出版《政治經濟學批判》第一分冊共花了15年的時間。馬克思從黑格爾那裡繼承下來的辯證法的合理形式及其在政治經濟學這門實證科學中的實現,是在揚棄了新黑格爾派、「黑格爾左派」,並在《神聖家族》與《德意志意識形態》中對其做了徹底的清算之後才開始的。像凡勃倫那樣,將馬克思歸為與費爾巴哈有直接聯繫的「黑格爾左派」,顯然是不正確的,它嚴重低估了馬克思的創造性貢獻。

　　馬克思首先是一個科學家,科學的任務是發現社會發展的規律,並依據「必然性」而行動(實踐)。將價值論作為一種證明勞動者有權獲得全部勞動產品的「自然權利」思想,這也並非馬克思的邏輯。在馬克思看來,

---

[1] 霍奇遜對馬克思的批評,如「馬克思預設了演化的方向和目的」「馬克思的理論中沒有微觀演化機制」「馬克思理論與達爾文理論不相容」,中國學者楊虎濤對這些觀點進行了批駁。參見:楊虎濤. 馬克思經濟學與普遍達爾文主義相矛盾嗎?——兼評霍奇遜對馬克思經濟學「非演化」的判斷[J]. 馬克思主義研究,2008(8).

[2] 托爾斯坦·凡勃倫. 科學在現代文明中的地位[M]. 張林,張天龍,譯. 北京:商務印書館,2008:307-311.

勞動價值論不是為了說明勞動者有獲得自己勞動產品的權利這樣一個「應然」，而是說明勞動者必然得到他在一定的法權關係中應該得到的那個份額的原因。所有制決定分配，一定的生產關係必然產生相應的分配關係，這是不以人的意志為轉移的。商品只有在資本主義生產關係條件下，才以一種剩餘價值的完整形式表現出來，從而表現為以追逐利潤為目標的經濟運動；而未來的共產主義社會也同樣地不是按照自然權利的要求來進行分配，而是按照人的合理的需要進行「按需分配」。馬克思從來不從「應然」的角度來為工人階級的利益辯護，而是首先承認一定的經濟形式的合理性，並依據其內在矛盾（在階級社會表現為階級鬥爭的具體實踐）指出其發展的必然性。雖然勞動價值論思想的起源在洛克那裡多少與「自然權利」有一定的聯繫，但是馬克思的勞動價值論（包括剩餘價值理論），其主要目的是論證作為一般交換形式之內在根據的「價值規律」及其在資本主義經濟形態中的具體表現，而不是作為伸張（作為資產階級的理想的）「自然權利」思想的理論依據。

在同一篇文章中，凡勃倫以達爾文主義的觀點來批評馬克思關於階級鬥爭必然產生社會主義的思想：「馬克思認為階級鬥爭將會終止於社會主義最終狀態這個無階級的經濟結構……在達爾文主義者看來，不存在這種最終的或者完美的狀態，也不存在最后的均衡。」「一種一貫的唯物主義觀幾乎不可避免地總是會將其假定的辯證鬥爭看成本源的物質力量的一種無意識的、不相關的鬥爭」，「在物質力量和行為的特定利益選擇之間甚至沒有直接的因果關係」，因此馬克思的階級鬥爭學說既不是達爾文主義的，也不是黑格爾主義的，而是源於「具有英國血統的功利主義」，「實際上它是一種快樂主義，與邊沁有關而不是與黑格爾有關。它以快樂的計算為基礎，這同樣與黑格爾的演進過程觀念和后達爾文主義的累積式因果觀念無關」[1]。這裡，最明顯地暴露了凡勃倫在歷史觀上的唯心主義特徵。唯物史觀所強調的人們的「物質生活的生產和再生產」在政治、道德、宗教、意識形態等領域所起的決定性作用，是從「歸根到底」的意義上講的，也就是說，它們在「最終的」和「第一性」的意義上決定著人的社會性存在的基本狀況。凡勃倫既承認馬克思所謂的階級鬥爭是為了物質利益而產生的

---

[1] 托爾斯坦·凡勃倫. 科學在現代文明中的地位 [M]. 張林，張天龍，譯. 北京：商務印書館，2008：310-312.

有意識的社會行動，又認為馬克思否定了「利益相關者的態度」與「物質力量」之間直接的因果關係，所以，他只能將階級鬥爭即一定的階級為自己的利益而進行鬥爭簡單地、武斷地歸結為邊沁式的「功利主義」，將馬克思看成一個採納思辨哲學中的「正題→反題→合題」以論證科學社會主義的「浪漫哲學家」。這種論調把馬克思的學說歪曲成馬克思最反對的庸俗經濟學，裝點成一種徹頭徹尾的唯心主義的馬克思主義。無怪乎馬克思要對當時法國的所謂社會主義者說：「我不是馬克思主義者！」

在私有者社會中，階級鬥爭當然是圍繞物質利益而進行的，但是塑造這種不可調和的階級矛盾的不是人們的享樂主義動機，不是簡單的快樂和痛苦的計算，而是在這些動機背後的社會歷史條件。在資本主義社會中，資本家只不過是資本關係的人格化，如果資本家在經濟活動中不以利潤最大化為目標，不以「經濟人」的面貌進行決策，那麼，在殘酷的市場競爭中他很快就會喪失作為「人格化資本」的資格。一旦資本主義生產方式被確立為具有統治地位的經濟形式，這種利己動機、這種交換的意識，也會逐步成為社會中占統治地位的意識和觀念，這就是凡勃倫所講的「金錢動機」「金錢競賽」。無產階級是作為資本家的對立面而產生的，無產階級的行動當然也必須爭取物質利益，但是對於無產階級而言，這不是享樂主義目的，而只是在執行自己不得不執行的歷史使命。既然資本主義規定了資本家的功能，它也就不得不規定作為其對立面的無產階級的任務，這是不可抗拒的歷史必然性，就像一枚硬幣的兩面一樣。

在方法論上，凡勃倫批評馬克思的唯物史觀沒有從「累積因果序列」的角度來看問題。因為在馬克思的主要變量中並沒有以機械的因果關聯作為主要機制，馬克思既強調決定作用，同時也強調反作用，誰是原因、誰是結果，在馬克思的理論體系中是依據一定的歷史條件而定的。「累積因果序列」所強調的「歷史重要」「時間不可逆」和「路徑依賴」，馬克思、恩格斯並不反對，馬克思、恩格斯也認為，「人們自己創造著自己的歷史，但他們是在制約著他們的一定的環境中，是在既有的現實關係的基礎上進行創造的」[①]。但是，馬克思、恩格斯從來就反對割裂原因與結果的形而上學觀點，這種觀點僅僅把因果關係作為一種在時間上累積式的關聯序列，而忽視了它們從屬於總體並相互規定的內在關聯性，從而「把原因和結果非

---

① 馬克思恩格斯全集：第39卷（上）［M］. 北京：人民出版社，1990：199.

辯證地看做僵硬對立的兩極」[1]。這種觀點並不新鮮，早在19世紀90年代恩格斯就批評過這種看法：「原因和結果這兩個觀念，只有在應用於個別場合時才有其本來的意義；可是只要我們把這種個別場合放在它和世界整體的總聯繫中來考察，這兩個觀念就匯合在一起，融化在普遍相互作用的觀念中，在這種相互作用中，原因和結果經常交換位置；在此時或此地是結果，在彼時或彼地就成了原因，反之亦然。」[2]

五、結語

以上研究證明：馬克思主義經濟學與演化經濟學在世界觀和方法論上存在著根本性的差異，不能用演化方法替代馬克思主義的辯證方法，從而丟棄馬克思主義經濟學的思想內核。堅持和發展馬克思主義經濟學，應當積極吸收包括演化經濟學在內的眾多經濟學分支學科的合理成分，與演化經濟學進行有效的溝通和對話，但是必須將演化經濟學置於辯證唯物主義和歷史唯物主義的基礎之下。從已有的研究成果來看，以馬克思主義為指導的中國經濟學研究在深層次的哲學基礎上存在著兩種不同的傾向——基於唯物史觀來解讀現代經濟學的理論命題和基於唯心史觀來解讀馬克思經濟學的理論命題。而主張馬克思是演化經濟學家的學者多表現出後一種傾向，從而削弱了馬克思主義經濟學自身的深刻性和徹底性。我們認為，前者是我們堅持和發展馬克思主義經濟學的正確方向。馬克思主義經濟學是一門具有開放性和包容性的歷史科學，是一個能夠統攝演化主義、制度主義等從而成為一種超越現代主流範式的綜合性的理論體系。

[本文選自：肖磊，趙磊. 馬克思是演化經濟學家嗎？——馬克思主義經濟學與演化經濟學的方法論比較 [J]. 政治經濟學評論，2012，3（4）：120-134.]

---

[1] 馬克思恩格斯文集：第10卷 [M]. 北京：人民出版社，2009：659.
[2] 馬克思恩格斯選集：第3卷 [M]. 北京：人民出版社，1990：419.

第二篇

政治經濟學的基本理論研究

勞動價值論的歷史使命

勞動價值實體是市場經濟社會分配的必然客體

知識產品價值的形成與壟斷價格

生態價值：基於馬克思勞動價值論的一個引申分析

中國勞動力商品化程度的變動及其對勞動者報酬的影響

劉易斯拐點：基於馬克思產業后備軍模型的解析

資本累積、利潤率下降趨勢與經濟週期

馬克思主義貧困理論的創新與發展

絕對地租產生原因、來源與價值構成實體的探討

第六章　勞動價值論的歷史使命

趙　磊

改革開放以來，按要素分配的現實對傳統按勞分配理論的顛覆，促使中國理論界提出了「發展勞動價值論」的訴求。然而迄今為止，爭論的各方或是在「機器是價值創造的源泉還是條件」上爭論不休，或是在「機器創造的是使用價值還是價值」上糾纏不已。這些爭論恐怕都不得要領。因為，問題的要害在於：價值為什麼只能用人類勞動來衡量，而不能以勞動以外的尺度（比如自然力）來衡量？換言之，自然力的貢獻為什麼不能被計入價值？只有澄清了這個問題，勞動價值論的或存或廢才會有堅實的理論依據。

一、機器的作用

非勞動要素（比如機器）的作用，是勞動價值論爭論中的核心問題。不論是堅持「機器創造使用價值」還是堅持「機器創造價值」，都不能否認機器的根本作用就是「以自然力替代人力」。這正是機器作用的本質所在。馬克思曾對機器作用的本質有過精闢的論述：「勞動資料取得機器這種物質存在方式，要求以自然力來替代人力」；隨著機器的運用，「那麼現在自然力也可以作為動力替代人」；「機器的生產率是由它替代人類勞動力的程度來衡量的」。[①]

人類生產的發展史，就是用自然力不斷替代人力的歷史：用牛馬替代人力到用風力、水力替代人力到用煤、石油等產生的熱力、電力替代人力

[①] 馬克思. 資本論：第1卷 [M]. 北京：人民出版社，1975：423.

到用核能、太陽能替代人力，等等。自然力取代人力是一個漸進的過程：先是部分地取代人的體力、腦力，最終則有可能全面取代人的體力和腦力。這個過程，也是機器產生並不斷發展和完善的過程。正如馬克思引用的尤爾《工廠哲學》裡的話：「一切機械改良的一貫目的和趨勢，實際上就是完全擺脫人的勞動。」①

既然機器作用的本質是「自然力替代人力」，那麼隨著人力耗費的不斷減少，機器的運用必然會減少物化在商品中的人類勞動耗費，從而降低商品的價值和價格。馬克思說：「使用機器的目的，一般說來，是減低商品的價值從而減低商品的價格，使商品變便宜，也就是縮短生產一個商品的必要勞動時間。」② 機器運用的這個結果，正是現實生活中不斷發生的事實。

自從機器產生以來，人類社會對以下變化早已經習以為常：科技的提高和機器的普及並沒有使單位商品的價值增加、價格上升，而是使單位商品的價值不斷減少、價格下降。科技水平與商品價格之間的這種反向變化關係，證明了內含於商品中的人類勞動不是越來越多，而是越來越少了；與此同時，內含於商品中的自然力也就由弱到強，越來越多了。對於人類社會而言，解放勞動、減少勞動、排擠勞動，正是科技提高和機器普及的意義所在。勞動耗費之所以能夠減少，就在於由科技提高和機器普及所引發的對自然力運用程度的增加。在這裡，把人類勞動排擠出商品之外的，正是科技呼喚出來並通過機器所發揮的「自然力」，也就是說，自然力填補和替代了人類勞動在商品中留下的空缺。

因此，自然力替代人力不僅沒有對價值創造做出貢獻，反而對價值的減少做出了貢獻，否則我們就無法理解，為什麼商品價格總會隨著科技的發展而不斷下降。用「是否創造價值」來證明機器（自然力）的貢獻，這種看法使人們對機器作用的理解步入了誤區。機器的作用並不在於增加了勞動耗費從而創造了價值，而恰恰在於減少了人力耗費從而減少了凝結在商品中的人類勞動（價值）。因此，把機器的作用歸結為「創造價值」是對機器作用的誤讀。

從邏輯上看，科技水平越是提高，機器和自動化越是普及，人力耗費就越是減少。然而，在機器和自動化日益普及的條件下，為什麼資本對勞

---

① 馬克思. 資本論：第 1 卷 [M]. 北京：人民出版社，1975：413.

② 馬克思. 資本論：第 1 卷 [M]. 北京：人民出版社，1975：428.

動的剝削程度以及工人的勞動強度反而增加了呢？這不是機器的過錯，而是「機器的資本主義應用」造成的。正如馬克思所說：「因為機器就其本身來說縮短勞動時間，而它的資本主義應用延長工作日；因為機器本身減輕勞動，而它的資本主義應用提高勞動強度；因為機器本身是人對自然力的勝利，而它的資本主義應用使人受自然力奴役；因為機器本身增加生產者的財富，而它的資本主義應用使生產者變成需要救濟的貧民。」[1] 資本要提高勞動生產率、縮短必要勞動時間從而提高剩餘價值率，就只有不斷地用機器來替代人力，減少工人人數，結果製造了越來越多的過剩人口並由此加重了在職工人的勞動強度。「勞動資料一作為機器出現，立刻就成了工人本身的競爭者……工人就像停止流通的紙幣一樣賣不出去。工人階級的一部分就這樣被機器變成了過剩人口。」[2]

當然，新的需求和產業的出現可以部分地吸收被機器排擠出來的過剩人口，馬克思對此早有洞察。他說：機器的運用和生產力的提高，「使工人階級中越來越大的部分有可能被用於非生產勞動，特別是使舊式家庭奴隸在『僕役階級』（如僕人、使女、侍從等等）的名稱下越來越大規模地被再生產出來」[3]。包括服務行業在內的第三產業的迅猛發展，為馬克思的這個論斷提供了一個現代註腳。問題在於，如果機器和自動化普遍替代了服務行業的人力，那麼「非生產勞動」領域中的人力又將被用於何處？如果我們將這個提問「進行到底」，那麼邏輯的結論必然是：如果科技的發展和機器的運用永無止境，那麼自然力替代人力的過程就會一直進行下去，直至有一天「自然力」喧賓奪主，最終可能全面取代人類勞動。

在解釋「非勞動要素」（比如機器）的作用時不論是「要素價值論」還是「勞動價值論」都承認了機器對價值形成的意義，區別在於：「要素價值論」把機器的作用看成是「能動的」創造價值的活動；而「勞動價值論」則把機器的作用看成是價值創造的「被動的」條件。自然力越是替代人力，包含在商品中的人類的勞動耗費就越少，該商品的價值就越小，因此把機器的作用等同於價值創造是荒謬的。然而，把機器的作用看成是價值創造的「條件」，我認為在理論上仍然是不成立的。如前所述，使用機器

---

[1] 馬克思. 資本論：第1卷 [M]. 北京：人民出版社，1975：473.
[2] 馬克思. 資本論：第1卷 [M]. 北京：人民出版社，1975：483.
[3] 馬克思. 資本論：第1卷 [M]. 北京：人民出版社，1975：488.

的目的在於「以自然力替代人力」，其作用是減少人類的勞動耗費。機器的使用及其自然力的貢獻在廣度和深度上的發展，意味著人類勞動在廣度和深度上的淡出。可見，機器的作用並不是「創造價值」的條件，而是「減少價值」的條件，是「價值消亡」的條件。

然而，面對自然力替代人力的發展趨勢，人們自然會提出以下質疑：「既然機器設備可替代人並完成和人一樣的勞動，當人的勞動在創造價值時，替代人勞動的機器設備或固定資本為什麼就不能同樣創造價值呢？」因此，「既然我們認定了勞動具有價值生產屬性，就沒有理由把代替工人進行同樣勞動的機器設備排除在價值生產之外。」[1] 這個質疑並非沒有道理。參與了使用價值創造的機器為什麼就不能參與價值創造呢？這個反問是「勞動價值論」必須回答的問題。僅用「混淆了價值和使用價值」來回答，是不能讓「要素價值論」者心悅誠服的，因為這種「混淆」在他們看來並不是錯誤，而正是「要素價值論」的理論基點。因此，要回答這個問題，必須找到另外的理論依據。

二、自然力的貢獻是無償的

為什麼機器沒有參與價值創造？我的回答是：自然力的作用和貢獻是不能被計入價值的，因為「價值」不僅僅是一種耗費，而且是一種「有償」的耗費。寓於機器之中並用以替代人力的自然力是「無償」的，因而機器提供的貢獻並不創造價值。

事實上，馬克思對於自然力的「無償」性質曾有過非常清醒的認識：「我們已經知道，由協作和分工產生的生產力，不費資本分文。這是社會勞動的自然力。用於生產過程的自然力，如蒸汽、水等等，也不費分文」；「電流作用範圍內的磁針偏離規律，或電流繞鐵通過而使鐵磁化的規律一經發現，就不費分文了」；「如果不算機器和工具兩者每天的平均費用……那麼，它們的作用是不需要代價的，同未經人類加工就已經存在的自然力完全一樣」；「機器的生產作用範圍越是比工具大，它的無償服務的範圍也就越是比工具大。只有在大工業中，人才會讓自己過去的、已經物化的勞動的產品大規模地、像自然力那樣無償地發生作用」；「利用蒸汽機進行生產

---

[1] 劉有源，等. 論自然力價值及價值論整合 [J]. 湖北經濟學院學報，2004 (2).

的工廠主，也利用那些不費他分文就會增加勞動生產率的自然力」；「各種不費分文的自然力，也可以作為要素，以或大或小的效能並入生產過程。它們發揮效能的程度，取決於各種方法和科學進步，這些也是不花費資本家分文的」①。

在馬克思之前，李嘉圖也意識到了機器不創造價值的原因。他說：自然力和機器提供的服務之所以「不會使交換價值有絲毫增加」，是「由它們做工不需要費用」決定的。馬克思說李嘉圖的這個見解「是正確的」，但馬克思同時指出，李嘉圖「把機器和自然力完全混為一談」則是錯誤的②，李嘉圖雖然意識到了「不費分文」就沒有價值，但他並不清楚「不費分文」的是機器還是自然力。馬克思說：「機器是有價值的，它本身是過去勞動的產物」；但是，機器只是轉移這部分價值，並不創造新價值，因為「自然力不費分文；它們進入勞動過程，但是不進入價值形成過程」，「自然力本身沒有價值。它們不是人類勞動的產物。」③ 可見，馬克思不僅意識到了「不費分文」的東西沒有價值，而且正確地揭示了機器不創造價值的原因並不在於機器本身是否有價值，而是在於「自然力不費分文」。

機器的發明和創新與人類的勞動有關，這種勞動應當創造價值。但是，當機器投入使用並且這種使用已經普及化之後，尤其是從「用機器來生產機器」發展到「用機器來發明機器」之後，除了轉移自身的價值之外，機器的使用不會在商品中注入新的價值。機器轉移到新產品中的價值，僅限於生產機器所耗費的勞動的那一部分（按折舊），並不包括機器作為自然力的無償貢獻，也就是說，自然力減少人類勞動的貢獻是不「計價」的。實際上，使用機器的意義並不是轉移「舊價值」，而是減少勞動，否則，採用機器還有什麼意義可言？「要素價值論」者雖然看到了自然力的「替代」作用，但由於他們並不明白自然力的無償貢獻是不「計價」的，不理解自然力的作用是減少了勞動從而減少了價值，因而才會得出機器創造價值的結論。

100多年以前，馬克思就做出了「勞動生產率與單位商品價值成反比」的著名論斷，但遺憾的是，這個「反比論」所包含的「自然力的耗費不被

---

① 馬克思. 資本論 [M]. 北京：人民出版社，1975.
② 馬克思. 資本論：第1卷 [M]. 北京：人民出版社，1975：425 註.
③ 馬克思恩格斯全集：第47卷 [M]. 北京：人民出版社，2004：569、513、569.

計入價值」的命題，却沒有引起后人的應有重視。為什麼「自然力不費分文」沒有引起人們的關注呢？馬克思說：「大工業把巨大的自然力和自然科學並入生產過程，必然大大提高勞動生產率，這一點是一目了然的。但是生產力的這種提高並不是靠在另一地方增加勞動消耗換來的，這一點却絕不是同樣一目了然的。」① 自然力的貢獻提高了生產率，這是「一目了然的」；但自然力的貢獻是「無償」的（即「不是靠在另一個地方增加勞動消耗換來的」），却未必「是同樣一目了然的」。這恐怕正是「自然力不費分文」被忽略的原因。

順便指出，雖然機器不能等同於自然力（前者是過去勞動的產物），但是「機器包含的勞動越少，它加到產品上的價值也就越小。它轉移的價值越小，它的生產效率就越高，它的服務就越接近自然力的服務」②。在這個意義上，我們可以把機器的作用等同於自然力的貢獻。

既然自然力的作用和貢獻不能被計入價值，那麼為何會有「機器創造價值」的強烈幻覺呢？我認為大概有以下原因：①機器的使用雖然沒有增加勞動耗費，却增加了自然力的耗費；自然力的作用雖然與「價值創造」無關，却對財富的創造做出了越來越大的貢獻。由於「價值」這個概念具有「耗費」和「貢獻」的含義，因而許多人也就誤將機器及其自然力的耗費等同於人類勞動的耗費，認為機器也在創造價值。②把自然力的耗費等同於人類勞動耗費，從而把機器的貢獻歸入價值創造，這樣就可以為機器的所有者佔有這部分貢獻提供理論上的依據。於是，問題就不僅僅是「機器創造價值」的幻覺是否成立，而是在於自然力的貢獻應當歸誰佔有？

如果剔除發明、創造機器所耗費的人類勞動，機器普及后所提供的無償服務就是自然力的貢獻。如果說自然力的貢獻並沒有耗費人類的勞動，那麼資本家對自然力貢獻的無償佔有就不再是對勞動者的「剝削」，而是對自然力的「剝削」。然而，問題並不在於資本家是否「剝削」了自然力，而是在於自然力的無償貢獻是否應當歸資本家獨占？按照「要素價值論」和「要素報酬論」的邏輯（即「誰生產就應當歸誰所有」），資本家獨占自然力的無償貢獻是合理的。然而，誠如左大培所質疑的那樣：如果「誰生產就應當歸誰所有」的原則成立，那麼自然力的貢獻就應當歸自然力本

---

① 馬克思. 資本論：第1卷 [M]. 北京：人民出版社，1975：424.
② 馬克思. 資本論：第1卷 [M]. 北京：人民出版社，1975：427.

身（土地、機器和資本），而不應當歸資本家獨佔。① 顯然，資本家之所以能獨佔自然力的貢獻，並非在於「誰生產就應當歸誰所有」，而是在於「誰投資就應當歸誰所有」——這是「要素所有權」的結果，而並非「要素價值論」的證明。

其實，依據「價值創造」的原理而不是所有權的邏輯，自然力的「無償」貢獻既然不可能歸自然力本身，它就應當歸全體社會成員所共有從而共享。然而，由於生產資料私有制的邏輯，自然力的貢獻被少數人「無償」地佔有了。在現有的生產力水平下，機器還不足以將人力完全排擠出財富的創造活動之外，自然力的貢獻還未能達到讓全體社會成員免費共享的程度，所以決定自然力無償貢獻歸誰佔有的依據就只能是生產資料所有權。正如馬克思所說，在資本主義制度下，「自然力作為勞動過程的要素，只有借助機器才能佔有，並且只有機器的主人才能佔有」②。不過，把全體社會成員應當共享的東西據為己有，即便這些東西沒有耗費人類的勞動，恐怕也是對他人的一種「剝削」！

需要說明的是，在勞動仍是謀生手段的市場經濟社會，雖然自然力的貢獻首先只能根據私有制的分配原則歸資本家佔有，但完全獨佔這部分貢獻卻是資本家力不能及的。在價格下降的意義上，大多數人仍能在市場法則的基礎上有限地共享自然力的無償貢獻。而且我認為，隨著科技水平的不斷提高，這種共享的範圍會越來越大，程度會越來越深。此外，自然力的「免費」和「無償」作用應當從相對的意義上來理解，因為科技創新在初始階段只是給創新者帶來了超額利潤，只有普及后才是「無償」和「免費」的。

三、價值的本質

兩個多世紀以來，「要素價值論」和「要素報酬論」對「勞動價值論」的挑戰一直沒有停止過。隨著科技的發展、機器的運用和自動化的普及，這種挑戰於今尤烈。面對挑戰，不少學者試圖從「勞動外延的擴大」或「總體勞動」的視角，來論證機器也是人類勞動的產物——以此證明機器的

---

① 左大培. 勞動價值論的科學地位 [J]. 經濟學動態，2003（2）.
② 馬克思恩格斯全集：第 47 卷 [M]. 北京：人民出版社，2004：569.

作用最終也是勞動耗費的間接體現。這個回答雖然在邏輯上貫徹了勞動價值論，却必須面對如下追問：機器的發明創造固然是人類勞動的產物，然而在人力與自然力此消彼長的今天，機器越來越表現為一種外在於勞動的自然力在發揮作用。總而言之，如果自然力最終取代人力是不可抗拒的發展趨勢，那麼「勞動創造價值」又何以可能？正所謂「皮之不存，毛將焉附」，如果機器作用的凸顯也就意味著勞動耗費的縮減，那麼「日益縮減的勞動」又如何為價值的存在提供「本體論」意義上的依據？

　　商品和服務的「有用性」（效用）是價值存在的條件，沒有用的東西是沒有價值的。但是，「有用」並不等於有價值，因為價值的本質在於「有償性」。「有用」而「無償」是沒有價值評價的必要的，否則免費的空氣也會有價值（如果將來空氣需要付費，那麼空氣也就具有了價值）。正如馬克思說的：「直到現在，還沒有一個化學家在珍珠或金剛石中發現交換價值。」① 為什麼？因為價值的本質不是物，而是社會對人的貢獻的一種評價，也就是馬克思再三強調的「人與人的關係」。

　　把勞動價值論的硬核鎖定在「勞動創造價值」的命題上，這一點不會有什麼歧義。然而，若把勞動價值論看成是「對人類貢獻的一種社會評價」，許多人就未必能理解了。正如左大培先生所說：「勞動價值論本質上是一個為人類發展而設置的評價體系，它在評價個人對社會的作用上將勞動看成唯一的因素」。② 我認為，在把握勞動價值論含義的各種認識中，左大培對價值的解讀是非常深刻的。人是價值評價的出發點和歸宿。離開了人類及其勞動耗費，一切所謂的價值評價都是毫無意義的。作為一種社會評價，價值只能是對人力「有償」耗費的評價，即使今天我們把「環境污染」納入評價範圍，本質上也是以其對人類的損害（有償耗費）為依據的。

　　既然自然力的無償貢獻並不計入價值，那麼一旦自然力完全取代人力，衡量人類勞動耗費的價值概念也就不復存在了。馬克思似乎預見到了自然力替代人力將導致「勞動」和「價值」的消亡，他的以下論述值得我們深思：

　　（1）「勞動創造財富」是一個歷史概念：隨著自然力逐漸替代人力，

---

① 馬克思. 資本論：第1卷 [M]. 北京：人民出版社，1975：100.
② 左大培. 勞動價值論的科學地位 [J]. 經濟學動態，2003（2）.

「在這個轉變中，表現為生產和財富的宏大基石的，既不是人本身完成的直接勞動，也不是人從事的勞動時間」；「正如隨著大工業的發展，大工業所依據的基礎——佔有他人的勞動時間——不再構成創造財富一樣，隨著大工業的這種發展，直接勞動本身不再是生產的基礎」。[1] 總而言之，隨著自然力替代人力，勞動在財富生產中的作用將會越來越小，最終不再構成創造財富的基礎。

（2）隨著勞動在財富創造中的作用的淡化，價值將趨於消亡：「一旦直接形式的勞動不再是財富的巨大源泉，勞動時間就不再是而且必然不再是財富的尺度，因而交換價值也不再是使用價值的尺度……於是以交換價值為基礎的生產便會崩潰」；因此，未來社會的「財富尺度決不再是勞動時間，而是可以自由支配的時間。以勞動時間作為財富的尺度，這表明財富本身是建立在貧困的基礎上的」；可見，「社會勞動確立為資本和雇傭勞動對立的形式，是價值關係和以價值為基礎的生產的最后發展。這種發展的前提現在是而且始終是直接勞動時間的量，已耗費的勞動量是財富生產的決定因素。但是，隨著大工業的發展，現實財富的創造較少地取決於勞動時間和已耗費的勞動量……相反地却取決於一般的科學水平和技術進步，或者說取決於科學在生產上的運用。」[2]「勞動是財富生產的決定因素」是「價值關係」存在的前提，當勞動不再是財富創造的決定因素時，價值關係也就走到了盡頭——而這又取決於科技發展所導致的自然力對人力的替代。換言之，一旦「直接形式」的勞動不再是財富的源泉，勞動時間作為交換尺度的使命也就完成了，價值概念也就消亡了。

問題在於，如果自然力替代了人力，勞動不再是謀生的手段，人類會不會因無所事事而墮落呢？在馬克思看來，這種擔心是不必要的；因為隨著價值關係的崩潰，「直接的物質生產過程本身也就擺脫了貧困和對抗的形式。個性得到自由發展……那時，於此相適應，由於給所有的人騰出了時間和創造了手段，個人會在藝術、科學等方面得到發展」；「節約勞動時間等於增加自由時間，即增加使個人得到充分發展的時間」，這種自由時間由「閒暇時間」和「從事較高級活動的時間」構成[3]。

---

[1] 馬克思恩格斯全集：第46卷（下）[M]. 北京：人民出版社，1980：218、222.
[2] 馬克思恩格斯全集：第46卷（下）[M]. 北京：人民出版社，1980：218、222.
[3] 馬克思恩格斯全集：第46卷（下）[M]. 北京：人民出版社，1980：217-219、225-226.

然而，人們可能會問，如果勞動不再是財富的源泉，那麼勞動不就成了一個歷史範疇了嗎？那麼我們又怎樣解讀馬克思的以下論述：「勞動過程……是人和自然之間的物質變換的一般條件，是人類生活的永恆的自然條件，因此，它不以人類生活的任何形式為轉移，倒不如說，它是人類生活的一切社會形式所共有的」[1]？我認為，對上述論述應當辯證地理解。馬克思把被自然力替代的勞動稱為「直接形式的勞動」，這意味著人類在「直接形式的勞動」消亡之后，還將存在著「間接形式的勞動」，后者也就是馬克思所說的「藝術和科學」等較高級的活動。因此，雖然那種需要用價值來計量的「直接形式的勞動」消亡了，但是，那種無須價值計量的「間接形式的勞動」——個人在「藝術和科學」領域的自由發展，則構成了人類樂生的手段和存在的意義。正是在「間接形式」的意義上，馬克思才把勞動看成是永恆的範疇。而在「直接形式」的意義上，勞動則是歷史的範疇。

四、勞動價值論向何處去

如果科技的發展使自然力完全取代了人力，勞動的必要性也就消失了，那麼「勞動創造價值」還能不能夠成立？我的看法是：

（1）只要自然力還未完全取代人的腦力和體力，勞動就仍然是「謀生的手段」，衡量商品價值大小的就只能是人類一般勞動。對於人類而言，勞動耗費是源於自身的一種成本支出，是要付費的；而「自然力」則是外在於人類的一種「天賜」，本質上是「無償」和「免費」的。顯然，免費的東西不具有價值比較的意義，是不可能成為價值內涵的。因此儘管與自然力相比，人力在財富的生產過程中所占比重會越來越小，但「免費」的自然力不論其所占比重提高到多少，都不具有價值比較上的意義，價值的內涵只能是人類的勞動。

（2）科技的發展使自然力「無償服務」的範圍越來越廣：從半自動化向全自動化擴展，從局部自動化向整體自動化擴展，從個別行業向全部行業擴展，從體力勞動向腦力勞動擴展，從生產勞動向非生產勞動擴展，從物質生產領域向精神生產領域擴展。伴隨著這種變化，人類社會中的免費

---

[1] 馬克思恩格斯全集：第46卷（下）[M]. 北京：人民出版社，1980：208-209.

商品和無償服務將會越來越多，與今天的社會福利相比，其廣度和深度都會極大地拓展。「免費」和「無償」是違背市場法則的，免費商品和無償服務的增加，意味著價值規律作用的範圍趨於縮小，從而價值的存在領域也相應縮小。不過，在付費商品和有償服務的領域，價值規律的作用仍然存在，「勞動創造價值」依然有效。

（3）科技的發展和由此帶來的自然力無償貢獻的範圍的擴大，會越來越凸顯「創新勞動」的重要性。因為自然力無償貢獻的範圍越大，財富的創造就越不需要普通的人類體力和腦力的支出，人類勞動的耗費就會越來越集中在高新技術的「創新勞動」上。創新勞動地位的凸顯，既是科技發展的結果，又是進一步推動科技發展的動力。然而，創新勞動通常是由少數專門人才提供的，按「勞動價值論」的邏輯訴求，由此創造的價值在分配上必然向少數專門人才傾斜。於是我們看到：其一，創新勞動與普通勞動之間的收入差距越來越大（例如比爾·蓋茨的高收入）——近20年來，發達國家的收入差距呈發散而不是庫茨涅茲的倒 U 形收斂趨勢，除了分配制度的原因外，創新勞動地位的凸顯恐怕也是一個重要的因素。其二，社會對人力資本的重視程度越來越高，對教育和科技的投資越來越成為各國提升競爭力的重要途徑。創新勞動「地位凸顯」並由此帶來的「收入傾斜」和「社會重視」，再一次證明了「勞動創造價值」的命題。

（4）自然力替代人力不僅對「勞動創造價值」的命題構成了挑戰，而且它使以價值為基礎的市場經濟越來越陷入了深刻的矛盾之中。正如馬克思所說：「資本本身是處於過程中的矛盾，因為它竭力把勞動時間縮減到最低限度，另一方面又使勞動時間成為財富的唯一尺度和源泉。」也就是說：「一方面，資本調動科學和自然力的一切力量，同樣也調動社會結合和社會交往的力量，以便使財富的創造不取決於（相對地）耗費在這種創造上的勞動時間；另一方面，資本想用勞動時間去衡量這樣造出來的巨大的社會力量。」① 自然力替代人力使財富的創造越來越不取決於勞動，但是市場經濟中的「經濟人」又不得不用勞動來作為衡量價值的尺度。馬克思不僅看到了自然力替代人力的這個矛盾，而且深刻地指出，這種「替代」是炸毀支撐市場經濟的價值關係「這個基礎的物質條件」②。

---

① 馬克思恩格斯全集：第46卷（下）[M]. 北京：人民出版社，1980：219.
② 馬克思恩格斯全集：第46卷（下）[M]. 北京：人民出版社，1980：219.

勞動價值論並非馬克思頭腦中虛構的產物，而是對市場經濟中人與人的社會關係的本質刻畫和科學把握。馬克思的勞動價值論正確地揭示了商品、市場經濟的本質，這是勞動價值論的科學性所在，也是勞動價值論的歷史使命之所在。我認為，勞動價值論的歷史使命在於：其一，在現有的生產力水平下，勞動還是謀生的手段，所以商品的價值就必須且只能以人類勞動（腦力和體力）的耗費為衡量依據，而不能以其他的東西來衡量。不如此，人們就會像「逃避瘟疫一樣地逃避勞動」，只有以勞動作為價值的衡量依據，並在「價值」這只「看不見的手」的召喚和驅使下，人類才會「努力」地去勞動。其二，在勞動還是謀生手段的市場經濟中，勞動價值論的意義就在於對勞動和勞動者貢獻的肯定。正如李鐵映同志所說：「我們今天討論勞動價值論的目的是什麼？……首先應當突出的是勞動、勞動者。」[1] 我認為，這也正是價值作為評價人類貢獻的尺度的偉大意義所在。

　　如果自然力全面替代了人力，如果勞動不再是財富的源泉，我們又用什麼來衡量價值呢？不用衡量，也不須衡量，價值概念已經消亡，「勞動價值論」最終也就完成了歷史使命。勞動價值論的存在有兩個前提：一是勞動是財富的源泉；二是市場交換的存在。自然力全面替代人力後，這兩個前提將不復存在：首先，在財富的創造過程中，自然力成了財富的源泉，勞動的地位已經淡化甚至可以忽略不計。其次，由於自然力已經能提供豐富的財富，以至於人的勞動也被「廢」掉了，勞動不再是謀生的手段，於是，斤斤計較的市場交換也就沒有存在的必要了，沒有市場交換，價值的存在又何以可能？這時，人類的腦力和體力將不再耗費在通過市場交換才能實現的財富生產上，而是耗費在自我精神的提升和完善上（這種耗費並不遵循市場法則）。可見，雖然自然力成了財富的源泉，但這種財富無須通過價值來表現，如同勞動概念的消亡一樣，價值概念也消失了。

　　如果勞動不再是人類謀生的手段，昔日的勞動者將依靠什麼維持生存？看來，私有制的遊戲規則解決不了這個問題。一旦勞動的必要性消失，支配人類社會幾千年的遊戲規則就必須而且一定要發生改變。雖然改變的具體細節我們今天很難把握，但基本原則至少有兩點：其一，生產資料公有制。當全體社會成員都成為自然力的所有者，都能共享自然力的無償貢獻，那麼一個「自由人聯合體」的公有制社會也就誕生了。我們已經習慣了幾

---

　　[1]　李鐵映. 關於勞動價值論的讀書筆記 [J]. 中國社會科學, 2003 (1).

千年的私有制社會也就必然消亡——這顯然是那些奉「經濟人」、私有制、市場經濟為《聖經》的人們所不能理解的，但邏輯的推理就是這樣。其二，按需分配。勞動已不再是「謀生的手段」，分配又怎麼「按勞」？「按需」當然要有物質基礎，這個物質基礎就是「自然力全面替代人力」。如果自然力不能提供「按需分配」的物質基礎，那麼人的勞動就仍然是必要的，勞動就（部分地）還是謀生的手段。因此，只要自然力替代人力是人類社會發展的必然趨勢，那麼馬克思預測的共產主義社會就一定會出現。這是不以人的意志為轉移的客觀規律。

在市場經濟消亡的背景下，馬克思的勞動價值論也就退出了歷史舞臺——這並不表明馬克思的勞動價值論不是科學的理論，而是由於馬克思的勞動價值論已經完成了自己的歷史使命。否定「勞動價值論」的人意識到了機器替代勞動後，自然力成為財富創造的源泉，却不知這種變化不僅意味著「勞動」的消失，也意味著「價值」的消亡；特別是，他們更無法理解，與此一同消亡的、還有私有制和市場經濟。如果私有制和市場經濟不退出歷史舞臺，勞動價值論就不會失效；如果不承認私有制和市場經濟是歷史範疇，那麼任何對勞動價值論的質疑都是可笑的。

[本文選自：趙磊. 勞動價值論的歷史使命[J]. 學術月刊，2005（4）：26-33.]

第七章　勞動價值實體是
市場經濟社會分配的必然客體

楊慧玲

　　隨著社會主義市場經濟的發展，中國的分配制度也由過去單一的「按勞分配」原則轉變為「按勞分配和按要素分配相結合」的原則，由此引發了學術界對有關價值理論及分配理論的一次熱烈討論。這場討論的焦點在於：承認按要素分配的合法合理性，是否說明勞動價值論已經失去其科學性，取而代之的是要素價值論？目前有人認為，既然在實踐中已經確立了按要素分配的合法性，實際上等於證明了要素價值論的科學性，在他們的觀念中反而認為勞動價值論已經越來越難以自圓其說。所以，有必要對價值理論和分配理論進行更深入的研究，在此基礎上厘清價值論特別是勞動價值論與現實分配制度的關係。這對於捍衛馬克思勞動價值論有著非常重要的意義。

一、勞動價值論是商品生產者基本利益關係矛盾運動的必然歷史範疇

　　馬克思為了研究資本主義社會的經濟關係，從資本主義經濟關係的最基本元素——商品入手，在對商品經濟的產生、發展到資本主義商品經濟這種商品經濟的完成形態進行歷史主義研究的基礎上，抽象出商品經濟形式下，人們之間的基本經濟關係體現為簡單商品經濟的基本矛盾：生產商品的社會勞動和私人勞動的矛盾，由它產生的商品交換恰好是推動商品經濟由簡單商品經濟的低級形式向資本主義商品經濟的高級形式發展的基本動力。可以說整個商品經濟從產生直至發展到資本主義商品經濟這個高級

階段，都是在這個基本矛盾的運動中展開的。

　　無論資本主義商品經濟發展到何種複雜的局面，都是生產商品的勞動的私人性與社會性的矛盾及其在商品交換運動中尋求解決的過程，這個過程要求的唯一核心就是商品生產者的經濟利益得到保證和實現，所以客觀上要求交換過程必須尋找一個經濟利益的社會化身，以體現或者衡量這種利益關係。馬克思針對這一點，從商品經濟最普遍的交換行為（交換價值）入手，運用抽象法，從不同使用價值才能交換的事實出發，經過步步分析，最終抽象出價值——人類一般勞動的凝結這個實體。這個分析過程本身就說明商品生產者經濟利益實現的衡量尺度只能是抽象勞動凝結而成的價值。所以，一般勞動凝結的價值這個客觀的、歷史性的實體，作為商品交換中經濟利益的「社會代言人」而成為商品經濟的基本價值範疇，是衡量商品經濟中人們基本經濟關係的唯一科學依據，因而成為商品經濟社會分配的必然客體。勞動價值論是商品生產者基本利益關係矛盾運動的必然歷史範疇。由此，其邏輯的必然結論就是：商品經濟由社會分配的客體就是抽象勞動凝結的價值實體，也就是說，商品經濟的社會分配只能是將勞動創造的價值在社會成員中分配，當然這個價值是以使用價值或者財富作為載體的。因為社會分配的實質是人們的經濟利益關係，因而經濟利益是社會分配的對象，而在商品經濟條件下，勞動價值實體是經濟利益的唯一社會化身。同時，我們也必須認識到：這個勞動價值實體也只有在商品生產的條件下才具有意義，一旦沒有了人們之間交換商品的這種社會關係，人們的利益衡量及實現必然就與直接從交換這個客觀現實抽象出來的價值實體沒有任何關係了，從而其分配的客體就不是價值而是勞動或者產品。

　　論說一般勞動凝結的價值實體並沒有抹殺要素在財富創造中的作用。價值範疇的本質雖然是人與人的經濟關係，是社會性的範疇，但其自然載體仍然是財富或者使用價值。正如胡鈞教授所說：「價值是一般人類勞動的凝結，按價值交換似乎就是按耗費的勞動量來分配。但是應當看到，這種交換關係中包含著生產資料的作用在內。因為價值不是由個別勞動時間決定的，而是由社會必要勞動時間決定的。較早採用先進技術的生產者花費同樣的勞動時間就能生產更多的產品和形成更大的價值，從而在市場上也

能夠實現更多的價值。」①

所以，在商品經濟形式下，由於其經濟關係的本質是商品生產者的利益關係，馬克思勞動價值論的核心即一般勞動凝結成的價值實體科學地體現了這種本質，因而這個價值實體成為商品經濟中社會分配的唯一客體。因此，只有勞動價值論才是真正反應商品經濟基本經濟關係的範疇。

二、生產資料所有制和經濟形式共同構成分配制度的基礎

1. 生產資料所有制決定分配原則

分配客體的自然載體是財富，而財富的創造是勞動和生產資料共同完成的。因此，生產資料的佔有狀態必然是制約分配制度的關鍵因素。馬克思明確提出：「消費資料的任何一種分配，都不過是生產條件本身分配的結果；而生產條件的分配，則表現生產方式本身的性質。」② 在資本主義制度下，作為生產條件的土地、資本等都掌握在有產者階層手中，勞動者僅對自己的勞動力擁有所有權，這樣一種生產條件的分佈格局，正如馬克思所說，反應了資本雇傭勞動這種資本主義生產方式的本質，「……生產過程從屬於資本，或者說，這種生產方式以資本和雇傭勞動的關係為基礎，而且這種關係是起決定作用的、占支配地位的生產方式。」③ 而一定的生產方式必然是由一定的生產力發展水平決定的。由資本雇傭勞動決定的資本主義生產關係，其核心基礎就是生產資料的資本主義私人所有制，它不僅決定了資本主義經濟制度，也決定了資本主義分配原則，即按照生產要素的所有權進行分配。只有這樣，才能發揮生產資料所有者的積極性，促進生產力的發展。這種客觀決定的分配原則對於資產階級是一種公平的分配，而對於勞動者則是一種剝削性的分配原則。

也正是遵循這樣的歷史唯物主義的研究方法，馬克思對未來生產力高度發達條件下的共產主義的生產關係和分配制度做了科學預言：那時，物

---

① 胡鈞. 不應用西方經濟學理論解釋生產要素按貢獻參與分配的原則 [J]. 貴州財經學院學報，2005（6）.

② 馬克思恩格斯選集：第3卷 [M]. 北京：人民出版社，1995：306.

③ 馬克思恩格斯全集：第47卷 [M]. 北京：人民出版社，1979：151.

質財富極大豐富，由此決定的生產方式即人們在平等合作的條件下，為了自身的全面發展自由地與生產資料結合進行生產勞動，這樣的生產方式決定了其生產關係的基礎是生產資料公有，從而產品的分配原則是在進行必要社會扣除后對產品直接進行按需分配。而介於資本主義和共產主義之間的生產力發展階段的生產方式就是社會主義生產方式，產品還不能完全滿足人的需要，所以從生產方式來看，它是以國家計劃為核心完成勞動者與生產資料結合進行勞動的過程，其生產關係的基礎是生產資料公有，這決定了產品的分配在個人生活資料部分是按勞動貢獻進行分配的，因為勞動是生產過程中個體之間的唯一差別因素。分配原則的決定因素是生產資料的所有制，但是，這種由生產資料所有制決定的分配原則，並不是分配制度的全部，只有採取具體的分配形式，才能使分配原則得到貫徹。

2. 經濟形式決定分配形式

（1）生產力發展水平首先決定著人們之間經濟關係的基本性質，進而決定一定經濟形式制約下的分配形式。具體分配形式作為分配制度的有機組成部分是不容忽視的，因為分配形式是分配原則的具體實現途徑。正如基本經濟制度可以採取不同的經濟形式一樣，同一個分配原則下可以採取不同的分配形式，那麼分配形式是如何確定的呢？生產資料對分配制度的影響最終體現在生產資料的所有制決定分配原則上；而作為另一個元素的生產勞動，它對分配制度的影響主要是從制約分配形式方面起作用的。經濟學根據人們之間進行利益交換的範圍和基本方式而將社會經濟運行方式劃分為自然經濟、商品經濟和產品經濟。

自然經濟形式下，生產力水平低，為了生存和發展，生產勞動主要以一定範圍的自然分工為基礎，人們之間的經濟關係表現為在特定範圍內的互助合作特徵，所以其交換方式採取的是男耕女織式的家庭或者血緣關係範圍內直接的勞動過程的互換。商品經濟形式下，社會分工已經非常廣泛，雖然生產力水平迅速提高，但由於物質財富仍然不能滿足人的需要，人們必須進行以個人經濟利益為核心的生產和交換，人們之間的利益關係具有強烈的、相互衝突的本質特徵。此時，為了維護每個生產者的利益，生產交換是借助於一個媒介間接完成的，這個媒介就是商品。商品交換必須遵循價值規律，價格機制為其運動形式。而在生產力高度發達的未來社會可能採取的產品經濟形式，由於產品極大豐富，能夠滿足人的各種需要，人們的生產勞動是一種在高度社會分工前提下的平等合作與自我發展過程，

人們的基本利益關係不再具有你少我多這種根本衝突的特徵，所以交換還原為僅僅是分工前提下以使用價值為基礎的交換。這種交換已經不再具有用價值衡量經濟利益的必要，因而是產品交換。

（2）價格機制是市場經濟條件下任何分配制度賴以運行和實現的載體。人們之間的基本經濟關係是以個人經濟利益的實現為基礎的，那麼社會經濟活動就只能採取商品經濟形式，社會分配就只能通過商品的交換實現，因而價值規律的作用就是客觀存在的、不以人的意志為轉移的。所以，在市場經濟條件下，無論是社會主義公有制決定的按勞分配原則還是生產資料私有制要求的按要素分配原則，都不可避免地要通過價格機制的形式來實施和完成現實的分配。因此，市場經濟下的任何分配原則都必須遵循價值規律，通過市場機制以價格的形式加以貫徹實現。

3. 生產要素價值論只是對生產資料私有制決定的分配原則在市場經濟條件下實現形式的表面描述

經濟學的價值範疇，是一個必須涉及根本經濟關係的範疇，它反應著主體對經濟問題的根本認識和態度，它深受主體所秉承的世界觀和方法論的影響，也深刻地反應著主體對世界的基本認識。生產要素價值論是對現實的市場經濟中社會分配形式的直接描述，是對生產資料私有制所決定的按要素分配原則的一種解釋。這種解釋把按要素所有權取得的分配解釋為按要素的貢獻大小取得分配，因而巧妙地在否定勞動價值論的基礎上把分配制度與市場價格機制融合在一起，乍一看，讓人覺得更有可信度和說服力。作為價值論，它把人們之間的深層次經濟利益關係描述為公平、合法和合理的市場交換關係，在這種關係中，市場供求雙方博弈形成的價格決定著每個要素所有者的分配額度，並借助這種表面上的自願、合法形式，證明了這種分配的公平性。很顯然，首先，其階級立場是鮮明的，那就是維護資產階級的利益；其次，它僅僅把目光限制在私有制下的市場經濟範圍內，而擯棄了其他一切存在過或者未來將要出現的經濟制度，所以是一種靜態的超歷史的表面化的解釋方式；最後，在生產要素價值論那裡，是分配制度決定價值生產，而不是價值生產決定分配。這種捨本逐末的思維方式從方法論的角度看顯然是與唯物主義的科學世界觀和方法論相違背的。

三、對實踐中的按勞分配與按要素分配的思考

分配原則是由生產資料所有制性質決定的。按勞分配就是按勞動所創造的社會價值的多少，在進行必要的扣除后對勞動者進行分配；按要素分配是要素所有者依據要素所有權取得分配。在市場經濟下，以上原則借用市場的價格機制而得以實現。目前有很多人認為市場的供求決定的工資、利潤、地租、利息等作為要素的價格，實實在在地體現了要素的貢獻，因而似乎按要素分配是在現實中確實存在的、合理的分配，也因此把生產要素價值論當成科學的價值論；而認為勞動價值論所提出的勞動創造的價值是抽象的、不可捉摸的概念，沒有可量化性，所以按勞分配是在現實中根本找不到的空中樓閣，從而認為勞動價值論也是無稽之談。

其實，對按要素分配的準確理解是按要素所有權進行分配，這個要素所有權是在生產資料私有制條件下不可忽視的客觀存在，承認要素的所有權就是對生產活動是人與物的結合這個自然客觀現實的充分承認與肯定。所以，按要素分配絕非按要素貢獻分配，而只能是按要素所有權對要素所有者進行分配。那麼，決定分配數量的這個要素所有權，其大小如何決定？在市場經濟下，要素所有權的大小是根據各個要素的稀缺程度，在供求關係的平衡下以要素價格的形式體現的，它是一種權利的市場價格，或者權利的市場租金，它的形成完全受價格機制的作用。按要素分配的原則並不符合無產階級公平分配的要求，但它反應了資本主義經濟關係的要求，也符合目前中國非公有制經濟的客觀要求，因而有其合理性。

在以勞動創造的價值為分配基礎的市場經濟條件下，按勞分配自然是按照勞動所創造價值的大小對商品生產者進行分配，它符合無產階級的利益，因而是與中國社會主義制度相吻合的，更是由生產資料公有制決定的。但是，這個原則的實現要受各種條件的制約。首先，要以社會必要勞動時間為衡量的基礎；其次，它是只有在生產資料公有制的範圍內才具有效力的分配原則；再次，還要根據具體情況進行必要的社會扣除；最後，這個原則的實現一定是在市場經濟的價格機制下，因而還受價值規律的支配。

綜上所述，在社會主義市場經濟條件下，在多種所有制並存的格局中，現實中按勞分配原則的實現過程受很多複雜因素的制約，其實現依然與按要素分配一樣表現為市場價格形式。因此，我們並不能把表現出的市場價

格形式都籠統地歸為要素價格，而排斥或者忽略其中客觀存在的勞動創造價值的因素。所以，從理論上講，中國公有制下的勞動者收入，應該以勞動創造的價值量為基礎，通過價格機制實現；而對於非公有制下的勞動者，其收入分配並無按其創造價值量為基礎的理論基礎，因而只能是按勞動力所有權取得收入，它主要以供求關係為基礎，特別是由其稀缺程度和經濟發展水平決定的市場價格來體現。如果試圖通過是否能精確量化的標準來證明是按要素分配還是按勞分配更合理，顯然沒有意義。

[本文選自：楊慧玲. 勞動價值實體是市場經濟社會分配的必然客體——勞動價值論與要素價值論之比較 [J]. 馬克思主義研究, 2007 (1)：42-45.]

第八章　知識產品價值的形成與壟斷價格

劉詩白

創造商品的知識生產勞動具有二重性：創造知識使用價值的勞動和創造知識價值的勞動。市場性的知識生產是一種特殊的商品生產，這一特殊性在創造知識使用價值的勞動和創造知識價值的勞動兩個方面都有其表現。

一、創造知識使用價值的勞動

知識使用價值指的是知識產品能滿足人的需要的有用性。就文學產品、藝術產品來說，它的使用價值體現在滿足人的審美精神需要的感性思維存在的結構和形式之中；就科學產品來說，它的使用價值存在於滿足某種生產和某種社會需要的理性思維的深刻性和系統性之中。市場性的知識生產，既表現為知識使用價值的創造，又表現為知識價值的形成。

（一）活勞動是創造知識使用價值的決定因素

知識使用價值的創造過程，表現為智力勞動者通過創造性勞動，利用必要的物質生產手段，對知識資料進行精神加工、製造，創造出新知識及其使用價值的過程。有如物質產品使用價值的形成中包括活勞動、生產工具、原材料三要素的作用一樣，知識產品使用價值形成中體現了智力活勞動、生產實驗設備、知識資料三者的作用。

如同物質生產的三要素中，人的活勞動——馬克思稱之為「活勞動的火焰」[1]——是創造物質產品使用價值的決定因素一樣，知識生產中智力

---

[1] 馬克思恩格斯全集：第23卷 [M]．北京：人民出版社，1972：207-208．

活勞動是創造新知識產品的決定因素。如果沒有有效的、創造性的智力勞動，即使擁有一流的實驗設備、完備的知識資料以及充分的信息，也不可能發生高水平的知識創新，創造出高質量的新知識使用價值。特別要指出的是，人的智力或智慧在知識生產中的特殊重要性。如果說物質生產中勞動生產力取決於機器設備等物質生產手段的力量即工具力，那麼在知識生產中勞動生產力的提高則決定於生產者的智慧（智力）和精神力。

（二）原有知識在知識使用價值形成中的作用

1. 作為知識資料的原知

我們把知識資料定義為原有知識或原知，包括前人創造的和傳承下來的可用知識及當代他人創造的可用知識。知識從來是有源有本的，新知識的形成立足於對原有知識材料的加工——這是一個複雜的精神加工，包括去粗取精，去偽存真，汰劣中留優，重構中吸納，從而是黑格爾闡述的揚棄（Aufheben），即對原有知識的批判地繼承和繼承中創新。

在知識生產中原知十分重要，它是新知之母。任何一個科學家、思想家要進行理論創新，都首先要收集、學習、掌握前人的研究成果，要利用已經形成的範疇、原理，作為觀察、分析和思維的工具；要利用人們原有的實驗數據，將其和新的實踐（驗）資料進行對比，由此發現原知的矛盾和缺陷，進一步通過自身的智力創新勞動提出新命題，得出新原理，闡述新理論，修正舊學說。

2. 學術交流中被吸納的原知

知識生產在知識社會交流中進行。任何科學新知的形成都體現著知識創新者對眾多參與討論和交流的科學工作者的知識成果的吸取。科學成果要得到社會公認，要通過學術辯論，重大科學發現往往要經過長期的爭鳴。論辯者不同觀點爭鳴的過程也就是科學工作者群體共同參與知識創造的過程。而理論原創人創造的新的理論成果總是包含對他人提出的積極的思維的吸取或受到他人的批評的激勵。這也表明：直接創始人創造的新知包含有他人創造的原知。

3. 知識生產在各種知識的激盪和相互影響中進行

人類認識世界的精神活動的重要特徵是人們在求知中的相互啟迪，因此知識形成的一個重要特徵是各門類知識的相互作用。某一門類的知識創新，不僅會推動這一領域的知識進步，而且會刺激和帶動專業密切相關領

域甚至非相關領域的知識發展。牛頓力學不僅僅影響和啓動了近代眾多自然科學學科的發展，而且它還影響著人文、社會科學的發展，成為18世紀唯物主義歷史觀形成的重要動因。而在當代，新興學科和交叉學科的不斷產生證明了知識的互相影響和互相促進作用的越發加強。這種多種知識互相促進中的知識發展，表明了知識生產的社會化性質，也就是說任何一項新知的創造中都體現了更大範圍的前人的和他人的原知的作用。

　　知識形成過程的以上三個方面表明，作為使用價值的新知識的形成，是一個對原有知識包括前人創造知識和他人創造知識的繼承與創新過程，智力創新勞動是新知識形成的決定力量，而原有知識則是新知識形成的理論始源、起點和要素。新知中包含有原知。凡是意義重大的知識、科學創新，從來都不是憑空製造出來的，而是有效地利用和吸取了原知。基於新知中包孕有原知的論點，新知識既是創始人的創新勞動的直接成果也包括參與原知創造的眾多智力生產者和前人的間接勞動成果特別是體現了特定知識領域的科學理論先驅者和奠基人的勞動成果。①

　　綜上所述，任何知識成果都發源於原知——前人和他人創造的知識；任何知識直接生產者的創新勞動都依靠和需要與間接生產者的勞動相結合；任何一個學科和任何一項特定知識的創新都要在各學科、各門類知識的交流和互相影響、衝突與激盪中才能實現。可見，知識產品使用價值的形成和創新中，直接生產者的勞動起了關鍵作用，但是直接生產勞動只有在利用前人和他人勞動成果的前提下才能結出創新知識成果。知識本質上是社會化勞動的成果，是全人類智力勞動之果。

---

① 前人甚至是早已作古的、距今年代久遠的前人的創新勞動形成的有用知識，被使用於現實知識創新過程之中，成為新知識形成的要素。這種論述仿佛是不可思議的，但是這的確是有關知識形成的嚴整的政治經濟學分析所得出的科學結論。前人的知識勞動對現實經濟的影響，是人類精神活動的特點，人類能接受、利用和繼承上一代或遙遠先輩的文化遺產，這也就是作為人類社會特點的文化傳承。古希臘人在建築、力學、數學等方面的成就，以及蘇格拉底、柏拉圖、弗里德曼等人的哲學思想，既體現了古希臘人的思維創新力量，但又是對小亞細亞、巴比倫早期科學知識的傳承和發展。工業革命以來形成的現代自然科學中體現了對古代和中世紀自然科學知識的傳承，現代幾何學中吸收了古希臘歐幾里得幾何學原理，現代力學理論中吸收了阿基米德力學理論。

二、知識產品價值形成勞動

在知識作為商品生產的制度下，知識產品歸直接生產者佔有，知識產品的價值首先是作為生產主體的智力勞動者付出的社會勞動耗費的體現和凝結。以簡單的知識生產為例。設想一個專業的經濟學家，不需要龐大的資料庫，也不需要固定資產的支出，就為某一企業寫出了一項生產組織設計與經營戰略的研究報告。這一研究成果的價值構成中，幾乎全部體現為智力活勞動創新價值。如果說物質生產越來越依靠機器設備的生產能力，工廠產出的高價值往往和設備的高耗費成正比，那麼，知識生產的一般特徵是生產品主要是智力生產者思維（理性的和感性的）勞動的產物，產品價值主要是智力勞動耗費的對象化知識，產品價值形成的特徵是參與產品使用價值形成的、作為人類精神勞動生產物的原知並不全部參與新知價值的形成。在當代發達的市場經濟中，在商品生產和實行知識產權制度的情況下，知識生產者使用作為專利權的他人的科學發現、技術發明以及生產訣竅需要向產權主體支付費用，這部分知識資料費用以生產成本的形式進入新知識產品售價中。這裡通行著物質生產中固定資產價值在生產使用中轉移到新產品價值中的規律，其實質是凝結在原知中的、前人的或他人的知識生產勞動創造的價值轉移到新知識產品價值中去。但是由於知識的自然傳播性和共享性，大量的科學、技術知識和信息是無償使用的社會共有資源和共有產品，生產者獲取、掌握和使用這一部分原知無須付費，因而這一部分作為生產資料的原知，儘管是勞動生產物，卻沒有勞動對象化的功能。這部分原知儘管被利用和起作用於知識使用價值的形成，卻沒有發生舊價值向產品新價值的轉移，如同物質生產中被利用的和參與使用價值形成的無償自然力——空氣、陽光、溫度等不會有價值向生產品中轉移一樣。

可見在作為商品的知識生產中，創造知識產品使用價值的勞動和價值形成勞動是兩個不同的範疇。創造知識使用價值的勞動包括直接生產者的勞動以及被合併於生產的原知中體現的他人的和前人的勞動，即間接的生產勞動；創造知識價值的勞動只是包括直接生產者的勞動和原知的有償部分中體現的勞動；而那些在量和比重上往往更大的、被使用原知的無償部分所包含的勞動，這部分勞動在新知使用價值的創造中所起的作用還可能

是十分重要的，却被排斥於產品價值形成之外。也就是說，對知識財富來說，價值的形成體現的人類勞動耗費小於使用價值的形成體現的勞動耗費。

知識產品在本質上是社會化精神生產勞動的成果，是一種特殊的社會共有產品，在知識產品作為商品的條件下，參與科學成果的使用價值創造的是社會化勞動——直接的和間接的勞動，但是只有參與科學成果創造的直接生產勞動和有償原知中體現的勞動參與價值的形成，這就是知識商品生產固有的內在矛盾。市場經濟機制中存在的知識價值形成和知識使用價值形成的矛盾還將反應在知識產品價值的分配過程中，表現為知識共同生產者中一些人的報酬「取過其值」，另一些人的報酬「不足其值」的現象。上述關於知識產品價值形成機制的理論闡述提醒人們：在科學、技術作為商品生產的時代，在評價和弄清科學創新之源和知識生產者的勞動貢獻時，不能只是看見參與價值創造的直接智力生產者的勞動及其貢獻，還要細心發現、廣泛追溯和正確評估間接參與成果創造的眾多科學工作者的勞動和貢獻。[①] 而在社會主義市場經濟體制下，在知識生產領域努力探索和形成更加完善的分配制度以保證廣大知識生產者「勞有所值」，防止過度的「取過其值」和過度的「不足其值」的分配不公的擴大，成為促使商品性知識生產和高技術經濟健康發展的一項重要前提。[②]

三、知識產品的生產耗費與價值構成

商品的價值是商品生產過程中的社會必要勞動耗費在交換中的表現。作為商品的知識產品，不是智力勞動者「心血來潮」和憑空想像出來的主觀的東西，而是作為市場主體進行的知識生產的產物。在當代，越來越多的科學知識產品是企業組織的科技研發活動的產物。因此，對知識產品價值決定的分析，要從知識的生產過程及其耗費入手。

---

① 約瑟夫·E.斯蒂格利茨.知識經濟的公共政策[M]//胡鞍鋼.知識與發展：21世紀新追趕戰略.北京：北京大學出版社，2001.

② 當代資本主義國家高科技經濟中商品性知識生產的發展，使智力生產者中的「取過其值」和「不足其值」表現得十分鮮明，特別是創新知識的壟斷及壟斷收益的分配機制，大大促進了一部分知識生產者的「取過其值」。當代知識經濟使財富分配領域的矛盾進一步加大，調節分配的任務更加迫切。對當代知識生產中複雜的分配問題，需要系統的、全面的、嚴整的政治經濟學的理論闡述。

知識產品的生產，就科學產品來說，是科技人員利用物質實驗手段和知識、信息等精神資料，組織科學實驗活動，在此基礎上進行創造性思維的成果。一項創新性知識產品的生產需要有下列體現為生產成本的經濟耗費：①生產過程中使用的物質生產手段，如實驗設備及水、電、房租等耗費，我們將它稱為 C。在高科技經濟中，實驗室所需設備十分複雜，往往需要巨額資金才能購置。企業用於購買和形成物質固定資產的投入，被稱為「沉沒資本」（Sunk Capital），這項固定資產耗費在產品投產后需要在短期內進行回收，因而企業生產出的知識產品的價值，首先是實驗室物質手段原有價值轉移到新產品價值中的部分以及實驗室的其他物質耗費。②向外購買和使用於生產中的知識資產的耗費。最新科學資料與信息包括科研資料、購買的專利權、新技術圖紙以及生產訣竅等都是知識生產的重要手段，也稱為企業的知識資產，它的一部分價值要轉移到知識產品價值中去，這部分知識資產耗費，我們稱之為 C2A。由於知識（信息）產品的共享性，一部分知識資產包括公開發表的科學知識和技術知識、管理知識和各種有用信息等是無償獲得的。借助於計算機網路人們就能獲得當代多種多樣的、最新的自由知識產品，這一部分知識產品本身沒有價值，它參加知識使用價值的形成但沒有價值轉移和形成的功能。企業在生產中使用這部分知識資產就像使用無償的自然力一樣，對這部分生產中使用的知識資產，我們稱之為 C2B。③科技人員本人的活勞動創造的新價值。用於知識生產的物質資產和知識資產，都不能自動創造新知識。只有科技研發勞動之火與知識生產資產（物質資產和精神資產）相結合才有新知識產品的產生，也才有知識資產的有償部分價值向知識產品價值的轉移。而科技研發活勞動不僅實現知識資產中舊價值的轉移而且會創造出一個新的價值量，我們將后者稱為 V+M，其中 V 是用來維持科技勞動力再生產的費用，M 是產品價值扣除各種生產費用和勞動力再生產費用的余額即剩余價值。

　　基於上述分析，作為經濟的生產過程成果的知識產品的價值構成的簡單公式是：

$$(C+C2A)+(V+M) \qquad (Ⅰ)$$
或 $$(C+C2A)+(V+M1+M2) \qquad (Ⅱ)$$

　　公式Ⅰ (C+C2A)+(V+M) 表明：一項屬於科學技術創新知識的新產品設計圖紙的價值是 (C+C2A)+(V+M)，即生產中轉移到產品中去的有償的生產手段耗費體現的勞動價值和在生產中科技勞動創造的新價值。

公式Ⅰ和公式Ⅱ也表明：企業研發創造出的知識產品的價值構成首先是 C+C2A，即生產中物質資產的耗費和知識資產的有償部分轉移的價值，其次就是科研工作者創造的新價值 V+M。在知識生產者是產品所有者的場合，V+M 以勞動報酬、專利使用費等形式歸科技人員佔有；在實行股份制特別是科技人員持股的分配機制下，M1 以獎金、股份期權等形式歸智力勞動者本人佔有，M2 歸公司其他出資人佔有。

上述科學產品價值構成的簡單公式和物質產品的價值構成公式是相同的。我們認為，立足於勞動價值論的產品價值形成模式，完全可以闡明當代知識產品的內在價值和市場價格變動的機制。

四、科技知識壟斷與知識產品的壟斷價格

1. 知識產品效用價值的表象

當代發達市場經濟中，在知識產品以及高知識密集產品的市場交換中，往往呈現出某種產品使用價值大→價格高的因果關聯。如特級服裝大師設計的新穎服裝的市場價格比普通服裝高出若干倍；運算更快、功能更多的新型計算機，比技術性能差的計算機賣得更貴；一項體現最新科學、技術知識和擁有良好效益預期的設計圖紙在風險投資者競購下價格飆升。此外，在經營中創造出重大業績的企業總裁的年收入較普通職工高得出奇；表演技巧能使觀眾傾倒的名影星、名歌星的票房價值為一般表演者所不可比擬。以上的事例表明，在知識產品市場交換中的確呈現出知識產品價格水平——人們通常稱之為市值——和使用價值的狀況相對應的現象。

當代西方主流經濟學家把價格與價值這兩個範疇相混同，把市場價格等同於價值。在此基礎上，他們認定商品效用決定價值。例如把名歌星一場表演的高票價認為純粹是由於表演者提供的高效用的「等價」從而表演者獲得的收入統統是「物有所值」。一本論述知識經濟的早期著作——堺屋太一的《知識價值革命》，針對當代經濟中「有些高級時裝和高性能機器的價格往往超出同類商品價格的四五倍」[1]，以及消費者對特定新型領帶圖案有個人偏好，領帶就高價出賣，而一旦消費者不再喜愛這種圖案，領帶

---

[1] 堺屋太一. 知識價值革命 [M]. 金泰相，譯. 北京：東方出版社，1986：204.

就大跌價等現象①，提出了知識價值由消費者對知識的主觀的產品效用評價決定而與知識生產的「成本沒有必然聯繫也不圍繞成本上下波動」的論斷②。堺屋太一認定勞動價值論已經不適用於當代知識產品的價值決定。③

知識產品的價值果真是與成本、與終極成本——勞動耗費無關而只決定於商品的使用價值嗎？要對當代高技術經濟中的知識產品高使用價值→高價格的現象予以理論的闡明，我們有必要首先弄清使用價值和價值這一對範疇的含義。資產階級古典政治經濟學的傑出代表從威廉·配第到亞當·斯密和李嘉圖，早已對作為商品的基本屬性的使用價值和價值範疇進行了有理論深度的剖析，馬克思更是在他進一步加以發展的科學的勞動價值論的基礎上，對使用價值和價值範疇的內涵以及商品使用價值創造和商品價值形成關係做出了最為細緻、深入的闡述。

按照馬克思的價值理論，使用價值是商品擁有的滿足購買者需要的有用性。他說：「物的有用性使物成為使用價值。」④ 在物質生產領域，這種有用性體現在商品體即商品物質屬性或商品使用價值之中，物質產品的使用價值量可以用物質體來計量，如多少碼布、多少打鉛筆。馬克思闡明了商品價值是「對象化」「凝結」「物化」「結晶」於商品體中的抽象人類勞動；商品的價值量則是「對象化」的抽象人類勞動量，更具體地說是對象化的社會平均必要勞動量。按照馬克思的理論分析方法，價值是商品生產關係的體現從而是看不見、摸不著的，不過這一生產關係體現在作為使用價值的商品體之中，使用價值體凝結著價值而價值也離不開使用價值。可見，就價值形成來說，商品體或使用價值形成是抽象人類勞動「對象化」「物化」的前提。如果主體勞動不創造出具有有用性的商品體，不形成社會使用價值，即使耗費了大量主體勞動，也不能「對象化」和「凝結」「體現」為商品價值。

---

① 堺屋太一. 知識價值革命 [M]. 金泰相，譯. 北京：東方出版社，1966：218-219.
② 堺屋太一. 知識價值革命 [M]. 金泰相，譯. 北京：東方出版社，1966：219.
③ 任何一本西方經濟學教科書都會重複上述價值取決於消費者對產品效用的評價的論題。按照這種經濟學理論，知識、文化產品生產者從產品（服務）市場交換獲得的任何報酬，不論它是高還是低，都與他的勞動貢獻相對應，是「勞有所值」，從而是自然而合理的分配。這樣的解釋是一種將市場機制的一切表現、一切結果都視為完美無瑕的表象之見，或對資本主義經濟現實進行辯護的經濟學。
④ 馬克思恩格斯全集：第23卷 [M]. 北京：人民出版社，1972：48.

可見馬克思的勞動價值理論並不否認使用價值形成與價值形成間的有機聯繫，而是認定物的擁有使用價值是價值形成的必要條件，「價值只是存在於某種使用價值中」①，「如果物沒有用，那麼其中包含的勞動也就沒有用，不能算作勞動，因此，不形成價值」②。但是使用價值作為價值形成的前提和載體，並不意味著使用價值的質量決定價值量。馬克思明確指出：「在商品體的價值對象性中連一個自然物質原子也沒有。」③ 人們可以清楚地看見：在農業生產中，豐年穀物的使用價值量增大，但穀物的價值量並不增加，而且往往穀物的價格反而下降了。在工業經濟中，產品質量越發精美，有用性更加增大，價格却日益走低。當代高技術經濟中，信息產品如家用計算機、手機等迅速升級換代，產品知識含量越發增加，使用效果越來越好，但售價却越來越低。上述事例都表明，商品價值取決於其生產中的社會必要勞動耗費量，而不取決於使用價值的質和量。

需要指出的是，知識新產品或創新的知識密集型產品在推向市場和「熱銷」時期存在著價格不受成本約束，而定位於高價格的現象，無論是英特爾計算機芯片的每一次升級還是微軟 Windows 系統每一次的創新，都會有一個高市場價格的時段，表現出價格超過成本，即價格對價值的嚴重偏離。對純知識產品，如新技術、新工藝的設計圖紙來說，在其成為風險投資者搶購的對象時，往往都以高昂價格轉讓，特別是在文化產品市場上，大師級的藝術產品往往以「天價」成交。在這些場合，價格運行的真相並不是外表上的高使用價值提升了價值，而是稀缺產品交易中的壟斷價格機制即具有壟斷性的產品以超過內在價值的市場價格出售而不是商品使用價值或效用決定價值。

2. 市場經濟中競爭的不完全與壟斷價格

以上我們設計的知識產品價值構成公式 (C+C2A)+(V+M)，揭示了知識產品內在價值的本質，從而闡明了較完全競爭中支配知識產品實現的市場成交價格變動的大趨勢。但在自發性的市場經濟中，任何一種交換中的商品都經常處在供求失衡之中。在商品供小於求時，價格會上漲和高於價值，此時在利益驅動下，生產會擴大，造成供大於求，價格會下降到價值

---

① 馬克思恩格斯全集：第 23 卷 [M]．北京：人民出版社，1972：228．
② 馬克思恩格斯全集：第 23 卷 [M]．北京：人民出版社，1972：54．
③ 馬克思恩格斯全集：第 23 卷 [M]．北京：人民出版社，1972：61．

水準以下。只有在商品供求均衡時，才會出現價格與內在價值相一致。在市場經濟的競爭機制下，時漲時跌的商品價格總是會迴歸和定位於內在價值。

市場價格在波動中迴歸於價值軸心的大趨勢，即價值規律，是以較完全的競爭為前提的，這就是：①市場上有多數生產者和購買者進行自由的競賣競買；②各個行業之間資本與要素可以自由流動；③信息公開和對稱。在市場經濟體制下，現實的市場結構是多層次的，表現為壟斷、壟斷性的競爭和較完全的競爭的並存。如果競爭不完全，例如某一廠商在生產中佔有壟斷地位的情況下，市場價格表現為：不是在多數市場主體的自由競爭中形成一般均衡價格，而是稀缺產品造成的或少數壟斷者操縱下形成的包含著超額利潤的壟斷價格。市場經濟是競爭經濟，發達的市場經濟是更加開放、更加全面的競爭經濟。但是即使在發達的市場經濟體制下，在實行高度自由化的制度和反壟斷措施下，實際經濟生活中仍然會有壟斷或準壟斷的存在從而在某些領域的交換中仍然會存在壟斷價格。隨著制度創新和競爭機制的引進，壟斷價格被突破，市場價格又會向價值軸心迴歸。

3. 知識產品交換中的壟斷價格機制

當代發達國家的高技術經濟中，眾多生產主體進行自由競爭從而價格圍繞價值量波動的規律明顯地表現在一般知識產品的生產與交換中。這裡提到的一般知識產品，指的是大量的、水平一般的知識生產，如一般科技服務，一般經濟諮詢，一般新聞報導、通俗文學創作、大眾化文藝演出，等等。上述面對廣大群眾的多種多樣的一般知識產品的生產，是競爭性的或充分競爭性的生產；從事上述生產的眾多的科技文化工作者，往往只能過著中間階層水平以下的生活，因為他們只不過是普通智力勞動者。普通藝術家的創作與畢加索的作品不同，它不具有壟斷性質，其價格在市場競爭和供求變動機制中趨向於價值。當然，作為知識產品市場價格趨向的價值基準，要比物質產品的價值基準高，這是由於知識生產勞動具有高熟練勞動從而創造高價值的功能。市場經濟中智力勞動的報酬較一般體力勞動的報酬高，如像人們支付給家庭教師按小時計的輔導報酬高於支付給家庭清潔工按小時計的報酬。對這一現象人們無須大驚小怪，或認為是知識產品的價格背離了價值。而應該看到，那是由於知識生產勞動是熟練勞動，從而使知識產品擁有了較高的內在價值。

我們將分析視角轉向當代高技術知識產品，如有關信息技術、生物技

術的新產品設計圖紙和生產、工藝程序軟件這些高技術創新產品以高內在價值為特徵。高技術知識產品中的高內在價值，主要不是來自物質資本耗費帶來的轉移價值而是高智力勞動創造的高價值。[1] 這是因為高技術創新勞動是一種高度複雜和高強度的勞動。高技術人才特別是創新人才的培養和成熟需要較高的學習費用——包括在學校以及在實踐中的學習因而高智力創新勞動能創造出加倍的新價值（V+M）。加之科技知識研發時間長，生產產品的社會必要勞動量大，這也是科技新產品內在價值大的原因所在。另外，高科技創新依靠的是智力勞動者群體。當代高技術企業中，科技研發團隊往往成為職工的主體而重大科技成果更是企業「結合勞動」的產物和體現。微軟新開發的 XP 視窗就是公司內 5 千名職工（其中絕大多數是智力勞動者）經過 3 年的研發獲得的成果。龐大的智力活勞動耗費和對象化是 XP 視窗擁有高價值的內在原因，也是其高市場價格的基礎。可見，對於當代高技術產品以高價格出售的現象，人們不能簡單地認為是價格偏離了價值，而要首先認識高技術產品有其內在的高勞動價值。

　　知識產品市場價格決定的重要特點，在於它存在著價格對內在價值的向上偏離和表現為壟斷價格。對於當代高新技術知識產品來說，在知識產權體制保護下，創新者對新知識、新技術擁有壟斷權；此外，一些知識生產者通過多樣保密方式來維護其科技知識壟斷權，因而新知識產品往往以大大超過產品內在價值的壟斷價格出售。我們把新知識產品價值構成公式寫成 (C+C2A)+(V+M)+P。P 是超出產品內在價值的交換價格或者是創新者從市場機制中獲得的額外收入。對於作為新技術知識購買者的企業來說，儘管購買這項專利支付了高昂的費用，但是企業使用這項優先獲得的新技術知識創造出的高質量的新產品，一定時段會在市場上處於壟斷地位並以壟斷價格出售，由此給企業帶來超出購買和使用專利的費用的額外收入。此外，企業用於開發新技術的高投入作為「沉沒資本」，在新產品投產後會很快被收回，此後該項高技術產品的擴大生產邊際成本幾乎為零，企業的額外利潤越來越大。上述知識產品壟斷價格形成和生產規模擴大與額外收入增長相並行的機制，被稱為高技術經濟中的收益遞增規律。可見科技知識的壟斷性，是高技術知識創新成果在市場走俏，成為風險資本家追逐對象和以遠遠高於生產成本的市場價格出售的根本原因。

---

[1] 劉詩白. 現代財富論 [M]. 北京：生活·讀書·新知三聯書店，2005：516.

任何知識包括高科技知識不可能長期被壟斷，特別是高科技經濟是更加開放、自由競爭的經濟。在上述條件下，任何新科學知識、新技術都會很快地為競爭對手所掌握，質量相同的同類產品很快會出現於市場上。一旦競爭者獲得更新的知識創造出更優的技術，陳舊的技術知識因使用價值急遽喪失，其內在價值也就歸於消失。正因為如此，那些強勢企業要千方百計保持其技術知識壟斷，更主要的是通過加強研發，掌握更新的技術、工藝知識，不斷推出質量更優的產品。這是企業能持續維護其產品在市場上的壟斷地位的根本前提。

在當代高科技經濟中，新技術知識的壟斷價格機制成為知識生產的強力經濟刺激器，有力地推動著知識創新。當代的科技型企業以及研發機構通過知識產品的壟斷價格，獲得豐厚的收入，由此進一步擴大研發投資，聚集研發人力，進行卓有成效的知識擴大再生產，並將創新知識轉化為新技術和新產品，使企業快速增長。發達國家一大批高技術企業如微軟、英特爾、思科等都是依靠知識創新、科技創新的機制成為快速增長型[1]企業的，它們不僅是技術創新的領頭羊，而且是科技知識創新的領頭羊。可見當代創新知識壟斷價格機制，起著強化科技研發、增加科技創新成果的功能。

但是知識的壟斷並不總是帶來積極的效果。和任何壟斷一樣，當代的技術知識壟斷，造成高技術經濟中的強者愈強。強勢企業不僅長期保持在某一生產領域中的技術壟斷地位，控制市場，獨占超額利潤，阻礙競爭和技術進步，而且，強勢企業通過對社會共有產品——知識的壟斷造成知識經濟中分配關係的扭曲，加劇分配不公；而知識壟斷則阻礙知識擴散，從根本上抑制和扼殺生產力的進步。[2] 斯蒂格利茨說：「在知識經濟中，壟斷的危險甚至還高於在工業經濟中。」[3] 當代發達國家的知識經濟中知識壟斷的負效應已經有多方面的表現，成為當代資本主義經濟中的新矛盾。基於

---

[1] 信息產業中擁有技術優勢的企業，通過使其產品的制式成為市場標準，從而占領最大市場份額，產品由此而擁有更大的優勢，形成一種「馬太效應」。

[2] 微軟公司被眾多公司指控利用其在電腦操作系統上的控制地位來擴張它在應用軟件中的控制力。微軟的知識壟斷不利於競爭和技術創新是一個客觀事實，美國政府卻對此遲遲未採取糾正措施，由此表現出資本主義國家的政府屈從於大壟斷勢力的現象。

[3] 約瑟夫·E. 斯蒂格利茨. 知識經濟的公共政策 [M] //胡鞍鋼. 知識與發展：21 世紀新追趕戰略. 北京：北京大學出版社，2001.

此，在中國社會主義制度下，在大力發展高技術經濟和知識生產過程中，如何做到既保持知識創新的強經濟激勵，又防止知識的壟斷，成為當前需要認真研究的一個重要問題。

上述分析表明，科技知識創新成果的壟斷，使創新知識產品價格保持 (C+C2A)+(V+M)+P 的結構，即 P 成為知識產品價格的要素甚至產品價格構成中占比例最大的要素。只要企業能實現不斷的知識創新，P 就長期成為企業優勢產品價格的組成要素①。

總之，高技術知識產品與知識高密度產品呈現出質量不斷提高價格卻不斷下降的趨勢。儘管現實的產品價格仍然是包含額外收入的壟斷價格但市場價格卻在不斷地有時甚至大幅度地下降，它表明價格迴歸價值軸心的趨勢仍然在發生作用，只不過是採取了價格在更長時間更嚴重地背離和在更多的波動中接近價值軸心的作用形式，是一種更加發展了的借「不實現而實現」的價值規律作用形式。

以上分析可以歸結如下：對於知識產品的高市場價格的解讀，人們無須訴諸效用價值理論。對當代高技術經濟中科技知識產品的高市場價格這一新現象，完全可以在勞動價值論的基礎上加以說明。馬克思的勞動價值論仍然是分析當代經濟的新實際、新情況的理論基礎。

[本文選自：劉詩白. 知識產品價值的形成與壟斷價格 [J]. 社會科學研究，2005（3）.]

---

① 英特爾公司在 20 多年的發展中實現了摩爾提出的 18 個月使微處理器效率倍增定則，它的產品在技術上、質量上始終保持領先地位，英特爾成為世界微處理器生產的霸主，在市場份額中占 75%，英特爾微處理器由此得以保持壟斷價格，並且成為公司獲得超額利潤的主要來源。

第九章　生態價值：基於馬克思勞動價值論的一個引申分析

李　萍　　王　偉

在傳統的西方經濟學研究中，生態的價值問題長期被置於經濟學研究範圍之外。究其原因，一方面，經濟學僅局限於經濟系統內部研究人的各種經濟行為及其關係，經濟系統被視為與生態系統無關，人們可以無償地使用生態系統中的自然資源和自然環境，生態的無償性使用遂成為經濟學研究的一個既定前提或假設。相應地，生態系統的進化與演變，也被完全看成是生態系統中自然力本身的作用所推動，與人類勞動無關，進而也就將生態價值問題排斥在整個經濟價值評價體系之外。人們在實踐活動過程中，正是在生態與價值無關、無視生態價值的觀念及其相應的理論和政策的影響下，忽視了生態系統和社會經濟系統之間客觀存在的相互依存、相互影響、相互作用的關係，導致了自然資源被無償佔有、被掠奪性開發和被浪費性使用，造成資源毀損、生態環境惡化。另一方面，生態經濟學研究本身也存在著問題。隨著生態環境問題逐步成為人類面臨的全球性問題，對生態環境問題的成因及其解決方法的探討研究也不斷深入。自1869年德國生物學家恩斯特·海克爾（Ernst Haeckel）首次提出「生態學」概念，到20世紀20年代中期，美國社會學家麥肯齊（Mckengin）首次提出「經濟生態學」，后經經濟學、生態學等眾多學者們的研究推進，大約經過了100年，「生態經濟學」才逐漸從公害經濟學和環境經濟學中孕育產生出來[1]，「生態經濟學」的概念才逐步被人們熟知。但在生態學和生態經濟學最初的研究中，學者們過分誇大了該學科預言人類未來的能力，這種災難

---

① 程福祐. 生態經濟學源流考察 [J]. 環境科學與技術，1984（1）.

性的預言①所帶來的人類恐慌，在重要的實踐中相當部分被證明是不必要的。然而這些不切實際的預言，却使人們對生態及其相關交叉領域的研究成果表現出了不同的負面態度：一是生態學在研究之初的很長一段時間裡，一些人完全否定生態及其相關最初研究的科學性；二是一些人對生態學者的研究成果持懷疑態度；三是一些人認為人類是可以發現生態災難信號的，人為地對生態環境進行局部的改善，就可以修復其原來的功能，不必誇大其災難性。多數經濟學者正是由於受到最初人們對生態研究這些負面態度的影響，將生態的價值問題擱置於經濟研究範圍之外。

一、生態價值：國內外經濟學研究的不同取向

20世紀中葉以來，隨著人類社會經濟的快速發展，環境污染、生態惡化等嚴峻現實，使得生態問題越來越引起人們的關注，與此相關的生態價值問題的探討也開始有了轉機，逐步成為現代經濟學研究的一個重要問題。

在西方經濟學中，生態價值的引入並未遇到太大困難。② 從新古典經濟學立場出發，在一項經濟活動過程中，對一種生態因子的利用出現了稀缺性，這種稀缺性導致該因子的競爭性使用，產生以價格槓桿調節供求關係的必要性，從而產生了生態價值。當生態要素的稀缺性顯現後，該要素對人類福祉的貢獻如果仍然不反應在價格機制中，就會意味著市場失靈，最終使得微觀經濟主體濫用生態要素，直接導致外部不經濟。西方經濟學者對生態系統中的自然資源和自然環境的價值的研究始於20世紀60年代。最早定義環境經濟價值的環境與資源經濟學奠基人、美國未來資源研究所的經濟學家約翰·克魯梯拉（John Krutilla）在1967年發表的《自然保護的再認識》論文和《自然資源保護的再思考》專著中，提出了「舒適性資源的經濟價值理論」，並在與安松妮·費舍爾（Anthony C. Fisher）合著的《自然環境經濟學：商品性和舒適性資源價值研究》中，將環境資源劃分為商品性資源和舒適性資源，著重論述了舒適性資源的價值及評估問題，使

---

① 至少最初生態學家和生態經濟學家的部分災難性預言在當今現實實踐中被證明是太過誇張了。

② 何敦煌. 談生態價值及其相關問題 [J]. 未來與發展，2001 (1).

環境資源的價值理論更趨完善。① 西方環境經濟學對環境價值研究的集大成者邁里克‧弗里曼（A. Myrick Freeman，1979）以福利經濟學為基礎，認為在一般均衡模型中，資源和環境的價值不是一個固定的參數，而是由它們在提高社會福利中的作用以及它們的稀缺性和有用性決定的。弗里曼還指出：「每個人的福利不僅取決於其所消費的私人物品以及政府所提供的物品和服務，而且取決於其從資源—環境系統得到的非市場性物品和服務的數量與質量，如健康、視覺享受、戶外娛樂的機會等。對資源—環境系統變化的經濟價值進行計量的理論依據在於它們對人類福利的影響。以人類為中心的經濟價值評估並不排除人類對其他物種的生存和福利的關心。」② 1997 年，格蕾琴‧戴利（Gretchen C. Daily）③ 和羅伯特‧科斯坦薩（Robert Costanza）等④的研究成果將生態系統服務功能及其價值的研究推向了一個新的高潮。戴利不僅對生態系統服務功能的概念、研究簡史、不同生態系統的服務功能等進行了系統總結，而且還對各類生態系統服務功能價值進行了專題研究。科斯坦薩等人的《全球生態系統服務於自然資本的價值》一文，從科學意義上明確了生態系統服務功能價值估算的原理及方法。

20 世紀 80 年代以來，中國學者也開始涉及對生態價值問題的探討，主要集中於生態價值的來源問題上，尤其是生態系統中的「天然的自然」是否具有價值這個問題成為爭議的焦點。歸納起來，有兩種基本觀點：

一是傳統的生態無價值論。翟中齊認為，天然形成的資源，都是大自然恩賜給人類的寶貴財富，這些資源沒有凝結人類的勞動，因此，只有使用價值，沒有價值。正因為這些天然資源沒有價值，所以在開發和利用的產品成本中，沒有資源的價值。天然資源有出售的價格，是資源佔有者的壟斷價格。⑤ 徐益良認為，有使用價值並不一定就有價格，凡不是由勞動生

---

① 孔蕊. 淺談環境資源價值 [J]. 中國環保產業，2002（12）.

② 弗里曼. 環境與資源價值評估：理論與方法 [M]. 曾賢剛，譯. 北京：中國人民大學出版社，2002：60.

③ DAILY G C. Nature's Seruices：Societal Dependence on Natural Ecosystems [M]. Washington, D. C.：Island Press，1997.

④ COSTANZA R，D'ARGE R，DE GROOT R，et al. The Value of the World's Ecosystem Services and Natural Capital [J]. Journal of Nature，1997（387）：6630.

⑤ 翟益齊. 森林生態經濟勻論 [J]. 北京林業大學學報，1985（1）.

產出來的使用價值,都不具有價值。[1]

二是生態有價值論。20世紀80年代以來,許多學者從馬克思主義的哲學、經濟學、社會學等多種視角,分析了馬克思主義的理論對人與環境之間關係的關注,並堅持以馬克思主義勞動價值論來分析生態的價值來源。例如,劉業礎認為,在人類生產力不發達時,人們的活動及其排泄物對生態環境危害不大,一般靠自然界自身的淨化能力就能夠克服,因此,人們不必耗費勞動在環境保護上,此時的環境資源沒有價值。當人類生產力相當發達時,人們的活動產生的大量排泄物,已經超出環境的容量,因此,必須耗費人類勞動去處理它,此時為保護環境而耗費的勞動也就應該計算在有關的環境資源價值之中。[2] 於光遠認為,環境工作也屬於生產範圍,也應該看成是一種人類勞動。[3] 陳予群將生態資源的價值定義為物化在生態中的、社會必要的人的勞動的表現,生態資源如何從無償變為有償,要通過歷史的發展過程來考察。[4] 劉思華則基於現代社會經濟條件下經濟系統和生態系統相互關係的視角,探討了生態價值問題,提出現代社會經濟是社會經濟和自然生態相互制約、相互作用的生態經濟有機體。這是從忽略生態環境、生態價值轉向認知、重視生態價值的前置條件。我們在馬克思的勞動價值論的指導下,研究生態經濟系統中的生態環境價值問題,就必須把勞動價值論延伸和擴充到生態經濟系統中去,在勞動價值論的基礎上建立起生態價值論。[5] 張慶普、胡運權也提出了應該根據已經變化了的實際情況,將商品概念推廣到生態環境中的觀點。[6] 司金鑾更是將生態價值劃分為潛在價值和顯在價值,前者指的是「天然的自然」生態價值,後者則指「人工的自然」生態價值,並且潛在未知價值正逐步向顯在已知價值方向發生量的轉移。[7]

檢視國內外經濟學研究生態價值的有關文獻,可以看出其不同的研究取向:西方經濟學者對生態價值的理論研究是以效用價值論為基礎的,對

---

[1] 徐益良. 天然林的「價值」問題 [J]. 林業科學,1985 (2).
[2] 劉業礎. 論環境資源價值和環境經濟立法 [J]. 武漢大學學報:社會科學版,1981 (6).
[3] 於光遠. 經濟、社會發展戰略 [M]. 北京:中國社會科學出版社,1982:101-103.
[4] 陳予群. 生態經濟學研究探討 [J]. 經濟科學,1985 (2).
[5] 劉思華. 生態經濟價值問題初探 [J]. 學術月刊,1987 (11).
[6] 張慶普,胡運權. 生態環境負價值研究 [J]. 學術交流,1994 (3).
[7] 司金鑾. 生態價值的理論研究 [J]. 經濟管理,1996 (8).

生態價值的來源問題並不存在較大的爭議；而國內學者對生態價值的理論研究則主要是以勞動價值論為基礎的，在「天然的自然」是否具有價值的問題上存在較大的爭議。對此，筆者認為，馬克思主義經濟學的創始人，並不是從生態學家的視角創立勞動價值論的，在生態方面也沒有留下系統的論述，但在其對相關理論的闡述中，無不閃現著關於人與自然物質交換、信息和能量傳遞等包含生態學思想的論述，這些論述為后人對生態問題及生態價值問題研究的深入、豐富和擴展奠定了堅實的基礎。因此，從方法論上說，只有堅持辯證和唯物史觀的科學方法，以系統、動態和發展的眼光去考察、研究人類社會及生態環境的演進，才能夠不斷發展馬克思主義的勞動價值理論。

基於此，筆者讚同生態有價值的觀點，並基於馬克思勞動價值論的引申分析，將勞動價值論引申和擴展到生態經濟系統的生態系統中去，研究生態經濟系統中的生態價值問題，提出生態價值是指凝結在生態系統中的無差別人類勞動，其由兩部分共同組成：第一，在經濟系統中，通過耗費人類勞動從生態系統中獲得人類生存和社會經濟發展所需的自然物品時，凝結在生態系統中的人類勞動的價值；第二，在生態系統中，為了保證作為生態系統組成部分的人類能夠與其生存環境之間合理地進行物質、能量和信息等的交換，實現生態網路連鎖關係順利進行，對生態系統進行適當、合理的補償和改造所耗費的人類勞動凝結在生態系統中的價值。就整個生態經濟系統①來說，其商品價值總量是由經濟系統中的商品總價值量和生態系統中的生態總價值量兩個有機部分構成的。人們在投入勞動創造商品價值時，既可能會創造生態價值，也可能會產生生態負價值；同樣地，從總體和長遠來看，在投入勞動創造生態價值時，也會創造商品價值。

二、生態價值嬗變——基於馬克思勞動價值論的分析

馬克思勞動價值論認為，無差別的一般人類勞動是商品價值的源泉；人們的勞動具有三要素：勞動者、勞動工具和勞動對象。勞動對象無疑涵蓋了土地等自然生態環境。因此，離開了人類勞動，價值就不可能被創造，

---

① 本文將生態經濟系統視為由經濟系統和生態系統構成的複合系統。與此相關，生態經濟系統的商品價值總量也由經濟系統中的商品總價值和生態系統中的生態總價值構成。

人類勞動脫離了勞動對象或自然生態環境也無法創造價值。① 人類在社會活動中所創造的商品價值，是與自然生態環境息息相關的，與之相對應，生態價值的創造也與人類的生產勞動密不可分。這裡，人的勞動與價值的關係體現在經濟系統、生態系統乃至生態經濟系統之中。就經濟系統來看，人們生產商品所付出的勞動形成商品價值；就生態系統而言，人們補償（主要包括對自然生態環境的補償、保護和建設等行為）和改造（主要是指在生產商品時人們對生態系統中各種物質進行的改造、利用等行為）自然生態環境付出的勞動形成生態價值。當我們從統一的生態經濟系統來觀察時，可以發現，一方面，在生態經濟系統形成和發展的最初階段，存在著商品價值和生態價值之間與社會生產力發展水平高低正相關的關係，從而影響生態經濟系統中的商品價值總量呈同向變動；另一方面，隨著生產力發展提升到更高水平，尤其是人類社會進入到工業社會，生態經濟系統中人類與自然之間物質變換關係產生矛盾，並且矛盾不斷尖銳化，即生態環境、自然資源等已經無法滿足人類經濟活動及發展的需要，生態承載能力和生態系統的調節、自淨化能力均出現迅速下降，存在著勞動作用於自然生態環境產生的不同效果影響著生態價值進而影響著生態經濟系統中商品價值總量相應的增減變動，使生態經濟系統的商品價值總量和經濟系統、生態系統中的價值呈現出不同的運動軌跡。

當社會生產力水平處於較低階段時，人們生產活動範圍、生產商品中所付出的勞動以及生產出的社會商品總價值均相對較小，與此同時，人類勞動在經濟系統中創造商品價值的同時，凝結在生態系統中的生態價值也相對較少，產生的生態負價值亦很小，同樣的，人們補償和改造自然生態環境所付出的勞動從而形成的生態總價值亦相對較小，反應到生態經濟系統中的商品價值總量亦相應較小；當社會生產力水平進入到比較發達或較高階段時，在經濟系統中的商品總價值會很大，但其同時在生態系統中所產生的生態負價值亦變大了；同樣的，在生態系統中人們對自然生態環境的補償和創造所付出的勞動、創造的生態價值增長相對緩慢，就整個生態經濟系統來說，商品價值總量呈現出先遞增後遞減的趨勢；只有當社會生產力水平進入到相當高的階段時，商品總價值、生態總價值和商品價值總

---

① 正是在這個意義上，馬克思曾在《資本論》中借用威廉·配第的經典名言「土地是財富之母，勞動是財富之父」，強調了勞動與自然環境對於使用價值和價值的創造與形成的重要性。

量才可能進到同步增長的軌道。迄今為止，這種社會商品總價值、生態總價值和商品價值總量的嬗變與人類文明的進程緊密相連，反應為三個時代的變遷和人類歷史發展的四次大的轉折。

第一個時代是人類依附並初步利用大自然的時代，對應於人類歷史發展的轉折點，即從人類起源經原始人到農業人的轉折。這一時期，人類處於原始採集漁獵文明和農業文明階段，人類社會的勞動生產力水平還處於相對不發達階段。處於原始文明階段的人類與其他動物一樣，面對生態環境的物質和能量交換，僅僅採用本能的生存方式進行利用，生態環境未受人類較大規模活動的影響和改造。隨著農業文明的到來，人類的生產工具和生產關係、交換關係已經發生了相對較大的改變，人類開始主動地改造生態環境，「人化自然」① 開始出現了，人類活動的範圍和強度亦隨之緩慢地擴大和增強。人與自然之間的物質、能量等變換關係的矛盾到農業文明后期開始逐漸產生。這一時代的特點是自給自足經濟占統治地位，因此，人們生產的用以交換的商品規模極小，所付出的勞動形成的社會商品總價值和同時產生的生態總價值也小，而人們補償和改造自然生態環境所付出的勞動相對更少，其形成的生態總價值更低，生態經濟系統中的商品價值總量也十分有限，商品價值、生態價值和商品價值總量均隨著社會生產力的發展而呈現同向變動。

第二個時代是人類改造環境並試圖憑藉其智慧和科學知識徵服自然的時代，對應於人類歷史發展的轉折點，即從農業人向工業人的轉折。這一時期，人類處於工業文明階段，由於人類智慧和科學技術的發展，人類的生產工具和生產關係已經發生了巨大變化，作為價值創造源泉的人類勞動所展現出的力量正迅速走強，其改造環境的能力急速提升，人類開始無限度地掠奪自然來創造財富，而生態環境因為受到人類大規模活動的影響和改造而逐步失去平衡，甚至呈現出從短期環境污染向長期生態惡化轉化的態勢，生態系統自身的脆弱和生態惡化對人類生存的威脅逐步顯現。人與自然之間物質、能量等變換關係的矛盾逐步變得尖銳甚至達到了對立的程度。這一時期的主要特點是資本主義工業化大生產占主導地位，人類在經

---

① 人化自然，是人類活動形成的自然界與人類創造的自然界。隨著人類社會的發展、人類的本質力量越來越表現為自然界的對象化，自然界在越來越廣泛的意義上成為人化自然，成為人工生態系統。

濟系統中所生產的商品總規模迅速擴大，所付出的勞動形成的社會商品總價值也急速膨脹，但在生態系統中凝結的生態價值却由正值迅速變為負值，並不斷變大，而人補償和改造自然生態環境所付出的勞動創造的生態總價值却很少，生態經濟系統中的商品價值總量正逐步變小。

第三個時代是人類社會反思、抑制、克服盲目掠奪自然的行為，尋求人與環境和諧共處，恢復生態平衡，期望實現天人合一狀態的時代，對應於人類歷史發展的轉折點，即從工業人向信息人、生態人的轉折。這一時期，人類正處於由「信息革命」引起的后工業文明階段，信息化、網路化正逐步帶領人類步入全球化時代。這時，人類活動的範圍和空間已經擴展到全球甚至宇宙的各個方面，憑藉高新技術的發展，清潔環保的生產和生活方式正逐步普及，原有粗放型的社會經濟發展方式將被更加符合生態經濟系統持續演進的經濟發展方式替代。這一時期的主要特點是社會生產力高度發達，人與自然的和諧發展將成為社會發展的主流，人們在生產生活中將更加關注生態環境問題。因此，人類在經濟系統中，不僅會使其所付出勞動創造的商品總價值增加，還會使其同時創造的生態負價值逐漸減小甚至消失，生態正價值將不斷增加，人們對生態環境補償和改造的勞動將不斷創造並增加生態總價值，最終在生態經濟系統中，實現商品價值總量的不斷增加。

隨著人類社會生產力水平由低到高的提升，人們的生產、生活範圍和領域將不斷擴展和延伸，人類對生態系統的認識將更加全面和完善，將推動人類社會生產和生活方式的巨大變革，這也必將引起商品總價值、生態總價值和商品價值總量三者之間呈現由同向遞增變動到無序變動再到更高層次的同向遞增變動的趨勢。雖然商品價值和生態價值都是人類勞動的凝結，但在具體的實踐活動過程中，生態價值的具體量化關係還不像商品價值那樣容易被準確確定，因此，我們僅在理論和經驗上探索其相互之間的數量關係。

三、價值數量關係演進及其趨勢：一個經驗分析

在經濟系統中，馬克思勞動價值論將價值表述為凝結在商品中的一般的無差別的人類勞動，其價值量大小取決於生產該商品的社會必要勞動時間，其價值總和用商品總價值表示（W_1）。在生態系統中，生態價值的價

值量大小也取決於補償和創造自然生態環境所花費的社會必要勞動時間，其價值總和用生態總價值表示（W_2）。就整個生態經濟系統來看，按照人類社會的發展時序，生態經濟系統中的商品價值總量（W_3）是不斷變化的：當社會生產力水平還處於非常低下的原始文明階段時，人類的各種活動還完全依附於自然生態環境，未出現較大規模的商品生產和交換活動，商品總價值還很微小，人類的生產活動也還未對生態環境造成較大的影響和破壞，由此所創造的生態負價值也可以被忽略，商品價值總量就等於生態總價值，即 $W_3 = W_2$，商品價值總量在整體上呈現緩慢上升的趨勢；隨著社會生產力水平的逐漸提高，人類開始步入農業文明階段，出現了相對較大規模的商品生產和交換活動，人類開始部分地擺脫對自然生態環境的依附，此時，商品價值總量就等於商品總價值與生態總價值之和，即 $W_3 = W_1 + W_2$，商品在生產過程中對生態的不利影響可以忽略不計。當人類社會生產力水平處於較高的工業文明階段時，粗放型的發展方式，雖然出現了大規模的商品生產和交換活動，商品價值總量仍然等於商品總價值與生態總價值之和，但商品價值總量却增長緩慢，這主要是生態總價值的零值和負值所致，生態總價值成為拉低商品價值總量增長速度的主要力量。在生態價值的構成中，一部分是由生產商品時在生態系統中的人類無差別勞動凝結成的價值，這些價值對人來說可能是無用甚至是有害的，這就導致生態價值零值和負值的出現，而另一部分人類主動的補償生態的勞動却又很少，因此，當生態價值出現負值時，就要從商品價值總量中抵扣掉，因而商品價值總量的公式為：$W_3 = W_1 + (W_2)$；當人類社會進入到后工業文明時，人類社會生產力已經達到了相當高的水平，此時，人們更加注重生態經濟系統中商品價值總量的提高，而不是僅僅追求經濟系統中商品總價值的增加，因此，在生產活動過程中，投入更多的勞動對生產工具、生產方式進行符合生態規律的變革，在交換過程中，越來越多的生態價值通過交換活動逐漸由隱性價值變成顯性價值，人們更加關注生態環境在生產生活中的作用，在生產商品時也將主要圍繞生態規律展開，在交換活動過程中也更加關注生態的價值問題，在創造更多商品價值的同時，也創造更多的生態價值，不僅如此，人們還加大對生態環境的補償、保護和重建的勞動投入，創造更多的生態價值，商品價值總量將等於更高層次上的商品總價值和生態總價值總和，即 $W_3 = W_1 + W_2$，其中生態總價值成為引起商品價值總量正向變化的主要推動力量。

在中國當前經濟社會發展面臨嚴峻生態問題的狀況下，重新認識和理解生態價值問題，將有利於改變當前衡量經濟社會發展指標過度單一的局面，有利於轉變人們對自然生態資源、生態環境的不合理開發和利用的傳統發展理念，有利於有效推動自然資源定價和參與市場化治理的發展步伐，並為其提供理論基礎，從而使自然生態環境能夠被科學、合理、協調、可持續地開發和利用。

綜上所述，馬克思勞動價值學說具有與時俱進的理論品質，要求我們用馬克思主義的發展眼光來看待現實問題。馬克思在創立勞動價值學說時，世界正處於工業文明初期，因而在理論上，生態價值並沒有被系統地論證。隨著人類社會生產力的迅速發展，以及人由工業人向后工業人進而向信息人的轉化，客觀現實要求我們觀察世界的視野也應由單一的社會經濟系統視角，向由社會經濟系統和生態系統共同組成的生態經濟系統這一整體視角轉變。關注生態及其價值問題，將生態納入人類社會各種科學研究的範圍之內，旨在警示人們只有不斷提高對生態環境的補償和創造性勞動的投入，才能彌補人類過往發展過程中造成的過多生態欠帳，形成親生態系統的經濟系統及其良性互動循環的生態經濟系統，實現人與自然間科學與可持續發展的目標，從而增進人類社會福祉。

［本文為西南財經大學「211」工程三期重點學科建設資助項目「中國特色社會主義市場經濟基礎理論創新」（10MJY016）的階段性成果］

［本文選自：李萍，王偉．生態價值：基於馬克思勞動價值論的一個引申分析［J］．學術月刊，2012（4）：90-95.］

第十章　中國勞動力商品化程度的變動及其對勞動者報酬的影響

李怡樂　孟 捷

一、引言

　　改革開放以來，中國勞動力市場的形成以勞動力商品的重塑為基礎，經歷了與雇傭勞動關係和勞動力再生產有關的各類制度變遷。孟捷、李怡樂（2013）綜合了馬克思與波蘭尼關於勞動力商品化問題的兩種視角，將勞動力商品化的含義界定為「勞動力再生產對市場的依賴」，討論了各種影響勞動力商品化和去商品化的制度因素，並分析了這些因素在中國經濟改革實踐中的變化。[①] 在此基礎上，本文要做的核心工作是：檢驗勞動力商品化程度作為反應工人市場風險豁免權和議價能力的一種綜合指標，其變動是否影響了中國勞動者報酬的變化。直觀上我們可以觀察到：20世紀90年代中后期勞動力商品化程度的加速對應著同一時段勞動者報酬的劇烈下降；而2007年之後社會保護運動的推進抑制了勞動力商品化程度的提升，同時GDP中的勞動報酬比例以及企業層面的工資份額都出現了回升，這為本文的經驗研究提供了現實支持。對此，本文將展開四方面工作：首先，通過簡要的比較歷史分析，闡述勞動力商品化程度作為反應資本累積體制中勞動、資本、政府三方關係的核心指標，與工人報酬變化的直觀聯繫；其次，我們將討論勞動力商品化程度的四類影響因素作用於勞動者報酬的機制；

[①] 孟捷，李怡樂. 改革以來勞動力商品化和雇傭關係的發展——波蘭尼和馬克思的視角 [J]. 開放時代，2013（5）.

再次，基於可用的反應勞動力商品化程度變化的指標，運用主成分分析量化得出過去 30 多年間中國勞動力商品化程度變動的指數和變化趨勢；最后，對勞動力商品化程度與 GDP 中的勞動份額，以及勞動力商品化程度與規模以上工業企業的工資份額變動做迴歸分析，驗證其可能的因果關係。

二、勞動力商品化程度變化與資本累積體制的變遷

在波蘭尼看來，勞動力市場的正常運行需要有勞動立法、工會組織限制並降低勞動力的商品化程度，在保護勞動力這種虛構商品的人的特質的前提下，使市場的功能得以發揮。波蘭尼的觀點勾勒出在資本主義生產方式的歷史演進過程中，市場擴張如何塑造出勞動力商品，而社會保護運動又使得勞動力商品化程度被限制在特定的制度框架當中。換言之，一國勞動力商品化程度的變化反應了不同時期支持資本累積的各種制度因素變遷。這事實上與調節學派和累積的社會結構理論形成了呼應，一定時期與勞動力再生產和雇傭關係有關的制度安排是資本累積體制中的關鍵內容，而這些制度安排可以看成特定的階級力量平衡關係的產物，直接影響了剩餘價值的生產方式和收入分配格局[1]。隨著累積體制的調整，勞動與資本的關係、國家與公民的協議被改變[2]，勞動力的商品化程度和分配格局也相應發生變化。

例如，戰後黃金年代發達資本主義國家普遍給予了工人組織更強的議價能力，並建立了更為慷慨的福利供給體系。這顯著地降低了市場對於工人就業和生存的控制能力，抑制了勞動力的商品化程度，同一時期工人也在新增的產出當中獲得了相對較高的分配比例。[3] 而新自由主義時代，工會組織的力量被顯著削弱，與勞動力再生產相關的各類公民社會權利被再度商品化，加劇了工人在市場上面臨的風險，提升了勞動力的商品化程度，

---

[1] M AGLIETTA. A Theory of Capitalist Regulation: The US Experience [J]. New Left Review Books, 1979.

[2] S BOWLES, D GORDON, T WEISSKOPF. After the Waste Land [M]. Armonk, New York: M. E. Sharpe, 1990.

[3] GLYN, et al. The Rise and Fall of the Golden Age [M] //S MARGLIN, J SCHOR (eds.). The Golden Age of Capitalism. Oxford: Clarendon Press, 1990: 46-50.

這一時期的收入分配狀況也在向著更加不利於勞工的方向轉變。① 因而，勞動力商品化程度變動的背後對應著資本累積體制的轉變，直接反應了特定時點上勞資間的相互力量對比和分配關係的變化。

伴隨著農民工進城和城市單位就業體制的轉變，中國的勞動力市場逐步形成，特別是自 20 世紀 90 年代中期以來經歷了加速改革的時期，勞動力作為一種虛構商品，在新生的市場經濟中被重新塑造出來。通過觀察三階段中勞動力商品化程度的變化，我們亦能窺見中國市場化改革的發展軌跡，以及其中支持中國資本累積的制度因素調整。

第一階段，20 世紀 80 年代初到 90 年代前期，城市部門統分統配的就業制度有所松動，勞動合同制度被嘗試性地推行。國家日漸放開了農民進城就業和居住的閘口，但是相關的政策限定依然十分嚴格。后文的分析將展示，這一時期勞動力商品化程度的平穩提升主要源自農村居民稅費負擔的加重，以及勞動力再生產對於商品經濟關係更強的依賴。值得注意的是，擴大的國內消費市場，也是同時期中國經濟增長最為重要的源泉。② 在此期間，GDP 中的勞動份額呈現緩慢波動，略有下降趨勢，工業企業的工資份額則處於無明顯趨勢的波動狀態中。

第二階段，20 世紀 90 年代中后期導致了大約五千萬人下崗或失業的城市就業體制改革可被視為一場「激進式」的勞動力市場改革，在就業關係迅速向靈活化和非正規化轉變的同時，與勞動力再生產緊密相關的養老、醫療、教育等社會公共服務加速市場化，而相應的社會保障體系並未同步建立。這一時期市場力量在推動勞動力加速商品化的進程中占據了上風。③ 與之相對應，中國的經濟增長更加顯著地依靠投資增長和低勞動成本拓展出的海外市場。1995—2007 年，GDP 中的勞動份額和工業企業的工資份額都呈現出長期的劇烈下降趨勢。

第三階段，2007—2008 年「勞動三法」頒布與實施，此后勞動合同的

---

① F MAGDOFF, JOHN BELLAMY FOSTER. Class War and Labor's Declining Share [J]. Monthly Review, Volume 64, Issue 10, March 2013.

② 盧荻. 變革性經濟增長：中國經濟的結構與制度分析 [M]. 北京：經濟科學出版社，2001.

③ 值得注意的是，同一時期城市低保制度的建立（1997 年）、「科學發展觀」「以人為本」等思想的提出（2003 年）、取消農業稅（2006 年）的改革，意味著在此期間也存在著國家政策層面限制市場力量的反向保護措施，只是筆者判斷這一時期市場力量更處上風。

簽訂率有所上升，制度內外的勞工抗議行為皆猛烈增加。與之相應的是同一時期養老、醫療等社會保險制度在城鎮就業人口中的覆蓋比例明顯上升，特別是2007年起城鎮醫保制度首次將大量非正規就業或未就業的居民納入其中，社保制度在農民工群體和農村社會中逐步推開。2009年起，中央和地方財政新增了保障性住房支出，嘗試抑制住房全面商品化的狀況。由此，我們判斷，比較過去20多年的改革進程，2008年前後中國進入到一個由政府和民眾共同推進的某種程度的勞動力去商品化的區間，可能對之前加速膨脹的市場力量形成了一定程度的抑制。這也意味著，中國資本累積的勞資關係基礎有機會由抑制勞工力量和收入增長的方式，轉向去商品化改革增強勞工議價力和用新增的產出更多獎勵勞工的方式。中國經濟增長的動力源泉開始被更多地期望於國內消費市場的擴大。值得注意的是，2007年之後，收入法GDP中的勞動份額比例扭轉了過去25年總體下降的態勢，呈現出穩定上升趨勢；與此同時，相比於1995—2007年間的劇烈下降，我們所能觀察到的規模以上工業企業的工資份額自2008年之後亦呈現反彈態勢。

分階段的觀察向我們展示出：勞動力商品化程度的變化體現了資本累積體制中勞資力量的對比，政府作為社會管理者的主動行為，也奠定了中國在不同時期經濟增長的主動力源泉。與此同時，收入分配領域的宏觀數據與我們上述關於勞動力商品化程度變化總趨勢的判斷是呼應的。我們接下來就將考察，勞動力商品化程度的變化作為中國資本累積體制中勞動、資本、政府三方關係集中體現的一個指標，作用於勞動報酬的各種可能機制。

三、勞動力商品化程度的指標選取及其影響勞動報酬的機制

勞動力商品化程度影響勞動報酬的機制可以體現在兩個總的層次上：首先，勞動力的商品化程度變化反應了勞動力再生產對於市場依賴程度的改變，那些推進商品化程度增強的因素將加劇勞動者對於雇傭關係的依賴，削弱其規避市場風險的能力，從而抑制工人整體相對於資方的獨立性，這將限制他們與資本談判時的議價能力。其次，勞動力商品化程度變化也反應在一國的勞動法規安排和福利制度設計中，去商品化程度更強的法規和

制度通過強制性的政策安排提供給勞動者的福利數額也更高，這直接改變了一國的收入分配格局中屬於勞動者的比例。①

在孟捷、李怡樂（2013）的研究中，我們考慮了勞動力商品化程度的四類衡量指標，這四類指標描繪了中國市場化改革進程中勞動力商品化的發展。本文中，我們將進一步觀察它們影響勞動報酬的機制。

第一類指標是出賣勞動力的人口在全部勞動人口中的規模。這類指標總體上反應了市場上的交換關係和工資性收入在維持勞動力再生產方面的重要性。具體而言，我們進一步考察三類數據：首先，工資性收入佔城鄉居民家庭收入的比重。其次，非公經濟就業的增加。市場化的改革進程伴隨著傳統公有制單位體制在工人福利供給方面的功能弱化，非公經濟就業增加的過程也是勞動力再生產模式市場化的重要表現。最後，農民工數量的增加。這一數值不僅反應了非農產業對農業剩余勞動人口的吸納，亦受各類影響農民家庭再生產模式（農民家庭需要通過現金支付購買的各類消費品）和農業經營環境的制度因素的作用（例如，稅費支出、生產資料的投入等）。

那麼，上述因素影響勞動報酬的機制又如何呢？Piovani（2014）對規模以上工業企業工資份額的研究同樣考察了國有工業企業的就業比重變化，將其視為工資份額的影響因素中產業後備軍指標的代理變量之一，驗證了國有單位就業規模與工資份額間的正向關係。② 從中國改革的歷史進程來看，20世紀90年代中期，伴隨著公有制部門改革，下崗和失業人員增多，一場意義深遠的產業後備軍再造運動正式展開。相比較於非公經濟，國有部門總體上為工人提供了更強的就業安全性和勞動保護，這對於其他部門提高工人工資和日常福利供給水平是有溢出效應的；與此同時，如果將單位體制看成一種更慷慨的福利供給，在這種福利供給模式被打破而普惠型的社會福利制度未建立時，國有部門就業比例的減少直接意味著勞動者所得分配份額的減少。

---

① 根據《中國統計年鑒（2013）》的解釋，在中國分省 GDP 收入法核算中，勞動者報酬「指勞動者因從事生產活動所獲得的全部報酬。包括勞動者獲得的各種形式的工資、獎金和津貼，既包括貨幣形式的，也包括實物形式的，還包括勞動者所享受的公費醫療和醫藥衛生費、上下班交通補貼、單位支付的社會保險費、住房公積金等」。

② C PIOVANI. Class Power and China's Productivity Miracle: Applying the Labor Extraction Model to China's Industrial Sector, 1980-2007 [J]. Review of Radical Political Economics, 2014, 46 (3).

農民工勞動力的商品化與中國勞動份額下降之間亦存在著十分顯著的關係，這其中包含兩種機制的作用：第一種機制是主流經濟學研究更多強調的農業勞動者轉移直接帶來的勞動份額下降。在對改革年代中國勞動份額下降的代表性研究中，羅長遠、張軍（2009）[①]，Bai，Qian（2010）[②]，張車偉（2011）[③] 等強調了產業結構變動（第一產業比重下降、第二產業和第三產業比重提升）對勞動份額下降的解釋力。[④] 因為農業中的勞動份額本身更高，產業結構轉變的過程直接對應著總勞動份額的下降。與此同時，依照劉易斯二元經濟模型的假設，農業部門的大量剩餘勞動人口抑制了非農產業中工資水平的上升，工人的勞動報酬得以長期低於其邊際產出，在劉易斯轉折點到來之前，勞動份額勢必經歷下降的階段（李稻葵等，2009[⑤]；龔剛、楊光，2010[⑥]）。第二種機制是政治經濟學視角下半無產階級化的農民工群體抑制工資上漲。大量的農村剩餘勞動力和城鄉戶籍制度差異的結合為謀求快速累積的資本提供了可供低成本靈活使用的農民工勞動力，其數量增長反應了被捲入全球資本累積進程的產業後備軍數量的膨脹。近年來，對於全球產業後備軍規模的比較研究表明，由於缺乏社會福利供給和正規部門的就業機會，后發國家的低成本競爭優勢並沒有形成足夠的現役軍，而僅僅是相對過剩勞動力，這支龐大的產業後備軍隊伍成了調節工作日長度和抑制勞動力價值提高的關鍵機制（Neilson，2011）。[⑦] 從勞動力商品化的角度解釋，農民工所處的半無產階級境況，通過勞動力再生產社會環境的差異，既維持了農民工勞動力的低價，限制了其議價能力

[①] 羅長遠，張軍. 經濟發展中的勞動收入占比：基於中國產業數據的實證研究 [J]. 中國社會科學，2009（4）.

[②] BAI CHONG-EN, QIAN ZHENJIE. The Factor Income Distribution in China: 1978-2007 [J]. China Economic Review, 2010 (21).

[③] 張車偉. 關於中國勞動報酬占 GDP 份額變動的研究 [J]. 勞動經濟評論，2011, 4 (1).

[④] 在張車偉（2011）的測算中，經濟結構從農業向非農業轉移1%，總勞動份額下降 0.08～0.13 個百分點。羅長遠、張軍（2009）以 1996 年為基期，2003 年勞動份額下降的比例中有64%源於產業結構變動。Bai、Qian（2010）的計算中，結構轉型解釋了 1995—2003 年勞動份額下降的 61.63%（GDP 數據中扣除了間接稅）。

[⑤] 李稻葵，劉霖林，王紅領. GDP 中勞動份額演變的 U 型規律 [J]. 經濟研究，2009（1）.

[⑥] 龔剛，楊光. 論工資性收入占國民收入比例的演變 [J]. 管理世界，2010（5）.

[⑦] D NEILSON, T STUBBS. Relative Surplus Population and Uneven Development in the Neoliberal Era: Theory and Empirical Application [J]. Capital & Class, 2011, 35 (3).

增長，又保證了他們對市場雇傭關係的依賴和對資本的隸屬。要理解半無產階級工人在抑制勞動報酬方面起到的作用，我們可以設想：農民工的市民化進程意味著其勞動力再生產環境的改變，即他們需要獲得城鎮就業者的平均工資水平才能保證其家庭在城市中完成勞動力的再生產。根據筆者的測算，如果農民工工資上升到和城鎮單位就業者同等的水平，假設其他因素不變，2001—2012 年間收入法 GDP 中的企業營業盈餘份額平均每年減少 4.93 個百分點。① 這可以看成是半無產階級化的農民工隊伍為抑制勞動成本上升和促進資本累積提供的直接「補貼」。

第二類指標是雇傭勞動合約的性質與穩定性，特別集中地表現為非正規就業比例和勞動合約覆蓋率的增加。非正規經濟擴張和穩定的勞動合約覆蓋比例的下降作用於勞動報酬的機制可被概括為：首先，各種被勞動法規所確立的福利供給是與正規就業崗位和勞動合約緊密聯繫的，就業非正規性的提升意味著大量的勞動者不能獲得工資之外的其他勞動補貼；其次，非正規部門的產業后備軍隊伍提供了抑制工資上升最有力的機制，同時將減緩正規部門的工資增長壓力；最后，各種短時限的、不穩定的勞動合約直接制約了工人在工作場所中逐步累積起議價能力的機會。

就業靈活性的增強被認為是新自由主義時代抑制勞工力量和工人成本提升最有效的手段。就業靈活性的變化，直接解釋了 1979—1994 年美國非農部門稅前實際小時工資下降（下降了 9.8%）的 1/5。這還不包括非正規就業帶來的福利損失，例如，龐大的派遣工隊伍中只有 1/5 的工人可以得到雇主支付的醫療補助。② 20 世紀 90 年代后期，歐盟就業市場的改革意欲改善長期困擾歐盟國家在參與全球競爭時所遇到的勞動成本高、人員流動不暢的頑疾。然而其提升靈活性的措施儘管降低了失業率，卻也製造了更多的「窮忙族」（Working Poor）。③ 在當下全球化生產的技術範式和分工體系中，非正規經濟的低成本恰是發展中國家維持競爭性和資本累積的有效

---

① 根據《中國統計年鑒》歷年相關數據計算。

② 參考 GORDON, M DAVID. Fat and Mean: The Corporate Squeeze of Working Americans and Myth of Managerial「Downsizing」[M]. New York: Martin Kessler Books, the Free Press, 1996: Chapter7-8, 175-237.

③ 若·科特尼埃爾. 歐洲的就業靈活保障機制與勞動力的非正規化 [J]. 毛禹權，譯. 國外理論動態, 2010 (1).

手段，故而，黃宗智（2010）稱其為「有計劃的非正規性」[①]。在齊昊（2011）的研究中，隱性部門（從統計範圍來看，等同於非正規部門）的就業擴張是影響中國分配格局的重要因素，對於勞動者報酬下降有顯著作用。[②]

中國的城鎮非正規就業比重分別在20世紀90年代初和90年代中後期到2002年左右經歷了兩個迅速上升的時期，2010年城鎮非正規就業比例達到了61.3%。在《中國統計年鑒》長期穩定記錄的數據中，城鎮勞動者的工資只包含正規就業單位，私營、個體和未統計部分難以得到反應。僅從2008年以來所能觀察到的城鎮各行業私營企業工資水平來看，私營企業歷年的人均工資水平低於正規就業單位的數額皆在11,000元以上，扣除價格因素，這一差距依然呈上升趨勢。故而即使僅從正規和非正規就業的工資差異角度出發，我們也能發現就業非正規性的提升會直接導致勞動所得份額的減少。

第三類指標是工人的組織化程度，特別表現為工會組織和集體議價機制的覆蓋範圍。有組織的工人運動是增加工人集體談判力量，為工人爭取收入增長、工作穩定性和福利提升的重要保證。儘管當前中國工會的組織模式很難真正承擔起代表工人與資方談判的職能，但是在一些經驗分析中，現有工會組織在推進工人福利和收入方面的正面作用還是得到了實證結果的支持（Yao, Zhong, 2013[③]；魏下海等，2013[④]）。儘管在上述研究所選擇的樣本中，較難明確到底是利潤更高、工資水平更高、勞動關係更為和諧的部門表現出對於工會和集體判斷更高的寬容度，還是由工會的作用直接推動了勞資關係的改善，但是我們依然可以將中國城鎮就業者中工會覆蓋比例的提高看成有勞動法律調節和監管的雇傭關係的擴大，顯然這種擴大是勞動力去商品化的一種表現，進而工會參與率的提升對於勞動所得份額

[①] 黃宗智. 中國發展經驗的理論與實用意義——非正規經濟實踐[J]. 開放時代，2010（10）.

[②] 齊昊. 勞動者報酬比重下降的「非典型」事實：馬克思主義的解讀[J]. 當代經濟研究，2011（10）.

[③] YAO YANG, ZHONG HUANING. Unions and Workers' Welfare in Chinese Firms [J]. Journal of Labor Economics, 2013, 31 (3).

[④] 魏下海，等. 工會是否改善勞動收入份額？——理論分析與來自中國民營企業的經驗證據[J]. 經濟研究，2013（8）.

的提高可被預期是有正向效應的。

改革進程中，伴隨公有制單位就業比重下降和非正規就業增加，1989—1999十年間中國城鎮就業人員的工會參與率經歷了長期下降的過程，之后在《工會法》的強制規範下逐步開始恢復。2008年《勞動合同法》的正式實施為保護工人的「底線型」利益（例如，法律規定的勞動時間、勞動合同、工作環境等）創造了條件。相比於《工會法》，2008年的「勞動三法」對工人維權的作用更加直接和有力。然而，值得保持審慎樂觀和長期關注的是，「勞動三法」同樣是依靠行政力量限制雇主權力的制度安排，尚難以保證企業內的勞資力量平衡（常凱，2013）[1]。長期看來，只有通過切實向工會組織賦權，讓集體議價機制得以運行，工會才有可能在長期幫助工人獲取「增長型」的利益（主要表現為實際工資水平的提升）。[2]

第四類指標是各類與勞動力再生產相關的公民社會權利的商品化程度，具體體現為養老、失業等社會保險制度的去商品化能力（體現在其覆蓋範圍、資格條件和替代水平等指標上），以及社會公共開支可以為個人教育、住房、醫療等勞動力再生產所需的關鍵消費資料埋單的部分。公民社會權利的去商品化是幫助工薪階層勞動者通過非市場途徑獲得生存權利的重要機制；是降低工人失業成本，提高他們在市場外的生存能力，從而具備與資本談判力量的核心制度安排。福利制度設計以及各類公共產品、公共權利的供給模式直接反應了政府政策影響下的勞資關係調節的環境基礎。可以預期，不僅去商品化能力更強的社會保障制度可以增加分配格局中屬於勞動者的比例，作為勞動者談判能力重要基礎的失業成本下降對於工資份額的提升也會是有幫助的。經驗中，我們可以觀察到中國勞動者收入份額下降迅速的時期，同時也是各類社會保障制度不完善，住房、醫療等消費品加速商品化的時期。

綜合以上分析，勞動力商品化程度的四類影響因素不僅能改變初次分配格局中屬於勞動者的部分，也會通過工人議價能力的變化影響企業中工人所得的工資份額。考慮到上述各種具體指標的變化趨勢並不統一，統計口徑也各不相同，直接做迴歸分析還將遇到共線性問題的困擾，在進一步

---

[1] 常凱. 勞動關係的集體化轉型與政府勞工政策的完善［J］. 中國社會科學，2013（6）.

[2] 蔡禾. 從「底線型」利益到「增長型」利益——農民工利益訴求的轉變與勞資關係秩序［J］. 開放時代，2010（9）.

的實證分析中，我們將採用主成分分析的方法，對數據做降維處理，以獲取勞動力商品化程度變化的總趨勢。

四、勞動力商品化程度變化的主成分分析

在上述提及的可反應勞動力商品化程度變化的各項指標中，由於起始和終止統計年份的不同，且統計口徑頻繁變換，我們較難匯集一個能夠包含全部指標且反應改革進程歷史全景的數據集合。對此，我們基於各指標意義、相互間的邏輯關係以及數據在時間上的連貫性，選擇以下八種具有代表性指標進行主成分分析，以找到勞動力商品化變化的總趨勢：A. 城市居民人均收入中工資性收入占比；B. 國有單位就業人員占城鎮單位就業人員的比重；C. 工資收入占農村居民人均收入的比重；D. 農民工的失業成本；E. 稅費支出占農村居民總支出的比例；F. 城鎮部門非正規就業比重；G. 城鎮就業者的工會參與率；H. 醫療支出中個人需要用現金支付的部分。其中A、B兩項表示城鎮勞動關係向市場化和契約化的轉變；C、D、E是推動和體現農民工勞動力商品化的核心指標；相對於幾類社會保險的覆蓋範圍，H項是我們所能獲取的維持時間最長且前後口徑未發生變化的體現公民社會權利商品化程度的指標。儘管就公民社會權利這一大類而言，僅考察H這一項無法涵蓋城鎮居民教育、住房權利的迅速商品化，也難以體現2007年以來社保制度改革在去商品化中的突出作用，但是B項和F項可以在很大程度上反應社會保障覆蓋比例的變化（社保制度與就業崗位的正規性緊密相關），且就既往歷史來看，個人現金醫療支出比例本身的變化趨勢與社保制度的變化趨勢較為一致。此外A項和C項也能反應城鄉居民的其他收入來源，例如可反應城鄉最低生活保障等制度是否能在一定程度上限制家庭中勞動力再生產所遭遇的市場風險。圖1呈現了上述指標在1981—2012年間的變化。

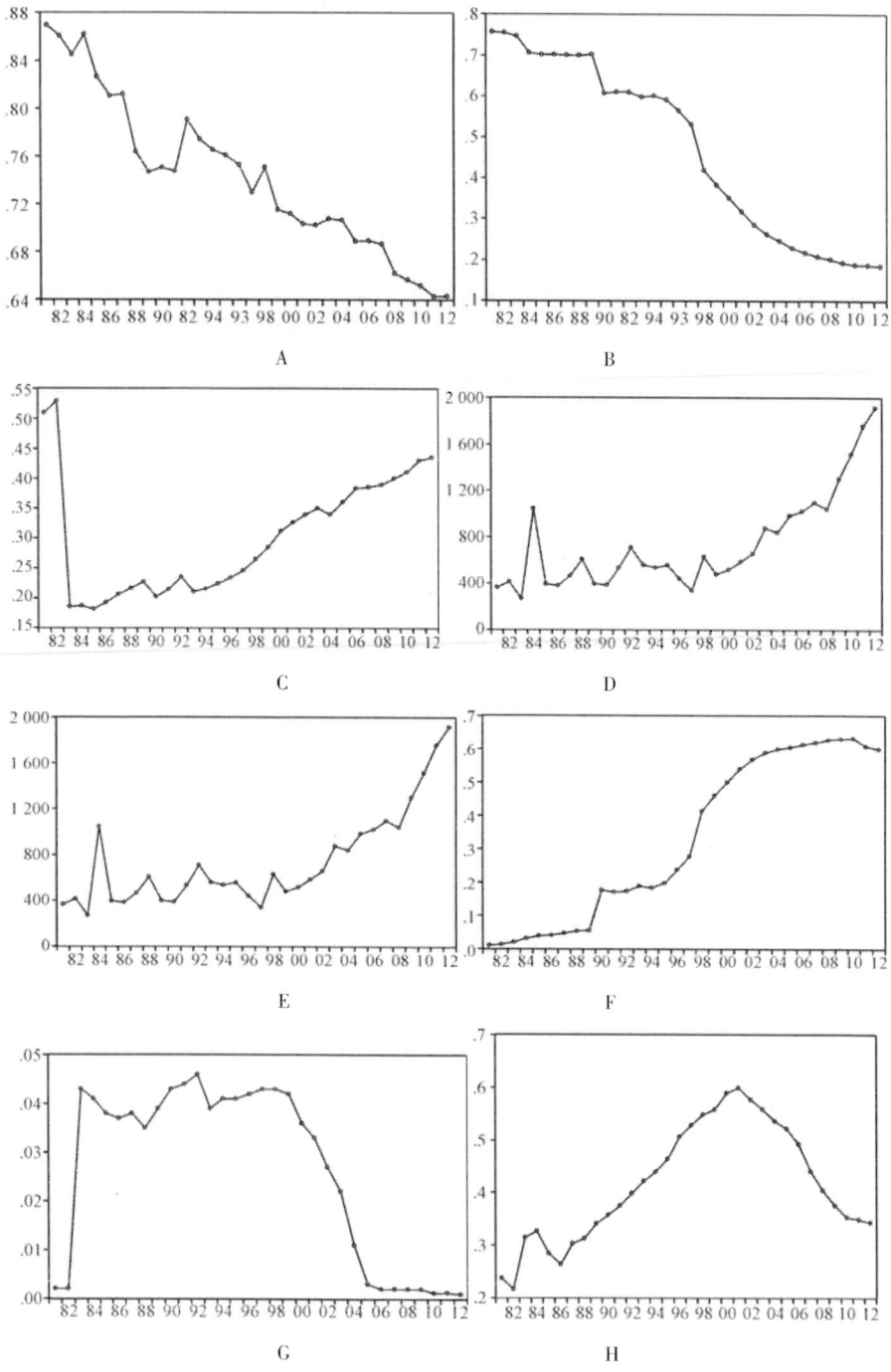

圖1　勞動力商品化程度主成分分析所使用各指標趨勢簡況

[數據來源]《中國統計年鑑》各相關年份。

需要注意的是，在上述指標中，B 和 G 兩項數值的增大是去商品化方向的，在使用軟件對數據進行標準化之前，我們首先對這兩項進行同方向的處理（可將其轉變為非國有企業的就業比重和城鎮就業者中未被工會覆蓋的比例）。隨后我們使用 SPSS 軟件對上述數據進行主成分分析。

主成分方差貢獻率（見表1），只有前三個主成分特徵值大於1，第一主成分方差占所有主成分方差的57%，前三個主成分的方差累計達到了96%，選擇前三個主成分已足以描述勞動力商品化的發展狀況。變量共同度（各變量中所含的原始信息可以被主成分代表的程度）大多在95%以上，KMO 檢驗值（0.600）和 Barlett 球形檢驗結果（sig 為 0.000）拒絕了各變量的獨立性假設，主成分分析的適用性基本通過。

表1　　　　　　　　勞動力商品化主成分方差貢獻

Component	Initial Eigenvalues			Extraction Sums of Squared Loadings		
	Total	% of Variance	Cumulative %	Total	% of Variance	Cumulative %
1	4.560	57.006	57.006	4.560	57.006	57.006
2	2.016	25.203	82.209	2.016	25.203	82.209
3	1.105	13.809	96.018	1.105	13.809	96.018
省略以下五個主成分						

Extraction Method: Principal Component Analysis.

觀察主成分的系數矩陣（見表2），我們發現：第一個主成分 F1 的表達式中 A、B、C、D、E 這幾個反應工資性收入占比、雇傭關係穩定性和產業后備軍狀況的指標系數值更大，可以將其視為體現雇傭關係市場化程度的主成分；第二主成分 F2 中 F 和 G 的系數更大，可以將其視為體現工人組織化程度和社會保障狀況的主成分；F3 的方差累計貢獻率已經較小，主成分系數未呈現明顯規律，故這個主成分沒有實際解釋意義，后文迴歸分析中，它只作為反應原數據信息的一個指標出現，不需要對因變量產生直接作用。①

---

① 統計學上，主成分分析並不要求各主成分都必須具有實際意義，此處只是近似的觀察。

表 2　　　　　　　　　　　　主成分系數矩陣

	Component 1	Component 2	Component 3
A. uwageshare	-.891	-.168	.320
B.（non）soeemp	.971	.174	-.125
C. rwageshare	.701	-.265	.645
D. pwcjl	.815	-.419	-.238
E. taxexp	-.767	.458	-.405
F. informalemp	.957	.250	-.091
G.（non）unionmember	-.049	.802	.573
H. cashmedicalexp	.403	.892	-.117

對圖 1 中的 B 和 G 兩項做了同方向處理

在輸出各主成分得分之後，我們可以使用各主成分對應的方差貢獻率計算勞動力商品化程度變化的綜合指數（公式 1），得到歷年勞動力商品化程度的變化軌跡（圖 2）。

$$F=0.593,7F_1+0.262,5F_2+0.143,6F_3 \tag{1}$$

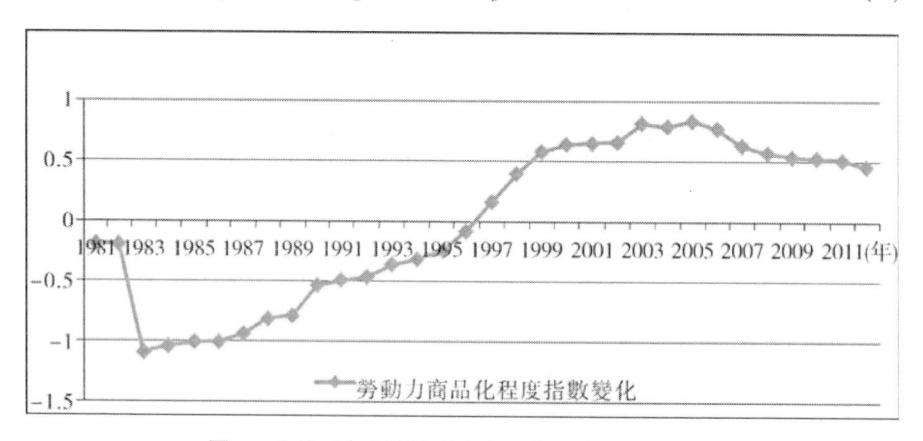

圖 2　改革以來中國勞動力商品化程度的變化軌跡

從圖 2 中我們可以觀察到，2005 年之前中國的勞動力商品化程度總體呈上升趨勢。其中在 1986—1990 年、1994—2003 年經歷了兩個最為迅速的上升時期。對照圖 1，我們可以大致發現：前者主要源自同一時段內個別年份突發的國有單位就業下降和非正規就業增加，以及農村家庭稅費開支和

醫療現金支出比例在同期持續上漲的作用。而后一時期則是我們所考察的全部指標協同作用的結果，2005—2012年，勞動力商品化程度呈現緩步下降的趨勢，其中2005—2007年較快的降速主要源自同期農村家庭稅費負擔和現金醫療支出負擔的快速下降，以及工會參與率的提升。值得注意的是，隨后幾年當中上述指標繼續向去商品化的方向變化，且非正規就業比重增速減緩（甚至出現下降趨勢），城市家庭收入中工資占比進一步下降，這些因素在一定程度上抵消了農民工勞動力商品化程度持續提升的趨勢，使得勞動力總的商品化程度從2008年至今趨於減小。

圖2所反應的勞動力商品化程度變化的趨勢與前文中我們所討論的分時段中國資本累積體制的變遷和這其中雙向運動的展開是基本一致的。那麼，中國勞動力商品化程度的變動作為資本累積體制中全面反應勞動、資本、政府三方關係變化的關鍵指標，是否可以對改革年代中國勞動者報酬情況的變化做出解釋呢？在前文的理論部分，我們分析了商品化程度作為工人相對於資本的獨立性，以及國家勞動法律與再分配制度安排的具體體現，可能對收入分配產生影響的各種機理。下文中，我們將具體檢驗在中國改革實踐中，勞動力商品化程度變化作用於勞動報酬的假設是否成立。

五、勞動力商品化程度與勞動報酬份額關係的實證分析

依照第三部分勞動力商品化程度作用於勞動份額兩類總機制的假設，我們分別檢驗勞動力商品化程度是否與收入法GDP中的勞動份額相關，以及勞動力商品化程度是否影響了規模以上工業企業中的工資份額比例。

（一）勞動力商品化程度與GDP中的勞動份額

在收入法計算的全國各地區生產總值中，勞動者報酬不僅包括各類形式的工資和獎金，還包括勞動者享受的醫療、交通等補助，以及由用人單位支付的保險費用等。這其中，勞動力商品化程度既可能影響工人所獲得的工資水平，又與各類福利和補貼水平相關，最終對勞動份額產生作用。1984—2007年，除部分年份以外，中國GDP中的勞動所得份額總體處於下降區間，特別是1995—2007年經歷了長期的快速下降，這一趨勢在2008年之后發生了逆轉，勞動所得份額出現了回升態勢，見圖3。

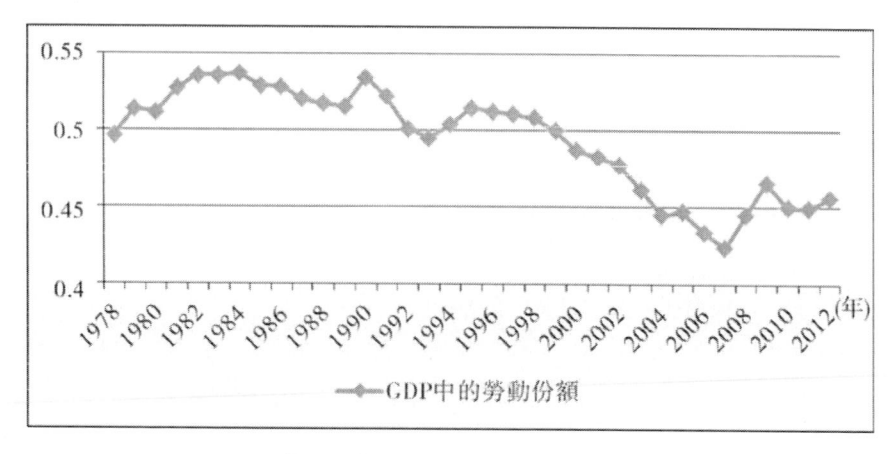

图3 收入法GDP中的劳动份额

[数据来源] QI HAO. The Labor Share Question in China [J]. Monthly Review, 2014 (1). 其中, 2004—2007年数据经过调整,因为期间国家统计局将个体经营收入计入利润,而之前和之后这部分是作为劳动报酬处理的,为保持口径一致,我们继续将个体经营收入划为劳动报酬,以减轻口径突变给数据造成的影响。

衡量劳动力商品化程度和GDP中劳动份额的关系,我们需加入先前的代表性研究里常用于解释中国劳动份额变化的一些指标作为控制变量,以确定商品化程度对收入分配状况的真实影响。其中包括:①资本产出比(K/Y),用于衡量资本深化之于劳动报酬的影响。我们使用历年资本存量数据与当年GDP的比值来确定。其中,资本存量采用单豪杰(2008)的研究中以1952年为基期,利用不变折旧率计算出的1981—2006年的资本存量[①],并将数据更新至2012年。用资本存量比当年实际GDP,可以得到历年的资本产出比例。②产业结构变化的影响。产业结构变动特别是农业中的劳动力转移时常被作为最重要的因素解释中国劳动份额的变化,然而这种解释忽略了政治经济学视角下,劳动力再生产制度安排的差异,以及塑造特定劳资关系的制度环境对劳动报酬的作用,仅将劳动力转移视为「自然」条件。本文仍将在分别控制第一产业和第二产业比重(idu1、idu2,即第一产业和第二产业增加值占GDP的比重)的条件下,观察劳动力商品化程度之于劳动报酬的影响。③全球化的经济关系。改革开放之后,跨国资

---

① 单豪杰. 中国资本存量K的再估算:1952—2006年 [J]. 数量经济技术经济研究, 2008 (10).

本的進入極大地改變了中國勞動關係的實踐，低勞動成本幫助「中國製造」迅速贏得了海外市場。全球化經濟關係對中國勞動份額的影響得到了研究者的關注（羅長遠、張軍，2009）[①]。考慮到這一影響，本文也將控制 FDI 與 GDP 的相對比例（FDI）以及 GDP 中的淨出口比重（Export）。④財政支出的影響（方文全，2011）[②]。我們使用歷年財政支出與 GDP 的比重來衡量（Govexp），觀察政府行為是否對勞動報酬的變化產生作用。公式（2）給出了 GDP 中勞動報酬份額的迴歸模型。

$$Ls_t = c + \alpha Comdi_{it} + \beta X_{it} + \varepsilon_t \qquad (2)$$

其中，$\alpha Comdi_{it}$ 是商品化程度變量組，包含 F1、F2 和 F3 三個主成分；βX_{it} 是控制變量組，包含上述 K/Y、idu1、idu2、FDI、Export、Gove 四類變量，表示 GDP 中的勞動份額。為了避免時間序列模型可能存在的偽迴歸問題，我們首先利用 ADF 法對模型中涉及的各變量做單位根檢驗，結果發現所有變量都存在單位根，但是同時是一階單整的 I（1）（見表3）。接下來我們分別使用 E-G 法和 Johansen 檢驗確定方程的協整性。

表3　勞動力商品化程度對勞動份額迴歸方程中各變量一階差分的 ADF 檢驗結果

	D(Ls)	D(F1)	D(F2)	D(F3)	D(idu2)	D(idu1)	D(ky)	D(FDI)	D(Export)	D(Gove)
ADF t 值	-5.01*	-6.36*	-3.93*	-4.92*	-4.06*	-5.354*	-4.58*	-3.79**	-4.81*	-3.26***
t 值標準	-3.68	-3.68	-3.68	-3.68	-3.68	-3.69	-3.71	-3.57	-4.30	-3.21

*、**、*** 分別表示檢驗結果在1%、5%和10%的水平上顯著，拒絕了一階差分之後變量存在單位根的假設。

對（2）式做 OLS 估計[③]，得到殘差項的估計值 et，進而對其做 ADF 檢驗，殘差項的 ADF 檢驗結果為 t = -6.891,365。儘管這一結果能直接在 0.01 的顯著性水平上拒絕殘差項的單位根假設，但是多變量協整檢驗的 ADF 臨界值要求更為嚴苛（數值更小），基於 MacKinnon（1991）通過模擬

[①]　羅長遠，張軍. 勞動收入占比下降的經濟學解釋——基於中國省級面板數據的分析 [J]. 管理世界，2009（5）．

[②]　方文全. 中國勞動份額決定因素的實證研究：結構調整抑或財政效應？ [J]. 金融研究，2011（2）．

[③]　在其他自變量不變的前提下，我們曾分別控制了第一產業、第二產業的比重，結果發現模型中各自變量的顯著性變化並無實質差異。當控制工業化比重時，殘差項 E-G 檢驗的結果更接近協整，故而本文僅匯報控制工業化比重的結果。

試驗得到的多變量協整檢驗的臨界值（可以計算出當變量個數達到 6 時，樣本容量為 32，在 0.05 顯著性水平下的 ADF 臨界值為 -5.637,9)[1]，我們可以至少在 0.05 的顯著性水平上驗證殘差項的穩定性，這初步說明了變量間的協整關係。為更準確起見，我們使用 Johansen 檢驗確定上述多重 I（1）序列的協整關係，結果表明變量間含有 9 個協整方程（見表 4）。

表 4　勞動力商品化程度與 GDP 中勞動份額迴歸模型的 Johansen 檢驗結果

無約束協整檢驗——特徵值軌跡結果

Hypothesized No. of CE（s）	Eigenvalue	Trace Statistic	0.05 Critical Value	Prob.**
None *	0.998,455	582.619,0	197.370,9	0.000,1
At most 1 *	0.982,582	388.430,9	159.529,7	0.000,0
At most 2 *	0.937,099	266.923,7	125.615,4	0.000,0
At most 3 *	0.848,415	183.937,8	95.753,66	0.000,0
At most 4 *	0.781,615	127.339,6	69.818,89	0.000,0
At most 5 *	0.692,722	81.694,74	47.856,13	0.000,0
At most 6 *	0.565,961	46.294,66	29.797,07	0.000,3
At most 7 *	0.429,929	21.256,07	15.494,71	0.006,0
At most 8 *	0.136,310	4.396,237	3.841,466	0.036,0

Trace test indicates 9 cointegrating eqn（s）at the 0.05 level

協整關係的存在驗證了變量間具有相對穩定的長期關係[2]。考慮到標準化后的協整方程系數量綱和意義會發生較大變化，對解釋變量間的實際經濟關係意義不大，本文選擇匯報模型（2）OLS 迴歸的結果，以說明自變量系統對因變量的作用方向和大小（見表 5）。

---

[1]　李子奈，潘文卿．計量經濟學 [M]．3 版．北京：高等教育出版社，2010；300，363.

[2]　在協整關係存在的前提下，筆者同時使用誤差修正模型觀察了變量間的短期動態關係。誤差修正系數表明該模型中存在勞動份額的自動調節機制，當自變量遇到衝擊，勞動份額偏離均衡之后，勞動份額會較快調整到均衡水平。鑒於本模型樣本中時間跨度本身有限（僅 32 年），區分長期變化和短期波動的現實經濟意義並不大，合理的誤差修正系數僅作為長期協整關係的進一步佐證，此處不專門匯報誤差修正模型的結果。同理，后文中我們也用誤差修正模型考察了模型（3），誤差修正系數亦支持變量間的長期穩定關係，出於同樣原因，本文不再專門匯報。有意者可與筆者聯繫獲取相關結果。

表 5　　　　　　勞動力商品化程度對勞動份額迴歸方程結果

商品化主成分			控制變量組				
F1	F2	F3	idu2	K/Y	FDI	Export	Govexp
-0.046,5	-0.004,9	0.001,5	0.221,8	0.094,5	0.211,6	0.247,3	0.066,0
(-12.767)*	(-1.439)	(0.797)	(0.140,9)	(3.894)*	(0.746)	(1.978)	(0.501)

Adjusted R^2 = 0.924　　　　Prob (F-statistic) = 0.000,0　　　　DW = 2.453,9

從表 5 中可以看出，只有商品化程度的第一個主成分和資本產出比對於解釋勞動份額變化是顯著的。在前文分析中，我們知道，F1 可以被看成體現雇傭關係市場化程度的主成分，這意味著當城鄉居民家庭對勞動力市場的依賴性增強、不穩定的就業關係擴張、產業后備軍增加時，會對勞動份額產生顯著的負面的影響，這驗證了我們對二者關係的假設。[①] 資本深化對於勞動份額的正向影響與之前一些經驗研究的結果基本一致（羅長遠、張軍，2009；白重恩等，2008）[②]，原因可能在於中國的資本累積伴隨著技術進步和人均勞動生產率的提升，對於勞動份額產生了正向的作用。尤其值得注意的是，在勞動力商品化程度的顯著作用下，曾經在一些經驗研究中對勞動份額產生顯著影響的因素，例如出口比重、工業化比重和政府支出的作用等不再顯著。這驗證了我們的假設：勞動力商品化程度所集中體現出的勞資關係相關的制度安排，對勞動份額有著決定性的影響。

（二）勞動力商品化程度與規模以上工業企業的工資份額

勞動力商品化程度作為反應工人階級市場力量變化的指標，是否會對企業間的勞資分配關係產生直接的影響呢？圖 4 給出了規模以上工業企業工資份額（工資總額/增加值總額）的變化，同樣，1995—2007 年工資份

[①] 本例中 F2 作為粗略代表工人組織化程度和公民社會權利商品化程度的主成分，其不顯著可能是因為中國工會組織在提升勞動份額方面的作用不充分，且我們僅選擇了醫療現金支出作為公民社會權利商品化的代表。相比而言，F1 中的工資性收入占比等因素更能體現是否有社會保障制度降低工人的商品化程度，故其作用也更明顯。上述結果並不代表具備議價能力的工會和其他去商品化的福利供給對勞動份額的作用不顯著。

[②] 羅長遠，張軍. 勞動收入占比下降的經濟學解釋——基於中國省級面板數據的分析 [J]. 管理世界，2009（5）；白重恩，錢震杰，武康平. 中國工業部門要素分配份額決定因素研究 [J]. 經濟研究，2008（8）.

額總體呈現了下降的趨勢，特別是 1995—2000 年之間的下降速度非常快。而這期間正好是勞動力商品化程度提升最為迅速的時期。

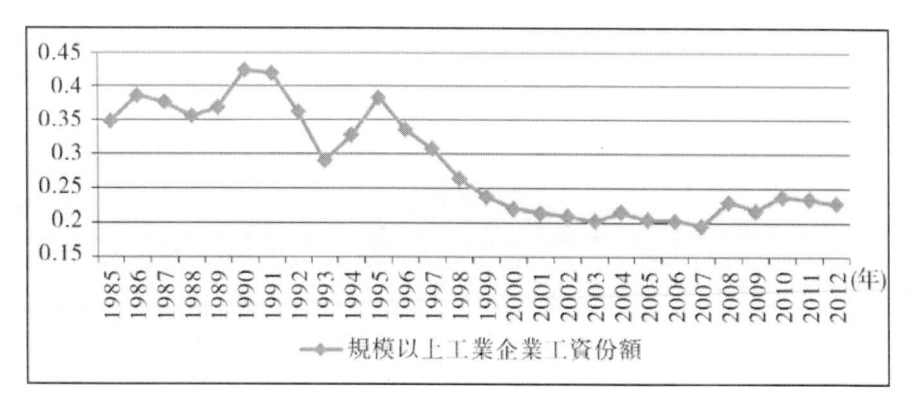

圖 4　規模以上工業企業工資份額

［數據來源］規模以上工業企業增加值數據 1985—1992 年來自《中國工業統計年鑒》，1993—2012 年來自中經網數據庫（2011 年起規模以上工業企業的統計範圍由年主營業務收入 500 元萬以上提升至 2,000 萬元以上，本文暫不考慮這一變化的影響）。工人工資總額採用歷年城鎮工業單位就業人員平均工資乘以規模以上工業企業就業人員數額。工業增加值和工資總額分別利用工業品出廠價格指數調整和城鎮居民消費價格指數調整（以 2012 年為基期）。

從馬克思主義經濟學的角度出發，工人的保留工資和產業后備軍儲備是影響工資份額最重要的兩個因素。[①]而本文中我們所選用的勞動力商品化程度指標能夠綜合地涵蓋保留工資和產業后備軍指標的意義，例如，城鄉居民家庭所能獲得的非工資收入越高，其失業成本越低，同時工人的組織化程度越高，社會保障制度的去商品化能力越強，他們要進入勞動力市場時的保留工資就越高；而國有部門的就業比例越小，非正規就業的比例越高，產業后備軍的儲備就越充足。

為此，我們對勞動力商品化程度與 1985—2012 年間中國規模以上工業企業的工資份額（工人工資總額/增加值）做迴歸分析，同時加入兩項控制變量，即城鎮單位就業人員與農民工工資的比例（WR）和資本產出比（K/Y）。前者沒有在商品化指標中直接反應出來，如果我們用農民工工資指代非正規就業者的工資，則 WR 越大，意味著正規部門的就業者一旦失業落入非正規就業部門，他們遭受的損失就越大，這將抑制正規部門就業

[①] C PIOVANI. Class Power and China's Productivity Miracle: Applying the Labor Extraction Model to China's Industrial Sector, 1980-2007 [J]. Review of Radical Political Economics, 2014, 46 (3).

者索要高工資的能力，同時也會增強非正規部門就業者對於進入正規部門的渴望，增強產業后備軍之間的競爭，並且更易於接受正規部門給出的並不優厚的雇傭條件。我們預期這一指標會對工資份額產生負的影響。此外，我們使用總量層面的 K/Y 粗略控制資本深化是否對工資份額產生影響，見公式（3）。

$$Wy_t = c + \alpha Comdi_{it} + \beta K/Y_t + \gamma WR_t + \varepsilon_t \tag{3}$$

已知 Comdi 中三個主成分和 K/Y 是 I（1）的，此處加入對 Wy 和 WR 的單位根檢驗（見表6），它們同樣是一階單整的。對公式（3）OLS 迴歸

表6 勞動力商品化程度對工資份額迴歸方程中各變量一階差分的 ADF 檢驗結果

	D（Wy）	D（WR）
ADF 檢驗值	−4.425,8*	−6.709*
t 值標準（0.01 顯著性水平）	−3.711	−3.711

殘差項 et 做 ADF 檢驗 t = −4.615,6，比照 MacKinnon（1991）給定的多變量迴歸殘差項檢驗臨界值（−4.519,5），可以在0.1的顯著性水平上接受 et 為平穩的。進一步地，我們對這一組變量做 Johansen 檢驗，結果表明在0.05的顯著性水平上存在6個協整關係（見表7）。

表7 勞動力商品化程度與工資份額的 Johansen 檢驗結果

無約束協整檢驗——特徵值軌跡結果

Hypothesized No. of CE（s）	Eigenvalue	Trace Statistic	0.05 Critical Value	Prob.**
None *	0.896,287	155.198,8	95.753,66	0.000,0
At most 1 *	0.812,479	96.279,48	69.818,89	0.000,1
At most 2 *	0.551,817	52.759,02	47.856,13	0.016,1
At most 3 *	0.412,056	31.892,64	29.797,07	0.028,3
At most 4 *	0.370,284	18.083,41	15.494,71	0.019,9
At most 5 *	0.207,870	6.058,766	3.841,466	0.013,8

Trace test indicates 6 cointegrating eqn（s）at the 0.05 level

表 8　　　　　勞動力商品化程度對工資份額迴歸方程結果

F1	F2	F3	Ky	WR
−0.065	−0.014,9	−0.041	0.122	−0.014
(−3.636)*	(−1.146)	(−1.26)	(1.724)	(−0.41)

Adjusted $R^2 = 0.876$　　　Prob（F-statistic）= 0.000,0　　　DW = 1.381

協整關係的存在支持了變量間的長期穩定關係，表8匯報了式（3）的OLS結果。儘管各自變量與因變量之間的作用方向與預期一致，但是只有F1是顯著的，這意味著工資性收入在勞動力再生產中的作用越大，即工人的失業成本越高；不穩定的就業關係覆蓋面越廣，即產業後備軍儲備越多，我們所考察的規模以上工業企業中屬於工人工資份額的比例就越小。這同樣驗證了關於勞動力商品化程度和工資份額間負相關性的假設。

六、小結和政策建議

通過分析勞動力商品化程度的各個具體影響因素作用於勞動報酬的機制，本文嘗試尋找勞動力商品化程度和勞動報酬這兩個範疇之間的理論關係。進一步地，我們構造了中國勞動力商品化程度指數和它在中國改革開放進程中的發展軌跡。通過時間序列的迴歸分析，驗證了勞動力商品化程度與勞動報酬之間顯著的負向關係。這給予我們兩點政策方面的啟示：

第一，勞動力去商品化的制度設計，表現為更穩定的就業合約關係、更有行動力的工人組織、更慷慨的社會福利制度，降低了勞動者在市場上面臨的風險，提高了工人階級的力量，這對於增加勞動報酬是有正向作用的。

第二，當前學界討論改善收入分配、擴大內需市場，需要以改變相關的勞資制度安排為前提。參照調節學派和累積的社會結構理論的觀點，勞動力的商品化程度集中表現了資本累積體制中勞動與資本的相互力量對比，去商品化的制度設計不僅是政府強制力作用下總分配格局的變化，也將通過工人議價能力的提升，影響企業層面的勞資分配。這意味著，當我們期望中國普通勞動者在收入分配中獲得更高的比例、經濟增長方式更多地由內需市場支持時，這一系列調整的發生應當以中國資本累積體制更多地向勞工賦權為基礎。這些權利集中表現在：保障工人的「團結權」，落實其依

法組建工會的權利；維護工人的「談判權」，使得工會組織能真正代表工人就勞動合約、工作環境和工資水平與企業進行有效談判；促成「集體爭議權」的制度化（例如，有法律保障和規範的罷工活動），為集體議價的效力提供保障。穩定的工資增長機制與實現市場化下的「勞工三權」是密切相關的。[1] 工人權利的落實，以及就業和社會保障制度中其他各類去商品化的政策設計，將有可能切實改變中國未來的收入分配格局和經濟增長方式。

[本文選自：李怡樂，孟捷. 中國勞動力商品化程度的變動及其對勞動者報酬的影響 [J]. 經濟學家，2014（12）：21-32.]

---

[1] 常凱. 勞動關係的集體化轉型與政府勞工政策的完善 [J]. 中國社會科學，2013（6）.

第十一章 劉易斯拐點：
基於馬克思產業后備軍模型的解析

吳 垠

　　從 2004 年中國沿海地區出現「民工荒」現象開始，一個關於中國是否已經迎來劉易斯拐點的理論命題逐漸為中國經濟學界所關注。中國社科院人口與勞動經濟研究所 2007 年的一份報告明確地指出：中國經濟的劉易斯拐點已經到來，中國勞動力過剩時代即將結束，中國未來的勞動力減少會對經濟發展形成有力制約（蔡昉、都陽，2007）。這一理論觀點一發表，便引起了國內經濟學界、人口學界的連續爭論和深入探討，其理論預測的科學性和精準度一直備受爭議。

　　總體看來，目前學術界對中國是否進入了劉易斯拐點的爭論呈現出涇渭分明的兩大類觀點。以蔡昉教授為代表的讚成者主要選取農民工工資上漲、農民工供給數量短缺、人口紅利消失以及人口結構向老齡化社會轉變等實證材料來論證中國進入了劉易斯拐點區間，迎來了一個勞動力短缺的時代（蔡昉，2008、2010；王德文，2008）；而反對者（白南生，2009；錢文榮等，2009；周祝平，2007；劉偉，2008），則主要從農村大量剩余勞動力的精確測算數據、農民工供求的結構性矛盾、城鄉二元結構短期內無法走向均衡以及勞動者工資占 GDP 比重的比例呈明顯下降趨勢等角度來證明現階段談論中國進入了劉易斯拐點還為時尚早。爭論的核心指標，即中國農村剩余勞動力的估算數據呈現出極大的不一致（見表1）。

表 1　　　　　　不同時期對中國剩余勞動力總量的估算結果

估算用數據年份	估算結果	出處
1984—1992 年數據	接近或可能超過 1 億人	托馬斯·羅斯基（1997）
1992 年數據	9,000 萬人	章錚（1995）
1994 年數據	1.17 億人	王紅玲（1998）
1994 年數據	1.38 億人	王誠（1996）
1998 年數據	1.52 億人	農業部課題組（2000）
1999 年數據	1.7 億人	國家統計局農調總隊社區處（2002）
2000 年（預測）	1.9 億人	勞動部課題組（1999）
2003 年數據	4,600 萬人	王檢貴等（2005）
2003 年數據	7,700 萬人	章錚（2005）
2003 年數據	1.93 億人（區間 1.7 億~2.1 億人）	何如海（2005）
2006 年數據	1.1 億人	馬曉河等（2007）
2006 年數據	7,465 萬人	錢文榮等（2009）
2007 年數據	1.898 億人	趙顯洲（2010）

　　雖然上述學者的結論差異巨大，所援引的數據等實證材料也各具特色、口徑不一，但他們賴以立足的理論基礎是大體一致的，即都採用劉易斯本人所開發出來的二元經濟理論模型作為分析的理論前提和立論的基本框架，所不同的主要是利用劉易斯二元經濟理論來解釋中國城鄉二元勞動力市場發展演變的切入點有較大差異，因而會得出相互矛盾的結論。

　　這種由同種理論框架入手分析同一經濟現象而得出迥然不同結論的現實似乎為后來的研究者提供了某種警示：如果繼續簡單地遵從劉易斯二元經濟學說的理論前提去分析「中國的劉易斯拐點」問題，無論其所援引的數據有多麼新穎、計量方法有多麼複雜，所得出的結論不外乎是為上述兩大類觀點作一新增註腳而已。能否換一種理論基礎來分析劉易斯拐點問題？能否通過理論基礎對比分析的方式來更進一步地闡明劉易斯拐點發生、發展、演變的階段及其原因？答案是肯定的。考慮到農村勞動力大規模地向城市轉移雖然是一個經濟發展中的常見問題，但其背後體現的却是不同的勞動者群體利益變化這樣一個政治經濟學命題。因而，本文嘗試著從馬克思產業后備軍理論的角度來分析劉易斯拐點難題，以期闡明一些單純從劉

易斯二元經濟學模型角度難以覺察到的理論問題。

文章的結構安排如下：第一節從「內生性」的角度討論「馬克思產業后備軍」理論對勞動力市場發展「拐點」的預判；第二節比較馬克思產業后備軍理論與劉易斯二元經濟模型對拐點的分析的具體差異；第三節是結論與政策建議。

一、馬克思產業后備軍理論的「內生性」及其對勞動力市場發展「拐點」的預判

馬克思的產業后備軍理論主要見於《資本論》第一卷第七篇的相關論述，其基本的理論邏輯是：資本有機構成提高之后將必然產生資本對勞動力的相對或絕對排斥，因此引致了「相對過剩人口」，這些「相對過剩人口」的不斷累積形成了隨時可供現代資本主義部門雇傭的「產業后備軍」。對於這一「產業后備軍」的形成機制，馬克思有一句經典表述：「工人人口本身在生產出資本累積的同時，也以日益擴大的規模生產出使他們自身成為相對過剩人口的手段。這就是資本主義生產方式所特有的人口規律。」[1] 如果從現代經濟學的角度重新理解馬克思對「產業后備軍」形成機制的這段經典描述，我們可以看到，馬克思實際上是將他所在時代資本主義社會的「產業后備軍」形成機制加以了「內生化」的處理，並認為：「產業后備軍」的主要來源——過剩的工人人口「不受人口實際增長的限制，為不斷變化的資本增殖需要創造出隨時可供剝削的人身材料」[2]。馬克思這句話實際上是要說明：產業后備軍規模的變化既撇開了人口增長的外生因素的影響，又能夠隨時、足額地提供給現代資本主義工業部門所需的勞動力，具有「內生性」再生產的特徵。

從理論淵源的角度來看，馬克思產業后備軍理論模型的內生性特徵是馬克思在摒棄了把馬爾薩斯的人口法則作為產生無限彈性的勞動力供給曲

---

[1] 馬克思. 資本論：第1卷 [M]. 北京：人民出版社，1975：692.

[2] 馬克思. 資本論：第1卷 [M]. 北京：人民出版社，1975：693.

線機制的做法之后提出的。① 馬克思堅持認為，在制度決定的生存工資率下，現代工業部門的勞動供給具有無限彈性，他用存在著超過工業部門所能雇傭的生產性工人的「剩余勞動力」即「產業后備軍」來解釋現代工業部門所提供的這一生存型工資率是確保資本快速累積的支柱，並試圖說明這種資本累積機制背后存在的對廣大勞動者而言的種種分配不公平的特徵。

馬克思產業后備軍理論模型假定在資本主義的發展過程中會不斷產生出產業后備軍，所以它將永遠不會耗竭，這是其模型「內生性」的重要表現。對於這一假定，馬克思是從兩個方面加以具體論證的：其一是從生產的社會形式分析資本主義產業后備軍的存在及其影響；其二是從生產力本身的發展特別是勞動生產率的提高來分析對勞動力需求的影響（藺子榮，1983)②。馬克思將產業后備軍以相對過剩人口的形式分為流動的過剩人口、潛在的過剩人口以及停滯的過剩人口三類，並認為這些產業后備軍最初來源於被現代資本主義企業擠垮而被迫到勞動力市場上去尋找就業的小農和用傳統生產方式自我雇傭的製造業者；隨著資本主義部門的擴大，被驅逐出傳統職業的那些人繼續增長，並補充到產業后備軍裡。同時，資本家總是竭力地通過大規模的機械化用資本替代勞動，其結果是，現代工業部門的就業增加要比資本累積和產出增長的速度低得多，其緩慢的就業增長不足以吸收掉傳統部門追加到后備軍中的人數。因此馬克思認為，對於他所在時代的業主式資本主義企業家來說，勞動力供給曲線呈水平狀（即無限彈性供給）不是自然人口法則的產物，而是資本主義持續不斷地再生產出

---

① 馬爾薩斯實際上也承認過剩人口對於現代工業來說是必要的，「雖然他按照自己的褊狹之見，把它解釋為工人人口的絕對過剩，而不是工人人口的相對過剩」。參見：馬克思. 資本論：第 I 卷 [M]. 北京：人民出版社，1975：695-696. 而馬克思則認為，「對資本主義生產來說，人口自然增長（即外生提供，本文作者註）所提供的可供支配的勞動力數量是絕對不夠的。為了能夠自由地活動，它需要有一支不以這種自然限制為轉移的產業后備軍（即內生提供，本文作者註)」。參見：馬克思. 資本論：第 I 卷 [M]. 北京：人民出版社，1975：696. 顯而易見，馬爾薩斯提出的是一種外生的勞動力供給理論，而馬克思提出的則是一種內生的勞動力供給理論。

② 藺子榮（1983）指出，在馬克思的時代，失業大軍存在的原因，首先還不在於機器對在業勞動者的排斥，而在於機器代替手工勞動，使勞動簡單化，擴大了資本的剝削範圍，以及資本主義關係在農業中的發展、廣大小農的破產，造成勞動力供給的迅猛增長。而第三次科技革命所帶來的生產過程的現代化、自動化，使資本對勞動力的需求相對減少甚至絕對減少，成為現階段資本主義國家失業人口存在的更重要的原因。

產業后備軍的結果,簡而言之,在馬克思看來,產業后備軍是內生於資本主義的生產方式並具有無限供給的特徵的。

那麼,馬克思的這一內生化的產業后備軍理論,是否存在著產業后備軍被現代工業部門吸納完畢這一重要的拐點呢?馬克思的產業后備軍理論模型對於這一勞動力市場「拐點」的預判只是適應於他所觀測時代的資本主義社會還是也能夠對發展中國家特別是中國可能出現的劉易斯拐點現象加以有效分析呢?下面我們將對此進行詳盡分析。

1. 馬克思意義上的資本主義勞動力市場發展拐點

在馬克思看來,現代資本主義工業部門所提供的低制度工資率也不是一成不變的。「決定工資的一般變動的,不是工人人口絕對數量的變動,而是工人階級分為現役軍和后備軍的比例的變動,是過剩人口相對量的增減,是過剩人口時而被吸收、時而又被遊離的程度。」[1] 如果我們能夠從勞動力供給與需求的角度對馬克思產業后備軍理論加以模型化,我們就能夠發現馬克思所論述的資本主義經濟發展進程中勞動力市場的拐點問題,並闡明其重要指標——現代工業部門的制度工資率如何變化。圖1是我們利用勞動力市場供求模型所構造的「馬克思產業后備軍理論模型」,它表示資本主義現代工業部門的勞動力市場,縱軸和橫軸分別度量工資率和就業情況。直線 D_1D_1、D_2D_2 分別表示特定資本存量勞動的邊際產值,圖1中還以制度性生存工資率畫出了水平狀(末端向上翹)的勞動力供給曲線 Si(i=1,2)。在這裡,馬爾薩斯和馬克思關於長期勞動力供給分析的最大區別就在於,如果基於馬爾薩斯「外生」的人口法則,那麼勞動力供給曲線 Si 無論在何種情況下都是一條水平直線;而馬克思的勞動力供給曲線在過了反應產業后備軍被吸收完畢的 R_1 這一點之后開始上升,它對應的必然是現代資本主義工業部門制度工資率的上升。

---

[1] 馬克思. 資本論:第1卷 [M]. 北京:人民出版社,1975:699.

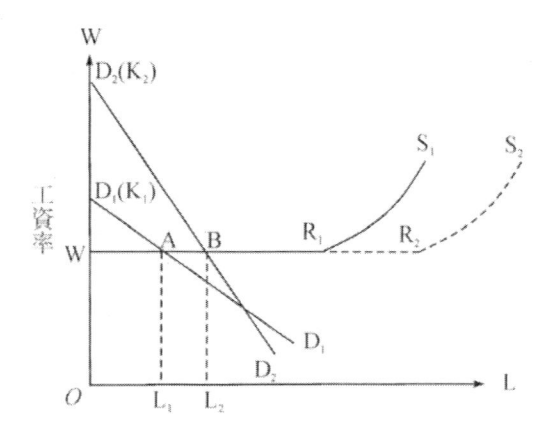

圖 1 馬克思產業後備軍理論模型圖

假定在初始期（O），對應於資本存量（K_1）的現代資本主義部門勞動力需求曲線位於直線 D_1D_1，最初的均衡在 A 點，以生存工資率 OW 雇傭的勞動為 OL_1。然而，根據馬克思的假設，在現代工業部門尋找就業機會的勞動力即數量 WR_1 要比 OL_1 大。無法找到就業機會的那些人只能在貧民窟裡靠非正規就業勉強度日，並等待著被資本主義部門雇傭的機會。① 這些由 AR_1 度量的人口就是馬克思所定義的產業後備軍。因此，在到達點 R_1 之前，由資本累積引起的勞動力需求增長並不會導致工資率的增長。

與馬爾薩斯的無限期呈水平狀的長期勞動力供給曲線不同，馬克思的長期勞動力供給曲線可能從 R_1 點開始上升，意味著當產業後備軍被吸收殆盡以後，資本家不得不以更高的工資率來吸引勞動力。然而，在馬克思本人的假設中，產業後備軍是不斷被再生產出來的，即在資本主義發展過程中，傳統農業和家庭手工業中自我雇傭的小生產者被資本主義企業擠垮而落入產業後備軍的行列，使得產業後備軍就像一個蓄水池一樣源源不斷地有後備勞動力注入。但是，這個產業後備軍蓄水池是否會永不枯竭則不能僅憑有勞動力的不斷注入來判定，因為如果勞動力的輸出大於勞動力的注入，那麼該蓄水池遲早還是會枯竭的，枯竭之時便是勞動力市場的拐點來臨之日。

---

① 馬克思曾詳細地援引 1846—1866 年間的英格蘭以及 1841—1865 年間的愛爾蘭需要靠官方救濟度日的勞動力來說明貧民窟勞工報酬微薄、生活悲慘。參見：馬克思. 資本論：第 1 卷 [M]. 北京：人民出版社，1975：711-780.

從圖 1 可以看出，隨著資本家把他們的大部分利潤（AD_1W）用於投資，資本存量從 K_1 增加到 K_2，他們的企業的產出從面積 AD_1OL_1 擴大到 BD_2OL_2，被這種資本主義生產擴張所擠垮的傳統的自我雇傭生產者（這其中必然包含農業生產者）及其家庭成員被迫到資本主義部門去尋找就業，導致長期勞動力供給曲線水平部分延長至 R_2。這個拐點向後延伸的根源是由於產業后備軍的內生化生產方式造成的。仔細地推敲這一向後延伸的拐點 R_2，其實我們可以發現，只要資本主義工業部門維持住較高的投資率和吸納就業的技術創新率，它從產業后備軍蓄水池中吸納就業的數量就可能超過傳統部門（城市手工業、農業等）向蓄水池中注入的勞動力數量，以至於產業后備軍被吸納完畢的這一拐點 R_2 並不是可以無限地向外延伸的，最終出現的情況必然是以產業后備軍被吸納完畢，同時現代資本主義工業部門制度工資率開始上升的拐點來臨。

馬克思產業后備軍模型的另一假定是工業就業的增長慢於資本累積的速度。原因在於，馬克思的理論形成於 19 世紀中期的英國，當時的英國已經基本完成了工業革命的洗禮，以蒸汽為動力的自動機械的使用已很普遍，所以固定資產占資本總量的份額上升了（表現為資本的有機構成提高）。其結果是，相對於快速的資本累積和產出增長，就業的增長相當緩慢。在圖 1 中，體現新的技術革命成果的機械資本在節省勞動方面的影響，由勞動力需求曲線從 D_1D_1 移到 D_2D_2 表現出來。勞動力需求曲線變得更為陡峭，意味著技術進步偏向於希克斯所定義的節約勞動並更多地使用資本的方向。由於體現在新機械裡的技術進步的偏差，使得就業從 OL_1 到 OL_2 的增長，慢於產出從面積 AD_1OL_1 到 BD_2OL_2 的增長。

因此，馬克思的預想是，由於現代資本主義生產制度摧毀傳統產業生產者的能力和工業技術中勞動節約的偏差結合在一起，產業后備軍將快速地被再生產出來。在存在產業后備軍壓力的情況下，資本主義經濟中的高利潤率和高資本累積率就可以靠維持住較低的制度工資率[①]來保證。在他看來，產業后備軍作為支撐資本主義經濟發展的脊梁，是內生於資本主義發展體制的，同時又為該體制提供發展動力的重要源泉。

圖 1 所展示的馬克思產業后備軍理論模型還意味著資本主義的發展過

[①] 這一低工資率若略高於農業勞動力的工資率，則也會持續不斷地吸引農業勞動力向城市工業部門大量「移民」。

程必定包含收入分配不平等的迅速增長。在英國產業革命之前的時代，工資率可能在短期內提高，一直到資本累積過程中人口調整到提高工資所需的增長。而在馬克思所處的時代，產業工人持續地受到后備軍替代的威脅，這種工資短期內提高的可能性不再存在。由於受節約勞動的現代工業技術的影響，勞動者的收入相對於資本家的收入減少了。這種趨勢在圖 1 中表現為，勞動者的工資占總產出的份額從 $AWOL_1/AD_1OL_1$ 下降到 $BWOL_2/BD_2OL_2$，而資本家的利潤所占的份額從 AD_1W/AD_1OL_1 上升到 BD_2W/BD_2OL_2，而這却是后面我們要談到的劉易斯模型所忽略了的要點。

2. 發展中國家在工業化初期為何會遇到馬克思所預言的這一拐點

馬克思關於勞動和資本對經濟剩余分享不平等的描述，導致他認為勞動者階級與資本家階級之間將發生不可調和的衝突，以至於只有通過暴力革命來將資本主義私有制轉化為社會主義公有制，通過分配方式和制度的徹底變革來緩解這一矛盾。但馬克思的這一預見始終沒有在發達的資本主義工業化國家的歷史上成為事實，反倒是在許多發展中國家的經濟發展進程中出現了與馬克思所描述的情形非常相似的境況，這是令許多經濟學家和歷史學家始料未及的狀況。

實際上，我們已經看到，二戰以后半個多世紀以來的發展中國家經濟發展史上反覆不斷地上演著馬克思的預言，許多發展中國家都試圖把投資集中在現代工業部門尤其是重工業部門而實現快速發展。在政府財政、稅收、金融政策的強力支持下，許多國家在短短的數十年間確實成功地實現了工業生產的迅猛增長。但是，由於這種發展戰略走過了頭，再加上資本有機構成提高的鐵律在發揮作用，投資集中在發端於高收入國家的物化了勞動節約技術的現代機械和設備上，就業的增長一般要比產出的增長低得多。同時，由於這些發展中國家普遍出現了爆炸性的人口增長①，勞動力外生供給的增長率很高。農業部門因迅速接近可耕種土地的臨界點，對勞動的吸收到達了飽和點，以至於必然把剩余的勞動力從農村推向城市地區，而這些發展中國家在連續不斷的企業改革、政府機構改革等浪潮中已經出現了大量的城市待業人口，這種待業人口和農村剩余勞動力在城市的交匯必然促成城市人口迅速膨脹。

---

① 這種人口增長可能是經濟發展所帶來的食品產出率提高、醫療衛生條件改善之后人口死亡率下降所造成的。

膨脹的城市人口超過了高資本密集度的現代工業部門吸納就業的上限之后就會變成城市貧民窟的待業成員。過剩的貧困人口的累積與各類社會體制弊端叢生，使得這些發展中國家剛剛取得的所謂經濟發展「奇跡」在很短的時間之內就變成了「明日黃花」，好不容易獲得的國民經濟剩余也在龐大的社會保障和社會穩定支出中消耗殆盡，真正實現向高收入國家收斂的發展中經濟體少之又少。在這些發展中國家裡看到的不斷增加的不平等和社會不穩定是與馬克思於19世紀中期在歐洲觀察到的情形相同的。發展中國家如何在工業化的初級階段克服這一發展難題，是它們進入發展的高級階段之前必須加以解決的重要問題（速水佑次郎，2003）。

由此可見，上述問題的實質反倒並不在於清楚地預測這一發展中國家勞動力市場發展的拐點到來的時間（它至多只是個技術性問題），關鍵在於我們要把勞動與資本在經濟發展尚未到 R_1 時的這種不平等分配關係加以有效改善，把馬克思所預言的這種潛在的社會矛盾通過制度化的手段化於無形。當然，對於中國而言，預測勞動力市場發生逆轉的拐點與改善資本與勞動的收入分配結構都是同樣重要的。原因在於，如果我們能較為準確地預知勞動力市場發生逆轉、勞動者工資普遍上升的這一拐點，那麼對於政府出抬因勢利導的改革收入分配制度的政策就是大有裨益的，至少也能夠有效地遏制資本與勞動收入在國民收入中占比差距不斷拉大的態勢。

二、劉易斯二元經濟模型與馬克思產業后備軍理論對拐點預測的對比分析

1. 劉易斯本人對「拐點」的分析

劉易斯二元經濟理論的奠基之作是其發表於《曼徹斯特學報》1954年第2期的《勞動無限供給下的經濟發展》一文。許多人認為在這篇文章裡，劉易斯明確提出了「劉易斯拐點」這一命題。但這一看法是不確切的，因為劉易斯在這篇著名文章的字裡行間並未有過「拐點」或「轉折點」的說法，我們只能從其論述中歸納出所謂的「劉易斯拐點 I」即農業剩余勞動力不再具有無限彈性這一拐點，而無法歸納出「劉易斯拐點 II」即現代工業部門的勞動邊際產品等於農業部門勞動的邊際產品這一「商品化」拐點。

劉易斯本人清楚明確地提出「拐點 I」和「拐點 II」是在18年后即1972年在《國際經濟和發展》雜誌上發表的《對無限的勞動力的反思》一

文中表述出來的。在這篇論文中，他將所觀測到的發展中經濟體分為「資本主義」和「非資本主義」兩大部門①，並明確指出：「當資本主義部門擴張時，可以設想工資在一段時間裡保持不變。這裡有兩個轉折點。第一個轉折點在非資本主義部門的增長停止，其平均收入提高了，並使得資本主義部門的工資上升時出現。第二個轉折點出現於資本主義與非資本主義部門的邊際產品相等之時，這樣我們便到達了新古典學派的單一經濟的狀態。並且，這兩大轉折點在封閉經濟與非封閉經濟條件下的具體表現是不相同的。」② 在其他一些場合，劉易斯又將其模型中的兩部門表述為「現代部門」和「傳統部門」，其「轉折點」之所以發生，是與「現代部門」與「傳統部門」的三個特徵高度相關的：第一，現代部門通過從傳統部門中吸收勞動力而得以發展；第二，在提供同等質量和同等數量勞動的條件下，非熟練勞動者在現代部門比在傳統部門得到更多的工資③；第三，在現行工資水平下，對現代部門的勞動力供給超過這個部門的勞動力需求。劉易斯在分析這三個特徵時自己也承認，「拐點」是否出現是與現代部門與傳統部門的相互影響、充裕勞動力的來源以及勞動力市場上差異的維持等因素高度相關的。

2. 劉易斯追隨者的研究

在劉易斯二元經濟模型框架中所展示出來的這兩個理論上的拐點被其他的一些經濟學家如 Ranis & Fei（1961）、Todaro（1969）在工業和農業④

---

① 劉易斯指出，「資本主義部門」，按古典學派的觀點，可定義為雇傭工人、銷售產品以獲得利潤。當家務僕人在一家旅館工作時，其歸屬於資本主義部門，而在私人家中工作時則不然。現時流行的是工業與農業的劃分，不過不應將資本主義生產與製造業等同起來，這是任何熟悉大農場經濟的人士都明瞭的。原文參見：劉易斯. 對無限的勞動力的反思［M］//國際經濟和發展. 紐約：學術出版社，1972：75-96. 中文版見：劉易斯. 二元經濟論［M］. 施煒，等，譯. 北京：北京經濟學院出版社，1989：103.

② 原文參見：劉易斯. 對無限的勞動力的反思［M］//國際經濟和發展. 紐約：學術出版社，1972：75-96. 中文版見：劉易斯. 二元經濟論［M］. 施煒，等，譯. 北京：北京經濟學院出版社，1989：112.

③ 原文參見：劉易斯. 再論二元經濟［J］. 曼徹斯特學報，第47卷，第3期. 中文版載於：劉易斯. 二元經濟論［M］. 施煒，等，譯. 北京：北京經濟學院出版社，1989：150.

④ 在這些經濟學家看來，工業可視為劉易斯所述「資本主義部門」或「現代部門」的代表；而農業則可視為「非資本主義部門」或「傳統部門」的代表。在不甚嚴格的基礎上做這樣的等價替換是可以的，但正如本文論述所表明的那樣，劉易斯本人並未做過這樣的簡單化處理。

的二元經濟框架下進行了更精確化的表述。在他們看來，工業部門是符合新增長理論的判斷、勞動報酬等於勞動邊際生產力的現代增長部門；而農業部門則是存在大量勞動力以至於新投入的勞動力幾乎沒有產出、勞動的邊際生產率即使不為零也大大低於制度工資率（生存水平決定）的傳統部門。可以用圖 2（A、B）來展示劉易斯兩大轉折點的形態。

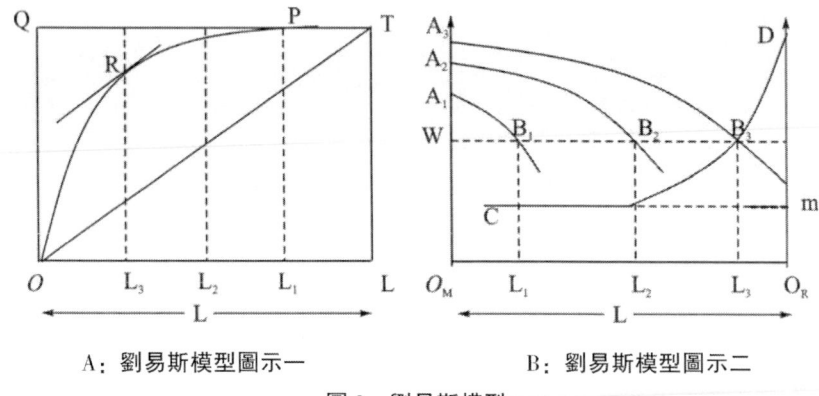

A：劉易斯模型圖示一　　　　B：劉易斯模型圖示二
圖 2　劉易斯模型

圖 2A 中，ORPT 為農業總產出曲線，劉易斯拐點 I 和 II 分別由坐標所示的 P 點和 R 點標明，在劉易斯拐點 I 之前，勞動的邊際產量因剩余農業勞動力的大量存在而等於 0（表現為 P 點以右的切線斜率為 0），勞動者工資不是按邊際勞動生產力決定的，而是「分享式」的，即 OQ/OL。這一農業勞動力的工資率是低於新古典條件下所決定的工業部門的制度工資率的，所以農村的剩余勞動力是願意轉移到工業部門中去的。從 P 點到 R 點的轉移過程中，農業勞動力的邊際產量就為正了，這一時段的勞動力轉移會造成食品總產出（和人均產出）的絕對下降，以至於食品價格相對於工業品價格上升。所以 P 點所對應的劉易斯拐點 I 可以被視為農產品尤其是食品的短缺點。在這一階段，根據農村勞動力被吸收而引致的「相對稀缺性」以及生產勞動力所耗費的食品的價值上升，我們可以判定，在邁過劉易斯拐點 I 之後，農村勞動力的實際工資水平是存在一個逐步上升的動態趨向的，但此時其工資率仍舊低於剔除價格因素之後的城市現代工業的制度工資率，因而農業勞動力依然受到繼續轉移的激勵。當達到 R 點所對應的劉易斯拐點 II 時，農業勞動的邊際產出與工業部門勞動的邊際產出相等，整個社會的勞動工資率完全由勞動的邊際生產率決定，城鄉二元勞動力市場的發展狀態趨於並軌。

但是圖 2A 的局限在於不能比較清楚地表明農業勞動工資率在不同階段上與城市工業制度工資率的相對變化狀況，而圖 2B 的描述則能彌補這一缺陷。圖 2B 假設整個經濟是封閉的，分為城市和農村兩個部門，L 表示該經濟體的所有勞動力（擱置了人口增長），CD 表示農村勞動力供給曲線，O_R 表示農村部門勞動力數量的起點，O_M 表示城市部門勞動力數量的起點。由此可將經濟發展過程分為三個階段：第一階段為 B_1B_2 階段。假設農村部門存在大量剩餘勞動力，工資水平維持在制度工資水平 m。城市部門的工資水平為 W，並高於農村部門的生存工資水平。最初，城市部門的勞動力邊際產出是 A_1B_1，企業以利潤最大化為目標，使勞動力邊際產出等於工資水平 W，在 B_1 處形成均衡點，雇傭 O_ML_1 單位城市勞動力，還有 O_RL_1 單位勞動力留在農村，獲得生存工資水平 m，單個工人城鄉帳面工資收入差距至少為 (W−m)[①]。隨著時間的變化，企業家獲得利潤，以儲蓄進行投資，資本存量上升，使得城市部門勞動力邊際生產力從 A_1B_1 逐步上升到 A_2B_2。同樣，為達到利潤最大化，使勞動力邊際產出等於工資水平，此時城市勞動力不足，將從農村吸收 L_1L_2 單位勞動力，達到新的均衡點 B_2。在 B_1B_2 這個過程中，由於有農村勞動力的補充，城市整體工資水平依然保持在 W，同時從農村轉移到城市的只是剩餘勞動力，對農村的工資水平不發生影響，還是維持在生存工資水平 m，所以這個階段有時也被稱為農村勞動力無限供給階段。第二階段為 B_2B_3 階段。伴隨著城市部門資本存量的進一步增加，企業家為使利潤最大化，均衡點不斷從 B_2 向 B_3 移動。在這些均衡點下，雖然城市工資水平高於農村生存工資水平，城市能夠繼續從農村吸收勞動力，使城市工資水平繼續保持在 W，但此時農村勞動力由於被過分吸收而變得稀缺，其工資水平開始逐步上升。在這個階段，雖然農村工資水平有所上升，但依然低於城市工資水平。直到均衡點到達 B_3 時，農村勞動力工資水平等於城市工資水平，此時，城鄉的工人工資皆由勞動的邊際生產率來決定。第三階段為均衡點形成於 B_3 右側時。隨著社會整體資本水平的提高，企業家為達到利潤最大化的均衡點，繼續從農村吸收勞動力（張曉波等，2010）。而這個階段的農村勞動力和城市勞動力體現出相同的稀缺性，使城市和農村工資水平同步上升。由此可以看出，圖 2B 中的 B_2 點和

[①] 這裡還不包括城鄉所享受到的公共服務、福利待遇等的差距。如果把這些隱性因素考慮進去，則城鄉收入差距更大。

B_3 點所對應的是劉易斯拐點 I 和 II，它們也分別和圖 2A 中的 P 點和 R 點相互對應，從而使劉易斯拐點的命題被較為精確地展現出來。

3. 比較分析

仔細對比之前我們談到的馬克思內生化的「產業後備軍」被吸收殆盡后的那個勞動力市場發展拐點以及劉易斯及其追隨者所提出的劉易斯拐點 I 和 II，我們發現至少有幾點問題值得我們認真對比起來研究：

(1) 如何區分馬克思產業後備軍模型和劉易斯二元經濟模型中無限彈性勞動力供給的來源問題？

馬克思的產業後備軍模型中無限彈性的勞動力供給來源不是外生的人口增長，而是內生化的資本主義產業後備軍生產機制本身。根據馬克思的論述，再生產出產業後備軍的速度與資本有機構成的變化成正比關係，因而這種產業後備軍的生產機制必然是以技術進步為主要自變量的一個函數；而劉易斯拐點 I 之前的無限彈性的勞動力供給來源於農村的剩餘勞動力，這一剩餘勞動力既與外生的人口特別是農村人口增長率有關，也與農村的資本配置方式包括農業的生產方式相關——是採取機械化耕作還是採取小農型生產——對農村可轉移的剩餘勞動力的總量影響是巨大的，因此劉易斯及其追隨者所分析的農村剩餘勞動力供給既受外生因素影響也受內生因素影響，是一個更為複雜的變量。

(2) 如何比較兩個模型中現代工業部門制度工資率和農業勞動工資率的決定機制？

在馬克思勞動後備軍模型中，現代工業部門的制度工資率是由資本家和工人的相對談判能力共同決定的，是一個博弈均衡條件下的制度工資率。它之所以如此之低，在馬克思看來，不過是由於大量勞動後備軍的就業競爭存在，使在崗工人與資本家關於工資高低的討價還價的談判能力偏低造成的。而在劉易斯及其追隨者的二元經濟理論模型中，其現代工業部門的低制度工資率則主要是由勞動的邊際產品決定的，是一個新古典框架下的工資決定模型，其實質是從按要素貢獻來分配經濟剩餘的角度來確定勞動的工資率。

從農業勞動工資率的決定來講，馬克思產業後備軍模型沒有涉及農業部門，當然也就不存在該部門勞動的工資率決定問題。而劉易斯模型中農業剩餘勞力的工資決定則分為幾個階段：在劉易斯拐點 I 之前，其工資率是農業生產總值除以農業勞動力總量測算出來的「分享式工資」；在劉易斯

拐點Ⅱ之后，其工資率由勞動的邊際產品決定；而在劉易斯拐點Ⅰ和Ⅱ之間，滯留於農業的勞動力的工資率決定是一個動態變化的過程，它決定於農村剩余農業勞動力逐漸轉移後造成的農業勞動力的稀缺性程度，但這個時候進入城市工業部門就業的那部分農業剩余勞動力不必然獲得城市工業制度工資率 W——根據包小忠（2005）的研究，它是一個介於城市工業制度工資率 W 和農業勞動力工資率 m 之間的一個工資值，其高低決定於勞資談判能力、農民工預期工資水平和遷移成本之間的權衡。

（3）馬克思的「產業后備軍」作為城市工業勞動力供給的蓄水池是否對從農村轉移來的剩余勞動力有「吸納」作用？

我們可以將這個問題等價於城市的現代工業部門是直接從農村吸納勞動力還是從城市的產業后備軍中招聘。發展中國家較為普遍的現實是，城市中已經出現大量失業人員的條件下，依然有大量農村剩余勞動力湧入城市，從而形成異常嚴峻的城市就業形勢。在筆者看來，儘管不可能排除城市現代工業部門直接吸納農村剩余勞動力就業的相關渠道，但由於城市中的產業后備軍具有某種「近水樓臺先得月」的信息和成本優勢，因此，產業后備軍在城市就業市場上「率先就業」的相對優勢是不言而喻的。從這個角度去思考劉易斯所指出的無限的農村剩余勞動力向城市現代工業部門轉移的各個階段及其拐點問題，就蘊含著一個前提，即農村剩余勞動力向城市工業部門移動是被瞬時吸納就業的，不存在就業搜尋、城市待業的時間。但城市勞動用工市場的現實告訴我們，劉易斯拐點成立的這一前提是理想化的，更多的農村剩余勞動力進入城市勞動力市場去搜尋現代工業部門提供的就業機會的過程並不是一帆風順的，大多數農村剩余勞動力在進入城市后恐怕都是先成為城市產業后備軍的一員，再去勞動力市場搜尋就業崗位；我們不能忽略在城市就業搜尋等待時間以及等待過程中所必須耗費的物質、心理等成本對理性的農村剩余勞動力的直接和間接影響，那種大量農村剩余勞動力進入城市立馬就找到現代工業部門崗位的情形恐怕只有在理論上完全出清的勞動力市場中才可能出現。因而，從這個意義上說，馬克思的「產業后備軍」範疇實際上具備了吸納農村剩余勞動力的「蓄水池」作用，與現實更加貼近。

（4）馬克思內生化處理的產業后備軍再生產機制與劉易斯拐點Ⅰ、Ⅱ所反應出的農業剩余勞動力將轉移殆盡的矛盾如何解決？

劉易斯本人對此問題也做出過詳盡的分析。首先，對於馬克思所提出

的内生化的「產業后備軍」現象，他也是認可的：「馬克思的關於資本主義本身創造了勞動后備軍的觀點在今天比在19世紀更加正確。」① 但是，對於馬克思所指出的由於採用了節約勞動的技術創新（即資本的有機構成提高）能造成的失業大軍不斷增加以至於產業后備軍永遠不會消失的論斷，劉易斯是持否定態度的，他認為發展中國家的技術進步是有雙重作用的：「一個發展中的社會既需要創造就業的技術發現，也需要損害就業的革新。在一個充分就業的經濟中，能創造就業、擴大工廠規模的發明，除非在其他領域中存在有損就業、促使勞動力能夠流動的革新時，否則不可能被採用。從更廣闊的領域看，製造業和大型通訊業中的發明吸收勞動力；而農業、零售商業、小型運輸和家庭服務業的新發明則釋放出勞動力。」② 因此，失業大軍是增加還是減少，產業后備軍是擴張還是萎縮，根本不在於要不要技術創新，而在於這類技術創新所形成的新興部門對新型勞動力的吸納以及對傳統部門勞動力的排斥之間的權衡。

　　劉易斯甚至援引歐洲的歷史來證明馬克思關於「資本主義系統有損於就業的發明總是超過相應的創造就業的發明，因而存在永久的失業大軍」的預言是不夠準確的，「19世紀后半葉，這兩種革新（創造就業的革新和排斥就業的革新）互相是平衡的，儘管創造就業的革新還不足以造成勞動力的短缺，却足以阻止失業的增加」③。當然，劉易斯也承認：「馬克思關於19世紀發展中的社會的觀點是不正確的，但是這並不能得出結論，他對20世紀的發展中的社會的看法也證明是錯的。」④ 因此，考察中國的「劉易斯拐點」是否來臨，即產業后備軍或農村剩餘勞動力被城市工業部門吸收

---

① 原文參見：劉易斯. 發展與分配 [M] //就業、收入分配和發展戰略. 倫敦：馬克西姆出版社, 1966: 26-42. 中文版載於：劉易斯. 二元經濟論 [M]. 施煒, 等, 譯. 北京：北京經濟學院出版社, 1989: 133.

② 原文參見：劉易斯. 發展中國家的失業 [J] //紀念斯蒂芬森講演. 今日世界, 倫敦：牛津大學出版社, 第23卷, 第1期, 1967: 13-22. 中文版載於：劉易斯. 二元經濟論 [M]. 施煒, 等, 譯. 北京：北京經濟學院出版社, 1989: 99-100.

③ 原文參見：劉易斯. 發展中國家的失業 [J] //紀念斯蒂芬森講演. 今日世界, 倫敦：牛津大學出版社, 第23卷, 第1期, 1967: 13-22. 中文版載於：劉易斯. 二元經濟論 [M]. 施煒, 等, 譯. 北京：北京經濟學院出版社, 1989: 100.

④ 原文參見：劉易斯. 發展中國家的失業 [J] //紀念斯蒂芬森講演. 今日世界, 倫敦：牛津大學出版社, 第23卷, 第1期, 1967: 13-22. 中文版載於：劉易斯. 二元經濟論 [M]. 施煒, 等, 譯. 北京：北京經濟學院出版社, 1989: 100.

殆盡的拐點的關鍵必須關注三個方面：第一，現代工業部門的規模大小及其增長率——它決定著所能吸納農村剩余勞動力或產業后備軍數量的上限；第二，這些現代工業部門所採用的節省勞動力技術的密集程度——馬克思的產業后備軍源源不斷再生產出來的預言在對勞動力「相對」排斥的程度上依然是不能忽視的；第三，現代工業部門中的中小規模生產單位（中小企業）的多寡——它們是解決農村剩余勞動力進入城市之後的臨時性就業和非正規就業的關鍵所在。

（5）現代工業部門資本高度累積所帶來的勞資分配結果在馬克思產業后備軍模型和劉易斯二元經濟模型條件下有何不同？

這個問題實際上關涉勞動與資本這兩種要素在發展中國家經濟發展中的分配機制是否合理以及公平的重要命題。從馬克思的產業后備軍理論來看，勞動者的所得相對於資本家的收入而言是非常微薄的，是一個只能用於再生產出其勞動力的價值。因此，馬克思預言資本主義分配機制的不平等將刺激兩大階級之間的持久對立，最終是以暴力革命的方式來摧毀舊有的生產關係並建立公有制來解決這一分配不公。但劉易斯對這一分配機制存在的不公平問題却表現出出奇的冷靜，他在《發展與分配》一文中指出，資本主義經濟增長過程中的分配機制非平均化並不是一個值得大驚小怪的命題：「發展不可能在經濟的每一部分同時開始，因此發展必然是非平均化的。」[①] 劉易斯所說的「非平均化的發展」除了勞資收入分配的不平等而外，還包括地區間的非平衡發展。由此可見，劉易斯的觀點是容忍在發展的初期階段存在勞動與資本的收入在國民經濟中占比的不平衡問題的，他甚至樂觀地認為，隨著發展進程的加速，勞動者與資本家的階層界限不再是二元的和涇渭分明的了，而表現為一種「多元化」的趨勢：「發展總是會使許多勞動力發生『人往高處走』的巨大變化，形成了熟練工人、管理者、低級中層人員、中級中層人員和專家階層。中間階層的擴大，是發展從一開始就如何減少不平等的事實證明，也是為什麼發達國家比不發達國家更為平等的主要原因。這也是處於最低層的人心理滿足的主要源泉：勞動者本人也許不能從發展中直接受益，但他們的兒子已經成為技師，女兒

---

① 原文參見：劉易斯. 發展與分配 [M] //就業、收入分配和發展戰略. 倫敦：馬克西姆出版社，1966：26-42. 中文版載於：劉易斯. 二元經濟論 [M]. 施煒，等，譯. 北京：北京經濟學院出版社，1989：130.

已經當上教師了。」① 因而在他看來，只要政府控制好影響收入分配結構的相關因素②，權衡好增長與分配的基本關係，馬克思意義上的收入分配不平等擴大化的趨勢是能夠抑制的。

（6）馬克思所論述的產業后備軍被吸納完畢之后，勞動工資率上升的那個拐點 R_2 對應的是劉易斯拐點 I 還是 II？

如果仔細地考慮馬克思對產業后備軍永遠不會消失的預測存在理論前提的不足，那麼，產業后備軍被現代工業部門吸收殆盡的那個轉折點 R_2 應該是和劉易斯拐點 II 相對應的。在這兩個拐點之后，城鄉分割的勞動力市場將逐漸走向統一，其主要標誌是農村剩余勞動力的工資和城市現代工業部門勞動力的工資呈同步上漲狀態，勞動力的商品化特徵更加明顯——其定價完全決定於勞動力市場的供求（邊際產品定價），那種「無限勞動力供給」時代的農村剩余勞動力的人均量低工資和城市現代工業的制度工資率的差異將成為歷史。

三、結論與政策建議

通過本文對馬克思產業后備軍模型和劉易斯二元經濟模型中所闡述的「拐點」的對比分析，我們可以看到，單就對經濟發展進程中勞動力市場「拐點」的預判而言，馬克思產業后備軍模型的拐點 R_2 和劉易斯拐點 II 是一致的。而劉易斯拐點 I 是否存在的關鍵，就在於城市中業已存在的產業后備軍是否會對農村剩余勞動力向城市的移民產生阻礙作用。馬克思的深度在於：他敏銳地觀察到了這種產業后備軍壯大到超過城市現代工業吸納就業能力的上限之后將必然引致出現的貧民窟現象以及由此帶來的城市不平等和二元分化等可能引發社會不穩定的經濟發展慣性機制，這對於正處於這一發展階段的國家而言具有極大的警示意義。

同時，我們還必須動態地看待馬克思所提出的源源不斷地為城市現代

---

① 原文參見：劉易斯. 發展與分配 [M] //就業、收入分配和發展戰略. 倫敦：馬克西姆出版社，1966：26-42. 中文版載於：劉易斯. 二元經濟論 [M]. 施煒，等，譯. 北京：北京經濟學院出版社，1989：136.

② 這些因素包括：最初的財產分配、教育與技術培訓投資水平、對小型企業的支持程度、適當技術的開發利用（包括工業和農業）、對本地而不是進口原材料的使用、人員技能的利用、國外企業家的活動範圍、國內儲蓄占國民收入的比率，等等。

工業部門提供勞動力的產業后備軍群體。這支由城市待業、在職失業人員以及農村剩余勞動力組成的產業后備軍在技術進步對勞動力需求的「雙向」作用下將呈現出時而擴張、時而收縮的狀態。而近年來中國面臨的現實情況是，其產業后備軍群體呈現出持續擴張的態勢，這給其群體中長期處於待業、失業狀態的個人或家庭帶來了較為沉重的經濟和心理壓力，如果超過一定限度，將成為引發社會不安定的重要因素。因此，亟須出抬針對性的政策來應對劉易斯拐點到來前后勞動力市場發生的新變化：

（1）開闢綠色融資渠道，鼓勵各類企業創造就業型的技術創新，並限制其排斥就業型的技術創新。中國勞動力市場在迎來劉易斯拐點的過程中，勞動力供給的總量問題始終大於其結構問題，這是由中國龐大的人口基數這一基本國情決定的。因而，僅僅依靠城市中的國有企業來消解勞動力的過剩供給（即龐大的產業后備軍群體）並不現實。此時，只能進一步消除城市中企業發展的所有制歧視，高度重視中小民營企業，通過開闢綠色融資渠道，一方面為這些企業注入發展資金，另一方面在融資條件中鼓勵其創造就業的技術創新，以提供大量正式或非正式就業崗位的機會來緩解產業后備軍規模不斷擴大的壓力。

（2）培訓新增城市勞動力，為中國轉變經濟發展方式做好人力資本儲備。對城市產業后備軍中的農民工、城市待業和在職失業等人員開展一系列針對性強、適應性強且形式多樣的就業或轉業訓練，由政府出面建立健全培訓結業和技術崗位考核機制，以提升產業后備軍的人力資本素質；同時，對各類大專院校的學生開展著眼於戰略性新興產業的前瞻性教育培訓，為迎接新一輪產業革新后中國經濟發展方式的轉變做好人力資本儲備。

（3）出抬部分在崗人員提前退出勞動崗位的政策，堅持對一般勞動力實行強制退休。現階段城鄉勞動力供需缺口有數千萬人的規模，每年還有淨增的大學畢業生和適齡農村勞動力湧入就業市場，僅憑經濟增長和企業發展所帶來的「新增就業崗位」，無法完全消解這些人群的就業壓力；還應做好「存量就業崗位的整理」，鼓勵有條件的地區以提前退出勞動崗位的方式來調整出一些就業機會，促進更多青壯年勞動力就業。

（4）對農村進行開發性扶持，增加農業和農村非農產業的就業容量。城市產業后備軍規模的擴大與農村剩余勞動力大規模「移民城市」高度相關，然而在城市的務工生活却並不如農民所想像的那般美好。應當因地制宜地在農村開發一批勞動密集型的傳統加工製造業和服務業，實現沿海向

內陸農村地區的產業梯度轉移，並以此提升農村的非農產業收入和帶動農村城鎮化水平，將更多的中西部農村剩餘勞動力的就業問題在當地就解決掉，這才可能從根本上化解過剩勞動力的總量和結構問題，並以此減輕城市的就業壓力。而對農村開發型扶持的關鍵即在於提倡鄉鎮企業跨行政區投資、發展農村合作經濟、完善農業生產服務體系等，通過市場機制調節農業和商業結構的變化，以此提高農村生產專業化、社會化水平，這樣才能減輕大規模農村勞動力遷徙的壓力，並實實在在地緩解許多與之相關的社會矛盾，實現劉易斯拐點發生前后中國經濟發展方式轉變的平穩過渡。

（5）構建可持續發展社會保障制度，建立城市扶貧和再就業援助系統。必須認識到產業后備軍總是伴隨著中國經濟發展的客觀現象，因此，力度再大的積極就業政策也難以做到一蹴而就地解決城市中聚集起來的后備軍人口的就業問題。當此之時，就需要各級政府通過構建可持續發展的社會保障制度、擴大待業、失業保險範圍、淡化戶籍制度、城鄉社會保障及福利的差別待遇對農村勞動力在城市務工、就業的歧視性影響，盡可能做到一視同仁地對待產業后備軍中的各類勞動者群體，相應地提高待業、失業保險金數額，以保證其基本生活需要。

劉易斯及其追隨者的二元經濟理論曾預言：發展中國家不平等的二元結構將隨著發展階段的演進而逐步消解，同時還將實現向經濟社會一元化並軌，但這些樂觀的預期並不能自動解決發展中國家尤其是中國業已出現的被馬克思預言說中的相關不平等現象。因此，從這個意義上講，馬克思的產業后備軍理論模型對於分析劉易斯拐點及其衍生命題，以及指導中國現階段的城鄉二元結構改革、勞動力市場改革、勞資收入分配不均等改革依然具有極其現實的針對性意義。

參考文獻：

［1］蔡昉，都陽. 劉易斯轉折點及其政策挑戰——中國人口與勞動問題報告NO.8［M］. 北京：社會科學文獻出版社，2007.

［2］蔡昉. 劉易斯轉折點——中國經濟發展的新階段［M］. 北京：社會科學文獻出版社，2008.

［3］蔡昉. 人口轉變、人口紅利與劉易斯轉折點［J］. 經濟研究，2010（4）.

［4］王德文. 劉易斯轉折點與中國經驗. 中國人口與勞動問題報告 NO.9［M］. 北京：社會科學文獻出版社，2008.

［5］白南生. 劉易斯轉折點與中國農村剩餘勞動力［J］. 人口研究，2009（2）.

［6］錢文榮，謝長青. 從農民工供求關係看「劉易斯拐點」［J］. 人口研究，2009（2）.

［7］周祝平. 人口紅利、劉易斯轉折點與經濟增長［J］. 中國圖書評論，2007（9）.

［8］劉偉. 劉易斯拐點的再認識［J］. 理論月刊，2008（2）.

［9］托馬斯·羅斯基，羅伯特·米德. 關於中國農業勞動力數量之研究［J］. 中國農村觀察，1997（4）.

［10］章錚. 農業勞動力合理數量的估算［J］. 中國農村經濟，1995（10）.

［11］王紅玲. 關於農業剩餘勞動力數量的估計方法與實證分析［J］. 經濟研究，1998（4）.

［12］王誠. 中國就業轉型：從隱蔽失業、就業不足到效率型就業［J］. 經濟研究，1996（5）.

［13］農業部課題組. 21世紀初期中國農村就業及剩餘勞動力利用問題研究［J］. 中國農村經濟，2000（5）.

［14］國家統計局農調總隊社區處. 關於農村剩餘勞動力的定量分析［J］. 國家行政學院學報，2002（2）.

［15］勞動部課題組. 中國農村勞動力就業與流動研究報告［M］. 北京：中國勞動出版社，1999.

［16］王檢貴，等. 中國究竟還有多少農業剩餘勞動力［J］. 中國社會科學，2005（5）.

［17］章錚. 民工供給量的統計分析——兼論「民工荒」［J］. 中國農村經濟，2005（1）.

［18］何如海. 中國農村多餘勞動力的存量和增量分析——基於城鄉發展的綜合視角［J］. 農業經濟問題，2005（9）.

［19］馬曉河，等. 中國農村勞動力到底剩餘多少［J］. 中國農村經濟，2007（1）.

［20］趙顯洲. 關於「劉易斯轉折點」的幾個理論問題［J］. 經濟學

家, 2010 (5).

[21] 蘭子榮. 試論社會主義的勞動后備軍問題 [J]. 文史哲, 1983 (6).

[22] 速水佑次郎, 神門善久. 發展經濟學: 從貧困到富裕 [M]. 李周, 等, 譯. 北京: 社會科學文獻出版社, 2003.

[23] G RANIS, J FEI. A Theory of Economic Development [J]. American Economic Review, 1961, 51 (4): 76-106.

[24] M P TODARO. A Model of Labor Migration and Urban Unemployment in Less Developed Countries [J]. American Economic Review, 1969, 59 (1): 138-148.

[25] 張曉波, 等. 中國經濟到了劉易斯轉折點了嗎?——來自貧困地區的證據 [J]. 浙江大學學報: 哲社版, 2010 (1).

[26] 包小忠. 劉易斯模型與「民工荒」[J]. 經濟學家, 2005 (4).

[本文選自: 吳垠. 劉易斯拐點: 基於馬克思產業后備軍模型的解析 [J]. 經濟學動態, 2010 (10): 59-68.]

第十二章 資本累積、利潤率下降趨勢與經濟週期

劉 燦　韓文龍

2008年全球金融危機爆發以后,馬克思主義經濟學又受到了西方社會學者等的高度重視。其實,在過去的幾十年裡,西方學者運用馬克思的經濟學理論與現代西方經濟學理論或相互結合,或批判性繼承,採用獨特的分析視角和方法,研究了馬克思主義經濟學的基本理論問題和當代發展問題,資本累積、技術進步、利潤率下降和經濟週期等問題的研究就是其中重要的理論成果。本文將從理論和實證兩個方面對近幾十年來西方學者對資本累積、技術進步、利潤率下降和經濟週期的研究成果進行梳理,以期對國內相關領域的研究起到啓發作用。

一、資本累積

1. 資本累積的理論分析

Erlich (1967) 認為資本累積是由渴望財富和權力的私人資本家推動的,同時資本累積也被迫作為一個競爭性的生存條件而存在。資本累積的結果可能會導致工資的上升和利潤的下降。資本家通過採用勞動力節約型的機器設備來排擠工人,以對此做出反應。當資本累積和技術進步之間的相互作用阻止和扭轉了剝削率下降時,它就打開了資本主義體系自我毀滅的另一條道路。人均資本量的增加會降低利潤率,不斷增加的資產階級的貧困化使得總需求滯后於快速擴展的生產能力。這些相互作用的過程通過反覆爆發的經濟危機來為無產階級革命的勝利提供舞臺。資本累積是資本主義社會的一面,而資本主義社會的另一面則是無產階級規模的擴大。資

本主義式的累積就是普通人被剝奪同時財富向資本家手裡轉移的過程。

Nell（1973）指出馬克思的累積理論可以用來解釋前資本主義社會，即封建農業社會向工業資本主義社會轉變的過程，以及在此過程中長期存在的無政府狀態。Cogoy（1987）綜述了新馬克思主義者，如Sweezy、Dobb和Baran等對資本累積等理論的發展狀況。Crotty（1993）再形式化了馬克思的投資理論，為過去15年美國產品生產行業中資本累積的事實提供了一個理論解釋。這種再形式化需要兩個創新，其一是展示Keynesian-Minskian關於不確定性和金融不穩定性的理論，這一理論的邏輯起源可以追溯到馬克思構建他的資本累積理論時提出的核心假設；其二是一個說明，即某種程度來說就是對資本累積過程中競爭和投資之間矛盾關係的一個再概念化。

大多數馬克思主義者關於資本累積理論的構想偏向於利潤率下降將會不可避免地降低投資規模。而Crotty（1993）再形式化了馬克思的競爭理論，因為它可以闡述資本累積是不是一個普遍的規律。如果不是，那麼就需要建立一些條件，即競爭壓力可能會降低利潤率和增加成本降低型投資。Crotty（1993）在其論文中討論了《資本論》第一卷中關於投資的理論，描述了他的條件性資本累積結論假設；探索了投資和利潤之間的關係；對比分析了馬克思主義經濟學的金融理論和Keynes-Minsky的金融不穩定性理論；最後討論了競爭在資本累積過程中的作用以及競爭「迫使」企業在債務增加和利潤下降的情況下繼續投資的條件。Crotty認為馬克思主義式的企業決策模型依賴於競爭的強度和模式。有兩種不同的競爭體系：以友好競爭為特徵的政府規制性競爭體制和以不可控制的、惡性競爭為特徵的無政府主義式的競爭體制。政府規制性競爭可以使得增長安全模型發揮作用，同時投資決定不會被強迫進行。無政府主義式的競爭體制會嚴格限制企業的選擇域，企業會被迫去適應投資環境。

Thompson（1995）利用了標準的單部門「流通資本」模型來分析技術變化、資本累積與利潤率下降之間的關係，其研究結論認為技術變革和資本累積對利潤率的影響主要依賴於它們對真實工資的影響。Kotz（2003）提出了社會累積結構理論（SSA理論）。該理論認為資本主義社會中存在著放緩和加速交替出現的長期資本累積趨勢。Kotz認為由於受新自由主義思潮的影響，美國等資本主義國家的長波危機已經持續了1/4個世紀，但是仍然沒有出現向新的規制主義累積結構轉化的跡象。只有在新自由主義思潮持續一段時間，由此導致的資本主義社會和經濟矛盾累積得比較深厚，

爆發經濟危機和社會性危機后，新的規制主義（或調解主義）才會出現。Kotz（2008）認為資本累積與當代資本主義經濟危機之間具有密切的聯繫。值得注意的是，2008年爆發的世界性的金融危機以及隨后爆發的債務危機和社會危機，某種程度上也印證了Kotz的預測。

2. 資本累積的實證分析

Profumieri（1971）利用馬克思的資本主義發展理論考察了二戰后義大利（1951—1968年）的經濟週期，重點關注了資本累積和就業問題。1951—1968年，義大利的經濟經歷了一個擴張階段，此階段的主要表現是產出、資本存量和投資均顯著增加，工人工資和就業則只有小幅度增加。1964年開始，就業和其他各項指標都出現了緩慢的下滑。

Crotty（1993）的研究發現：20世紀50年代至70年代，由於在美國存在著對企業競爭的有效規制，這使得企業可以去創造更高的利潤用於資本累積和再投資，降低了競爭的不確定性，維持了金融的穩定性，控制了技術變革的特徵和速度，使得企業採用了長期性的發展戰略。這一時期大型工業企業的投資行為可以很好地以不受約束的增長安全權衡模型來解釋。然而，在20世紀70年代中葉，美國的製造業公司經歷了國內外市場的蕭條，面臨著不斷增加的外國公司的競爭壓力。1980—1985年，美元開始升值，而世界市場陷入了停滯。在利潤減少和需求停滯的背景下，企業之間爆發了無節制的競爭，這不僅威脅了美國企業的短期生存，也威脅了美國公司的長期發展。這一演化過程說明了競爭的形式（規制型或無節制型）對企業的資本累積和再投資行為具有重要影響。

二、技術進步與利潤率下降趨勢

1. 理論分析

一些學者已經對技術進步以及利潤率下降規律做了相關的闡述（Gillman，1957；Cogoy，1973；Yaffee，1973；Steedman，1975；Steedman，1977）。Lebowitz（1976）認為要理解資本尤其是利潤率下降的趨勢，必須考慮馬克思資本生產和資本循環之間的辯證關係。

一般認為利潤率下降的趨勢是技術變化的結果，Roemer（1978）認為這一假設和現實似乎並不吻合。馬克思所講的利潤率可以表示為 $p = e(k+1)$，其中 k 為資本的有機構成，$k = C/V$，e 為剩餘價值率。技術變化會增

加資本有機構成 k，即「死勞動」會取代「活勞動」。另外，如果 e 沒有增加，那麼利潤率會下降。不過這一推斷具有三個邏輯缺陷。第一，採用新的生產技術會改變已生產商品所有的勞動價值結構。某種程度上來說，資本技術構成（可以用每個工人擁有的機器數量來度量）不一定會隨著資本有機構成（可以用勞動價值來度量）的提高而增加。馬克思也意識到了資本的技術構成和資本的有機構成之間的區別。不變資本貶值的速度快於可變資本貶值的速度，那麼 k 會降低。第二，如果假設當技術變化時，真實工資保持不變，那麼剩餘價值率 e 將會上升。由於技術進步，體現在工人消費集中的社會必要勞動時間將會降低。第三，這些論證也適用於剩餘價值率 p。我們必須關注技術變化對以價格表示的利潤率的影響，因為利潤率將會影響資本家的投資行為。不過，從利潤的價值率（即剩餘價值率）到利潤率（以價格表示）的轉換是個大難題。資本主義社會中利潤率下降是不是由技術創新引起的，這還是一個問題，它不能單純地用技術進步來考慮。在馬克思主義者的觀念中，這一問題需要綜合考慮「活勞動」和「死勞動」以新的形式對抗時產生的社會性結果。這些社會性結果會反應在技術變化對真實工資的影響中。

Wolff（1979）認為馬克思關於「利潤率趨於下降趨勢的規律」在理論上和實證方面都引起了很大的爭論。利潤率下降規律的主要內容是隨著資本有機構成的提高，利潤率會趨於下降。理論上的問題是資本有機構成和利潤率之間的邏輯關係，更廣泛地來說，是勞動力價值和產品價格之間的關係。實證方面則是資本有機構成和利潤率下降的事實證據問題。Wolff 在其文章的第一部分發展和批判了利潤率下降規律。他的主要結論是平均利潤率的運動並不必然和資本有機構成的提高出現相反的趨勢，在資本主義發展中利潤率下降也不是必然的趨勢。

Moseley（1988）對 Wolff（1979）的理論和實證分析提出了質疑。他認為在馬克思的理論中，資本主義的利潤率下降趨勢是技術變革的結果。根據馬克思的觀點，利潤率下降是與剩餘價值正相關的，而與資本的有機構成具有相反的變化方向。馬克思認為資本有機構成提高和剩餘價值率提高是技術變化的結果，它們會抵消利潤率的影響。進一步而言，如果資本有機構成提高的速度快於剩餘價值率增加的速度，那麼他們對利潤率的影響會降低。Moseley（1988）認為 Wolff 沒有為馬克思的利潤率下降理論提供一個可靠的實證分析。因為他認為 Wolff 這些源於數據分類的方法是不同

於馬克思的基本觀點的。最主要的差異是 Wolff 沒有考慮馬克思關於生產性資本和非生產性資本的區別。隨后，Moseley（1988）區分了生產性資本和非生產性資本，他認為馬克思的利潤率下降規律中，資本構成中的「資本」僅僅是指生產性資本。Moseley（1997）認為資本主義的未來發展主要依賴於利潤率。依據他的估計，20 世紀 90 年代初美國企業的利潤率只恢復到 60~70 年代的 40%，這意味著美國經濟的停滯將會繼續持續。Moseley 認為利潤率持續降低的主要原因就是非生產部門勞動人口比例的持續增加。

Laibman（1981）指出傳統的增長理論沒有將技術進步和投資作為內生的變量來處理，馬克思主義的增長理論認為增長會隨著技術改變和利潤率變化而波動。在兩部門（資本品和消費品）模型中，資本主義累積和技術進步是相伴相生的。新技術的參數變化是由創新者的最大化利潤決定的，同時也會受限於不斷消失的利用自動化生產方式后所得的收入。兩部門模型描述了當經濟趨於一個穩定增長路徑時，產品市場、資產市場和勞動力市場均衡時對資本品部門和消費品部門的影響。隨著時間的推移，當價格接近勞動力價值時，馬克思的「上升的部分」（Rising Composition）和下降的利潤率的趨勢會逐步實現。Laibman（1981）認為在增長理論中，新古典增長理論和后凱恩斯主義的增長理論是相互矛盾的。新古典增長理論認為投資是廠商的自主行為，增長最終是由消費者的時間偏好、內生的人口增長率等決定的。而后凱恩斯主義增長理論中，投資和增長是全能的企業家發揮「動物精神」的結果。Laibman（1981）認為這兩者解釋經濟增長時都用了一些主觀的術語，沒有去具體考慮經濟關係中資本主義結構產生的影響。而馬克思主義經濟學文獻對資本主義增長、累積做了一些深刻的描述，如策略性的競爭、資本的集中和聚集、產業后備失業大軍的增長和減少、週期性爆發的經濟危機、過度資本化和利潤下降的長期趨勢等。不過，馬克思的這些理論還沒有被嚴格的理論標準確證。關於馬克思的勞動價值論和累積理論的不足之處，已經被 Sweezy（1942）、Samuelson（1971）、Blaug（1968）和 Morishima（1973）等人論述過了。Laibman 利用兩部門模型來解釋複雜的和自相矛盾的資本主義的經濟增長，其中心思想是投資、技術變革和技術選擇是由資本主義的具體結構決定的。

Jüttner & Murray（1983）認為馬克思關於利潤率的分析使人們對資本主義的發展形成了這樣一個認識：在經濟活動中，資本主義的發展是以緊縮和擴展的方式交替進行的。剝削率中短期的變化被認為是導致利潤率週

期性波動的主要原因。馬克思認為在長期中存在著利潤率下降的趨勢，並認為可以把利潤率下降歸因於資本有機構成的提高。不過，馬克思也承認很多抵消性因素會阻止利潤率的下降。

Thompson（1995）假定技術變革和資本累積對利潤率的影響主要依賴於它們對真實工資的影響。Thompson利用了一個標準的單部門的「流通資本」模型，該模型假設在勞動力需求中真實工資至少不會降低。在其他條件不變的情況下，資本節約型和勞動節約型的技術變革不會引起真實工資的上升。隨著參數的變化，資本節約型的技術變革或者是勞動節約型的技術變革可能會導致利潤率的下降，也可能導致利潤率的上升。不過，在缺乏足夠的資本累積時，資本多使用勞動節約型的技術變革，進一步而言，資本有機構成提高后的技術變革可能會導致利潤率上升。

Boldrin（2009）認為馬克思曾經預測資本主義會走向滅亡，因為從活勞動創造的剩餘價值轉換而來的資本的數量將會變大，以至於以一個正的回報率去補償它變得不可能。馬克思認為，為了保證增長能夠繼續進行，資本家必須加強對工人的剝削。這就要求投入更多的機器設備來榨取勞動力創造的剩餘價值，不過這一過程是不可持續的。更準確地說，機器設備的成本會比能被雇傭到的勞動力的數量增長得快得多，因而會導致利潤率的下降。這等於說，相對於它所提供的回報而言，勞動力節約型的技術進步是不現實的或者是代價高昂的。在這樣的條件下，Giacche（2011）用利潤率下降理論來解釋了2008年的金融危機。他認為此次金融危機是30多年來虛擬經濟增長的結果，是資本價格上升，大量利潤流向金融部門的結果。生產過剩危機的出現早於信用泡沫，但是它却隱藏在信用泡沫中。當信用泡沫破裂后，生產過剩的危機就會出現，就會導致經濟危機。要想走出危機，就需要逐步恢復實體部門的利潤率，增加資本累積和投資。

2. 實證分析

馬克思關於利潤率下降趨勢的「模糊」解釋打開了人們對其進行多樣化解釋的大門。對長期利潤率下降趨勢的問題，學者們提出了不同的觀點。Yaffee（1973）和Cogoy（1973）認為利潤率下降趨勢是解釋和理解資本主義體系的關鍵。同時他們也認為利潤率下降規律是一個有效的假設，它可以真實地解釋西方工業國家的經濟發展現實。不過也有與此相反的觀點。Sweezy（1973）通過對Gillman（1957）提出的理論進行實證分析而得出不同的結論，而Steedman（1975，1977）則用理論證據質疑了利潤率下降規

律。Roemer（1978）認為要全面地評價利潤率下降的變化趨勢，必須嚴格地評價技術進步導致的利潤增加和利用技術加強型資本對工人控制導致的利潤增加。要正確度量這兩種效應，必須清楚地區分勞動和勞動力概念。

Wolff（1979）用1947—1967年美國的投入產出數據實證分析了資本有機構成和平均利潤率之間的變化趨勢。實證分析結果顯示，利潤率下降是勞動力生產率變化和真實工資變化產生相互抵消作用的結果。在1947—1958年，不僅平均利潤率下降了，當真實工資的增加超過了勞動生產率以後，其他一些變量也出現了下降的趨勢。資本勞動比率（即資本有機構成）的變化對利潤率的變化沒有起到多大作用。資本勞動比率增加的作用被勞動生產率提高的作用所抵消。Wolff（1986）使用了1947—1976年的美國數據，得出了與其在1979年的研究不太一樣的結論。根據Wolff的估計，1947—1976年間，美國的利潤率下降了。不過，利潤率下降的原因是剩餘價值率的下降，而不是資本有機構成的提高。這與馬克思的預測是相反的。

Jüttner & Murray（1983）分別用兩階段模型來估計了1919—1981年澳大利亞的製造業和股份制企業中利潤率的變化情況。在該模型中利潤率的組成部分即可變資本和不變資本被定義為存量資本、剩餘價值、資本的有機構成和剝削率等。結果顯示，在樣本的考察期間，利潤率下降規律沒有展示一個清晰的移動趨勢。然而，它卻是一個順週期變量。資本的有機構成和剝削率也呈現了和它相同的變化趨勢。

Moseley（1988）指出Wolff（1979）的估計沒有為馬克思的利潤率下降理論提供一個可靠的實證分析。因為他認為Wolff的數據分類的方法是不同於馬克思的基本觀點的。最主要的差異是Wolff沒有考慮馬克思關於生產性資本和非生產性資本的區別。Moseley區分了生產性資本和非生產性資本，他認為馬克思的利潤率下降規律中，資本構成中的「資本」僅僅是指生產性資本。在此理論背景下，Moseley的估計發現，當資本有機構成的提高快於剩餘價值率的提高時，利潤率會出現一個明顯的下降趨勢。他的估計發現，美國企業的利潤率從1947年的0.40下降到了1976年的0.34，下降了大約15%。以五年的平均數來看，利潤率下降了10%，即從1947—1951年的0.39下降到了1972—1976年的0.35。這些分析呈現的利潤率的下降趨勢與馬克思的預測是完全一致的。

三、經濟週期

1. 馬克思主義的宏觀經濟模型與經濟週期

Eagly（1972）用馬克思主義的宏觀經濟模型分析了資本主義體系運行的靜態均衡和動態的、內生性的經濟週期，並認為經濟週期是資本主義經濟體中固有的行為特徵。Eagly 認為，馬克思作為一個古典主義經濟學家，他不僅把資本看成經濟系統中非常重要的單因素變量，而且把資本看成對於其整個經濟理論來說具有重要理論構建意義的基礎。資本是購買機器設備、原材料和工人（勞動）的基金。在考慮了技術進步率和市場價格後，資本主義經濟體系會把總資本分配給這三種用途。利潤最大化的原理會促使資本家將資本合理地配置在工業行業之間和部門之間。一般的古典經濟學家認為資本主義體系可以平穩地運行，而馬克思則認為資本主義體系的運行是間歇性的，即有波動的。以馬克思的觀點來看，部門 I 和部門 II 之間的不協調是導致經濟週期的主要原因。

在 Eagly 使用的模型中，他關注了資本家（或資本主義體系）在分配總資本存量時的利潤最大化行為，同時重點關注了勞動力市場。在馬克思主義的勞動力市場模型中，勞動的供給和需求都是以時間為單位的，即用小時來衡量。在靜態模型中，Eagly 給出了一個均衡模型：

$$\bar{K}/\{r\sigma\beta+h*/[a+b(1-N/\bar{N})]\}=N[a+b(1-N/\bar{N})]$$

其中，$\bar{K}$ 表示總的資本存量，由不變資本 C 和可變資本 V 組成；$C=rk\beta$，r 是每單位機器設備的值，k 是被使用的機器設備數量的一個指數，β 是個系數，其等於被使用的機器設備值的比率和被使用的原材料的值的比率之和；$V=\omega H$，ωH 是總的工資額；$\sigma=k/h$，是以時間表示的被雇傭工人（N）的總的產出，h 是以時間表示的工作日的長度；$\bar{N}$ 表示內生的勞動力人口。在此方程中，($\bar{N}$, $\bar{K}$, r, h*, σ, β) 是五個已知參數，(ω, h, N) 是三個未知參數。通過這個靜態均衡方程就可以討論決定失業率、勞動剝削率和利潤率變化的因素。在靜態模型基礎上，Eagly 又發展了動態模型。在動態模型分析中，Eagly 認為在資本主義體系中存在一個內生的經濟週期發生機制，它會隨著資本家的投資行為的波動而波動，它也會導致失業率隨著經濟週期中低谷和高峰等出現而波動。

2. 熊彼特主義與馬克思主義的比較分析

Elliott（1980）認為雖然馬克思和熊彼特生活在不同時代，但是他們都對資本主義社會中的「創造性破壞」做了論述，只是各自運用的理論工具和分析視角不同而已。就資本主義社會創造性破壞的動力而言，馬克思認為「階級鬥爭」是有可能給資本主義體系帶來顛覆性破壞的動力；而熊彼特則認為「企業家的創新」是導致資本主義社會出現「停滯和前進」反覆的動力。關於創造性破壞，Elliott 從三個方面比較了馬克思和熊彼特的觀點，即作為變革性經濟系統的資本主義、創造性破壞視角下資本主義經濟發展的失衡問題、資本主義社會的改革與社會化（Socialization）。關於日益增長的社會敵意和社會階級分化，熊彼特的基本觀點是資本主義社會通過它的演變刺激了社會敵意和階級鬥爭，這已超越了簡單的資本和勞動的對立關係。資本主義社會創造了一個中產階級，他們與農民和小商人等組成了社會人口的大多數，雖然他們的利益和態度不同於工人階級，但是他們對大資產階級都充滿了敵意。馬克思則認為先進的資本主義中的階級鬥爭主要發生在大資產階級和工人階級之間。

Boldrin（2009）指出，在近一個世紀以來，我們經歷了很多次經濟危機，包括長期的經濟衰退和停滯，而資本主義的「崩潰」過去沒有出現，現在也沒有出現。此外，工人們並沒有挨餓，在發達的資本主義國家中，工人們可能存在被剝奪的感覺，不過他們的生活水平比一個世紀前甚至比 50 年前都好多了。也許馬克思最終是正確的，但是我們可以放心地說他所預測的資本主義的崩潰在一個世紀以內或更長的時間內是不會變為現實的。熊彼特的一些具體預測也沒有實現。當技術創新成為推動經濟發展的動力時，創新並沒有在已經存在的壟斷和聚集中發生。相反，事實證明，創新主要來自於小公司，來自於私人企業家剛剛成立的創業型公司，來自於壟斷的被打破和自由市場，來自於模仿和競爭，來自於其他的事物。現實中大部分創新不是來自於具有壟斷性地位的大企業，他們僅僅產生了少部分和不斷減少的技術創新。創新會幫助建立新的壟斷，而且如果壟斷持續較長時間，一些不太幸運的國家和行業的創新和增長就會減緩。當創新的固定成本上升時，創新的速度會低於經濟體規模擴展速度，反之亦然。

一般認為沒有人能夠將馬克思和熊彼特的主要思想用一般均衡模型來使其形式化，即馬克思和熊彼特式的觀點是不能用一般均衡模型來表達的。Boldrin（2009）用新古典的一般均衡模型形式化了馬克思和熊彼特的一些

思想。這個模型是一個關於增長和經濟週期的動態模型，該模型建立在一個一般化的 Von Neumann-McKenzie 經濟中，在該經濟中，競爭性均衡是帕累托有效率的，同時所有的帕累托有效率地分配在一個競爭性均衡中能夠被實現。不過，動態的一般均衡理論既不能一致地也不能根本性地傳遞馬克思和熊彼特關於資本主義經濟動態演化過程的思想。具體來說，使用一般動態均衡理論來模型化馬克思和熊彼特的思想有以下兩個驚人的發現：①勞動節約型的創新會在競爭中發生，事實也是如此。②勞動的剝削過程和經濟的增長過程是一致的，兩者是不能分開的。更有意思的是，競爭和追求利潤的動機會降低甚至會消除對勞動的剝削，而創造性的創新會增加對勞動的剝削。

3. 凱恩斯主義與馬克思主義的比較分析

Skott（1989）設計了一個資本主義社會中簡單的增長和累積模型，這一模型結合了凱恩斯的有效需求理論和馬克思的階級鬥爭和產業后備大軍理論。在特定的參數假定下，模型會出現平衡的增長均衡，不過這一均衡是不穩定的。利用 Poincare-Bendixson 定理，可以顯示經濟體會圍繞平衡增長路徑產生持久性波動。

Evans（2004）對比分析了馬克思主義者和后凱恩斯主義者關於金融與經濟週期的理論分析。美國等發達資本主義國家經濟擴張期的結束（這一時期的擴展期開始於 20 世紀 90 年代初）使得人們重新回顧馬克思關於經濟週期的理論。一些正統理論關於這次經濟擴展期的結束會導致經濟衰退的論斷被后凱恩斯主義者闡述，他們認為「衰退」是經濟「震盪」和「擾動」的結果，而「震盪」和「衰退」會導致經濟偏離穩態增長的路徑。與此相反，馬克思主義的方法論却認為經濟週期是發生在資本主義經濟內部的本質性特徵。根據這種觀點，經濟擴展發生在持久的上升期，這會導致資本主義累積的增加；隨著累積的減少或消失，資本主義經濟進入經濟週期的下行期，不過這也為新的經濟增長創造了基礎。

Evans（2004）認為馬克思關於經濟週期的方法由三個階段組成，第一階段主要分析在貨幣經濟中危機存在的可能性；第二階段主要分析經濟危機在資本主義經濟的生產和累積過程中的表現；第三階段主要關注為什麼利潤率的下降不僅會導致資本累積的下降，還會導致資本主義經濟活動的收縮。正因為如此，Evans 介紹了后凱恩斯主義者的一些研究成果，他們對貨幣和金融體系在發達資本主義國家中的作用有一些具有啟發意義的見解：

后凯恩斯主义者認為經濟週期主要源於金融不穩定性，如果金融不穩定性能夠被克服，那麼週期性的經濟增長就有可能被克服。相反，馬克思主義者則認為經濟週期是實體部門和金融部門相互作用的結果，它只能被調整或改善，却不能最終消除。

馬克思經濟學家關於經濟週期分析的理論基礎是在資本主義經濟的擴展時期會導致利潤率下降，利潤率的下降會降低資本家繼續累積的渴望和能力。不過，為什麼這種情況會發生？馬克思主義經濟學家給出了不同的答案。Evans 總結了三種主要的觀點：其一是利潤擠壓效應。在《資本論》第一卷中，馬克思認為由於競爭的壓力，為了擴展企業的規模和降低生產成本，資本主義企業被迫把一部分利潤投資於生產過程中。利潤擠壓的結果使得資本主義企業失去了進一步累積的渴望和能力，這最終會導致一段時期的衰退。其二是消費不足。資本主義社會消費不足的關鍵是擴大再生產被消費資料的最終需求限制，即工人階級的絕對貧困化和相對貧困化導致資本主義社會的消費不足。其三是利潤率下降的趨勢。廣泛存在的競爭使得資本主義企業必須投資於新工廠和新設備以提高勞動生產率和降低生產成本，這一過程會導致不變資本增加，最終會使得資本的有機構提高。在馬克思的理論中，活勞動是產生剩餘價值的源泉，也是利潤的源泉。作為累積的結果，如果總資本的增加速度快於活勞動被雇傭的速度，那麼就會出現利潤率下降的趨勢。在目前的一些文獻中，很多學者認為利潤率下降的趨勢是解釋資本主義危機的關鍵因素。

4. 實證分析

Profumieri（1971）利用馬克思的資本主義發展理論考察了二戰后義大利（1951—1968 年）的經濟週期，Profumieri 認為導致主要經濟指標下滑的原因是多樣的，而收入分配因素是一個決定性的因素。實證數據顯示，1962—1963 年起，剩餘價值 S 就開始下降。Profumieri 認為剩餘價值 S 的下降是就業量下降的主要原因；就業率的下降不是由於投資的下降而是由於剩餘價值 S 和可變資本 V 的變化。數據顯示，儘管在 1963—1964 年期間不變資本 C 在增加，但是資本累積開始緩慢地下降，原因是資本家的投資計劃和實際投資之間是有時滯的。當解雇一些勞動力，同時充分利用已經投入使用的不變資本時，資本家的收益率狀況又會改善。當然，在經濟週期的谷底，工業企業等吸納勞動力的能力也會減弱，失業率會大增，失業的產業大軍規模也會不斷擴大。

Crotty（1993）認為20世紀50年代至70年代，由於在美國主要的工業企業裡存在有效的規制，這使得企業可以去創造更高的利潤。1980—1985年，在利潤減少和需求停滯的背景下，爆發的無節制的競爭威脅了美國企業的短期生存和長期發展。在這樣的條件下，美國國內的新古典或凱恩斯主義式的企業可能已經停止投資或被迫關閉。不過一些典型事實表明，很多公司如馬克思主義理論設想的那樣做出了反應：因為利潤和市場需求減少，他們轉而採取可以實現短期目標的生存性策略。

四、結束語

通過以上的分析可以知道：國外馬克思主義經濟學學者已經對傳統的馬克思主義理論進行了創新和發展。他們結合現代經濟學的理論和技術，擴展了馬克思關於資本累積、技術進步、利潤率下降趨勢以及經濟週期等基本經濟學理論的外延和內涵。一方面，他們堅持和發展了馬克思關於資本累積等理論，應用數學模型來再形式化馬克思的宏觀經濟理論，應用計量模型來檢驗利潤率下降趨勢等假設；另一方面，他們又不斷地利用熊彼特主義、凱恩斯主義、貨幣主義等現代經濟學的理論與馬克思主義經濟學的基本觀點進行對比分析，甚至是批判性分析。正是這種「批判與繼承」「兼容並蓄」「證實與證偽」的特點，國外馬克思主義經濟學學者對當代馬克思主義經濟學體系的研究成果值得我們高度關注。

［本文選自：劉燦，韓文龍. 資本累積、利潤率下降趨勢與經濟週期——國外馬克思主義經濟學研究的述評［J］. 經濟學動態，2013（3）：64-70.］

第十三章　馬克思主義貧困理論的創新與發展

王朝明

一、貧困：人類社會共同面臨的一個難題

貧困問題存在於歷史和現實之中，存在於世界範圍，是人類社會今天不得不共同面對的一個難題。因此，作為著名的「三 P」[①] 問題之一的貧困問題也注定成為全球關注的焦點。

在人類跨入 21 世紀的時候，即使世界經濟和科學技術在迅速地發展，世界貧困問題仍然嚴重。貧困不僅在經濟全球化浪潮中的富國與窮國之間的差距上體現出來，而且在不同制度類型的國家內部表現出來。正如聯合國開發計劃署《2000 年人類發展報告》中所指出的：「全球收入不平等狀況在 20 世紀加劇了，其程度超過了以往任何時候。最富和最窮國家的收入差距，1820 年大約為 3：1，1950 年大約為 35：1，1973 年達到 44：1，1992 年高達 72：1。」[②] 而反應許多國家富人和窮人收入差距的基尼系數在提高：「俄羅斯聯邦的基尼系數從 1987—1988 年間的 0.23 增長到 1993—1995 年間的 0.48。瑞典、英國和美國的基尼系數在 20 世紀 80 年代和 90 年代初增長了 16% 以上。在大多數拉丁美洲國家，基尼系數仍很高，厄瓜多爾為 0.57，巴西和巴拉圭為 0.59。」[③] 世界銀行《1990 年世界發展報告》稱 20 世紀 80 年代是「窮人被遺棄的 10 年」。[④] 在這 10 年之內，世界經濟

[①] 「三 P」即 Population（人口）、Poverty（貧困）、Pollution（污染）。
[②] 聯合國開發計劃署. 2000 年人類發展報告 [M]. 北京：中國財政經濟出版社，2001：6.
[③] 聯合國開發計劃署. 2000 年人類發展報告 [M]. 北京：中國財政經濟出版社，2001：6.
[④] 世界銀行. 1990 年世界發展報告 [M]. 北京：中國財政經濟出版社，1990：1.

有了長足的發展，全世界人均 GNP 也有了大幅度提高，但是貧困並沒有得到有效的遏制，反而在世界範圍內肆意蔓延，世界上每人每天收入不到 1 美元的絕對貧困人口規模高達 10 億人。而這個數值在 1993 年發展到 12 億人[1]；1995 年為 13 億人，比 5 年前增加了 3 億人，約占世界人口的 1/5；到 2005 年時全世界仍有 11.62 億絕對貧困人口無法擺脫貧困。[2] 發展中國家的貧困尤為嚴重，聯合國統計報告中的數字仍然令人感到觸目驚心：發展中國家 1/3 的人口生活在貧困之中，8 億人食不果腹，每年有 1,200 萬兒童在 5 歲前死去。[3] 1990—2005 年，絕對貧困比例雖然在東亞和南亞銳減，但在撒哈拉以南的非洲却攀升了至少 52%，在拉丁美洲和加勒比海地區甚至高達 161%。1990 年，全世界 77% 的絕對貧困人口生活在亞洲，而 2005 年這一數字仍在 50% 左右徘徊。[4] 這些枯燥的統計數據實際上告訴我們，貧困是世界各國人民面臨的共同苦難。世界銀行的專家們為了為出版《2000/2001 世界發展報告》準備素材，調查和歸納了世界上 60 個國家近 6 萬名貧困人口的觀點、經歷和渴望，引用了 81 個關於貧困問題研究的成果，最終匯集成了《誰傾聽我們的聲音》這部代表世界反貧困理論和實踐最新成果的著作。在這部表達世界各國窮人心聲的書裡，研究者告訴我們：「在深入分析窮人的貧困經歷時，多次對不同調查地點的窮人同屬於相同的特定社會階層這一看似矛盾的現象以及不同國家中貧困經歷的雷同程度感到震驚。從格魯吉亞到巴西，從尼日利亞到菲律賓，不同國家的調查都確定了相似的主題：饑餓、貧困、無權利、尊嚴受到侵犯、社會孤立、適應力差、資產不足、政府腐敗、服務機構提供者的粗魯無禮和性別歧視。」[5]

可見，貧困是「無聲的危機」，它不僅給發展中國家帶來嚴重的社會經濟后果，也關係到世界的繁榮和穩定。因此，1992 年第 47 屆聯合國大會明確確定每年的 10 月 11 日為「國際消除貧困日」。1993 年第 48 屆聯合國大

---

[1] 陳頤，丁士. 減緩貧困——世紀的承諾 [N]. 經濟日報，1995-10-23.
[2] JAN PRIEWE, HANSJÖRG HERR. 發展與減貧經濟學——超越華盛頓共識的戰略 [M]. 劉攀，譯. 成都：西南財經大學出版社，2006：1.
[3] 新華社（聯合國）1998 年 1 月 2 日電 [N]. 武漢晚報，1998-11-04.
[4] JAN PRIEWE, HANSJÖRG HERR. 發展與減貧經濟學——超越華盛頓共識的戰略 [M]. 劉攀，譯. 成都：西南財經大學出版社，2006：1.
[5] 迪帕·納拉揚，等. 誰傾聽我們的聲音 [M]. 付岩梅，譯. 北京：中國人民大學出版社，2001：4.

會宣布將1996年定為「國際消除貧困年」。1995年3月聯合國在丹麥首都哥本哈根舉行的第一次有關社會發展的世界首腦會議上,發表了消除貧困、減少失業和加強社會融合的《哥本哈根宣言》和《行動綱領》。整個20世紀90年代,人類社會在向貧困開戰上已取得了一定的成就,但不能說世界性的貧困問題已得到根本扭轉。雖然聯合國宣布將1997—2006年定為國際消除貧困的第一個十年,並呼籲國際社會和各國政府共同努力,創造一個有利的國際環境,採取合理的經濟和發展政策,共同為消除貧困做鬥爭,但正如世界銀行發表的《2000/2001年世界發展報告》中所指出的那樣:「在新世紀之初,貧困仍然是一個全球性的重大問題。」[1] 因此,研究貧困和反貧困仍然是國際社會共同關注的一個跨世紀的難題。

儘管貧困問題成為世界各國共同面臨的一種災難性通病,有其相通的共性,但是,貧困畢竟是一個社會問題,而不是一個純粹的自然性災害問題。它的存在和演變與各個國家歷史發展背景、自然地理環境以及深層次的經濟、政治、社會、文化制度結構等內在和外在因素的綜合作用有關。從這個意義上講,不同制度類型和意識形態的國家內發生的貧困又有特殊性、差異性。比如我們不能夠將資本主義制度下,資本累積進程所導致的無產階級貧困化狀況與今天中國的貧困問題完全等同而論。因為,資本主義社會貧困的根源正如馬克思在《資本論》中所深刻分析的那樣,是馬克思發現的「資本累積一般規律」發生作用的結果,根本上是由資本主義制度造成的,是財產所有權和收入分配不均的直接后果。要根除資本主義社會的貧困,就必須消滅資本主義雇傭勞動制。而目前中國社會中發生的貧困現象,概括地講是由於中國社會生產力總體水平還不高,新中國成立後一段時期內思想政治路線上的失誤和改革時期新舊體制轉軌碰撞的負面作用以及某些地區惡劣的自然環境和某些個人因素等共同作用的結果。中國的反貧困,可以通過發展生產力,確立正確的思想政治路線,建立和完善社會主義市場經濟體制,推動城鎮化和提高人力資本累積以及保護和改善自然生態環境等措施來逐步緩解貧困,最終消除貧困,實現共同富裕。所以從理論上講,要科學地理解和認識貧困還必須回到馬克思。

---

[1] 世界銀行. 2000/2001年世界發展報告 [M]. 北京:中國財政經濟出版社,2001:前言Ⅵ.

二、馬克思的貧困理論：
從《1844年經濟學哲學手稿》到《資本論》

　　貧困現象由來已久，在自然經濟社會，勞苦大眾生活普遍貧窮，而貧困要麼被視為各種自然災害不可抗拒的結果；要麼被認為是人們命裡注定的先天安排，也就沒有研究的必要，因此，貧困作為特定的社會經濟現象為人們所重視，並且納入理論研究的領域，其歷史並不長，確切地說始於資本主義工業革命之后。在經濟學上，馬爾薩斯最早從亞當‧斯密所完成的古典經濟學的理論框架之內開始了貧困問題的研究。他從食物供給按算術級數增長與人口按幾何級數增長的非均衡性解讀人們致貧的緣由，將貧困歸結為人口過度地自然增長，是貧困者自身原因所致，提出了抑制人口增長以消除貧困的主張。不難看出，當時馬爾薩斯是站在資產階級立場辯護勞動階級貧困的原因，而發達國家農業發展的實證經驗也不支持馬爾薩斯。后來對資本主義工業化進程中發生的貧困現象進行過猛烈抨擊的是諸多的空想社會主義者們。雖然他們對當時資本主義制度帶給勞動大眾的種種苦難給予了充分的揭露，但是僅僅局限在感情訴求和道德批判上。

　　真正對資本主義社會存在的貧困現象進行了科學的分析和深刻的揭示的當首推馬克思與恩格斯。馬克思的貧困理論是最早從制度層次上揭示貧困根源的，是關於資本主義制度下無產階級貧困化及其趨勢的理論，具有階級貧困的性質與制度分析的特點。馬克思貧困理論的邏輯路線起於異化勞動轉入雇傭勞動，其思想結晶表現在寫於1844年5月至8月的《1844年經濟學哲學手稿》和1867年9月出版的《資本論》之中。

　　《1844年經濟學哲學手稿》是馬克思初步創立自己的政治經濟學體系的一次探索，是用哲學語言和哲學思維來認識經濟學問題的著作。馬克思針對當時社會的主要矛盾，抓住兩個基本範疇展開了他的政治經濟學批判：一是私有財產，二是異化勞動。正是在異化勞動這方面，馬克思歸結出了伴隨資本主義誕生的產業工人勞動異化的貧困。貧困發軔於勞動的異化，是因為「勞動所產生的對象，即勞動產品，作為一種異己的存在物，作為不依賴於生產者的力量，同勞動相對立。勞動產品是固定在某個對象中的物化的勞動，這就是勞動的對象化。勞動的現實化就是勞動的對象化」，以至於「勞動的這種現實化表現為工人的非現實化，對象化表現為對象的喪

失和被對象奴役，佔有表現為異化、外化」。這樣，「工人對自己的勞動產品的關係就是對一個異己的對象關係」①。結果也必然就是「工人生產的財富越多，他的產品的力量和數量越大，他就越貧窮」②。可見，資本主義社會的貧困來自於勞動的異化。馬克思明確指出：「在社會的增長狀態中，工人的毀滅和貧困化是他的勞動的產物和他生產的財富的產物。就是說，貧困從現代勞動本身的本質中產生出來。」③

如果說《1844年經濟學哲學手稿》中馬克思對貧困問題的研究還帶有濃厚的哲學思考的話，那麼在以后的《資本論》中，馬克思對資本主義社會貧困的解釋已經立足於自己政治經濟學理論基礎上的制度分析，即將無產階級的貧困與雇傭勞動制度聯繫起來。因為，資本主義生產的本質就是生產剩余價值，就是資本吮吸雇傭工人的剩余勞動。而這種私有資本對工人創造的剩余價值的無償佔有就是馬克思所說的「雇傭勞動制度」的必然結果。雇傭勞動制度怎樣給雇傭勞動者階級帶來貧困化呢？馬克思指出：「最勤勞的工人階級的饑餓痛苦和富人建立在資本主義累積基礎上的粗野的或高雅的浪費之間的內在聯繫，只有當人們認識了經濟規律時才能揭示出來。」④而這個規律，主要就是資本主義的剩余價值規律和資本累積的一般規律。

在資本主義剩余價值規律的支配下，資本主義生產的核心是剩余價值問題。剩余價值的形成和佔有關係必然要求工人勞動的時間超過了補償勞動力價值所需要的時間，工人全部勞動時間內創造的價值中，資本家以工資形式支付給工人的僅僅是必要勞動所創造的價值或相當於勞動力的價值，而工資之后剩余的部分即工人的剩余勞動所創造的剩余價值則被資本家無償佔有了。這就是剝削。之所以如此，其根源在於資本主義雇傭勞動制度。在這個制度下無產階級喪失了生產資料所有權，一無所有，要謀生就不得不出賣勞動力，為資產階級佔有剩余價值而勞動，結果整個無產階級必然處於貧困狀態。因此，恩格斯講：「工人階級處境悲慘的原因不應當到這些

---

① 馬克思. 1844年經濟學哲學手稿 [M]. 北京：人民出版社，2000：52.
② 馬克思. 1844年經濟學哲學手稿 [M]. 北京：人民出版社，2000：51.
③ 馬克思. 1844年經濟學哲學手稿 [M]. 北京：人民出版社，2000：13.
④ 馬克思恩格斯全集：第23卷 [M]. 北京：人民出版社，1973：721.

小的欺壓現象中去尋找，而應當到資本主義制度本身中去尋找。」[1] 無產階級貧困化的根源和本質就能夠揭示出來。

而剩餘價值運動的邏輯還顯示出，「一切有助於生產剩餘價值的方法同時也促進累積，而累積的每一次擴大又促進了這些方法的發展。由此可見，不管工人的工資率高低如何，勞動者的狀況必然隨著資本的累積而日趨惡化」[2]。這就是說，在資本累積的過程中，資本有機構成不斷提高，預付總資本中用於購買生產資料的不變資本增長速度往往會快於購買勞動力的可變資本增長速度。這意味著，在技術進步和有機構成提高的趨勢下，資本對雇傭工人的需求將相對減少，因而不斷地產生出一個相對的超過資本增殖所需要的過剩人口。這個相對過剩人口的經濟生活狀況每況愈下，掙扎在貧困線上，這是伴隨著資本累積發展的無產階級貧困化明顯趨勢。馬克思正是從中揭示和分析了資本累積的一般規律與無產階級貧困化的內在必然聯繫，他指出：「社會的財富即執行職能的資本越大，它的累積的規模和能力越大，從而工人階級的絕對數量和他們的勞動生產力越大，產業後備軍人數也就越多。發展資本的膨脹力的同一些原因，也會產生出可供支配的勞動力，因此，產業後備軍必然會同財富的增長一起增大。但同現役勞動軍相比，這種後備軍越大，常備的過剩人口也就越多，他們的貧困同勞動折磨成正比。最后，雇傭工人階級中的這個貧苦階層越大，官方認為需要救濟的貧民也就越多。這就是資本主義累積的絕對的、一般的規律。」[3] 這一規律發揮作用的社會后果，直接導致資產階級與無產階級之間的貧富懸殊及社會兩極分化。對此，馬克思總結道：「正是這一規律確立了資本累積同貧困累積之間必然相適應的關係。因此，在一極是財富的累積，同時在對立的一極，即在生產資本本身的階級方面，是貧窮、勞動折磨、無知、粗野、道德墮落和受奴役的累積。」[4]

所以，馬克思的貧困理論揭示了資本主義制度下無產階級貧困化的本

---

[1] 馬克思恩格斯選集：第 4 卷 [M]. 北京：人民出版社，1972：274.
[2] 馬克思. 資本論：法文版第 1 卷 [M]. 中共中央馬克思恩格斯列寧斯大林著作編譯局，譯. 北京：中國社會科學出版社，1983：689.
[3] 馬克思. 資本論：法文版第 1 卷 [M]. 中共中央馬克思恩格斯列寧斯大林著作編譯局，譯. 北京：中國社會科學出版社，1983：687-688.
[4] 馬克思. 資本論：法文版第 1 卷 [M]. 中共中央馬克思恩格斯列寧斯大林著作編譯局，譯. 北京：中國社會科學出版社，1983：689.

質和根源以及無產階級貧困化增長的趨勢。同時也指明了無產階級擺脫貧困命運的根本出路——消滅雇傭勞動制度。馬克思的貧困理論的精髓歸結起來，是站在人的解放、人的全面自由發展的高度上，是要把無產階級從資本主義強加給他們的各種異化、受剝削和遭奴役等非人化狀態中解放出來，回到他們的本質規定性上來。雖然馬克思的貧困理論也涉及貧困研究的一些具體層次，如絕對貧困與相對貧困分析，但並不著意於貧困研究本身。馬克思的貧困理論是服務於其資本和剩餘價值理論的，其目的在於通過貧困的分析批判資本主義制度，去說明、論證其政治主張。當然，馬克思的貧困理論主要是以資本主義工業化過程中的無產階級貧困化為研究對象的，但對於我們認識當代后工業化的資本主義國家的貧富鴻溝和貧困現象仍然具有指導意義。馬克思的貧困理論當然沒有具體涉及社會主義條件下的貧困問題，更不用說20世紀90年代以來一些社會主義國家在轉型中面臨的貧困問題。但馬克思關於消除貧困，實現人的全面自由發展的思想，對於我們今天在社會主義初級階段大力發展生產力，堅持以人為本，解決民生問題，消除絕對貧困，實現共同富裕，無疑是有重大的理論和實踐意義的。

三、關於社會主義國家及轉型中貧困理論的探討和創新——以中國為例

現在看來，貧困是一個很複雜的社會經濟問題，資本主義制度下的無產階級貧困化，只是社會貧困中的一種存在形式。現代社會中，貧困還有其他的表現形式。

按照經典作家的理論，無產階級革命將會在生產力高度發展的資本主義國家爆發，那麼貧困也將隨著資本主義私有制的消亡而消除。眾所周知，作為馬克思主義創始人的馬克思、恩格斯，終其一生未能看到社會主義社會誕生，在他們理論研究中所涉及的貧困，是資本主義工業化發展中的貧困問題。故而也就不難理解，為什麼他們設想的未來社會只有生產力高度發達和物質財富的極大豐富而沒有貧窮和落后。

但后來無產階級革命的爆發却未在經濟發達的主要資本主義國家出現，而是發生在資本主義發展水平低、經濟貧窮落后的國家。因此，革命勝利和新政權建立之后，貧窮落后還是像揮之不去的夢魘，頑固地存在著。但

是，過去我們在理論上認為，以公有制為基礎的社會主義社會，實行的是生產資料與勞動成果佔有上的人人平等，理所當然地也就不存在貧困。即使在一些經濟落后地區存在的貧困也自然而然地被視為歷史的產物，即舊時代的遺產和小農經濟占主導地位的結果，是暫時的現象。因此，在過去，貧困和反貧困的問題不會出現在社會主義國家的戰略規劃和黨的綱領性文件裡，並長期成為社會主義經濟理論研究的一個「禁區」。在中國，黨的十一屆三中全會之后，恢復了黨的實事求是的思想路線，並確立了「一個中心兩個基本點」的基本路線，中國邁入了改革開放的新時期。在回顧和總結中國改革開放近30年所取得的偉大成就時，我們首先想到的是改革開放的總設計師鄧小平同志在創立中國特色社會主義理論體系時提出了貧困與反貧困的理論。

反貧困理論是鄧小平理論科學體系的重要組成部分。鄧小平的反貧困理論是在批判「文化大革命」中「四人幫」顛倒黑白、混淆社會主義本質的謬論中創立的。他明確指出：「『文化大革命』當中，『四人幫』更荒謬地提出，寧要貧窮的社會主義和共產主義，不要富裕的資本主義。不要富裕的資本主義還有道理，難道能夠講什麼貧窮的社會主義和共產主義嗎？結果中國停滯了。這才迫使我們重新考慮問題。考慮的第一條就是要堅持社會主義，而堅持社會主義，首先要擺脫貧窮落后狀態，大大發展生產力，體現社會主義優於資本主義的特點。」[1] 由此確立了，在社會主義初級階段，通過大力發展生產力，擺脫貧窮落后的反貧困思想內核。這是鄧小平理論風格中實事求是、解放思想的一以貫之的充分體現。

在探討社會主義初級階段的目標和任務時，鄧小平將反貧困昇華到了對馬克思主義和社會主義的本質來認識。這個基本的問題就是：「什麼叫社會主義，什麼叫馬克思主義，我們過去對這個問題的認識是不完全清醒的。馬克思主義最注重發展生產力……如果說我們建國以後有缺點，那就是對發展生產力有某種忽略。社會主義要消滅貧窮，貧窮不是社會主義，更不是共產主義。」[2] 並深刻指出：「社會主義的本質，是解放生產力，發展生產力，消滅剝削，消除兩極分化，最終達到共同富裕。」[3] 可以這樣理解：

---

[1] 鄧小平文選：第3卷 [M]. 北京：人民出版社，1993：223-224.
[2] 鄧小平文選：第3卷 [M]. 北京：人民出版社，1993：63-64.
[3] 鄧小平文選：第3卷 [M]. 北京：人民出版社，1993：373.

消除貧困→解放生產力,發展生產力→最終實現共同富裕,是對社會主義本質的一個基本的三段式解讀。因此,鄧小平關於社會主義本質的科學論斷,是對貧困的宣戰。

20世紀90年代初,鄧小平提出社會主義可以搞市場經濟的論斷時,也同時意識到市場經濟可能發生貧富懸殊、兩極分化。貧困不僅在當今發達市場經濟國家俯拾即是,也是世界範圍內的經濟社會現象,反貧困一直是人類面臨的重大課題。當今各國政府都把消除貧困作為推進社會全面進步的戰略目標。中國是世界背負貧困歷史包袱最重的國家。如何在中國發展市場經濟,而又有效地破解這個世界性和世紀性的難題呢?鄧小平高度重視消除貧困,創造性地提出中國在建設市場經濟過程中,要充分發揮社會主義的制度優勢,避免兩極分化,這個大政策和大思路就是共同富裕。中國建設市場經濟與西方國家市場經濟的分水嶺也在這裡,「社會主義的目的就是要全國人民共同富裕,不是兩極分化。如果我們的政策導致兩極分化,我們就失敗了;如果產生了什麼新的資產階級,那我們就真是走了邪路了。」[1] 鄧小平的這一告誡,仍然是我們當今完善社會主義市場經濟體制的行動指南,消除貧困與共同富裕是中國建設市場經濟並行不悖的主題。

而如何減少貧困,實現共同富裕目標,有一個最佳實現途徑和策略問題。對此,鄧小平指出:「我們堅持走社會主義道路,根本目標是實現共同富裕,然而平均發展是不可能的。過去搞平均主義,吃『大鍋飯』,實際上是共同落后,共同貧困,我們就是吃了這個虧。改革首先要打破平均主義,打破『大鍋飯』。」[2]「我的一貫主張,讓一部分人、一部分地區先富起來,大原則是共同富裕。一部分地區發展快一點,帶動大部分地區,這是加速發展,達到共同富裕的捷徑。」[3] 這是鄧小平對共同富裕理論的突破和發展。中國反貧困能取得歷史性突破,就是貫徹了允許一部分人、一部分地區先富起來這個「大政策」,極大地調動了勞動群眾勤勞致富的積極性,逐步由消除普遍貧窮到消除少數人、少數地區的絕對貧困,最終達到實現共同富裕的目標。

改革開放近30年來,中國農村貧困人口從改革開放初期(1978年)

---

[1] 鄧小平文選:第3卷 [M]. 北京:人民出版社,1993:110.
[2] 鄧小平文選:第3卷 [M]. 北京:人民出版社,1993:155.
[3] 鄧小平文選:第3卷 [M]. 北京:人民出版社,1993:166.

的 2.5 億人、貧困發生率 31%下降到 2005 年的 2,365 萬多人、貧困發生率僅 2.5%，平均每年減少貧困人口近 900 萬，[1]中國反貧困取得了巨大成功，這正是在鄧小平反貧困理論的指導下實現的。因此，鄧小平反貧困理論是對馬克思主義貧困理論的創新和發展，它對中國反貧困實踐的巨大貢獻說明，社會主義初級階段反貧困鬥爭的成功，取決於反貧困理論的科學指導和正確把握。

由於造成貧困原因的複雜性，決定了反貧困任務的長期性和艱鉅性。貧困與發展的矛盾，將是整個初級階段的重要矛盾。我們已經取得的反貧困成就，從歷史的角度看，具有突破性的意義；從發展的角度看，只是反貧困取得的階段性成果。這一理性結論可以從中國反貧困面臨的嚴峻形勢得到印證，在擺脫普遍貧困之後，長期受「馬太效應」影響形成的城鄉差異和地區之間發展不平衡，全國農村尚未解決溫飽的 2,300 多萬貧困人口，又大部人集中地分佈在中、西部地區的山、老、少、邊區。在這些地方，由於自然地理條件惡劣，生存與發展的基礎十分脆弱，使改革開放的政策效應受到了很大的局限。同時，隨著經濟轉型和國有企業改革的深化以及社會保障體制、城市公共福利體系加快改革，過去可以忽略不計的城鎮貧困問題陡然凸顯，並且在 20 世紀 90 年代以來出現增長勢頭，尤其在老工業基地、「三線」軍工企業聚集區、礦產資源枯竭城市以及中、西部一些經濟欠發達城市中，部分下崗失業人員、特困企業的在職職工、退休人員和農轉非的部分失地農民的經濟生活陷入困境，到 2006 年為止城鎮貧困人口規模為 2,241 萬人，占城鎮人口的 3.9%。[2] 如果不從根本上解決和改善他們的生存條件和生產條件，中國反貧困的戰略目標是很難完全實現的。

面對新的貧困形勢，以江澤民為核心的第三代中央領導集體，繼續高舉鄧小平理論偉大旗幟，創造性地提出「三個代表」重要思想。在反貧困所面臨的嚴峻的挑戰面前，堅持鄧小平的反貧困理論不動搖、反貧困的決心不動搖，以「對世界上五分之一的人負責」的高度使命感，做出了 20 世

---

① 中國發展研究基金會.在發展中消除貧困：中國發展報告 2007 [M].北京：中國發展出版社，2007：12、38、39.

② 迄今為止，中國城鎮貧困人口規模統計還沒有統一的標準，通常是以各地城市最低生活保障線為標準，將人均可支配收入低於當地城市低保線的人口劃為貧困人口。其實按城市低保線劃定貧困人口可能有漏出，因為各地城市低保線是按地方財力劃定的，並不是一個全國統一的標準，因此上述貧困人口規模有可能被低估。

紀末基本消除農村絕對貧困的莊嚴承諾,並按照社會主義的長期戰略目標,準確地把握歷史發展的進程,不斷制定不同歷史發展階段的具體目標,不斷根據實際調整具體任務,正確處理貧困與發展的矛盾,把握改革、發展與穩定的大局,把反貧困推向一個新的攻堅階段。正如江澤民同志明確指出的那樣,「幫助貧困地區人民擺脫貧困,不僅是黨和政府的任務,也是全社會的共同責任……要發揮我們黨和社會主義制度的政治優勢,把政府扶貧同全社會扶貧結合起來,這應當作為今后扶貧工作的一條重要方針」[1]。

第三代中央領導集體在中國反貧困理論與實踐方面繼續做出了新的歷史性貢獻。為了實現20世紀末使農村貧困人口最終解決溫飽問題的戰略目標,1994年3月,國務院制定並頒布了《國家八七扶貧攻堅計劃》,提出1994—2000年,用7年的時間集中人力、物力、財力,動員社會各界力量解決近8,000萬農村貧困人口的溫飽問題,並相應改善基礎設施和文化、衛生的落后狀況。1996年,中共中央、國務院根據《國家八七扶貧攻堅計劃》的實施情況,做出《關於盡快解決農村貧困人口溫飽問題的決定》。這些重大舉措,既是鄧小平反貧困理論的生動實踐,又是對鄧小平反貧困理論的具體應用和發展。江澤民同志曾經指出:「到本(20)世紀末,我們解決了8,000萬人的溫飽問題,占世界人口1/4的中國人民的生存權這個最大最基本的人權問題,從此就徹底解決了。這不僅在我們中華民族的歷史上是一件大事,而且在人類發展史上也是一個壯舉。」[2] 這表明,第三代中央領導集體不僅把反貧困當成社會主義自身發展的戰略目標,而且把中國的反貧困作為世界反貧困的重要組成部分,當成人類進步的重要標誌,當成時代的要求和民族的願望,當成實現「三步走」戰略目標的重要舉措。到1999年底,中國農村貧困人口已降至3,400萬人,貧困發生率也由8.7%下降到3.7%。2000年,中國政府宣布《國家八七扶貧攻堅計劃》確定的戰略目標基本實現,全國農村貧困人口的溫飽問題已經基本解決。2001年6月,國務院出抬了《2001—2010年的中國農村扶貧開發綱要》,確立了在解決溫飽問題的基礎上,進一步鞏固、發展、提高扶貧開發工作的成果和水平,為達到全面小康社會創造條件的奮鬥目標。至此,新世紀

---

[1] 江澤民論有中國特色社會主義(專題摘編)[M].北京:中央文獻出版社,2002:127.

[2] 胡錦濤.高舉中國特色社會主義偉大旗幟,為奪取全面建設小康社會新勝利而奮鬥——在中國共產黨第十七次全國代表大會上的報告[R].北京:人民出版社,2007:10-15.

中國農村扶貧開發的徵程已經起步。同時，面對轉型期突發的城鎮貧困，中國政府推動城鎮社會保障體制的改革和不斷完善，構建了國有企業下崗職工基本生活保障、失業保險和城市居民最低生活保障三條保障線的反貧困制度，相繼出抬了「再就業工程」「兩個確保」、醫療救助、教育救助、住房救助等相互配套的反貧困政策措施。目前，城市居民最低生活保障網已經承載了 2,000 多萬城鎮貧困人口，基本做到了「應保盡保」。

在對中國近 30 年改革開放經驗進行總結的基礎上，黨的十七大提出了在 2020 年實現全面建設小康社會的宏偉目標，其中要求達到全國絕對貧困現象基本消除①，這既是推進中國市場經濟向前發展的綱領，也是新世紀制定的中國反貧困戰略綱領。適應新形勢發展的要求，必須堅持統籌兼顧，協調好改革進程中的各種利益關係；堅持發展為第一要務，以人為本，統籌兼顧，樹立全面、協調、可持續的科學發展觀。在科學發展觀的引領下，中國反貧困事業更加注重社會公平正義、更加注重解決民生問題、更加注重城鄉反貧困戰略的統籌協調，努力使全體人民學有所教、勞有所得、病有所醫、老有所養、住有所居，推動建設和諧社會。② 2007 年，中央財政投入農村義務教育經費達 368.3 億元，農村 1.5 億學齡兒童享受到義務教育，中央財政還投入 114 億元資金推動農村新型合作醫療的發展，7.3 億農村人口享受到新型合作醫療的覆蓋，還有 2,000 萬農村貧困人口已納入最低生活保障制度，醫療保障惠及 2 億城鎮居民。目前事關農村扶貧的農村社會保障體系的建設已全面啓動，城鎮反貧困的各項措施如教育救助、醫療救助、廉租住房制度正在完善。所以，科學發展觀的提出，將引領中國反貧困事業適應全面建設小康社會的目標，推動城鄉反貧困戰略的一體化發展。儘管城鎮貧困與農村貧困存在差別，但在治理貧困問題上二者不可分離。農村貧困的緩解，有助於城鎮貧困的解決和減輕城市經濟的壓力；同樣，城鎮貧困的有效治理能夠有利於城市化的發展和農村勞動力的轉移以及「三農」問題和城鄉二元結構的解決。我們認為，隨著中國市場經濟日益完善以及現代化和城市化的發展，城市經濟與農村經濟將更加緊密地

---

① 胡錦濤.高舉中國特色社會主義偉大旗幟，為奪取全面建設小康社會新勝利而奮鬥——在中國共產黨第十七次全國代表大會上的報告 [R]. 北京：人民出版社，2007：10-15.

② 胡錦濤.高舉中國特色社會主義偉大旗幟，為奪取全面建設小康社會新勝利而奮鬥——在中國共產黨第十七次全國代表大會上的報告 [R]. 北京：人民出版社，2007：10-15.

聯繫在一起，啟動工業支持農業、城市支持農村，積極促進新農村發展戰略的時機已經成熟。按照黨的十七大精神要求，城鄉經濟社會的統籌協調發展，不僅是當前宏觀調控的著力點與保持經濟持續健康增長的重要條件，而且是全面建設小康社會的內在要求和有力保障。因此，在制度安排和政策措施上，統籌考慮城鎮貧困問題與農村貧困問題，建立和推行城鄉一體化的反貧困戰略模式和制度措施，是 21 世紀中國反貧困深入發展的必然選擇。

同時，以鄧小平理論和「三個代表」重要思想為指導，積極落實科學發展觀，配合政府規劃和實施反貧困的戰略目標和政策體系，中國學術界突破「禁區」，開始了對社會主義初級階段及其轉型中貧困問題的研究。研究首先側重於農村貧困地區、貧困人口生存狀態和發生機制、貧困人口素質和農村扶貧的組織工作體系、扶貧運作方式、扶貧瞄準傳遞機制、效果評估指標等問題，業已取得了一些有影響性、階段性的理論研究成果。如，「資源要素貧困觀」「素質貧困論」「自然生態與人文生態的系統貧困觀」「結構性、區域性和階層性的貧困論」，以及在地區經濟增長、小額信貸、以工代賑、項目開發、人力資源培訓、勞務輸出、移民搬遷和國際合作等方面形成了農村反貧困的大量研究成果。而 20 世紀 90 年代中期以後，城市貧困作為社會轉型、體制轉軌、階層分化加劇的產物，日漸凸顯，引起理論界的關注和重視。目前，國內學者對中國城市貧困含義的界定、城市貧困規模、成因、后果和治理對策等方面已做了一定的探討和研究，業已初步形成了一些研究成果。但是，目前中國城市貧困研究尚處於起步階段，針對某類問題性研究居多，缺乏系統的研究成果。尤其是，在如何有效抑制體制轉軌，結構調整中新貧困人口增加方面；在構建具有中國特色的城市反貧困戰略體系方面；在整合中國農村扶貧與城市反貧困的互動機制方面；在科學地、動態地預測 21 世紀中國城市貧困發展趨勢以及建立城市貧困惡化的預警機制與監測系統方面，都還有許多值得進一步深化、探索和拓展的領域。

參考文獻：

[1] 聯合國開發計劃署. 2000 年人類發展報告 [M]. 北京：中國財政經濟出版社，2001.

[2] 世界銀行. 1990年世界發展報告 [M]. 北京：中國財政經濟出版社, 1990. 1

[3] 陳頤, 丁士. 減緩貧困——世紀的承諾 [N]. 經濟日報, 1995-10-23.

[4] JAN PRIEWE, HANSJÖRG HERR. 發展與減貧經濟學——超越華盛頓共識的戰略 [M]. 劉攀, 譯. 成都：西南財經大學出版社, 2006.

[5] 新華社（聯合國）1998年1月2日電 [N]. 武漢晚報, 1998-11-04.

[6] 迪帕·納拉揚, 等. 誰傾聽我們的聲音 [M]. 付岩梅, 譯. 北京：中國人民大學出版社, 2001.

[7] 世界銀行. 2000/2001年世界發展報告 [M]. 北京：中國財政經濟出版社, 2001.

[8] 馬克思. 1844年經濟學哲學手稿 [M]. 北京：人民出版社, 2000. 52

[9] 馬克思恩格斯全集：第23卷 [M]. 北京：人民出版社, 1973.

[10] 馬克思恩格斯選集：第4卷 [M]. 北京：人民出版社, 1972.

[11] 馬克思. 資本論：法文版第1卷 [M]. 北京：中國社會科學出版社, 1983.

[12] 鄧小平文選：第3卷 [M]. 北京：人民出版社, 1993.

[13] 中國發展研究基金會. 在發展中消除貧困：中國發展報告2007 [M]. 北京：中國發展出版社, 2007.

[14] 江澤民論有中國特色社會主義（專題摘編）[M]. 北京：中央文獻出版社, 2002.

[15] 胡錦濤. 高舉中國特色社會主義偉大旗幟, 為奪取全面建設小康社會新勝利而奮鬥——在中國共產黨第十次全國代表大會上的報告 [R]. 北京：人民日報, 2007：10-15.

[16] 胡錦濤. 高舉中國特色社會主義偉大旗幟, 為奪取全面建設小康社會新勝利而奮鬥——在中國共產黨第十七次全國代表大會上的報告 [R]. 北京：人民出版社, 2007.

[本文選自：王朝明. 馬克思主義貧困理論的創新與發展 [J]. 當代經濟研究, 2008（2）：1-7.]

第十四章　絕對地租產生原因、來源與價值構成實體的探討

楊繼瑞

一、絕對地租：土地所有權的「利息」

　　繼原始土地公有制解體后，隨之出現了各種形式的土地私有制。資本主義的土地私有制，是資本主義絕對地租產生的根本原因。「在這裡地租是土地所有權在經濟上借以實現即增殖價值的形式。」「如果我們考察一下在一個實行資本主義生產的國家中，可以把資本投在土地上而不付地租的各種情況，那末，我們就會發現，所有這些情況都意味著土地所有權的廢除，即使不是法律上的廢除，也是事實上的廢除。」儘管在社會主義制度下，取消了土地私有制，但是在社會主義公有制條件下，存在多種所有制經濟成分，存在土地所有權與經營權的分離，因此地租作為土地所有權在經濟上的實現形式也必然存在。按照馬克思主義的所有權理論，土地所有權的存在，總是要在經濟上有所實現，也就是要求收取地租。恩格斯在《論住宅問題》中也明確指出：「消滅土地私有制並不要求消滅地租，而是要求把地租——雖然是用改變過的形式——轉交給社會。」列寧也曾指出：「所謂歸國家所有，就是說國家政權機關有獲得地租的權利，並且由國家政權規定全國共同的土地佔有和土地使用的規則。」可以斷言，地租是市場經濟條件下的必然經濟現象，只不過在資本主義社會是被土地所有者私人佔有。在社會主義社會則類似於稅收一樣，體現的是一種「取之於民，用之於民」的經濟關係。所以，馬克思主義經濟學關於包括絕對地租在內的地租地價理論對發展社會主義市場經濟仍然具有重要的指導作用。

馬克思指出，在資本主義制度下，把資本投資於土地而無須支付地租，只在偶然的場合才會存在。例如，第一，土地所有者自己就是資本家，或者資本家自己就是土地所有者。在這種場合，土地所有權不成為資本投資於土地的限制，只要劣等的土地產品價格，使資本得以正常增殖，它就會被耕種。不過，這種情況是偶然的，因而不能說明耕種最劣等的土地可以不支付地租。第二，在租地農場主的一整片租地中，可能會夾雜有少數地塊，它們按照當時市場價格水平不能支付地租，因而實際上是無代價耕種的。但在土地所有者看來，這些地塊的地租已經包含在這一整片租地的總地租中了。因此，這種情況也不能說明獨立耕作劣等土地可以不交地租。第三，租地農場主在已支付地租的土地上追加投資，如果這個追加投資的產品，按照當時市場價格，只能提供平均利潤，就不會有追加的地租。因此，這塊租地的全部投資中有一部分是支付地租的，另一部分是不支付地租的。但由於在租約期內土地所有權對追加投資不起限製作用，從而這也不是耕作劣等土地可以不支付地租的理由。事實上，在地租存在的前提下，土地所有者自己就是資本家，或者資本家自己就是土地所有者，他也必然支付「概念地租」，如同用自己的資本來經營的資本家一樣，也要獲得「概念利息」。誠如馬克思所說，用自有的資本從事經營的資本家，同用借入的資本從事經營的資本家一樣，把他的總利潤分為利息和企業主收入。利息歸他所有，因為他是資本的所有者，是把資本貸給自己的貸出者，企業主收入也歸他所有，因為他是能動的、執行職能的資本家。「資本的使用者，即使是用自有的資本從事經營，也具有雙重身分，即資本的單純所有者和資本的使用者；他的資本本身，就其提供的利潤範疇來說，也分成資本所有權，即處在生產過程以外的、本身提供利息的資本，和處在生產過程以內的、由於在過程中活動而提供企業主收入的資本。」也就是說，用自己的土地耕作的資本家，作為土地所有者，他獲得地租；作為職能資本家，他獲得利潤；如果其資本也是自有的，他還獲得利息。

土地所有權在絕對地租場合與級差地租場合的功能是完全不同的。在級差地租的場合，「土地所有權只是商品價格中一個沒有它的作用就已經產生（確切地說，是由於調節市場價格的生產價格決定於競爭這一點產生的）並轉化為超額利潤的部分所以會轉移的原因，即價格的這一部分由一個人手裡轉移到另一個人手裡，由資本家手裡轉移到土地所有者手裡的原因。但在這裡，土地所有權並不是創造這個價格組成部分的原因，也不是作為

這個組成部分的前提的價格上漲的原因。另一方面，如果最壞土地 A——雖然它的耕種會提供生產價格——不提供一個超過生產價格的余額，即地租，就不可能被人耕種，那麼，土地所有權就是引起這個價格上漲的原因。土地所有權本身已經產生地租」。土地所有權本身所產生的地租就是絕對地租。

　　事實上，作為級差地租實體的超額利潤與土地所有權並無必然關係。無論有沒有土地所有權，作為級差地租實體的超額利潤都存在，土地所有權僅僅是把已經存在的級差地租拿走而已。土地所有權不產生級差地租，而只是把這種已經存在的超額利潤轉化為級差地租。絕對地租的產生則直接依賴於土地所有權本身，它與土地所有權之間具有必然聯繫。亞當·斯密曾指出：「土地所有者在一定情況下有權力對資本進行有效的抵抗，使人感到土地所有權的力量並因而要求絕對地租……」筆者以為，與利息作為資本所有權在經濟上的實現形式一樣，絕對地租也類似於土地所有權的特殊「利息」。為了與普通利息相區別，這種特殊「利息」被命名為「地租」。而這種地租只能是絕對地租。因為，土地所有權與級差地租沒有直接關係，土地所有權僅僅是把已經存在的超額利潤轉化為級差地租，以便歸土地所有者佔有。任何被使用的土地都必須向土地所有者繳納相應的絕對地租，但不一定要繳納級差地租；只有位置、肥力等方面質量較好的土地才存在級差地租。向土地所有者繳納絕對地租，就像向資本所有者繳納利息一樣。只不過使用較好的土地，就如同使用較高質量的資本一樣，除了要繳納最低水平的「利息」之外，還必須向其所有者繳納部分「級差利息」。也就是說，在使用較好土地的場合，超過最低水平地租的那部分地租才被稱為級差地租。所以，使用土地不向土地所有者繳納絕對地租，是違背土地所有權規律和價值規律的。在一定的歷史時期和歷史條件下，一定市場半徑區域內的單位土地絕對地租量與絕對地租率在一定的水平上受土地供求、競爭、市場利率、剩餘價值率、利潤率等諸多因素影響上下波動，形成向土地所有者繳納各種地租的基礎與平臺載體。任何向土地所有者繳納的地租均包括絕對地租，但不一定包括級差地租，級差地租以及高於一般級差地租的壟斷地租無非是絕對地租基礎上的或多或少的增量。因此，可以斷言，絕對地租是級差地租的基礎與平臺載體。

二、絕對地租的來源：利潤平均化前的扣除

　　土地所有權的壟斷阻礙和限制資本的轉移，使農業部門中的剩餘價值不參與利潤的平均化。土地所有權的存在，不繳納地租，就不能投資開墾新的土地，儘管新開墾的土地是屬於不會提供級差地租的等級。「如果沒有土地所有權，只要市場價格略微上漲，它就會被人耕種，從而起調節作用的市場價格只是使這個最壞土地的耕種者得到他的生產價格。但是，因為有了土地所有權的限制，市場價格必須上漲到一定的程度，使土地除了生產價格外，還能支付一個余額，也就是說，還能支付地租。」在《資本論》中，馬克思指出，絕對地租是由於農業資本有機構成低於社會資本平均有機構成，從而使農副產品價值高於其社會生產價格，其中的差額形成絕對地租。這是馬克思主義地租地價學說中關於絕對地租產生的條件之一。

　　然而，一旦農業資本有機構成等於社會資本平均有機構成，這個差額就消滅了，上述意義上的絕對地租就不復存在。誠如馬克思所指出的：「如果農業資本的平均構成等於或高於社會平均資本的構成，那末，上述意義上的絕對地租，也就是既和級差地租不同，又和以真正壟斷價格為基礎的地租不同的地租，就會消失……如果隨著耕作的進步，農業資本的構成已和社會平均資本的構成相等，那末，這樣的現象就會發生。」但是，在這些發達市場經濟國家，絕對地租並不會因為資本有機構成的提高而消失，絕不能認為絕對地租就此銷聲匿跡。那種認為絕對地租只在農業資本有機構成低的情況下才有存在條件的看法，是值得商榷的。

　　誠然，第二次世界大戰結束以後，特別是近20年來，由於農業機械化以及為農業服務的工業部門的發展，化學、土壤學、生物學等方面的科學研究成果應用於農藝，使發達資本主義國家的農業生產力的發展大大加速了。與此同時，這些國家的農業日益專業化和社會化，以農業為主體的「縱向聯合」企業應運而生。由於農業的工業化和現代化，農業已經成為資本主義經濟中占用資本量最高的部門之一。在美國、英國、法國等主要資本主義國家，農業的平均資本有機構成已經成為資本主義經濟中構成最高的部門之一，接近於工業的資本有機構成，具有拉平的趨勢。在這種情況下，不能不影響到馬克思所講的農業絕對地租的來源。農業和工業的資本有機構成的接近可以改變絕對地租的來源，但不能取消絕對地租。因此，

持絕對地租「消失論」的同志所引用的馬克思「上述意義上的絕對地租消失了」那句話，系指農業的平均資本構成等於社會平均資本構成的情況下，由於農業資本有機構成低於社會資本平均構成，從而農產品價值高於生產價格這個意義上的絕對地租消失了，並不是任何意義上的絕對地租都消失了。在農業資本有機構成低於社會資本平均構成的歷史時期，假設在農業用地的旁邊是一塊資本有機構成很高的非農產業用地，是不是就不繳納絕對地租了呢？顯然不可能。如果這樣的話，土地所有者寧願不租給非農產業經營者經營。可見，農業資本有機構成趨近於社會資本平均構成，只能改變絕對地租的價值構成實體來源，而不是絕對地租本身消失了。

既然農業和工業的平均資本有機構成的接近或相等只能改變絕對地租的價值構成實體來源，那麼，絕對地租的價值構成來源究竟是什麼呢？對此，學術界主要有以下幾種具有代表性的觀點：

——「扣除說」，即絕對地租來源於農業內部工資和利潤的扣除。其論據是馬克思的這樣一句話：「如果在一個國家，農業資本的構成與非農業資本的平均構成相等……土地所有者只好自己耕種這些土地，或者在租金的名義下，把他們的租佃者的一部分利潤甚至一部分工資刮走。」

——「差額說」，即絕對地租來源於農產品價格高於農產品價值的差額。其論據是馬克思的這樣一句話：「如果由於土地所有權對未耕地上進行不付地租的投資造成限制，以致穀物不僅要高於它的生產價格出售，而且還要高於它的價值出售，那末，地租就會產生壟斷價格。」

——「壟斷價格說」，即絕對地租來源於壟斷資本統治下所產生的壟斷價格以及國家對農副產品的價格補貼。持這種觀點的同志認為，當壟斷資本控制了農業時，壟斷資本就有可能通過各種手段，包括壟斷資本主義國家對農副產品的價格補貼，從而把農產品及其加工品的市場價格提高到價值或生產價格以上，形成壟斷價格，並將其獲得的高額利潤的一部分以絕對地租的形式繳納給土地所有者。

對上述這些觀點，筆者以為，都有商榷之必要。

第一，根據馬克思主義勞動價值論、剩餘價值論的基本原理，絕對地租的形成和分配的機制不能違背價值規律、剩餘價值規律以及平均利潤率規律，而只能在符合這些規律的前提下加以闡明。根據價值規律的要求，即使在某些暫時或偶然的場合會出現工資低於勞動力價值的情況，但從長期趨勢看，工資一般不應低於勞動力的價值。如果勞動力長期以低於價值

的價格來實現或出賣，這既不符合價值規律的要求，也將導致勞動力的萎縮性再生產，從而使資本尋求不到與之相結合的充足的勞動力，進而影響剩餘價值的生產。同時，根據平均利潤率規律的要求，農業資本家進行投資，一般應獲得平均利潤。如果他進行農業生產經營活動而得不到與工業或商業大體相當的平均利潤的話，那他勢必會棄農而從工或經商。由於部分農業資本家由此抽走資本，會使農產品的生產供不應求而使價格上漲，直至既能向土地所有者提供絕對地租，同時又能使農業資本家獲得平均利潤。誠然，絕對地租作為農業勞動者所創造的剩餘產品價值的一部分在分配時必然是對整個農業勞動者所創造的剩餘產品價值的扣除。然而「扣除說」所界定的扣除部分，既不符合價值規律和剩餘價值規律的要求，又違背了平均利潤規律的基本準則，因此「扣除說」是難以成立的。

第二，排除某些暫時的或偶然的情況，農產品的價格從總體上和長期觀察，其價格高於價值的部分大體會與低於價值的部分相互抵銷。結果，產品的價格基本上仍是按照其價值出售的，這是價值規律的客觀要求。「差額說」把馬克思所假定的情況和推論當成既定的現實，以至於違背了馬克思勞動價值論的一貫主張，因而是欠妥的。

第三，農產品以高於其價值的壟斷價格出售，從而以超過其價值的部分交付絕對地租，這意味著工業品勢必要按照低於其價值的價格出售，否則，整個社會的商品價格就會高於整個社會的商品價值，即商品總價格大於商品總價值。在這裡，「壟斷價格說」導致了難以思議的「二律背反」現象：如果農產品以高於其價值的壟斷價格出售，以保證其絕對地租來源，又能使工業部門獲得平均利潤的話，那麼，商品總價格就必然會大於商品總價值。這就違背了價值規律。

第四，認為絕對地租來源於國家對農產品價格補貼的觀點也是站不住腳的。因為，如果說農產品價格的補貼是符合價值規律要求的一種輔助或補充形式，那麼，產品的生產者加上補貼在內的所得，恰好與農產品按價值出售的所得大體相當，並沒有一塊高於農產品自身價值的部分來支付絕對地租。如果說農產品價格補貼是不符合價值規律要求的一種超經濟的分配，那麼，這種補貼無非來自於對非農產業剩餘價值的一種扣除。即便后一種假設成立，試問，非農產業因使用土地而交付的絕對地租又來源於何處呢？

事實上，絕對地租不僅在農業中存在，而且在一切使用土地的工業、

商業等非農產業中存在。只不過在非農產業中，絕對地租在整個剩余產品價值中所占的比重相對於農業而言，相對少一些罷了。正因為如此，馬克思沒有對資本有機構成比較高的非農產業中絕對地租的來源做詳細的考察和分析。然而，馬克思從來沒有否認過非農產業中絕對地租的存在。他曾指出：「在生產上需要土地時，不論是用於農業上還是用於原料的開採上，土地所有權都會阻礙投在土地上面的各個資本之間的這種平均化過程，並攫取剩余價值的一部分。」他還指出：「十分簡單：一定的人們對土地、礦山和水域等的私有權，使他們能夠攫取、攔截和扣留在這個特殊生產領域即這個特殊投資領域的商品中包含的剩余價值超過利潤（平均利潤，由一般利潤率決定的利潤）的余額，並且阻止這個余額進入形成一般利潤率的總過程。這部分剩余價值，甚至在一切工業企業中被攔截，因為不論什麼地方，都要為使用地皮（工廠建築物、作坊等所占的地皮）付地租。」

馬克思的這些精闢的論述予我們以深刻的啟迪：

一，不僅農業，而且其他非農產業都要使用土地，從而用地者要向土地所有者交付地租，包括級差地租和絕對地租。很明顯，在同一時期，如果非農產業有機構成低於社會平均資本有機構成的話，那麼，在非農產業中，資本有機構成則是高於社會平均資本有機構成的，此時非農產業領域仍然存在向土地使用者繳納絕對地租的問題。可見，農業資本有機構成低於社會平均資本有機構成，並不是絕對地租存在的必要條件。

二，在農業中，資本有機構成低於社會的平均資本有機構成而多生產的那部分剩余價值，受到土地所有權壟斷的阻滯而被攔截在農業部門內部，不參加利潤的平均化，然后再由農業資本家以絕對地租的分配形式交付給土地所有者。

三，在工業和其他非農產業中，資本有機構成比較高，因而與農業部門相比，在剩余價值率相同的情況下，不會多生產剩余價值。但是，由於土地所有權壟斷的障礙，土地使用者也必然要從其生產的剩余價值中剝離相應部分，然后以絕對地租的形式交給土地所有者。如果工業和其他非農產業的資本家不這樣做，土地所有者勢必會把土地租給農業資本家而不租給非農產業的資本家。也就是說，非農產業所生產和實現的剩余產品的價值，要事先扣除了絕對地租之后，才參與利潤的平均化。學術界不少人士也指出，從一般意義上說，絕對地租的存在與農業資本有機構成的高低，並沒有本質的必然的聯繫；絕對地租來源於對全社會剩余價值的扣除。筆

者以為，這種扣除是在利潤平均化之前進行的。其實，農業部門所生產和實現的剩餘產品的價值，根據平均利潤規律的要求，當其在事先扣除了絕對地租之後，也要參與利潤的平均化，從而按照等量資本獲得等量利潤的原則來分配勞動者生產的剩餘產品的價值。誠如馬克思所說，只要絕對地租「不等於農產品的價值超過它們的生產價格的余額，這個余額的一部分總會加到所有剩餘價值在各單個資本之間的一般平均化和按比例的分配之中去。一旦地租等於價值超過生產價格的余額，這個超過平均利潤的全部剩餘價值，就會被排出這個平均化」。在資本家看來，土地是一種須臾不可或缺的生產要素，如同資本要素、勞動力要素一樣，需要通過市場交易行為來獲取，從而必須要承擔相應的交易費用。「土地所有權的正當性，和一定生產方式下的一切其他所有權形式的正當性一樣」，要參與社會總剩餘價值的分配，只不過基於土地所有權的壟斷性，其分配發生在利潤平均化之前罷了。在市場經濟條件下，即便是純粹流通費用，也要參與到社會總利潤的分配之中。從表面上看，流通費用的補償似乎增加了社會負擔，減少了產業資本的利潤；但實際上，產業資本是願意讓渡這部分剩餘價值的，否則產業資本就得不到預期的利潤。同樣，如果資本家在需要使用土地的場合，不向土地所有者繳納絕對地租（較好的土地還必須繳納級差地租）的話，他就得不到必需的土地要素，從而也就不可能進行剩餘價值的生產。

三、絕對地租的價值構成實體：絕對地租 I 和絕對地租 II

在《資本論》中，馬克思論述的絕對地租的價值構成實體主要是農產品價值與生產價格之間的差額。因此，馬克思認為，當農業資本有機構成等於社會平均資本有機構成后，農產品價值與生產價格之間的差額便消失了，從而作為農產品價值與生產價格之間差額實體的絕對地租當然也隨之消失。然而，馬克思所講的消失的絕對地租僅僅是這種意義上的絕對地租，而不是絕對地租本身。因為，土地所有權不會因為資本有機構成的變化而不要求在經濟上得到實現。更何況，土地資源供給的無彈性、稀缺性和人類經濟社會活動的發展所導致的對土地資源需求的不斷增大，土地供求關係伴隨資本有機構成提高的進程而日趨緊張，從而引致土地所有權的壟斷性、排他性更強烈，進而更需要在經濟上得到實現。正如馬克思所研判的

那樣，絕對地租價值構成實體在量上的多少與土地供求狀況密切相關。絕對地租「究竟是等於價值和生產價格之間的全部差額，還是僅僅等於這個差額的一個或大或小的部分，這完全取決於供求狀況和新耕種的土地面積」。

事實上，在《資本論》中，馬克思主要分析的是農業絕對地租。「絕對地租的本質在於：不同生產部門內的各等量資本，在剩餘價值率相等或勞動的剝削程度相等時，會按它們的不同的平均構成，生產出不等量的剩餘價值。」「這樣，地租就成了商品價值的一部分，更確切地說，成了商品剩餘價值的一部分，不過它不是落入從工人那裡把它榨取出來的資本家手中，而是落入從資本家那裡把它榨取出來的土地所有者手中。」在非農產業中，土地要素相對於農業而言其功能稍弱一些，所以被馬克思在研究中抽象掉了。儘管馬克思也談到過非農產業的場地和採礦業的絕對地租問題，但總體上對非農產業領域中絕對地租產生的機理沒有進行深入的探討。出於構建剩餘價值理論體系的抽象性需要，這是無可厚非的。然而，在現實生活中，土地作為場地要素須臾不可或缺，城市土地所有權也要求絕對地租，好地段的城市土地所有權還會把已經產生的超額利潤轉變為各種梯次的級差地租。否則，最劣等的城市土地所有者絕不會把土地讓渡給工業、商業等職能經營者使用。從中國城市用地的情況看，以城市最低使用權地價還原的絕對地租看，城市絕對地租不僅存在，而且呈上升趨勢。

筆者以為，馬克思所重點論述的農產品價值與生產價格之間的差額作為價值構成實體的絕對地租，可以被界定為絕對地租Ⅰ。農業資本有機構成等於社會平均資本有機構成從而農產品價值與生產價格之間的差額消失后所必須繳納的絕對地租，以及其他與社會平均資本有機構成相比，或高或低的非農產業領域的絕對地租，可以被界定為絕對地租Ⅱ。

當農業資本有機構成等於社會平均資本有機構成后，儘管農產品價值與生產價格之間的差額消失了，但是基於資本有機構成的提高或者資本流通速度的加快等，農業資本的效率與過去相比得到提升，從而相對剩餘價值的生產水平提高，所以，當土地所有權在利潤平均化前扣除或攫取相當於絕對地租Ⅰ水平的剩餘價值后，仍然可以獲得過去農業資本有機構成低於社會平均資本有機構成時的利潤率，甚至可能更高的利潤率，並進入利潤平均化的過程中。

在非農產業領域，儘管其資本有機構成與社會平均資本有機構成相比

有高有低，但由於絕對地租 II 的價值構成實體與其資本有機構成沒有必然聯繫，因此在非農產業領域，其創造的剩余價值首先也必須比照相當於絕對地租 I 水平進行扣除，交給城市土地所有者后，再進入利潤平均化的過程。這樣，在非農產業領域，其資本家或經營者在向土地所有者繳納絕對地租（好地還要向土地所有者繳納不同梯次的級差地租）后，扣除后的剩余價值進入利潤平均化的過程，按照等量資本獲得等量利潤的規律，獲得平均利潤。

特別需要指出的是，非農產業對土地的依賴程度相對於農業而言比較低。在非農產業中，土地僅作為場地發揮勞動資料的作用；在農業中，土地既作為勞動資料，又作為勞動對象來發揮作用。在非農產業中，更容易在不擴大生產場所的條件下，進行內涵的擴大再生產。「如果生產場所擴大了，就是外延上擴大；如果生產資料效率提高了，就是在內涵上擴大。」再生產在內涵上擴大的水平即集約經營的程度，是伴隨資本有機構成提高而拓展的。於是，在單位面積的土地上，由於資本絕對量的投入，資本所推動的活勞動的絕對量，並沒有因為資本有機構成的提高而減少；有時還可能由於資本密集型和技術密集型產生的產業升級，使單位面積土地上資本所推動的活勞動的絕對量增加。這樣，在剩余價值率不變時，仍能使單位面積土地上的剩余價值的絕對量不變甚至增加。因此，有機構成較高的非農產業，在利潤平均化前扣除了繳納給土地所有者的絕對地租之後，非農產業的等量資本仍可獲得與農業等量資本大體相當的平均利潤。這樣，產業經營者和土地所有者在剩余產品價值的分配中各得其所，既保證了產業經營者按等量資本獲得等量利潤即平均利潤，又使土地所有者獲得了絕對地租。這種分配機理是建立在絕對地租源於剩余產品價值有序分配基礎上的，既與平均利潤的運行機制相契合，又將馬克思的勞動價值論和剩余價值論貫穿始終。

必須指出的是，絕對地租是以最劣等土地投入使用為前提的。土地不出租，土地所有者就沒有任何收益，在經濟上就沒有任何價值。「單純法律上的土地所有權，不會為土地所有者創造任何地租。但這種所有權使他有權不讓別人去經營他的土地，直到經濟關係能使土地的利用給他提供一個余額，而不論土地是用於真正的農業還是用於其他生產目的（例如建築等等）。」因此，不繳納地租，即使是最劣等的土地所有者也會寧可讓自己的土地荒蕪而不會讓其他使用者去使用。這樣，在農業中，可耕種的土地就

會減少，農產品的供給就會下降，從而導致農產品供不應求，價格上漲，直到擁有劣等土地的所有者也能獲得絕對地租，其經營者也能獲得平均利潤；在非農產業中，可利用地就會不足，從而使非農產品與服務供不應求，價格上升，直到擁有劣等土地的所有者也能獲得絕對地租，其經營者也能獲得平均利潤。「在這種情況下，產品價格昂貴不是地租的原因，相反，地租倒是產品價格昂貴的原因。」

在現實的經濟生活中，在農業領域，土地使用者向土地所有者繳納的絕對地租，究竟是絕對地租Ⅰ還是絕對地租Ⅱ，有不同情況的各種組合：

第一，撇開土地供求關係的差異，當農業資本有機構成大幅度低於社會平均資本的有機構成時，土地使用者向土地所有者繳納的絕對地租可能只是絕對地租Ⅰ，並且其絕對地租Ⅰ有可能僅僅是農產品價值與農產品生產價格差額的一部分。

第二，當農業資本有機構成低於社會平均資本的有機構成的幅度縮小時，其絕對地租Ⅰ有可能是農產品價值與農產品生產價格差額的全部。

第三，當農業資本有機構成進一步趨近於社會平均資本的有機構成時，土地使用者向土地所有者繳納的絕對地租是部分絕對地租Ⅰ和部分絕對地租Ⅱ的組合。因為，隨著農業有機構成的提高，農產品價值與農產品生產價格差額必然會縮小，從而絕對地租Ⅰ縮小，「按問題的本質來看，隨著農業的進步，這個差額必然會縮小」，但是，歷史沿襲並由契約規定的絕對地租不會由此降低，其不足部分勢必由一定量的絕對地租Ⅱ來彌補。

第四，當農業資本有機構成與社會平均資本的有機構成相同甚至反超時，土地使用者向土地所有者繳納的絕對地租則只有絕對地租Ⅱ。在非農產業領域，土地使用者向土地所有者繳納的絕對地租，則主要是絕對地租Ⅱ。當然，在某些對土地依賴度大的非農產業領域，也有例外。比如對土地依賴度大的某些露天採礦場，土地使用者向其所有者繳納的絕對地租，有可能是包含部分絕對地租Ⅰ甚至可能全部都是絕對地租Ⅰ。因為，「在那裡，不變資本的一個要素即原料是完全沒有的；並且在那裡——除了很大一部分資本是由機器和其他固定資本構成的部門以外——必然是最低的資本構成占統治地位。」

筆者以為，單位面積土地上，農業資本有機構成低於社會平均資本有機構成時的絕對地租Ⅰ的量，是全社會各產業領域中絕對地租的「基準價格」，是絕對地租Ⅱ基礎；絕對地租Ⅱ則是絕對地租Ⅰ的「揚棄」與「影

子」。它們具有共同的本質：都是土地所有權產生的，都是利潤平均化前的扣除。絕對地租Ⅰ與絕對地租Ⅱ的區別在於：兩者的價值構成實體不同，前者是農產品價值與生產價格之間的差額，后者是部門產品價格參照單位面積土地上絕對地租Ⅰ的量做的一種扣除。

　　單位面積土地上絕對地租Ⅰ的量作為絕對地租水平的參考基準，往往是由土地使用者與土地所有者根據土地供求關係、剩余價值率、利息率、平均利潤率等因素，在無數次的討價還價和博弈中形成的。就像各種複雜勞動換算為簡單勞動一樣，不是通過精確的數學公式計算出來的，而是通過無數次的交換行為形成的。「各種勞動化為當作它們的計量單位的簡單勞動的不同比例，是在生產者背後由社會過程決定的，因而在他們看來，似乎是由習慣確定的。」因為，無論是絕對地租Ⅰ還是絕對地租Ⅱ，它們都是活勞動創造的剩余價值的組成部分，都是一定條件下的社會生產關係的折射與表現，都是土地所有權在經濟上的實現形式。

參考文獻：

[1] 馬克思恩格斯全集：第23卷 [M]．北京：人民出版社，1975．
[2] 馬克思恩格斯選集：第2卷 [M]．北京：人民出版社，1975．
[3] 列寧全集：第13卷 [M]．北京：人民出版社，1975．
[4] 張銜．農業資本有機構成與絕對地租——「壟斷價格絕對地租說」質疑 [J]．教學與研究，2007（2）：12-18．
[5] 劉詩白，等．政治經濟學 [M]．成都：西南財經大學出版社，2008．
[6] 蔡繼明．社會主義地租問題探索 [M]．農業經濟問題，1985（4）：11，13，14．
[7] 蕭驥，晏仁章．政治經濟學 [M]．成都：四川人民出版社，1988．
[8] 楊繼瑞．城市絕對地租的來源及形成機理 [M]．中國社會科學，1997（5）：83-95．

　　[本文選自：楊繼瑞．絕對地租產生原因、來源與價值構成實體的探討 [J]．當代經濟研究，2011（2）：1-7．]

第三篇

中國特色社會主義政治經濟學研究

社會主義所有制理論的新發展

轉型期中國國家創新體系中的市場和政府

試論中國自然壟斷行業放鬆管制的所有制基礎與企業改革

中國國有企業改革演進：另一種視角的解讀

社會資本與貧困：一個理論框架的解釋

對轉型期中國居民收入分配制度變遷的經驗分析

生態環境與經濟協調發展的政治經濟學分析

第十五章 社會主義所有制理論的新發展

劉詩白

江澤民同志在黨的十五大報告中提出了公有制實現形式可以而且應當多樣化這一意義極其重大的命題，這是對社會主義所有制理論的重要發展。中國體制改革進行了近20年，已經走過了初始階段，當前進入了全面深化改革的新時期，對產權的觸動和公有制實現形式的變化是不可迴避的，也是當前搞好國有企業以及集體、鄉鎮企業的迫切需要。應該說，集中力量，大膽開拓，搞好公有制實現形式多樣化，是當前中國深化改革、推進體制轉軌的最為關鍵的問題。

黨的十五大提出的公有制實現形式可以而且應當多樣化的命題，把所有制形式放在體制轉軌的背景和市場體制的地基上來加以考察，揭示了所有制形式與體制之間的內在聯繫，這是考察所有制的一個新視角和新方法。這一研究和思維方式，對於構建中國社會主義政治經濟學來說，是十分重要的。本文就這一問題，談幾點不成熟的體會。

一、所有制和所有制實現形式在概念內涵上要加以區分

所有制和所有制的實現形式，其概念內涵是有區別的，不能把所有制實現形式和所有制混為一談。這本來不應該成為問題，但是由於在研究方法上受到老框框的束縛，這一個本來不複雜的問題也變得複雜起來。具體地說，存在著一種把計劃經濟體制下的公有制模式作為不變的標準的思維方式。基於這種思維方式，就會把改革開放在所有制領域帶來的新變化，視為對公有制的「偏離」和「削弱」。有一個時期，理論界一些同志把股份制和股份合作制視為與公有制格格不入的東西，把社會主義勞動者的個人財產包括勞動者個人投資，簡單地視為「私有制」。上述觀點，均表明了

不少人並未真正弄清所有制和所有制的實現形式的區別與聯繫，實際上是把任何經濟事物的具體形式的變化都視為事物性質的變化。

馬克思經濟學理論中，所有制和所有制實現形式兩個概念在內涵上的區別是十分清楚的。所有制指的是人類社會的佔有關係的性質和基本制度，它是更為抽象的範疇，揭示社會某一發展階段生產關係的本質。所有制的實現形式指的是主體實行佔有的具體形式，它包括所有主體的具體性質，主體佔有權——包括佔有、收益、處置等的結構，它是主體實行佔有的具體形式（模式）和方法，是有血有肉的所有制。所有制的具體實現形式是適應經濟的客觀和主觀條件、隨經濟活動的組織形式的變化而變化的，但所有制性質和基本制度却是可以不變的。例如，人類歷史上的原始公社所有制，就有原始群母系氏族、父系氏族、家長制家族等具體佔有形式；奴隸制有國家奴隸、奴隸作坊等形式；封建土地制有莊園佔有制、地主佔有制（后者又有貴族地主佔有、庶族地主佔有）等形式；資本主義所有制更擁有多種多樣的資本家佔有的具體形式。在社會主義條件下，公有制實現形式不可能一成不變，隨著社會主義發展的不同階段、生產力水平、經濟體制特徵的變化，公有制實現形式也必然要變化。特別是在社會主義市場體制下，公有制具體實現形式更是豐富多彩。因而，建設社會主義，人們不僅僅要把握公有制的一般特徵，更重要的是要基於現實的條件和生產力發展的要求，把握實現公有制的具體形式和具體特徵。特別重要的是，要從初級階段的社會主義和中國的具體國情出發，細心研究和比較公有制的多種多樣的具體實現形式，努力尋找能夠極大地促進生產力發展的公有制的實現形式。

黨的十五大報告把公有制實現形式和公有制在概念上加以區分，指出股份制是一種資本組織形式，資本主義可以用，社會主義也可以用。國家和集體控股的股份制，是公有制的實現形式。股份合作制中勞動者的勞動聯合和勞動者的資本聯合為主的，是集體經濟的實現形式。十五大對很長時期人們爭論不休的問題做了明確的回答，這就是：上述所有制領域發生的變化，只是公有制的實現形式的變化，不是公有制性質的變化，更不是「私有化」。十五大有關所有制可以有多種實現形式和應該有多種實現形式的闡述，不僅具有重要的現實意義，而且具有重要的理論意義，它是對馬克思的所有制理論的一種正本清源。十五大由此倡導一種觀察改革中的事物變化的新方法，例如，勞動者個人財產、個人投資行為、勞動者按投入

要素分配等，因而，它對於發展社會主義政治經濟學具有重要意義。

二、所有制實現形式必須適應市場經濟的性質和需要

黨的十五大報告就公有制與市場經濟的關係這一當代社會主義的重大理論與實踐問題進行了深入的闡述。社會主義國家是否能夠實行市場經濟，或者市場機制能否與公有制相結合，這不僅是20世紀30年代以來國際學術界爭論不休的問題，而且也是中國1979年以來，特別是黨的十四大以來的改革中正在探索和大力加以解決的實踐問題。公有制是否要適應市場經濟的需要而構建新的組織形式？對這一問題，人們的認識並不一致。一種觀點是：既然所有制是經濟制度的基礎，因而它就是決定宏觀的體制結構和微觀的經濟組織及主體行為的，因此，所有制在性質上和實現形式上都不會也不需要適應體制變化而變化。按照這一觀點，社會主義國家的公有制不應「適應」於市場機制，傳統國有制的模式、國有經濟的結構，都不需要「適應」市場經濟而進行重大調整。上述觀點，歸結起來是：只能提所有制「其性質和形式」適應生產力而變化，而不存在所有制要適應經濟體制的命題。

我們要指出的是：所有制，就實現形式和作為一種佔有關係的體系構架來說，它是適應於社會經濟體制、微觀經濟組織和運行方式的，當然，它最終要適應於生產力的性質和水平。因而，如果不只是把所有制歸結為一種最抽象的關係，而是著眼於把握所有制構架，特別是它的有血有肉的具體形式，那麼，所有制從來就是適應宏觀體制、微觀組織和運行方式而變化的。在歷史上，封建所有制就會因自然經濟和交換經濟的變化而具有不同的構架特點和不同形式，例如奴隸莊園土地所有制和繳納貨幣地租的租佃制土地所有制，就體現了在中世紀經濟發展中的所有制具體形式的變化。

商品經濟和資本主義的發展史更清楚地表明：所有制具體形式總是要適應市場經濟的具體條件的變化和發展的需要而不斷地自我調整和重新整合。市場經濟中的微觀主體是企業，企業是以盈利極大化為目標，實行自主經營、自負盈虧、自我發展、自我約束的獨立的市場主體與法人實體。處在激烈競爭中的企業，為了求生存、求發展，它必須實行生產要素的低成本高效率組合，充分地發掘企業潛力，形成生產與營運優勢，提高競爭

力，因此，企業必須在財產組織結構上不斷實行自我調整。

現代化大生產中，資金、技術等生產要素越發重要，現代企業必須講求高效的資金組合和其他生產要素的組合。就聚集資本來說，為了聚集家庭成員和熟悉的夥伴的資本，就要實行合夥制，或組成有限責任公司，或者是實行以勞動者的資金聯合性質的合作社；為了大規模動員和聚集社會資本，就要實行股份有限公司。可見，要素組織方式的變化，決定了主體財產權結構的變化。

現代市場經濟中，適應現代化生產與經營的需要和企業組織形式的變化，經營權日益與所有權相分離。小業主制以及合夥制企業，所有權與經營權是統一的。在合夥制中，把原先小業主制下的單一經營主體變成了多個合夥者的經營權主體。出資人多元化的股份公司，實行經營權與所有權相分離，由經理人員負責日常生產活動的決策。現代股份公司經營職能越發重要，作為所有者的出資人，基本都將企業日常生產事務和資本營運委託給經理，現代代理制體現了兩權的進一步分離。隨著當代科技革命的深入發展，生產方式越加轉變為資本技術、智力密集型，智力要素的作用越發突出。現代公司制企業採取了吸納與鼓勵經營勞動和科技勞動的財產權創新，不僅給智力勞動以高工資，而且使經營專家、科技人員在任職期間享有股權期權，實行以智力、專利入股，和其他鼓勵性的收入分配形式。上述情況，實質上是使部分高級經理、科技專家享有有限的剩餘分享權，它意味著現代公司制企業適應要素組合的需要而在財產組織形式上有了新的調整。

市場經濟中，不同性質的產品應該採取不同的企業組織和營運方式。例如那些具有效益外溢性的公共物品，如海港燈塔、城市公共照明、電視廣播等，採取自由競爭通過市場交換，容易出現「搭便車」，因而，往往要採取由政府、集體、社區等組織國有或公營事業來提供。此外，為了對居民提供福利，同時又減少政府支出，醫療、教育、住房建設等也可以採取政府和私人付費相結合，上述服務與生產，可以公營事業形式來提供。

可見，市場經濟中的微觀主體，總是要適應客觀條件與自身性質，適應市場狀況的變化，而對組織形式包括財產權形式進行調整和創新。企業組織形式的自我整合，是市場經濟固有的趨勢與規律。在資本主義市場經濟中，在作為出資人的資本家主體性質保持不變的情況下，企業財產組織形式的變化，意味著資本主義所有制形式的變化，而資本主義所有制的性

質却是不變的。

在實行社會主義市場經濟體制的新時期，從理論上闡明所有制具體實現形式適應市場經濟而調整和變化的規律，就是一項十分重要的任務。

三、國有制的組織形式必須適應市場經濟而重構

黨的十五大報告提出要努力尋找能夠極大地促進生產力發展的公有制實現形式，指出一切反應社會化生產規律的經營方式和組織形式都可以大膽利用。十五大報告有關社會主義所有制的一系列論述，從理論的高度闡明了當前大力推進國有企業改革的必要性和迫切性。

傳統的國有制形式是計劃經濟體制的產物：就企業財產結構來說，實行單一國有，排斥多元主體；就經營方式來說，實行國有國營，兩權不分，上級主管部門集所有權與經營權於一身，企業處於無權地位；就責任承擔來說，國家統負盈虧，對企業經營承擔負無限責任，企業則對自身活動不承擔責任。上述國有制組織形式和財產結構，是適應政府高度集權和實行產品調整的計劃體制的需要。顯然，這種企業組織與市場經濟是格格不入的。

實行社會主義市場經濟，必須把企業由上級行政主管部門的附庸改造轉變為獨立運作的市場競爭主體和法人實體，因而要賦予企業以法人身分和自主經營權；要實行企業自負盈虧，作為出資人的國家只應承擔有限責任，要讓企業自行發展和自我約束。一句話，要通過產權結構的調整與重組，使企業成為真正的企業，使其在市場競爭和優勝劣汰中自謀生存，自求發展。為了實現這一組織模式轉換，國有企業要以現代企業制度為改革的方向，主要是實行公司制，組建各種形式的股份制企業。股份制本身是中性的，它既不姓「資」也不姓「社」，關鍵看出資人主體的性質和控股權掌握在誰手中。在社會主義國家，實行國家和集體控股的股份制企業，並不改變公有制的基本性質，這一組織形式和財產結構的調整變化，使企業適應於市場經濟、適應於市場競爭機制和資本運作機制，使國有制取得了市場經濟中的最佳實現形式。

可見，從理論上闡明社會主義國有制在組織形式上必須適應市場經濟而重構，就可以真正弄清國有企業進行徹底的體制創新，尋求新的實現形式的迫切性。

四、以發展和搞好股份制為切入點，推進國有經濟的戰略性調整

　　黨的十五大報告中有關利用股份制、實行國家和集體控股的重要闡述，以及支持股份合作制經濟這一新事物並加以引導、促其健康發展的闡述，是對中國近年來發展股份制經濟實踐經驗的總結，對前一時期人們在股份制問題上存在的模糊認識進行了澄清。報告中提出要進一步利用股份制經濟，抓住了當前國有企業改革與國有經濟戰略性改組中的一個關鍵問題。

　　黨的十五大報告關於有效利用股份制的重要論述，是根據中國改革和發展中的現實需要，特別是基於促進機制轉軌、搞活國有企業的迫切需要，基於支持一批骨幹企業上市融資和組建大企業集團的迫切需要而提出的。可以說，發展股份制經濟是中國發展新時期貫徹「兩個轉變」的一項重大戰略措施。

　　黨的十五大報告貫穿著解放思想、創新求實的精神。十五大報告中有關社會主義所有制的闡述，立足於中國改革的實際，進行理論的新闡述，突破了傳統理論的框框，是社會主義所有制理論的一次重要創新。十五大報告在所有制問題上做出的理論創新，是 1979 年以來中國又一次重要的思想解放，它對中國新時期的改革、開放，將起著有力的推動作用。而且，十五大報告再次發出遵循黨的解放思想、實事求是的思想路線的號召，強調要堅持用實踐來檢驗真理，強調以「三個有利於」為標準來評判事物，要求人們認識當今世界的新變化、新特徵，而不要故步自封，不要從本本出發。這些重要論述將對全體幹部改進思想認識方法提供重要的啟迪。只有思想認識方法提高了，才能使我們的主觀認識符合客觀實際，才能使政策適合國情，改革和社會主義建設才能更加生氣勃勃。對於經濟理論工作者來說，從十五大報告中學習認識和研究改革中的新情況、新問題的科學方法，進一步在社會主義經濟學理論上進行創新，就是當前一項至關重要的任務。

　　[本文選自：劉詩白. 社會主義所有制理論的新發展［J］. 改革，1998（1）：25-28.]

第十六章　發展公有制經濟必須立足於實際

劉詩白

　　改革開放30年來，中國既堅持馬克思主義所有制理論，又堅持解放思想、從實際出發，走出了一條所有制改革的成功道路。一方面，推進國有企業和集體企業改革改制，積極尋找與社會主義市場經濟兼容的公有制實現形式；另一方面，推動眾多產業領域對非公有制經濟放開准入，大力發展非公有制經濟。目前，中國所有制結構發生了巨大變化，已由傳統的公有制經濟「一統天下」轉變為公有制為主體、多種所有制經濟共同發展，形成了公有制、混合所有制、非公有制經濟三位一體的所有制結構。

　　所有制是最基本的生產關係。形成完善的所有制形式，是發展生產力的制度前提。公有制是社會主義的重要經濟基礎，發展和壯大公有制經濟是建設社會主義的固有要求。但發展公有制經濟必須立足於實際，而不能超越生產力發展水平，片面追求「一大二公」，實行單一的公有制。這是從中國社會主義建設實踐中得出的結論。30年的改革發展證明，大力發展非公有制經濟具有不可替代的積極作用：有利於充分發掘和動員中國龐大的民間生產資源，包括人力、財力、物力、土地、技術、知識等，用於發展生產、促進經濟增長；有利於拓寬就業門路，吸納大量勞動力就業；有利於增加勞動者的收入和國家財政收入；有利於滿足人民群眾多樣化的物質文化需求，方便人民生活；有利於高新技術產業和文化產業發展，更有效地推動知識創新；有利於調動人民群眾創業的積極性，使廣大人民群眾的聰明才智得到充分發揮。在實踐中，非公有制經濟已成為建設和發展中國特色社會主義的一支重要力量。

　　不僅如此，發展社會主義市場經濟，在客觀上要求改革「純而又純」的公有制，實行公有制為主體、多種所有制經濟共同發展的基本經濟制度。這是因為：第一，多種所有制經濟共同發展，有利於增強競爭和發揮市場

機制的功能。市場經濟是建立在眾多主體參與競爭的基礎之上的，單一的公有制結構往往會導致壟斷，使經濟失去活力。發展非公有制經濟，形成多樣性的所有制結構，才能開展和形成市場競爭，進而發揮市場機制的功能。第二，多種所有制經濟共同發展，有利於各類市場主體取長補短、互相促進。公有制企業特別是國有企業具有團隊凝聚力強、能自覺承擔社會責任等優點，非公有制企業具有對市場反應靈敏、經營靈活、自我調適快等長處。在市場競爭中，各類企業在組織結構、經營方式的革新中互相借鑑、取長補短，有利於企業體制不斷完善。第三，多種所有制經濟共同發展，有利於資源優化配置。中國在探索國有制實現形式中，通過發展股權多元化的國有經濟，尋找到一種由多種所有制成分組成的混合所有制形式，這使不同性質的經濟主體在企業內部緊密結合和互補互促。由於可以根據產業性質和企業特點，或實行國家控股、參股，或允許社會資本控股，因而股份多元化的企業組織形式拓寬了不同性質經濟成分的發展空間，既可以充分發揮非公有資本的潛力，又能促進國有經濟戰略性調整，增強其控制力和影響力。

　　堅持公有制為主體、多種所有制經濟共同發展，不僅是改革完善所有制、建設和發展中國特色社會主義的一項成功實踐，也是馬克思主義所有制理論中國化的一項重大成果。傳統社會主義理論要求實行單一公有制，這是對馬克思主義所有制理論的誤解。馬克思闡明了所有制的變革決定於生產力的水平和性質，強調只有在所有制關係與生產力發生衝突、成為生產力的桎梏時，生產關係的革命才能到來。恩格斯指出，在建設社會主義中實行由社會佔有全部生產資料，只有在實現它的物質條件已經具備的時候才成為可能，才成為歷史的必然。舊中國是一個一窮二白的半殖民地半封建社會。新中國是在物質生產技術十分落後的條件下進行社會主義建設的，所有制形式必須適應生產力的水平和性質。儘管新中國成立近60年來特別是改革開放30年來中國經濟建設實現了飛躍，但人均GDP在世界的排名仍然較低，城鄉和地區經濟差距較大，不少內陸和邊遠地區經濟發展還很落後。這樣的生產力水平和性質決定了中國將長期處於社會主義初級階段，因而不能搞「純而又純」的公有制。

　　唯物辯證法的認識論表明，世界上的任何事物都不是純而又純的。即使在特定社會形態的成熟發展階段，也仍然會存在先前社會的因素。不純是事物的存在形式，是事物內在矛盾的表現，是發展和運動的契機。我們

在所有制問題上也應該全面、辯證、歷史地觀察事物，克服形而上學的片面性。

［本文選自：劉詩白. 發展公有制經濟必須立足於實際［N］. 人民日報，2009-01-29.］

第十七章　論社會主義經濟體制創新

劉詩白

　　經濟體制是指人類為了謀生而進行經濟活動的組織方式與運行方式。在任何一種社會經濟制度下，都有其具體的經濟體制。人類經濟史表明：尋找到和建立起一個恰當的符合社會當時的物質條件與主觀條件的經濟體制，才能實現社會經濟活動的有效組織與順利運作。特別是在人類歷史發展到發達的現代商品經濟形態后，經濟體制的作用更是重要，恰當的經濟體制的建立，關係到包容巨大生產力的國民經濟的順利運行，互相緊密聯繫的、數以百萬計的基本生產單位從事的經濟活動的有效率的組織，企業之間活動交換的實現，以及政府對經濟的調控與引導。總之，經濟體制的完善關係到經濟良好的運行，資源的優化配置，經濟效率與效果的提高。正是因此，從20世紀30年代起尋找和探索更適當的體制，進行不同程度的體制革新，就成為資本主義世界的潮流。社會主義國家借助於生產資料公有制，消除了由資本主義私有製造成的基本矛盾和經濟運行的制度性障礙。但是，社會基本制度和經濟體制是兩個含義不同的概念。實踐表明，公有制的建立，並不意味著良好的和合理的經濟體制的確立。恰恰相反，人們應該在公有制的基礎上，根據各國生產力的水平和具體經濟條件與社會條件，尋找和確立起一個恰當的與良好的經濟體制，以保證社會主義國家國民經濟的有效組織與順利運行。因此，可以說，取得革命勝利的無產階級國家，要取得建設社會主義的勝利，就不僅僅要爭取實現基本制度的變革——由私有制轉變為公有制，而且要爭取經濟活動組織形式與運行方式的適合，即注意體制的適合與完善，也就是要堅持體制的改革與創新。

　　從經濟體制的角度來認識與論述社會主義，是當代實踐中的社會主義向人們提出來的要求。古典社會主義理論和傳統社會主義理論，著重從基本制度的角度來認識與論證社會主義。古典社會主義把社會主義歸結為生

產資料公有制與按勞分配，這是從極為抽象的層次來論證社會主義基本特徵。傳統社會主義理論，則除了從公有制與按勞分配這一抽象層次來把握社會主義外，還進一步把社會主義歸結為傳統的高度集中的計劃經濟模式，把后者作為社會主義經濟的唯一實現形式，而不是將它作為特定條件下建設社會主義而採取的一種體制。傳統的經濟理論未能科學地將「基本制度」和「經濟體制」這兩個概念加以區別。例如，傳統社會主義經濟理論把計劃經濟視為社會主義「本質」特徵，即將它歸結為社會主義公有制的必要內容，而把市場經濟視為資本主義本質特徵。殊不知無論計劃經濟還是市場經濟，均是一種「手段」，是經濟活動的組織方式與運行方式。按照這種傳統理論，社會主義是和高度集中的計劃經濟體制「合二而一」的，而堅持發展社會主義，也就是堅持傳統的計劃經濟體制。這種理論觀點，就排斥和取消了社會主義條件下不斷地進行探索革新和完善經濟體制這一重要任務。

理論認識的模糊，不能不影響到政策和實踐的效果。許多社會主義國家在很長歷史時期未能將經濟體制改革提上日程，呈現出「改革滯后」，這都可以歸結到人們對經濟體制概念的模糊認識上，對經濟體制的意義與作用認識不足。在這裡，一方面人們把社會主義的完善理解為基本制度的發展和變革，而不是具體體制的變化與完善；另一方面，在「左」的思潮下，人們把基本制度的發展與變革，又理解為生產關係上的進一步公有化，即「破私立公」，例如追求所有制上「一大二公」和「純而又純」，搞「並社升級」「割資本主義尾巴」，推行分配上的「平均主義」，等等。人們未能把視角轉移到經濟運行上來，著力解決經濟生活中業已出現的並且越來越鮮明的各種矛盾，如國家、企業、個人之間，累積和消費之間，中央和地方之間，以及體制內部各個環節如計劃、財政、銀行、價格、勞動等之間的矛盾。特別是由於人們在認識上囿於傳統的計劃理論，謹守計劃經濟姓「社」、市場經濟姓「資」這一傳統信條，弄不清計劃的內涵，不懂得計劃可以包括指令性的和指導性的，可使用行政手段和使用經濟手段。由於簡單地把計劃等同於指令性計劃，特別是把計劃體制視為完美無缺的，因而即使已經發現了高度集中的管理的許多缺陷，人們也不能找到產生中國經濟生活中的矛盾的「體制」上的原因和提出在根本「體制」上來進行革新的思路，而往往是就事論事，例如將這些矛盾歸結為管理權限的配置不當和只是實行企業管理權限在中央與地方之間「下放」和「上收」這樣的缺

乏效果的循環調整等。

　　總之，就中國來說，對經濟體制的理論認識的不足，停留在計劃體制「天然合理」的誤區，造成人們在改革上無所作為，不能「越雷池一步」，不敢引進市場，這是中國20世紀50年代后期以來，未能及早著力於對有缺陷的計劃體制進行改革的主觀原因。當然，改革滯后還存在其他社會政治原因。傳統體制以其慣性力量，嚴重束縛中國生產力的發展，使我們付出了昂貴的學費。50年代后期至1978年近20年的實踐表明，在無產階級和廣大人民群眾掌握了國家政權的條件下，在所有制改造取得基本勝利后，必須把建立完善的經濟體制的問題，作為建設社會主義的中心課題提到議事日程上來。在公有制建立起來后，爭取和實現體制的完善化，使經濟體制內在要素互相契合，彼此促進，經濟生活才能有秩序，國民經濟就能生氣勃勃，從而使經濟更快增長和人民生活水平更大提高。經濟體制弄不好，各種關係理不順，企業、政府、個人之間，體制內部各要素、各個環節之間，互相掣肘，互相削弱，經濟生活就會產生各種矛盾和摩擦，總供求就會失去平衡，引發產品、行業、產業、企業結構的失調，以及生產、流通、消費等活動之間的矛盾，並導致經濟運行的障礙出現。在傳統計劃體制下的經濟運行，就長期存在著下列矛盾：政府集中決策與發揮企業經營積極性的矛盾，指令性計劃與運用市場作用的矛盾，生產結構僵化與社會需求變動的矛盾，重工業部門優先增長與農業、輕工業發展滯后的矛盾，累積過高與消費增長不足的矛盾，等等。上述矛盾集中表現為經濟增長中投入大，效率低，甚至出現結構失衡越發加劇，使再生產難以為繼。這是中國50年代至1978年間，經濟增長不快、人民生活實惠不多的體制上的根源。

　　黨的十一屆三中全會提出「解放思想，實事求是」的思想路線，深刻地總結了中國和外國的歷史經驗。小平同志提出改革、開放，闡述了在社會主義制度下進行體制改革以完善社會主義的理論，並帶領全黨和全國人民進行了舉世矚目的中國體制改革的偉大實踐。黨的十一屆三中全會以來中國改革的實踐表明，改革傳統計劃體制，發展和建立市場經濟體制，就能搞活企業，提高國民經濟效益，加快經濟的增長，更快地改善人民生活。國內國際幾十年來正反兩方面的經驗與教訓給我們的啓發是：建設社會主義，不僅僅要解決生產資料公有化問題，而且還要構建完善的經濟體制。可以說，社會主義公有制的基本制度構建與完善的經濟體制的構建，是當代社會主義實踐提出和需要妥善解決的兩大問題。不搞公有化，不建立和

堅持公有制經濟，確立與發揮它的主導作用，就談不上搞社會主義；但是不尋找和形成完善的經濟體制，國民經濟組織和運行不好，活力不夠，效率不高，效果不大，國民財富增殖力不強，就實現不了國強民富，而只能是停留於投入大、產出少、效率低的「窮社會主義」，這也就背離了社會主義的宗旨。

在人類社會經濟中，經濟體制總是處在變動和發展之中的。不適應於新的條件與狀況的逐步歸於陳舊的體制總是要讓渡和轉變為新的體制，這就是體制創新。越是發展得成熟的社會，體制創新能力越是充沛，越是能適應社會經濟條件的變化，在體制要素結構上進行完善與創新，改善經濟運行。在以生產資料私有制為基礎的社會，體制創新雖遭遇到強大的阻力，但是體制創新也未曾停步。

社會主義是以公有制為基礎的，公有制和聯合勞動者經濟利益的根本一致性，使人們能按照客觀經濟規律的要求，組織微觀活動、交換活動、社會調控活動，使三者相協調，使體制不斷完善，機制不斷健全，經濟運行更加良好。可見，社會主義能夠實現更加生氣勃勃的體制創新，並由此使社會主義更加臻於完善。

當代社會主義的體制創新，表現為由計劃經濟向市場經濟轉變。1978年以來中國的改革，就是中國偉大社會主義體制創新的開端。黨的十四大提出實行社會主義市場經濟體制。十四大標誌著旨在解除生產力的束縛，改善經濟的運行，提高經濟效率和經濟效益的體制大創新在中國大地上的加快。這是中國社會主義經濟振興之途，也是有中國特色的社會主義鞏固與發展之途。體制改革已經成為時代的最強音，對經濟體制包括它的含義、結構及體制演變的規律進行深入的理論研究，理所當然地就成為經濟學研究的一項中心課題。

由計劃體制到市場體制的轉變，儘管早已開端，並取得了初步經驗，但是要實現這一轉換，無疑是一項極其艱鉅的任務。市場經濟體制具有很大的活力，但也絕非萬能，例如，景氣循環就是市場經濟運行中一直存在而且難以克服的「市場病」，這種景氣循環，在中國市場經濟運行中也是難以避免的。特別是在中國這樣的原先生產力水平低、商品經濟不發達、市場發育程度低、地域廣闊、各地區經濟差別大的國家，市場經濟的運行過程中也將會帶來各種各樣的新矛盾、新問題，特別是在當前由計劃體制向市場體制的模式轉換時期，還會出現「一活就亂」「一活就漲」的各種各

樣的情況。正是因此，在中國發展社會主義市場經濟，就需要認真進行理論研究，要從歷史的與現實的角度，深入研究市場經濟，瞭解它的運行機制和固有的矛盾，瞭解當代世界各國為緩解市場經濟的矛盾而採取的各種政府調控方式以及經濟政策，研究市場經濟的各種模式及其利弊。對市場經濟的研究，要進行歷史發展的比較，即縱比；要有不同國家的比較研究，包括社會制度不同的國家，即社會主義國家與資本主義國家實行市場經濟的比較研究，即橫比；也要進行市場經濟體制和社會主義國家原先實行的傳統的計劃經濟體制的比較研究。這一內容十分廣泛的研究，應著眼於在中國的改革中，引進與運用市場經濟的一般構架和一般運行機制，同時，又加以創新，使之完善化，更好地與社會主義制度相結合，還要使市場經濟體制的構建和中國實際緊密結合，從而形成中國模式的市場經濟。對市場經濟進行這樣的深入的理論研究，無疑地應該是當前社會主義經濟理論研究的中心課題。

以創建社會主義市場經濟為目標的改革，迫切地要求政治經濟學革新。在準備進行社會主義革命的歷史時期，馬克思主義政治經濟學主要研究生產關係及其變革的規律。在無產階級取得革命勝利后，進行經濟建設，發展生產力成為中心的歷史時期，馬克思主義的政治經濟學，理所當然地要拓寬它的研究對象與研究範圍，除生產關係以外，還應該把經濟運行、經濟體制、經濟政策、生產力等作為重要研究內容，特別是在進行體制改革的歷史時期，應該把經濟體制、運行機制以及經濟政策的研究放在重要地位。

對於經濟體制的研究，西方經濟學已經進行多年。西方經濟學家，主要基於新古典綜合等理論，對經濟體制、經濟運行、宏觀政策等進行了研究，並將這些理論研究應用於市場經濟的創新實踐。但是在社會主義國家，對經濟體制、運行機制和宏觀政策等的研究却是滯后的，傳統政治經濟學很少研究經濟體制，而習慣於把研究領域和研究視野劃定於社會主義制度的本質特徵，在高度抽象層次上分析公有制、按勞分配、計劃經濟及其他經濟規律，使之與資本主義相對比，以揭示社會主義的優越性。這是一種揭示制度的本質的研究方法，這些研究當然是必要的。但是實踐表明，社會主義政治經濟學只對社會經濟制度進行抽象本質的研究是不夠的，還需要有對社會主義經濟的運行以及與后者密切相關的體制的研究，只有結合具體的體制和運行機制，才能對社會主義的本質予以切合實際的闡述。我

們正面臨著一場偉大的社會主義體制改革和體制創新，這是當代社會主義的一次史無前例、影響深遠的自我完善，社會主義政治經濟學應該對這一自我完善進行理論闡述，因而更加應該加強對經濟體制和運行機制的研究。

時代提出了中國經濟學研究的新課題，中國經濟學界肩負著重大任務。而解放思想，實事求是，從社會主義市場經濟的實際出發，破除老框框，進行新闡述，創造新體系，正是社會主義政治經濟學革新的思想前提。

[本文選自：劉詩白. 論社會主義經濟體制創新［J］. 經濟研究，1993（4）：48-51.]

第十八章　轉型期中國國家創新體系中的市場和政府

王雪苓

　　決定和影響著一個國家創新和技術發展實績的技術創新資源配置的方式，却存在著嚴重的低效率問題：國家創新體系內的行為者之間缺乏相互作用、公共部門的基礎研究和工業應用性研究之間不相匹配、技術轉移機構的機制失常以及企業對引進的技術吸收能力低下，從而導致了創新績效低下。本文擬就中國轉型期技術創新資源配置的一般性和特殊性、存在的問題以及更優配置模式的選擇等問題進行相應的探討。

一、市場和政府行為創新資源配置方式的一般理論邏輯：市場失靈——政府規制的緣起

　　科技創新資源是經濟資源的一個子系統，具有經濟資源的一般屬性，因此，科技資源配置理論長期以來都把經濟資源配置理論當成自身的一般前提和基礎。

　　經濟學作為研究如何利用稀缺資源並實現其最優配置的科學，從最早的亞當·斯密，到以邊際分析方法為主要研究方法的新古典經濟學家帕累托、馬歇爾等人，大多認為在所有資源配置方式中，自由經營、自由競爭和自由放任的市場是最有效率的，尤其是在完全競爭的市場，最能有效地引導社會資源的有效配置。

　　但是，師承馬歇爾的劍橋大學政治經濟學教授庇古發現了市場的缺陷和局限性。及至1929年特大經濟危機的爆發，人們逐漸認識到市場並不是萬能的，也有解決不了的問題，存在著一些非效率，這在經濟學中被稱為

「市場失靈」。如阿羅（Arrow, 1951）和德布魯（Debreu, 1959）曾指出，當市場出現失靈時，經濟運行就會低效率，資源配置也達不到帕累托最優狀態。在這種情況下，為了經濟運行的良性發展，為了實現社會福利的最大化，國家必須主動介入經濟生活，並針對市場失靈的不同情況進行調節、規範和制約。據此，經濟學家普遍認為市場失靈是政府規制和調控的經濟學理由。

在科技創新領域，創新資源的經濟資源屬性使其資源流動、配置以及使用必須遵循一定的經濟學規律。所以，相應地，當創新資源配置中出現一些「市場失靈」，比如一些重要的、長遠的研究開發項目和基礎性的、公益性的研究開發項目很難吸引企業投資，或者由於短期利益的影響，企業不願意增加研究開發投入時，通常認為，政府必須彌補市場的不足，為此政府需要支持基礎性、長遠性和公益性研究項目；在稅收、補貼等方面激勵企業對 R&D 的投入；或者健全科技法規和加強政府的引導作用。

企業是技術創新的主體，市場是配置創新資源的最有效方式，政府則是彌補市場配置資源失效的制度安排，這樣的理論邏輯當然有其堅實的現實依據。並且在技術創新表現為一種個人的個別行為的農業文明時代，以及工業生產的承擔者——生產企業為在激烈競爭的市場中生存和發展而不斷進行技術創新活動的工業文明時代，推動了創新和科技的發展。但是，隨著網路時代網路的普及應用，信息的傳播加速，科學技術向規模產業轉化的速度也越來越快。國家間、企業間競爭日益加劇，各國僅僅依靠企業或企業僅僅依靠自身進行創新變得力不從心。這促使企業一邊在內部進行不同形式技能之間多角度的交流、反饋，一邊與它們的競爭對手、合作夥伴以及其他眾多知識生產和知識持有機構進行聯動（Linkage）以獲取更多的技術創新資源。這裡，技術創新已不再是一個簡單的線性過程，而成了一種社會過程。而這個過程又有賴於政府制定激勵技術創新的政策、營造有利於創新的社會環境，有賴於政府從國家整體上完成技術創新動員與部署。這些職能恰恰是其他組織不可替代的，所以，政府在當代發達市場經濟國家創新資源配置中的作用大大增強了。

二、中國轉型期創新資源配置模式的特殊性

中國轉型期技術創新資源配置的低效率，與發達市場經濟國家在創新

資源配置過程中遇到的市場失效並不完全一致，有其在體制轉型背景下特殊的一面。

如果我們根據政府與市場在創新資源配置中的不同地位和作用，把國家創新系統分為「政府主導型」和「市場主導型」兩種形式，那麼，這兩種形式又各自包括了「強」與「弱」兩種情況：

所謂的「政府主導」的強形式是政府指令型，其特點是：政府以強大的行政力量對創新資源進行全面的指令性計劃配置和管理。具體而言，政府是創新資源投入的主體，資源嚴格按計劃配置；權威性的創新決策由各級政府制定；創新的組織者和執行者進行技術創新是為了完成政府任務，他們所實現的創新成果與收益無直接關聯，同時也不承擔創新失敗的風險和損失。在「政府主導」的弱形式中，政府的作用主要是「導引」即在配置過程中「主導」和「引領」創新活動。

而在「市場主導」的強形式中，市場在創新資源配置中發揮基礎性作用，政府的作用主要限於提供公共產品以及協調各創新主體的關係等。在「市場主導」的弱形式中，市場在配置創新資源中發揮一定程度的基礎性作用，但仍然不夠完善，還需要政府發揮較強的引導作用，運用政府的行政力量對創新資源進行較大力度的整合。

相應地，這四種創新資源配置形式又可以有如圖1的不同的組合：

1	2
3	4

圖1　創新資源配置方式的組合形態

如上所述，隨著對市場和政府兩種資源配置方式的深入認識，現代市場經濟通常採用的是兩種資源配置方式相配和的混合經濟模式。在一國特定的社會經濟和歷史傳統因素影響下，又具有各自不同的特點。

新古典經濟學主張圖1中第三象限3表示的「強市場與弱政府」的組合，是一種「市場主導」的強形式和「政府主導」的弱形式的並存，即市場在資源配置中發揮絕對主導的和基礎性的作用，政府只需在市場作用局限性導致的「局限式市場失靈」出現時，在市場不起調節作用的經濟領域直接替代市場組織公共物品的生產和供給，彌補市場功能的局限。具體地說，就是由政府建立國防和安全系統，直接建立和管理公共交通、市政工程、郵電通信系統，直接組織和管理基礎學科、前沿學科和具有戰略意義

的科學技術的研究工作，發展教育事業和公共文化娛樂事業等。

而在特殊的背景下，這些發達的市場經濟國家在科技創新資源配置過程中也有可能出現圖1中第一象限1所表示的「強市場與強政府」結合的「市場主導」的強形式和「政府主導」的強形式並存情形，即政府在把市場機制調節科技創新資源作為基本配置資源方式的同時，在科學預測的基礎上，由政府制定國家發展戰略，並按照社會需求增強和加大對重點領域的投資和干預，直接推動技術進步。以當代美國為例，二戰后的50年間，美國聯邦政府的投入占美國全部R&D投入的1/2~1/3，並且通過政府採購形成對新技術的市場需求。在美國半導體工業發展的早期，其產品幾乎沒有民用市場，全部由國防部採購。IT、通訊、裝備工業、航空製造、材料、生物工程等這些托起美國發展新引擎的重要高技術產業，也都脫胎於美國政府乃至軍方的研究成果。美國政府對科技資源配置方式的局部調整對美國經濟走出20世紀70年代的衰退也發揮了重要作用。在20世紀80年代，里根政府面對經濟競爭力的衰退，提出了高技術發展戰略和計劃；1991年，克林頓政府提出科研和教育投資是國家的重點，明確放棄了政府過去對民用技術不干預的政策，加大了對重點領域的投資和基礎性研究的干預，才使美國走出困境。

圖1中第二象限2表示的是一種「強政府與弱市場」的組合，即「政府主導」的強形式和「市場主導」的弱形式並存的情形，則主要在傳統社會主義計劃經濟向市場經濟轉軌的初期出現。傳統的社會主義計劃經濟體制下的科技創新資源配置，採用的是典型的「政府主導」的強形式。隨著計劃經濟體制改革，開始引入了市場機制，而政府在國家資源配置模式中的地位和作用開始逐漸被人為弱化，創新資源配置開始由「政府指令型」向「政府導引型」轉化。

以中國為例，1979—1992年中國創新體系開始由「政府指令性主導」強形式轉向「政府主導」的弱形式，在這個轉化過程中，中國政府採取了自下而上的誘致性變遷與自上而下的強制性變遷相互結合的方式。首先，政府把計劃經濟體制轉向市場經濟體製作為基本制度安排，作為這種制度變遷的一個基本走向，與此相適應，誘致性變遷具備了更加寬鬆的社會政治和意識形態環境，開始更多地依賴市場運作。但是，傳統的計劃指令調配資源的方式仍然以不同方式不同程度地存在著。所以這個階段的創新資源配置模式是「政府主導」的強形式和「市場主導」的弱形式並存。

從 1992 年開始，中國創新體系建立了以建立社會主義市場經濟體制為基本制度安排的目標。經過十年的深化改革，2002 年已經建立了社會主義市場經濟的基本框架。時至今日，中國創新系統中政府與市場在資源配置過程中的作用發生了重大變化：一方面政府主導的範圍和力度逐漸弱化，但是計劃經濟體制慣性以及與之相適應的組織結構佈局和相關制度安排依然發揮作用；另一方面，市場在資源配置中的作用迅速擴大，但是市場仍然沒有在創新資源配置中發揮基礎性作用。可以說，中國創新系統正處於「政府主導」的弱形式和「市場主導」的弱形式並存（即圖 1 中所示第四象限 4）的階段。

三、中國轉型期創新資源配置中存在的主要問題

對中國而言，轉型期的創新配置還面臨著一個特殊的問題，那就是除了在創新體系轉型中還存在著某些政府功能缺陷之外，由於市場體制不健全而產生了缺陷性市場失效，加上市場機制固有局限所造成的局限性市場失靈，使得中國的創新資源配置存在著比發達國家更為突出的市場失靈現象。可以說，市場和政府這兩種通常被認為可以相互替代的資源配置的制度安排，在技術創新系統中存在著雙重低效甚至失效問題。

在轉型階段，中國創新資源配置中存在的問題主要集中在以下幾個方面：

1. 科技創新資源配置與績效不匹配

儘管政府主導的強形式和市場主導的強形式在配置資源的機制和方式上迥然不同，但前者通過有效的行政指令，后者通過相對完備的制度安排，都對創新資源有著較強的配置力。而在「政府主導」的弱形式與「市場主導」的弱形式並存的轉型階段，行政指令的有效範圍受到限制，市場機制在配置創新資源中也存在諸多缺失的環節，造成政府和市場在對不同所有制企業的創新資源配置過程中出現了激勵差異，也導致了國家所有制企業佔有較多技術創新資源但技術創新績效低下，而技術創新績效較高的非國有企業却佔有較少技術創新資源。如圖 2 所示。這既表明中國工業技術創新資源的配置並沒有充分遵循效率的導向原則，工業技術創新資源的優化配置目標尚未實現，也表明國有工業技術創新效率低下問題還沒有根本解決。

技術創新績效

	高	低
高	大型外資企業 （高　高）	改革的國有企業 （高　低）
低	（低　高）	（低　低）

技術創新資源

圖2　不同所有制工業企業的技術創新資源不匹配

2. 缺乏國家層次上的總體制度安排，政府的錯位和缺位依然比較明顯

首先，本應由政府把握的國家科技與創新戰略，依然過分依賴科技專家，加上沒有行業協會等經濟部門的參與機制，在缺乏宏觀的整體思路的情況下，往往導致一些重大科技投入與國家戰略目標缺乏緊密的聯繫。其次，在國家技術創新系統的制度安排中，並沒有形成獨立的技術創新政策和法規體系，技術創新活動所遵循的制度規範往往存在於經濟與科技的政策和法規體系中。科學政策、技術政策和產業政策、創新政策缺乏系統性、綜合性和連貫性，人為割裂了創新鏈條。再次，創新資源配置模式仍然以項目模式為主，由於部門之間分工不同、各司其職，政府各部門的科技計劃缺乏銜接，資源配置缺乏協調，最終導致單位投入強度都不高，經費使用效果不好。最後，對軍民創新活動的有效的宏觀調控和戰略協同機制尚未建立。

3. 國家創新系統各要素之間相互作用的市場機制還未真正建立起來，其構成要素——科研院所、企業和創新基礎設施仍相互隔絕，都從本部門利益出發進行創新活動

其原因主要有四：一是中國目前競爭性的資本市場和證券市場都處在發育階段，難以發揮資本市場的作用，支持研發的風險投資的機制還未建立，這使得企業間、研究機構與企業間、技術的擴散受到嚴重制約。二是大學和科研院所的研究開發活動與產業界科研成果市場化運作活動嚴重脫節，使相當一部分科研成果不能及時轉化為現實的生產力，科技成果的產業化比例持續維持在較低水平。三是公共財政科技投入的目標存在偏向，使用政府資金的目標主要還是試圖解決各種技術供給，開發出具體技術供給社會，而對利用公共財政科技資金引導社會資本重視不夠。四是在轉型過程中，中國長期以來存在的公共資源（特別是政府投入形成的科研成果、

科技基礎設施和公共物品）部門所有、單位所有的現象依然嚴重。由於缺乏共事的觀念和社會氛圍，缺乏有效的共享機制和相關的法律法規保障，一方面制約了已有的創新資源的整合和有效利用，另一方面也無法有效防止建設中不斷發生的分散、重複行為，導致中國有限的創新資源難以發揮最大的效益。

4. 企業的創新機制還沒有真正建立，仍然不能通過自主創新解決技術供給問題，對外技術的依賴嚴重制約了國家綜合競爭力的提高

首先，中國關鍵技術的自給率低，特別是具有戰略意義的重大裝備製造技術主要依賴進口。具體而言，積極開展技術自主創新活動的工業企業總量還少、企業技術創新力度的部門間不平衡性顯著、企業技術創新過程中對知識產權擁有量少、技術創新企業的經濟外向化程度不高、對引進技術的消化吸收能力較弱、企業從事技術創新的研究開發能力不強。其次，中國缺乏擁有自主知識產權的技術。在中國授權的發明專利中，國外公司占了60%。特別是在信息、生物、醫藥等產業領域的核心專利技術上，中國與國外相比有很大差距。這種對外技術嚴重依賴的局面，正在對中國的綜合競爭力構成嚴重的威脅。而且在全球化不斷推進的過程中，知識產權制度的約束也在不斷提高改進技術的成本和難度。這種現實狀況，決定了目前中國的技術創新模式主要以技術吸收改進為主，即在通過技術引進以解決技術需求的同時，加強消化吸收和再創新，提升關鍵領域的技術自主創新能力，從而全面提高技術創新的整體水平。

四、中國轉型期創新資源配置方式的重新選擇
——基於競爭優勢的創新資源整合

如前所述，中國轉型期創新資源配置在「市場主導」的弱形式和「政府主導」的弱形式並存狀況下，造成了創新系統的雙重失效現象。而系統失效的存在以及國際經濟技術競爭的加劇，客觀上要求政府和市場在創新資源配置中發揮更為積極的作用，降低那些妨礙科學技術知識等要素循環流轉及其應用的制度壁壘，促進科學技術知識等高級生產要素從國外向國內的流動以及在國家創新體系各行為主體之間的流動。

正如美國著名經濟學家斯蒂格利茨所指出的，轉軌國家向市場經濟的過渡，並不是要弱化而是要重新界定政府的作用。也就是說，要推動政府

職能轉移到社會，培育各類組織承擔政府讓渡的職能。這首先要通過創新資源的整合、通過所有創新主體的協同來實現。但是只有政府的引導、支持和協同功能是不夠的，特別是在中國特殊的轉型背景下，企業和科研機構還遠沒有成為真正的創新主體，需要市場強烈的競爭激勵。那麼，中國在轉型期的科技創新資源配置上應當怎樣選擇呢？國家創新體系理論和國家競爭力優勢理論為此提供了新的概念框架。

1. 國家創新體系理論（NIS）和國家競爭優勢理論（CAN）的簡單比較

1987年，弗里曼在《技術和經濟運行：來自日本的經驗》中首次使用了「國家創新體系」（National Innovation System，NIS）的概念，並將創新歸結為一種國家行為，隨后即被OECD正式接受。1996年，OECD對國家創新體系進行了廣泛深入的實證研究，定義了國家創新體系是公共和私人部門中的機構網路，這些部門的活動和相互作用決定著一個國家擴散知識和技術的能力，並影響著國家的創新業績。換言之，國家創新體系是由公共和私有機構組成的複雜網路系統，在這個網路中各個行為主體相互作用，旨在成功引入和擴散知識與技術，使一國的技術創新取得更好績效。OECD其后又對組織內的十幾個成員國的國家創新體系進行比較研究並發表了《國家創新體系》報告，該報告成為國際上國家創新體系研究中最權威的成果。至此，現代意義上的國家創新體系理論基本形成。

國家創新系統理論主要的政策含義更多的還是放在了糾正技術創新中的系統失效和市場失效方面，並且表現出對政府在創新中的產業發展戰略與政策的引導作用以及政府各部門在系統運行中的協調能力等的高度重視。

波特的國家競爭優勢理論（CAN）的研究起點則是從企業的競爭能力開始，即從單個企業的競爭優勢、競爭戰略及其價值鏈分析，逐步擴展到產業以至國家層面上的競爭優勢，並提出了一個相對完整的鑽石結構理論分析框架。在其最新的研究進展中，波特用競爭力理論分析了日本經濟衰退，分析了信息技術與戰略的關係、地方產業集群、城市競爭力以及「綠色競爭」等問題。

引發本文將兩種理論聯繫起來研究的動機來源，就在於二者都對一個國家的制度、產業、關聯機構以及創新等問題進行了討論，當然，彼此的側重點和立足點有較大的差異。簡單地說，國家創新系統理論體系蘊含后進國家技術政策選擇的國家干預主義思想，而國家競爭優勢理論體系中內

蘊推崇市場競爭、反對政府干預的新自由主義立場。

2. 中國轉型期創新資源的配置方式應當基於兩種理論的結合

從前面的分析可知，國家創新系統理論的核心在於國家層面上的創新制度的安排以及系統各單元知識流動與知識創新的協同；國家競爭優勢理論的理論內核在於競爭以及從各個方面來維護與推動這種競爭。這兩種理論正好從政府和市場兩個不同的視角拓寬了矯正中國轉型期創新資源配置雙重失效的視野。

正如人們在轉軌經濟研究進展中所認識到的，市場和政府並不是兩個矛盾的對立體，如果運用得當，它們可以在不同領域和層面上彼此配合、相互補充地發揮作用，並且在特殊的社會經濟發展階段或國際競爭背景下，適時調整彼此的界線。

在創新及其資源的配置過程中，真正的創新要靠分散的研究前沿、對研究信號高度敏感的知識單元在高強度的競爭中不斷地探索、試錯進行，它不可能在某種「工程」和「體系」等固定的軌道內被計劃和預計好的時限與地點內完成。而所有這些實際上最需要的是一個公平有效的研究平臺和支撐性環境。這恰好就是國家競爭優勢理論所重點強調的內容。然而，僅僅依靠微觀主體的激烈競爭同樣也無法有效地實現研究目標，因為創新過程中的確需要國家在資金、人員流動、信息獲得等多方面的介入，尤其是在目前各創新環節日漸深化的趨勢下，各研究機構和產業部門不可能也不必要將創新的所有環節（包括基礎和應用研究、試驗發展、中試、工程製造和市場化等系列環節）全部納入自身系統，這就需要以國家創新系統強調的知識流動與協同及其相應的制度安排來整合創新資源，形成多家創新主體共同的利益機制，使它們能自發萌動「合作」的需求。只有這樣，才能充分發揮各自的優勢，將不同主體的創新資源優化組合，形成創新過程並行化、創新資源集成化、創新主體協同化、創新活動整合化的多元主體協同模式。

顯然，在這裡存在著非常微妙的平衡，不能在這兩者之間偏離到任何一個極端。因此，從這裡還可以看出，實際的科學研究與創新既要有強烈的競爭激勵又不能離開恰當的國家介入的制度安排，這兩個方面的互相補充、互為參照以及彼此的結合是十分有益的。

參考文獻：

［1］邁克爾・波特. 國家競爭優勢［M］. 陳小悅, 譯. 北京：華夏出版社, 2000.

［2］C FREEMAN. The National System of Innovation in Historical Perspecitive［J］. Cambridge Journal of Economics, 1995（24）.

［3］王春法. 國家創新體系理論的八個基本假定［J］. 科學研究, 2001（10）：533-538.

［4］李正風, 張成崗. 中國創新體系特點與創新資源整合［J］. 科學學研究, 2005（10）：703-707.

［5］項后軍. 國家競爭優勢與國家創新系統［J］. 科學學研究, 2004（10）：201-205.

［6］王雪苓. 當代技術創新的經濟分析［M］. 成都：西南財經大學出版社, 2005.

［7］孔令丞, 劉芹. 整合技術創新資源, 加速科技成果轉化［J］. 當代財經, 2003（8）：20-22.

［8］李蓉, 陳志剛. 加速轉型期的科技資源配置研究［J］. 科技創業, 2006（5）：14-23.

［本文選自：王雪苓. 轉型期中國國家創新體系中的市場和政府：基於創新資源配置功能的分析［J］. 工業技術經濟, 2006（11）：6-9.］

第十九章　現代股份公司與企業產權制度

劉詩白

本文認為，構建社會主義市場經濟的微觀主體，應當在堅持國有企業公有制性質不變的前提下，力求從中國實際出發，積極地借鑑和汲取西方國家發展股份制公司的經驗。依照這一思路，文章首先闡述了現代股份制企業產權制度的一般特徵：①財產主體的眾多性；②財產的整體性和不可分割性；③財產的長期延續性；④所有權與經營權相分離；⑤財產的法人形式；⑥法人所有權與終極所有權的分化；⑦財產的可轉讓性，進而論證了公司企業中所有權與經營權的辯證統一關係。最后，文章就中國國有企業引進股份制公司的法人產權制度及其運作方式，從理論上做了概括性的論證。

為了把國有企業重塑為社會主義市場經濟的微觀主體，企業法人產權制度的構建已經提上議事日程。企業法人財產制度並不是一個新事物，它是資本主義公司企業的特徵。為了弄清國有企業法人財產形態的內容和機制，有必要對資本主義市場經濟中的公司企業產權制度進行深入研究。本文就這一問題談一些不成熟的意見。

一、生產社會化與公司的興起

我們在這裡首先分析資本家私有企業財產形態。在資本主義商品經濟中，從事資本經營即商品生產的基層單位是企業，資本家私有財產權是通過企業的財產關係來體現的。在資本主義經濟發展的早期階段，包括工場手工業時期和機器大工業生產的初期，通行的是規模較小的獨資經營企業。這種企業由私人資本家自己出資、自己經營，因而企業產權是法律所有權

和經濟所有權相統一，經濟所有權中佔有權、收益權、處置權相統一。隨著機器生產取代工場手工業生產的發展，由於生產中使用更多的機器設備等固定資本，也由於生產規模的擴大需要更多的流動資本，從而產生了合夥經營的企業。其資本是若干個私人資本的聯合，企業財產是若干個私人資本家的共同財產，他們共同擁有所有權、佔有權、收益權和處置權，合夥人均從事一定的管理，對企業經營承擔無限責任。

隨著資本主義市場經濟的確立和發展，特別是隨著科學技術革命的發生，出現了使用龐大的技術手段的機器大工業，由此也就產生了實行資本聯合的公司形式的大企業。公司（Company）企業形式，是進行大規模資本經營的產物。早在 12 世紀，義大利沿地中海商業城市的一些貴族，為了適應大規模商業經營對營運資本的需要，開始在家族內部實行資本聯合，組成了公司形式的企業，這就是公司企業的萌芽。

在 19 世紀中葉，就經濟上來說，西歐和北美的資本主義市場經濟有了長足的發展；就物質技術上來說，機器大工業獲得大發展，出現了大規模的鐵路建造，使用汽船的海運業也迅猛地發展，這些大生產需要遠遠超過合夥企業所能集中的資本，這樣就有了實行大規模資本聯合的公司企業的興起。進入 20 世紀以來，在新的科學技術革命不斷出現的基礎上，資本主義生產現代化發展到一個新的階段，適應於這種生產高度社會化的發展，出現了使用更加龐大的現代物質技術體系進行大規模生產的現代大企業。這種大企業以實行最廣泛的資本聯合為基礎，從而成為微觀經濟組織的支配形式，其典型形式是擁有數十萬甚至上百萬股東的現代股份制公司，如通用汽車公司、貝爾電話公司等。這種公司種類繁多，包括有限責任公司、無限責任公司、責任兩合公司即一部分股東承擔無限責任、另一部分股東承擔有限責任，等等。當然，公司形式也不是固定不變的。例如，隨著壟斷競爭加劇，出於聯合資金的需要，原來股票為少數人持有的封閉式公司轉變為股票歸大眾持有的有限責任公司。

二、股份公司是一種新的企業財產組織形式

這裡所說的股份制公司，是指由多數出資者共同組成的從事商品生產與經營，以盈利最大化為目的的特殊財產組織形式。這種企業組織，既不同於獨資企業，也不同於合夥企業。

1. 財產主體的眾多性

股份公司是實行資金聯合的企業形式,通過股份制這一財產組合方式與機制,公司把歸各個不同所有者支配的在數量上受到限制的分散使用的資金或財物轉化為歸公司統一支配的資金,從而實現現代社會化大生產所需要的資金聯合。有限責任的股份制公司,借助於發行面額小、數量大的股份而可以籌集到數量龐大的資金,以形成規模巨大的企業財產。

財產組合是商品經濟中的範疇,它意味著獨立的財產所有者為了更有效地從事商品生產與經營,而將它們自己獨立支配的財產,在一定形式下聯合起來。例如合夥企業就是一種初期的範圍狹窄的財產組合方式。為了財產組合的順利實現,必須找到一種能夠處理好各個財產主體之間利益關係的機制。

股份制——這裡指有限責任公司——的財產組合機制是①財產單元原則。發行股票的公司把公司資本金劃分為一個個小單元即股份,向社會公開出售,通過吸納社會資金,形成擁有眾多主體的財產聯合。②股權平等原則。對每單位股本實行股權平等原則,擁有同等的按股本分取股息和紅利權,並在股東大會上享有同等的表決權。③有限責任制原則。股東承擔的責任不超過它所持的股本價值。④股權自由轉讓原則。有限責任公司實行股權自由轉讓,股東需要現金時或想將財產轉移和投入其他企業時,可以將股票出售和轉讓。上述①表明,公司本身就是旨在打破獨資企業、合夥企業的個人財產或財產聯合的狹隘性,構建和實現眾多主體的財產聯合。而通過②③④即股份制的利益共享和風險共擔以及有限責任和自由轉讓的機制,它能夠十分有效地吸引各種各樣的資金所有者——從資本運作者到普通職工——使他們在持股形式下,將資金投入公司,形成公司資本,從而組成眾多主體的財產聯合。

2. 財產的整體性和不可分割性

現代公司制度的本質在於實行資金聯合,即把一個個互相獨立的資金結合為龐大的資金聯合——在資本主義商品經濟中是資本聯合,在社會主義經濟中是資金聯合——這樣的聯合資金構成為公司的財產或產權(Property)。這種公司財產並不是一個個出資者個人財產的簡單的相加與總和,也不是由眾多的投資者以個人名義獨立支配的財產,而是以公司名義佔有和支配的具有不可分割性的整體財產。公司財產的整體性表現在股權上,而股東產權只是①通過股東大會——董事會的運作機制有限度地參與公司

管理與控制；②通過領取股息與紅利分享利潤；③通過增資時按原持股比例購買新股，並享有一定的公司權益；④公司解散時參加分配剩餘財產權。但股東沒有退股權，即不能收回它交付給公司支配的財產。

可見，儘管公司的財產是由一個個股東的財產形成的，但是在這裡，由一個個股東獨立支配的財產，已經轉化為股東共有的整體財產，而個人已經不可能對整體財產擁有直接的和獨立的支配權。也就是說，股東不能索回他的股本。這種性質的股份被稱為「不可分股本」（Undivided Share）。公司財產的整體性，是保證公司企業長期正常營運所必需的，也是維護股東群體的利益所必需的。如果股東可以向公司索回股金，由此來表示他的獨立財產權，那麼，就會出現個人對整體財產的任意分割，破壞公司資本的穩定性，直接影響公司的營運以及損害其他股東的利益。這樣，就不可能有穩定的資金聯合和以公司制度為基礎的現代市場經濟的運作。

3. 長期延續性財產

股份公司的財產表現為一個不斷增殖的價值，它的生命往往延續上百年。公司財產的整體性，決定了公司財產的長期延續性。由於公司股東不能退股，股東的人身更換或股票在轉讓中「死亡」，都不會影響公司的財產從而不會影響公司的營運和存在。而個人企業、合夥企業，其財產則不能長期延續，當事人或合夥人死亡、破產、精神失常、退伙等，都會影響企業的經營甚至存在。基於公司財產的這一特徵，一些公司也就在章程中規定公司永續存在[①]，可以簽訂長期（達百年以上）的契約，發行永不還本或期限極長的公司債券。總之，財產的長期延續性，乃是股份公司財產的特徵，也是股份公司的優點之所在。這樣的財產形式，適應於那些社會化生產的大企業籌集規模巨大的資金和長期營運的需要。

4. 所有權與經營權相分離

現代公司制度的最主要的特徵和最大的優點，在於它通過股份制的一整套運作機制，實現了企業所有權與經營權相分離。

公司的資本採取股本形式。股本是公司發行和出售股票價格的總和，它成為公司的資本金。股本採取兩種形態，分別為投資者和經營者持有。①它作為公司資本，在實物資本——機器設備形式和流動貨幣資本形式下由公司支配。②它作為價值憑證，歸投資者即股東支配，它既可以憑股票

---

① 西方產權理論認為，法人生命具有「永續性」。

獲取股本投資的收益——股息和紅利，也可以在證券市場上出售股票轉讓股權，謀取股票市場的差額利益。

固然，某些股票持有者就是為了在股市價格波動中謀取價差，他們是投機者，但是一旦轉讓了股權他們就不再是股東。真正的股東是股票持有者，他們才是為了享有股息和紅利，即為了收益權而向企業讓渡其財產支配權。

如果對股權做進一步的分析，那麼，我們將會看見，公司章程載明和法律規定的股權的基本內容是企業的控股權。它體現在股東大會上擁有選舉董事和決定經營大政方針而行使的表決權中。但是這一控股權，對絕大多數小股東來說，是無多大現實意義的，他們並不能真正實現其對企業的控制。普通股東產權，其實現形式乃是享有股息即利得權。因而，我們可以說股權一般表現為利得權或收益權。股本形式的投資者正是在保持收益權的前提下，將貨幣財產的使用權轉讓給企業，從而實現了所有權與使用權的分離。具體地說，同一個公司的資本金，一方面體現了歸一個個股東的所有權，即「所有權資本」，另一方面它又體現了歸公司（法人）擁有的「使用權資本」。特別是在發達的商品經濟中，財產權越加突出地表現在收益權上，人們只要投資對象選擇得當，其收益不僅是穩定的，而且能隨著企業經濟效益的提高而提高。

可見，現代公司制度在股份制機制的基礎上創造了一種新的產權形式。它借助於股份制和股權機制，一方面保障了廣大出資者的利益和終極所有者地位，另一方面又在法人財產形式下賦予公司董事會和經理以直接經營權。它在股本這一財產形式及股權這一產權形式下，完成了企業財產權的調整，實現了適應於社會化大生產和現代市場經濟的兩權分離，從而奠定了現代公司制度的基礎。股份公司的迅猛發展並成為現代市場經濟中占支配地位的形式，正是立足於這一新產權形態之上的。

5. 財產的法人形式

公司的重要特徵是，它具有人格，是法人。法人是與自然人（Natural Persons）相對而言的。自然人是有生命的真實人（Real Person），而法人則被稱為人造的、非真正的人（Artificial Person）。在現代商品經濟中，自然人處在一定社會生產關係之中，他擁有自己的名字、獨立意志和自主行為能力，並且擁有社會法律規定的權利和承擔社會責任。公司企業作為一種經濟組織和團體，它本來是一種無生命的社會存在，但是作為商品經濟中

一種經濟組織和經濟細胞，它要獨立地進行各種生產與營銷活動，從而要與其他企業單位主體發生複雜的權利與義務關係。為了使公司能從事獨立經營、自行發展和長期延續，並不受參加公司成員個人的生死等情況的影響，法律賦予它以法人地位，使它有受法律保護的種種必要權利和責任。因而作為法人，公司就表現為一個有人格的社會經濟實體。

公司的法人化，使公司財產權取得法人財產的形式。所謂法人財產，是指歸公司名義上「所有」而實質上是佔有的資產，包括股本（Capital Stock），即股東為購買股權而投入的資金+公積金+未分配盈餘[1]。

法人財產，在於法律賦予公司以財產主體的性質，借助於公司法及其他經濟法規，使公司成為上述整體財產的獨立的支配者，享有佔有、使用、受益和處分權利。為了維護其產權，它可以依法對他人提出訴訟，也可以被起訴。基於這種公司的運作方式和產權關係，西方法權理論主要根據法人實體說（Realist Theory），強調公司是有人格的獨立經濟實體，它擁有自身區別於個人意志的共同意志。儘管主體說法權理論不能從更深層次上即從生產關係和基本財產關係上去分析和把握獨立的法人財產的實質，但是它抓住了公司在經營中享有獨立的產權——資產支配權這一事實和這一重要法權關係[2]。

法人財產制度使公司具有了經濟實體身分，法律賦予和保證公司行使財產的支配權、使用權、處置權——從屬於一定限制的財產轉讓權（Power of Alienation）、部分利得權或收益權。上述產權就從根本上保證了由多數所有者組成的公司企業不受各個所有權主體的干預，而能從事獨立的和高效率的自主經營。可見法人財產權這一企業產權形式，完全適合於作為資金聯合的公司企業在市場經濟中運作的需要。儘管公司的具體營運是通過董事會和經理的經營決策來實現的，但其決策本質上體現著公司法人的意志。總之，公司法人財產制度使自然人為主體的商品經濟時期成為過去，使以公司法人為主體的市場經濟時期來臨，特別是它借助於公司財產的累積機

---

[1] 法人財產不應與公司資本相混同。前者指一切營運資本，不僅包括股本形式的本金，而且包括公司的累積，以及借入長期使用的資金即公司債。公司債有償還的義務，不能是公司的「財產」。

[2] 《羅馬法》將由一群人形成的經濟細胞視為獨立的個體，享有法定權利。這個為法律承認的行為主體和實體就是法人，它不同於其構成分子的自然人。

制，促進了大公司企業的興起。這種大企業的發展，其作用是雙重的：一方面是壟斷的統治，另一方面是生產社會化的進一步發展。人們清楚地看見，大公司企業依靠自身的經濟實力和經營者才能，在市場經濟的大舞臺上，扮演了更加重要和令人矚目的角色，並在經濟發展中起著積極作用。

6. 法人所有權與終極所有權的分化

如上所述，公司企業產權制度是適應社會化大生產和發達商品經濟中需要的一次產權創新。這一產權創新的實質是：在法人財產形式下，實現了所有權與經營權的最充分的分離，所有者主要享有利得權即財產的收益權，而財產的支配、使用和處置權均歸屬於作為經營者的公司。

公司創造了一個非自然人的法人財產形式。在公司制度下，出現了傳統財產所有權結構的調整和變形。股權形式的所有權內涵較傳統所有權內涵有某種稀薄化，所有者與生產經營出現了疏遠化。所有權內容的這一調整旨在強化經營權，委託經營者（Trustee）獲得了某些原來所有者才能享有的權力。但是這一產權關係的調整，並不是所有權的削弱。由於發達商品經濟中財產形式交換價值化——表現為資本和持有財產動機的利得化，因而所有權的主要內容就越發地表現為利得權，人們自然地要以獲取其收益的狀況來作為衡量他們的財產所有權實現程度的尺度。在股權形式下，股東擁有穩定的和靈活的利得權，而且，借助於股票的轉讓和購買，股東可以在各種投資比較利益不斷變化的條件下進行選擇和爭取最有利的投資效益。可見，以利得權和收益權為主要內容的所有權形式，適應了市場經濟運作的需要。因而，這種作為委託經營制產物的公司法人財產權形態，是最充分地實現所有權的新形式。這也是現代微觀經濟主體之所以採取股份制形式，各種財產主體踴躍地投資購買股票和將它們的財產轉化為股權的原因。

必須指出，法人財產制度創造了一個財產實體——公司法人，但這種「實體」的客觀存在性，只是就財產運作方式而言的，而不是就基本佔有關係而言的。馬克思主義政治經濟學的財產概念，是指通過人與物的關係而表現出來的社會生產關係，是一種人與人的關係。財產的原本主體總是自然人，以他對客體的佔有方式的不同，他或者是原始氏族公社成員，或者是奴隸主，或者是封建主，或者是資本家，或者是農民、手工業者……此外，財產也可以採取非自然人的社會組織為直接主體的形式，例如農村公社、宗祠、寺廟、政府，等等。這裡，財產主體是一個社會團體、社會組

織。但是，這種形式的所有制，歸根到底，仍然體現了一定的階級或階層的所有制，它或者是由參與這些組織的人共同佔有，或者是由一定階級或階層佔有，可見，所有權的原本主體是社會的人，而使它採取以某種社會組織為主體的法律形式與外觀，但本質上仍然是某種社會的人的所有權。

公司法人財產，就是市場經濟中的非自然人為財產直接主體的形式。在商品生產與營銷的實際經濟運作中，公司法人表現為財產的「主人」，擁有受到民法保障和在公司法以及公司章程規範下獨立行為的權利。但是如果就其本質的生產關係來說，投入資本的股東，仍然是最終的財產主體。它通過股權的運作機制實現對公司資產的私人佔有，特別是實現大資本對資產的壟斷和佔有。只不過私人資本家已不再直接佔有與支配企業的營運資本，而只是通過直接佔有股權而佔有公司的利得。即使是通過控股從而控制了企業的大資本，也多是通過股權機制——董事選舉權實現對經營、分配等大政方針的審議批准權，以及通過委託經營等形式來實現其私人所有權。

對於資本的私人所有權和使用權相分離，馬克思曾進行過十分深刻的理論分析。他指出，在信用制度下，那些提供資本——主要是通過銀行制度——的人，只是表現為所有權資本一方，卻不親自執行資本職能，他們是資本的「法律上的所有者」，而那些從事經營的企業經理卻表現為「職能資本」，他們執行組織剩餘價值生產的職能，卻不是資本的所有者。[1] 馬克思根據這種資本形態，從概念上區分了資本的「使用權」與「所有權」、資本「所有者」與「使用者」，並且分析了資本所有權——利息、資本使用權——企業主收入這一生息資本條件下的產權的實現形式。馬克思還指出：股份公司的成立，使「實際執行職能的資本家轉化為單純的經理，即別人的資本的管理人，而資本所有者則轉化為單純的所有者，即單純的貨幣資本家」。而這個所有者及其所有權，「現在就同現實再生產過程中的職能完全分離，正像這種職能在經理身上同資本所有權相分離一樣」[2]。這裡，馬克思實際上已經分析了當代兩權分離的資本財產的特徵，即一方是財產真正的法律上的所有者或終極所有權，而另一方是財產的使用權或職能資本家的佔有權。如果我們對當代股份公司的法人財產形態做進一步的

---

[1] 馬克思恩格斯全集：第25卷 [M]. 北京：人民出版社，1974：381.
[2] 馬克思恩格斯全集：第25卷 [M]. 北京：人民出版社，1974：493.

分析，可以看出，這種通過法人財產權來實現的私人所有權，就表現為一種終極所有權。這種終極所有權的產生體現了兩權分離的進一步發展，即直接佔有權歸屬於作為委託人的公司，而終極所有權即原本意義的所有權主體歸股東。這種委託經營形式下的兩權分離和終極所有權形式，是適應當代社會化大生產和發達商品經濟的需要而產生的私人所有權的新形式。

總之，有必要從終極所有權的概念來認識公司財產的性質。這就是：既要看到公司財產是歸公司法人佔有和獨立支配的資產，又要看到它本質上是由投資者即股東擁有所有權的資產。因此，一方面，我們要看到由法人獨立支配經營的財產的形式、特徵和運作方式，這樣才能認識現代股份公司創造的新財產組織與結構的重要意義和作用；另一方面，又要看到法人經營財產畢竟是一種法權構建的財產，即「形式上」的財產，而不是如法人實體說所主張的是一種真正的代替和消滅了私有財產的「大眾財產」。法人財產的形式並不改變社會的所有制構架。儘管一些西方學者宣稱：股份制和公司財產的產生，使「私有財產」概念消滅了。但是，資本主義國家有關公司財產法的實際操作，都在於細心維護持股者的私有利益。可見，由千百萬個分散股權構成的現代資本主義的大公司法人財產，並不改變資本主義私有財產的本質。

7. 產權的可轉讓性

公司這一財產組織的重要特徵，是產權的高度可轉讓性。這種產權的可轉讓性，表現在股權的自由轉讓和市場流通中（無限責任公司的股權不能自由出讓）。股票的自由轉讓，乃是股票對投資者擁有吸引力的重要條件。同時，還要有能使股票自由轉讓的組織——銀行和交易所以及相應的轉讓機制，才能形成十分發達的股份公司制度。由於股東出售股票，只是涉及虛擬資本的運動，即只是股權主體由 A 到 B 的變動，它並不影響公司的實際資本，因此，在正常股市運作下，股票的自由轉讓，乃是股份制這一財產組織形式的原則和必要的運作機制。

股票自由轉讓，一方面，使那些為獲取投機利益的投資者——在股市交易中，他所關心的並不是持有某一特定公司的股權——通過不斷的股票買賣獲取差額利益。在他那裡，股權真正成了一種抽象的財產權。在股份經濟中出現的所有權與生產（經營）權的疏遠化，也是以此為基礎的。另一方面，股權自由轉讓，使那些為了從某一公司中獲得收益的投資者，得以通過購股而擴大其股權，成為公司的實際控制者，並通過控制公司的營

運而享有和獲取私利。現代資本主義的壟斷資本就是由此形成和擴張其對經濟生活的支配的。

產權的轉讓和可變易性，是公司重組、分立、兼併、合併的重要條件。借助於股權的轉讓，通過參股、控股、兼併，就可以對該公司的經營方向、組織結構等進行調整。現代資本主義經濟中大量的企業兼併和經常的改組以及產品與產業結構的調整，均是以產權的自由轉讓為其經濟前提的。而這種公司的重組機制，又起了實現競爭和淘汰以及有限的優化配置資源的積極作用。

可見，產權的高度可轉讓性乃是股份公司的重要特徵，它意味著財產權的交易化獲得了高度的發展，從而使不流通的、轉讓阻滯的產權機制被徹底打破。這種當代資本主義股份制經濟中的發達的產權市場與轉讓機制，雖然體現了壟斷資本對社會資本的控制與利用，但也體現出生產社會化和發達的商品化的要求與固有的趨勢。

三、股份公司組織中所有權和經營權的關係

股份公司作為現代市場經濟中企業的典型形式，其財產組織的鮮明特徵，在於所有權與經營權的充分分離。固然，市場經濟的企業形式是多樣的，也存在公司所有權與經營權合一的即無限責任公司。這種公司的特徵是由所有者提供公司資本，由所有者自身經營，或者是挑選代理經營者，對其授權並進行監督；經營風險也全部由所有者承擔。這種公司可以擺脫許多兩權分離的公司在經營權與所有權之間的矛盾，使其進行較為順利的營運。但是，一些西方經濟學家提出的這種理論觀點，是站不住腳的。資金的兩權分離，畢竟是商品經濟中生產社會化在企業產權形態上的必然要求。生產越是社會化，企業所需要的物質技術條件就更加複雜，有效率的企業經營也需要一定的規模效益，從而需要大量資金，這種資金的取得，一靠貸款，二靠股份籌集。這種能籌集和使用大規模的他人資金——馬克思稱之為「社會資本」——的股份制公司，必然是兩權分離的。因為它的規模龐大的資本歸千萬個分散於各地的股東所有，這些眾多的所有者不可能對企業實行直接支配和經營，因而只得將經營委託給經理，後者不是所有者，卻有充分的獨立自主的經營權。由於在現代商品經濟中，股份公司已成為公司企業的普遍的和典型的形式，所以各種私人所有的、社團法人

所有的閒置資金大都在股份制形式下被用於企業營運。其中，絕大多數的資本所有者，在擁有股權的形式下，不參與企業經營，不出席董事會，只是滿足於獲得股息和股市投機的收益。這種情況表明，的確出現了所有者同企業生產與經營的疏遠化。因而，股份公司這一財產組織形式，把歷史上早已出現的經營權與所有權的分離，推到了一個程度更高、更徹底的新階段。

但是，這決不意味著所有者對公司的財產與經營的方式就漠不關心。相反，所有者為了其收益的最大化，必須要關心生產與經營，要對後者進行控制和監督，要對經營者的行為進行指導與約束。也就是說，要在實行兩權分離時，建立起一個所有權對經營權實行有效控制的機制。這一機制既要最大限度地調動經營者的積極性，又要盡可能地防止出現經營失控，從而損害所有權的利益。

在公司企業中，所有權對經營權的控制是通過下述機制來實現的：

1. 所有者限定支配權的實現機制

經營權，可以有兩種含義：一是對企業日常生產與經營活動的決策權；二是對企業的生產、營銷、分配等大政方針的決策權。兩權分離的企業，所有者不能放棄第二含義的經營權，如果放棄了這一含義的經營權，使後者和第一含義的經營權一樣完全歸非所有者的經營者掌握，就可能出現和所有者利益相反的決策，導致經營重大虧損，影響企業財產價值的增值。因而股份公司條件下，所有者只是放棄第一含義的經營權，而保留第二含義的經營權，也可以稱之為實現所有者的限定的支配權。

股份公司創造的適合於兩權分離體制下所有者限定的支配權機制，表現在股權機制上。股權機制的運作是通過全體股東大會，它是所有者的機構，是形成公司意志的最高權力機構。按照公司法，股東作為所有者，他擁有的支配權，一是管理或實施控制權，包括①選舉董事會和監事會成員，②查閱帳冊和請求檢查公司業務和財產狀況，③決定公司的營業方向或財產轉讓，④決定公司營業的出租、委託和經營契約的締結與變更，⑤決定接受他人營業和財產，⑥決定公司章程的變更，等等。二是對公司財產的要求權，包括①對股息和紅利分配的請求權，②公司清算、解散、出售、交換財產時，按比例分配財產的請求權，③發行新股時的優先認股權，等等。

2. 責任所有者的控制權

股東,作為股票持有者,從公司盈利中獲取股票利得,自然他要關心公司的經營。但由於所有者與生產太疏遠,許多小股東不可能經常參與,甚至根本不參與公司的股東大會,因而董事會制度就成為行使控制權的一種有效形式。即股東大會選舉產生的董事會成員和執行董事,作為所有者的代表,處理公司日常業務。但在董事長和執行董事實際上為控股的大財團掌握的條件下,往往體現大所有者的利益。因此,為了使董事會能真正成為責任所有者,目前西方國家董事會成員一般由所有者和懂業務的專家充任,以便對企業活動進行有效的管理與控制,使廣大股東放心。

3. 股東的監督權

股份公司均要建立其監察機構,它是由股東大會從股東中選舉的若干監督人(Auditor)組成的監事會。監事會的職能是:①審核會計帳冊,②監督公司各項業務活動的執行狀況。監事會以其監督職能,保證公司按照國家法律和公司章程進行良好的營運。顯然,這種有效的經常的監督,是所有權與經營權相分離的條件下,保證公司的自主經營從屬於所有者利益的重要條件。

4. 對經營者的約束

股份制的特點,在於責任所有者掌握企業經營大權,對企業活動的大政方針實行決策。但其實際經營業務如企業的日常生產活動、技術管理,營銷業務等則由經理負責。把實際的經營權賦予擅長生產與經營的經理,使他獨立自主地經營,乃是現代商品經濟中企業的特徵。但是兩權分離條件下,經營權與所有權的矛盾是經常存在的。諸如經營決策失誤、某些經營者損害財產所有者的利益、長期投資決策失誤以及其他瀆職行為等。這種情況,即使是依靠所有者有限的直接控制機制和監督機制也是難以完全消除的。特別是董事會與監事會的控制與監督,在性質上是一種行政性控制機制,其效力往往是有限的,因而還需要有規範經營者行為的經濟機制。股份制企業正是從經濟利益上構建了使獨立經營者的活動從屬於所有者利益的機制。首先是對經營者實行高強度的激勵機制。例如給經營者以高額的工資報酬,經理在職期間享有一定數量的股本紅利收益,實行職務的靈活提升制度,等等,由此使經理從個人利益上關心企業的效益和營運狀況。這種激勵機制,乃是促使經營者既自覺地關心企業的營利——所有者的短期利益,又自覺地關心資產的維護和增值——所有者的長期利益的重要條

件。其次，股份制企業還通過及時解除失職經理的職務來實行十分嚴厲的懲罰。這種懲罰機制和激勵機制一起共同對經營者形成自我約束，有效地調節經營者階層自覺地進行高效率的經營活動，使其最大限度地從屬於所有者的利益。

綜上所述，當代股份制經濟，正是借助於：①所有者有限度的支配權、②責任所有者的控制權、③股東的監督權、④對經營者的激勵與約束機制，而形成一整套的調控、監督、激勵和約束機制，從而實現了分離的和獨立化的經營權與所有權相統一，既做到了自主經營，又不失於所有者的約束。因此，儘管兩權高度分離，但是從根本上說，經營權仍然體現了所有者的利益與意志，所有權仍然駕馭著經營權，這是當代兩權分離之所以能夠獲得充分發展的重要條件。

四、股份制企業產權形式與國有企業產權制度改革

現代股份公司這一企業組織形式，在公司法人財產形式下，實現了所有權與經營權的充分分離。這種企業產權體制，不僅適合於資本主義市場經濟，而且也適合於社會主義市場經濟發展的要求。具體地說，有下述幾點原因：

（1）社會主義經濟中的企業，是國民經濟的基本單位，它必須是擁有權和益的自主生產者。企業擁有權和益，才能調動廣大職工的積極性；有權有益才有責，企業才能盡心盡力盡責地搞好生產和經營；擁有權、益、責，企業才能表現出主動性與首創精神，才能使企業充滿生機和活力。可見，企業在國民經濟中的這種地位及其求生存、求發展的內在要求，呼喚著企業產權關係的變革，尋找適合其發展的新的產權形式。

（2）傳統的國營企業產權體制，是和市場經濟不相容的。市場經濟中的國有企業，應該是適應市場機制而獨立營運的，並以盈利極大化為目標的微觀主體，它實行自主經營、自負盈虧、自行發展、自我約束。獨立營運要求企業擁有各種生產經營權，實現自主決策；獨立營運包括自行發展，它需要企業進行自身財產的累積，從而要求有一定的利得權和收益權，獨立營運不僅表現在日常的生產與經營上，而且包括資產經營，要以最少的資金投入實現最大的價值增殖，因而需要擁有對企業資產的處置權——如閒置資金的轉讓、對其他企業實行兼併或被兼併、金融資產的經營等。可

見，適應於市場機制運作的要求，企業必須擁有充分的經營權，特別是要求企業擁有歸自身支配的法人財產。

（3）市場經濟的發展，要求實行資金聯合，企業要使用和籌集國家資金，其中包括財政資金，國有企業自有資金——集體資金、個人資金以及外資等，使其作為企業長期使用的資本金。這種資金聯合更是實現生產集中化和現代化所需要的。而資金聯合，比較好的形式就是採用股份制企業，特別是要採用有限責任股份公司這種企業組織形式與產權體制。傳統的國有制企業實行單一的國家所有，它是排斥資金聯合的，這種單一國有產權體制是不適應市場經濟發展的要求的。國有企業的股份化，也意味著在企業實行資金聯合中實現所有制的多元化和財產主體的多樣化。在這種資本金結構下，為了維護所有權而又保證企業經營權，也要求實行所有權與經營權相分離的企業法人制度。

現代股份公司的雙重產權構架的特徵在於：它通過確保利得權——收取股息、紅利和一定的控制權而維護所有權，同時通過企業法人和法人財產體制而充分強化經營權。這一特徵對於社會主義的市場經濟更有其特殊的意義，因為國有制企業在股份化改造以後，實行所有權與經營權的兩權分離，作為所有者的國家放棄了對企業的直接支配權，不再直接插手企業生產與經營，却能享有充分的收益權和必要的通過董事會、監事會機制的控制權。它通過企業法人財產體制的構建，使企業法人擁有「準財產所有者」地位，充分強化了經營權，却不侵蝕和削弱所有權。可見，國營企業的股份制改造和實現股份化，並不會帶來一些人所擔心的會使公有制削弱的后果，恰恰相反，一個因經營權落實而搞活了的股份制的國有企業，特別是對那些關鍵企業和行業實行國家控股的國有企業體系，不僅能使國有企業從根本上改變目前萎靡不振的現狀，做到活力增強，發展加速，真正地成為經濟的主體，而且振興了的國有企業將能增加國家財政收入，增大國家對經濟的調控能力。

總之，西方國家的現代股份公司的產權體制，是適應市場經濟需要而出現的企業財產權以及責與利關係的一次調整，是企業產權制度的一次意義重大的創新。對於這種企業財產體制，馬克思曾做出如下的評述：「這是作為私人財產的資本在資本主義生產方式本身範圍內的揚棄。」「資本主義生產極度發展的這個結果，是資本再轉化為生產者的財產所必需的過渡點，不過這種財產不再是各個互相分離的生產者的私有財產，而是聯合起來的

生產者的財產,即直接的社會財產。」① 馬克思對現代公司企業財產形態的分析和論述,不僅具有十分重大的理論意義,而且對於中國當前構建社會主義市場經濟體制,深化國有企業改革來說,具有更為重要的現實意義。為了促使企業改革沿著股份化的方向健康發展,我們需要從中國實際出發,更好地借鑑和汲取西方國家發展股份公司的經驗。為此,對西方現代股份公司的組織形式、產權結構、運作方式進行更深入的理論研究,就是十分必要的。

[本文選自:劉詩白. 現代股份公司與企業產權制度 [J]. 中國社會科學,1993 (4):3-14.]

---

① 馬克思恩格斯全集:第25卷 [M]. 北京:人民出版社,1974:493-494.

第二十章 試論中國自然壟斷行業放松管制的所有制基礎與企業改革

劉 燦

20世紀70年代以來，西方國家放松對電信、航空、鐵路、電力等自然壟斷行業的管制成為一種趨勢。實踐證明，競爭機制的引入明顯地改善了自然壟斷行業的經營效率和服務質量，提高了整個社會的福利水平。在西方國家，政府放松管制的一個重要手段就是非國有化。在中國過去的計劃體制下，對自然壟斷行業實行的是政府直接投資、國有企業壟斷經營，因此中國自然壟斷行業放松管制必須解決與其相適應的所有制基礎和國有企業的改革問題。本文認為，我們應該把自然壟斷行業的放松管制改革納入中國的漸進式改革過程，充分重視一個產業的所有制結構調整與企業制度改革對於市場結構變化的特殊作用。本文主要借助國際經驗和中國轉軌已形成的市場環境，研究在自然壟斷行業中什麼樣的改革是可行的，以及政府放松管制在什麼樣的制度基礎上才是有效率的。

一、市場結構與產業績效：
自然壟斷行業放松管制的理論與實踐

政府在自然壟斷行業放松管制的理論依據主要是現代經濟學中的產業組織理論。產業組織理論以新古典的價格理論為基礎，通過對現代市場經濟中產業內部企業之間競爭與壟斷及規模經濟的關係和矛盾的分析，研究、探討產業組織狀況及其變動對產業內資源配置效率的影響。運用於自然壟斷行業治理的產業組織理論主要研究和解釋這樣一些問題：自然壟斷行業的企業組織形式和結構是如何影響市場的運行和績效的？政府為什麼要對

自然壟斷行業進行管制？政府應該通過什麼樣的公共政策來促進這一產業的有效競爭？

在20世紀70年代以前，產業組織理論的主流分析範式是哈佛學派的「市場結構—市場行為—市場績效」分析（簡稱SCP分析框架）。在SCP分析框架中，結構、行為、績效之間存在著因果關係，即市場結構決定企業行為，而企業行為決定市場運行的績效。「市場結構之所以重要，是因為結構決定了該產業有利於廠商的行為，這種行為又決定了產業績效的好壞。」因此，為了獲得理想的市場績效，最重要的就是通過政府的公共政策來調整和改變不合理的市場結構，使市場的競爭狀況接近基本能實現最優的資源配置效率①。以哈佛學派的理論為依據，美國在第二次世界大戰結束後實施了嚴格的反壟斷政策，因為這種理論信奉政府公共政策對市場結構的規制力量。

從20世紀70年代中後期開始，美國政府實施的反壟斷政策有所放鬆，提倡經濟自由主義的芝加哥學派的理論觀點受到人們的關注。在傳統的哈佛學派的SCP分析框架中，市場結構是基本的決定因素，不同的市場結構會產生不同的市場績效。而芝加哥學派却認為市場績效起著決定性的作用，不同的企業效率形成不同的市場結構。正是由於一些企業在激烈的市場競爭中能取得更高的生產效率所以它們才能獲得高額利潤，並進而促進企業規模的擴大和市場集中度的提高，形成以大企業和高集中度為特徵的市場結構。在芝加哥學派看來，高集中度市場中的大企業必然有高效率，而這種高效率主要來源於大規模生產的規模經濟、先進的技術和生產設備、優越的產品質量和完善的企業組織和管理等因素，而不是像哈佛學派所說的那樣是來自產業中存在的壟斷勢力②。以施蒂格勒、德姆塞茨、佩爾茲曼等人為代表的產業組織理論，信奉自由企業制度和自由的市場競爭秩序才能提高產業活動效率、保證消費者最大福利。他們反對政府在眾多的領域實施市場干預政策，並對政府規制自然壟斷行業的實際效果進行了實證分析，認為政府規制在許多場合併沒有收到預期效果（施蒂格勒，1996）。

芝加哥學派與哈佛學派的爭論焦點是高集中度的市場結構（同時也是產業內企業的高額利潤）是來自壟斷勢力還是來自大企業的高效率。按照

---

① 夏大慰. 產業組織與公共政策：哈佛學派 [J]. 外國經濟與管理，1999（9）.

② 夏大慰. 產業組織與公共政策：芝加哥學派 [J]. 外國經濟與管理，1999（10）.

哈佛學派的傳統分析，市場集中度與市場績效存在負相關關係，依據這種理論，政府的管制政策表現即為結構治理政策，管制者密切關注的是市場的集中度，一旦出現過度集中，就通過反壟斷政策手段主要是拆分的方法來降低壟斷廠商的市場勢力。但芝加哥學派的命題是：在一些產業中，大企業的市場份額和市場勢力可能來自該企業更高的效率，這樣的話，對該企業的抑制也就意味著會有效率損失。現代市場經濟中的產業活動是複雜的，影響產業績效的應該是多因素的相互作用。在一個產業內，更高的市場份額既可能是效率的結果，也可能是效率的原因。在規模經濟因素發生作用的情況下，企業必須有足夠的市場份額才能獲得平均成本下降的好處。因此在規模經濟因素作用下，生產效率需要足夠高的市場份額。但是，一個產業內過高市場集中度會導致企業壟斷、勾結定價以及在缺乏競爭的情況下維持技術的低水平，最終導致資源配置的低效率。規模經濟與競爭的兩難取捨，在產業組織理論的傳統上被稱為「馬歇爾兩難」。在西方國家，針對「馬歇爾兩難」的產業治理政策就是設計一種複雜的管制政策體系，即通過進入管制保證一定的市場集中度以實現生產效率；通過價格管制或報酬率管制限制壟斷力量，實現配置效率。

　　以西方產業組織理論為指導的政府管制實踐，從國際經驗看，在自然壟斷行業主要有市場結構管制、進入管制、價格和服務質量管制等。例如對電信產業的市場結構管制，美國主要採取業務分割方式，英國主要採取一體化管制，以不同的途徑形成了以有效競爭為特徵的電信產業市場結構。在美國，1984年，根據司法部和AT&T1982年的和解協議，AT&T被分割，保留長途通信部門，原貝爾系統的地方通信公司組成22個地方貝爾公司，分別由7家地域性的公司持股，和AT&T分離，獨立經營，允許其他的公司經營長途通信業務。1996年美國再次修改電信法，允許電信公司和有線電視、衛星通信等公司業務交叉，全面引入競爭。在開始引入競爭時，AT&T的市場收入份額為90.1%，而到1993年，其市場份額已降低到58.5%。同時，各國政府還放松了傳統的進入管制和價格管制政策，例如英國在1981年按照當時頒布的《電信法》將英國電信公司從英國郵政局分離出來，成為一家獨立的法人企業，並廢除了英國電信公司原來在通信網路操作、提供網路服務、供應大部分通信設備等方面的法定壟斷地位；同時，英國政府還逐步向其他企業開放國內通信服務業務。到1996年，英國

已有 150 多家企業取得了從事通信業務的經營許可證。①

美、英各國政府放松對自然壟斷行業管制，其政策傾向主要是尋求一個產業績效所需要的集中度和規模分佈，而討論的所有問題都是以成熟和完善的市場經濟為前提的，並沒有涉及一個產業內的所有制結構和企業制度（即體制因素）對市場結構及產業績效的影響。按照產業組織理論，在規模經濟條件下，壟斷的市場結構對於生產效率是一個必要條件，但還必須滿足企業追求成本最小化的前提條件，因為傳統上認為利潤最大化是成本最小化的充分條件。但是，如果引入制度性因素，即一些企業並不追求利潤最大化，那麼市場結構的改變並不一定會提高企業績效，這是其一。其二，按照產業組織理論，生產效率的實現所需要的壟斷結構必須是競爭的結果，但是如果在某個產業內所形成的壟斷結構是政府行政配置資源的結果，生產效率所需要的競爭條件將無法得到保證。中國過去實行的計劃經濟，一個基本的特徵就是行政性壟斷，幾乎所有的生產性行業，從行業准入到產量、價格的制定，都是由政府壟斷其決定權。而在具有外部經濟的基礎產業部門如電力、電信、鐵路、航空等，更是由國家直接投資建設，用行政手段配置資源；為保障社會公共利益，政府在這些產業只賦予國有企業經營特許權，因此，在這些部門形成了國有企業的規模優勢和由政府行政保護的進入壁壘。

產業組織理論的傳統分析範式是把技術和市場特徵作為重要的解釋變量來討論市場結構和企業行為的相互關係，在「市場結構—市場行為—市場績效」的分析框架中，從結構到績效，必須通過企業行為才能傳遞這種決定關係，但是企業行為不僅來自技術和市場的約束，還受制度（產權）約束。我們認為，對於轉型期制度環境不穩定的國家，應著重探討制度因素，分析一個產業的所有制結構、企業制度和政企關係對企業行為的影響。在產業組織的文獻研究中，進入壁壘對於一個產業的利潤率有著重要的作用，市場集中率也是在進入壁壘的基礎上產生的。關於進入壁壘，產業組織理論著重強調的是技術特徵和由此導致的成本特徵，但實際上不同的企業制度具有不同的技術效率從而導致成本差異。低效率的企業壟斷地位的

---

① 王俊豪. 政府管制經濟學導論：基本理論及其在政府管制實踐中的應用 [M]. 北京：商務印書館，2001.

維持必須依靠政府行政干預。因此，完全可能的是，國有企業的技術低效率也會由於政府的政策性或制度性保護導致進入管制壁壘的發生。在不改變產業內所有制結構和企業制度的前提下，放松管制的結果，也可能無法保證市場競爭性的提高。[1]

二、非國有化：自然壟斷行業的所有制改革

從經濟學角度看，在典型的自然壟斷行業領域引入競爭並不具有合理性，因為自然壟斷行業的基本含義是在一個行業內由一家企業壟斷經營最有效率，這是由自然壟斷企業的成本條件及所面臨的需求特徵決定的。在各國實踐中，國有化是政府管制的一種特殊方式。在20世紀40年代末，英國執政黨認為，在自然壟斷行業需要通過國家壟斷才能提高效率，英國在第二次世界大戰結束后經歷了三次國有化高潮，之後國家直接控制、掌握了金融、郵電、通訊、運輸、能源、鋼鐵、飛機製造、造船、宇航等國民經濟命脈以及電子、自動化設備等現代工業中的相當大一部分。到70年代末，英國郵電、通訊、電力、煤氣、煤炭、鐵路、造船的幾乎100%，航空和鋼鐵的75%，汽車工業的50%，石油工業的25%，都是國有的，國有企業約占全部工業產值的1/3[2]。在自然壟斷行業，主要是把一批分散的、小型地方政府企業變革為少數大型國有企業。英國的國有化運動使社會資源大量地流向國有企業，成為國家所有的資源，國有化產業的資本密集水平顯著提高。從歐洲其他國家的情況看，第二次世界大戰結束後國有化的程度在基礎設施和公用事業部門的比重都較高，如國家所有的航空公司、電信公司、天然氣公司、電力公司、鐵路公司等。在自然壟斷行業，國有化措施的效率主要是提高了產業的集中度，提供了實現規模經濟的條件。而在傳統的觀念中，認為國有企業能夠實現政府利益目標，帶來的是整個社會福利水平的提高。

在實踐中，自然壟斷行業的國有化治理有三個難以解決的問題。一是

---

[1] 李俊江，馬顧. 英國公有企業改革的績效、問題及其對中國的啟示 [J]. 吉林大學社會科學學報，2002（5）.

[2] 李俊江，馬顧. 英國公有企業改革的績效、問題及其對中國的啟示 [J]. 吉林大學社會科學學報，2002（5）.

企業的低效率，二是政府承受的巨大財政負擔和這些產業的投資不足，三是政企關係混亂。20世紀80年代以后，西方國家經濟增長的內外部環境發生了巨大變化，經濟長期滯脹，政府財政赤字嚴重，國有企業的比較優勢逐步喪失，同時，新自由主義思潮興起。在這種情況下，歐洲各國推行了一場自由化和私有化的改革。英國在自然壟斷行業的私有化改革，以1984年英國電信的改革為標誌。英國電信私有化改革的直接動因是，政府已難以滿足其龐大的投資計劃，英國電信業只有提高自身經營效率，在國際資本市場上直接融資，才能解決資金缺口問題，而私有化是有效途徑。在電信業改革之后，英國的天然氣、自來水、電力、採礦業等一系列主要公共設施部門都進行了私有化。英國自然壟斷行業國有企業的所有制改革，在產權私有化和獨立化的基礎上強化了產權激勵與約束的作用，克服了國有企業政企不分的缺陷，形成了所有權與控制權的合理關係；同時，減輕了政府的財政負擔。實現了私有化的企業，只能在市場競爭中求得生存和發展，其服務質量也提高了。

在中國，民航、電信、鐵路、電力等基礎部門，歷來被視為國民經濟的命脈，由國家直接投資建設，實行國有企業壟斷經營，這些部門的特徵是國家壟斷、政府行政壟斷，所有制結構高度國有化、單一化。從技術經濟角度看，這些部門是國民經濟運行的基礎，擔負著向社會一切部門服務的職能，其經營目標和經營效率的評價應該是增進整個社會的福利水平。國有經濟被視為實現這一目標的必要手段，基礎設施部門的國家所有制基礎被認為是十分必要的，並且是在一定的歷史條件下形成的，有存在的合理性。但是，在中國市場化改革的進程中，這些部門企業與政府、市場的關係不可避免地發生了變化，呈現了一種「半行政半市場化」的體制特徵。[1] 這些部門的企業通過國家無償撥付、優惠政策得到了資源和特許壟斷權利，形成自己獨特的成本優勢，又在市場化改革中獲得了參與市場活動的自主權並以此追逐商業利益。這些部門的產品和服務價格上升幅度大大快於社會平均價格指數，從而大大增加了其他部門的營運成本，降低了其他部門的市場競爭力。同時，由於壟斷價格削弱了居民的真實購買力，市

---

[1] 周其仁. 競爭、壟斷和管制——反壟斷政策的背景報告[R]. 北京大學中國經濟研究中心內部文稿, No. 122002013.

場需求因此受到抑制。這些部門的壟斷價格中包含著行政壟斷租金,並轉化為由這些部門佔有的高收入和高福利,擴大了不同部門職工之間的收入差距。在美國,自然壟斷行業長期實行的是政府管制下的私人公司壟斷,這種壟斷結構的形成是市場競爭的結果,且私人產權結構是它的基礎。在這些部門,私人產權所提供的激勵使廠商在市場和技術的約束下追求成本最小化即利潤最大化。而在中國的自然壟斷行業實行的是國有壟斷制,不同的所有制基礎使企業有不同的約束條件並進行不同的行為選擇。在這些自然壟斷行業,有兩種主要的因素在影響企業績效:一是由於行政壟斷造成的進入壁壘,使企業能獲得高額壟斷利潤;二是在政府長期行政保護下不思進取,服務質量低下,缺乏創新動力,並將低效經營的結果向社會轉嫁。在這些部門,政府管制下的嚴格的市場准入使競爭無法充分展開,企業缺乏競爭壓力,而這種競爭恰恰是促進效率提升的。因此在這些部門,從單個企業的經營效率看,用同樣的經濟指標評價,它可能超過其他的競爭性產業的企業,但是,從整個國民經濟的效率看,行政性壟斷的維持將是負效應的。[1]

在中國,在基礎產業部門放松政府管制,不僅僅是開放市場、引入競爭,還必須選擇一個合理的所有制結構,進行所有制改革。這種改革是中國自然壟斷行業改革的重要內容和核心部分。在這些部門推進所有制改革,要解決好幾個問題:

(1) 所有制改革的目標。政府為什麼應放棄在這些部門的產權?不僅僅是解決財政負擔問題,更是為了引入有效競爭和產權激勵機制。在自然壟斷行業,要保證生產效率的實現,就要找到有效率的進入機制,這個機制不是政府管制,而是市場機制。市場機制可以保證:一是私有產權提供激勵,二是價格機制提供信號。在這兩種機制發揮作用的情況下,可以最大限度地避免過度進入從而可以保證一個有效競爭的市場結構。

(2) 所有制結構的選擇。在自然壟斷行業,國有產權並不是一個簡單的「退」字,並不是所有的企業都要非國有化和民營化而是重新佈局。應根據自然壟斷行業經營業務的性質,分層次、多環節地推進民營化的改革

---

[1] 周其仁. 競爭、壟斷和管制——反壟斷政策的背景報告 [R]. 北京大學中國經濟研究中心內部文稿, No. 122002013.

措施，實行國有企業為主、多種所有制並存的所有制結構。一般在自然壟斷行業中的網路環節（基礎性和關鍵性）應保持國有經濟和國有企業的主體；在競爭性環節，降低國有經濟的比重，引入民間主體，形成多種所有制結構。

（3）所有制改革的方式。根據基礎產業部門國有企業改革的國際經驗，可以採取以下多種方式：一是出售國有資產；二是放鬆進入限制，鼓勵民間投資；三是通過特許投標、合同承包，鼓勵私人部門提供可市場化的產品或服務。

20世紀80年代以后近20年來，世界上許多國家都對基礎產業部門的所有制結構進行了改革。在這場改革中，很多人認為產權私有化是賦予國有企業競爭力的唯一出路，但這種觀點很快就受到來自實踐的挑戰和衝擊。英國經濟學家Mamn和Palker對英國各類企業私有化后的經營績效進行調查比較后發現，在競爭比較充分的市場上，企業私有化后的平均效益有顯著提高；在壟斷市場上，企業私有化后的平均效益改善不明顯，比如英國鐵路局私有化后的績效反而有所下降。他們認為企業效益與產權歸屬變化沒有必然聯繫，而與市場競爭程度有關係[1]。實踐證明，產權改革的意義在於改變企業的激勵機制，但同樣重要的是，產權改革后各企業還要處在一個競爭性的市場環境中。因此，產業內民間資本的進入和多元主體的形成，對於基礎產業部門的所有制結構改革來講是不可缺少的內容。

在20世紀末，世界各國自然壟斷行業的所有制改革都具有國有資本「退」和民間資本「進」的相機結合特徵。「一進一退」的相機結合改革，一方面改變了企業的治理機制，另一方面改變了企業面臨的市場環境。根據世界銀行的統計，1984—1996年間，在128個國家和地區中，私人（民間）參與基礎設施的項目達到1,350多個，投資總額超過6,500億美元。世界銀行提供的私人建設基礎項目數據庫表明：基礎設施中的民間部門有30%分佈在電力行業，然后依次是電信（28%）、供水與衛生設施（18%）、道路港口（8%）、天然氣（6%）、水路運輸（5%）、機場（3%）和鐵路運

---

[1] 劉芍佳、李驥. 超產權論與企業績效 [J]. 經濟研究，1998（8）.

輸（2%）[1]。在美國和德國的電力行業中，經過改革，也形成了多元主體的所有制結構。美國1990年有3,241個電力企業，其中私人企業267個，銷售電量占全國的76%；地方公營企業有2,011個，銷售電量占14%；政府資助的農村合作企業有953個，銷售電量占8%；聯邦企業有10個，包括美國最大的發電企業田納西河流域管理局，銷售電量占2%。多數企業是只有區域配電系統的專業性企業，而大型私人企業常常是發送配電一體化的企業。1990年，原西德（德國統一前的聯邦德國）地區有626家電力企業，8家公營企業占售電量的34%，3家公私混合企業占59%，109家私人企業占7%，其中主要是公私混合企業的8大電力公司提供電量的80%，並通過德國送電聯合體（DVG）形成相互連通的發送電網路。[2]

隨著中國市場化改革的逐步深入，國民經濟的大部分投資領域已向民間資本開放。但是從近幾年的情況看，民間投資的增長和投資熱點主要集中在第二產業的製造業和第三產業的一般服務業，而基礎設施部門國有產權壟斷的結構還遠沒有打破。目前，非公有投資在30多個產業領域面臨著實際的「限進」障礙。原國家計委在2002年12月頒布了《關於促進和引導民間投資的若干意見》，強調要進一步放寬投資領域，使民間投資與外商投資享有同等待遇。但是，部門壟斷、行業壟斷和歧視的准入政策仍然存在，在電信、電力、鐵路等基礎設施部門和銀行、保險、石化、港口等領域，民間資本一直難以進入。有些領域雖然已允許民間資本涉足，但體制性障礙仍導致明顯的不公平競爭。如基礎設施項目往往由特許公司發起，沒有實行招標制度，有資質的民營企業被排除在外；另外，許多投資項目前置審批環節繁多，准入條件苛刻。因此在這些部門，產權進一步向民間開放的改革還需加大力度。

三、放松管制與國有企業制度改革

在既定的產權結構下，國有企業如何有效治理，怎樣處理好政府與企

---

[1] 常欣. 公私資本相機參與模式的構造——中國基礎部門的產權制度探討 [J]. 中國鐵路, 2002（5）.

[2] 吳敬璉, 等. 國有經濟的戰略性改組 [M]. 北京：中國發展出版社, 1998.

業的關係，這是自然壟斷行業放鬆政府管制改革要解決好的另一個重要問題。也就是說，自然壟斷行業放鬆管制的制度均衡和效率還必須建立在行業內國有企業的制度改革基礎上，即只有當國有企業的低效率隨著企業制度改革而得到消除時，有效率的競爭性市場才能成為一種均衡和可維持的結構。

改革開放20多年來，中國自然壟斷行業的政府管制經歷了一系列的制度變遷。如中國的電信業改革，從部分服務開放、郵電分營到政企分開、電信重組和業務分拆，改革的基本趨向是盡可能地引入競爭機制。隨著市場結構進一步向競爭性方向發展，國有企業制度改革和國有資產管理體制改革被提上議事日程。從目前來看，中國電信業的業務經營企業已基本實行了公司化改造，實行了政企分離以及政府管理電信國有資產的職能與政府直接經營電信國有資產職能的分離，但是市場經濟所需要的真正的政企分開、產權明晰的目標還沒有達到，政府部門還在相當大程度上直接干預和影響著電信業的發展和改革進程。從電信業的微觀主體看，目前幾大國有主體性營運商雖然都採取了公司制，但都還沒有形成規範的法人治理結構。從公司治理績效看，解決企業內部的激勵約束即代理問題還缺乏有效的產權制度安排，因而信息不對稱問題、代理人的道德風險問題仍普遍存在於這一類企業之中。在中國基礎產業部門，進一步的改革將涉及兩個方面的重要內容：一是這些部門的國有企業的組織形式即企業制度形式，二是這些企業的治理方式。第一個層面要解決的是企業的制度框架問題，第二個層面要解決的是企業制度框架內企業經營者與國有資產所有者的委託代理關係問題。

在自然壟斷行業管理國有企業的國際經驗值得我們充分重視。在發達國家，國有企業一般分為政府企業、特殊法人企業和股份公司這三種不同的類型。對於提供公共品的行業如國防、軍工、某些公共教育與衛生項目以及基礎研究和重大應用研究項目等，一般以政府企業為主；有壟斷性和顯著外部效應的行業，如水、電、氣、通訊、郵電、道路等，以特殊法人企業為主；對於競爭性行業，以國家持股或控股的股份公司為主。三種不同的國有企業，面臨不同的政策環境和法律框架，在企業與政府的關係和治理結構上有著明顯的差別。如表1所示。

表 1　　　　　　　　　　國有企業治理結構比較

	政府企業	特殊法人企業	股份公司
法律地位	無獨立法人地位	特殊法人	普通法人
所有者代表	上級主管部門	主管部門、財政部國有資產管理部門	國有股代表出資者
董事會結構	無董事會	國有獨資時不設董事會	規範的董事會
政府干預	上級任命或官員兼任	聘任	董事會選聘
外部市場及其作用	最大 基本無作用	較大 有一定作用	較小 有較大作用

［資料來源］梁能. 公司治理結構：中國的實踐與美國的經驗［M］. 北京：中國人民大學出版社，2000：154.

從中國的改革取向看，作為自然壟斷行業的主體營運商的國有企業如中國電信、中國電力等一類的國有企業，應通過立法使之成為特殊法人企業。這類企業可模仿標準的公司治理結構，兼顧商業性和非商業性目標，並在法律上明確政府與企業的關係，減少政府干預的隨意性。對特殊法人企業，政府可以通過設定利潤目標、限價、規定產量、銷售渠道和對象、規定產品質量標準等手段來加以管制。

在基礎產業部門的一些競爭性業務領域組建以國有產權為主體、產權多元化的股份公司，是一種有效的制度選擇。在這些領域國有資產如何管理，在改革實踐中我們已累積了相當豐富的經驗，如國有資產的授權經營和三個層次的國有資產管理體制。利用國有控股公司營運國有資本是一些擁有較多國有企業的市場經濟國家的通常做法，如義大利、奧地利、新加坡等。新加坡的淡馬錫控股公司是該國最大的國有控股公司，成立於1974年，是財政部的全資註冊公司，直接向財政部負責。淡馬錫控股公司下屬40多家子公司，這些子公司又分別通過投資建立各自的子（孫）公司，共有幾百家。淡馬錫控股公司在投資決策、資金使用等方面享有完全的自主權，不受財政部約束，但承擔國有資本保值增值責任。它對子公司的管理和控制，是基於產權關係做出的。採取控股公司體制管理國有企業的長處是可以避免政府的過多的行政干預，在企業和政府之間形成一個緩衝地帶，促使政企之間形成「控制而不干預」的機制。控股公司建立於政府機構系統之外，由具有專業知識的管理人員組成，實行對國有資產所有權的專業管理，並能有效協調決策、提供戰略指導和完善財務紀律，集中稀缺管理

人才，提高管理水平。中共十六大報告在提出國有資產管理體制改革的任務時，要求堅持政企分開，實行所有權與經營權分離，使企業自主經營、自負盈虧，實現國有資產的保值增值。在進一步的改革中，總結我們自己的成功經驗，借鑑國外的有效做法，解決好國有控股公司的有效運作問題，對於實現中共十六大提出的改革目標具有非常重要的意義。

在自然壟斷部門可以開展競爭性業務的領域與政府激勵性規制相適應，應通過公司化改革形成完全市場化的微觀基礎，使這些企業按照商業化原則來運作。公司化的一個重要特徵就是在實現所有權與控制權分離和委託代理的基礎上，建立起有效的內部治理結構，包括董事會、監事會、經理層的設置和運作機制，經理人員的市場選拔機制，企業內部的激勵與約束機制，企業風險分配機制，經營業績評價機制和產權退出機制，等等。同時，明晰的產權關係是公司化的基礎，也是保證民間資本能夠不斷參與、形成多元產權主體的重要條件。

參考文獻：

［1］夏大慰. 產業組織與公共政策：哈佛學派［J］. 外國經濟與管理，1999（9）.

［2］夏大慰. 產業組織與公共政策：芝加哥學派［J］. 外國經濟與管理，1999（10）.

［3］王俊豪. 政府管制經濟學導論：基本理論及其在政府管制實踐中的應用［M］. 北京：商務印書館，2001.

［4］李俊江，馬顧. 英國公有企業改革的績效、問題及其對中國的啟示［J］. 吉林大學社會科學學報，2002（5）.

［5］周其仁. 競爭、壟斷和管制——反壟斷政策的背景報告［R］. 北京大學中國經濟研究中心內部文稿，No. 122002013.

［6］劉芍佳，李驥. 超產權論與企業績效［J］. 經濟研究，1998（8）.

［7］梁能. 公司治理結構：中國的實踐與美國的經驗［M］. 北京：中國人民大學出版社，2000.

［8］常欣. 公私資本相機參與模式的構造——中國基礎部門的產權制度探討［J］. 中國鐵路，2002（5）.

［9］吳敬璉，等. 國有經濟的戰略性改組［M］. 北京：中國發展出版

社，1998.

[10] 施蒂格勒. 產業組織和政府管制 [M]. 潘振民，譯. 上海：上海人民出版社，1996.

[11] 植草益. 微觀規制經濟學 [M]. 朱紹文，胡依欣，等，譯. 北京：中國發展出版社，1992.

[本文選自：劉燦. 試論中國自然壟斷行業放松管制的所有制基礎與企業改革 [J]. 經濟評論，2004（4）：55-59.]

第二十一章 關於公益性國有企業的理論探討

程民選　王　罡

在全面深化改革的新的歷史時期，如何深化國有企業改革，無疑是中國經濟學界和企業都必須認真思考的重大理論與實踐問題。黨的十八屆三中全會審議通過的《中共中央關於全面深化改革若干重大問題的決定》（以下簡稱《決定》），對於深化國有企業改革提出了極其重要的思路，不僅明確指出要「準確界定不同國有企業功能」，而且基於完善國有資產管理體制，以管資本為主加強國有資產監管這一改革思路，進一步明確提出「國有資本加大對公益性企業的投入，在提供公共服務方面做出更大貢獻」。《決定》中這一重要思想，為我們完善國有資產管理體制和進一步深化國有企業改革指明方向並提供了重要指南。

「準確界定不同國有企業功能」，這是對國有企業進行分類改革的前提。關於國有企業實行分類改革，多年前就已經有過討論。而國務院國有資產監督管理委員會副主任邵寧也曾在「2011中國企業領袖年會」上，首次代表官方表述了「具有公益性質的國有企業」這一提法。他認為，國有經濟結構調整將使國有企業向兩個方向集中，這兩個方向分別為公益性質的國有企業和競爭領域的國有大企業。[①] 基於這一思路，有必要對國有企業的公益性進行理論分析，因為這是區分公益性國有企業和競爭性國有企業的理論前提和依據。本文擬就公益性國有企業的基本特徵、存在的理論依據等進行論述，闡明我們的一己之見，以就教於學界同仁。

---

① 白天亮. 國企將分公益性競爭性 [N]. 人民日報，2011-12-14（10）.

一、相關研究回顧

改革開放以來，中國的國有經濟規模和比重都發生了很大的變化，對促進經濟體制改革和經濟發展都起到了重要的作用。然而總的來看，中國國有企業的經濟效益仍然不夠理想，單一市場化的改革目標也並不完全符合國有企業在社會主義市場經濟中的特殊功能要求。一方面，本應專注於經濟效益的許多競爭領域的國有大企業，以承擔過多的社會效益為幌子，為其應盡經濟效益卸責，並希望基於此來維持壟斷地位；另一方面，本應專注於社會效益的公益性質的國有企業，却往往去追逐經濟效益而忽視了其所應該承擔的社會效益。[①] 有鑒於此，在20世紀90年代，已有學者提出了應對國有企業實行分類改革的思路，並進行了相關的研究。如楊瑞龍等（1998）指出，根據國有企業所提供產品性質以及所處行業的差別，可以把國有企業分為競爭性與不完全競爭性兩類，不完全競爭性的國有企業又可以分為提供公共產品的非競爭性企業與處於基礎產業和支柱產業地位的壟斷性企業。而在選擇具體的企業改革思路時，他認為提供公共產品的國有企業宜選擇國有國營模式；壟斷性國有企業宜選擇國有國控模式；競爭性國有大中型企業宜進行公司制改造；競爭性國有小型企業宜完全放開。[②] 金碚也認為，對國有企業進行分類改革是實現改革目標的必由之路，應以是否負有特殊的社會功能來對國有企業進行分類改革。對少數負有特殊社會功能的國有企業的制度進行改革，國家制定專門規範此類國有企業行為的法律，將其納入特殊企業的運行軌道；而對大多數並不負有特殊社會功能的國有企業則按一般企業（公司制企業）的制度進行改革，其行為完全納入《民法》和《公司法》所規範的一般企業運行規則之中。[③]

在近期針對國有企業壟斷問題的思考中，趙昌文認為對於國有企業的壟斷要具體問題具體分析，指出根據國有企業所提供的產品和服務屬性、所處行業的重要性以及所處行業市場機制的有效性，可以將國有企業分為

---

① 黃速建，余菁. 國有企業的性質目標與社會責任 [J]. 中國工業經濟，2006（2）：68-76.
② 楊瑞龍，張宇，韓小明，雷達. 國有企業的分類改革戰略（續）[J]. 教學與研究，1998（3）：21-24.
③ 金碚. 三論國有企業是特殊企業 [J]. 中國工業經濟，1999（7）：5-9.

商業性國有企業和兼有政策性功能的國有企業。其中，具有自然壟斷特徵的行業、提供重要公共產品和服務的行業、涉及國家安全的行業以及包括部分支柱產業和高新技術產業在內的國有企業，大體上屬於兼有政策性功能的國有企業，除此之外的國有企業都應該屬於商業性或者競爭性國有企業。① 趙昌文的研究從國企壟斷問題切入，同樣提出必須要對國有企業的不同性質加以區分。

此外，一些學者還就西方發達市場經濟國家對國有企業的分類管理做了詳盡的研究。如以法國和新加坡為代表的按企業市場地位或競爭程度分類，將國有企業分為壟斷性和競爭性兩類；以芬蘭等北歐國家以及新西蘭為代表的按利益屬性和賦予目標分類，將國有企業分為承擔特定任務的國有企業、有戰略利益的商業性國有企業和以投資者利益為主的純粹商業性國有企業三類。並且，各國都對不同類型的國有企業實施分類管理。如在國有企業的功能和目標方面，對完全市場化或純粹競爭性的國有企業，一般要求企業以財務回報為主要目標，要求企業市場化經營，追求利潤，而對於壟斷性、承擔特定任務或公共服務責任的國有企業，一般要求以社會、產業或文化目標為主，追求社會利益；在國有企業的所有權監管方式方面，對壟斷或特定任務企業，各國政府傾向於嚴格管理，對於商業化或市場化企業，各國政府傾向於賦予很強的自主經營權，盡量少干預；在國有企業適用的法律形式方面，對壟斷性或特定任務企業，各國政府一般通過特定法律或歸屬政府部門來監管，對商業化或競爭性企業，各國均按照普通法來規定。② 這類研究對於中國「準確界定不同國有企業功能」，實行分類改革，具有一定的參考價值。

二、公益性國有企業的基本特徵

「準確界定不同國有企業功能。國有資本加大對公益性企業的投入，在提供公共服務方面做出更大貢獻。」「國有資本投資營運要服務於國家戰略目標，更多投向關係國家安全、國民經濟命脈的重要行業和關鍵領域，重

---

① 趙昌文. 對國企壟斷要具體問題具體分析：國企改革幾個理論問題辨析 [J]. 人民論壇, 2013 (4)：19-21.

② 張政軍. 國有企業分類管理如何推進 [N]. 經濟日報, 2013-05-03 (13).

點提供公共服務、發展重要前瞻性戰略性產業、保護生態環境、支持科技進步、保障國家安全。」這是該決定關於中國國有企業深化改革的高屋建瓴的論述，不僅明確提出了「公益性國有企業」的概念，而且強調國有資本應加大對公益性國有企業的投入，服務於國家戰略目標。這樣的理論高度，可以說是前所未有的。那麼，公益性國有企業究竟具有哪些特徵？劃分公益性國有企業的理論依據是什麼？顯然都是理論上需要探討的問題。

邵寧在提及劃分兩類國有企業的改革思路時談到，競爭性領域的國有大企業在體制上政企分開更為徹底，企業在機制上更加市場化。作為獨立的市場競爭主體，和其他所有制企業一樣，這種類型的國有企業要獨立承擔經濟法律責任和市場競爭的優勝劣汰乃至破產退出的風險。而具有公益性質的國有企業具有這樣一些共同特徵：其產品或服務關係到國民經濟發展和人民生活的保障；在經營中存在不同程度的壟斷因素；產品或服務的價格由政府控制，企業並沒有定價權；企業的社會效益高於經濟效益，經常會承受政策性虧損，等等。[①] 從中可以看到，他更多強調的是公益性國有企業所承擔的公益職能。

公益，指有關社會公眾的福祉和利益。顧名思義，公益性國有企業就是那些承擔有關社會公眾的福祉和利益的職責的國有企業。具體說，公益性國有企業，應該指那些以社會公眾的福祉和利益為出發點的國家所有以及國家控股的企業，其在社會經濟運行中具有雙重目標，即社會效益和經濟效益，但以社會效益為主要目標，以此區別於競爭性國有企業。而競爭性國有企業是指那些在市場中獨立經營，以獲得盈利為目標，從而在市場中優勝劣汰甚至可能破產退出的國有企業。政府對這類國有企業僅履行出資人的權利而對其進行監管，不得用行政手段干預其日常經營，不得給予其壟斷地位，使其在市場中與其他企業獨立進行公平的競爭。

這樣的劃分，顯然不是從國有企業應不應當考慮公眾利益，承擔社會責任的角度去思考問題。因為社會責任的思考角度，無疑對所有企業都適用，而非僅僅針對國有企業。按照阿奇·B.卡羅爾的定義：企業社會責任是某一特定時期社會對社會組織所寄託的經濟、法律、倫理和自由決定

---

① 李彬.「公益性」概念引發國企改革方向之爭 [N]. 人民政協報, 2011-12-27 (B03).

（慈善）的期望。[1]只要企業存在就應該有企業的社會責任存在。而劃分兩類國有企業，是要明確國有企業中存在一類承擔有關社會公眾的福祉和利益的職責，代表政府向社會公眾提供公共產品的國有企業，它們以社會效益為主要目標，而區別於另一類即競爭性國有企業。這樣的劃分，無疑有利於政府對兩類不同的國有企業進行科學管理。基於這一理解，我們認為，公益性國有企業應當具備以下幾個基本特徵：第一，提供關係到社會公眾的福祉和利益的公共產品；第二，其提供產品的定價機制由政府控制，企業自身沒有定價權；第三，企業社會效益高於經濟效益，政府制定科學的考核指標體系，對企業的成本控制水平、提供公共產品的數量與質量等進行考核。

既然公益性國有企業具有以上基本特徵，公益性國有企業的改革也就涉及以下方面，包括建立有別於競爭性國有企業的、有針對性的出資人管理制度，考核評價應切合企業的功能定位；實施有效的行業監管，包括價格、服務標準、成本控制、收入分配、資源配置和行業限制，提高透明度，防止企業利用壟斷地位損害社會和公眾利益；形成規範合理的與政府間的政策安排，以兼顧企業為社會服務和企業持續發展的雙重目標等。

三、公益性國有企業存在的理論依據

邵寧對公益性國有企業的表述主要針對這類企業的特徵而言，雖然從中可以得出公益性國有企業因其承擔公益性職責而區別於競爭性國有企業的結論，但並不是從理論上論述公益性國有企業存在的依據。那麼，公益性國有企業存在的理論依據究竟是什麼呢？我們在前文中已經指出，公益性國有企業存在的理論依據，不應當從企業社會責任的視角去尋找，因為所有的企業都必須承擔起應有的社會責任，而國有企業更應當在主動承擔社會責任方面發揮表率作用。既然劃分此類國有企業旨在突出其公益性，而體現公益性的核心或者說根本出發點，應該是體現社會公眾的福祉和利益，那麼如何才能體現出社會公眾的福祉和利益呢？顯然這是我們探討公益性國有企業成立的理論依據的切入點。我們認為，具有公益性質的國有

---

[1] ARCHIE B CARROLL. A Three-Dimensional Conceptual Model of Corporate Social Performance [J]. Academy of Management Review, 1979, 4 (4): 497-505.

企業，代表國家和政府向社會公眾提供公共產品（或者準公共產品），是此類國有企業為社會公眾提供福祉和利益的一個實現途徑。

關於公共產品，薩繆爾森的定義「公共產品是具有消費的非排他性和非競爭性等特徵的產品」[1]，得到了最廣泛的認同。從理論上來說，界定一種產品或服務是否為公共產品，要看其是否具備兩個特徵，即消費的非排他性（Non-excludability）和消費的非競爭性（Non-rivalness）。所謂消費的非排他性，是指只要有人提供了公共產品，不論其意願如何，都不能排除其他人對該產品的消費。若想排除其他人從公共產品的提供中受益，要麼在技術上是不可行或極其困難的，要麼排除的成本過於昂貴而缺乏可行性。所謂消費的非競爭性，是指某物品在增加一個消費者時，其邊際成本為零，即在公共產品數量一定的情況下，將其多分配給一個消費者的邊際成本為零。當然這並不意味著多提供一單位公共產品的邊際成本也為零，在這種情況下，多提供一單位的公共產品的邊際成本同其他產品一樣是正的。[2]

在隨後對公共產品理論的研究中，多數學者認為，薩氏只定義了極端情況，脫離現實。滿足薩氏定義的肯定是公共產品，但不滿足其定義的也不一定就不是公共產品。現實社會中，大量存在的是介於公共物品和私人物品之間的準公共產品。準公共產品是指具有不完全的非競爭性和非排他性的社會產品。一般來講，準公共產品應當具備三個特徵：一定程度的非競爭性、非排他性以及公益性。[3]

基於此，公益性國有企業代表政府向社會公眾提供公共產品或準公共產品，無疑是其公益性的良好體現。諸如供水、供電、污水處理、公共交通等企業以及有關國防和國家安全的軍工企業等，此類企業提供的產品或服務大都具有公共產品的性質，具有非競爭性或者非排他性。並且此類企業在發展過程中，由於需要巨大的基礎設施的投資，在投資形成後其生產的邊際成本又相對較小，因此容易形成自然壟斷。更為關鍵的是，由於公共產品的特殊性質，消費者普遍具有「搭便車」的行為，提供此類產品的企業很難從中獲取利潤，於是容易導致供給不足，影響公眾福祉和利益。

---

[1] P A SAMUELSON. The Pure Theory of Public Expenditure [J]. Review of Economics and Statistics, 1954, 36 (4)：387-389.

[2] 呂恒立. 試論公共產品的私人供給 [J]. 天津師範大學學報：社會科學版, 2002(3)：1-6.

[3] 秦穎. 論公共產品的本質 [J]. 經濟學家, 2006 (3)：77-82.

有鑒於此，作為全民所有的公益性國有企業，在經濟活動中代表國家和政府提供公共產品或準公共產品的行為，正是其公益性的體現。

在當今世界，公共產品並非僅僅由政府或是國有企業提供，私人部門已經開始涉足公共產品的提供。一方面，對於非排他性和非競爭性的產品，通過與私人產品捆綁出售，將公共產品和私人產品組合在一起，可以克服公共產品收費困難的問題。在這類公共產品的消費上往往存在排他性技術。此外，對產權予以界定以及給予某些激勵措施，也可以為私人部門提供公共產品創造良好的制度環境。另一方面，把公共產品的生產和供給區分開來，基於政府與市場的委託代理關係——私人部門生產公共產品而政府部門採購或者租賃公共產品，也完全可以實現。例如，公私夥伴關係（Public Private Partnerships，簡稱PPP）[1] 已經被廣泛應用到各類公共產品和公共服務的供給當中。

從中國的實際來看，隨著政府放寬准入條件，也使得有條件的市場力量成為潛在的公共產品提供者。黨的十六屆三中全會通過的《關於完善社會主義市場經濟體制若干問題的決定》已經明確指出：清理和修訂限制非公有制經濟發展的法律法規和政策，消除體制性障礙，放寬市場准入，允許非公有資本進入法律法規未禁入的基礎設施、公用事業及其他行業和領域。這標誌著民營資本可以全面進入基礎設施和公用事業領域。而黨的十八屆三中全會通過的《關於全面深化改革若干重大問題的決定》進一步明確指出：要消除各種隱形壁壘，制定非公有制企業進入特許經營領域的具體辦法。因此，公共產品由私人部門通過市場機制來提供，或者通過公私合作的方式聯合提供，在中國業已提上日程。

公共產品由私人供給，不僅可緩解公共投資的不足，擴大投資渠道，解決基礎性項目資金的短缺，提高投資的運行效率，而且可以增強競爭意識，提高經濟效益和社會效益，對改善公共產品的供給狀況具有十分重要的意義。但不可否認的是，私人部門提供公共產品也存在如下局限性：

首先，私人部門提供公共產品可能出現由於壟斷而造成的福利損失。公共產品尤其是準公共產品在使用量一定限度內社會成本為零，超過臨界點後，就會導致擁擠，使公共產品的消費者收益下降，而私人部門在取得

---

[1] 賈康，孫潔. 公私夥伴關係（PPP）的概念、起源、特徵與功能 [J]. 財政研究，2009（10）：2-10.

公共產品供給權后，可能會形成某種壟斷優勢，尤其是在一些容易形成自然壟斷的行業，這必然會帶來一定的社會福利損失。此外，在私人提供公共產品的過程中，因為公共產品的消費者一般是分散的，而且消費者容易陷入集體行動的困境，不太可能形成強有力的集體行動同公共產品的私人供給者討價還價。而在市場經濟體制下，政府只能對私人部門進行法律上的監管以及宏觀政策的指導，無法直接對私人企業提供公共產品的定價進行管制。一旦私人部門在市場上形成了壟斷優勢，那麼作為追求利潤最大化的私人部門，憑藉這種優勢來提高公共產品消費的准入價格就幾乎是必然的，而消費者的利益就會受到損害。

其次，具有「理性經濟人」特徵的私人企業在生產經營過程中，基於其個體利益，往往會出現「短視」的行為——更多地注重眼前的利益而忽視長期利益尤其是后代人的利益。比如，在提供公共產品的同時對環境造成污染等行為。這些負外部性問題會使社會福利遭受損失。而相對於國有企業來說，政府治理私人部門負外部性的成本會更高。[①]

無須諱言，具有公益性質的國有企業，在公共產品的供給上與私人部門一樣可能存在負外部性，但是較之於私人企業，政府治理國有企業負外部性的成本相對更低。在公共產品的定價方面，政府可以直接以國有資產出資人的身分來管制公共產品的價格，即使管制價格可能會造成部分社會福利的損失，但是這種損失往往比私人部門壟斷定價所造成的福利損失要小。另外，政府可以直接通過行政手段披露公益性國有企業的相關信息，使公眾盡可能瞭解與其利益相關的信息，減少信息不對稱造成的福利損失。政府也能比較容易地收集消費者的訴求，並及時直接反饋給提供公共產品的公益性國有企業。而對於私人企業，政府很難做到這幾點。所以，即使公共產品可以通過市場手段來提供，公益性國有企業在這方面的重要性依然不能被忽視。

需要指出的是，公益性國有企業也必須遵循市場規律。有人認為，既然這類國有企業「具有公益性質」，那麼只要體現其公益性就可以了，不需要考慮營利性。筆者認為，這種觀點其實是對公益性國有企業的一種誤讀。該決定明確指出要推動國有企業完善現代企業制度。國有企業屬於全民所有，是推進國家現代化、保障人民共同利益的重要力量。國有企業總體上

---

① 李洪波. 公共物品供給機制研究［D］. 天津：天津大學公共管理學院，2005.

已經同市場經濟相融合，必須適應市場化、國際化新形勢，以規範經營決策、資產保值增值、公平參與競爭、提高企業效率、增強企業活力、承擔社會責任為重點，進一步深化國有企業改革。對於具有公益性質的國有企業來說，突出體現它的社會效益固然是它存在的基礎，但是任何企業都是市場經濟中的微觀主體，都必須遵守市場經濟的基本規律。即使我們能夠接受公益性國有企業承受一定的政策性虧損，但並不意味著它們就可以不講成本核算和控制。公益性國有企業在突出體現其社會效益，履行提供公共產品職能的基礎上，還應該盡可能地完成其經濟目標，要以現代企業制度來規範和要求自己，做到科學經營決策，盡可能提高企業運作的效率，在更多承擔社會效益的基礎上實現國有資產的保值增值。即便是正常的政策性虧損，也應努力做到虧損最小化。同時，政府應處理好與公益性國有企業的關係。該決定指出「實行以政企分開、政資分開、特許經營、政府監管為主要內容的改革，根據不同行業特點實行網運分開、放開競爭性業務，推進公共資源配置市場化。進一步破除各種形式的行政壟斷」。這一精神同樣適用於公益性國有企業，防止這些企業利用壟斷地位損害社會和公眾的利益，使公益性國有企業在履行其社會效益職能的基礎上，真正作為市場經濟的微觀主體——企業來參與到市場經濟的運行當中。

雖然對於公益性國有企業來說，其社會目標是第一位的，利潤目標是第二位的，但這並不意味著具有公益性質的國有企業就一定要產生虧損。對於部分公益性國有企業，其產品鏈上有一些是可以劃為競爭性的，通過進行多元化經營，可以用其競爭性業務產生的利潤來補償公益性帶來的損失。例如軍工企業在完成國防用品生產的基礎上，還可以生產部分民用產品，這樣就可以為軍工生產提供資金支持和能力保障，減少部分虧損甚至盈利。這方面已有成功的例子：中國兵器裝備集團下屬的長安汽車公司，掌握了獨立的整套汽車生產的核心技術體系，使中國在軍隊機動車方面擺脫了對外資的依賴。不僅如此，長安汽車經過多年的發展壯大，已經位列中國製造企業100強，「長安」商標榮獲「中國馳名商標」稱號，品牌價值高達百億元，年銷售收入突破300億元。這充分說明，公益性國有企業對社會效益的強調，未必一定是以犧牲經濟效益為基礎的。公益性國有企業採取多元經營模式、混合發展，這也許是公益性國有企業改革的一個可行思路。

四、瑞典劃分兩類國有企業的實踐及其啟示

把國有企業分為公益性和競爭性，國外已有成功的實踐，尤其是瑞典的經驗值得我們注意。中國商務部 2007 年對瑞典國有企業的一個調研報告中，就已經介紹了瑞典將國有企業劃分為在市場條件下營運的國有企業和具有公益項目的企業，同時對這兩種企業規定不同的經營目標。例如：1997 年成立的 IRECO 公司，目的是提升瑞典在工業研發方面的水平，因此對其沒有盈利目標規定。而對國家電力公司這樣的企業，不但有明確的經營目標，而且有明確的紅利分配政策。在營運管理方面，瑞典議會賦予瑞典政府國有企業管理者的角色。為使國有資產長期保值增值，由政府制定和實施所有權政策，監督管理國有資產經營，並在可能情況下顧全社會公益。

瑞典政府對國有企業，尤其是具有公益性質的國有企業，一般遵循以下幾種管理原則：

1. 所有權政策統一的原則

瑞典對國有企業的管理遵循所有權政策統一的原則，雖然國有企業的管理分散在工商部、外交部、財政部等多個部門，但是國有資產的所有權政策是統一的。根據憲法，議會決定管理和處置國有資產的基本原則，瑞典政府據此處置國家資產。但政府在實質性變更公司的經營方向、稀釋所有權、增資以及購買和出售股份時，都必須獲得議會批准。根據憲法，首相授權工商大臣處理有關國有企業所有權的問題，執行統一的國有資產所有權政策和董事會提名。

2. 公開透明原則

瑞典對國有企業的管理遵循公開透明原則，對公司的董事會任命、高管任命、審計監督、財務報表等都有具體規定。瑞典公民均可參加國有企業股東大會，並有權提出質詢，也充分體現了全民所有。即使沒有上市的國有企業，其信息公開的程度也不得低於上市公司。國有企業必須按照法律條例提交年度報告、季度報告和經營報告，包含完整環境分析、財務目標、社會責任目標、機會均等政策、董事會工作總結、紅利政策、董事會及高管薪金等內容，並在網上公布。

3. 分類管理原則

瑞典對國有企業實行分類管理，將國有企業劃分為在市場條件下營運

的競爭性企業和公益性企業，並對這兩類企業採用不同的評價和管理方法。規定在市場營運條件下的國有企業應符合以下兩個條件：一是在充分競爭的市場中營運；二是國家作為所有者，根據企業風險狀況制定有關盈利和財務收支的要求。同時規定公益性的國有企業須符合以下兩個條件：一是國家作為所有者對企業活動進行直接指導和管理；二是這些企業在具有特殊規定的市場中營運。政府對在市場條件下營運的企業，按照市場的要求設定具體的經營目標，並按這些目標進行評價。對於公益性企業，由於其目標是為社會創造有益的價值，因此對其的評價要相對複雜一些，很大程度上是通過一些定性的參數來進行評價和監測。這些參數，主要是從社會經濟和行業政策目標以及效率推演而來。由於區分兩類不同企業且按不同要求提交年度報告，因而對兩類公司的營運和目標完成情況分別都更清楚，評價也更加科學。

　　瑞典對國有企業分類管理的改革實踐給予我們啟示，對中國深化國有企業改革提供了可資借鑑的思路。其一，可以借鑑瑞典對國有企業行業的佈局，根據中國國情和發展階段對國有經濟結構進行戰略性調整，保留那些基礎好、競爭性強的企業，同時減少壟斷性企業，並加強對壟斷性企業的監管。其二，可以借鑑瑞典對國有企業進行分類管理的辦法，將國有企業劃分為市場條件下營運的競爭性企業和公益性企業，實行不同的管理模式。對在市場條件下營運的競爭性國有企業，把競爭能力放在第一位，考核其經營績效，而不承擔其他社會目標。國家在這些企業中的角色類似於一個普通的股東，主要採取控股方式進行間接控制。而對於公益性國有企業，政府可較多採取直接管理的辦法，不設定具體的盈利目標，採用一些經濟社會、環境、效率等方面的定性指標對其進行考核。其三，可以借鑑瑞典的做法完善國有資產產權管理制度，尤其是對具有公益性質的國有企業實行統一的制度。為保證公益性國有企業更好地體現其社會效益，可以考慮對公益性國有企業實行垂直管理。其四，可以借鑑瑞典國有企業治理結構中，建立董事會專家化的集體決策制度，弱化政府行政行為對企業經營活動的影響。其五，可以借鑑瑞典對國有企業信息披露的規定，有針對性，有效地保證輿論、股東、公眾對國有企業的監督。完善對國有企業的審計程序和辦法，保證對國有企業的有效監管。採取措施增加國有企業透明度，提高公民所有者的意識，強化公眾和輿論的監督。其六，可以借鑑瑞典經驗，完善國有企業向國家上繳紅利制度。國家作為國有企業的股東，

有權制定國有企業的分紅政策，決定紅利的用途，利用紅利再投資進一步完善國有資本的產業佈局。通過對國有企業紅利的再投資，以達到調控宏觀經濟的目的。

五、警惕對公益性國有企業的誤判

區分公益性國有企業與競爭性國有企業，強調公益性國有企業的社會效益，這在深化國有企業改革的過程中是一個很好的思路和方向。但是，對於邵寧提到的「公益性國有企業在中央層面包括如石油石化、電網、通信服務等領域的企業」的觀點，我們又不敢苟同，並由此看到劃分公益性國有企業存在誤判的可能。

劃分公益性國有企業，無外乎強調此類國有企業的公益性，即以社會公眾的福祉和利益為出發點，盡力為公眾提供公共產品或者準公共產品。雖然石油、石化、通信等行業在國民經濟發展中通常被認為是戰略性產業，這些產業的競爭力決定著一個國家的競爭力，也是國民經濟是否有活力的具體表現，在經濟發展中的確起著舉足輕重的作用。但是，無論怎樣突出其重要性，這些戰略性產業與提供公共產品和服務的公益性行業之間依然是涇渭分明的。[①] 根據公共產品的定義：公共產品是具有消費的非排他性和非競爭性等特徵的產品。顯然，無論是石油石化產品還是通信網路的服務，都不具有或者說基本不具有非排他性和非競爭性的特徵，因此也都不應該歸為公共產品或者準公共產品。既然石油石化、電信等都是屬於競爭性產品或者服務的提供者，那麼把它們算在公益性國有企業之列的說法就值得商榷。

石油、電信等產業，過去由於民營企業在財力或技術上的原因，無法進入該領域與國有企業競爭，所以為了滿足國家的經濟發展和人民的日常生活需要，政府政策扶持一些該領域的國有企業並且給予其一定的壟斷地位也是可以理解的。但是，隨著民營經濟的蓬勃發展，資本、技術壁壘對於部分民營企業來說已經不復存在，民營經濟完全有能力進入這些領域與國有企業競爭。例如通信領域，現在隨著技術的進步、通信基礎設施的不斷完善以及民營企業的發展壯大，民營企業進入通信行業參與經營競爭是

---

① 張世賢. 戰略性產業何來公益型國企 [J]. 中國經濟周刊, 2011 (12): 18.

完全可行的，政府只需要對其進行必要的監管和宏觀政策上的指導即可。再比如石油石化行業，即使民營企業無法在原油勘探、開發等上游產業參與生產經營，至少在冶煉、銷售等下游產業尤其是銷售環節，民營企業有足夠的能力與實力在市場上與國有企業競爭。但現狀是，民營資本在幾大油企的圍攻之下已經日漸萎縮，逐漸從石油石化的下游產業中退出。而面對這種趨勢，政府依然保持沉默，沒有對完全處於弱勢的民營資本予以政策支持，這本身就表明了一種態度。

中國的石油、電信企業，大部分已經在股票市場上掛牌上市。所謂公益性國有企業，首先必須要強調其所承擔的社會效益，之後才是經濟效益。然而，作為上市公司，在生產經營過程中盈利並向股東分紅、保證投資者的利益是其基本的義務之一，這顯然與公益性國有企業的先「社會效益」後「經濟效益」的目標相衝突。如果確認其為公益性國有企業，那麼企業股東的權益又如何得到保障？顯而易見，將這些國有企業劃分為公益性國有企業是不合適的。

六、結論

國有企業的「公益性與競爭性」分類，為深化國有企業改革提供了一個新的方向。對這兩類國有企業的劃分，尤其是公益性國有企業的提出，是深化國有企業改革的一個有益探索。

公益性國有企業代表政府向社會公眾提供公共產品或準公共產品，無疑是其公益性的良好體現。雖然在公共產品的供給上，公益性國有企業與私人部門一樣可能存在負外部性，但是較之於私人企業，政府治理國有企業負外部性的成本相對要低。在公共產品的定價方面，政府可以直接以國有資產出資人的身分來管制公共產品的價格；政府也可以直接規定公益性國有企業披露相關信息，減少信息不對稱造成的福利損失；政府也能比較容易地收集消費者的訴求，並及時直接反饋給提供公共產品的公益性國有企業。即使公共產品可以通過市場手段來提供，公益性國有企業在這方面的重要性依然不能被忽視。

[本文選自：程民選，王罡. 關於公益性國有企業的理論探討［J］. 當代經濟研究，2014（3）：42-48.]

第二十二章　關於當前國有企業改革的幾個問題

王朝明　李中秋

一、引言

前不久，國資委宣布在 113 家央企中選擇了國家開發投資公司、中糧集團、中國醫藥集團、新興際華集團、中國節能環保集團、中國建築材料集團 6 家非壟斷企業開展「四項改革」試點，其中國家開發投資公司和中糧集團被確定為國有資本投資公司試點單位，屬於體制改革；中國建材集團和中國醫藥集團被確定為混合所有制試點單位，屬於所有制改革；新興際華集團和中國節能環保集團被確定為董事會行使高級管理人員選聘、業績考核和薪酬管理職權制度試點單位，屬於企業主體的改革；另有兩三家央企開展派駐紀檢組試點，屬於保障制度改革。改革實施「一企一策」，不搞「一刀切」，成熟一家，改革一家，終於拉開了這輪深化國企改革的大幕。

這輪國企改革是有其深刻的國內外背景的。1971 年 8 月 15 日，當時的美國總統尼克松宣布，黃金與美元脫鈎，這標誌著世界進入國際金融壟斷資本主義歷史階段；到 2008 年 9 月 15 日，以美國次貸危機演變中雷曼兄弟投資公司倒臺為導火線，資本主義金融危機向全球蔓延，標誌著歷史又到了新的轉折點，意味著西方金融壟斷資本主義已經走到歷史的盡頭，於是西方金融壟斷寡頭要急於轉嫁危機；同時，在 2010 年中國的 GDP 總量超越日本成為僅次於美國的世界第二大經濟體，這實際上意味著中美兩國在經濟上（當然不只是經濟）決一雌雄的時代到來；前一階段「中國威脅

論」「做空中國論」甚囂塵上；美國政府宣布重返亞洲；以安倍為代表的日本右翼政治勢力在二戰后將「軍國主義和法西斯主義」的幽靈演繹到了最危險的歷史階段；1989年蘇東劇變，爾后所謂「顏色革命」屢屢上演，直到今天出現像烏克蘭這樣的地緣政治危機火藥桶；1978年至今，中國已經走到了改革深水區的致命關鍵點。世界向何處去？中國向何處去？在此背景下，我們研討和展開新一輪國企改革。中國能否走和平崛起之路，中國能否抗衡西方反華勢力的顛覆，中國能否實現一百多年以來中華民族的復興之夢，關鍵靠國企，這已經不是空洞的口號、不是簡單的政治說教。具體講，高鐵建設、載人航天、探月工程、蛟龍潛海、超級計算機、大飛機製造等都是國企挑大梁；走創新型國家道路，國企是基石；推進國家治理體系和治理能力現代化，國企是支撐。這些都是毋庸置疑的。但要完成這樣的歷史使命，國企還必須「鳳凰涅槃」，繼續去弊存利、深化改革。時間已經不多，國企能否在這輪改革中做大、做強，將決定中華民族未來的前途和命運。

這輪國有企業改革是一個系統工程，涉及諸多理論與實踐問題，已引起學術界的充分關注和激烈爭論。本文僅就其中爭論交鋒相當關鍵的幾個問題，談談我們的認識和觀點。

二、如何防止國有資產再次大量流失

20世紀90年代，在國企的改制和資產重組過程中，不少地方將國企改制、抓大放小簡單地等同於賣掉國企，市縣一級中小國企幾乎全被賣掉，在產權交易不規範，權力缺乏依法監控和約束的情況下，出賣國企這塊「唐僧肉」，真的成了權貴集團「金蛇狂舞」的免費大餐了，處處掀起低估、低賣國有資產狂潮，處處出現「廟窮方丈富」現象，大量國有資產落入私人腰包，國有資產發生驚人的流失。20世紀80年代，中國國有資產每年流失500多億元，每天平均流失1.3億元，90年代國有資產每年流失高達800億~1,000億元。國有大、中、小企業權益損失占淨資產的比重分別高達15.2%、59.4%和52.8%。這一龐大的國有資產流失不能不說是國民經濟的重大損失。

當前深化國企改革中，如何防止國有資產再次大量流失？2014年3月9日，習近平總書記在談國企改革時明確指出：「發展混合所有制經濟，基

本政策已經明確，關鍵是細則，成敗也在細則。要吸取過去國企改革的經驗教訓，不能在一片改革聲浪中把國有資產變成牟取暴利的機會。改革的關鍵是公開透明。」這給我們防止改革中國有資產再次大量流失，提供了原則指導，指明了基本方向。

截至2013年年底，全國國有企業（非金融）資產總額104.1萬億元，所有者權益37萬億元，分別是2003年的5.5倍和4.7倍，這是全國人民辛勤勞動累積的物質財富，是中國經濟發展的火車頭，是全體人民共同富裕的物質基礎，來之不易，一個銅板都不能丟。因此，為了防止國有資產再次出現大量流失，一是必須規範國有產權交易，公開透明，最大限度地控制自由裁量空間，最大限度地消除尋租空間。二是堅持在增量資產上發展混合所有制，也就是對優質國有資產只做加法不做減法，具體操作可以搞「新項目合資合股」或「老項目吸收參股、增資擴股」，絕不能搞國有資產存量特別是優質存量的大拍賣，絕不能搞國有經濟大規模撤退、大規模減持，堅決防止拋售優質國有資產的行為。三是允許混合所有制經濟實體實行員工持股，這是公有制經濟實現的新形式，也是促成勞資共贏、調動企業積極性的有力手段。但推行國有資本控股企業員工持股試點，要持股者自己掏錢買股增資，不能打國有資產存量的主意，不能借員工持股改革之名行瓜分國有資產之實，不能把國有資產大拆分股量化到員工身上，堅決防止新一輪企業福利侵蝕利潤的現象發生；並且員工持股也要覆蓋絕大多數員工，以促進企業科學決策、民主決策。

三、競爭性領域國企的進與退，混合所有制究竟怎樣「混」

近年來學術界圍繞各種經濟主體在競爭性領域的進與退發生了激烈的爭論，出現了「國退民進」「國進民退」「中退外進」等各種說法。學術上的爭論本無可厚非，但近來有一些提法和觀點值得警惕：

（1）近日世界銀行發表的《2030年的中國》報告中提出，國有資本要逐步退出非公共產品提供領域，除少數國防企業外，其他都要退出，到2030年，國有經濟比重要降低到10%，據說這是中外高級智囊給國企改革設計的路線圖。這份路線圖不能不使人聯想到20世紀80年代世界銀行與美國某些經濟學家為社會主義國家改革設計的「華盛頓共識」，到現在給中

國國企深化改革提供的「佐利克方案」，意欲何為呢？說白了，無非就是要國企無條件全部退出競爭性領域，為私企、外企進入騰出空間，為下一步徹底私有化鋪平道路，再上演一次蘇聯解體、東歐劇變的歷史鬧劇。可以說，西方國家某些政治勢力從未放棄通過各種方式和渠道對中國改革發展方向的戰略性控制及引導，對此必須高度警惕。

　　事實上，讓國企最終全部退出競爭性領域，既是違背黨的十八屆三中全會精神，也是違反市場經濟基本法則的。十八屆三中全會決定明確提出，要確定不同國有企業功能，國有資本要加大對公益性企業投入，服務於國家戰略目標，更多投向關係國家安全、國民經濟命脈的重要行業和關鍵領域，重點提供公共服務、發展重要前瞻性戰略產業、保護生態環境、支持科技進步、保障國家安全。國有資本要投入的這些領域就不乏競爭性領域。同時，按市場經濟法則要求，競爭性領域遵循的基本規則是公平競爭、優勝劣汰，不是人為規定什麼經濟主體該退出、什麼經濟主體該進入，有意人為安排國企最終全部退出競爭性領域，豈不是踐踏市場經濟的基本規則？其實無論國企還是私企在競爭性領域退與不退，完全應該由市場競爭說了算。但2003—2012年近10年期間，全國規模以上的工業企業在結構調整中私企數量增長2.84倍，資產總量增長17.4倍；同期，國有及國有控股工業企業的戶數占比由17.47%下降到5.19%，資產總額由55.99%下降到40.62%；即使這樣還遠遠不夠，要求國有經濟比重要降低到10%乃至以下，若果真如此，中國公有制經濟的主體地位豈不化為子虛烏有了？

　　近幾年國企在改革中競爭力增強，取得了一定發展。於是有人著急了，跳出來一口咬定國企的存在導致不公平競爭，不能讓國企留在競爭性領域。這種看法，完全無視國企30多年改革的成效，絕不承認大中型國企通過公司制改造和建立現代企業制度已經成為獨立的市場主體和法人實體的客觀事實，仍然將其看成改革前一樣的政府企業。這樣置事實於不顧，誓將國企從競爭性領域清除乾淨而后快，目的不說也罷，司馬昭之心路人皆知。

　　(2) 有人提出國企全部退出競爭性領域，是由於國企效率低下，不賺錢，浪費過大。這已經是一種陳詞濫調了。如果說20世紀90年代為止的國企給人印象是經營效果差，靠銀行輸血打氣，整體面臨虧損（當時對國企經營狀況有三個1/3之說）的話，那麼通過20世紀90年代中期以來的一系列改革發展后，國企的管理體制、運行機制、佈局、效率以及企業形態都發生了深刻變化，對當今的國企績效是要刮目相看的，2003—2013年

全國國有企業實現營業收入從 10 萬億元增長到 47.1 萬億元，年均增長 16.8%，實現淨利潤從 3,202.3 億元增長到 1.9 萬億元，年均增長 19.49%，上繳稅金從 8,361 億元增長到 3.8 萬億元，年均增長 16.3%。其中有兩項指標還要特別提出：一是，以 2013 年為例，全國國有企業上交稅費 3.8 萬億元，而當年全國稅收收入為 11 萬億元，國有企業上交稅費占比為 3 成，由此可見國企對經濟發展的貢獻。二是，國企是帶著歷史包袱在市場上競爭的，私企沒有這種包袱。截至 2012 年年底，僅央企辦離退休人員管理機構、醫療衛生機構、消防、市政等社會職能機構 8,000 多個，每年補貼 400 多億元；這雖然是中國社會保障體制改革沒有最終到位的拖累所致，但客觀上國企與私企並不是在同一起跑線上開始競爭的。

當然，這並不是說目前國有企業經濟指標完全沒有問題。財政部《2013 年全國國有企業財務決算情況》[①] 數據顯示，2013 年國企利潤總額 2.6 萬億元，同比增長 5.3%，營業總收入為 47.1 萬億元，同比增長 10.8%；同年，國有企業負債總額 67.1 萬億元，同比增長 16.7%，國有企業資產總額 104.1 萬億元，同比增長 16.3%；出現了利潤增幅小於營業總收入增幅、負債增幅大於資產增幅的問題。通過對決算數據的分析發現，這些問題產生的主要原因在於：一是財務費用占利潤比重居高不下。即使到 2014 年上半年，國企財務費用仍大幅上漲，連續 4 個月出現成本增幅高於收入的「倒掛」現象，造成此種狀況的原因除了企業融資難、融資貴，以及財務管理不規範之外，其中企業高管層過度偏高的薪酬水平和不合理的職務消費或業務消費無疑是其重要推手。二是強化核心競爭力以及創新不夠。有的國企的規模擴張還是停留在簡單通過兼併重組、擴大產能等方式，沒有注重提高資源配置能力和自主知識與技術的創新能力，不僅在技術、設計、品牌方面，而且在經營管理方面強化核心競爭力及創新都不夠。三是受行業價格波動和全球經濟持續衰退的影響。2013 年下半年能源、鋼鐵等行業的市場價格走低，致使一些國企的利潤增長放緩；同時一些涉外經營的大型國企（如中國遠洋運輸集團總公司）受全球經濟復甦放緩引起的遠洋干散貨運輸市場需求疲軟、集裝箱和干散貨運價低迷、新增運力過剩等因素影響而出現虧損。所有這些問題及原因，不外乎表明國有企業尤其是有些

---

① 中國財政部企業司. 2013 年全國國有企業財務決算情況［EB/OL］. http://qys.mof.gov.cn/zhengwuxinxi/gongzuodongtai/201407/t20140728_1118640.html.

央企的這種「大而不強」的矛盾越來越突出，改革勢在必行。值得提出的是，國企必須深化改革，這似乎已是共識，但該如何改革，學術界爭論不少，我們認為其中最根本的分歧還是在於是通過改革讓國企真正大而強呢，還是讓其萎縮消退。這實在是觸及能否確保中國公有制主體地位的致命底線！這也是我們堅持前一種觀點的根本原因所在。

（3）還有人提出，國有經濟要退出石油、電信、鐵道、金融等重要行業，否則國企就是與民爭利。這就令人匪夷所思了。國有經濟資產本身就屬於全國人民，代表全體人民利益，實施民主管理，造福人民福祉，本身就是最大的民利，怎麼是與民爭利？！邏輯上講不通。

事實是，一旦國有經濟完全退出，中國必然墜入徹底私有化、西方附庸化的深淵！更何況目前中國私有資本與西方金融壟斷資本相比較，根本不是一個量級上的實力對手，國有經濟完全退出的空間（尤其是有大營利或能掌控經濟命脈的領域）會被西方金融壟斷資本迅速占據並牢牢地控制，中國經濟的殖民化就不可避免，中國政治、文化、社會隨之發生方向性質變，不說大家都懂的。所以，搞好國企的進與退仍然要按照黨的十八屆三中全會決定的精神，優化國有經濟佈局，準確界定國有企業的不同功能，明確投資方向，確定持股比例。

黨的十八屆三中全會決定將改革以來的混合所有制試點提高到基本經濟制度實現的高度，做出了更加詳細的闡述和具體部署，提出積極發展國有資本、集體資本、非公有資本等交叉持股、相互融合的混合所有制經濟，是中國基本經濟制度的重要實現形式。[①] 其實黨的十五大報告就首次提出了「公有制經濟不僅包括國有經濟和集體經濟，還包括混合所有制經濟中的國有成分和集體成分」；接著，黨的十六大又再次指出要「積極推行股份制，發展混合所有制經濟」；黨的十六屆三中全會通過的《中共中央關於完善社會主義市場經濟體制若干問題的決定》進一步指出，建立現代產權制度「有利於各類資本流動和組合，推動混合所有制經濟發展」；黨的十七大更是明確指出，「以現代產權制度為基礎，發展混合所有制經濟」。利用這樣的資產組織形式，改革的初衷是要達到對內規範產權約束、完善治理結構、增強競爭活力，對外吸引社會融資、壯大資本實力、擴大影響力，增強自主創新力的目的；決非簡單地讓國企出賣產權、退出陣地、收縮規模，搞

---

① 中共中央關於全面深化改革若干重大問題的決定 [M]. 北京：人民出版社，2013：8-10.

什麼「國退民進」或「中退外進」。

所謂混合所有制經濟，是指不同所有制性質歸屬的資本在同一企業內部通過交叉持股、相互滲透、相互融合而形成的一種新的產權配置結構和所有制實現形式。實踐中股份制經濟組織通常是混合所有制經濟最具體的現象形態。可見，混合所有制經濟、股份制經濟組織都是所有制實現途徑中的各級工具而已，本身無性質可言。但不同所有制性質歸屬的資本進入到同一企業內部「混合」之后，如果又以股份制經濟形式為載體，那麼在這個「混合」經濟實體之中，哪種所有制性質歸屬的資本控股，這個經濟實體的性質就由這種控股資本的所有制性質確定了。顯然，在當今市場經濟環境中，一種性質的所有制經濟在混合所有制經濟形態中能否掌握控股權就決定了其在整個社會經濟發展中的主體地位和作用。因此，國有經濟能否在這輪改革中真正發揮主導作用，真正增強活力、控制力和影響力，關鍵也就在這裡。如果各地方政府在制定混合所有制改革實施細則的方案中只是考慮非公有制經濟怎樣到國有經濟中混合、怎樣掌握控股權，而不讓國有經濟到非公有制經濟中混合併掌握控股權，那麼上述國有經濟的「一主三力」也就只能是停留在中央文件上的空洞詞句而已。當前操作混合所有制改革實踐中，有些言論和做法，就像把發展混合所有制當成目的而不是手段；發展混合所有制要求國企只混不控（你要去控股就是搞「一股獨大」，就是「與民爭利」），不設底線，並且是國混私不混；名義混合共進，實則「一混了之」，甚至「以賣代混」，等等，都是值得注意的傾向，都有可能把混合所有制改革引向邪路，最終葬送掉國有企業。

四、如何科學把握反壟斷問題

有人說，目前國企績效是靠壟斷取得的，國企的利潤只是會計利潤不是經濟利潤；一說國有大企業就會被人為籠統貼上「壟斷」標籤。事實是到 2013 年年底，全國共有國有企業法人（非金融）15.5 萬戶，其中央企 5.2 萬戶，地方國有企業 10.4 萬戶。經過重組，截至 2014 年 1 月，國資委直接管理的央企數量只有 113 家，多數企業已經不具有傳統意義上的壟斷性質，比如石油行業就有中石油、中石化、中海油三家企業競爭，電信行業也有中國移動、中國聯通和中國電信三家企業，可見央企既有壟斷也有競爭，而絕大多數國企是非壟斷企業。綜合各項指標，國企整體運行比較

穩健，績效總體比較好。截止到 2013 年年末，國有企業實現利潤總額為 2.6 萬億元，其中央企為 1.7 萬億元，地方國企為 0.89 萬億元。在 2014 年全球財富榜上有國資委直屬的企業 43 家，其中集中在軍工、電信、電力、石油石化、鐵路公路、煤炭、遠洋運輸 7 個壟斷行業的 15 家央企實現利潤總額 0.4 萬億元，占央企利潤的 21%，占國企利潤的 15%，可見國企利潤中只有不足 1/7 的部分來自於壟斷央企，絕大多數利潤是非壟斷國有企業創造的。

有人認為，國企合併上規模、轉型升級調結構就是走向壟斷。其實經濟學上企業規模與壟斷是有所區別的，不能說企業規模大就必然是壟斷。就拿現代經濟學來說，最理想的市場狀態是完全競爭，一旦競爭受到限制，就會產生壟斷或寡頭壟斷或壟斷競爭。壟斷主要有自然壟斷、行政壟斷和資源壟斷三種形式，中國國有企業的壟斷多數屬於后兩種情況。由於壟斷廠商面臨向下傾斜的市場需求曲線，產量小於競爭產量，所以不管哪種壟斷都必定會帶來福利損失。

一個企業要發展和壯大，就要不斷擴大資產規模和生產能力。具體而言，規模是指生產要素和生產能力的集中程度。現行的企業規模劃分指標是從業人數、銷售額和資產總額。理論上來講，只要還在規模經濟範圍內，企業的產能就越大越好。所謂的規模經濟，是指平均成本隨生產規模的擴大而下降。如果一家廠商的平均成本在市場可能出現的產量範圍內是遞減的，就會出現自然壟斷。可見，壟斷和規模的確密切關聯。

當然，不能簡單地把規模和壟斷等同起來，兩者是有重大區別的。首先，兩者手段不同，壟斷以價格競爭和進入壁壘為手段，規模以擴大再生產或者資本聯合為手段；其次，兩者目的不同，規模的擴大只是企業生存和發展的必然要求，以獲得生產利潤為目的，而壟斷以獲得高額壟斷利潤為目的；最后，兩者結果不同，壟斷帶來產量受限制、研發減少、尋租等低效率后果，而在規模經濟範圍內，規模的擴大會帶來成本降低和利潤的增加。

不可否認，規模擴大是壟斷的前提，之所以很多人把規模的擴大等同於壟斷，可能就是這個原因。但是規模擴大並不必然帶來壟斷，合理的規模是企業發展的必然要求，其發展的方向是受很多因素影響的。

總之，對於壟斷究竟該怎麼看，這是理論上還值得深入研究的問題。一般來講，壟斷是市場經濟中的經常現象，是自由競爭發展到一定階段的

必然結果；同時，壟斷也要受到特定經濟制度的影響。具體講，對於壟斷的認識，應該有兩點基本的把握：一是性質的把握。對於壟斷不能僅僅做抽象的討論。在現實經濟活動中，壟斷都存在於不同類型的市場經濟且受基本經濟制度的影響，於是就有資本主義市場經濟的壟斷和社會主義市場經濟的壟斷。前者通過自由競爭、資本累積、生產集中到一定程度必然形成壟斷，其中剩余價值規律發揮了根本性作用，壟斷在生產和流通中表現出的獨占或排他性佔有就是受這個規律的支配。並且資本主義市場經濟的壟斷的出現是以資本主義私有制為基礎的，它代表了現代資本主義金融資本和國家壟斷資本統治最深厚的經濟根源與社會基礎，將不斷影響資本主義基本矛盾的深化。而后者出現在社會主義市場經濟之中，就中國而言壟斷並不代表公有制為主體的基本經濟制度的性質，它與漸進性改革中國家行政性干預的調整以及某些資源稀缺產業的成長有關。這種行政性壟斷和資源壟斷，也會抑制競爭、阻礙創新甚至侵蝕消費者利益。當然，壟斷也並非一無是處，它能發揮規模效應優勢，降低交易成本和管理成本，有足夠財力進行技術研發。二是法律的把握。由於壟斷終究會破壞市場活力，干擾公平競爭，降低市場配置資源效率，對於這種在市場中無論是通過橫向結構（企業合併）還是橫向協議或縱向限制的壟斷行為都以法律形式加以懲處和控制，是世界上市場經濟國家的通行做法（如美國國會 1890 年就通過實施了《謝爾曼反托拉斯法案》）。中國在 2008 年 8 月正式執行《反壟斷法》，對壟斷行為有明文規定：「（一）經營者達成壟斷協議；（二）經營者濫用市場支配地位；（三）具有或者可能具有排除、限制競爭效果的經營者集中。」同時也規定「經營者可以通過公平競爭，自願聯合，依法實施集中，擴大經營規模，提高市場競爭力」。可見，反壟斷不是制止企業上規模、集中化，而是依法打擊有意結成壟斷同盟，利用市場支配地位操縱價格、牟取暴利，損害消費者權益的各種非正當競爭行為。西方國家也是如此認識的。近來國家發改委、國家工商總局對奧迪、克萊斯勒、奔馳、微軟、高通等外資跨國公司企業在中國市場的壟斷行為進行調查取證，就是依法反壟斷的典型案例。當然，法律面前企企平等，政府依法反壟斷的行為不會僅針對外資企業，對國內企業的壟斷行為尤其是與老百姓日常生活緊密相關的水、電、氣、油、電信、金融等行業中的行政性壟斷也要敢於亮劍出擊，中國反壟斷巨輪才能破冰踏浪，走上法治運行的航道。

五、如何正確認識加強反腐敗與深化國有企業改革的關係

近期在石油、能源、鐵路、金融等央企連續爆出腐敗大案要案，影響極壞，說明國企確有腐敗問題。但反腐敗不是要反掉國企，中國的腐敗在本質上是公權私用、化公為私、中飽私囊，絕不是全民所有制本身。倒掉洗澡水，不能將孩子也倒掉，這是一個常識問題。這些年國企的腐敗，實際上是權貴利益集團利用國企改制中出現的資產管控漏洞，使有些全民財產變成了他們自己的私產，甚至變成了外國資本的財產。所以，加強反腐敗與深化國有企業改革是並行不悖的，是銜接配套的，決不允許一邊推改革、一邊搞腐敗的假改革再度泛濫。深化國有企業改革，加強制度建設，打虎拍蒼蠅，使大小腐敗分子在國企無處藏身、無空可鑽，國企才能正本清源，迴歸真正代表人民利益的軌道上來。可以說，國企裡腐敗分子不除，國難未已！

國企有腐敗，並不意味私企無腐敗。有人認為，國有企業制度必然導致嚴重腐敗，這是一個極其錯誤的結論。在當今中國轉型過程中，無論國企還是私企，都面臨著腐敗的挑戰。北京師範大學等單位發布的《2013中國企業家犯罪報告》對企業家犯罪案件的調查顯示，2013年463例企業家犯罪案件中，國企企業家犯罪案件110例，占23.8%；民企企業家犯罪案件353例，占76.2%。其實在日益市場化的環境裡，這些數據都不能完全證明哪種企業制度能夠撇清腐敗。哪種企業制度必然催生腐敗，企業腐敗從表現來看，絕大多數是職務經濟犯罪，國企、私企企業家犯罪涉案有一個共性，就是過半數案件發生在企業內部財務管理環節。管理不善，任何企業都有可能出現腐敗問題。對國企存在的腐敗問題，必須通過深化改革、加強監管、嚴肅法紀加以解決，必須將權力關進籠子裡，這需要制度的細化配置與堅決有效的執行來保證。

另外，央企負責人薪酬制度存在結構不合理、監管體制不健全、國企內部高管人員與普通員工的收入差距過大（如目前央企負責人平均年度薪酬與企業職工平均工資的差距較大）、國有資本收益全民分享問題等，都要通過深化國企內部勞動、人事、分配三項制度改革，建立健全國有資本收益分享收益機制來解決。要建立反應勞動力市場供求關係和企業經濟效益的工資決定及正常增長機制；要合理確定、嚴格規範國企管理人員薪酬水

平，實行薪酬水平適當、結構合理、管理規範、監督有效的原則，調整央企負責人過高收入，對行政任命的國企內部高管人員薪酬水平實行最高限制，推廣薪酬延期支付和追索回扣制度，避免虧損企業高管依然獲得高薪的怪現象，堅決查處國企高管人員在下屬分支公司以任何變相方式支取薪酬或勞務金；要堅持政府監管和企業自律相結合，完善中央企業薪酬監管體制機制，規範央企負責人履職待遇和業務支出，除規定的履職待遇和業務支出外，國企負責人沒有其他「職務消費」，堅決根除按職務設消費定額並量化到個人的做法；要全面建立覆蓋全部國企、分級管理的國有資本經營預算和收益分享制度，合理分配和使用國有資本收益（如著重投入社保、救災、教育、衛生等民生建設），擴大國有資本收益上繳範圍，按照黨的十八屆三中全會決定的精神，到 2020 年國有資本收益上繳公共財政的比例要提高到 30%，更多地用於保障和改善民生。

　　上述分析，只是針對深化國有企業改革的某些觀點談了我們的看法，並不是說國企已經完美無缺，無須改革。恰恰相反，國企要承擔好社會責任，完成自己的歷史使命，必須繼續深化改革。但問題是在根本原則上怎樣對待國企深化改革，是讓國企在這輪改革中做大做強，還是清除國企，全盤私有化。這實在是當前國有企業改革中根本對立的兩條道路。同時，大力發展非公有制經濟是中央歷來確定的「兩個毫不動搖」的大政方針之一，上述分析僅涉及國有企業深化改革，沒有論及怎樣大力發展非公有制經濟，並不意味著發展非公有制經濟可有可無。恰恰相反，非公有制經濟的健康發展是壯大社會主義初級階段經濟基礎的重要力量，這也是毋庸置疑的。但問題是如果以發展非公有制經濟為名，實則搞全盤私有化，企圖改變社會主義初級階段基本經濟制度的性質，就會使發展非公有制經濟偏離正確的方向。

　　可以說，當前中國改革已經進入深水區，改革每進一步都是啃硬骨頭、每出一策都會觸及敏感的利益關係，於是改革的方向和性質的把握就顯得尤為關鍵和重要。在改革繼續前進的道路上，怎樣既排除掉否定改革、退回老路的思想干擾，又防止改變方向、顛覆性質的理論攻擊，黨的十八報告中明確提出的「既不走封閉僵化的老路、也不走改旗易幟的邪路」是目前理論研究和改革實踐中需要深刻領悟、時時堅持的重大標準。

參考文獻:

[1] 楊瑞龍. 現代企業產權制度 [M]. 北京: 中國人民大學出版社, 1996: 4.

[2] 吳忠良, 等. 國有資產管理體制改革新探 [M]. 北京: 經濟管理出版社, 2002: 115.

[3] 中國財政部企業司. 2013 年全國國有企業財務決算情況 [EB/OL]. http://qys.mof.gov.cn/zhengwuxinxi/gongzuodongtai/201407/t20140728_1118640.html.

[4] 中共中央關於全面深化改革若干重大問題的決定 [M]. 北京: 人民出版社, 2013: 8-10.

[5] 王勇. 國務院關於國有企業改革與發展工作情況的報告 [EB/OL]. http://www.npc.gov.cn/npc/xinwen/2012-10/26/content_1740994.htm

[6] 江澤民. 高舉鄧小平理論偉大旗幟, 把建設有中國特色社會主義事業全面推向二十一世紀——在中國共產黨第十五次全國代表大會上的報告 [M]. 北京: 人民出版社, 1997: 21.

[7] 江澤民. 全面建設小康社會, 開創中國特色社會主義事業新局面——在中國共產黨第十六次全國代表大會上的報告 [M]. 北京: 人民出版社, 2002: 26.

[8] 中共中央關於完善社會主義市場經濟體制若干問題的決定 [M]. 北京: 人民出版社, 2003: 4.

[9] 胡錦濤. 高舉中國特色社會主義偉大旗幟, 為奪取全面建設小康社會新勝利而奮鬥——在中國共產黨第十七次全國代表大會上的報告 [M]. 北京: 人民出版社, 2007: 26.

[10] 財富中文網. 2014 年財富世界 500 強排行榜 [EB/OL]. http://www.fortunechina.com/fortune500/c/2014-07/07/content_212535.htm

[11] 約瑟夫·斯蒂格利茨. 經濟學 (上冊) [M]. 黃險峰, 張帆, 譯. 北京: 中國人民大學出版社, 2010: 243、244、260、262、267、269、289-293.

[12] 中華人民共和國反壟斷法 [M]. 北京: 中國法制出版社, 2007: 3.

[13] 北京師範大學中國企業家犯罪預防研究中心. 2013 年中國企業家

犯罪報告［EB/OL］. http://news.jcrb.com/jxsw/201401/t20140105_1298885.html.

［14］網易財經. 2012年國企（非央企）在職職工工資報告［EB/OL］. http://money. 163.com/special/soes_wage2012/.

［15］胡錦濤. 堅定不移沿著中國特色社會主義道路前進，為全面建設小康社會而奮鬥——在中國共產黨第十八次全國代表大會上的報告［M］. 北京：人民出版社，2012：10.

［本文選自：王朝明，李中秋. 關於當前國有企業改革的幾個問題［J］. 當代經濟研究，2015（3）：44-50.］

第二十三章 中國國有企業改革演進：另一種視角的解讀

丁任重　　王繼翔

一、引言

　　近幾十年來，關於國有企業改革的爭議不斷。20世紀80年代以后，中國的國有企業改革採取了出售、兼併、破產、拍賣、股份制等多種方式和形式，國企改革的大體趨勢是「國退民進」。目前，通過產權置換，中國大多數國有企業已轉化為股份制或民營企業，現有的國有企業為數已不多，多集中在軍工、電網電力、石油石化、電信、煤炭、民航、航運等七大行業裡。而這些面臨改革的大型國有企業關係到國防安全、國家經濟命脈，與社會關聯度很強，其改革成功與否，關係到中國整體經濟改革和國民經濟的命運。

　　關於國有企業改革的走向問題，國資委主任李榮融曾提出，隨著政府對宏觀經濟調控能力的提高，國有經濟在企業中的比例應該是下降的。然而，金融危機以來，「國進民退」這樣的詞語屢屢見諸報端，「國進民退」現象引發了大眾的強烈關注。比如，當仁不讓的國企「地王」、山東鋼鐵合併日照鋼鐵、山西煤炭產業整頓小煤礦等新聞充斥媒體頭條。輿論對於央企財大氣粗地「圈地」「蛇吞象」式地併購效益更好的民企、以行政手段對民營小煤礦進行兼併重組等多有質疑和批評，擔心「國進民退」「與改革開放背道而馳」「中國經濟將可能出現倒退」，經濟學界也重新掀起了對國有企業改革走向的大討論。為此，本文就中國國有企業改革的路徑及今后改革的取向等談一下看法。

二、中國國有企業改革的歷程

中國經濟體制改革發端於國有企業改革,從 1978 年至今,國有企業改革可以分為以下幾個階段[①]:

1. 第一階段(1978—1980 年)

擴大企業的經營自主權,增強企業的活力,不僅是城市經濟體制改革的出發點,也是城市經濟體制改革的目的。企業改革的第一階段,以擴權試點為突破口,著重調整國家與企業的經濟關係,主要內容是擴權、減稅、讓利,使企業擁有一定的自主財產權和經營權。擴大企業自主權的試點工作,最先出現在四川。

1978 年 10 月,四川省委在重慶鋼鐵廠、成都無縫鋼管廠、寧江機械廠、四川化工廠、新都氮肥廠、南充綢廠 6 家企業開始擴大企業自主權的試驗。企業自主權的擴大初步改變了企業不瞭解市場需要、不關心產品銷路、不關心盈虧的狀況,開始建立和增強了經營觀念、市場觀念、競爭觀念和服務觀念,促進了技術進步和產品質量的提高,取得了較好的經濟效益。但是,由於當時各方面的改革未能配套進行,企業與主管部門的行政隸屬關係沒有根本改變,國家賦予企業的各項權利由於各級部門的截留而沒有完全落實,這就影響了擴權改革的效果。

2. 第二階段(1981—1982 年)

這一階段國企改革的主要內容是試行經濟責任制。在擴權試點的基礎上,對工業企業試行以利潤包干為主的經濟責任制。這種辦法實施方便、任務明確、考核簡單,企業在完成包干任務后可獲得超收利潤的大部分。這種經濟責任制以提高經濟效益為目的,同時也調動了企業的積極性,因而比企業擴權改革又前進了一步。但當時由於各種經濟關係尚未理順,出現了國家集中的財力過少,資金過於分散的情況。為了確保國家的重點建設,進一步調整國民經濟的比例關係,1983 年開始在全國範圍內實行利改稅。

3. 第三階段(1983—1986 年)

這一時期國企改革的主要內容是實行利改稅。以前的擴權、利潤留成

---

① 趙國良,丁任重. 現代企業制度論 [M]. 成都:西南財經大學出版社,1996:79-89.

改革對調動企業積極性起了一定作用，但是，由於企業盈利水平受多種因素的影響，國家與企業之間的利益關係並不固定，因而在實踐中出現了一些新的矛盾，主要表現為企業之間留利水平不平衡，出現了苦樂不均的現象，起不到鼓勵先進、鞭策后進的作用。為了改變這種狀況，國家決定進行利改稅試點。1983 年 6 月，在各地試點的基礎上，在全國範圍內實行了以稅利並存為特點的第一步利改稅。1984 年 9 月，國務院開始實行把稅利並存過渡到完全的以稅代利的第二步利改稅。實踐證明，實行利改稅，對於完善經營責任制、調動企業的積極性、促進經濟發展等，都有重要的意義。

4. 第四階段（1987—1991 年）

該階段國企改革的主要內容是完善企業的經營機制。這一時期，企業改革進入了以全面推行承包制為特徵的轉移企業經營方式階段。各地區根據不同行業和不同企業的特點，進行了多種經營方式的探索，如租賃制、股份制、資產經營責任制等。實踐證明，在當時的情況下，承包制是增強企業活力、提高經濟效益和推動國民經濟發展的一個有效形式。它使一些瀕臨破產、經常吃國家補貼的企業，一舉擺脫了連年虧損的狀況；同時，又向那些安於現狀的企業注入了活力，提高了企業的生產積極性，也打破了「大鍋飯」，使職工群眾的積極性和創造性充分地釋放出來。但是在承包制的實踐過程中，也出現了一些值得注意的問題，如行為短期化問題、行政干預強化、改革方式不規範等。

5. 第五階段（1992 年至今）

從 1992 年至今，國企改革的主要內容是轉換企業經營機制，建立現代企業制度。在鄧小平同志「南方談話」精神的鼓舞下，企業改革的力度逐步加大，外部環境逐步得到改善。黨的十四大明確了中國經濟體制改革的目標是建立社會主義市場經濟。黨的十四屆三中全會進一步明確了建立現代企業制度是國有企業改革的方向，從而把企業改革推向一個新階段。這一時期企業改革的突出特點是，按照建立社會主義市場經濟體制的目標要求，建立適應市場經濟要求的產權明晰、責權明確、政企分開、管理科學的現代企業制度，把國有企業塑造成為獨立的法人實體和市場競爭主體。

從上述階段可以看出，國有企業改革是經濟體制改革的中心環節，而國有企業改革的目標就是使企業成為商品生產者、成為市場主體，這是中國經濟體制改革的主旋律，也是理論界和實際部門的共識。如 20 世紀 80

年代初,蔣一葦提出「企業本位論」①,就認為社會主義經濟的基本單位是具有獨立性的企業,企業必須是一個能動的有機體,應當給予企業適當自我擴充、自我發展的條件,使企業有選擇權和自主權,以及其他作為一個商品生產者的獨立利益。國家與企業的關係是國家應當從外部領導和監督經濟組織,而不是作為經濟組織(企業)內部的上層機構直接指揮其日常活動。國家與企業之間不應當是行政隸屬關係,而只能是一種經濟關係,對企業的領導和管理應採取經濟手段。但在改革過程中也存在著另外一類觀點。如金碚等提出了「國有企業是特殊企業」的觀點。他認為,按照建立現代企業制度的方式改革國有企業,絕不是要建立一種可以普遍適用於中國現有的所有國有企業的企業制度,用規範一般企業的規則來規範中國所有的國有企業。中國國有企業現實可行的改革道路只能是:凡是不宜實行國有制的企業應實行非國有化,改制為其他公有制實現形式、混合所有制形式或者非公有制形式。這些企業將按一般的現代企業制度的規則運行。凡是必須保持國有制的企業,不要幻想實行一般適用的企業制度,模仿國外私有企業的運作方式,而是要按現代國有企業制度的內在要求,借鑑各國國有企業管理和改革的經驗,建立起適應於中國國有企業的有效的管理體制,實現嚴格保衛資產安全前提下的較高經濟效率並以配備優秀管理人才來彌補國有制難以完全避免的弱點②。

三、國有制的管理與經營:馬克思和恩格斯的論述

從中國國有企業改革的歷程來看,理論界對國有企業的定位和作用是有不同看法的,而這一點對未來國有企業改革又是至關重要的。我們認為要理清這一問題,重溫一下馬克思、恩格斯的有關論述是十分必要的。

1. 國有制的建立

馬克思和恩格斯認為,資本主義私有制與生產社會化的矛盾的發展,迫使資產階級在私有制的範圍內對生產關係做局部調整,把個別財產聯合為集團財產,又把集團財產轉變為國家財產,實現生產的國有化,但這並

---

① 蔣一葦. 企業本位論 [G] //蔣一葦. 中國社會科學院學者文選. 北京:中國社會科學院出版社,2006:205-214.

② 金碚,等. 國有企業根本改革論 [M]. 北京:北京出版社,2002:3-4.

沒有從根本上解決總矛盾。因為無論是轉化為股份公司，還是轉化為國家財產，都沒有消除生產力的資本屬性，經濟危機暴露出資產階級無法繼續駕馭現代生產力，解決的辦法只能是在事實上承認現代生產力的社會屬性，由社會公開地和直接地佔有生產資料。所以，社會主義社會建立之後，就存在著國家所有制。這是因為，無產階級革命打碎了舊的國家機器之後，必須建立新的國家機器，靠國家政權的力量剝奪剝奪者，使國家代表社會佔有生產資料。「無產階級將取得國家政權，並且首先把生產資料變成國家財產。」① 這時，國家是「以社會的名義佔有生產資料」②。

　　馬克思和恩格斯設想，在未來的公有制社會中，生產組織將構成一個大聯盟的形式：「工人階級知道……以自由的聯合的勞動條件去代替勞動受奴役的經濟條件，需要相當一段時間才能逐步完成（這是經濟改造）。這裡不僅需要改變分配方法，而且需要一種新的生產組織，或者毋寧說是使目前現代工業所造成的有組織的勞動中存在著的各種生產社會形式擺脫掉（解除掉）奴役的鎖鏈和它們的目前的階級性質，還需要在全國範圍內和國際範圍內進行協調的合作。」③「這種組織不但應該在每一個工廠內以工人的聯合為基礎，而且應該把這一切聯合體結成一個大的聯盟。」④ 在向共產主義過渡的過程中，大聯盟的基礎則是國家所有制。這是因為，在共產主義的低級階段，勞動聯合體還有著自己的局部利益，勞動聯合體與社會大聯盟之間還存在著根本利益一致基礎上的利益差別。這時就需要國家作為社會正式代表的中心，組織、調節各個勞動聯合體在經濟利益上的矛盾，保證社會全體人民根本利益的實現。

　　2. 國有制的經營方式

　　傳統的觀點認為，國有制的管理體制應當是「國家所有、國家經營」的模式，但事實上這種觀點並不是馬克思和恩格斯的原意。在共產主義的低級階段上，或者在向完全的共產主義社會過渡的這一長久的歷史階段上，在還存在著國家所有制的條件下，將採取什麼樣的經營方式呢？馬克思和恩格斯認為，在社會主義的國家所有制建立之後，基層經濟單位採取合作

---

① 馬克思恩格斯選集：第 3 卷 [M]．北京：人民出版社，1972：320.
② 馬克思恩格斯選集：第 3 卷 [M]．北京：人民出版社，1972：320.
③ 馬克思恩格斯選集：第 2 卷 [M]．北京：人民出版社，1972：416.
④ 馬克思恩格斯選集：第 2 卷 [M]．北京：人民出版社，1972：333.

社的形式，並以此作為向完全的共產主義過渡的中間環節。恩格斯指出：「在向完全的共產主義經濟過渡時，我們必須大規模地採用合作生產作為中間環節。這一點馬克思和我從來沒有懷疑過。」① 在這種條件下，其經營方式是國家擁有生產資料的所有權，但同時國家並不直接佔有生產資料，而把這些國有的生產資料交給合作社使用，採用「國家所有、合作經營」的形式。

3. 國有制要適應生產力的發展狀況

馬克思、恩格斯雖然認為在社會主義社會應當建立國有制，但他們並不認為國有制適用於整個國民經濟，而是認為國有制有一個發展的過程，國有制的發展必須適應生產力的發展水平。恩格斯在《共產主義原理》中就說過，關於生產資料國有化的「所有這一切措施不能一下子都實行起來，但是它們將一個跟著一個實行。只要向私有制一發起猛烈的進攻，無產階級就要被迫繼續向前邁進。把全部資本、全部農業、全部工業、全部運輸業和整個交換都愈來愈多地集中到國家手裡」②。在《共產黨宣言》中也說過，無產階級在奪取政權後，只能「一步一步地奪取資產階級的全部資本，把一切生產工具集中在國家即組織成為統治階級的無產階級手裡」③。經典作家在這裡說得十分清楚，對資本只能「一步一步地奪取」，國有化措施只能「一個跟著一個實行」，不可能在一個短時期內一下子全部完成。這是因為，一方面對生產資料實行國有化依靠的是新的政權的力量，而在無產階級革命勝利後，新政權的建立和鞏固需要一段時間；另一方面是生產資料的國有化必須適應生產力的發展水平，隨著生產力的發展而逐步擴展國有化的範圍，提高生產資料的集中程度。

國家所有制要適應於生產力的發展水平，恩格斯的這個思想意味深遠。在生產的社會化達到了很高程度時，它要求實行更大社會範圍內的管理，而其他的管理都成為它的桎梏，這時國家出面佔有生產力才具有必然性，才會進一步推動生產力的發展。恩格斯深刻地指出：「只有在生產資料或交通手段真正發展到不適於由股份公司來管理，因而國有化在經濟上已成為不可避免的情況下，國有化……才意味著經濟上進步，才意味著在由社會

---

① 馬克思恩格斯全集：第36卷 [M]. 北京：人民出版社，1972：416.
② 馬克思恩格斯選集：第1卷 [M]. 北京：人民出版社，1972：221.
③ 馬克思恩格斯選集：第1卷 [M]. 北京：人民出版社，1972：221.

本身佔有一切生產力方面達到了一個新的準備階段」①。反之，如果生產資料的集中程度超越了生產力的發展程度，國有化的措施超越了生產力的水平，那麼國有化就不具有經濟上的合理性，這種過度的國有化就會阻礙生產力的發展。

四、國有企業改革演進——國外國有企業情況

以史為鏡可以知興衰，沒有比較就沒有鑑別。國有企業的改革，離不開對其歷史階段的審視。

國有企業在20世紀初的歐洲國家興起，在第二次世界大戰結束後迅速發展，80年代後期逐步走向衰落。其間值得一提的是1929年的世界經濟大危機對國有企業的推動作用。由於市場失靈，凱恩斯主義興起，政府積極干預經濟成為各國政府普遍採用的手段。人們意識到政府對經濟的強有力干預並且控制經濟中的某些關鍵領域能夠解決市場失靈和巨型私人企業濫用市場權利問題。因此，西方許多國家，如義大利、德國、西班牙、英國、法國等都開始了大規模的國有化運動。20世紀40年代到70年代，國有企業進入鼎盛發展時期，歐洲國家的計劃經濟和國有化程度達到了前所未有的程度，政府接管了大部分交通基礎設施和能源領域的企業。在發展中國家，印度、埃及、韓國等普遍實行了國有化政策，而且比重大都比發達國家還高。世界上第一個社會主義國家蘇聯更是把國有企業作為社會主義的經濟基礎廣泛建立起來。這段時期，國有企業作為資源的組織方式，促進了經濟的快速增長，也對緩解經濟週期波動起到了較大作用。

隨著市場經濟的不斷成熟、完善，私有制經濟活力得到提高。20世紀80年代後期，國有企業經營機制僵化、經濟效益低下的弊端逐漸暴露出來，顯現出的低效率使私有化在各國此起彼伏地進行著。到1997年，在英國經濟中幾乎不再存在國有企業。西方國家國有企業的大力民營化使經濟效率有了不同程度的提高，然而也都不約而同地出現了不少共性問題：公眾利益和社會福利受損；國有資產流失嚴重；收入、分配懸殊使貧富差距拉大；失業率長期居高不下，社會矛盾日益尖銳。有的企業不過變換了形式，由政府壟斷變成了私人壟斷，原先為公民提供「公共服務」（如供水、

---

① 馬克思恩格斯選集：第3卷 [M]. 北京：人民出版社，1972：317.

供電、郵政等）的企業為追求利潤而置大眾利益於不顧。改革遺留的諸多問題招致民眾極大不滿。因此，進入 21 世紀后，原實行私有化的國家對部分產業又重新實行了國有化。典型的有俄羅斯、南美三國對石油產業的再國有化，英國政府對鐵路工業的再接管，甚至日本在 2003 年也提出了對不良銀行進行國有化的方案[1]。

當今國有企業仍廣泛存在於世界各國，只不過比重不同而已。在西方發達國家中，由於美國有比較成熟的市場經濟、高度發達的生產力，實行市場調節、保護競爭的經濟體制，所以美國的國有化企業比重相對很低，國有企業主要集中在郵政、航天、煤炭等領域。英國目前只保留了英國郵政等少數大型國有企業，並且以法律形式規定政府不得干預企業營運，但政府的決策和管理仍然具有較大的影響力，政府對國有公司提供一些優惠。

法國國有經濟的比重相對較高，幾乎涉及所有重要產業部門和重要行業。法國對國有企業進行分類管理，同時與國有企業簽訂計劃合同。政府對壟斷行業的國有企業高度控制，嚴格管理，企業自主權相對較小。而對競爭性的國有企業，政府並不給予特殊的照顧，也很少干預，國有企業處於同私人企業相同的競爭地位。

義大利的國有經濟比重也比較高，國有企業大致有兩類：一類是國家完全獨資公司，主要分佈在交通、郵政、電力等部門，由政府的主管部門進行管理；另一類是處在競爭領域的占國企多數的國有控股公司，它們通過「國家參與制」的形式進行管理[2]。義大利的國家參與制——國家對國有企業的直接管理是義大利經濟在戰后獲得快速發展的最主要原因之一。義大利對國有企業實行分類對待，對於主要保障社會福利、滿足社會目標的國有企業，其業績單獨考核，不以市場績效為標準。而對於經營性的企業，則強化其營利目標。此外，義大利的國有企業改革方式很值得借鑑，其政府並不主張在所有領域進行大規模的私有化，而是從實際出發，謹慎緩慢地推行國有企業改革；而且改革也沒有「一刀切」地擯棄國有企業，而是在政府宏觀調控和市場機制調節中尋求新的平衡關係。

---

[1] 陸軍榮. 國有企業的產業特質：國際經驗及治理啟示 [M]. 北京：經濟科學出版社，2008：9.

[2] 馬建堂，劉海泉. 中國國有企業改革的回顧與展望 [M]. 北京：首都經濟貿易大學出版社，2000：121.

国外国有企业中，新加坡淡马锡模式因其作为国有企业经营管理的典范而不得不提。新加坡淡马锡控股有限公司（以下简称「淡马锡」）是新加坡财政部直属的国有全资控股公司。1974年成立之初，其资产总计仅35亿新加坡元。而到了2004年，淡马锡的营业额占新加坡GDP的13.5%，持有的股票市值占整个新加坡股票市场的47%，国家股东的年均分红率超过6.7%。作为国有全资大型控股公司，淡马锡的经营业绩与同期私营企业相比毫不逊色甚至大大超出，连标准普尔与穆迪投资等著名资信机构都给予它最高信用评级[1]。从新加坡国有企业的成功经验看，国有企业并非效率天然低下，如果有好的经营管理机制和激励机制，国有企业同样也可以提高效率。

纵观世界各国，就是发达国家也没有把追求利润最大化作为国有企业的唯一目标，更多的是把国有企业作为提供公共服务、弥补市场失灵、干预经济生活的一种特殊的宏观经济政策工具，发挥着一般私营企业难以发挥的作用。国有企业的优势体现在：可以在私人无力或不愿投资的基础设施等领域稳定产业基础；在外国资本大举入侵时能增强国际竞争力，防止外来控制；限制私人垄断；在经济危机或产业衰退时救助私人企业；保证国家安全。[2] 此外，国有企业仍然是解决就业，承担社会性、政策性负担的主要载体，发挥着社会稳定器的作用，承载着实现社会目标、缩小贫富差距、进行宏观调控等多种职能。因此，对国有企业的要求不能用单一标准来衡量。

五、中国国有企业改革演进：从单一改制走向分类改革

根据马克思和恩格斯的论述，并借鉴国外国有企业改革与发展的实践经验，我们认为，在任何社会中都会存在一定数量的国有企业。国有企业的存在，既是社会生产力发展的需要，也是政府履行自身职责的需要。一个国家中国有企业的发展，要立足国情，并与生产力的发展水平相适应。

---

[1] 高山. 新加坡淡马锡模式的经验及对中国国有企业改革的启示 [J]. 现代经济探讨, 2007 (5): 85.

[2] 马建堂, 刘海泉. 中国国有企业改革的回顾与展望 [M]. 北京：首都经济贸易大学出版社, 2000: 115-119.

同樣，從中國社會主義初級階段的現實來看，中國的國有企業不一定要成為完全的商品生產者，不一定要完全履行經濟功能。我們認為，在現階段，國有企業是特殊種類的企業，它不僅要承擔經濟責任還要承擔社會責任，所以要把國有企業改造成完全的、真正的市場主體是不現實的。從國有企業的這一定位出發，國有企業的行業分佈就要著眼於非競爭領域、公共事業服務領域和事關國民經濟命脈的領域。

在此基礎上，我們認為，中國的國有企業改革不能脫離國有企業的性質和社會責任，應根據國情、經濟發展階段和體制背景等情況以及企業承擔的任務、目標，在不同的領域根據企業的不同功能進行分類改造。

第一，提供公眾服務和利益的國有企業包括城市供水、供電、供氣等公益性企業，以及民間不宜經營的特殊行業（如造幣、特殊藥品的生產和供應等）。這類國有企業應「國進民退」，因為它們需要實現特定的社會目標而不是利潤最大化目標，負有普遍供應的義務，所提供的產品服務客觀上不能營利，否則就會引發社會問題。此時，要求國企盈利或自負盈虧是不公平的，是「一刀切」的不切實際的制度安排。對這類國企應不以經濟指標為業績考核方向，不必面向市場，不必追求經濟利益最大化，必要時還應給予補貼。國家獨有產權，企業任務統籌規劃。事實上，並沒有證據表明，私有制一定比公有制好，成功的企業很大程度上是因為有好的管理機制。雖為獨有產權，但通過健全機制，同時引入競爭、創造一個競爭的環境，恐怕比形式上的董事會制度效果更好。比如，有學者提出國有企業可互相持股、國家機構持股、職工持股等都是很好的建議。只要引入競爭機制，改進和完善制度環境，加強企業結構治理，國有企業一樣會煥發出活力。

第二，主要提供整個社會體系的基礎保障或保證國民經濟的正常運行的企業，包括能源、鐵路、通訊、郵政等，它們依然不應以營利為目標，效益與成本大體相當，能維持運轉即可。這種情況需要以國企為主、民企為輔。因為這類國企依然需要「負重」，不能完全追求經濟利益，產權不應過度多元化，否則將與現代企業制度追求利潤最大化的目標相矛盾。比如，煤炭行業，煤礦賣給私人就造成很多無法挽回的后果：礦主為賺取最多的利潤而行為短期化，掠奪式野蠻開採，使資源枯竭，生態環境嚴重受損；漠視生命和生產安全，礦難頻發，造成無數家庭悲劇。煤炭行業已成為中國最不安全的行業之一，每百噸煤的死亡率高於美國上萬倍。在世界產煤

大國裡，中國是唯一把煤礦賣給個體進行經營的國度。現大部分已收歸國有，應該更多的是從安全角度出發而不再唯經濟利益是圖。

第三，涉及國防安全的國家戰略性高技術產業——航天航空工業、核工業等國防軍工企業。這類企業實際已形成一個巨大的產業鏈，是推動國民經濟發展的戰略性核心行業。比如航空航天工業的發展可以帶動先進材料、冶金、化工、機械製造、特種加工、電子、信息等多個產業的發展，可以為相關產業提供十幾倍於本行業就業人數的就業機會，它與社會關聯度很強，對地方經濟的發展和促進地方就業增長有著積極的作用。鑒於國防軍工企業的重要性以及它所要求的龐大資金，這類企業應適當「國進民退」。如果把這類企業比喻為一個「金字塔」，「塔頂」的核心機密部分應由國家絕對控制，不能進行改制，不考核經濟效益，甚至應予以高額補貼。從「塔身」到「塔底」，重要性依次降低。在「塔身」和「塔底」部分，可根據情況逐步加大引入民間資本的力度，進行股份制改造，適當產權多元化，按現代企業制度運行，通過資本運作籌集這個龐大產業需要的資金。

第四，對鋼鐵、汽車、電子、銀行、造船等戰略性競爭產業，以及輕工、紡織、機械、家電等一般競爭性產業，它們可以按市場機制運作，用經濟指標來衡量業績。這類產業中除涉及國家經濟安全的以外，政府最好選擇退出。這樣有的放矢，一來可以將有限的國有資本投入到更多急需之處，二來可以保持國民經濟的最大活力。否則，「既當裁判又當運動員」就難免破壞市場公平，擾亂市場秩序。

其實，不管是「國退民進」還是「國進民退」，中國的國企改革都應客觀地以社會文明進步、人民安居樂業和生產力快速提高為標準，而不是一概而論地趕時髦去改制。沒有必要擔心民營經濟多了，社會主義公有制會變質；也沒有必要擔心國有經濟多了會使經濟倒退。只要把握好改革方向，堅持以公有制為主體、多種所有制經濟共同發展，樹立科學發展觀，汲取發達國家之精華，走一條改革成本最低的路徑就是我們改革的最終目標。

[本文選自：丁任重，王繼翔. 中國國有企業改革演進：另一種視角的解讀——關於「國退民進」與「國進民退」爭議的思考 [J]. 當代經濟研究，2010（4）：35-40.]

第二十四章　國民收入分配中的 V 擴張

劉詩白

　　本文認為，中國對收入分配體制的改革取得了重大的成就，搞活了分配，激勵了勞動，促進了生產。但與此同時，也出現了分配關係不順，國民收入分配過度向個人傾斜和國家收入所占比重不斷下降的嚴重現象。作者把這種不合理的收入分配機制稱為 V 擴張。它給經濟生活帶來了許多矛盾，已成為中國經濟穩定和持續協調發展的嚴重障礙。作者指出，V 擴張產生的原因，從微觀上講，在於企業缺乏工資分配的內在經濟約束；從宏觀上講，在於國民收入再分配機制不完善，政府對企業工資分配的監督制約及宏觀調控力薄弱。消除 V 擴張的根本途徑，一是進一步深化改革，形成健全的國家—企業分配機制，二是形成企業內部自我約束的機制，三是強化政府對收入分配的宏觀調控。

　　改革以來，由於在分配領域實行了以按勞分配為主體的多種分配方式和正確的分配政策，因而搞活了分配，激勵了勞動，促進了生產。但與此同時，也出現了分配關係不順。特別是近年來，在國民收入分配中出現了個人收入占比迅速增大、企業收入增長不足、國家收入占比下降以及向個人傾斜的現象。我們稱之為國民收入分配的 V 擴張。國民收入分配中的 V 擴張，給經濟生活帶來許多矛盾，影響了中國經濟的穩定和持續協調發展。本文擬對 V 擴張的現象、產生的原因、帶來的消極作用和如何加以克服等問題進行一些理論的探索。

一、值得重視的個人收入過度增長

　　隨著改革的深入發展，中國經濟體制和運行機制發生了深刻變化。特

別是實行了以公有制為主體的多種所有制並存，調整了中央、地方、企業的分配權限，對國營企業賦予責權利等，使企業擁有了可以自主支配的自留利潤和工資分配權。企業有了依靠自留利潤（以及全部留歸企業使用的折舊基金）自行發展的能力，也就能借助工效掛勾付予職工以有高有低的效益工資；此外，企業可以自行決定工資與獎金的分配形式。這種分配權限適當下放的改革，促進了企業的自主經營和自行發展。特別是它以其承認效益不同的企業職工間收入差別，和能在企業職工的分配中更好地貫徹按勞分配，打破了原有體制下分配領域中的根深蒂固的「大鍋飯」和平均主義，從而大大調動了企業和廣大職工的積極性。12 年來，中國國營工業企業生產迅速發展，職工收入和生活水平迅速提高，一些企業表現出欣欣向榮的活力，可以說，很大程度上得益於這一分配關係的改革。

應該看到，中國分配體制的改革還遠遠未完成，適應於有計劃的商品經濟的健全的完善的分配機制尚未形成，在分配領域還存在以下三方面的問題：①國家、企業、個人分配關係尚未理順，無論是國家與企業之間的分配，還是企業與職工之間的分配都還不完善。②隨著經濟利益主體的多元化，收入差別的擴大，出現了偏離社會主義原則的分配不公。③在經濟利益格局多元化和分配權適當分散化過程中，政府對收入分配的宏觀調控機制建立滯后。

這裡需要著重指出和加以分析的是第一個問題，即收入分配中國家、企業、個人關係未理順的問題，其表現是國民收入分配中，國家收入比重下降，企業收入增長不足，個人收入增長迅速。這種狀況，根據國家統計局公布的材料，可用表 1 來表示：

表 1　1978—1990 年國家、企業和個人最終收入占國內生產總值比重　單位：%

年份	居民收入	企業收入	國家收入
1978 年	49.3	19.1	31.6
1984 年	59.6	19.5	20.9
1985 年	58.7	20.4	20.9
1989 年	62.9	21.7	15.4
1990 年	61.7	23.8	15.5

從表1可以看出，居民收入12年來提高了12.4個百分點，而國家收入降低了17.1個百分點。上述情況鮮明地表現出國民收入分配在向個人傾斜。在有些省份，這種不合理的傾斜，表現得更為明顯。例如，根據陝西省統計局的材料，該省1990年國家、集體、個人分配比例為14.5%、16.9%、68.6%；與1982年相比，國家所得下降6.7個百分點，集體所得下降2.6個百分點，個人所得上升9.3個百分點，個人收入占國民生產總值2/3以上。

國民收入分配向個人傾斜，還表現為城鄉居民貨幣收入增長幅度大大超過國民收入增長幅度。1982—1987年，中國城鄉居民貨幣收入平均年增長20%，而同期國民收入平均年增長10.7%。

國民收入分配向個人傾斜的重要內容還表現為，由於職工的工資外收入迅速增長從而造成職工貨幣收入增長大大超過勞動生產率增長。根據國家統計局社會司資料，「七五」期間職工人均收入增長為26.5%，其中人均工資增長速度為3.3%，工資外收入總額增長速度達30%，而勞動生產率的增長每年只有5%左右。根據北京市財政局資料，1985年地方預算內工業企業全員勞動生產率為人均20,828元，1990年達到人均25,885元，五年增長24.88%，平均年遞增4.97%，同期職工人數沒有多大變動，而工業系統全民企業職工工資總額從1985年的10.86億元，增至1990年的25.99億元，五年間增長139.4%，平均年遞增27.8%，大大超過勞動生產率的增長速度。

國民收入分配向個人傾斜，不僅僅是十分明顯的，而且有愈演愈烈之勢。人們可以看見，儘管近年來政府採取了控制消費膨脹的措施，但是個人收入的較快增長仍然剎不住，1985—1988年間，個人貨幣收入仍然以近20%的速度增長。即使是在較嚴格地控制消費支出的治理整頓時期，除了1989年職工個人收入增長一度放慢而外，在1990年和1991年，職工個人貨幣收入仍然保持近16%的高增長速度。可見，國民收入分配向個人傾斜的確是中國經濟運行中客觀存在的現象。

當然，統計數字所表現出來的國民收入分配向個人傾斜，並不意味著一切領域、一切行業、一切企事業單位都存在著個人收入增長過快的現象。恰恰相反，在現實的經濟生活中，個人收入增長過度與個人收入增長不足並存。那些職工收入來源單一、缺乏「補償收入」的單位和個人，近年來在價格上漲中，個人實際收入不是多了而是少了。例如一部分文教科技工

作者和機關幹部就屬於收入增長不足，這種情況是眾所周知的。而且，就國營企業來說，情況也不是完全一樣，如像一些效益差的企業，職工個人收入增長較為緩慢，而在一些獲得高效益的先進企業，由於加強了經營管理，在做到優先保證財政上繳和留足企業發展基金的前提下，職工個人收入增長快一些，當然是合理的。我們不能把任何工資增長和個人收入在國民生產總值中的比重的任何增大，均視為國民收入分配向個人傾斜。中共中央十一屆三中全會以來，為了進一步提高人民的福利，適當解決人民生活中多年累積的欠帳，工資和消費基金有了較快的增長，企業有了留利，國家佔有純收入的比例較過去有所下降。國民收入分配這一變化和新的利益格局，是適應於有計劃商品經濟的需要的，這一分配關係的變化，總的來說，是一種積極的調整。我們所說的國民收入分配向個人傾斜，是指個人收入增長過度，從而影響企業收入，特別是影響了國家集中支配的收入的現象。

個人收入的過度增長，如果是由於工資、獎金發得過多，擠占了企業生產發展基金，則意味著企業範圍內 V 侵蝕 M；如果它不是靠自身效益而是依靠信貸資金發工資，則實質上是佔有和侵蝕了其他企業創造的剩餘產品；如果是依靠減稅讓利保工資獎金，則更是對社會純收入即 M（累積基金和社會消費基金）的侵蝕；如果是依靠不提或少提折舊，不及時將各種資產損失計入成本等虛盈實虧形式來保工資和獎金，則進一步意味著對用於恢復原有固定資產的補償基金 C 的侵蝕。可見，這樣的個人收入增長——我們在此用 V 來加以表示——歸根到底在於擠占了 M。具體地說，上述的增長，是 V→V+V1+V2，V2=M1+M2。V 是基本工資，V1 是從企業增加效益中正常獲得的追加收入（獎金），V2 是超過常規發放的工資和未創造效益的企業發放的工資，M1 是企業累積的縮減部分，M2 是國家支配的累積的縮減部分。V2 區別於 V 和 V1，它是 M1+M2 的轉化，是對本來應從國民收入中扣除和留作企業累積基金和國家集中支配的累積基金的侵蝕。這種性質的 V 借 V2 而擴大，我們稱之為 V 擴張。在依靠侵蝕固定資產價值來增大工資收入的場合，上述公式是：V→V+V1+V2+V3，V3=C2，即固定資產補償基金的扣除部分，因而這是更加不合理的 V 擴張。

中國經濟生活中的個人收入增長，如上所述，是和企業收入增長滯後、國家收入的比重大幅度下降同時發生的，它意味著個人收入的增長是以一擠企業、二擠國家為代價的。具體地說，①工資資金過度支出。例如人們

不是按照政策規定，留利中首先留足生產發展基金（包括流動資金），而是「自有資金發獎金，流動資金找銀行」，這樣的職工個人收入的增長，其實質是消費基金擠占了企業生產發展基金。②靠新增銀行貸款發工資。由於工資剛性和普遍的工資攀比，即使企業經濟效益下降，甚至發生虧損，也要靠銀行貸款照發工資和獎金，實質上是依靠信貸擴張，通過侵蝕社會純收入來支持個人收入增長。③企業為保工資，該提留的費用不提，採取掛帳等形式搞虛盈實虧。④虧損企業通過遊說，或要政府減免稅利，或是壓低承包基數，以保證工資獎金的發放，這一切是通過扣減上繳財政收入甚至是依靠財政收入的「跑」「冒」「漏」「流」來支持個人收入的增長。⑤一部分人的收入過高，特別是一些人用不合法手段獲取的非勞動收入迅速增長，不僅佔有了應歸國家財政和歸企業支配的收入，而且也加劇了社會分配不公。

　　基於以上分析，可見近年來中國收入分配運行機制中出現的個人收入的較快增長，是一種不合理的分配關係，它意味著個人收入的增長超過了社會主義經濟規律所容許的界限，成為一種過度的個人收入增長，即 V 擴張。實踐證明，在改革初始階段出現的國民收入分配中的 V 擴張，帶來了一系列消極的后果：①V 擴張意味著 M 縮小，后者既表現為企業生產累積的縮減，又表現為國家累積的縮減，「吃掉累積和發展」，使企業難以進行技術改造和增強發展后勁。同時，國家也將因財力不足，難以進行重點建設，從而影響現代化建設的步伐。②V 擴張意味著個人貨幣收入增長過快，它直接導致消費需求膨脹，加劇消費品供不應求，成為激化通貨膨脹的重要因素。③V 擴張意味著企業工資支出的不斷增加，往往導致產品單位成本中工資比重的增長，由此使效益下降，這是當前許多企業效益下降的一個重要因素。④V 擴張就它所包括的分配不公來說，意味著社會主義生產關係的削弱，從而不利於全體勞動者積極性的調動。可見，對於中國經濟生活中存在的 V 擴張現象，切不可掉以輕心，更不能將它視為人們消費水平的正常提高，而應該看到它是中國改革初始階段在經濟體制不完善、經濟機制不健全條件下，分配中出現的一種負效應。因此，我們在這裡提出 V 擴張的概念，就是基於對中國經濟生活的深層機制的冷靜分析，這種論述與分析，不是為了要限制個人收入的正常增長，而是旨在完善經濟機制，促進生產更大發展，效益更大提高，使中國人民群眾的收入能健康地持續地增長。

二、個人收入過度增長產生的微觀原因

個人收入增長過快，或 V 擴張，首先產生於國民收入初次分配中，即產生於企業的分配機制之中。具體地說，是在下述幾項因素作用下形成的：

(1) 工資支出膨脹。企業在實行工效掛勾中，普遍存在下述現象：超出規定發放獎金，突破新增長效益與新增工資的比例亂提工資。「自有資金發獎金，流動資金找銀行，基建和技改靠國家」，已成為相當一部分企業中流行的行為模式，這樣就把應該用於生產發展的企業收入變成了職工的個人收入。特別是不少企業為了增發工資和獎金，採取少提折舊、少攤費用等形式的虛盈實虧，這樣的「效益工資（獎金）」支出，實際上是擠占了流動資金和固定資產補償基金，吃掉了企業老本，因而成為一種不合理的工資膨脹。

(2) 工資外的報酬支出膨脹。工資外的個人收入迅猛增長，是當前十分嚴重的現象。例如，企業超過標準大量發放個人的勞保福利費用、勞務費用以及高額集資利息和「股息」等，使工資外的收入增長愈來愈快。據統計，「七五」期間全國職工工資外收入由 1985 年的 173 元左右，上升到 1990 年的 714 元，目前獎金已占職工收入的 40%。工資外收入的急遽增長，表明了企業內部繞開工資，用其他「合法」「半合法」的形式發給職工以勞動報酬的強烈衝動，它導致應歸企業佔有的資金和應上繳的財政資金轉歸個人所有，從而成為企業個人收入膨脹的重要因素。

(3) 勞動用工擴張。儘管中國企業已經是機構重疊臃腫，人浮於事，但仍然不斷增機構、增人員。這種就業人員的過度增大，不能不造成企業純收入分配中的 V 份額不斷增大。

形成國民收入初分配中的 V 擴張的上述三個因素，又是怎樣產生的？這是需要進一步從理論上加以分析的。

從根本上說，是因為純收入在企業與個人之間進行分配時缺乏或失去內在的約束。在國民收入分配中，保持某種內在的對消費分配[①]的約束機制，從來就是社會再生產的特點。大體說來，任何社會的或一個生產單位

---

① 本文中使用總產品或國民收入「消費分配」「補償分配」「累積分配」等概念，指總產品、國民收入分配於消費、固定資產補償、累積。

的再生產，都存在著與一定階段的社會物質生產力和社會生產關係相適應的國民總產品分為 C（作為已消耗的生產資料的補償基金）、V（作為消費基金）與 M（作為累積基金）的機制。假定再生產規模從而總產品的產出規模不變，上述 C、V、M 的再生產是借助於對消費分配的一定約束，以保持原有的消費規模 V，抑制和防止消費基金發生擴張而獲得實現的。總產品首先要實行補償分配，即扣除一個足以補償已消耗的生產資料部分 C。一般說來，總產品的補償分配是具有剛性的，因為沒有足額的補償分配，人們就不能再生產出社會的物質技術基礎，就不能維持原有的生產水平、生活水平甚至社會的生存條件。任何正常的社會再生產都要防止「吃老本」，因而總產品的第一次的即優先的分配不能不是補償分配，余下的部分才是國民收入，才能作為收入來分配。為了保證足額的補償分配，社會必然要對收入分配進行約束，例如使消費適度增長，特別是出現了總產品生產不足，例如在出現自然災害的條件下，人們甚至要採取簡單消費或縮減消費，以維持原有規模的補償分配和維護社會進行起碼的簡單再生產的物質條件。

扣除補償基金后的產品是國民收入，被分配為 V 和 M 兩個部分。V 作為勞動者消費基金。M 的分配，在有階級剝削的社會中一部分作為 M1，即剝削者的消費基金，另一部分作為 M2，即用於生產發展和社會發展的累積基金。對於任何一個發展中的社會來說，首先要有足額的累積分配，即形成足以實現一定規模的擴大再生產的剩余產品 M，為此就要對 V 和 M1 實行約束，使后二者的分配保持適度，不至於侵蝕 M2。對 V 和 M1 實行某種約束，以保持適度的累積基金，可以說是人類社會擴大再生產的共同規律，只不過它在不同社會經濟形態下具有不同的實現形式。例如，在資本主義社會中，對消費的約束採取了對勞動者實行強制的饑餓約束的形式，其典型形式是資本主義商品經濟中，為了保證資本增殖，實現 C 的擴張，工人階級的消費基金 V 被限制在僅僅足以維持勞動力的經濟再生產的狹窄的界限之內，而對 M1 即資本家用於奢侈消費的基金，卻是不加制約的。當然，在資本主義發展初期，在競爭壓力與奪取最大限度資本主義利潤的動機支配下，資本家為滿足累積的需要，也對自己的生活消費進行某些「節約」，但在資本羽毛已豐的現代資本主義，資本則表現出它的奢侈浪費本性。馬克思說：「古典的資本家譴責個人浪費是違背自己職能的罪惡，是節制累

積，而現代資本家却把累積看作是放棄自己的享受欲。」① 資本主義經濟借助於對 V 的片面的和強制的經濟約束機制，即勞動力作為商品的機制、產業后備軍和失業與就業、工資的市場競爭機制等，在不影響資本家的消費享受不斷增長的條件下，實現了足額的累積分配和擴大再生產。資本主義經濟對勞動者的消費分配實行了強制經濟約束，體現了資本主義生產關係中資本家榨取剩餘價值的本質。

　　社會主義再生產中，為了維持一定的擴大再生產，保證有足額的累積分配，也必須有總產品分配和國民收入分配中的約束機制。在原先的高度集中的經濟體制下，上述分配約束是採取行政性的強制，通過國家指令性計劃分配機制來實現的，這種體制排斥了企業中的個人收入擴張。但由於企業缺乏自主支配與使用工資基金和消費基金的自主權力，干好干壞收入一個樣，因而大大不利於調動職工的積極性。中國經濟體制改革，就國營經濟領域來說，主要是從收入分配領域的改革開始的。這一改革有兩個方面：①賦予企業以自行支配的財力。1978 年實行了企業基金制度，1979 年試行利潤留存制度，1981 年實行盈虧包干和 1987 年普遍實行承包經營責任制，這些改革措施使企業有了可供自行支配的收入。②賦予企業以工資分配權，企業實行工效掛勾，允許企業將留利按規定（4∶3∶3）發放獎金，擴大企業在工資收入上的自主權限，國家放棄了對工資增長的直接控制，採取經濟手段（規定工資總額增長幅度和上交工資稅）實行間接控制。這一分配體制改革，適應於有計劃商品經濟的企業自主經營的要求，使企業成為分配的主體，其方向無疑是正確的。一方面，擴權讓利和實行工效掛勾，不僅使企業產生了擴大職工勞動報酬的內在動機，而且有了擴大職工勞動報酬的條件，這樣就形成了企業的來自收入分配利益的自我激勵機制，成為增強企業活力的直接因素。但是自主的收入分配，必須有經濟約束機制來實行制衡，才能形成企業合理的收入分配行為。商品經濟中，企業的收入分配的內在經濟約束，首先是經濟效益即平均利潤率的約束。企業必須把經濟效益作為經營的目標，並把是否獲得平均利潤率即社會平均的中位效益作為衡量自身活動的合理性的標準。企業不僅僅要增收節支以完善生產與經營，努力爭取高的效益，而且要在只能獲得平均的中位以下的經濟效益時，及時調整生產與經營，採取各種降低成本包括降低工資成本的

---

① 馬克思恩格斯全集：第 23 卷 [M]. 北京：人民出版社，1972：651.

措施，以盡可能保住必要的經濟效益。社會主義商品經濟中的企業，不能實行鐵工資，而是要實行平均效益拿正常工資，高出平均效益拿效益工資即獎金，低於平均效益則工資要適當打折扣。

中國實行工效掛勾，一方面是要實行效益激勵即高效益多發獎金，另一方面也要實行效益約束，即效益低，獎金少，效益工資要扣減。但是由於工效掛勾不完善和缺乏監督，使得不少效益低的企業也對職工發高獎金。更主要的是企業負盈不負虧，職工拿「鐵工資」、端「鐵飯碗」，即使效益下降和虧損，政府也會表現出「父愛主義」，千方百計地保住職工原有的收入水平。可見，改革以來的這種負盈不負虧的收入分配體制，只是引進了自我激勵的利益機制而缺乏經濟效益（盈虧）的約束機制，這種體制下的企業的自主分配行為就會變成企業片面追求局部利益，變成向國家爭留利並將更多的留利轉化為消費基金發給職工的現實衝動。在對自主分配的有效的政府制約包括審計、監督和司法制約以及宏觀調控體系機制尚未建立和健全的情況下，上述的企業內在的工資膨脹趨勢就會表現得更加明顯。中國改革以來，國營企業中表現出來的工資剛性、工資攀比、低效益高獎金等現象，正是上述企業內生的工資收入膨脹趨勢的表現。

社會主義商品經濟中的企業必須關心和維護它自身的資產，並使之不斷增殖和不斷壯大。社會主義生產的目的是全體社會成員的不斷增長的需要的最大滿足，而不是資產者的私利，因而社會主義企業理所當然要重視企業的發展後勁，重視長期的利益，即重視從長期看的經濟效益，重視自身累積，關心國有資產的增殖。這就是來自企業自行發展、自我累積機制的對收入分配的約束。但是，由於中國改革著眼於收入分配的改革，企業機制的轉換特別是自我約束機制滯後，這樣，就出現了下述的失衡狀況，即國營企業雖然已經開始實行自主經營，對資產進行自主的支配使用，卻未建立起使用國有資產的嚴格的責任制和自主累積國有資產的機制。作為國有資產產權所有者代表的政府，對經營者的有效監督和控制問題也尚未解決，特別是未能有效地建立起企業累積機制和對資產增殖負責的體制。因而，也就導致了企業分配行為中不合理現象的產生。

中國的企業承包制，主要是通過國家與企業之間的承包經營來形成和加強企業自主經營和自我激勵。承包制由於「包盈不包虧」，甚至減免上繳任務，由國家為企業承擔虧損責任，從而不能對企業形成硬的預算約束。承包制還因承包基數的確定難以克服討價還價，從而使預算約束變軟。由

於宏觀環境以及企業經營與效益狀況不斷發生變化，加之承包期短，因而造成企業片面追求承包期收益極大化。可見，承包制的一整套機制，難免會使企業產生追求眼前利益、遷就群眾提高工資慾望的短期行為。特別是由於承包制下企業承包人也好，職工也好，並不對國有財產的長期良好的有效使用承擔經濟責任，因而承包制也就不能形成企業內在的經濟約束機制。近年來實行承包制的企業中普遍出現的「保兩頭，擠中間」現象，特別是近兩年來國營企業中出現的十分明顯的逆向運動——效益滑坡、獎金增多現象，鮮明地表明承包企業缺乏維護資產、保證資產增殖、維護企業長期利益和發展后勁的內在動因。

綜上所述，中國微觀經濟中存在的工資膨脹、工資外收入膨脹、勞動用工膨脹等問題，其原因在於企業缺乏工資分配的內在經濟約束。而政府對企業工資分配的監督制約以及宏觀調控作用的薄弱以及工效掛勾制度的不完善，則使企業內生工資膨脹趨勢失去節制。這就是中國現階段國民收入分配中 V 擴張趨勢出現的深層原因。

三、個人收入過度增長產生的宏觀經濟原因

個人收入的過度增長，並不只是國民收入初次分配中機制不合理的產物。由於商品經濟中個人收入是通過國民收入再分配而形成的，具體地說，它和作為國民收入再分配工具的價格、儲蓄、利息、稅收的狀況密切相關，因而，我們還需要考察影響和形成個人收入分配過快增長的宏觀經濟原因。

促使國民收入分配中的個人收入擴張的宏觀因素和機制主要是：

（1）所有制結構。中國現階段實行以公有制為主體的多種所有制並存。實行改革開放以來，在所有制結構調整的初始階段，個體、私營經濟迅速發展，對外開放也帶來一些地區特別是沿海地區「三資」企業迅速發展。在改革初始階段，由於國營經濟尚未搞活，非社會主義的經濟利用其享有的政策優惠和有利條件，獲得了較好的經濟效益，不少企業主實現了高收入。一些個體戶和私營企業主，在經濟過熱、物資和商品匱乏的條件下，利用市場價格機制，通過流通領域迅速累積私人財富。例如在 1991 年銀行近 8,000 億元的儲蓄存款中，個體戶佔有份額為 26%。上述情況表明，中國現階段的所有制結構中存在強化個人收入過度增長的因素。

（2）價格機制。企業的經濟效益和產品價格密切相關，對於實行指令

性計劃價格的領域，由於價格結構不合理，一些定價低的行業主要是基礎原材料部門，效益上不去，工資和其他收入較少，而一些定價高的行業，例如加工部門卻能獲得較高的效益。由於承包制不能有效地將上述不合理的價格體系造成的級差收益轉歸國家所有，特別是不能把承包期內價格上漲帶來的收益轉化為國家收入，在企業機制不健全和缺乏內在收入分配約束的情況下，上述價格效益就會轉化為職工較高的效益收入。可以看到，近年來那些實行價格放開而商品又供不應求的企業，借助於價格機制獲得高的經濟效益並使職工享有較高的效益收入。1985年以來，國營企業實行價格雙軌制，一些企業借助於雙軌制價格機制，通過較高的議價實現可觀的效益，並由此使職工享有議價效益收入。可見，在缺乏企業內在分配約束和國家有效調控分配的條件下，價格結構的缺陷和由此產生的價格效益向個人收入轉化就難以避免。這也是中國國民收入分配中的個人收入過度增長產生的一項重要因素。

（3）金融機制。金融資產——儲蓄、債券、股票等的流通及其收入變化機制和個人收入的形成密切相關，它是商品社會中國民收入再分配的重要因素。中國實行改革以來，隨著人民收入的增長和金融的搞活，居民擁有的儲蓄、債券、股票等金融資產日益增多，儲蓄超常的大幅度的增長是中國近年來經濟生活中的新情況。比如，1990年城鄉儲蓄金額7,034億元，為1985年的3.1倍，為此國家一年要支付利息600億元以上，高於每年的工資增量。特別是在國營企業經營不景氣，利潤率大幅度下降的條件下，缺乏彈性的銀行利息及其支付，意味著國民收入過多地向個人再分配和轉移。近年來，在居民貨幣收入迅速增多，對金融資產需求日益增長的形勢下，金融工具日益發展，各種債券大量發行並實行市場流通，也成為個人收入增長的一個途徑。值得注意的是，中國業已開始在一些城市開放股票市場，可以看到，在社會主義的金融市場上，也難以避免地出現股票投機，特別是在股票供應與需求不平衡，股票發行和營運的機構還不健全，股市管理還不完善的情況下，會出現一些人借助「炒股票」而累積個人財富的現象。此外，許多企業為籌集資金而向職工發行債券（有的稱之為股份）並發給高額紅息，此類國有資金流失和向私人轉移近來越來越普遍。以上情況表明，中國改革初始階段的不完善的金融機制以及制度上的種種漏洞，是造成國有資產向個人轉移和加劇國民收入分配中V擴張的一個因素。

（4）稅收機制。稅收是國民收入再分配的重要槓桿。在企業成為自主

經營的經濟實體和分配主體的條件下，必須強化稅收槓桿的運用，以約束企業的收入分配行為和調節收入分配關係，確保「國家得大頭，企業得中頭，個人得小頭」的社會主義分配格局和形成既要合理拉開收入差距，又要防止貧富懸殊的分配關係。但是，中國正處在改革的過程中，總的情況是對企業和個人收入實行間接調控的新的稅收體制還未建立，稅制還不健全，還存在執法不嚴、偷漏稅、欠稅不繳等嚴重現象。例如1991年年末，欠稅額達200多億元，比年初增加95.4億元，使大量財政收入流失，並通過企業的收入分配機制轉化為個人收入。在對個體和私營經濟的管理中，因稅收機制不健全，偷漏稅更為普遍和嚴重。此外，過高的個人收入也缺乏應有的稅收調節。稅收機制的不健全，不僅僅使國有資金轉化為個人收入，而且也無法抑制和克服收入差距過大與分配不公，其結果是出現居民中一部分人的個人收入過度膨脹。

總之，個人收入過度增長現象有所有制結構、價格機制、金融機制、稅收機制等多方面的宏觀原因，可以說它是中國向新的經濟模式轉換的初始階段，由於體制不完善和機制不健全而出現的國民收入分配不合理的現象。它與微觀經濟收入分配中的V擴張相交織，從而進一步加強了個人收入過度增長的趨勢。

四、克服個人收入過度增長的途徑

消除國民收入分配中的V擴張的根本途徑是：進一步改革收入分配體制，完善收入分配機制，強化政府對收入分配的宏觀調控。在當前，特別要著眼於解決好以下三個方面的問題：

1. 形成健全的國家與企業分配機制

個人收入分配主要是通過企業與職工之間的分配來實現的，但企業與職工之間的分配，是以國家與企業之間的分配為前提的。因此，首先必須處理好國家與企業分配關係。如果在純收入分配中，國家拿得過多，企業留利太少，不僅影響企業的再生產，而且也會造成個人收入分配畸輕，從而影響職工個人收入的正常增長；反之，如果國家拿得過少，企業留得過多，就有可能造成個人收入分配畸重。改革前，中國實行的是由國家「統收」和集中支配純利潤（指包括稅金在內的企業純收入）的體制，企業很少有留利。改革后，由於實行利潤留成制度，把折舊基金交給企業使用和

稅前還貸等措施，企業的留利才有了增長。例如預算內國營企業留利率由1978年的3.7%提高到1988年的55.6%，1981—1990年十年間國家累計向工業企業淨讓利3,100億元，企業預算外資金更有大幅度的增長。當前，為了增強國營大中型企業的活力，迫切需要適當增大企業自行支配的財力，使其適應於企業進行技術改造和擴大再生產的需要。為此，國家又採取了對企業所得稅降低到33%和用於技改的留利免去「兩金」等重要措施。但是應當看到，只是從讓利入手處理二者的分配關係是不夠的。在當前，更重要的是從形成企業自主經營、自負盈虧、自行發展、自我約束的經營機制的目標出發，來從根本上理順國家與企業的分配關係，形成一種國家與企業之間的健全的分配機制，而不是實行新一輪的單純的擴權讓利。特別是要探索進一步完善承包制的措施，抑制和校正一些企業在承擔國家義務上畸輕，而將承包利益向個人收入轉化過度的現象。可見，國家與企業之間的分配關係的調整和健康的分配機制的形成，已不只是涉及財政稅收體制改革，例如實行上繳規範化的稅利分流，而且涉及價格、計劃、工資、勞動用工等多方面的改革，特別是涉及企業的經營形式（包括財產組織形式）的改革。

2. 形成企業內部自我約束的機制

中國企業改革中所實行的賦予企業自主分配權，實行工效掛鈎，下不保底、上不封頂和其他的旨在打破「鐵飯碗」和克服平均主義的措施，其大方向無疑是正確的。而且這一收入分配的改革，在中國20世紀80年代搞活國營企業中起了重要作用。但是，下放分配自主權必須建立在形成和強化企業內在約束機制的基礎之上，否則就會出現企業收入「漏走」和在各種形式下轉化為個人收入的現象。在實行工效掛鈎中，雖然政府採取了控制企業總工資措施，規定了稅利增長與工資總額增長之比的上限為1：0.7，但實際工資增長却大大超過了這一界限。請看表2：

表 2

年份	稅利增長：工資總額增長
1985	1：1.04
1986	1：1.02
1987	1：1.12
1988	1：1.4
1989	1：1.8

與此同時還出現了企業間工資差距拉開過大的現象，例如收入高的企業職工人均年收入約5,000元，收入低的企業職工人均年收入僅900元，而這種收入的過大差距並不反應企業間效益的差別。1985年以來，政府曾三令五申並採取了加強銀行監督和財稅檢查等措施來抑制這些失控現象，但收效甚微。1990年以來，國營企業的經濟效益連續兩年滑坡，而工資與獎金的增長却出現了逆向運動的奇怪現象。因此，如果缺乏企業內在的和有效的約束機制，賦予和擴大企業分配權及增大企業財力的措施，將不可避免地帶來收入分配的盲目性和失控。根據這些經驗，在當前深化企業改革中，特別是在實行以收入分配為主攻方向的改革中，我們切不可再次實行單純的擴權讓利和孤立地搞活分配，而應該在大力構建企業內在的經濟約束——分配利益約束、勞動崗位約束、產權約束等的前提下，來擴大企業的收入分配自主權。

3. 形成政府的收入調控機制

在社會主義的有計劃的商品經濟中，企業成為分配主體，由此形成的自主的收入分配機制是一種帶有自發性的分配方式，其特徵是不同企業之間的職工收入有多有少，職工不同年度之間的收入有高有低。為了使自主的分配能夠符合國民經濟有計劃運行的要求和社會主義分配規律的要求，除了必須要有企業內在的有效的自我約束而外，還需要政府對企業的收入分配實行有效的調控。政府的分配調控，除了在一些必要的領域——例如公務員的工資——通過規定統一工資標準，實行行政手段的直接控制而外，主要是借助稅收手段，通過徵收工資稅和個人收入所得稅，來調控企業分配活動和調節個人的收入。對企業徵收工資稅，對發放超過一定的工資總量的企業徵收累進稅，可以從利益上約束企業個人收入膨脹。在當前，企業的內在約束機制還未形成、內在分配約束還十分薄弱的情況下，充分發

揮工資稅的作用是十分必要的。對居民個人徵收收入所得稅，是實行多種所有制和分配來源多元化條件下，調節人們的收入差別的有效工具。通過對高收入者多徵稅，對低收入者少徵稅，對最低生活收入水平以下的人免徵稅或給予補貼，可以防止分配差別過大，防止分配不公，從而使分配在促進效率提高的前提下體現社會公平。通過實行個人收入調節稅，借助稅收再分配的機制，既可以充分實現企業的分配自主權，把個人收入分配搞活，又可以保證國家對個人收入分配的調控，使分配活而不亂。可見，稅收是國家對收入分配進行調控的重要手段。借助於科學的稅制和稅收機制，將有可能校正和克服國民收入初次分配或再分配中出現的個人收入過度增長。為此，必須大力構建政府的收入分配調控體系，大力完善稅制，強化稅務，嚴肅稅法，以形成健全的稅收機制。

當前中國各個方面正在大力貫徹中共中央關於搞活國營大中型企業的決定，為了增強企業活力，應該進一步落實國營企業的權、責、利，使企業真正成為自主經營、自負盈虧、自行發展、自我約束的相對獨立的商品生產者。為此，在企業內部的改革中，要把自我激勵機制的健全和企業自我約束機制的形成結合起來，把搞活企業收入分配的改革與加強和完善政府的經濟調控結合起來。也就是說，我們應該通過全面的配套改革，使國營企業經營機制的轉換既做到增強企業的活力，又做到逐步抑制和消除 V 擴張，從而使中國國民經濟活而不亂，實現穩定、協調、持續的發展。

[本文選自：劉詩白. 國民收入分配中的 V 擴張 [J]. 中國社會科學，1992（5）：71-82.]

第二十五章　社會資本與貧困：
一個理論框架的解釋

王朝明

一、社會資本定義與對貧困的認知

1. 社會資本概念及其理論

「社會資本」（Social Capital）這個概念最初是在經濟學領域中被使用，19世紀奧地利學派的代表人物龐巴維克（Eugen V. Böhm-Bawerk）和馬克思經濟學創始人馬克思（Karl Marx）都曾提出過「社會資本」，但他們使用的「社會資本」或「社會總資本」是與「私人資本」「個別資本」相對應的，不是我們現在所說的「社會關係網路」中的「社會資本」。這種社會資本概念在20世紀70年代由經濟學研究轉入社會學研究后，引起了一些社會學家的關注。直到1985年，法國社會學家布爾迪厄（P. Bourdieu）用英文發表《社會資本隨筆》的論文，正式提出「社會資本」的新概念后，才引起了學術界的普遍關注。接著，美國社會學家科爾曼（J. S. Coleman）於1988年在《美國社會學雜誌》上發表題為《社會資本在人力資本創造中的作用》這篇經典論文之后，社會資本理論在社會科學各領域中漸成研究的焦點和熱點。但至今關注社會資本的定義在學術界仍眾說紛紜，尚未統一，主要有功能說、資源說、能力說、網路說、文化規範說（卜長莉，2005）。筆者認為，社會資本是以資本形態普遍存在於制度化關係網路之中，並能夠被其使用者投資累積帶來一定收益或便利的社會資源。此定義包含了這樣幾層意思：①社會資本是以資本形態存在的，也就是人們可以客觀感覺到的「無形」資產。②社會資本存在的載體是社會網路關

係，也就是有的學者提到的「嵌入在社會結構中的資源」①，但從正面來講，這種網路（或資源）不是通常意義上的關係網，而是「制度化的關係網路」，是與規範的組織（團體）成員制相聯繫的。③當社會資本作為人際互動過程中而存在的信任、合作、共享、互惠等資源形式時，能夠為使用者實現目標提供便利、帶來收益。社會資本的具體表現形式有：社會網路、信任、合作（互惠）、參與、共享等。

目前，社會資本理論是一種日漸新興的理論範式，是近20年來發展最為迅速的社會科學研究領域之一，被廣泛地應用於經濟學、社會學、管理學、政治學等學科。現有研究文獻已從基本概念、度量方法和指標及社會、經濟績效等不同角度對社會資本理論進行了深入構建，它為我們研究和透視社會經濟問題提供了一個嶄新的視角。而社會資本理論被用於貧困問題的研究是近幾年社會科學理論發展的一種新視角和新嘗試，並日益引起國內外學者的關注。近來的文獻研究表明，社會資本對反貧困有著不可忽視的作用，怎樣將社會資本的分析工具與反貧困政策設計及其操作結合起來，興許是一個有相當價值和拓展空間的前瞻性研究課題。

2. 對貧困的認知：視角轉換與思想演變

貧困從遠古走來。什麼是貧困？關於貧困，雖不及霧裡看花給人以不同的朦朧猜想，但也頗費研究者們窮本溯源的追索，可以說人們對貧困概念的理解經歷著從一元解讀到多元解讀的過程；經歷著逐步從純經濟生存層面，擴大到權利、發展、環境、文化及精神等層面的過程。下面我們將結合學術界對貧困概念界定的思想發展脈絡，依循著物質生存→社會人文→能力發展的邏輯擴展順序，對貧困內涵的演進給予簡要說明，並指出其中的不足。

(1) 物質生存的視角

人們認識工業社會的貧困，開始仍然沿用自然經濟社會有關物質品匱乏威脅人們基本生存即是貧困的說法。當然物質品的多寡通常以貨幣收入額為標準，這不僅將貧困與低（貨幣）收入相聯繫，而且奠定了以貨幣收入為衡量工具的貧困線標準基礎。早期的文獻可見英國學者朗特里等人對工業化初期社會貧困的研究成果。1899年，朗特里在《貧困：有關城鎮生活的調查》中對英國約克市做貧困問題研究時，提出了「初級貧困」（即

---

① 林南. 社會資本——關於社會結構與行動的理論 [M]. 上海：上海人民出版社, 2005: 28.

絕對貧困）的概念，這種貧困就是基於「獲得僅能夠維持體能所需要的最低必需品」的預算，並且隨之得出了一個「社會可接受的」貨幣量（朗特里，1901）。① 他由此開闢了將貧困與無法維持基本生存所必需的物質品，以及這種最低限度物質品折合的貨幣收入額聯繫起來的研究思路，為后來研究貧困的學者提供了一個標準範式，影響深遠。可以說最初的貧困概念都是基於物質生存標準的生理層面考量，雖然這種界定抓住了貧困的基本硬核，但是這種與生存的需要或工作效率的需要相聯繫的生理學方法，集中於貧困的生存表象而忽視了貧困內在所包含的發展、賦權、能力、人格尊嚴、知識文化、社會地位等更為深刻的內涵。當然，這樣的探索也不失為認識貧困提供了一個基本的視角，並引起更多的人對貧困現象進行關注和思考。

（2）社會人文的視角

20世紀90年代以來，國際社會更加關注從「社會人文」角度來衡量一個國家的貧困程度。聯合國開發計劃署在《1997年人類發展報告》中提出新的貧困概念，將一般意義上的經濟貧困擴展到「人文貧困」（Human Poverty）的概念，它不僅包括反應人均國民收入和支出水平的收入貧困，也包括反應公民權、政治權、文化權及基本人權狀況的權利貧困和反應人均壽命、衛生、教育、知識信息交流、生活環境質量條件等因素的人力貧困、知識貧困與生態貧困。其具體指標有：40歲以前可能死亡的人口比例，文盲率，參與公共事務的權利及概率，獲得基礎性教育與衛生保健服務的條件，環境污染指標，可飲用水和合適的食物狀況，等等。這些「新標準基本上代表了當前文明發展程度下，人類對相對貧困內涵的理解程度」②。社會人文視角將人們對貧困的認識由傳統的單一維度（經濟角度）拓展到了多元維度（經濟、政治、文化、衛生、環境等角度），加深了對貧困概念的理解。

（3）能力發展的視角

世界銀行在過去的15年間，對貧困的認識也發生了很大的變化，與

---

① 拉維・坎波爾，琳・斯奎爾. 關於貧困的思想演變：對相互作用的探討 [M] //杰拉爾德・邁耶，約瑟夫・斯蒂格利茨. 發展經濟學前沿：未來展望. 本書翻譯組，譯. 北京：中國財政經濟出版社，2003：131.

② 王朝明. 轉型期中國貧困問題的再認識 [J]. 貴州財經學院學報，2001（3）.

1981年的貧困定義相比,《1990年世界發展報告》對傳統的基於收入的貧困定義進行了擴充,加入了能力因素,認為貧困是「缺少達到最低生活水平的能力」[①]。《2000/2001年世界發展報告》又在「能力貧困」的定義之中,加進了「脆弱性」(Vulnerability)的含義,意指「一個家庭和一個人在一段時間內將要經受的收入和健康貧困的風險」,同時「還意味著面臨許多風險(暴力、犯罪、自然災害和被迫失學等)的可能性」[②]。而對能力貧困在理論上做出突破性貢獻的是1998年諾貝爾經濟學獎獲得者阿馬蒂亞·森。森關於可行能力(Capability)——貧困視角的提出,把對貧困性質的認識又大大地推進了一步。他在《以自由看待發展》一書中指出:所謂「貧困,必須被視為基本可行能力的剝奪,而不僅僅是收入低下,而這却是現在識別貧窮的通行標準」。並且「對基本可行能力的剝奪可以表現為過早死亡、嚴重的營養不良(特別是兒童營養不足)、長期流行疾病、大量的文盲以及其他失敗」[③]。當然這種可行能力——貧困的視角並不完全否認將低收入視為貧困主要原因之一的傳統觀點,同時還將反貧困的政策視角從直接的生活質量改善,拓展到提高獲取收入並擺脫收入貧困的能力。可行能力視角對貧困分析所做出的貢獻在於,通過把注意力從手段(而且是經常受到排他性注意的一種特定手段,即收入),轉向了人們有理由追求的目的,並相應地轉向可以使這些目的得到實現的自由,強化了我們對貧困和剝奪的性質及原因的解釋。[④]

CDP(Committee for Development Policy)將現有文獻關於貧困的概念歸納起來,在對欠發達國家2006年的回顧和總結中認為,貧困包含三方面要素:低收入、人力資本的缺乏以及經濟上的脆弱性(*The Least Developed Countries Report* 2006)。[⑤] 應該說,這個概括雖然將物質資本、人力資本缺乏所導致的收入貧困、人文貧困、能力貧困融入貧困概念的框架之中,已經比較貼近現代文明對貧困的認識和解釋了,但仍有其不足,也就是欠缺社會資本的視角。在一個日益開放或轉型的社會中,貧困群體所表現出的

[①] 世界銀行.1990年世界發展報告[R].北京:中國財政經濟出版社,1990:26.

[②] 世界銀行.2000/2001年世界發展報告[R].北京:中國財政經濟出版社,2001:19.

[③] 阿馬蒂亞·森.以自由看待發展[M].任頤,於真,譯.北京:中國人民大學出版社,2002:15-85.

[④] 黃泰岩.國外經濟熱點前沿:第4輯[M].北京:經濟科學出版社,2007:83.

[⑤] 黃泰岩.國外經濟熱點前沿:第4輯[M].北京:經濟科學出版社,2007:83-84.

封閉性、邊緣化傾向能夠用社會資本分析工具加以解釋並給出政策取向；同時，社會資本的弱化對知識貧困、人文貧困乃至收入貧困都有正相關性（有關經驗研究也證實了這個結論①）。因此，採用物質資本、人力資本、社會資本三維度視角導出的貧困概念，不僅包含收入貧困、人文貧困、能力貧困，還包含邊緣性貧困，就是指因缺乏嵌入在社會結構中的社會資源（包括組織、網路、信任、合作、參與、聲望、地位等），而在匿名社會裡可能遭受歧視、排擠、打擊而陷入社會邊緣的貧困狀態。結合三種「資本結構」的維度來看待貧困，興許給出的答案能夠較為圓滿地解讀現代社會貧困，也符合人類社會認知貧困的思想演變趨勢。

二、從發展角度看「資本」概念的演進：物質資本（技術資本）、人力資本與社會資本

從認識發展的角度看，人們對「資本」這個通過一定的行為能夠帶來更多回報的資源有著不斷深入、遞進的認識過程。人們最早關注的是物質資源（自然資源），強調貨幣資本的累積，以推動經濟增長和物質財富的創造②；但后來發現僅僅從人們擁有的物質資料和經濟要素角度並不能全部解釋其所獲得的回報，於是，人們開始關注技術，並且較為看重人力資源開發，強調人力資本的投資，指出個人的知識、技能、所受教育程度乃至身體健康水平都會產生追加的經濟價值從而增加回報③，但局限於物質資本和人力資本仍然不能完整地解釋所獲取的全部回報；因此，再到后來，人們認識到除了個人（組織）所擁有的物質資本和人力資本之外，在行動中還可以借助與使用嵌入在社會結構中的社會資源，以獲得更多利益回報及其便利，並可能節省為此目的而投入的物質與人力資本的數量。因而以網路、信任、合作、信息、共享、互惠等形式存在的社會資源仍然能夠給人們提供便利、增加回報，體現出資本的功能。正如有的學者所言，社會資源之

---

① 參見王朝明主持：四川省哲學社會科學研究（十一五）規劃重點項目課題「社會資本視角下的四川城市貧困問題理論與實證研究」（2008年）。

② 從亞當·斯密以來的古典經濟學、馬克思經濟學及后來的新古典經濟學都充分論證過物質資本的投資效率。

③ 明塞爾、舒爾茨、貝克爾等人的研究成果已經充分證明了這些人力資本投資的回報效益。

所以能夠構成資本,是因為它能替代某些資源,也就是說,它能節省沒有它而必須付出的更多的資源。[1]儘管人們在獲取和利用各種社會資源時會因人而異,然而這些資源一旦以資本形式存在,就會以「義務—期望」的社會邏輯發揮「賒欠—回報」的投資機制作用。而這種投資的特徵在於,一是體現在它存在於社會關係結構之中;二是它能夠給社會資本擁有者帶來增殖,是無形資產(這裡所謂的「增殖」用新制度主義經濟學的分析工具看,一方面是創造新的價值,另一方面是減少交易費用、降低交易成本)。[2]所以,當社會學家提出「社會資本」概念的時候,資本家族又添加了新的一員。社會資本概念的提出,等於為以上的理論框架增加了一個新的分析視角,即社會結構的分析視角。

由此可見,人們一直致力於探討社會經濟發展的根源,從最早關注物質資本(自然資源:土地、礦產等),到后來看重技術資本(技術資源:技術的改造和創新),再到後來關注人力資本(人力資源:勞動力的管理與開發)和文化資本(文化價值觀念及制度元素),直到近年來又將研究目光聚焦於社會資本(社會關係資源:社會結構和人與人的社會關係網路),這反應了人們對於促成發展的資本要素的認識越來越全面和深刻。這種認識也為人們探討反貧困的路徑提供了更具操作性的方案。

三、物質資本(技術資本)、人力資本與社會資本及其反貧困功能

在人類反貧困的漫漫徵途中,美國華盛頓大學社會發展研究所特聘教授邁克爾‧謝若登(M. Sherraden)博士就反貧困問題提出的「資產建設」(Building Assets, 1991)的概念無異於一個里程碑式的創舉,「資產扶貧」的概念對於反貧困研究具有重要意義。[3]實踐證明:賦予貧困者以一定的資本,較之簡單地實施物質救助,其效果要持久得多。事實上,我們在調查

---

[1] 燕繼榮. 投資社會資本——政治發展的一種新維度 [M]. 北京:北京大學出版社,2006:157.

[2] 燕繼榮. 投資社會資本——政治發展的一種新維度 [M]. 北京:北京大學出版社,2006:187.

[3] 邁克爾‧謝若登. 資產與窮人 [M]. 高鑒國,譯. 北京:商務印書館,2005.

中也發現，一個人或家庭之所以陷入貧困，除了缺乏物質資本（低收入、幾乎沒有金融資產等）和人力資本（受教育程度低、身患疾病等），使其在收入分配過程中處於不利地位之外，還因為其擁有的社會資本少，置身於社會邊緣地位，在社會結構中攝取的社會資源少而無法爭取更多的社會支持，結果在物質資本投資、人力資本投資、求職就業和社會流動中處於更加不利的地位。

通過前文對貧困認知的簡單回顧，我們可以發現，從資本結構的三個基本的維度——物質資本、人力資本、社會資本出發，來解讀和治理貧困問題是適當而必要的。

1. 物質資本維度

無償或低償地賦予貧困者以一定的物質資本（包括技術資本），為這些貧困人口跳出貧困陷阱奠定了基本的物質基礎，這也正是邁克爾·謝若登提出為有勞動力的窮人建立「資產帳戶」的意義。由於貧困者長期處於貧困之中，他們逐漸喪失了一種重要的自立意識，並且逐漸習慣了現有的狀況。如果僅僅將這些人群納入低保的範圍，就很難打破他們既有的生活方式，從而更談不上使他們跳出貧困的陷阱了。使貧困人群擁有物質資本的重要意義在於：一方面它可以幫助貧困者擺脫貧困的心態，樹立起較為積極的生活態度和自強的信念；另一方面，一定的物質資本賦予貧困者一個較為平等的創業起點，保證了已脫貧者擁有持續脫貧的潛力和可持續生存的物質基礎，不至於因為自身的無助和物質的極度匱乏而再次陷入貧困。

2. 人力資本維度

對貧困者進行充分的人力資本投資也是一種重要的反貧困策略。美國經濟學家西奧多·W. 舒爾茨就認為，在發展中國家廣泛存在的貧困，在很大程度上是由於貧困人口的人力資本投資機會遭到挫折的結果，因此人的素質的改進對於反貧困戰略具有較為深遠的意義。所謂的人力資本投資，就是通過對人力資源一定的開發性投入（貨幣、資本或實物），使人力資源質量及數量指標均有所改善，並且這種改善最終反應為勞動能力提高、勞動產出增加以及健康水平提高的一種投資行為。對人力資本投資的途徑是多方面的，關於這些，明塞爾、舒爾茨、貝克爾等人提出以教育支出、職業培訓支出、勞動力流動和遷徙支出、保健營養支出等，作為人力資本形成和累積的投資要素。通過必要的人力資本的培養，貧困人群就可以重新獲得被剝奪了的「基本可行能力」，從而為他們的長久脫貧奠定堅實的基

礎。因此，在中國反貧困政策選擇中，對下崗失業人員、進城務工人員、大學畢業就業困難學生的技能培訓、創業支持、職業指導、求職介紹將是一項長期的任務。

3. 社會資本維度

雖然業已存在的種種論據表明社會資本的內在作用機制可能恰好也是貧困產生和反貧困困難的原因所在，但是從另外一個角度來看，也證明了社會資本對增長、公平和緩解貧困等發展成果的作用（格魯特厄特，1996）。組織和制度可以為特定的貧困人口提供共享信息、協調行動和集體決策的機制和平臺，進而推動了貧困人口的反貧困進程。例如，共享信息是社會資本的重要表現形式，而信息是當今社會經濟發展中重要組織和個人發展的重要因素。對於貧困人口而言，信息的獲得渠道較少，對信息的準確性和正確性缺乏判斷能力，對信息的利用能力更是有限（比如，即使知道有一個極好的投資機會，也會由於資本金缺乏而放棄）。相關社會資本的構建將有助於向貧困人口傳播充分和正確的信息，整合扶貧資源，提高其配置和使用效益，從而推動其脫貧進程。

其實社會資本本質上是一種支持性的網路關係，即社會網路資本。通過它人們可以減少達到目的的成本。對於尋求保障的貧困者而言，社會資本的意義體現在：它可以轉化為貧困者所需要的幫助，減少他獲取資源所需的成本，這樣也就相當於讓他得到了某種程度的保障。而社會資本發揮保障功能的空間主要是非正式支持網路和自然支持網路的涵蓋領域，其中包括家庭、家族、親戚朋友、社區共同體中包含的支持關係以及與非營利機構（主要指民間組織）建立的信任和支持關係所涉及的領域。貧困者社會資本發揮自助保障功能的方式是多樣的，如相互信任的社會關係的精神保障作用，有支持關係的網路成員所握有的某些物品提供給需求者的行為所產生的物質保障作用，社會資源的轉借起到的支持和保障作用，成員在網路之中相互影響、相互學習、相互支持對提高群體決策水平和抵禦風險能力方面的作用，等等。[①] 這也正是社會資本在反貧困鬥爭中發揮作用的主要機制。

綜上所述，通過三種資本維度解釋人們陷入貧困的過程是相互關聯、相互影響、相互促進的，形成了一種作用機制：第一，在其他方面相同的

[①] 閆逢柱.社會資本層面下的中國城市貧困與反貧困問題研究 [J]. 當代財經，2005 (1).

條件下，較低的社會資本與較低的人力資本投資是相聯繫的，擁有較低社會資本的人通常人力資本存量也少。「布勞—鄧肯模型」反應了父母的教育水平和職業地位（人力資本與社會資本的作用表現）對子女后來的受教育程度及取得的社會地位影響很大。如果父母的教育水平和職業地位低，通過代際傳遞使子女后來的受教育程度可能較低，其可能獲得的社會經濟地位也較低，擁有的社會資本則少（關信平，1999）。第二，即使在人力資本相同的情況下，擁有較少的社會資本的人不僅在求職中處於不利地位，而且有更大的可能性經歷向下的社會流動，比如失業和下崗，並且在下崗、失業之后更難再就業或找到好的工作（邊燕杰，2001、2004；趙延東，2002）。第三，擁有較少的社會資本的人，相對來說更少可能得到物質資本的投資，個人創業成功的可能性也相對較小（符平，2003）。[①] 所以，擁有較少的社會資本、較少的人力資本投資、較小的獲得物質資本的可能性，常常是相生相伴、相互累積的，它們的協同作用常常使一個人或家庭陷入貧困而不能自拔。

參考文獻：

[1] 林南. 社會資本——關於社會結構與行動的理論 [M]. 上海：上海人民出版社，2005.

[2] 拉維・坎波爾，琳・斯奎爾. 關於貧困的思想演變：對相互作用的探討 [M] //杰拉爾德・邁耶，約瑟夫・斯蒂格利茨. 發展經濟學前沿：未來展望. 本書翻譯組，譯. 北京：中國財政經濟出版社，2003.

[3] 王朝明. 轉型期中國貧困問題的再認識 [J]. 貴州財經學院學報，2001（3）.

[4] 世界銀行. 1990 年世界發展報告 [R]. 北京：中國財政經濟出版社，1990.

[5] 世界銀行. 2000/2001 年世界發展報告 [R]. 北京：中國財政經濟出版社，2001.

[6] 阿瑪蒂亞・森. 以自由看待發展 [M]. 任頤，於真，譯. 北京：中國人民大學出版社，2002.

---

① 程勝利. 經濟全球化與當代中國城市貧困 [M]. 北京：社會科學文獻出版社，2007：66.

［7］黃泰岩. 國外經濟熱點前沿：第 4 輯［M］. 北京：經濟科學出版社, 2007.

［8］燕繼榮. 投資社會資本——政治發展的一種新維度［M］. 北京：北京大學出版社, 2006.

［9］閻逢柱. 社會資本層面下的中國城市貧困與反貧困問題研究［J］. 當代財經, 2005（1）.

［10］程勝利. 經濟全球化與當代中國城市貧困［M］. 北京：社會科學文獻出版社, 2007.

［本文選自：王朝明. 社會資本與貧困：一個理論框架的解釋［J］. 當代經濟, 2009（9）（上）：11-13.］

第二十六章　中國居民收入差距的演變與解析

丁任重　　陳志舟　　顧文軍

一、改革以來中國居民收入差距的演變

改革開放以來，中國居民收入差距發生了很大的變動，人們明顯地感覺到收入差距擴大了。中國人口眾多、地域遼闊、城鄉分割、地區發展很不平衡。要理解中國轉型期收入差距的演變趨勢，需要分別考察農村內部、城鎮內部、城鄉之間以及地區之間收入差距的演變，因為這四個方面的收入差距是全國居民總體收入差距的重要組成部分。

1. 農村居民收入差距的演變

改革以前的農村收入分配具有很濃的平均主義色彩，農民之間的收入差距處於較低的水平。根據國家統計局農村調查總隊的資料，1978年的農村基尼系數估計為0.21~0.22，收入差距處於相對均等的區間。改革開放以來，農村內部的收入差距在總體上呈逐漸擴大趨勢。從表1的資料可以看出，1981年農村居民基尼系數為0.24，1990年上升為0.30，1999年繼續上升到0.33，收入差距明顯擴大。中國社科院經研所收入分配課題組利用1988年和1995年兩次住戶抽樣調查的數據，按照國際規範的收入定義，在對農村個人可支配收入加以重新定義和估算的基礎上，估計出農村居民的基尼系數在1988年為0.34，1995年為0.42，收入差距從20世紀80年代末期的相對合理區間，到90年代中期已經演變為收入差距偏大的區間。由此可見表1的數據對農村收入差距可能存在著低估。

表 1　1981—1999 年中國各種居民收入分配基尼系數變動情況一覽表

年份	城鎮居民基尼系數 a)	農村居民基尼系數 a)	人均國內生產總值 GDP 基尼系數 a)	居民正常收入差距的基尼系數 b)	考慮居民非法非正常收入後的基尼系數 b)	居民收入差距的基尼系數 c)	居民收入差距的基尼系數 d)	居民收入差距的基尼系數 e)
1981	0.15	0.240,6	0.346	–	–	0.263,5	0.268,0	0.288
1982	0.15	0.231,7	0.334	–	–	0.252,5	0.249,4	–
1983	0.15	0.246,1	0.377	–	–	0.286,5	0.264,1	–
1984	0.16	0.243,9	0.337	–	–	0.270,5	0.278,4	0.297
1985	0.19	0.226,7	0.329	–	–	0.345,3	0.265,6	–
1986	0.19	0.304,2	0.328	–	–	0.359,5	0.296,8	–
1987	0.20	0.304,5	0.336	–	–	0.356,8	0.305,2	–
1988	0.23	0.302,6	0.331	0.349,76	0.416,8	0.362,4	0.313,3	0.382
1989	0.23	0.309,9	0.326	0.369,65	0.424,5	–	0.321,4	0.349
1990	0.23	0.309,9	0.327	0.346,88	0.401,5	–	0.306,3	0.339
1991	0.24	0.307,2	0.326	0.369,04	0.417,0	–	0.324,0	–
1992	0.25	0.313,4	0.335	0.377,19	0.426,2	–	0.339,6	0.376
1993	0.27	0.329,2	0.337	0.401,73	0.459,5	–	0.359,2	–
1994	0.30	0.321,0	0.344	0.435,61	0.511,1	–	0.362,1	0.434
1995	0.28	0.341,5	0.349	0.419,40	0.517,3	–	0.351,5	0.388
1996	0.28	0.322,9	0.352	0.405,82	0.499,0	–	–	0.458
1997	0.29	0.328,5	–	0.402,69	0.493,2	–	–	–
1998	0.30	0.336,9	–	0.403,80	–	–	–	0.403
1999	0.295	0.336,1	–	0.404,56	–	–	–	–

[資料來源]（a）胡日東，王卓. 收入分配差距、消費需求與轉移支付的實證研究 [J]. 數量經濟技術經濟研究, 2002（4）；（b）潘勝文，歐陽國文. 當前中國居民收入差別程度的判斷及其變動趨勢 [J]. 經濟與管理研究, 2002（2）；（c）陳宗勝. 經濟發展中的收入分配 [M]. 上海：上海三聯書店、上海人民出版社, 1991；（d）向書堅. 全國居民收入分配基尼系數的測算與迴歸分析 [J]. 財經理論與實踐, 1998（1）；（e）曾國安. 論中國居民收入差距的特點、成因及對策 [J]. 中國地質大學學報：社會科學版, 2001（2）.

[表 1 轉引自：林幼平，張澍，闞豔. 近年來中國居民收入差距問題研究綜述 [J]. 經濟評論, 2002（6）.]

2. 城鎮居民收入差距的演變

根據國家統計局的估計，1978 年城鎮居民收入分配的基尼系數為 0.16，收入分配處於高度均等區間。從改革初期到 20 世紀 80 年代中期，城鎮居民收入差距幾乎保持不變，1984 年的基尼系數仍為 0.16（見表 1）。80 年代中期以後，中國經濟體制改革的重心轉移到城市，城鎮居民收入差距開始呈逐漸擴大趨勢。如表 1 所示，1985 年城鎮居民收入的基尼系數為 0.19，1990 年上升到 0.23，1995 年上升到 0.28，1999 年上升到 0.295。而中國社科院經研所收入分配課題組估算城鎮居民的基尼系數在 1995 年為 0.33，顯示 90 年代城鎮居民收入差距顯著高於 80 年代中期，基尼系數比改革之初擴大了約 1 倍。

3. 城鄉之間收入差距的演變

根據國家統計局的資料，1978 年中國城鄉居民人均名義收入比率為 2.56，1984 年這個比率縮小到 1.84。1985 年以後，城鄉居民實際人均收入比率經歷了近 10 年的上升期，這個比率從 1985 年的 1.86 上升到 1994 年的 2.59，而后經歷了 3 年的下降，到 1997 年下降為 2.21，1998 年以後又開始攀升，到 2000 年上升到 2.46。總體上看，儘管改革之初城鄉之間收入差距有所縮小，但 20 世紀 80 年代中期以後，城鄉差距總體上呈上升趨勢。同世界上其他國家相比，中國城鄉之間的收入差距一直是偏高的。

4. 地區之間收入差距的演變

總體上看，改革開放以來東、中、西三大地區居民收入差距呈擴大趨勢。根據國家統計局的調查報告，1985 年東、中、西部地區人均收入比率為 1.15：0.88：1，到 1995 年這一比率擴大到 1.42：0.97：1，東部地區居民人均收入增長明顯快於中西部地區，致使收入差距逐漸拉大。就城鎮居民的收入增長來看，1986—1999 年，全國城鎮居民人均可支配收入增長 5.5 倍，其中東部地區增長 5.9 倍，而西部地區只增長了 4.7 倍，收入增長的差距是明顯的。就農村來看，1985 年西部和中部地區農村居民人均純收入分別相當於東部地區的 62.88% 和 74.14%，這兩個比率到 1995 年下降為 57.02% 和 67.11%，到 1999 年又進一步下降為 46.96% 和 63.60%，收入差距明顯擴大。

綜合上面的考察，我們可以得出如下基本判斷：由於改革開放以來中國農村居民、城鎮居民、城鄉之間以及地區之間的收入差距在總體上呈逐步擴大的趨勢，因此由這些差距構成的總體居民收入差距也將呈逐步擴大

的趨勢。從表1數據可知,全國居民收入的基尼系數在1981年為0.288,1984年為0.297,1990年為0.339,1995年為0.388,1998年為0.403,上升趨勢十分明顯。很多機構和學者的研究也支持這一判斷。中國社科院經研所收入分配課題組利用1988年和1995年兩次住戶抽樣調查的數據,計算出全國居民收入的基尼系數在1988年為0.382,1995年上升為0.452,同改革初期相比,收入差距明顯擴大。同時,該課題組計算的十等分最高收入組與最低收入組的收入比,在1988年為13.5倍,1995年上升到17.7倍。根據世界銀行的估算,中國居民人均收入的基尼系數1978年為0.33,1988年為0.388,1995年為0.415,收入差距上升的趨勢也很明顯。另外,根據兩次全國規模的調研數據計算,中國城鄉居民收入的基尼系數1994年為0.434,1996年為0.457,比改革初期明顯擴大。總之,改革開放以來中國居民收入差距呈逐漸擴大趨勢,這一結論得到了各方面的普遍認同。

二、改革以來居民收入差距演變原因的解析

改革開放以來,中國居民收入差距出現了明顯擴大趨勢,是什麼原因導致了這種差距擴大?有哪些因素在影響和主導著轉型期的收入差距變動?我們認為,要更好地解釋轉型期收入差距的演變,需牢牢把握經濟體制轉型和經濟發展轉型這兩個因素(這也是轉型的主要含義);同時政府政策對收入差距具有非常直接和巨大的影響;另外,對外開放的因素包括對外貿易、外資流入等因素對中國經濟生活的影響日漸顯著,已經成為影響中國收入差距變動的重要因素。因此,經濟體制、經濟發展、政府政策和對外開放是影響和主導中國轉型期收入差距變動的四個主要因素,通過對這四個方面因素的深入分析,可以對改革開放以來中國居民收入差距演變的原因和機制提供一個有說服力的解釋框架。

1. 體制改革因素

經濟體制改革是導致轉型期居民收入差距擴大的重要原因。在農村,人民公社體制的解體和家庭聯產承包責任制的確立消除了平均分配的體制基礎,帶來了農村居民收入差距的逐漸擴大。土地承包制中的分配機制可以簡單地概括為「交夠國家的,留足集體的,剩下都是自己的」,農戶的收入取決於剩餘的多少,而「剩餘」的多少又取決於農戶的努力程度、生產條件以及經營能力等。由於農戶之間在努力程度、生產條件以及經營能力

等方面必然存在著一定的差距，在承包制的背景下也就必然出現農戶之間收入差距的擴大。在城市，以國有企業為例，放權讓利的改革把越來越多的分配決策權交給了企業內部人，企業內部人主導的收入分配，其分配差距通常大於由國家統一進行的計劃分配。隨著獎金制度、崗位津貼制度、企業年薪制度、分紅制度等多樣化分配制度的推出，收入差距逐漸擴大。近年來，國有企業改革帶來大量下崗、失業人員，導致下崗、失業人員及其家庭收入下降，這在一定程度上擴大了城鎮內部的收入差距。

中國地區收入差距的擴大也可從體制改革中得到解釋。在計劃經濟體制下，計劃當局在配置資源時通常會照顧地區發展平衡，這有利於控制地區差距。但在市場經濟體制下，政府配置資源的比重不斷下降，內地資源在市場機制作用下，大量流向收益率較高的沿海地區，地區差距逐漸擴大。另外，沿海地區是中國進行市場經濟體制試驗的先行者，較早地獲得了體制改革的好處。隨著體制改革的推進，沿海地區的制度先發優勢日益明顯，市場經濟制度比內地更為完善，這些都有利於沿海地區更快地發展，從而拉大了沿海與內地之間的收入差距。

2. 經濟發展因素

經濟發展在很大程度上具有擴大收入差距的效應。轉型期農村經濟發展主要表現為從傳統單一的農業經濟逐步向農業、工業、第三產業共同發展的現代經濟轉變。非農產業迅速發展壯大，產值比重迅速超過農業，逐漸成為農村經濟增長和農民增收的主要源泉。由於農民在技能、知識、資金及其他條件方面存在較大的差異，因而他們參與非農產業的機會也存在著較大差異，從非農產業中獲得的收入就必然存在較大差距，這是導致農村收入差距擴大的又一重要原因。隨著經濟發展，農民在資金、技能等方面的累積出現分化，收入差距勢必繼續擴大。在城市，隨著個體、私營、外資以及混合經濟的迅速崛起，這些經濟成分以市場化的分配機制為主導，分配形式複雜多樣，其從業人員的收入差距較大，這在一定程度上擴大了城鎮居民的收入差距。另外，隨著市場經濟的發展，城鎮居民累積的資金、財產等方面的差距逐漸擴大，從而導致城鎮居民在資產性收入方面的差距明顯擴大。

市場經濟的發展具有擴大城鄉收入差距的效應。因為城鄉居民參與市場經濟的起點存在巨大差距，城鎮居民比農村居民擁有更多的資金、財產、知識、技能等，這是一場起點不同的賽跑，其結果必然是差距日益擴大。

隨著經濟發展中資金、財產、知識和技能的不斷累積,「馬太效應」會日漸加劇,強者更強、弱者更弱,城鄉差距會進一步拉大。在經濟發展中,由於沿海地區的經濟基礎、區位條件、人力、技術等要素稟賦優於中西部地區,沿海地區的經濟發展必然快於內地,從而拉大地區收入差距。加上經濟發展中的「極化效應」,內地生產要素受到沿海經濟增長極的吸引,必然自發地流向沿海地區,從而慣性擴大地區差距。但是,市場經濟發展又具有一些縮小收入差距的效應。比如,隨著市場經濟的發展,城鄉之間的勞動力、資本、技術、信息等生產要素會不斷地流動,農村勞動力進城務工有利於縮小城鄉差距,城鎮中的資本、技術、信息向農村擴散也有利於縮小城鄉差距。另外,從長遠來看,隨著沿海地區經濟升級和結構調整,一部分產業會逐漸往內地轉移,經濟發展的「擴散效應」會逐步發揮作用,這有利於縮小地區差距。不過從總體上看,改革以來經濟發展對收入差距的擴大效應是主要的。

3. 政府政策因素

改革以來,很多政策具有擴大收入差距的效應。在農村,政府實行的稅費政策通常是按照人頭或土地面積來進行分攤的,這種稅費政策具有收入分配的「累退效應」,即富者和貧者都繳納大致相同的稅費,這對富者而言,稅率是相對較低的,對貧者而言,稅率則是較高的,因此,這種具有「累退效應」的稅費政策實際上擴大了農民之間的實際收入差距。就城鄉差距而言,長期以來中國稅收政策導致了收入較高的城鎮居民負擔的稅率較低,而收入較低的農村居民負擔的稅率却較高。另外,改革開放以來,中央政府大力推行沿海地區優先發展戰略,給了特區和沿海地區很多優惠政策,從而促進了沿海地區快速發展,這對地區差距的擴大有重要的影響。也有一些政策具有縮小收入差距的作用。比如,政府在改革之初大幅提高農副產品收購價格,在短期內明顯縮小了城鄉收入差距,城鄉居民人均名義收入比率從1978年的2.56縮小到1984年的1.84,但這種作用僅僅是短期的。另外,在世紀之交,中央政府開始實施西部大開發戰略,落後地區的經濟發展開始加速,東西部地區的差距有所縮小,但這種縮小的趨勢能否持續還有待觀察。

4. 對外開放因素

對外開放因素對收入差距的影響具有不確定性,但觀察到的一些因素具有擴大收入差距的效應。比如,就對外貿易而言,中國具有比較優勢的

產業可以從國際貿易中獲得較大收益，而缺乏競爭力的一些產業則會受到一定程度的衝擊，這顯然會擴大不同產業之間從業人員的收入差距。中國農業可算是弱勢產業，農民又是一個弱勢群體，加入WTO以後，農業無疑面臨著巨大挑戰，農民收入增長可能會受到一定影響，這將可能進一步擴大城鄉居民的收入差距。另外，沿海地區是中國對外開放的最大受益者，因為沿海地區具有天然的區位優勢，加之經濟基礎、人力、技術等要素稟賦優於內地，沿海地區更多地獲得了對外開放的好處。迄今為止，流入中國的外資主要集中在沿海地區，中國對外貿易的主要份額也由沿海省份提供，內地在吸引外資和對外貿易方面遠遠落後，因此，對外開放的因素在很大程度上擴大了沿海與內地的發展差距。

改革開放以來，中國居民收入差距總體上呈上升趨勢。對於收入差距擴大的原因，理論界進行了廣泛深入的研究，提出了許多觀點，其中具有代表性的觀點主要有居民收入來源論、公有制經濟收入差異倒U形曲線及其階梯形變異論、改革開放政策影響論、多重二元結構影響論、制度因素論、市場機制及管理缺陷論六種。另外，一些論者還從地下經濟、土地所有權、經濟全球化以及知識經濟發展、市場不公平交易、私人資本參與分配等方面探討收入差距擴大的原因和影響因素。這些觀點和論述分別抓住了問題的某一方面或某些方面，但似乎缺乏一種較全面的、在邏輯上具有整體性和一致性的解釋。

本文通過對體制改革、經濟發展、政府政策和對外開放四個方面因素的分析，構建了一個解釋轉型期收入差距變動的分析框架。通過分析，我們認為，體制、發展、政策和開放是主導轉型期收入差距演變趨勢的主要解釋變量，正是這四方面因素對收入差距影響的不同方式和不同程度的「有機組合」，決定了轉型期居民收入差距的演變軌跡。改革開放以來，體制、發展、政策和開放這四方面因素對收入差距的影響既有「擴大效應」，也有一些縮小收入差距的影響，但「擴大效應」是主要的，從而形成一種合力，推動了中國轉型期居民收入差距的逐漸擴大。

最後，關於中國居民收入差距的未來趨勢將如何演變？會不會出現類似於庫茲涅茨「倒U假說」那樣的演變趨勢？美國著名經濟學家、統計學家庫茲涅茨在1955年提出關於經濟發展中收入差距演變趨勢的「倒U假說」，認為「收入分配不平等的長期趨勢可以假設為：在前工業文明向工業文明過渡的經濟增長早期階段迅速擴大，爾後是短暫穩定，然後在增長的

后期逐漸縮小」，即收入差距「先惡化，后改善」[1]。我們以為，儘管未來趨勢還很難準確判斷，但可以通過分析上述四方面因素在未來階段對收入差距的作用方式和影響程度的「組合」及其可能的演變，來探尋中國未來收入差距的演變趨勢，這是一個值得進一步研究的方向。

[本文選自：丁任重，陳志舟，顧文軍. 中國居民收入差距的演變與解析 [J]. 宏觀經濟研究，2003（11）：38-41.]

---

[1] KUZNETS. Economic Growth and Income Inequality [J]. American Economic Review, 1955, 45 (1): 18.

第二十七章 對轉型期中國居民收入分配制度變遷的經驗分析

李 萍　陳志舟

所謂居民收入分配制度（以下簡稱分配制度），是指有關居民如何獲取收入（包括貨幣收入和非貨幣收入）的制度安排。制度是約束人們行為的規則，居民收入分配制度可以理解為約束參與分配活動的當事人的規則。在過去的研究中，人們通常把分配制度分解為分配主體、分配客體、分配原則、分配形式和分配政策五個方面，因此，分配制度可以被理解為有關這五個方面的規則體系的總稱。

中國的經濟轉型包含兩重含義，一方面是從計劃經濟體制向市場經濟體制轉型，另一方面是從以農業經濟為主的傳統經濟向以工業和服務業經濟為主的現代經濟轉型。在經濟體制和經濟發展雙重轉型的背景下，居民收入分配制度經歷了廣泛而深刻的歷史變遷。

一、分配制度演變的起點：計劃化、集權化和二元化的分配制度

本文對轉型期分配制度的考察主要著眼於經驗性維度分析，為此，首先需要對轉軌之前的分配制度進行考察。轉軌時期分配制度演變的起點模式，是和改革前的計劃經濟體制相適應的分配制度，它的特徵集中表現為計劃化、集權化和二元化。

當時的分配制度是計劃體制的重要組成部分，它實際上是一種計劃化的分配制度。分配原則、分配標準、累積和消費的比例、可供分配的消費基金總量、分配等級等完全由計劃當局確定，一切分配事項都遵循計劃原

則而不允許有任何破壞，否則將遭受嚴厲處罰。商品關係和市場交易被禁止，當然也就不存在任何市場化的分配規則。在城市的國營企業中，計劃化的分配制度被貫徹得最為徹底。在農村的人民公社中，計劃化的分配規則仍然得到了嚴格執行，因為人民公社被牢牢地控制在國家的手中，人民公社體制本身就是計劃經濟體制在農村的制度安排。

　　集權化是計劃經濟體制的必然特徵，因為如果沒有高度的中央集權，計劃經濟體制本身將難以存續。因此，計劃化的分配制度必然也是集權化的分配制度。儘管如此，單獨強調一下傳統分配制度的集權化特徵仍然是有意義的，這有利於我們瞭解分配主體之間決策權的分配。在傳統體制下，參與收入分配的主體有中央政府（中央計劃當局）、地方政府、各部（委）、企業、人民公社、勞動者等。其中，中央政府掌握了絕大部分的分配決策權，而地方政府、各部（委）、企業、人民公社等則只擁有非常少的分配決策權，而勞動者個人幾乎沒有任何的分配決策權，他只是分配規則的簡單接受者。

　　儘管計劃化和集權化是當時城鄉分配制度的普遍特徵，但是，由於城鄉二元經濟結構的存在，以及國家為推進特定工業化戰略而實行的若干城鄉有別的政策，使城鄉之間的分配制度呈現出明顯的二元化特徵，城鄉之間的分配規則和分配格局仍然存在著較大的差異。在新中國成立之初，中國的工業和現代部門幾乎全部集中在城市，而農村則是廣泛的小農經濟和少許的手工業，這種二元經濟結構在新中國成立后的計劃體制下非但沒有得到改善，反而被大大強化了。在改革前，中國推行的是一種國家工業化戰略，重工業和軍事工業被放在絕對優先的位置，輕工業處於次要位置，而農業、農村和農民則處於被忽視的地位。為了盡快實現國家工業化，國家採取強制轉移農業剩余和農村資源以促進城市工業化的措施（如巨大的工農業產品「剪刀差」等），通過人民公社體制將農民的收入壓低到僅能維持簡單生存的水平，這使城鄉居民之間的收入分配制度呈現很大的不同。出於快速推進工業化的考慮，國家對城市居民實行低工資的分配政策，同時輔之以廣泛的福利保障政策（如養老、醫療、住房、生活服務等）。在農村，農民主要通過集體勞動在人民公社或生產隊獲得實物性分配（農產品分配），貨幣性的收入很少，同時，家庭副業和自留地可以增加少許的收入，而城市居民可以享受的廣泛福利，在農村幾乎一無所有。這種二元化的分配制度導致了城鄉收入差距的非正常擴大。

二、轉型期分配制度的變遷

由於中國城鄉經濟體制和經濟發展直到現在都存在明顯的二元化特徵，因而，城鄉收入分配制度的變遷也存在很大的差異，它們沿著不同的路徑演變。所以，我們的考察也分為城鄉兩條線索。

(一) 農村收入分配制度變遷——從承包制、鄉鎮企業到民工潮

1. 承包制下的分配制度

20 世紀 70 年代末，中國農村發生了一場自發的制度革命，家庭聯產承包責任制逐漸取代了人民公社體制，以農戶家庭為單位的分散的生產經營逐漸取代了以人民公社和生產隊為單位的統一的生產經營，農村的分配制度發生了革命性的變遷。以前，國家和人民公社拿走農業經濟中的絕大部分剩餘，農民通過付出勞動、評工記分，獲得比較有限的、平均化的收入（以實物性收入為主）；而在承包制下，國家和集體只拿走事先約定的部分，農業經濟的剩餘完全由農戶佔有，即所謂「交夠國家的，留足集體的，剩下全是自己的」。這種分配制度帶有很強的個體經濟或家庭經濟的特徵，是對過去計劃化和集權化分配制度的否定。由於經濟剩餘歸農戶所有，農戶的積極性得到了巨大的提高，農戶願意在生產經營中投入大量的生產要素並進行充分的利用，從而大大提高了農村的資源配置效率，促進了農業產出的巨大增長。

在承包制下，參與分配的主體是國家、集體和農戶，農戶獲得的經濟剩餘首先取決於國家和集體拿走的約定部分的多少。國家通過農業稅和低價徵收國家訂購糧，仍然從農戶那裡拿走了一部分收入，但拿走的比重遠遠低於過去。集體（鄉鎮、村組）擁有徵收提留費、統籌費和其他收費的權力，由於這種權力缺乏有效的制約，後來演變為日益嚴重的亂收費。農戶擁有佔有經濟剩餘的權利，儘管這種剩餘還不斷地受到諸如亂收費等因素的侵蝕，但這已經徹底改變了過去農戶毫無分配決策權的狀況。同時，隨著近年來農村民主制度的改善，農產對集體亂收費的制約正在加強，這有助於改善農戶的收入狀況。

隨著農村市場化進程的推進，農副產品的市場化程度不斷提高，農戶的收入受市場價格的影響也越來越深，農村的分配制度日益呈現出市場化

的特徵。

2. 鄉鎮企業的崛起與市場化的企業分配制度

鄉鎮企業的崛起是中國農村繼承包制之后的又一件大事，它是中國農村的一場自發工業化運動，它對於推進中國農村的工業化、城市化和現代化具有重要的意義。今天，鄉鎮企業為中國農民提供了 1.2 億個就業機會，成為農民非農產業收入的主要來源。

同計劃體制下的國營企業相比，鄉鎮企業的生產經營和分配制度一開始就是比較市場化的。儘管鄉鎮企業是在地方政府的扶植下成長起來的，地方政府對鄉鎮企業的分配制度擁有較大的發言權，但鄉鎮企業的分配制度仍然在很大程度上遵循了市場化原則。職工的工資分配沒有計劃化和集權化的特徵，而是根據勞動力市場的供求情況，由供求雙方通過市場交易來決定。鄉鎮企業在早期的經營中出現了自發的資本交易，探索了集資、股份合作制、股份制等資本籌集形式，使資本這一重要的生產要素參與了企業收入的分配。可以說，鄉鎮企業的分配制度是中國轉軌時期讓非勞動要素在較大範圍內參與社會分配的最早試驗之一，這種試驗對於后來中國認可按生產要素分配的規則具有重要意義。

3. 民工潮與農民的外出務工收入

大量農民湧向城市和沿海發達地區尋找務工機會，這是中國農村改革以來的又一件大事。據估算，全國現在每年有大約 8,000 萬農民外出打工，務工收入已經構成農民的重要收入來源。農民工的收入來源複雜，形式多樣，且很不穩定。他們大多從事勞動強度大、工作條件差、工資待遇低且缺乏保障的工作，他們的收入主要是出賣簡單勞動力的收入，工資率完全由殘酷的勞動力市場的供求法則來決定。

(二) 城市收入分配制度的變遷——體制內與體制外的分配制度

城市居民的收入分配制度基本上可以劃分為兩種模式，一種是在傳統經濟體制內建立起來的國有經濟單位的分配制度，另一種是改革以來在傳統經濟體制之外建立起來的非國有經濟單位的分配制度。我們的考察也分為兩個方面。

1. 國有企業改革與體制內的分配制度演變

國有企業的分配制度是在傳統體制下建立起來的，服從和服務於傳統體制的需要，帶有明顯的集權化、計劃化和平均主義的特徵。首先，有關

收入分配的決策權幾乎完全由國家掌握，企業工資總量、工資等級、分配標準、工資調整等完全由國家決定，企業財務由國家實行「統收統支」，企業在分配問題上很少有發言權，而企業職工只是既定分配制度的簡單接受者。其次，國有企業的分配遵循「計劃原則」，所有分配事項都服從國家計劃的需要，職工的勞動貢獻是計劃分配所要考慮的因素，但不是唯一的也不是最重要的因素，因為在計劃等級工資制下，職工獲得的實際收入同他們的勞動貢獻是嚴重脫節的。再次，也正是由於分配的集權化和計劃化，傳統國有企業的分配制度表現出平均主義的特徵，因為計劃當局無法掌握職工實際勞動貢獻的充分信息，只能按照一定標準劃分工資等級，而處於同一等級的收入分配，必然呈現平均主義的特徵。最后，傳統體制下國有企業分配形式除了工資以外，還有廣泛的、非貨幣的福利分配形式如養老、醫療、住房、生活服務、子女教育和就業等方面福利分配，這是傳統分配制度的又一特徵。

國有企業的改革首先是從分配制度開始的，改革的初衷是想給予企業內部人員以更大的激勵。在過去20多年中，國有企業收入分配制度改革可以劃分為三個階段，即早期的擴權讓利階段、20世紀80年代中期以後的企業承包制階段、20世紀90年代以來的公司化改革階段。

（1）早期的擴權讓利階段。早期的擴權讓利給予了企業少量的分配決策權，企業可以通過留成利潤，以獎金的形式給職工以激勵，這在一定程度上提高了職工的勞動積極性。在這一階段，分配集權化和計劃化的特徵還非常明顯，企業的分配決策權仍然比較有限，企業內部主要針對平均主義的工資分配進行了初步調整。

（2）承包制階段。20世紀80年代中期，受到農村承包制改革的啟發，城市國有企業也開始進行承包制的試驗，到20世紀80年代后期，企業承包制得到廣泛推廣。在承包制下，企業可以在完成承包合同的基礎上支配屬於企業的經濟剩餘（利潤），企業實際上擁有了部分剩餘索取權，在此基礎上，企業在內部收入分配方面擁有了較大的決策權。儘管國家仍然對企業工資總量及其增長幅度、工資標準和等級、工資調整等進行一定程度的控制，但是，由於承包制留給了企業較大的自由活動空間，企業有權支配部分經濟剩餘，因而企業在內部分配方面獲得了越來越大的自主權。企業為了激勵員工，根據職工的勞動貢獻和崗位情況，採取了各種獎金、津貼等分配形式。由於企業管理層比國家更瞭解職工的勞動貢獻情況，也更容

易對職工的勞動進行監督，因此，企業的分配決策比過去的計劃分配更切合職工的勞動實際，激勵效果也更好。

隨著承包制的推進，企業分配中出現了工資（包含各種獎金、津貼等）膨脹和工資侵蝕利潤的情況。企業工資的快速增長一方面是因為企業的產出快速增長，以及對過去「低工資」的補償，但更重要的原因是承包制下分配制度演變的結果。由於企業可以對屬於自身的經濟剩餘部分進行分配，但這種剩餘不能僅僅在承包人和企業管理層進行分配（按規定，承包人只能獲得比較有限的部分），而必須在全體員工之間進行分配，這導致了企業職工收入的大幅增長。同時，由於企業承包人和企業員工之間具有利益一致性，他們有積極性利用自身的信息優勢和承包制的缺陷來擴大自身在收入分配中的份額，變著花樣增加企業內部人員的收入，出現了工資侵蝕利潤的現象。

（3）公司化階段。進入20世紀90年代，承包制的缺陷暴露得越來越明顯，國有企業改革開始轉向建立現代企業制度的階段，即公司化階段。在公司化的國有企業中，分配制度得到進一步的改革。改革的目的是想借鑑和模仿現代公司制中的分配模式，規範國家、企業和職工之間的分配關係。在公司化的分配制度中，國家在分配事務方面的決策權主要通過股權的形式在股東大會和董事會的決策中來實現，不再採用直接的行政干預。企業作為一個公司法人，其法人財產權得到強化，企業在收入分配方面遵循和貫徹股東大會與董事會的分配政策，在具體分配形式和分配措施上，企業管理層擁有一定自主權。公司員工不再是國家分配政策的簡單接受者，而是作為一個平等的民事主體同企業簽訂勞動合同，擁有了一定的自由選擇權。

由於中國經濟市場化程度已經有了較大提高，公司化國有企業的收入分配制度也顯得越來越市場化。國有企業的工資分配開始模仿市場化的分配形式，企業和職工有了一定的雙向選擇的自由，雙方通過協商，通過類似於市場交易的形式確定工資水平，企業可以根據同類勞動力的市場價格，根據職工素質和工作貢獻等情況分配工資、獎金等。不過，公司化國有企業的分配制度不是真正市場化的分配制度，國有企業還給予職工以較為廣泛的、非貨幣的福利保障優惠（儘管比過去大為減少），這是與國有企業職工的特定身分相聯繫的。同時，國有企業的職工仍然在很大程度上擁有所謂的「天然就業權」，企業還不能輕易地解僱員工。另外，關於國有企業管

理層的收入分配，一直是一個富有爭議的話題，如何對他們進行有效的激勵，如何防止他們侵蝕國有資產，這是企業分配制度急需解決的問題。

2. 非國有經濟的發展與體制外的分配制度演變

中國轉軌時期經濟格局發生的一個最顯著的變化是國有經濟比重的下降與非國有經濟比重的上升，非國有經濟現在占全國經濟的約60%。非國有經濟包括集體經濟、個體經濟、私營經濟、外資經濟等，經濟組織形式複雜多樣，分配制度也複雜多樣。我們選擇私營經濟為代表，考察城市非國有經濟的分配制度。

私營經濟是一種典型的體制外經濟，是在傳統計劃經濟體制開始松動後在傳統體制之外自發產生的經濟形式。私營企業的分配制度是一種典型的市場化分配制度，企業和員工完全根據市場原則確定工資水平，雙方的權利和地位是平等的，工人的收入表現為「勞動力的價格」，勞動力市場的供求情況是決定工資水平的主要因素。在私營企業中，資本等非勞動要素在一開始就參與了分配。因為私營企業很難從國有銀行獲得貸款，所需資金除了自身累積外，主要是向親戚好友借貸，這種借貸需要支付市場化的利息，這是中國轉軌時期資本參與分配的早期嘗試。

隨著私營企業組織規模的擴大，企業的分配制度也越來越現代化。在規模較大的私營企業中，員工和企業通常簽訂比較規範的勞動合同，部分企業建立了工會組織，工會在解決勞資矛盾中開始發揮越來越重要的作用。部分家族式企業開始選擇股份制的財產組織形式，按股分紅的分配形式開始出現。總之，私營企業的分配制度可以說是典型的按生產要素分配的模式，這是對過去只有參加勞動才能參與分配的傳統觀念的重大突破。它是發展私營經濟的必然結果，也是中國市場化改革的必然結果。隨著非國有經濟的迅速成長，其市場化的分配制度也越來越具有影響力，它對國有企業的分配制度改革起到了較大的示範效應。實際上，國有企業近年來的分配制度改革參考了非國有經濟的分配模式，正在尋找一種公有制與市場化分配相結合的分配模式。

三、簡短的評論

（1）中國轉型期居民收入分配制度基本上沿著這樣一條路徑演進，即從傳統的計劃化、集權化和二元化的分配制度，逐漸向市場化、分散化、

多樣化的分配制度演變。市場化分配是對計劃化分配的否定，它強調分配事項由市場交易來決定，而不是由計劃當局來決定。分散化是對集權化的否定，它強調分配決策由分配參與者分散做出，而不是由某一分配主體集中決策。多樣化是對二元化的否定，它表明今天的分配制度已經不能簡單地劃分為城鄉二元，而是多元化的分配制度和分配格局。

（2）中國的分配制度變遷表現出很明顯的誘致性特徵，絕大部分的制度變革是由分配當事人（農戶、企業、職工等）為獲得潛在的制度變遷收益而進行的自發調整和創新，制度變遷主要是「自然演進」的結果，而不是政府強制的結果。

（3）同轉型前的傳統分配制度相比，中國分配制度的變革有效地提高了參與分配的當事人從事生產的積極性，改善了生產要素的配置效率，促進了社會的經濟發展，這可以從中國轉軌以來的經驗觀察和數據統計中得到證明。因此，從效率的角度來評價，轉軌時期的分配制度改革是比較成功的。

（4）關於這種制度變遷對社會公平的影響則比較複雜。儘管分配制度變遷明顯地改善了社會資源配置效率，但制度變遷的收益並不是均等地由各個階層享受，部分人群在這場制度變遷中獲益巨大，而部分人群在其中却獲益甚少甚至利益受損，這使我們很難簡單地判斷這場制度變遷的「公平性」（這是一個很複雜的價值判斷問題）。今天，越來越多的人開始關注中國收入差距擴大的問題。我們注意到，改革以來，中國的收入差距明顯地擴大，其收入差距在世界上已經處於中等偏上的水平（世界銀行，1996）。這說明，由政府出面實施比較有力度的收入再分配政策已經非常有必要。

（5）分配制度變遷是一個充滿矛盾和鬥爭的過程，它是分配參與人之間的動態博弈過程。在這一過程中，那些初始條件較好、在原有制度框架下就佔有特殊資源的人群將主導分配制度變遷的方向和結果，使分配制度沿著有利於這些強勢群體的路徑演變。這種演變將使制度變遷的收益向強勢群體集中，而制度變遷的成本將主要由弱勢群體來承擔，這種效應在過去20多年的轉軌實踐中已經顯現出來。如今，經濟轉型已經使中國社會出現了明顯的強勢群體和弱勢群體的分化，這令我們擔心，下一步的分配制度演變將會使制度變遷的收益出現更大程度的分配不均。另外，由強勢群體主導的分配制度變遷並不必然導致資源配置效率的改善，它還有可能扭

曲和降低經濟資源配置效率，這種分配制度變遷應當引起我們的警覺。

參考文獻：

［1］諾思. 經濟史中的結構與變遷［M］. 陳昕，陳鬱，譯. 上海：上海三聯書店，1981.

［2］諾思. 制度、制度變遷與經濟績效［M］. 劉守英，譯. 上海：上海三聯書店、上海人民出版社，1994.

［3］李實，趙人偉. 中國居民收入分配再研究［J］. 經濟研究，1999（4）.

［4］趙人偉，等. 中國居民收入分配研究［M］. 北京：中國社會科學出版社，1994.

［5］何偉，韓志國. 分配經濟學［M］. 北京：中共中央黨校出版社，1995.

［6］石良平，等. 中國：國民收入的分配格局［M］. 上海：上海人民出版社，1993.

［7］林毅夫. 關於制度變遷的經濟學理論：誘致性變遷與強制性變遷［M］//財產權利與制度變遷. 上海：上海人民出版社、上海三聯書店，1994.

［8］世界銀行. 1996年世界發展報告：從計劃到市場［M］. 北京：中國財政經濟出版社，1996.

［本文選自：李萍，陳志舟. 對轉型期中國居民收入分配制度變遷的經驗分析［J］. 福建論壇：經濟社會版，2001（8）：8-11.］

第二十八章　構建以用益物權為內涵屬性的農村土地使用權制度

劉　燦

在新的歷史時期，全面深化經濟體制改革和激發各類經濟主體發展創新的活力是新一輪農村改革的主題。黨的十八屆三中全會做出的《中共中央關於全面深化改革若干重大問題的決定》明確提出了要賦予農民更多財產權利，要賦予農民對集體資產股份佔有、收益、有償退出及抵押、擔保、繼承權；保障農戶宅基地用益物權，改革完善農村宅基地制度，穩妥推進農民住房財產權抵押、擔保、轉讓，探索農民增加財產性收入渠道；建立農村產權流轉交易市場，推動農村產權流轉交易公開、公正、規範運行。本文認為，新一輪農村土地產權制度改革的基本方向已經清晰，這就是：堅持農村土地農民集體所有，明確界定集體所有權的行使主體及其權能，保證集體所有制基礎上土地承包關係長久不變，依法保障農民對承包地佔有、使用、收益、流轉及承包經營權抵押、擔保權利；明確土地承包經營權、宅基地使用權和集體建設用地使用權是法律賦予農民的合法財產權利。農民的土地財產權利包括排他的使用權、獨享的收益權及自由的轉讓權，並以此獲得財產性收入，分享土地長久的增值收益。

一、用益物權的理論分析

1. 物權和用益物權：法學的視角

用益物權的法學解釋是「指所有人對他人之物品所享有的佔有、使用、收益的排他性權利」①。用益物權作為以物的使用收益為內容的物權，隨著以物的利用為核心的物權觀念的確立，已成為現代物權制度的核心。

在社會經濟活動及人們相互交往的關係中，財產的客體即財產物具有使用價值和交換價值的雙重屬性，用益物權和擔保物權就是以這兩種不同的價值而設立的權利。用益物權以物的使用和收益為目的，擔保物權側重於物的交換價值。從各國物權法的規定看，由於各國的國情不同，物權法規定的用益物權的種類也不相同。在《羅馬法》中，用益物權包括地役權、永佃權、地上權，其中地上權分為地役權和人權，人權又包括用益權、使用權、居住權和奴畜權。中國古代法中，用益物權包括地上權、地役權、地基權、永佃權、典權。北洋政府和國民黨政府規定了地上權、地役權、永佃權和典權四種物權。新中國成立至2007年的近50年裡，中國立法中一直沒有設立物權及用益物權體系。2007年頒布實施的《中華人民共和國物權法》，明確規定了「本法所稱物權，是指權利人依法對特定的物享有直接支配和排他的權利，包括所有權、用益物權和擔保物權」；「所有權人有權在自己的不動產或者動產上設立用益物權和擔保物權」；「用益物權人對他人所有的不動產或者動產，依法享有佔有、使用和收益的權利」②。至此，中國民法體系中物權和用益物權的概念得以確立。

物權法在財產權法律制度中具有基石地位。關於物權法的意義，法學界學者認為，按照大陸法系民法理論，規範財產關係的法律為財產法。財產法分為物權法和債權法兩大部分，物權法是規範財產歸屬關係的法律，債權法是規範財產流轉關係的法律。在中國現行民法立法體系中，已有民法通則、民事特別法、財產管理法等法律法規，但還沒有形成一個完善的體系，主要是缺乏物權的最基本的規則和基本制度。因此，物權法的制定

---

① 王利民對此做了詳細的論述。王利民. 物權法論 [M]. 北京：中國政法大學出版社，2003.

② 詳見《中華人民共和國物權法》第二條、第四十條和第十一條的規定。

具有重要意義（梁慧星，2000）。[1] 周林彬認為，作為中國民事立法核心內容之一的物權立法，雖然因中國既存的公有制經濟體制的障礙而導致物權立法成本較高，但是以私法為基本特徵的物權法，因該法與市場主體較強的親和力，使物權法的實施成本低於一系列國有資產管理法規的實施成本；加之物權法採取人大立法的基本法形式，所以物權法穩定性強，能創造更大的效益。可見制定統一的物權法是一種有效率的法律資源配置。他認為，中國物權立法應當堅持以所有權為核心的大陸法系物權法為基本構架，以個人與社會相結合的所有權觀念為核心，注重用益物權和擔保物權的種類和內容，使歸屬與利用並重，從而適應現代物權法發展趨勢（周林彬，2001）。[2] 梁慧星認為，物權法中規定的所有權制度、用益物權制度和擔保物權制度，是實行社會主義市場經濟體制的基本制度。因此可以說，物權法的制定和實施，對於激發全社會的創造活力，全面建設小康社會，構建社會主義和諧社會，具有重大的現實意義和深遠的歷史意義（梁慧星，2006）。[3]

用益物權制度的設立對於中國農村土地產權制度改革的意義十分重大。在農村土地集體所有權與使用權分離情況下土地使用權的法律性質，在立法解釋和實踐中是一個一直沒有清晰界定的問題。近年來，學界對於土地用益物權問題進行了諸多討論。關於土地使用權是不是物權，陳廷（1996）認為，中國農村土地承包經營權是一種合同關係，具有債權的性質，並主張在市場經濟條件下應該將土地承包經營權變為物權性質的「土地使用權」。張少鵬（1998）從法學的視角認為土地使用權具有不動產物權的屬性。目前，物權法已經明確界定了土地承包經營權的物權性質，不過物權法中的「土地使用權」主要是指城市的居民、法人和團體擁有的國有土地的使用權，而農村居民擁有的宅基地的使用權却沒有被賦予完整的物權權利內涵。王小映（2000）主張在現有農村土地集體所有制的制度背景下，通過將土地承包經營權市場化、長期化、法定化和具有可繼承性來實現土

---

[1] 梁慧星. 制定中國物權法的若干問題 [J]. 法學研究，2000（4）.

[2] 周林彬，劉俊臣. 中國物權法立法若干問題新探 [J]. 四川大學學報：哲學社會科學版，2001（4）.

[3] 梁慧星. 梁慧星教授今日成都說物權 [EB/OL]. 2006-04-23. 新華網：http://WWW.sc.xinhuanet.com/content/2006-04/23/content-6840831.htm.

地承包經營權的物權化。黎元生（2007）認為在土地集體所有制的治理結構不完善和土地交易的市場化程度不高的現實約束下可以實現土地產權物權化，不過重點是實現土地承包經營權的物權化，讓農村居民擁有更多土地收益的自主決策權。夏鋒（2014）認為，農民土地使用權是物權而不是債權，是農民最重要、最大的財產權；夏鋒（2008）提出從一個漸進式改革的角度考慮，目前農村土地可以試點推行「國家終極所有，農民永久使用」的永佃產權制度，由「三級所有」的各級集體經濟組織擁有土地所有權，農戶擁有土地使用的永佃權。兩者都屬於物權性質。張豔等（2009）認為，土地承包經營權是一種用益物權，但這種權利和傳統物權法中的用益物權是有區別的。在一定意義上說，承包土地的農民是在使用自己所有或者說是在使用自己與其他集體經濟組織內的農民共同所有的土地，而不是一般意義上所稱的使用他人之物。因此，土地承包經營權並不是一般意義上的用益物權，而是一種特殊的用益物權。

2. 用益物權的法律屬性

用益物權作為他物權，具有以下法律特徵：

（1）用益性是用益物權的基本屬性。所謂用益性，即用益物權的設立以對客體物即標的物的使用和收益為目的，它鼓勵和保護權利人在不取得所有權的情況下對標的物的使用、收益，從而取得標的物的使用價值。

（2）用益物權具有獨立性。用益物權一旦設立，用益物權人便獨立地享有對標的物的使用和收益權，即這種權利是獨立存在的，相對於其他物權（如所有權）不是從屬的，也不像擔保物權那樣必須依附於債權。不以使用權人對所有人享有其他財產權利為其存在的前提。

（3）用益物權的內容不包括最終處置權。處置權是所有權最重要的權利，在不違反其他法律規定的情況下，所有權人可以任意將自己的財產轉讓、遺贈或消滅。用益物權設定后，標的物的所有權人並沒有將處置權轉移給用益物權人，用益物權人可以在權利設定範圍內行使使用權、抵押權、典權，但不能對標的物本身進行最終處置。

（4）用益物權具有排他性和對抗性。用益物權雖然是在所有權權能分離的情況下設立的，但它與所有權一樣具有排他性和對抗性，即有權對抗和排斥包括所有權人在內的任何人對其權利的干涉。「這就使得在非所有人

對他人之物的利用方面，用益物權制度具有債權制度所不可比擬的優越性。」①

3. 財產、佔有和財產權：馬克思的財產權思想

對物權的理解，要回到它的客體即物和財產。財產是經濟學的一個重要範疇。什麼是財產？最直接的定義就是：它是一種使用價值，即它的客體是物。

「財產」一詞在不同的歷史階段具有不同的法律內涵和形式：在古羅馬社會，財產主要表現為物質實體形態的有形物，物依自然屬性的不同分為動產和不動產②，其中奴隸作為客體被納入動產的範疇。與此同時，《羅馬法》也提出了「有體物」和「無體物」的劃分，有體物是以實體存在的，並且可以憑人們感官觸覺的物，如動產和不動產；無體物則僅指沒有實體存在，為人們擬制的物，如債權、用益權、地役權等權利。在當時社會條件下，財產絕大多數都表現為有體物，無體物只是財產的特殊形式，因此《羅馬法》在定義所有權概念時，所使用的「物」的概念就是指「有體物」。

隨著資本主義商品經濟的發展，人們生產交易活動增加和形式的多樣化，西方各國社會經濟生活中財產的範圍迅速擴大，股票、債券等有價證券大量出現，成為新的財產形式，知識產品也成為民事權利的保護對象。這時財產客體的無體物受到大陸法系各國有關財產的立法保護。由於法律傳統的差異，英美法系普遍採用「財產」的概念，而較少使用「物」的概念。在英美法系的財產法中，也有具體物和抽象物的劃分，如地產權、債權、股份、信託基金以及權利證書均被視為抽象物。③

馬克思說：「不論財富的社會形式如何，使用價值總是構成財富的物質內容。」④ 物要成為財產，關鍵在於佔有，在於人和物之間客觀存在的一種佔有關係或佔有權利。馬克思認為，所有制反應的就是經濟生活中現實的

---

① 王利民. 物權法論 [M]. 北京：中國政法大學出版社，2003：409-410.

② 《羅馬法》中，對物的理解是廣義的。物是指除去自由人以外存在於自然界的一切東西。《羅馬法》有時也稱物為 Bona，意指那些對人們有用而能滿足人們需要的東西，包括可以用金錢價值來衡量的一切東西。而在《德國民法典》中，是從狹義上理解物的，規定「法律上所稱物，僅指有體物而言」。

③ 馬俊駒，梅夏英. 財產權制度的歷史評析和現實思考 [J]. 中國社會科學，1999（1）.

④ 馬克思. 資本論：第1卷 [M]. 北京：人民出版社，1975：48.

經濟佔有關係；作為經濟關係的所有制，其法律形式就是所有權，即對某物的最高的、排他的任意支配權；同時，只有具有了法律上的所有權，事實上的佔有才具有合法佔有的性質。現實的經濟佔有關係和法律上的所有權是有區別的。現實的經濟佔有關係是一種物質利益關係，它體現於所有者享有的經濟利益上，作為法律上的財產所有者，他對某物擁有所有權，但也有可能並未享有現實的經濟利益，即所有權不能在經濟上實現①。就人類社會某一特定發展階段來說，客觀上存在著某種占主導地位的財產所有權形式，它決定與制約著其他非主導的財產權形式和派生的財產形式，是社會一定發展階段的經濟、政治和意識形態、上層建築的基礎。這種占主導地位的財產所有權形式，就是財產權的基本制度，馬克思把它稱為一種「普照之光」。在一個社會確立的基本財產制度框架內，財產權制度作為規範和協調主體在財產佔有行為及利益關係方面的規則、準則，它是形成人們經濟行為合理性和經濟生活有序化的重要的法權基礎。

　　馬克思認為，所有權是全部財產關係的核心和基礎，主要決定其他派生財產權利的性質和狀況。但是，馬克思並沒有把所有權等同於全部財產權利。除了所有權，馬克思還研究了佔有權、使用權、支配權等一系列權利，從而構成他對所有制結構的動態分析。馬克思注意到，財產的各種權利在某些情況下是統一的，小生產者就提供了所有權和佔有權、使用權相統一的典型例證。馬克思還考察了所有者和佔有者不是同一主體，所有權與佔有權、使用權（經營權）相分離的幾種情況。例如，在亞細亞的所有制形式中，所有者和佔有者不是同一主體，在公社內，公社是唯一的所有者，個人只是佔有者；在資本主義農業生產方式中，土地所有權與經營權的分離以及在存在借貸資本的場合，資本的所有權與資本使用權的分離。馬克思認為，所有權與佔有權、使用權、支配權的統一或分離，並不改變所有權的基本性質，但它要影響所有權的實現方式和所得利益的分配。馬克思的這些思想，已經構成現代財產權體系中用益物權立法理念的思想

---

　　① 馬克思在《資本論》第三卷的「地租篇」中講：「地租的佔有是土地所有權借以實現的經濟形式」，「土地所有權的前提是，一些人壟斷一定量的土地，把它作為排斥其他一切人的、只服從自己個人意志的領域。在這個前提下，問題就在於說明這種壟斷在資本主義生產基礎上的經濟價值，即這種壟斷在資本主義生產基礎上的實現。用這些人利用或濫用一定量土地的法律權力來說明，是什麼問題也解決不了的。」詳見：馬克思. 資本論：第3卷 [M]. 北京：人民出版社，1975：695.

來源。

4. 財產權的界定與財產利用：產權經濟學的分析

在各國的財產權立法實踐中，均對財產權做了明確的規定。如在大陸法系國家中，「財產權」概念有著特定的內涵，即財產權是相對於人身權而言的民事權利，它不僅包括所有權（自物權），還包括他物權、債權、知識產權以及其他具有財產內容的權利；並且，「絕對所有權」是傳統大陸法系財產權立法的核心理念。英美法理論中沒有嚴格的所有權概念，也沒有比較抽象的他物權體系，其財產權表現為基於不動產（土地）、動產和無形財產而形成的一套排他性的權利體系，它與強調「物的歸屬」和「絕對所有權」的大陸法系形成重要區別。正如羅伯特·考特說的，「從法律理念看，財產就是一組權利。這些權利規定了一個人對其擁有的所有資源可以做些什麼，不可以做些什麼」[1]。

在經濟學上，傳統的所有權概念與大陸法系的財產權比較容易溝通，而現代產權經濟學中的「產權」概念與英美法系的財產權概念有較多的相似之處。

產權經濟學文獻中所定義的「產權」及產權制度，是從人與人之間的行為關係出發的。「產權是一種通過社會強制而實現的對某種經濟物品的多種用途進行選擇的權利。」[2] 配杰威齊說，「產權是因為存在著稀缺物品和其他特定用途而引起的人們之間的關係」，「產權詳細表明了人與人之間的相互關係中，所有的人都必須遵守的與物相對應的行為準則，或承擔不遵守這種準則的處罰成本」[3]。產權設定的意義在於，為人們利用財產的行為設定了一定的邊界，它允許權利在法律準許的範圍內支配財產，並承擔相應支配結果的權利。

在新制度經濟學的產權分析範式中，所有權仍然被理解為產權的核心，包括使用權、收益權、處置權、轉讓權，也就是說，產權是一組財產權利。「在一個社會中，產權的主要結構可以被理解為一組經濟和社會關係，這種

---

[1] 羅伯特·考特，托馬斯·尤倫. 法和經濟學[M]. 張軍，譯. 上海：上海三聯書店，上海人民出版社，1996：125.

[2] 這是阿爾奇安對此做出的詞條解釋. 約翰·伊特韋爾，等. 新帕爾格雷夫經濟學大辭典：第三卷[M]. 陳岱孫，等，譯. 北京：經濟科學出版社，2003：1101-1103.

[3] 配杰威齊. 產權與經濟理論：近期文獻的一個綜述[M]//科斯，等. 財產權利與制度變遷. 劉守英，等，譯. 上海：上海三聯書店，1994：204.

关係為每個人界定了與資源利用有關的位置。」① 「產權給予個人自由處置資源的權利，從而為競爭性市場提供了一個基礎。」② 埃里克·弗魯博頓認為，私人產權擁有的產權價值，一是所有權內容所賦予的自由處置權，二是產權的可轉讓性。私人產權的自由轉讓在市場經濟中起著基礎性的作用，它會促進資源的優化配置，提高經濟效率；可轉讓性可以保證，當農夫的技術水平很差，生產力更高的某個人將會給出一個稍微高於農夫自己所能賺到的價格來購買土地。如此，就會誘使技術水平差的農夫出售土地給一個技術水平較高的農夫。③

科斯並沒有給產權下過定義，但科斯對「財產」却有獨到見解。科斯認為，交易雙方通過博弈達成的合作會給雙方均帶來收益，建立強有力的財產法律制度可使交易失效造成的損害達到最小，財產法的中心任務即是清除交易的障礙。只有產權被清晰界定了，交易雙方合作的可能性才能提高，交易的成本才能降低。科斯的產權思想是：產權界定清晰是交易的前提，產權界定清楚了，就讓市場去運作；而巴澤爾認為，產權常常不可能完整地被界定，因為完整界定產權的成本太高。「不管誰擁有權利，只要權利被清楚界定，收入就會實現最大化是毫無疑義的，因為……只有與收入最大化相一致的權利轉讓，才能完全清楚地界定產權。」④ 巴澤爾認為產權界定具有漸進性，是說產權界定過程是一個演進的過程。財產的交換價值是它能產生的總收入和測度、控制它交易成本的函數。如果交易的成本太高，人們就不會願意花費成本去界定這些資源的權利，這些資源的權利就會滯留在公共領域，有待日后再作處理。隨著資源的新價值被發現，花費代價去界定產權變得有利可圖，人們就會對權利做進一步的調整。因此，權利的邊界即均衡權利取決於獲得權利的成本—收益分析。

---

① 埃里克·弗魯博頓. 新制度經濟學——一個交易費用分析範式 [M]. 姜建強，羅長遠，譯. 上海：上海三聯出版社，2006：97-98.

② 配杰威齊. 產權與經濟理論：近期文獻的一個綜述 [M] //科斯，等. 財產權利與制度變遷. 劉守英，等，譯. 上海：上海三聯書店，1994：97.

③ 埃里克·弗魯博頓. 新制度經濟學——一個交易費用分析範式 [M]. 姜建強，羅長遠，譯. 上海：上海三聯書店，2006：100.

④ 詳見巴澤爾的論述。巴澤爾. 產權的經濟分析 [M]. 費方域，段毅才，譯. 上海：上海三聯書店，1997.

二、使用權「物權化」：農村土地產權制度演變的路徑與方向

1. 從所有權、經營權到物權：農村土地產權制度的變遷

在新中國成立以來到推行家庭聯產承包責任制長達60多年的歷史中，中國農村土地產權制度經歷了一個從土地私有（農民擁有土地所有權）→土地集體公有（所有權與使用權合一）→土地集體公有（所有權與使用權分離）的過程，在這一過程中，農民擁有的土地使用權逐漸得到強化，但土地使用權作為財產權的含義並沒有充分體現出來，其財產權權能也不完整。

新中國成立后，為了實現「耕者有其田、居者有其屋」的目標，國家將沒收、徵收來的土地，無償地、平均地分配給無地少地的農民，並通過正式的制度安排賦予其所有權，並允許土地所有者自由經營、出租、買賣土地。在當時的《憲法》《土地改革法》等正式制度中，土地所有權的私權性得到了明確的體現。[①] 土改完成后，以農民擁有土地所有權形成了以家庭為基本經濟單位的分散的小農經濟和農業生產。這一時期農村土地的私有化，是在國家為了兌現對參加革命的農民的政治承諾和亟待恢復農村生產力的背景下進行的，是靠國家力量推動的。由於這一時期農民的土地所有權不是通過市場交換取得的，而是國家權力介入分配的結果，因而它並不具有私權財產的意義，並為后來國家權力重新介入土地財產的分配提供了潛在的可能。[②]

1956年，全國農村掀起了合作化運動。到1958年，合作化從初級社進入到高級社階段，農民私有的土地、耕畜、大型農具等主要生產資料以及土地上附屬的私有塘、井等水利設施，被一起轉為合作社集體所有；取消土地入股，實行按勞分配。至此，農村土地從個體農民所有轉變為集體所

[①] 1947年的《中國土地法大綱》第一條規定：「廢除封建性及半封建性剝削的土地制度，實行耕者有其田的土地制度。」1950年的《土地改革法》第十條規定：「所有沒收和徵收得來的土地和其他生產資料，除本法規定收歸國家所有者外，均由鄉農民協會接收，統一地、公平合理地分配給無地少地及缺乏其他生產資料的貧困農民所有。」

[②] 周其仁（1995）對中國農村改革中國家權力介入土地財產的分配並干預農民的土地財產權利的情形提供了詳細的資料。詳見：周其仁. 中國農村改革：國家和所有權關係的變化——一個經濟制度變遷史的回顧 [J]. 管理世界，1995（3~4）.

有。就在當年，全國快速推行「政社合一」的人民公社制度，自留地、零星果樹等都變為公有，一個月內即結束了農民土地私有制，所有權與經營權統一歸於人民公社。從 1959 年開始，中國農村在人民公社制度下開始實行「三級所有，隊為基礎」的政策，確定了農村土地以生產隊為基本所有單位的制度，並且恢復了社員的自留地制度。1963 年，中央又規定社員宅基地都歸生產隊集體所有，一律不準出租和買賣，歸各戶長期使用；宅基地上的附著物永遠歸社員所有，但宅基地的所有權仍歸生產隊所有。至此，農村土地集體所有制的財產結構基本形成，即三類農地（農業用地、非農建設用地包括宅基地、自留地）、一個財產歸屬（集體所有制）、一個權利主體（集體組織享有對其財產的佔有、使用、收益和處分的全部權利），農民在不動產土地上沒有任何屬於自己私人的財產權利。

「三級所有」「政社合一」是一個國家強制性的制度安排，它決定了擁有土地所有權的農村集體經濟組織在本質上只能是國家意志的貫徹者和執行者，是國家控制農村經濟，以支持國家工業化戰略的一種社會經濟組織形式。「三級所有」的土地制度格局模糊了集體土地財產權的主體，便於國家實際上控制農村土地配置、農業生產和農業利潤分配。農村土地的集體所有制雖然擁有名義上的土地所有權，但是在權利構成上缺乏完整意義上的使用權，並且缺乏土地收益權和處分權；在權利屬性上，不具有排他性、可讓渡性。因此，農村土地無論是所有權還是使用權，都不具有真正的財產權意義。在這種集體所有制下，土地的控制權實際掌握在國家手中，所有權內含的佔有、使用、收益、處分等權能極大地受到了國家意志的限制。所有權主體虛置（名義主體是「三級所有」的農村集體經濟組織，實際主體是國家）和所有權權能的弱化是「政社合一」的人民公社集體所有制的實際狀態，這種產權制度安排難以在農村生產力主體（即勞動者）中建立有效的激勵機制，它也是中國農村經濟績效從 1959—1978 年長時期低效徘徊的重要原因。

1978 年，由試點帶動，全國開始推行家庭聯產承包責任制。1982 年元月，中央以「一號文件」的形式第一次明確了「包產到戶」的社會主義性質。此後，以集體所有制為基礎的家庭承包經營制度成為中國的農村土地產權制度的基本模式。這種產權制度保留了土地所有權屬於集體（即村集體經濟組織）所有，而土地使用權（承包經營權）由農民個體或家庭擁有，國家對土地承包經營權進行嚴格的規定和控制。1986 年制定的《民法

通則》首次提出了農戶的承包經營權的概念，並把承包經營權作為與財產所有權有關的一項財產權予以保護。1993年憲法修正案將《憲法》中「農村人民公社、農業生產合作社」的條款改為「農村中的家庭聯產承包為主的責任制」，正式以根本大法的形式確立了家庭聯產承包責任制的法律地位。

從20世紀80年代中期開始，隨著農村經濟改革的深化、農業產業結構的調整和規模化經營以及剩餘勞動力向非農產業的轉移，家庭聯產承包責任制的缺陷開始顯現出來。例如，由於農戶對土地承包經營權缺乏長期穩定的預期和產權激勵問題，使得農民對土地的長期投資不足；分散經營和對使用權的限制無法更大範圍地實現土地資源的流轉和合理配置。從20世紀80年代中期到2000年前後，家庭聯產承包責任制在國家法律層面上有過幾次重要的調整，政策調整的重心主要放在解決土地承包經營權的長期性和流轉上，對它的法律屬性並沒有明確的解釋。直到2007年頒布實施的《中華人民共和國物權法》，才第一次在財產權制度上確認了農村土地集體所有權基礎上產生的土地承包經營權、建設用地使用權和宅基地使用權是同樣受法律保護的物權。2007年3月16日第十屆全國人民代表大會第五次會議通過《中華人民共和國物權法》（以下稱《物權法》），規定了物權體系中主要由所有權、土地承包經營權、建設用地使用權、宅基地使用權、地役權、抵押權、質權、留置權等基本物權組成，涉及農村集體土地方面的主要物權，包括農民集體土地所有權、土地承包經營權、農村集體建設用地使用權、宅基地使用權等四種基本物權，即「一權」（農民集體土地所有權）帶「三權」（土地承包經營權、農村集體建設用地使用權、宅基地使用權），特別是《物權法》將土地承包經營權確定為用益物權，這對中國農村土地產權制度和農村經濟社會的發展將產生深遠影響。但是，2007年頒布的《物權法》又規定土地所有權和耕地、宅基地、自留地、自留山等集體所有的土地使用權作為財產不得抵押，農戶以耕地、宅基地、自留地、自留山等集體所有的土地使用權抵押而獲得金融機構貸款的渠道和機會就深受限制。即使這樣，《物權法》的相關條款又有「但法律規定可以抵押的除外」的規定，這就給新一輪改革各地試點土地承包經營權作為財產抵押貸款留下了空間。

2. 土地使用權用益物權法律性質的確定具有重大意義

物權性質的土地承包經營權，是指土地承包經營權人為農業目的，直接支配承包的國家或者農民集體所有農村土地，並排除他人干涉的權利。

該土地承包經營權為支配權，土地承包經營權人無須依賴他人之行為即可直接支配其物，並從中獲得收益。所謂「直接支配」，一方面，是指物權的權利人可以依據自己的意志直接依法佔有、使用其物，或採用其他的支配方式，任何人非經權利人的同意，不得侵害或加以干涉；另一方面，是指物權的權利人對物可以以自己的意思獨立進行支配，一般無須得到他人的同意。目前，土地承包經營權雖然為用益物權，是一項重要的財產權利，但土地承包經營權權能還不完整，支配權性質不充分，使用權的法定性和獨立性還難以體現。

美國學者蓋爾·約翰遜在研究中國農村經濟改革時曾說：「如果要充分發揮家庭聯產承包責任制的所有潛力，那麼必須保證土地使用權神聖不可侵犯，必須允許轉讓土地使用權並且確保這種權力不受地方政府官員干涉。」① 農村土地使用權用益物權法律性質的確定，使農村土地產權由「弱化」「殘缺」的使用權逐步走向私法物權意義上的財產權，這是一個重大的歷史進步。

進入21世紀，農村經濟發展面臨新的環境、新的形勢和新的問題，農村土地產權制度面臨許多新的挑戰，例如：土地細碎化制約了農業的規模效益；土地產權界定不清影響了農地利用效率和農業長期發展②；工業化、城鎮化給「三農」帶來新挑戰，誰來種地問題突出；「長久不變」面臨兩難選擇，農民進行土地流轉的需求日益突出。在這一背景下，現行土地使用權制度的「用益物權」顯得名不符實，其主要問題，一是土地所有權主體虛位，土地所有權與使用權的權屬邊界模糊，造成土地用益物權人的權能受到限制；二是土地使用權缺乏穩定性，產權激勵並提供長期預期的作用難以發揮；三是土地使用權缺乏可分解性和可交易性，難以發揮市場配置資源的作用；四是土地權利的資本屬性受到限制，農民實現土地財產收益缺乏制度保障。

---

① D. 蓋爾·約翰遜. 經濟發展中的農業、農村、農民問題[M]. 林毅夫，趙耀輝，編譯. 北京：商務印書館，2005：38.

② 關於誰是農村土地集體所有權的行使主體，目前有三種情況：村民小組（原生產隊）、村委會（原大隊）、鄉鎮（基層行政組織）。據農業部20世紀80年代調查，土地歸村民小組的約占1/3，歸行政村的約占1/3。據國務院發展中心2011年調查，32.9%的農戶家庭沒有土地承包經營權證，37%的農戶家庭沒有與集體簽過承包合同；認為土地歸集體的農民占40.6%，認為土地歸國家的農民占44.7%，有14.7%的農民說不清楚農村土地歸誰所有。

三、農村土地用益物權體系的構建

1. 農民土地財產權利體系與權利類型

財產權是社會公民的基本權利之一，是公民參與社會經濟活動和社會公共事務的基礎。農村居民擁有財產權是社會主義市場經濟的基本要求。農民擁有的土地財產權是一組權利，其基礎或者說起決定作用的基本生產關係是所有制，即農村土地的集體所有制。這一組財產權利，從產權類型看，包括集體土地（資產）所有權、土地承包經營權、宅基地使用權；從產權權能看，包括使用權、收益權、處分權（在物權範圍內）、繼承權（解釋為「土地承包關係長久不變」）。

在現行制度下，農民土地財產權的各種權利形式之間存在著比較複雜的關係。首先，農民的土地財產權來源於其集體經濟組織的成員資格，即來源於法定的成員權，成員權是農民獲得土地財產權的資格，但它本身並不是財產權，而是一種身分性權利。農民的宅基地使用權和承包經營權雖然是因特定身分而獲取的，但一旦成為農民的財產權對象後就獲取了獨立的財產權形式，是農民依法擁有的民事上的土地用益物權。其次，農民對土地使用權的處分權來源於土地使用權（特別是承包經營權）中的流轉權能，即處分權的權利客體是土地使用權本身，它是在所有權與使用權分離情況下產生的一種財產權形式，它與所有權的法律地位應該是平等的。最後，農民在農村土地上的未來權益是當前權利的延伸，如土地徵收中的受補償權是對農民擁有的土地所有權和土地使用權的補償，繼承權則主要是土地使用和收益、利益的繼承。同時，未來權益同樣需要獲得獨立的權利形式。不論是何種權利形式，農民的土地財產權利都需要在一個理論邏輯與實踐一致的農地制度框架內實現。

2. 需要尋找農民土地財產權利實現的有效途徑

現行農地制度的產權特徵可以描述為一個兩權分離的雙層構架：土地的歸屬權（集體所有權）和土地的實際利用權（集體共有和農民個體私用）。從理論和實踐兩個層面都值得關注的是，在這種制度框架內作為生產力主體的農民能否獲得真正的土地財產權利。

從所有權制度看，集體所有權是指勞動群眾集體組織享有的對其財產的佔有、使用、收益和處分的權利。許多學者認為，集體所有權的權利是高度抽象的，法律規定行使所有權的主體是集體組織，每個集體成員無論

在法律上還是現實中都不可能是集體所有權的主體，如果沒有市場契約型的委託代理關係，單個的成員不可能享有任何屬於個人的土地財產權利。

從使用權制度看，現行的土地制度下國家對農民擁有的承包經營權有各種限制，包括對土地使用權流轉的限制和農村土地轉為城市建設用地時國家在一級土地市場上的行政壟斷，產權主體（農民或農民集體組織）被排斥在交易之外，也不可能分享農地轉用的級差地租。這些都造成農村土地產權的排他性弱化、產權主體的處置權缺失、農民的土地收益權無法得到保證。

進入 21 世紀，為尋找農民土地財產權利實現的有效途徑，以賦予農村居民土地財產權和實現農民土地財產權益為核心的新一輪農村土地制度改革開啓。新一輪的農村土地產權改革可以概括為：以「還權賦能」為基本綱領，以土地使用權的物權化為基本取向。① 土地確權頒證②、土地使用權流轉③、培育農村新型經濟組織和農業經營主體、基層民主和鄉村治理的重

---

① 2007—2008 年，成都市和重慶市作為國家批准的「全國統籌城鄉綜合配套改革試驗區」，在現行徵地制度的框架下啓動變革，在維繫現有城市化籌資功能的同時，積極尋找增加農村和農民分享城市化土地收益的實際途徑，啓動了一次新的土地產權制度改革。「還權賦能」是周其仁教授在總結成都土地產權制度改革經驗時提出的概念。參見：北京大學國家發展研究院綜合課題組. 還權賦能：奠定長期發展的可靠基礎——成都市統籌城鄉綜合改革實踐的調查研究 [M]. 北京：北京大學出版社，2010.

② 2008 年 3 月，成都市在都江堰柳街鎮推開了集體土地所有權、農戶承包地和宅基地使用權、農民房屋所有權的確權頒證工作。截至 2010 年年底，成都市在全省率先完成了全部 255 個鄉鎮（街辦）、2,622 個村（社區）、3 萬多個村民小組、170 余萬農戶的確權登記發證。重慶市自 2010 年開始在第二輪土地承包基礎上展開新一輪農村土地確權頒證工作。這一工作覆蓋該市 39 個涉農區縣、711 萬農戶。確權工作由區縣政府推行，政府承擔確權所費成本，共 3,000 萬~4,000 萬元人民幣，其中九龍坡、南川、梁平、墊江作為試點區縣。到 2013 年年底，農村承包地、宅基地和林地確權頒證基本完成，發證率達到 99%。

③ 土地使用權流轉主要涉及土地承包經營權流轉、集體建設用地使用權流轉和宅基地流轉。土地承包經營權流轉的主要形式是轉包、出租、互換、轉讓、股份合作，在此基礎上發展起農村新型經營組織和經營主體。在集體建設用地使用權流轉上，在符合土地利用總體規劃、城鄉規劃和產業發展佈局規劃的前提下，集體建設用地可以通過使用權出讓、出租、作價入股（出資）、聯營等形式進行流轉，按照規定用於工業、商業、旅遊業、服務業、農村集體經濟組織租賃性經營房屋等經營性用途及建設農民住房。宅基地流轉，執行一戶一宅的法律規定，建立宅基地自願退出及補償機制。重慶市的辦法是：「農村居民整戶自願轉為城鎮居民、退出宅基地及建（構）築物的，按照區縣（自治縣）人民政府制定的標準對農村住房及其構築物、附著物給予一次性補償，並參照地票價款分配政策一次性給予宅基地使用權補償及購房補助。今後徵地時不再享有補償權利。」詳見：《重慶市戶籍制度改革、農村土地退出與利用辦法（試行）》（渝辦發 20103203 號）。

建，是這次改革所涉及的幾個主要方面。新一輪改革的意義在於，通過確權賦能，把集體經濟組織所有、農戶使用的土地權利變為永久性物權，使它們能流轉交易；保護農民分享土地增值收益，以此建立農民的長期保障，防止政府和其他強權的侵害。

但是，這一輪的改革畢竟只是在國家或各省市認可的實驗區範圍內，在國家或地方政府層面允許先行先試的情況下進行的，而目前遇到的現實困難是：農地使用權的私人物權化還未得到法律和政策層面上的確認；宅基地使用權的轉讓、抵押已超出《物權法》的規定，農戶擁有的土地承包經營權和集體建設用地所有權還沒有被認為是一種「資產」，還不能以「土地股份」進行工商企業登記註冊，不能以「土地股份」融資；農村經營性集體建設用地統一入市還存在諸多困難。

如果說前一階段農村土地產權制度改革的關注點是實現土地要素權利的市場配置功能，改變分散的小規模經營，提高土地規模經營效率，而新一輪的改革方向應該是解決農民的土地財產權利問題，即從法律上確權、建立所有權和使用權（用益物權）制度，在經濟上實現權利的獲益問題。要使農村居民擁有真正的土地財產權利，改革的取向是集體所有制框架內真正解決農民的土地財產權利問題，這需要一個基礎性的制度結構，即構建以用益物權為內涵屬性的農村土地使用權制度。這一制度的產權功能是：它將成為農民生存及長期發展的基礎；它將發揮產權的激勵功能，形成合理預期，有利於土地的長期投資和保護農民的土地收益；它將發揮市場配置土地資源的作用，推動土地適度規模經營和現代農業；它將讓土地使用權人分享土地增值價值，獲得財產性收入。讓土地用益物權成為農民最重要的財產權利，不僅是確認農民的財產權利，更要賦予農民完整的具有作為市場經濟主體的能力，要實現生產要素在城鄉之間自由流動，在農村建立長久穩定的土地產權關係。

3. 土地用益物權的實現機制

我們認為，土地用益物權的實現機制包括以下幾個方面：

（1）構建國家與農民集體、集體與私人之間平等的產權關係。土地用益物權的充分實現，需要改變在土地所有權方面的國家強制，建立國家與農民集體、集體與私人之間的平等的產權交易。農村土地產權制度改革，是政府、農村集體經濟組織、農民的權利和利益的確認與調整過程；農民在產權制度安排中的地位，決定了土地財產使用和收益的實際程度、效率

與水平。新一輪的改革，就是要使農民擁有平等的權利和地位，能夠分享經濟改革和發展的成果，重新構建農民與集體、政府的權利和權利關係。農地產權關係（所有權、承包權、經營權）的不斷明晰化，有助於合理界定個人與集體、政府之間的權利邊界，從而構築土地生產要素市場化配置的制度基礎。

（2）建立土地用益物權的保護制度。第一，重新界定農村集體土地的所有權主體，農村集體組織主體理應確定為行政村農民集體，由具有法人資格並行使集體土地處置權的村委會行使集體土地所有權權能。當然還要建立適當制度，防止村幹部濫用所有權權能。第二，完善農村土地登記發證制度，向農民統一頒發土地使用權證號，農民宅基地與地上建築物應發給房地產所有權證；完善和制定物權法和民法典，建立健全保護城鄉居民不動產權益的法律體系。第三，明確界定公共利益用地範圍，並將政府徵地權的行使範圍真正限定在「公共利益」的範疇，以遏制假借公共利益之名侵犯集體土地所有權的企圖；在立法方法上，制定「公共利益徵地否定式目錄」，明確規定營利性目的用地不得實行徵收。第四，需要修改現行土地管理法律、法規，明確集體土地在符合國家土地利用規劃的前提下可以轉為非農建設用地，也可以自由流轉以保障集體土地資源配置效率和土地收益最大化。第五，完善土地徵收補償辦法，把「尊重農民的土地物權」作為徵地制度改革政策設計的首要價值取向：開展留地安置、集體建設用地土地使用權入股、土地股份合作等多種徵地安置模式，在此基礎上，建立基於市場價格的徵地補償標準體系。

（3）完善土地流轉交易的市場體系。第一，要建立完善的土地交易制度，使之交易順暢，提高土地資源配置效益與效率。充分發揮農村資源優勢，努力搭建政府主導、農民主體、市場化運作的農村發展平臺，進一步激活城鄉各類發展要素，加快農村資源資本化進程，真正實現土地可持續利用、產業可持續發展、農民可持續增收。第二，建立農村產權價值評估機制。縣級以上人民政府負責制定並公布區域農村土地承包經營權基準價格、集體建設用地使用權基準價格和最低保護價，為農村產權的價值評估提供依據和基礎；大力發展農村產權價值評估、法律諮詢等仲介服務組織，為農村產權流轉擔保提供服務。第三，完善農村產權流轉體系。依託各級農村產權交易平臺設立覆蓋轄區內各地的農村產權流轉交易服務中心並實現聯網，及時收集和發布各類產權流轉交易信息，組織產權流轉、「招拍

掛」等交易活動，為貸款抵押物處置、抵押權利的實現提供平臺。國土資源管理部門、房產管理部門和農業行政主管部門為農村產權的流轉辦理變更登記手續。第四，完善農村產權抵押融資風險分擔機制，為推動農村產權抵押融資，由各級人民政府按一定比例出資設立農村產權抵押融資風險基金，用於收購抵債資產。

（4）加強土地用途管制。土地用途管制制度是國家為保證土地資源的合理利用和優化配置，促進經濟、社會和環境協調發展的一項重要制度。土地用途管制的內容包括：土地按用途進行合理分類、土地利用總體規劃規定土地用途、土地登記註明土地用途、土地用途變更實行審批、對不按照規定的土地用途使用土地的行為進行處罰等。在保證土地用益物權和強化使用者權利的同時，政府需加強土地用途管制以協調個人利益、局部利益與社會公共利益的矛盾，保證土地資源的合理有效利用。

土地用途管制除採取相關法律法規行政手段外，還可設置土地發展權。土地發展權是土地變更為不同使用性質的權利，是一種可以與土地所有權分割而單獨處分的財產權。它既可以與土地所有權合為一體，由擁有土地所有權的土地擁有者支配，也可以單獨支配，它是土地處分權中最重要的權利。土地發展權的提法在中國目前還僅限於理論界，在實踐中並未作為一個明確的概念使用。在國外，土地發展權一般分為歸私人所有（如美國）和歸政府所有（如英國）兩種制度。土地發展權歸政府所有主要基於社會公平的考慮。土地所有權可以買賣、土地使用權可以轉移，但是土地所有者和使用者都不能隨意變更土地發展權。如果土地所有者要改變土地用途或提高土地使用集約度，必須先向政府購買發展權。隨著中國農村土地使用權的物權性質得到明確，以及土地資源配置的市場化發展，中國在設置土地發展權時可在使用權用益物權中賦予部分土地發展權，政府在徵用土地時向農民購買這項財產權利，用市場交易方式尋找土地使用權（含土地發展權）的對價，以保證農民長期發展的利益。

四、土地使用權物權化與土地私有化

中國農村土地產權向農民私人迴歸，是在國家允許或政策引導下的一場制度變革，這種改革方向絕不等於私有化。因為，農村土地使用權的物權化中，我們堅持的所有制基礎仍是集體所有制。在這裡有兩個關鍵點：

其一，在中國農村經濟的發展中，農民的「土地私有情結」在制度選擇中將起到重要作用，而土地使用權的「硬化」是對土地私有的一種可行的制度替代，而且是改革成本及未來風險較小的制度選擇。其二，最有效率的農地使用制度的所有制基礎並不只是私有制。事實證明，土地私有私營並不是最有效率的一種方式。土地集體所有制實際上是一個有較大包容性的制度安排，在土地集體所有制框架內，所有權與使用權的分離可以尋找多種農地經營模式。蓋爾·約翰遜說：「私有化並不是經濟轉軌的靈丹妙藥，它只是促進計劃經濟向市場經濟轉軌的一系列緊密關聯的政策當中的一項。」「只有在自由化被納入整體政策框架之下，並且在市場經濟有效運作所要求的法律制度業已建立的情況下，私有化才能夠取得預期的積極效果。波蘭農業在社會主義時期的經歷提醒我們，土地私有化本身對資源的有效利用以及農業的繁榮並沒有太大的幫助。」[①]（波蘭當時大約有3/4的土地留在私人手中，1950—1990年期間，農業增長幅度並不比其他中歐國家高）

在實踐中，土地使用權物權化必然涉及土地承包經營權的流轉，土地承包經營權流轉是否意味著土地私有化，已成為社會各界近期關注的焦點問題。

本文已經說明，土地承包經營權流轉中的土地承包經營權的法律性質是用益物權，而不是土地所有權；土地承包經營權流轉或轉移給他人的是物權性質的土地使用權而不是土地所有權。中國多年來土地承包經營權流轉實踐歷程的內容演變趨勢也表明，我們一直在堅持完善農村基本經營制度而不是向土地私有化方向走；完善土地承包經營權權能和允許多種形式土地承包經營權流轉使土地承包經營權的財產權性質得以彰顯，使農民得到充分而有保證的土地財產權利，但不體現土地私有化性質。未來農地流轉制度改革的方向應該是進一步深化改革，強化土地集體所有，厘清土地財產權的主體和財產關係，界定土地財產權利內容並賦予其完整的權能，即「落實集體所有權、穩定農戶承包權、放活土地經營權」，更好地發揮產權制度對農村經濟發展的推動作用。

---

① D. 蓋爾·約翰遜. 經濟發展中的農業、農村、農民問題 [M]. 林毅夫，趙耀輝，編譯. 北京：商務印書館，2005：329.

參考文獻:

[1] 埃里克, 弗魯博頓. 新制度經濟學——一個交易費用分析範式 [M]. 姜建強, 羅長遠, 譯. 上海: 上海三聯書店, 2006.

[2] 巴澤爾. 產權的經濟分析 [M]. 費方域, 段毅才, 譯. 上海: 上海三聯書店, 1997.

[3] 北京大學國家發展研究院綜合課題組. 還權賦能: 奠定長期發展的可靠基礎——成都市統籌城鄉綜合改革實踐的調查研究 [M]. 北京: 北京大學出版社, 2010.

[4] 陳延. 土地承包經營權物權化與農地使用權制度的確立 [J]. 中國法學, 1996 (3).

[5] D. 蓋爾·約翰遜. 經濟發展中的農業、農村、農民問題 [M]. 林毅夫, 趙耀輝, 編譯. 北京: 商務印書館, 2005.

[6] 黎元生. 農村土地產權配置市場化與制度改革 [J]. 當代經濟研究, 2007 (3).

[7] 梁慧星. 制定中國物權法的若干問題 [J]. 法學研究, 2000 (4).

[8] 梁慧星. 梁慧星教授今日成都說物權 [EB/OL]. 2006-04-23. 新華網: http//WWW.sc.mnhuanet.com/content/2006-04/23/content 6840831.btm.

[9] 劉廣棟, 程久苗. 1949 年以來中國農村土地制度變遷的理論和實踐 [J]. 中國農村觀察, 2007 (2).

[10] 羅伯特·考特, 托馬斯·尤倫. 法和經濟學 [M]. 張軍, 譯. 上海: 上海三聯書店, 上海人民出版社, 1996.

[11] 馬俊駒, 梅夏英. 財產權制度的歷史評析和現實思考 [J]. 中國社會科學, 1999 (1).

[12] 馬克思. 資本論: 第 1 卷 [M]. 北京: 人民出版社, 1975.

[13] 馬克思. 資本論: 第 3 卷 [M]. 北京: 人民出版社, 1975.

[14] 配杰威齊. 產權與經濟理論, 近期文獻的一個綜述 [M] // 科斯, 等. 財產權利與制度變遷. 劉守英, 等, 譯. 上海: 上海三聯書店, 1994.

[15] 王利民. 物權法論 [M]. 北京: 中國政法大學出版社, 2003.

[16] 王小映. 土地制度變遷與土地承包物權化 [J]. 中國農村經濟, 2000 (1).

[17] 夏鋒. 農民土地財產權的長期保障走向：物權化改革與對應收入 [J]. 改革, 2014 (3).

[18] 夏寧, 夏鋒. 農民土地財產性收入的制度保障與改革路徑 [J]. 農業經濟問題, 2008 (11).

[19] 袁鋮. 中國農村土地制度變遷：一個產權的視角 [J]. 中南財經政法大學學報, 2006 (5).

[20] 張少鵬. 土地使用權是獨立的不動產物權 [J]. 中國法學, 1998 (6).

[21] 張豔, 馬智民, 朱良元. 農村土地承包經營權的物權化建構 [J]. 中國土地科學, 2009 (4).

[22] 周林彬, 劉俊臣. 中國物權法立法若干問題新探 [J]. 四川大學學報：哲學社會科學版, 2001 (4).

[23] 周其仁. 產權與制度變遷 [M]. 北京：北京大學出版社, 2004.

[本文選自：劉燦. 構建以用益物權為內涵屬性的農村土地使用權制度 [J]. 經濟學動態, 2014 (11)：31-40.]

第二十九章　糧食生產組織化程度的提高：市場內生與政府引導

程民選

一、引言

「民以食為天」，糧食生產關乎人民的基本需要，農業產出糧食的總量和品質與每個消費者都息息相關。農村家庭承包責任制的實施，在堅持農村土地集體所有權的前提下，賦予農民土地的承包經營權，大大激發了農民的生產積極性。堅持農地的家庭承包經營制度，是中國農業獲得穩定發展，糧食產量連年增長的制度原因。而農業新技術的推廣，諸如良種、優質高效化肥、高效低毒農藥以及農業耕種、植保和收割機具等的使用，則是中國農業獲得穩定發展，糧食產量連年增長的技術原因。[1]

目前中國農業發展和糧食生產面臨一些新問題：一是受比較利益的驅使，農村中大量中青年勞動力外出打工，留在農村種地的主要是一些婦女和老人，於是面臨今後「誰來種地」的困惑。二是承包土地的細碎化，使土地難以連片耕種，妨礙大型農機具的使用，影響糧食生產規模效益的實現。三是糧食生產組織化程度普遍很低，除一批專業種植大戶、專業生產合作社和新近出現的家庭農場外，主要還是依靠農戶家庭的留守勞動力，在一家一戶承包土地上，採用傳統種植方法從事糧食生產。也正是上述二、三兩點，導致了有關「怎樣種地」的現實思考和爭論。[2]

主張通過土地有序流轉而實現糧食規模生產的學者，將適度規模經營

---

[1] 林毅夫. 制度、技術與中國農業的發展 [M]. 上海：上海三聯書店, 1992.
[2] 陳錫文. 構建新型農業經營體系刻不容緩 [J]. 求是, 2013 (22).

看成農業現代化的必由之路。[1] 但也有學者堅持認為，依靠農戶在承包土地上的精耕細作，種糧的土地產出率高於進行規模化種植的經營主體。迄今的爭論引出了如下問題：一是土地流轉產生的非糧化問題如何破解？二是農戶耕種承包地與規模化種植，種糧的土地產出率是否存在差距？三是規模化種植與糧食生產組織化程度是何關係？四是如何提高糧食生產組織化程度？顯然，這些問題都不是紙上談兵能夠解決的問題，而是只能在實踐中探索解決的問題。可喜的是，筆者在對安徽省土地產權制度改革和新型農業經營組織的實地調研中，已經看到來自新型農業經營主體的創造，他們正在用鮮活的實踐回答著上述問題。而來自實踐的經驗，又迫切需要學術界從理論層面給予總結和概括。本文基於安徽的實踐，就如何提高中國糧食生產組織化程度進行理論探討。首先討論土地流轉中存在的非糧化趨勢，繼而就糧食生產組織化程度與土地產出率之間有無關係進行探討，然后重點分析促進中國糧食生產組織化程度提高的市場力量和政府作用，最后就農業生產如何協調好政府與市場作用闡明一己之見。

二、土地流轉的非糧化趨勢

原來種糧的農地流轉后不再種植糧食作物，而用於其他用途，諸如栽培蔬菜和各種經濟作物等的事實，近年來全國各地都在發生，國內媒體也屢有報導。我們在田野調查中，也是頻頻接觸到此類事實：糧地一經流轉即不再種植糧食作物，而是改種大棚蔬菜，或者栽培各類經濟作物諸如葡萄、草莓、檸檬、獼猴桃、無花果，等等。這一土地流轉后不再種植糧食作物的趨勢目前已經初露端倪。

流轉后的土地不再種植糧食作物，產生這一問題的根本原因在於農地種植的比較利益驅使。以種植糧食作物和大棚蔬菜作為對比，無論是種水稻還是種小麥和玉米，在正常年景下，每畝（1畝≈666.67平方米）純收入約為四五百元，而栽種大棚蔬菜，每畝純收入至少在萬元以上。安徽宿州市埇橋區淮河糧食產業聯合體的數萬畝小麥示範地，2012年平均畝產小麥1,000斤（1斤=0.5千克），玉米1,200斤，每畝純收入500元左右。但2013年遭遇「倒春寒」，小麥受災，同年玉米又減產，於是勉強保本。正

---

[1] 王磊，等. 農村土地流轉與規模化經營 [J]. 中國集體經濟，2009（10）.

常年景下種糧每畝僅獲得幾百元的純收入，而種植經濟作物每畝的純收入數千到數萬元不等。種糧與種植經濟作物存在著如此巨大的純收入差距，這無疑是土地流轉后不再種植糧食作物而改種各類經濟作物的根本原因。此外，流轉大戶為轉入土地支付的流轉金，每畝農地在數百元到千元左右不等，如果種糧的純收入還不夠支付流轉金，又有誰會做這種賠本的買賣呢？因此，轉入農地的經營主體選擇栽種經濟作物而不再種糧，既與流轉金的提高有關，更為根本的則是種糧與種植經濟作物之間存在著太大的利益差距。土地流轉后不再種植糧食作物，顯然是轉入農地的經營主體在現實條件下所做出的理性選擇。

然而，土地流轉后不再種糧的趨勢又是與國家的糧食安全戰略相悖的。雖然轉入農地的經營主體在現實條件下做出自己的經營抉擇無可厚非，但如果政府不進行必要的規劃和引導，放任市場自發調節，市場供求一旦發生大的變化，糧食市場與果蔬市場的價格必將發生劇烈波動，13億多國人的基本食品需求的供給保障也必然成為擺在政府面前的嚴峻問題。有鑒於此，政府在進行永久性農田規劃的同時，應進一步明確糧食種植區規劃，凡規劃為糧食種植農田的，不得用於非糧食作物的種植。政府還應當在耕地保護基金中細化出糧地保護基金，與糧食種植區規劃配套，標準適當高於耕地保護基金，直接與種糧掛勾。同時，鼓勵與扶持糧食的規模化種植，將種糧補貼直接發放給從事糧食種植的農業經營主體，使種糧大戶因規模化種植而獲取規模效益。總之，只有落實規劃和加強政策引導，才有可能扭轉土地流轉后不再種植糧食作物的趨勢。

三、糧食生產組織化程度與土地產出率

基於中國當前農業發展的現實，需要通過規劃和引導以扭轉土地流轉的非糧化趨勢，而從實現中國農業現代化的要求出發，又必須提高糧食生產的組織化程度。完全依託一家一戶承包農戶分散進行糧食生產，是沒有可能實現中國的農業現代化目標的。就這一命題的分析，不能不涉及賀雪峰教授的如下觀點：依靠農戶在承包土地上的精耕細作，土地產出率高於進行規模化種植的土地產出率。賀教授雖然看到了當前中國農地經營的重要特點是面積狹小，地塊分散，農民人均「一畝三分」、戶均不過十畝且分散為七八塊乃至更多的農地，經營起來極不方便，卻又斷言無論是老人

(以老年人為主要農業生產勞動力）農業，還是中農（介於貧農和富農之間的農民，農村中的小資產階級）種田，糧食畝產一定是高於規模農業的。原因是，小農生產是精耕細作，小農可以靈活地進行農業生產的管理，而規模農業卻很難做到靈活精細的農業生產管理。賀教授於是認為：若從勞動生產率來講，規模農業由於更適於機械化大生產，可能有更高的勞動生產率，但考慮目前中國的農村人口和勞動力規模，衡量規模效益的關鍵指標不應是勞動生產率而應是土地產出率。[①]

土地產出率是經營土地中投入與產出的比率，而不是簡單的畝產量。也就是說，假定小農生產都是精耕細作，因而平均畝產高於規模化種植，也不能得出前者的土地產出率一定高於后者的結論。是否真正高於后者，還需要進行投入的比較。設小農生產投入為 T_x、產出為 C_x，而規模化種植投入為 T_g、產出為 C_g，只有在以下 3 種情形下才能認為小農生產的土地產出率高於規模化種植：① $T_x<T_g$，$C_x>C_g$；② $T_x<T_g$，$C_x=C_g$；③ $T_x=T_g$，$C_x>C_g$。在實際農業生產中，經營主體也是如此算帳的，而不是簡單地比較每畝產量。我們在安徽六安市金安區玉泰農業發展有限公司調研時，執行董事張桃李明確告訴筆者，玉泰公司在當地規模化種植水稻，每畝產量比當地農戶略低，但由於每畝投入成本降低，每畝純收入還是高於當地農戶。而當種植新品種時，公司每畝產量也要高於當地農戶。而在金安區橫塘崗鄉調研得知的情況，則是農戶自種水稻畝產 800～900 斤，而規模化種植每畝產量增加 20% 左右。問及原因，回答是農戶管理不好，該打藥時不打藥。可見，農戶是否精耕細作，也得客觀分析，不能一概而論。

既然土地產出率是投入與產出的比率，在畝產不減的前提下，糧食生產中每畝投入量的節約，能夠提高土地產出率。或者每畝投入量雖有所增加，但有效促成了增產，提高了每畝純收入，也就是提高了土地產出率。於是，土地產出率也就與糧食生產的組織化程度息息相關了。

糧食生產組織化程度與糧食作物的規模化種植有關，但二者又非等同。我們認同構建新型農業經營體系的關鍵是培育新型農業經營主體[②]，但如果

[①] 賀雪峰.改革語境下的農業、農村與農民——十八屆三中全會《決定》涉農條款解讀[J].人民論壇·學術前沿，2014（2）（上）.

[②] 張紅宇，張海陽，李娜.關於扶持新型農業經營主體發展的若干思考［N］.農民日報，2013-06-25.

一個個經營主體通過土地流轉，種植成百上千畝糧食作物，儘管做到了規模化種植，但仍舊是各干各的，那麼糧食生產的組織化程度依然不高。只有當區域內的經營主體通過一定形式組織起來，由有能力的新型經營主體承擔起組織協調功能，為區域內的經營主體提供糧食生產的社會化服務，滿足區域內經營主體產前、產中和產后各種服務需求，通過糧食生產社會化服務體系的構建，超越各個經營主體所經營土地的邊界，實現了更大規模的糧食生產田間作業甚至管理，也實現了統一抵禦自然風險與市場風險。只有如此，才能認為提高了糧食生產的組織化程度。

今天的農業生產，早已經不是僅僅依靠經驗與傳統耕作技術就能夠取勝的了，只有及時掌握新的農業技術和不斷變化的市場信息，才有可能成為成功的農業經營主體。在這樣的新形勢下，提高糧食生產組織化程度的重要性已經不言而喻。新品種的推廣、大型農機具的使用、農田灌溉防澇、測土配方施肥、病蟲害的有效防治，等等，都需要提高糧食生產組織化程度才能做好。因而，糧食生產組織化程度的提高，有利於減少糧食生產的平均成本（較之於小農生產），有利於糧食穩產增產，從而有利於提高糧食作物生產的土地產出率。

四、糧食生產組織化程度提高：市場內生驅動

社會主義市場經濟條件下，糧食生產組織化程度的提高有賴於糧食生產社會化服務體系的構建。通過社會化服務體系將各自獨立的經營主體（包括新型經營主體和農戶）組織起來，改變了各個經營主體自顧不暇的單干局面，無疑增強了他們抵禦糧食生產自然風險和市場風險的能力。這樣的組織形式，不是外在力量的強制，而是市場內生的驅動，是基於經濟利益的追求而萌生出來的，也是組織起來的經營主體之間互惠互利的結果。安徽宿州市意利達農業科技專業合作社聯合社的實踐[1]，為此提供了一個典型例證。

意利達農業科技專業合作社聯合社於 2012 年組建，牽頭的是意利達農業科技專業合作社，這是一家成立於 2008 年，主要從事農資經營與配送、土地承包與入股、土地託管、科技培訓、信息諮詢服務的國家級的農民專

---

[1] 林毅夫. 制度、技術與中國農業的發展 [M]. 上海：上海三聯書店，1992.

業合作社示範社。意利達農業科技專業合作社現承包土地 2,515 畝,託管土地 16,000 畝,有農業新技術試驗示範地 300 畝,並有農資連鎖店 487 家、直營店 2 家和配送中心 1 個。目前共有社員 581 戶,帶動農戶 1,658 戶。而聯合社則是由其牽頭,吸引 18 家專業合作社、14 家家庭農場和 6 家種糧大戶共同成立的種植產業聯合體。① 意利達農業科技專業合作社聯合社成立后,積極推行土地託管模式,為區域內經營主體和農戶提供產前、產中和產后系列化服務,以共同發展、實現雙贏為宗旨。從意利達專業合作社到意利達聯合社的發展過程,是一個在市場作用下,基於經濟利益的內生驅動過程。原本主營化肥、農藥和種子的合作社,進入農地經營,並由承包入股土地向推行土地託管轉變,而在推行土地託管 2 年后又發起組建聯合社,生動地詮釋了市場內生驅動的特徵。

意利達合作社所在的埇橋區,農村青壯年勞動力 90% 以上在外打工,其中「80 后」「90 后」的 95% 以上都在外地打工,而全家外出務工的已占總戶數的 20% 左右。留守種地的人員大多是婦女和老人,體力與精力不濟,也無科學種田知識和鑑別真假農資的能力。每逢農忙季節,打工者匆匆回來,又匆匆離去,田間管理成為問題。面對這樣的現狀,如果由新型農業經營主體將土地流轉過來經營,實踐中也面臨一系列難以解決的問題。首先是資金問題。每畝土地流轉費已由最初的 500 元提高到 1,000 元,如果化肥、種子、農藥、機耕、機播、機收加上管理每畝需投入 400 元,那麼每承包 1,000 畝地就需投入 140 萬元。其次是受限於倉儲和曬場的不足。一旦天氣不容晾曬,糧食會發生霉變,而投資現代化的倉儲、烘干設備又需要資金。最后是難以迴避的自然災害和市場風險。若遇較大的自然災害,可能造成大面積減產,而市場價格的下跌,也將使經營者遭受損失,輕則難以全額支付農民租金,重者瀕臨破產境地。正是在分析形勢和權衡利弊的基礎上,從 2010 年起,意利達合作社創造了土地託管的經營模式。土地託管實行「五個統一、兩個分散、三個不變」。即統一測土配方施肥,統一機播、機耕,統一種子供應,統一田間管理,統一機收;分散晾曬,分散儲藏;土地的所有權不變,原有種植結構不變,產品歸屬權不變。推行土地託管是合作社經營者對市場分析和研判后的選擇,既在一定程度上迴避

---

① 趙佳,姜長雲. 農民專業合作社的經營方式轉變與組織制度創新:皖省例證 [J]. 改革,2013 (1).

了經營風險，也實現了雙方利益的兼顧。按照土地託管合約，合作社承諾託管土地的畝產量不低於周邊地區的平均產量，而委託方為化肥、種子、農藥、機耕、機播、機收加上管理等所支付的成本，也將低於市場價。於是，合作社因土地託管而實現自身經濟利益並能夠持續經營，而委託方也通過一低（成本）一高（產出）而獲益。下表反應的是 2012 年委託方每畝土地由低成本而獲益的具體情況。

2012 年意利達託管土地與當地未託管土地每畝成本比較　　單位：元

成本項目	未託管土地	託管土地	受益
機耕、機播、機收費用	205	155	50
田間管理費用	93	68	25
種子、化肥費用	395.4	302.3	93.1
合計	693.4	525.3	168.1

同時，由於適時播種、及時化除化控、病蟲害監測與防治、新產品應用、新技術推廣，可使小麥增收 110 斤/畝左右，至少增收 110 元/畝；而玉米增收 105 斤/畝左右，至少增收 100 元/畝；加之小麥良種繁育，比市場價高出 0.08~0.1 元/斤收購，至少增收 90 元。合計可增收 300 元。土地託管后種植成本每畝減少支出 168.1 元，而每畝增收可達 300 元，一增一減之間，託管土地每畝實際受益 400 余元。[1]

由此可知，土地託管之所以得以推行，體現了委託和受託經營土地雙方的合意，是雙方作為土地託管市場主體基於利益考量的合作，因而是市場內生驅動的產物。也正是由於土地託管模式能使雙方共贏，其發展前景可觀，由合作社牽頭組建聯合社，才能吸引 18 家專業合作社、14 家家庭農場和 6 家種植大戶的加入。而聯合社的建立，把種植、農機、植保、科技培訓、農資供應、信息交流等方面的服務融為一體，增強了開展系列化、全方位、多功能服務的能力，也進一步拓展了土地託管的規模。借助由市場內生驅動的土地託管模式，意利達實現了糧食生產的規模化組織，除了為流轉土地的經營大戶服務，還為農戶的承包地服務。意利達聯合社所構建的社會化服務體系，將區域內的大大小小經營主體組織起來，風險同擔，

---

[1] 陳錫文. 構建新型農業經營體系刻不容緩 [J]. 求是，2013 (22).

利益共享，實現了糧食生產的大規模田間作業和管理，在市場內生驅動下提高了糧食生產的組織化程度。

五、政府在提高糧食生產組織化程度中發揮的作用

新型農業經營主體在市場內生的驅動下，借助一定的經營模式而提高了糧食生產的組織化程度。而在這一過程中，政府對新型農業經營主體的引導與扶持，對於提高糧食生產的組織化程度也發揮著不可或缺的作用。意利達合作社作為宿州市、安徽省還有國家級的合作社示範社，其發展得到政府部門關注和大力扶持，其經營模式探索也得到地方政府的肯定，遇到困難也容易獲得政府幫助解決。如果我們將這些看成在提高糧食生產組織化程度中政府發揮的間接作用的話，那麼宿州市政府通過制定提高糧食生產組織化程度的政策措施，引導和激勵現代農業產業聯合體綜合服務體系的組建，則是地方政府在提高糧食生產組織化程度中直接發揮作用。

2012年宿州市下發了《關於推進現代農業產業聯合體綜合服務體系建設的意見》等5個文件，就推進現代農業產業聯合體開展試點，希望通過現代農業產業聯合體的形式，建設農業生產的社會化服務體系，提高綜合服務能力。宿州市政府此舉顯然是直接發力於糧食生產組織化程度的提高。為促進聯合體試點工作的推進，政府先後出台了一系列扶持聯合體發展的政策，涉及土地流轉獎補、農機購置補貼、固定資產投資獎補、設施農業發展補助、農業保險補貼，以及金融支持、項目支持和教育培訓等多個方面。而這些政策中，有些是針對聯合體的發展而專門制定的。譬如：土地流轉獎補的對象，是實行標準化種植、連片流轉土地在100畝以上的聯合體家庭農場，每畝獎補200元，連補3年；農機裝備購置補貼針對聯合體的農機專業合作社，新建機庫棚300平方米、擁有農機30臺（套）以上的，給予10萬元補貼，對聯合體成員購置先進適用的農業機械給予25%~40%的補貼；金融支持則明確了對聯合體內的農業企業、合作社、家庭農場，用於擴大生產規模進行固定資產投資的當年新增貸款餘額，給予50%的財政貼息，等等。

地方政府扶持聯合體發展的政策措施，促進了一批聯合體的組建。我們調研的淮河糧食產業聯合體即是其中之一。淮河糧食產業聯合體以宿州市淮河種業有限公司為龍頭，吸納淮河農機專業合作社、淮河種植植保專

業合作社、憂民種植專業合作社、德杰農機專業合作社、惠康農機專業合作社等，以及十多個種植家庭農場共同組建。聯合體內，龍頭企業負責制定聯合體生產經營計劃與生產標準，負責良種與生產資料供應，提供農業栽培技術服務，以及產品購銷服務；農機專業合作社為成員提供農機作業服務；家庭農場負責糧食生產，種植合作社負責組織社員進行糧食生產。此外，聯合體還負責協調為周邊農戶提供服務。目前，淮河糧食產業聯合體經營土地 7,000 多畝，農機服務面積 20,000 多畝，小麥原良種繁育 30,000 多畝，已帶動農戶 4,000 余戶。由於實現了六統一，即統一品種、統一農資供應、統一技術標準、統一產品認證、統一技術服務和統一銷售，每畝增產小麥 50 千克、玉米 100 千克，加上所生產的小麥良種等的增值，平均每畝增收約 500 元。[1]

現代農業產業聯合體實現了農業企業、專業合作社、家庭農場與種植大戶的結盟，構建起了農業生產的社會化服務體系，既對聯合體成員服務，也為周邊農戶提供服務，由此提高了糧食生產的組織化程度。而現代農業產業聯合體綜合服務體系建設工作，是由地方政府提出並推動的。由此可見，政府對糧食生產組織化程度的提高，也可以發揮引導作用。

六、糧食生產規模化組織中政府與市場作用的協調

基於筆者對糧食生產規模化與組織化的區分，即規模化是從種植面積角度考察的，而組織化是從糧食生產的社會化組織過程來理解的，因此，中國農村自發存在的互助換工可以看成是組織化的原初形態，農民合作社則是依法將社員組織起來進行生產的合作經濟組織。而基於社會主義市場經濟中的農業生產實踐，通過農業生產的社會化服務體系將各個農業經營主體連接起來，則成為新形勢下市場內生的農業生產組織化過程。這一社會主義市場經濟條件下內生的農業生產組織化過程，是基於經營主體的經濟利益的，是經營主體自願參與和自主決定的，因而完全不同於 20 世紀 50 年代的農業合作化運動。[2]

---

[1] 王磊，等. 農村土地流轉與規模化經營 [J]. 中國集體經濟，2009（10）.

[2] 賀雪峰. 改革語境下的農業、農村與農民——十八屆三中全會《決定》涉農條款解讀 [J]. 人民論壇·學術前沿，2014（2）（上）.

糧食生產的市場內生驅動的組織化過程，在此次安徽調研中給筆者留下了深刻印象。安徽是中國13個糧食主產省之一，農村改革迄今，已經形成種糧大戶、專業合作社、農業企業、家庭農場等新型農業經營主體與承包經營農戶並存的格局。新型農業經營組織經營著流轉過來的農地，是規模化的經營主體，但其內部生產組織却不是我們此行調研的興趣所在。我們所重點關注的，是糧食生產的社會化組織狀況和組織化程度。而安徽的調研使筆者確信，規模化不等於組織化，但組織化離不開規模化。規模化不等於組織化，前已論及。組織化離不開規模化，則是因為市場內生的農業生產的組織化過程，是依託於農業生產的社會化服務體系的，而有能力提供社會化服務的正是形成規模的新型農業經營主體。我們調研的意利達是這樣的，淮河糧食產業聯合體也是這樣的新型農業經營主體。通過意利達、淮河糧食產業聯合體這些新型農業經營主體的運作，構建起服務本區域的糧食生產社會化服務體系，不僅組織起聯合體內部的糧食生產，而且服務周邊農戶，以土地託管或提供要素與服務等方式，將分散的農戶連接起來，形成不同程度的糧食生產社會化組織方式，超越了各個經營主體的邊界，擴大了有組織進行糧食生產的規模，其理論意義與實踐意義都是值得我們高度重視的。

我們以「糧食生產的市場內生驅動的組織化」描述這一方興未艾的糧食生產的規模化組織過程，並分別考察了意利達農業科技專業合作社聯合社與淮河糧食產業聯合體。前者著重論述糧食生產組織化程度提高的市場內生驅動，后者主要分析這一過程中政府發揮的引導作用。那麼，對於糧食生產的規模化組織來說，市場與政府二者間應當是一個什麼樣的關係？換句話表達，就是在糧食生產領域，究竟應當如何構建市場與政府之間的新關係？

如同愛情是文學永恆的主題那樣，市場與政府的關係也是現代經濟學發展三百多年來反覆論爭的話題。迄今，理論上雖然對市場和政府都會失靈已有了定論，但實踐中要處理好市場與政府的關係還真不是一件易事。我們強調糧食生產規模化組織中政府與市場作用的協調，首先是期望政府要遵循市場經濟的內在規律，「看得見的手」的作用一定要同「看不見的手」的作用一致，即政府與市場同向而行而非背道而馳。然而，這也還只是構建市場與政府新關係的總原則，實際上處理二者之間的關係，即便是同向而行，也還有若干需要思考的問題。譬如，相對於市場的要求，政府

的作用是超前了還是滯后了？於是，強調糧食生產規模化組織中政府與市場作用的協調，還需要政府時刻關注市場演進的動態，把握好市場內生的需求，以便適時出抬與市場協調一致的政策，培育滿足市場需求的供給主體，引導提供糧食生產社會化服務的經營主體發展。如果市場已有需求但形成供給還在醞釀中，此時政府就要及時推出扶持的政策措施，以促進有效供給的形成。此時如果政府不作為，那就是缺位。但若市場尚無需求，政府也就不能一廂情願，按照自己的想法去制定政策「推動」。一旦脫離市場發展的內在要求，即便是好的動機，也將難以實現。此外，強調糧食生產規模化組織中政府與市場作用的協調，還有需要政府甘當市場配角，決不越俎代庖的含義。政府手握權力，官員容易滋生長官意志，在處理市場與政府的關係上，越俎代庖是很容易發生的事，這也就是所謂越位。在市場與政府關係的處理中，如果政府作用超越市場，極有可能扭曲市場的選擇。

以上分析表明，糧食生產領域構建市場與政府的新關係，關鍵在政府，在於政府能否科學認知與正確行事。[1] 黨的十八屆三中全會做出的《中共中央關於全面深化改革若干重大問題的決定》，明確提出讓市場發揮決定性作用，同時政府也更好地發揮作用。[2] 這就為在經濟領域正確處理好市場與政府的關係指明了正確的方向，期盼各級政府朝著這一正確方向努力前行。

參考文獻：

[1] 林毅夫. 制度、技術與中國農業的發展 [M]. 上海：上海三聯書店，1992.

[2] 陳錫文. 構建新型農業經營體系刻不容緩 [J]. 求是，2013（22）.

[3] 王磊，等. 農村土地流轉與規模化經營 [J]. 中國集體經濟，2009（10）.

[4] 賀雪峰. 改革語境下的農業、農村與農民——十八屆三中全會《決定》涉農條款解讀 [J]. 人民論壇·學術前沿，2014（2）（上）.

[5] 張紅宇，張海陽，李娜. 關於扶持新型農業經營主體發展的若干

---

[1] 馬力宏. 正確處理政府與市場的關係 [N]. 浙江日報，2012-11-21.
[2] 中共中央關於全面深化改革若干重大問題的決定 [M]. 北京：人民出版社，2013.

思考[N]. 農民日報, 2013-06-25.

　　[6] 趙佳, 姜長雲. 農民專業合作社的經營方式轉變與組織制度創新: 皖省例證[J]. 改革, 2013 (1).

　　[7] 馬力宏. 正確處理政府與市場的關係[N]. 浙江日報, 2012-11-21.

　　[8] 中共中央關於全面深化改革若干重大問題的決定[M]. 北京: 人民出版社, 2013.

　　[本文選自: 程民選. 糧食生產組織化程度的提高: 市場內生與政府引導——基於安徽調研實例的分析[J]. 當代經濟研究, 2015 (1): 36-41.]

第三十章 農村土地集體產權的主體化及其治理機制

朱悅蘅　黃 韜

長期以來，在我們對整個社會進行產權制度分析的時候，總是有意無意地忽視了一個事實，那就是農村的發展依託著一個相對弱勢的產權——集體產權，而這正是「三農」等諸多問題發生的根源。集體產權作為龐大農村地區和農村人口的生產生活的根本保障，却是一個觀念和法律名義上的存在，在實踐中尚未充分展開，在法律上未能規定完善。本文從財產權主體化的一般機理出發，分析農村土地集體所有權空洞化的表現和成因，以及集體所有權主體確定及其權利歸位等相關問題，進一步探索農村集體產權關係治理機制等問題。

一、財產權主體化的一般機理

劉詩白（1998）指出，財產權是經濟活動中的主體權利，產權分析的重要方面是財產權佔有主體的性質、形式和職能。財產權具有佔有的排他性、權利的不兼容性和主體的不重疊性等特徵。德姆塞茨（1988）認為，排他性是指決定誰在一個特定的方式下使用一種稀缺資源的權利，即除了所有者外沒有任何人能堅持有使用資源的權利，也可以拓展到包括所有者決定誰可能使用一種資源的權利。他還從外部性的角度闡釋說，與社會相互依賴性相聯繫，沒有一種受益或受損效應是在世界以外的。產權的重要性在於它能幫助一個人形成與其他人進行交易時的合理預期，產權的所有者擁有他的同事同意他以特定的方式行事的權利，並能阻止其他人對他的行動（在權利界定中不受禁止的）的干擾，從而導引人們實現將外部性較

大地內在化的激勵。菲呂博騰和配杰威齊（1972）也認為，產權是指由物的存在及關於它們的使用所引起的人們之間相互認可的行為關係。綜合這些論述，可以得出一個簡單的產權公式：產權＝產權的主體＋主體的權利。

產權作為圍繞物的佔有而形成的排他性關係，其主體和主體的權利都應當是特定的、確定的，佔有或不佔有的主體之間應當是相互認可和沒有爭議的。如果產權的主體及其權利邊界不明確，就會出現一個行為主體的成本與收益不一致的情形，也就無法形成主體與其他人進行交易的合理預期，使外部性無法內在化而導致產權功能的喪失。因此，產權的主體化包括界定產權的主體和產權主體的權利兩個方面，是產權關係得以形成並實現其功能的前提條件。

在市場經濟體制下，土地要素配置、土地資產經營實質上是土地權利的契約化交換，必須建立在產權清晰界定的基礎上。產權的合理界定可以發揮其基本功能：一是內部激勵和約束功能，合理界定產權可以對產權主體產生更有效的激勵，並且可以約束土地使用者的機會主義行為。土地產權強度的提高可以更好地阻止侵權行為的發生，並提高土地價值。二是提供外部交易功能，為土地在不同主體之間進行交易提供產權載體。當土地利用存在外部性時，產權可以使外部性內在化，並且使土地資源得到優化配置。應當指出的是，產權的實現是通過社會的強制而實現的選擇權利，有賴於政府的力量、日常社會行動以及社會倫理和道德規範。

一項產權的主體化程度，即產權主體的明確或是模糊程度，以及主體的權利完整或是殘缺程度，決定著產權的強弱程度及其相對地位。巴澤爾（1997）指出，人們對資產的權利（包括他們自己的和他人的）不是永久不變的，它們是他們自己直接努力加以保護、他人企圖奪取和政府予以保護程度的函數，資產將產生的淨收入取決於權利的界定，也就是說，取決於權利受到怎樣的保障。阿爾欽（1987）認為，私有產權的強度由實施它的可能性與成本來衡量，這些又依賴於政府、非正規的社會行動以及通行的倫理和道德規範。可以看出，產權的強度事實上表現為產權的主體與其他權益相關者之間的關係。如果主體及其權利是明確界定的，表明產權主體擁有權益相關者的同意或認可，產權即是完整的和有強度的，不會在產權結構中處於受侵害的境地；反之，如果產權主體的權利是不明確的或受限制的，那麼這個主體就不能有效阻止其他人對他的行動的干擾，則會表現出弱勢產權的特徵。這種比較模糊和殘缺的產權，在產權的相互作用和

影響中，甚至可能出現產權或所有權異化的現象。

二、農村土地集體所有權的空洞化及其表現

　　農村土地產權制度在農民財產權利保護中處於基礎性地位，然而現實卻是集體產權的空洞化狀況，不僅集體產權主體模糊不清且主體權利殘缺不全，而且農民集體及其成員對產權的保護能力弱，權益相關者的侵害行為嚴重，政府的干預較多而保護不足，都使之成為一個相對弱勢的產權。

　　從集體產權的主體角度分析，集體土地所有權主體歸屬不清。憲法只是籠統地將其界定為農民集體所有，民法通則界定為鄉（鎮）、村兩級所有，土地管理法和農業法中則界定為鄉（鎮）、村或村內農業集體經濟組織所有，物權法界定為村農民集體所有、村內兩個以上農民集體所有和鄉鎮農民集體所有。這種對所有者主體的不確定指稱，折射出人民公社體制遺留下來的「三級所有」關係的變動和混亂狀況，也是農村現實土地關係的反應。法律雖然明確了「農民集體」的所有者地位，但「集體」概念具體化為鄉鎮、村、村民小組三級體系。三級體系是傳統集體所有制時期一個行政化的概念，三級本身存在一定的包含和上下級關係，不利於確定集體土地所有權，也不利於市場經濟條件下平等主體關係的形成。總體上說，現行法律雖然確立了農村土地集體產權的原則，但未能確立起集體產權的主體及其整體構造，農民權益得不到落實和保證。即使法律的表述對於土地權屬邊界的規定是明確的，這種權益邊界也會由於地方政府、社區集體組織、村民小組甚至地方家族勢力等方面的影響而變得模糊，而這又往往成為各方主體爭奪利益的借口。

　　從集體產權主體的權利角度分析，集體所有權的權能和利益弱化。儘管法律承認了農村集體對集體土地所有權的主體地位，但其權能又必須由其他政策規定來形成，或由其他主體來行使，從而形成了集體土地所有權主體權利不明晰的空殼現象。一方面，國家及其各級代理人通過行政權力對農地產權進行限制和分割；另一方面，通過長期承包經營，農民享有對農地產權的眾多分割。農民集體作為農村土地的所有權主體，並不能自己選擇農地使用制度，這已由國家做出統一安排，集體只能遵照執行。集體的權利和義務是不對稱的，其權利實際上是虛擬的，它不擁有土地的收益權、抵押權，也必須把耕地發包給農戶，只能夠對農戶使用土地進行監督。

集體有義務保障農戶的土地承包權利，要為農民提供服務，還要保障政府土地規劃的落實，却又沒有相應的收益來履行自己的義務。農村土地承包法實際上顯示了國家、集體和農戶對土地所有權的分割，且沒有明確合理地界定它們之間的權利邊界，集體的土地所有者權利受到極大的限制。這裡暗含了一種立法思想，即試圖把集體的土地所有權「名義化」（黨國英，2005）。農民集體作為土地所有權主體却無權買賣集體土地，集體土地只有經國家徵用或徵收后才能出讓、轉讓，法律也不允許集體之間相互買賣土地，農村集體公共設施、公益設施建設用地也必須由縣級以上政府批准，農民集體和集體經濟組織沒有批准權。這樣，集體並不能作為所有者對土地的相關權利負責，在土地分配、土地流轉等事務上沒有制定政策的權利；在遇到外部（主要是國家）需要徵用農村土地時，也幾乎沒有同意與否以及維護相應利益的談判能力。

於是，「集體」或者是國家管理農村的一個虛擬仲介，或者是具體個人管理農村的一個合法名義，它如何保證對農村生產力的促進，尤其是如何保證農民能夠獲得由這種促進帶來的利益，都是不確定的（孫津、郭薇，2006）。作為正式制度安排的集體所有權，在其成員中却只獲得較低的認知度[①]，這與所有權本身的缺陷有密切關聯，至少應在厘清公私法的基礎上去實現集體所有權的主體化、完整化。如果在法律上確認了農民的集體土地所有權，而實踐中又嚴重限制和弱化這一所有權的權能，那麼集體土地所有權只能變成一個無實際內容的空泛概念。

空洞化的集體產權長期得以存在的原因，正是國家權力的全面干預，通過一系列法律和政策對集體產權的利益關係進行安排，以維持集體產權的存在。這既是造成集體產權空洞化的原因，又在一定程度上「填補」了集體產權的空洞。集國家和基層政權的法律、法規、政策而形成的產權規則，其中有積極的方面也有消極的方面，這也正是集體產權和家庭承包責

[①] 國務院發展研究中心 2006 年在全國 17 個省區 57 個縣市的 2,749 個行政村調查，發現農村青壯勞動力外出打工或就地從事非農產業的比例平均為 54.12%，比全部勞動力轉移率 47.9%略高；3/4 的村莊已無青壯勞動力可向外轉移，大部分村的幹部認為能夠轉移的農村青壯勞動力大都已經轉出。韓俊（2007）認為，農村勞動力「既過剩又不足」，農村勞動力的時間和總量是過剩的，還有不少老、弱、低文化的勞動力，但農村青壯勞動力基本轉移出去了——尤其是東部沿海地區，中西部尚有少量，同時，受過培訓的技術工人十分短缺。蔡昉（2007）認為，農村尚有 1.5 億或 1.6 億剩餘勞動力的判斷屬明顯高估，目前農村 40 歲以下的剩餘勞動力，絕對數量只有 5,000 餘萬。

任制適應性與局限性的根源。農村土地集體產權的基本原則和制度安排，並非由農民集體和農民自主創設，而是由國家法律和政府政策從外部加以制定和調整，如集體土地的權利束的設置，農民集體和農戶的權利及行使規則，所有權與承包經營權的分離等，這種行政化的產權關係不是市場交易的產物而是國家賦予的，也隱藏著國家對農民土地權利侵蝕的「合理性」。此外，由於受農村中殘存的準行政關係的影響，各農民集體（鄉、村、組）之間的地位和所有權邊界實際上是不平等和不確定的。在這些方面，需要國家對集體產權和農民利益給予真實的界定和保護。

按照交易成本經濟理論的觀點，不同的資產專用性決定了不同的治理結構。土地作為具有承載功能的物質基礎，資產專用性本身不是很強的，其交易應當適用於市場化的治理結構[1]，但必須看到中國農村土地却具有很高的「資產專用性」，這並不是由土地本身帶來的，而是由於法律和政策對土地用途、土地權益等方面的過多限製造成的，因而表現出來就是由國家出抬一系列政策規定設定統一的治理結構，其缺點是政府治理的成本和市場「交易」的成本都很高，而集體土地的市場價值却無法完整地實現。這時我們看到的，就是由於「所有權殘缺」帶來的農地資產專用性的異化。

農村土地集體所有權的空洞化，也導致了農村經營體制的殘缺。雖然名義上建立了統分結合的雙層經營體制，但家庭經營與集體服務二者沒有協調發展和相互促進。承包制使農戶獲得了很大的生產自主權，但也相對削弱了集體的功能，使得依靠集體來搞的一些社會福利事業和農業基本建設成為薄弱環節。雙層經營體制的殘缺，使得家庭承包經營這種農業普遍採用的經營形式，難以發揮出其全部績效。鄉鎮企業一度創造了鄉村工業化的奇跡，但很快在政府主導的整頓和改制中整體衰落，並導致鄉村工業化長期滯后。隨著農村集體經濟變成「空殼」，原有的統分結合的雙層經營體制逐漸名存實亡，使中國農村呈現出現代小農經濟的圖景。

集體產權空洞化也表現為農民對土地的實際利用不足，使得農村生產力日趨空洞化。雖然土地管理法和農村土地承包法強調了農民對土地的耕

---

[1] 國土資源部、財政部、農業部《關於加快推進農村集體土地確權登記發證工作的通知》（2011年5月6日）指出，「受當時條件的限制，農村集體土地確權登記發證工作總體滯后，有的地區登記發證率還很低，已頒證的農村集體土地所有權大部分只確權登記到行政村農民集體一級，沒有確認到每一個具有所有權的農民集體」，可為印證。

種，但實際政策卻是鼓勵農民作為剩余勞動力進城務工，所以農村優質勞動力實際上並未與農村土地很好地結合，同時還出現了具有一定規模的土地摺荒現象，使得農村土地總體上利用不足。在相關政策的配合下，農民大規模向城市轉移，雖然解決了城市化所需的廉價勞動力問題，但「三農」的面貌並未因此而發生根本轉變。由於農村承包經營權的剛性存在，進城農民大多不會放棄農村的土地產權，因而農村人地比例並未根本改變，但耕種土地的農民卻實實在在地減少了。大量情況表明，農村勞動力供求關係正在發生重要變化[1]，只能維持土地等生產資料與較低水平的勞動力的結合，制約了農業生產力的進一步提高。農村優質勞動力的普遍流失，仍屬農村支持城市的第一個「普遍性趨向」的發展階段，也是農村生產力空洞化的一個表現。

從產權的角度分析，主要原因在於：①現行集體產權制度與政策的取向，是使承包關係穩定而非變動，即使農民存在某些機會主義行為，一般也不會輕易喪失，有關政策為農民轉移實際上開了綠燈；②現行集體產權的構造，維持著較低的土地規模化經營程度和農業勞動生產率水平，以及鄉村工業和其他產業的缺乏，促使優質勞動力轉而尋求更高的比較收益。在市場化、工業化、城鎮化和經濟全球化的過程中，農民既需要有家庭經營作為基本的保障，也需要集體經濟、集體組織和鄉村工業，否則只有可以預見的相對貧困甚至破產，而這些都需要集體產權以及集體產權的主體及其權利結構在市場經濟條件下的適應性構造。

三、農村集體土地所有權的主體化：確權頒證

根據產權經濟學的基本原理，在由狹義所有權、佔有權、支配權和使用權等權利組成的產權束中，狹義所有權是最根本的權利，其主體的狀況決定產權關係的性質和狀況，其他產權主體應當由其決定或選擇。並且，

---

[1] 《中華人民共和國物權法》（2007年3月16日第十屆全國人民代表大會第五次會議通過）第六十條規定：對於集體所有的土地和森林、山嶺、草原、荒地、灘塗等，依照下列規定行使所有權：（一）屬於村農民集體所有的，由村集體經濟組織或者村民委員會代表集體行使所有權；（二）分別屬於村內兩個以上農民集體所有的，由村內各該集體經濟組織或者村民小組代表集體行使所有權；（三）屬於鄉鎮農民集體所有的，由鄉鎮集體經濟組織代表集體行使所有權。

產權關係的變動應當以狹義所有權即歸屬權狀況為限度，如果超出一定限度，就必然引起產權關係和所有制性質的改變（黃少安，2004）。從集體產權內部的結構看，集體產權的主體化包括集體所有權、使用權、支配權等各項權能的主體化。集體所有權體現著集體產權的性質，它的確立是集體產權構建的核心問題。

在集體產權可以分割的條件下，不同權利項可以有不同的主體，但這些不同權利項主體之間的關係，是依據集體所有權的性質、形式和職能而展開的，因此集體所有權的主體化是集體產權主體化的主導方面，不僅使農村特定的土地歸屬於某一農民集體，也使這一土地成為特定的農民集體所屬的財產。只有確立了集體土地的主體歸屬關係，這一土地的性質、形式和職能才得以最終確立，對集體土地的佔有、使用和支配的各項權利組成的複雜產權關係才能有序形成，也才能在社會經濟生活中確立起一種明確而合理的財產秩序。集體土地承包經營權的主體化，能夠形成明晰的用益物權，對農戶產生直接有效的激勵，這也是農村土地集體產權主體化的重要內容。

中國現行法律規定農村土地屬農民集體所有，農村土地所有權的主體是鄉、村、村民小組的農民集體（相當於人民公社時的「三級所有、隊為基礎」的提法），但法律沒有明確界定三級所有或分享的格局中，所有權主體到底屬於哪一級以及每一級主體的權利邊界。加之農村經濟發展水平並不平衡，文化傳統差異明顯，土地佔有關係表現出多種多樣的主體形式，也使得法律規定較難統一。雖然早在1986年土地管理法中即規定，應對農民集體土地所有權登記確認並頒發土地所有權證，但長期以來在中國大部分地區尚未開展或完成。從積極方面講，這為當前依據現代產權理論，適應發展著的經濟生活的實際需要，對所有權主體結構做出整體安排和適當調整，提供了一定的改革和創新空間。

在成都農村產權制度改革中，農村土地的確權和登記是保障農民土地權益的基礎。通過對農戶土地、房屋、林權的調查、測量及公示等一系列環節，頒發集體土地所有權證、集體土地使用權證、房屋所有權證、農村土地承包經營權證、集體林地使用權證，讓農民享有法律賦予的相應財產權利。從最近的情況看，2011年國土資源部、財政部、農業部《關於加快推進農村集體土地確權登記發證工作的通知》提出，加快農村集體土地所有權、宅基地使用權、集體建設用地使用權等確權登記頒證工作，依法確

認和保障農民的土地物權，力爭 2012 年底基本完成農村集體土地確權登記發證全覆蓋。這應當說在確認農民集體、農民與土地長期穩定的產權關係方面，邁出了重要一步，有助於維護農民在城鎮化、工業化和農業現代化進程中的權益。

確立農村土地集體所有權的主體，應當考慮的因素很多，主要有：①所有權的性質，應當有利於保持集體土地所有制的性質，以符合社會主義初級階段的生產力狀況；②農地所有權的初始狀況和實際狀況，在沒有土地權屬爭議的情況下，盡可能保持現有土地權利狀況；③有效地行使所有權，降低產權運行的成本。「集體所有」為一定範圍內的農民集體所有，無論鄉、村、組哪一級範圍的農民集體作為所有權主體，均有理論上的依據。從理論上講，對於農民集體所有的土地邊界比較清晰，存在具有實際意義的集體所有權主體或其代表資格的，均可依法予以確權。

按照「一物一權」原則，一物之上雖然可設立若干個可以相容的物權，但只能設立一個所有權。不同範圍的農民集體是不同的民事主體，處於平等的民事主體地位，同一塊土地只能屬於一個特定的農民集體，不能有兩個或兩個以上農民集體交叉重疊。鄉鎮、村、村民小組的農民集體經濟組織之間也不存在從屬的關係，它們只是地位平等的不同經濟組織，對外能夠獨立承擔民事權利和履行義務。國家應對農村土地集體所有權主體及其權能做出簡單而明確的法律設置，以求「定分止爭」，同時盡量減少因追求整齊劃一而給農村生產生活造成混亂。這樣既有利於穩定農村土地關係，也能使農民真實意願得以表達。農民集體所有的土地，重在加強其內部的治理，使農民代表能行使真正的支配權，農民能享有真正的權益。

從某種意義上講，在集體所有制性質的前提下，集體土地確權主要是一個技術性問題，而且無論確權到哪一級都可以通過地籍調查和就地核實的辦法予以解決。經過長期的制度變遷，普通農民實際上更為關注的是土地實際利益的有保障和相對公平，集體產權的界定和保護才是農民在市場經濟條件下最根本的利益所在。依照物權法確定的基本框架，明確不同範圍農民集體對農村土地的所有權邊界，在農民集體同意一致的前提下核發集體產權證，確認集體土地所有權的空間範圍和權利內容，已不存在任何實質性問題。

從產權與經濟績效的關係來看，界定產權主體及其權利，也需要降低產權運行的管理費用，並提高資產運用的效益。從總體上說，集體土地所

有權主體定在哪一級主要反應了經營規模和治理費用之間的矛盾。在以農業為主要產業,二、三產業比重較小的中西部地區,承擔農戶轉移成本的條件和能力較弱,農村土地流轉的內在動力較弱,農民集體和集體土地的範圍就應當大一些,以使農民承包土地能夠在更大範圍內,通過內部的流轉擴大土地經營規模。在集體產權制度下,較大規模土地的經營意味著更加複雜的委託代理關係和利益關係。由於規模經營的治理成本不宜通過外部解決,就需要在治理費用與規模收益之間進行比較。在東部經濟發達地區,承擔農戶轉移成本的條件和能力較強,農村土地流轉的內在動力較強,從事農業經營的土地規模可以更大一些,這部分治理費用並不會因此而增加,相反還會有所節省。但東部地區一些以鄉村工業為主的地方,集體經濟實力比較雄厚,且農用地的非農化流轉比較普遍,由此形成的集體資產數量較大,這部分資產管理的費用較高,因此集體所有權範圍不宜大,以便於對集體資產進行有效管理。在村內集體經濟組織或村民小組較為同質化,經濟實力和區位相差不大的情況下,集體所有權的範圍可以大些。對於城市周邊的地區,村內各組地理位置和土地數量不一樣,升值快慢不一,對土地級差收益預期不同,就不宜將所有權範圍設置過大。如蔣省三、劉守英(2003)指出,在廣東南海,以行政村為單位建立股份公司的占20%左右,而以經濟社(村民小組一級)為單位建立股份公司的占79.1%,從一個側面反應了對集體所有權設置的需要。此外,不同地區的農民素質、民主意識和治理傳統不盡相同,應當按照農民意思自治的原則,做出實事求是的所有權界定,以利於產權的運作和管理。

四、農村集體土地所有權的主體和行使機制

構建完善集體土地產權的治理結構,關鍵在於明確內部各產權主體及其權利,以及各產權主體之間的委託代理關係,以減少產權結構的內在摩擦,節約產權運行費用。在當前正在進行的集體土地確權登記發證工作中,按照文件要求是「把農村集體土地所有權證確認到每個具有所有權的農民集體經濟組織」,這個提法表明此次確權登記發證與最終形成比較規範的「農村集體土地產權制度」之間還有相當距離。因為,按照物權法的規定,集體經濟組織還不是集體土地的所有權主體,而只是集體土地所有權的行使主體。

物權法對於所有權主體直接行使所有權未做一般規定，而將所有權的行使賦予所有權主體代表，即具體的經營、管理主體，包括：①村集體經濟組織或者村民委員會；②村內各該集體經濟組織或者村民小組；③鄉鎮集體經濟組織。這實質上是法律代行了所有者選擇代理人的權利，或者說限制了所有者對代理人的選擇權利。雖然《中華人民共和國物權法》第五十九條規定，所有權主體有權依照法定程序決定土地承包、承包地的調整、土地補償費、集體企業的所有權變動等重要事項，第六十三條規定集體經濟組織、村民委員會或者其負責人做出的決定侵害集體成員合法權益的，受侵害的集體成員可以請求人民法院予以撤銷，但這並不是所有權的全部內涵。從某種意義上講，物權法承認了農民集體的權利地位，却沒有直接承認其所有權主體權能或者民事主體資格。

現代市場經濟的運作，需要在多樣的所有主體與經營主體之間做好財產權的安排。所有者對其代理人要賦予一定範圍的對財產的支配、使用以及處置權，構建起代理人的財產權（經營權），以形成委託代理經營的活動與職能，又要使經營權約束在所有權的基本框架內。農民集體和農業集體經濟組織是兩個不同屬性和層次的概念，雖然農業集體經濟組織也是由一定範圍內的全體農民組成的，但並不等於農民集體本身。若農民集體不享有法律人格，勢必不利於其對外以自己名義進行民事活動，維護農民集體的權益。這樣，由於法律規定與產權結構的內在要求之間不匹配，決定了所有權主體與代理主體之間必然產生矛盾，這種矛盾一旦難以化解，就會為政府干預留下空間。物權法的立法意圖實質上是通過法人化的所有權主體代表來實現農民集體所有權，但需要進一步理順有關委託代理機制。其中兩個問題應予以重點關注：第一，由誰委託的問題。應明確集體有直接行使所有權的權利，並讓集體所有權主體真正擁有選擇自己財產代理人的完整權利。第二，委託給誰的問題。法律和相關政策規定只需要確立公平、公開、競爭性的程序及相關的監督檢查機制，就可以確保農村基本經營制度的進一步完善（陳劍波，2006）。如何重建農村基層組織，不僅僅涉及農村財產體系的重構，也涉及行政體制改革和法律體系的調整。

從現在情況看，完善農民集體的法律地位，關鍵在於依法定形式（物權）明確客體物（土地）的權利歸屬，賦予權利主體以民事主體地位。為便利集體組織對外開展活動和維護集體權益，法律應把農民集體確立為一種特殊的民事主體，建立健全農民集體法人的組織機構和治理結構，規範

農民集體的成立運行，以便通過法律手段調整農民集體與集體經濟組織之間也就是所有權主體與其代表或行使主體之間的關係，而不必再留有政府干預的空間。在立法上，應當規定村民大會或村民代表大會為農民集體的最高權力機構，集體經濟組織作為所有權主體代表對集體土地的一切重大處置，均需經集體經濟組織的農民集體表決同意，以充分行使所有者的權利。要進一步完善農民集體內部的民主管理機制，擴大農民集體表決的適用範圍，明確規定相關程序，使得集體土地所有權主體與主體代表相制衡。農民集體可以召開成員大會直接行使權利，使得集體有實現自己意志、行使自己權利的途徑。否則，以集體經濟組織或其他自治組織代替農民集體，失掉了集體產權及集體所有制的真實含義。

對於集體經濟組織而言，則要完善集體土地所有權的行使機制，建立法人的治理機構包括法人的權力機構、執行機構和監督機構等，使其發揮重要的主體代表作用，真正發揮集體土地所有權實現過程中應有的經濟功能和經濟效益。應當明確集體經濟組織是集體土地所有權主體代表的一般形式，逐步取消村民委員會、村民小組作為所有權主體代表的情況，避免出現多頭代表、多種組織職責不清的現象。村民委員會和村民小組可以代表農民集體行使監督權，一定程度上制衡集體經濟組織行使集體土地所有權，真正維護農民集體的合法財產權利。

五、農村土地集體產權主體化的治理機制

集體產權並不是一種典型的物權概念，其治理機制也應當有所不同。從歷史淵源上說，近現代的集體所有權是從源於西方的合作制中產生的，其基本特徵與合作的基本原則具有天然的內在一致性。任何形式的合作都必然導致和包含著集體所有權，即便是小生產者在各自私人所有的基礎上進行的股份合作，也因合作組織中合作成員平等、民主地佔有和支配共同財產（包括股金）而獲得了集體所有的性質。從邏輯上說，任何合作組織或集體經濟組織，只要它採取開放和民主的經營管理方式，就終究會發展出一定範圍內的社區性集體所有權來（馬俊駒，1993）。

《中華人民共和國物權法》雖然未對「集體所有」的內涵做詳細解釋，但從第五十九條「農民集體所有的不動產和動產，屬於本集體成員集體所有」的規定來看，實際指出「集體所有」的內涵為「本集體成員集體所

有」，並特別強調了應當「依照法定程序經本集體成員決定」的有關事項，這也反應出「集體所有」的實質意義在於，其所有權由本集體成員平等、民主共享。中國法律對集體經濟組織的相關規定也與此一致，如《憲法》規定「集體經濟組織實行民主管理，依照法律規定選舉和罷免管理人員，決定經營管理的重大問題」，以及物權法規定「集體經濟組織或者村民委員會、村民小組應當依照法律、行政法規以及章程、村規民約向本集體成員公布集體財產的狀況」等。一定範圍的集體和集體組織成員在直接管理處分集體財產時，必須遵照全體成員以民主的方式形成的集體意思，必須嚴格執行一人一票、民主管理等合作制原則。集體意志是集體產權行使的前提，法律必須保證集體建立一個保障成員民主權利得以充分發揮的機制，以確保集體產權的正確行使。

集體所有權是個人和一切其他成員共同擁有的對集體財產的所有權，個人作為集體內部的一員，一方面他既是集體財產的所有者的一分子，另一方面他又不是集體財產的所有者，因為他沒有屬於個人的所有權，作為個人，只有和其他一切成員結合，共同構成集體財產的所有者的時候，他的權利才有效，才能發揮作用。個人作為集體的一員，既是所有者，又是非所有者，構成了集體產權關係中個人的二重規定性。這一規定性決定了個體和集體既有利益上的一致性，但個體又是與集體相區別的利益主體，個體並不必然關心和維護集體產權，同時集體也並不必然包含和保護個體的利益。當個體利益與集體利益不一致的時候，個體缺乏維護集體利益的激勵，會導致集體所有權的弱化，從而使各自利益的保護都會變得更加困難，容易受到外部產權和政府干預的侵害。集體產權的現實構造，既要避免單個私人單獨享有權利，又要解決集體成員集體享有權利時的意志協調問題。如果一個大的團體的成員在理性地追求他們的個人最大福利時，就不會起到使他們的共同或團體目標利益進步的作用（奧爾森，1962）。倘若集體活動的目標不是為了實現其成員利益的最大化，也會使集體產生異化。在計劃經濟的很長時間裡，鄉村集體的主要目標是為了向國家提供盡可能多的剩餘產品。在市場經濟時期，集體的代理人或是集體中的少數人為獲得更多的個人利益，也努力使集體活動偏離共同利益目標，出現了諸如集體資產流失等問題。集體在什麼程度上能夠實現成員的共同利益，取決於國家對集體產權的保護程度和普通成員在集體中的地位，也取決於集體自身的組織結構和運作機制，這是由集體的組織特點決定的。

與現代公司中的治理結構相比，集體產權制度中不存在個人所有權且產權分散而平均，造成集體行動較大的困難和較高的成本，以及一些內在的委託代理難題，而且這些難題難以通過集體以外的競爭性市場來加以解決。由於集體所有的主體不像國家所有權的主體那樣範圍廣大，集體在必要時可以直接行使所有權，從而避免代理人造成的損害。關鍵在於，這種直接行使的機制本身應當是健全和完善的，集體產權的成員對於代理人的行為幾乎隨時可以觀察和監督到。因此，強調集體產權必須依靠內在的民主管理、民主監督方式來解決就十分必要。這也正如宋磊、孫曉冬（2012）所指出的，經濟民主本應是社會主義市場經濟轉型目標的題中之意。

　　在集體內部，集體意志的形成需要有一系列較為複雜的協商程序，如召開成員大會決定重要事項等，所有成員聯合達成一個最優行為的協議的談判成本往往很高。因此，集體產權的實施通常通過集體成員民主選舉的代理人進行，但如果代理人的利益取向出現偏差，集體活動最終實現的利益就可能與集體成員應獲得的產權利益不一致，可能出現集體產權的委託代理問題。當一個集團組織內的成員為數很少時，成員之間有可能進行充分的談判並一致同意開展集體行動。集體成員越多，以正確的比例分攤收益與成本的可能性越小，「搭便車」的可能性越大，離最優化水平就越遠；集體規模越大，為開展集體行動進行討價還價的人數越多，從而討價還價的成本會隨集體規模的擴大而增加（奧爾森，1995）。同時，集體中有較強影響力的部分小團體可能控制著集體產權的具體實施。在大多數決策中，一個控制代表或是一個小的管理團隊成了事實上的所有者，會造成集體權利的虛化和對其他成員利益的損害。

　　可見，集體產權的實現有賴於合理的治理結構、適當的規模、內部的協調性，並消除內部團體的控制。首先，要通過一定的組織（權力機構）和程序使集體意志得以形成，對集體土地的支配做出決策。然後，由一定的組織（執行機構）來貫徹集體決策，同時要有一種常設組織（監督機構）來監督集體意志的貫徹情況，保護集體利益和成員利益不受侵犯（張安毅，2006）。

六、結語：土地確權之后的鄉村治理

　　在市場化條件下的鄉村治理，最根本的是要加強對集體土地產權的界

定和保護，對集體產權進行市場經濟的適應性改造，重新構建農村地區的產權基礎。在轉型時期，「還權賦能」不能因「確權頒證」結束而結束，相反，不僅「還權」還在路上，政府在界定了產權之後，保護產權的責任也才剛剛起了個頭。順應這一要求，政府所要做的是使政府干預從農村集體產權制度中有序退出，但既不是要轉向國有化，也不是轉向私有化，關鍵在於恢復集體產權應有的產權主體地位，使之受到保護和擁有實在權利，並構建各類基本產權主體共同發展的和諧產權關係。

當前，政府應當從明晰農地產權主體及其權利、完善農地產權交易的市場制度、構建城鄉土地一體化登記管理體系、提高農村勞動生產力四個維度，切實履行政府在社會主義產權制度建設中的職責。

（1）必須堅持城鄉二元土地所有制，改變目前農村產權與城市產權的失衡現狀，遏制土地要素從農村到城市、土地權益從農民集體到國家的大規模單向流動，實現城鄉土地產權的均衡和權益平等。在進一步的市場化改革中，政府應該打破現有體制對農村集體產權的諸多限制，明晰農地產權主體及其權利，使土地本身的要素屬性和資產屬性凸顯出來，促進土地要素的自由流轉和市場化治理，確保農民能利用自己的土地資源，自主完成從農民到市民之間的資本累積。這樣，既能降低政府治理和市場交易成本，也更能促進城市化進程。

（2）在「確權頒證」之后，政府也並沒有完全退出，不合理的徵地、市場分割和各種限制也還在繼續。當前要特別注意的是，要加快建立城鄉間土地平等交易和產權轉換的一整套具體規則，加強城鄉一體的土地市場建設，規範相關各方交易行為和利益分配，使集體土地的權益得到平等有效的保護。

（3）中國物權法明確了建立一個統一的、一元化的產權登記體系的原則，而現行的城鄉二元土地登記制度，不能適應農村土地產權變動的需要，阻礙和限制了農地產權權能實現及城鄉土地要素流轉，應當依據物權公示和登記生效的原則，從制度設計上構建一套覆蓋城鄉的統一的土地登記管理制度。

（4）政府還應統籌城鄉勞動力的合理配置，加大城鄉勞動者人力資本投資，促進集體土地與優質勞動力的結合，完善統分結合的雙層經營體制，進一步發展農村勞動生產力。

農村土地確權之后，農民和農戶家庭經濟更加分散化，農民如何面對

市場，如何聯合、合作、實現產業化是鄉村治理面臨的重要問題。由於農村土地集體所有權的整體性和承包經營權的均分性，以及土地所有權與承包經營權必定分離的特有的產權結構，可以在承包經營權而不是所有權基礎上建立起股份合作，將分散的農民個體組織起來，集中小塊土地等生產資料進行合作經營，構建農村依靠自身力量發展的內生機制。在集體產權制度基礎上，進一步探索集體所有制的多樣化實現形式，壯大集體經濟，豐富農村公共品的供給渠道。

土地財產權是一種法律權利，農民土地財產權的確立，在國家、集體與農民之間引入法律因素，從而決定了國家調控基層社會的基本模式，將由行政權力主導轉變為以契約關係主導的鄉村治理模式的變革。如都江堰市採用了「魚鱗圖」這一確認形式，從法律屬性上講，「魚鱗圖」是村民之間關於產權確認的民事法律文件，對所有參與簽字蓋手印的村民產生法律上的約束。確權之后，產權保護就成了農村產權改革的核心工作，而產權的保護也有利於鄉村法治建設，促進鄉村治理走向法治之路。為維護農村和農民在生產要素城鄉流轉中的合法權益，四川在律師協會中設立統籌城鄉法律服務專委會，成都將農村產權維護納入政府法律援助範圍，也是值得探索和總結的做法。

在構建農村集體土地主體化的治理機制中，要注意防止政府的不當干預。行政權力對於各類產權主體都有干預的動因，防止行政干預的關鍵不在於確權給哪一級主體，而在於制度的有效約束。這一方面需要完善集體所有權主體及行使主體的治理結構，使鄉村治理主體擁有更大的自主空間和自主能力，另一方面需要基層政府和基層組織的轉型，在市場經濟中進行重新定位。由於農村土地集體產權得以明確，基層政府和其他行政性組織將逐漸失去直接管制權，主要承擔行政性的社會管理職能和服務職能，如鄉村的規劃、基礎設施和公益事業的建設等，成為農村公共產品的提供者和農民與市場連接的仲介。

作為公有產權的一種形式，集體產權必然要反應社會上一部分人共同佔有他們所擁有的生產資料和生產成果的關係，需要在社會利益、集體利益與成員利益之間協調平衡。在城鄉二元體制和城市化的特定階段，鄉村治理離不開「國家—集體—農民」這一框架下的任何一個主體，農村需要國家承擔相應的責任和投入，農民也需要鄉村共同體的保障和公共品的提供，關鍵在於國家、集體和其他主體與農民的利益關係如何構造與治理。

從多元主體合作博弈的視角，我們要尋找國家和鄉村社會都能夠接受的一條道路，把鄉村社會嵌入到國家關懷下，把國家的治理融入鄉村發展中，實現社會的有機整合。

參考文獻：

　　[1] 劉詩白. 主體產權論 [M]. 北京：經濟科學出版社，1998.

　　[2] 德姆塞茨. 一個研究所有制的框架 [M] //科斯，阿爾欽，諾思，等. 財產權利與制度變遷——產權學派與新制度學派譯文集. 劉守英，等，譯. 上海：上海三聯書店，上海人民出版社，2005.

　　[3] 菲呂博騰，配杰威齊. 產權與經濟理論：近期文獻的一個綜述 [M] //科斯，阿爾欽，諾思，等. 財產權利與制度變遷——產權學派與新制度學派譯文集. 劉守英，等，譯. 上海：上海三聯書店、上海人民出版社，2005.

　　[4] 巴澤爾. 產權的經濟分析 [M]. 費方域，段毅才，譯. 上海：上海三聯書店，1997.

　　[5] 阿爾欽. 產權：一個經典註釋 [M] //科斯，阿爾欽，諾思，等. 財產權利與制度變遷——產權學派與新制度學派譯文集. 劉守英，等，譯. 上海：上海三聯書店，上海人民出版社，2005.

　　[6] 黨國英. 當前中國農村土地制度改革的現狀與問題 [J]. 華中師範大學學報：人文社會科學版，2005（4）.

　　[7] 孫津，郭薇. 建設社會主義新農村的真實含義：生產關係和社會形態的創制 [J]. 中國人口、資源與環境，2006（3）.

　　[8] 奧利弗·威廉姆森，斯科特·馬斯騰. 交易成本經濟學經典名篇選讀 [M]. 李自杰，蔡銘，譯. 北京：人民出版社，2008.

　　[9] 徐旭，蔣文華，應風其. 農地產權：農民的認知與意願——對浙江農戶的調查 [J]. 中國農村經濟，2002（12）.

　　[10] 曾福生. 農地產權認知狀況與流轉行為牽扯：湘省398戶農戶樣本 [J]. 改革，2012（4）.

　　[11] 韓俊，崔傳義，範皚皚. 農村勞動力短缺與剩余並存 [J]. 職業技術教育，2007（15）.

　　[12] 蔡昉. 中國就業增長與結構變化 [J]. 社會科學管理與評論，

2007（2）.

［13］黃少安. 產權經濟學導論［M］. 北京：經濟科學出版社，2004.

［14］蔣省三，劉守英. 土地資本化與農村工業化——廣東佛山市南海經濟發展調查［J］. 管理世界，2003（11）.

［15］陳劍波. 農地制度：所有權問題還是委託代理問題？［J］. 經濟研究，2006（7）.

［16］馬俊駒. 論合作制和集體所有權［J］. 吉林大學學報：社會科學版，1993（5）.

［17］奧爾森. 集體行動的邏輯［M］. 陳鬱，等，譯. 上海：上海三聯書店，1995.

［18］張安毅. 論農村集體土地所有權的行使——評中國《物權法》草案第六十二條之規定［J］. 法學雜誌，2006（5）.

［19］宋磊，孫曉冬. 經濟民主與社會主義市場經濟的政治經濟學含義：基於生產方式視角的分析［J］. 經濟學家，2011（11）.

［本文選自：朱悅蘅，黃韜. 農村土地集體產權的主體化及其治理機制［J］. 經濟社會體制比較，2013（2）：42-54.］

第三十一章　推進中國科技進步體制和機制創新

劉詩白

一、科技快速進步是時代的特徵

20世紀是科技進步的世紀。20世紀中葉以來發達國家科技呈現出在廣度和深度上加快發展，特別是80年代以來以信息技術為代表的高技術領域出現了快速的科技創新。這是一場波瀾壯闊、有聲有色的科技革命，迄至今日，這一科技創新浪潮仍然勢頭強勁，方興未艾。高技術的迅猛發展，體現了生產力的躍進，它強有力地影響社會生產和社會生活。

高科技的應用於生產，①催生快速增長的新興高技術產業；②推動傳統產業的改造和升級；③引起企業組織、經營形式的變革；④刺激投資，擴大有效需求，拓寬了經濟內生增長空間；⑤高技術產品以其高使用價值，提升群眾的生活質量；⑥節約生產中的自然物質消耗，形成資源節約型的增長方式；⑦促進教育、文化、醫衛等活動的發展和變革；⑧其產品特別是計算機使用於科技研發，增強了科技創新的能力，等等。總之，高技術不僅促進經濟增長，還促進社會事業和文化、科學活動的發展，影響到社會生活的方方面面。

當前，我們正處在一個過去歷史中未曾有過的科技強有力地促進經濟、社會發展的新時代，世界各國都在致力於以科技創新謀發展，一場世界性的科技角逐正在展開。中國新時期經濟的發展，更加需要依靠和立足於科技創新，走出一條起點高、增長快、質量好、消耗少、效益大、群眾受益多的新型工業化、現代化道路。切實加快科技進步，是中國經濟實現又快又好發展的關鍵。因而，從理論上進一步弄清和揭示當代科技快速進步的

特徵和機制是十分必要的。

二、當代科技快速進步的特點

當代科技快速進步具有下述特點：

1. 高技術快速發展

當代科技快速進步表現為信息、生物、新材料、航天、海洋、新能源等新技術的出現和快速發展，上述新技術是 20 世紀自然科學新發展結出的新果，人們稱之為高技術（High Technic）。

農業經濟時代的物質技術表現為手工工具，它是以經驗為基礎的生產知識的物化，是一種簡單的技術。工業經濟時代的物質技術主要表現為機器體系，它是以牛頓力學為基礎和起點的近代自然科學的物化，是一種初步依靠了科學力的物質技術。而當代的高技術，則是以 20 世紀產生的相對論、量子論、基因論等最新自然科學為理論基礎，是 20 世紀后期眾多的新興應用技術科學的直接產物，它是攀上新高峰的、更完備的自然科學的物化，是一種高級的技術。以愛因斯坦、薛定諤、海森伯等為代表的當代傑出科學家所實現的當代自然科學新發展，標誌著科學研發進入自然物質深層結構，是對微觀世界和宏觀世界的自然物質的性質和運動規律的深刻揭示，而作為當代新科學發現的轉化形態和物質成果的高技術，則是對自然物質深層結構中的無比強大的自然力的有效利用。高技術的出現和普遍使用，成為生產的物質技術基礎，表明了人類由對表層的自然力——水力、蒸汽力、機械力、電力等的利用，轉到對具有強大生產力的深層自然物質力——光量子、生物分子、核能、宇宙物質力等的利用。高技術是當代最先進的物質生產力，它的使用正在引發物質生產方式的革命和推動生產力的躍升，成為人類用來推進經濟發展和社會進步的強大工具。

2. 不斷創新的技術

當代新技術既表現為技術質量「高」，而且技術進步步伐加快，表現為不斷創新的技術。

當代高科技經濟中，企業依靠一輪技術創新創造出的新產品，很快又為新一輪技術創新和更新產品取代。技術的不斷創新性在信息技術的發展中表現得最為鮮明。英特爾公司 1978 年製造的 8086 芯片有 29,000 個晶體管，經過 80186、80286、80386 到奔騰 1 至奔騰 4 的不斷升級換代，當前指

甲大小的奔騰 4 微處理器已有晶體管 3,000 萬個。英特爾創始人之一的摩爾，提出了著名的微處理器技術的不斷創新的規律，即芯片性能每 18 個月翻一番（提升一倍）①。麻省理工學院埃里克‧布林約爾松教授說：「蒸汽機和電力都經歷了大規模的演變過程，但它們的規模都無法與信息技術相提並論。信息技術是以指數增長的形式年復一年地向前發展的。」

生物技術的不斷創新是近年來令人矚目的事件。1944 年量子物理學家薛定諤提出了生物遺傳密碼的科學設想，1953 年劍橋大學的克里克和沃森發現了生物基因脫氧核糖核酸的雙螺旋結構，為生物分子技術的發展奠定了基礎。借助於高運算能力計算機，90 年代生物遺傳基因的研究步伐加快，2001 年人類基因組圖譜在各國共同研發下宣告完成，目前利用生物分子原理的克隆技術以及基因藥品和基因農畜產品生產技術正迅速發展。

儘管 2001—2002 年美國出現了信息網路危機，引發了大量科技型企業破產，但當前高技術領域中的技術創新勢頭仍然強勁，不斷創新仍然是發達國家科技發展的大趨勢。

3. 眾多領域中的技術並進

高技術的特徵是它的密切的相互關聯，各種技術的互相促進。機器是一個複雜的體系，從而機器技術帶有關聯性，如蒸汽技術和蒸汽機製造帶來機械工業的發展，裝備製造技術促進鋼鐵冶煉技術的發展，電力技術引起電爐煉鋼技術的發展，等等。但是工業經濟時代上述技術的互相促進和生成要經歷較長的往往是以十年計的技術改造和磨合時間。高科技領域的各種新技術存在著互相耦合的性質，它表現為各種技術的密切滲透和互相促進。信息技術是高技術的物質基礎，信息技術不只是促進和生成了一個門類多樣的信息產業部門，而且，計算機特別是家用電腦，是生物技術的物質基礎。如像由 30 億個鹼基對組成的人類基因結構，依靠人力對基因組進行逐個解讀是不可能完成的，而依靠計算機的功能，動用幾百臺電腦同時工作，科學家就能大大短縮對人類基因的排序研究時間。② 信息技術也是核動力技術中調控原子核活動的手段，它是衛星制導的核心技術，更是組

---

① 1965 年 4 月，摩爾在其發表的論文中，以 1959—1965 年的數據，提出了芯片技術（晶片上電晶體數目）每隔 18 個月左右增加一倍的摩爾定律。

② 科學家正在利用 2~5 納米的量子點製作微型生物機器，如生物軸承以及可進入人體的藥物、器械（顯示器），製作非侵入性外科技術設備以及防彈盔甲等。

合分子新材料的關鍵技術。可見，信息技術是通用性最高的高技術，它的發展起著促進其他高技術發展的作用。其他高技術的進步及其需要也成為促進信息技術進步的新動力，如生物 DNA 技術的發展及其需要，推動了 DNA 電腦技術的研發[①]，航天事業的發展還會引起新的生物種與新材料的研發。可見當代高新技術形成了一個以信息技術為核心的關聯技術群，從而使各種高技術密切地互促、互動和聯動。這種關聯技術群結構的聯動機制，成為眾多門類高技術並行的、不斷創新的重要原因。

高技術具有強滲透力，它推動了傳統工業技術的革新。信息技術有力地促進傳統製造業機器體系的進步、生產流程的重組、生產工藝的革新。高技術帶動的傳統工業生產領域的技術大革新，成為當代技術快速進步內涵的一個方面。

4. 當代科學新發現為基礎的技術創新

農業經濟時代的技術創新，如工具的改進、生產方法和勞動技巧日常的革新，依靠的是勞動經驗。工業經濟時代的機器的進步，依靠的是近代自然科學理論和應用技術知識。當代高技術，則是以 20 世紀科學的新發現和應用科學的新發展為基礎的，從而是一種高科學知識含量的技術。例如，信息技術是以量子力學理論和單晶硅技術科學等的進步為基礎的；人類遺傳基因組排序技術是以 20 世紀量子理論和生物分子理論為基礎的並依靠了計算機技術。20 世紀各門類的高技術的產生和創新都是立足於現代自然科學理論和應用技術科學的知識累積的基礎之上的，是依託於科學最新發現的技術創新，它表明：當代新興科學的發展是不斷的、全方位的技術進步的源泉。

三、推動科技快速進步的體制和經濟機制

技術進步是科技新知的生產化——知識形態的技術向物質技術的轉化。在歷史上，人們獲得的科學、技術新知並不是天然地要轉化為物質生產手段和表現為物質技術進步的。科技新知的得以應用於生產，實現向物質生產手段的轉化，需要有能激勵、推動這一轉化的經濟體制和經濟機制。一般地說，生產者採用新技術，是由於它的勞動生產率更高，能帶來一個產

[①] 2001 年以色列已經完成以 DNA 合成使用取代芯片的運算 0101 數字信號的 DNA 電腦。

出增量。但創造和使用新技術需要付出追加成本，因此，只有在新技術能生產出超出其成本的淨產出，使生產者獲得收益時，主體才願意用新技術來取代原有技術。可見，自主的技術創新需要有物質利益驅動，從而需要有能發揮利益驅動技術創新的體制和經濟機制。2000多年前小亞細亞和希臘已經有水力磨的發明，中國戰國時期農業生產中已經出現牛、驢拉動的石磨，東漢時水碓即水力磨已經開始使用於大地主莊園①。但是在古代和中古，通行的是畜力以及人力拉動的石磨，水磨技術未能普遍使用。漫長的農業經濟時代，儘管也有不少科技發明，但難以付諸生產使用，從而在生產技術上表現為停滯不前。這種情況正是體制和機制的缺陷所造成的。

技術進步作為一種現實實踐和作為一種實在範疇始於18世紀末英國工業革命，在資本主義工廠體制下，蒸汽動力機取代了水力，引發了此後的機器技術的持續進步和多次技術革命，迎來了機器大工業時代和立足於技術進步的經濟增長方式。20世紀技術進步步伐加快，20世紀末葉更出現了以高技術主導的快速技術進步。近300年來西方國家工業技術的向前發展和在20世紀進入快車道，在於形成了和依靠了市場經濟中促進技術進步的一整套制度安排和經濟機制。其主要內容如下：

1. 追求盈利的企業營運機制

在市場經濟中，企業是生產的主體，也是技術創新的主體。在盈利最大化的企業營運機制下，使用新技術成為提高盈利率的手段，技術進步由此有了利益的驅動，獲得超額利潤成為企業內在的自主創新積極性的經濟根源。

在當代高技術經濟中，首先開發出和使用新技術的企業，既能在一定時間內享有對該項新技術壟斷帶來的高額利潤，又能憑藉它擁有的對某一領域應用技術科學知識的壟斷，不斷開發出新技術，並在較長時期內享有壟斷收益。這種對技術壟斷高收益的追逐和強力激勵機制，成為當代科技型企業高度積極的自主創新活動興起的原因。②

---

① 根據桓譚《新論》記載，東漢初已有水力推動的「碓水而舂」的水碓，魏晉時期更有水力推動的「連磨」的發明。但在中古自然經濟中，水力磨只是被豪門地主用於磨面而未能得到廣泛使用。

② 從20世紀80年代迄今，英特爾與微軟公司始終保持著它們專利技術的壟斷權，並在微處理器和軟件的市場銷售中佔有2/3的份額。

2. 競爭和「優勝劣汰」機制

當代高科技經濟中競爭分外激烈，企業「昨天」掌握和使用的領先的新技術，「今天」就已經落后，「明天」就可能被淘汰。在知識快速流動和擴散的條件下，新發現、新發明不可能被「封鎖」和長期壟斷。企業一旦製造出有高效益的科技創新成果，會促使其競爭對手加強同類新技術的研發和推出性能更好或價格更廉的新產品，這種競爭經濟中新技術的快速陳舊，迫使企業不斷研發和創新技術。特別是高技術經濟中，企業依靠知識資本創業。繁榮時期的硅谷幾乎每時每刻都有眾多新公司創立，形成萬千企業互相競爭，大浪淘沙的嚴峻局面。激烈的競爭態勢，推動和強迫企業以自主創新求生存、謀發展。

3. 企業組織的發展和完善

重大技術創新，需要有大量的和持續不斷的研發（R&D）支出，企業組織的創新，如股份制公司企業的產生和發展，企業兼併、重組的開展，等等，使大公司得以形成。在當代，大公司是自主科技創新的主力軍，它們以其雄厚的經濟實力為依託，不斷加強研發機構和聚集科技人才，有計劃地開展多種多樣的技術創新。

4. 知識產權制度

知識產權制度把科技發現與發明作為創新主體的一定時期排他的佔有權[①]，維護了創新者的利益，強化了技術創新的經濟激勵，是企業積極地開展自主創新的重要制度前提。

5. 科技市場制度

科技產品的市場化和科技市場制度的形成和發展，使科技創新成果得以有償轉讓和市場流動化，由此，企業不僅通過購買專利，進行技術革新，而且將自主創新的科技成果進行轉讓。當代大企業不僅僅生產物質產品，而且越來越致力於科技、知識產品的創造和轉讓，如出售自主研發的技術專利權、品牌、商譽和進行科技諮詢，將其作為增大銷售額和提高經濟效益的手段。

6. 金融體制創新

信用、金融體制（包括資本市場體制）的發展和完善，為企業進行自主技術創新提供了金融支持。金融體制的創新在現代科技創新中的作用越

---

① 美國在1790年制訂出第一部《專利法》，迄今美國共授予專利約500萬項。

來越大。產品週期短、更新快,從而投資與經營風險大的高科技產業的發展,有賴於投融資制度的創新。適應信息革命而得到發展的當代風險投資制度和創業板資本市場制度,支撐著高科技產業的發展,有力地推進了以企業為主體的科技創新。

7. 科學勞動股權制度

賦予科技精英以持股權,使其持有原始股權,或擁有購股期權,從而使智力投入轉化為企業資本投入,這是現代市場經濟產權制度創新的重要方面。這一公司股權制的革新,以強烈的利益激勵和物質保障,有效地吸引和「穩住」科技人才,調動了科技勞動者的積極性。它是大企業得以實現卓有成效的科技創新活動的重要制度條件。

大體地說,包括以上七個方面的現代市場經濟的一整套制度體制構架及其經濟機制,實現了市場作用驅動的、以企業為主體的自主技術創新活動。除此而外,促進技術快速進步的制度基礎還包括政府促進科技創新的措施,如像①政府組織的科技戰略性研發活動;②對企業自主技術創新的政策支持與創新活動的引導;③對風險投資發展的政策支持;④發展教育和強化創新型人才培養,等等。可以說,以市場經濟的體制構架及其經濟機制為基礎,以及政府的促創職能,形成了發達國家的科技創新體系,它是當代科技快速進步的制度依託。

四、加強體制構建,完善經濟機制,實現中國科技快速進步

面對著世界科技創新的大潮,中國需要堅定不移地和大力地促進科技進步,將新時期中國經濟的發展,立足於科技進步的基礎之上;要充分依靠科技力,促進產業升級和增長方式轉變,探索出一條依靠科技提高經濟質量的新發展模式;要在增大科技含量基礎上,提高勞動生產率、節約物質耗費,提升經濟效益,實現國民經濟的協調、平穩、持續、健康發展。「十一五」規劃強調進一步實施科教興國戰略,中央做出了大力推動自主創新的重大決策,將它作為中國科技發展的基點。當前促進自主創新的各種政策措施正在制定,即將出抬。為了貫徹落實「十一五」規劃精神,切實加快中國科技進步,我們需要認真研究當代發達國家和新興國家實現科技快速進步的經驗,深入認識當代科技進步的特徵與一般規律,立足於中國

實際，適應社會主義市場經濟的性質與要求，走出一條有中國特色的科技創新之路。

科技能否加快進步，關鍵在於要有一個完善的體制和機制。中國改革開放二十多年來，在積極探索科技進步中取得了不少成果，一些尖端科技取得重大突破，「神舟六號」是中國科技跨越式發展的集中體現。但是從國民經濟總體上說，中國科技進步步伐緩慢，科技水平與發達國家有很大差距。在微觀層面上，作為市場主體的企業，科技創新的積極性不高，自主創新能力薄弱，創新投入極低，許多國有大型企業缺乏夠格的科技研發部門，更缺乏高素質的研發隊伍。許多企業習慣於單一從事物質生產，幾乎沒有進行科技知識生產的觀念。因而，科技創新成果和獲得的專利、品牌稀少，重大的原始創新成果更是匱乏。目前，相當一部分有經濟實力的企業滿足於目前「訂單做不完」，熱衷於在現有技術水平上擴大產能，或是單純依靠引進技術，而不肯在自主技術創新上下功夫。企業對自主創新特別是攻克和掌握核心技術缺乏緊迫感。

中國技術進步緩慢，不只是由於創新意識的薄弱，從根本上說，是由於能有效促進技術創新的體制構架和經濟機制未能形成，是轉型期體制缺陷和體制約束所造成的。因而，有效啓動和加快中國廣大經濟層面上的技術進步，關鍵在於深化改革，搞好體制創新與機制創新，而其核心則是企業自主創新的積極性的調動和創新能力的增強。

第一，進一步推進以建立現代企業制度為目標的企業改革，使企業成為真正擁有權、責、利的市場主體，使國有企業真正搞活，這樣才能形成由內在力量推動的、積極的企業自主創新活動。在當前，特別要進一步做大做強一批國有企業，建立和加強企業研發機構，增強創新激勵包括搞好科技股權改革，使其成為自主創新的主力軍和國家隊。

第二，要大力進行相關制度建設，構建起促進企業自主創新的制度環境。如強化知識產權保護，落實按要素分配，切實維護首創企業的利益；發展和完善技術市場，推動新技術專利、品牌的轉讓；推進金融創新，發展風險資本，加強對技術創新的金融支撐，等等。

第三，搞好政府職能改革，有效發揮政府促進科技進步的功能。在當前要實行鼓勵自主創新的財稅政策，特別要對包括民營企業在內的強勢企業的重大技術創新加強財政、信貸支持。

第四，要加強人才培養，特別是科技精英人才的培養，要推動企業加

強高素質科技人員的引進，把人力資本做強。

　　第五，要高度重視科學的發展。技術進步的源泉是科學發現，關鍵性的技術原始創新，來源於基礎科學的新發展和應用技術科學的創新，一個國家經濟中的科技創新狀況和水平，決定於科學發展的狀況和水平。當前我們既要致力於縮小中國與發達國家在技術上的差距，也要致力於縮小與發達國家在科學上的差距。我們不僅應集中力量，加強應用技術科學研究，還應大力加強基礎科學研究，提高科學水平，將其作為一項重大任務和國策，精心規劃、細緻安排，切實搞好。重點高等學校和重點科研機構，應該成為科學家的搖籃和基礎科學原始創新的策源地。

　　第六，要營造激勵自主科技創新的文化氛圍，大力提倡尊重勞動、尊重知識、尊重科學、尊重人才，特別要提倡和鼓勵創新勞動，要在全社會形成一種勤於創新思維，勇於創新活動和包容失敗的良好氣氛。

　　第七，對於非競爭性領域的科技進步，要加強和完善政府的管理、統籌、協調和整合，有效發揮社會主義好辦大事的優點，集中力量，完善協作，推動關鍵性、戰略性科技的創新。為此，要大力推進和搞好政府職能的改革。

　　總之，深入研究和揭示當代科技進步的客觀規律，結合中國實際，不斷探索和努力構建起一個能充分發揮市場的基礎力量和充分發揮政府功能的具有中國特色的體制構架，依靠這一體制和機制的功能，激活廣大企業特別是國有大企業，使企業成為自覺的和積極的自主創新主體，在中國必將出現一場生氣勃勃的科技創新活動。此外，啟動與增強企業自主創新能力的改革，也將有力地帶動和推進中國全方位的改革和開放，並由此促進新時期國民經濟的發展。

[本文選自：劉詩白. 推進中國科技進步體制和機制創新 [J]. 經濟學家，2006（1）：5-11.]

第三十二章　經濟增長：資源、環境和極限問題的理論爭論與人類面臨的選擇

丁任重

一、人與自然的關係：增長的核心問題

　　人與自然的關係，是人類社會與經濟發展中的一個最基本的關係。如何處理人與自然的關係，也是人類社會與經濟發展中的一個最基本的問題。從人類社會的歷史進程來看，人與自然的關係的變化大致經歷了以下幾個階段：

　　一是早期的農業社會。在這一長期的歷史時期中，人與自然的關係表現為人類服從自然、自然支配與統治人類。由於人類的科技水平極為低下，只有粗淺的科技意識，無法解釋和認識大量的自然現象，對神祕的自然界既恐懼又崇拜。由於人類只有簡單的勞動工具和勞動經驗，生產水平極為低下，人類只是靠自然的恩賜，依靠自然界提供的現成食物來生活，如狩獵、捕魚、採集自然果實等，來維持低下的生活水平。由於人類的生產力和創造力極為低下，無法與自然抗衡，只能盲目地服從自然的支配，特別是在自然災害面前，人類基本上沒有抵抗力。

　　二是工業社會。在人類歷史進程中，工業社會是人口增長最快、經濟發展最迅速、物質財富累積最多、社會變動最劇烈的時期。在工業社會時期，人與自然的關係發生了巨變，即人類要控制自然、徵服自然。18世紀蒸汽機的發明促使人類進入工業社會，19世紀被稱為「科學世紀」，科學技術的迅速發展更加快了工業革命的強勁勢頭。人類借助於先進的科學技術，不斷地發現自然界的運動規律，探索出更多的自然界奧妙，因而也滋

生了「人類中心主義」，不自覺地把自己看成自然的主宰，提出了「人定勝天」等不切實際的口號。人類的消費慾望空前膨脹，刺激了社會生產力的空前發展，而科技發明又成為社會生產力發展的加速器。美國學者托夫勒在《第三次浪潮》一書中認為，工業革命在技術領域的特徵，主要表現為大規模的生產和與此相適應的大規模的銷售系統；工業化的核心是大型化①，於是在工業社會中「大」成了「有效率」的同義詞。在社會生產力空前發展的同時，其負面影響也日益顯現和嚴重，產生的問題也日益多樣化，如溫室效應、氣候變異、生態破壞、環境污染、資源危機、糧食短缺、水土流失、土地荒漠化，等等。

這些問題的出現，突出地表明在工業社會中人與自然關係的失衡和矛盾在不斷加深，主要表現在以下兩個方面：

第一，發展與生態的關係。在自然界中，生態系統具有自我調節的功能，即對系統內外的各種變化進行的自我調節，盡可能保持系統的穩定。在一定範圍內，外部干擾因素會引起系統的變化，但系統經過自我調節後又可恢復原狀。但如果外部干擾過於強烈，破壞了系統的自我調節功能，就會導致系統失衡。例如，水體污染超過其自淨能力，就會導致水生生物的大量死亡；過度砍伐森林就會導致水土流失；草原過度放牧就會導致荒漠化，等等。然而在工業化的過程中，人類往往忘乎所以，一心想要徵服自然和改造自然，破壞了生態平衡，引發了許多災難性的後果。恩格斯在《自然辯證法》一書中告誡：「我們不要過分陶醉於我們對自然界的勝利。對於每一次這樣的勝利，自然界都報復了我們。每一次勝利，在第一步都確實取得了我們預期的結果，但是第二步和第三步卻有了完全不同的、出乎預料的影響，常常把第一個結果又取消了。美索不達米亞、希臘、小亞細亞以及其他各地的居民，為了想得到耕地，把森林都砍完了，但是他們夢想不到，這些地方今天竟因此成為荒蕪不毛之地，因為他們使這些地方失去了森林，也失去了積聚和貯存水分的中心。阿爾卑斯山的義大利人，在山南坡砍光了在北坡被十分細心保護的松林，他們也沒有預料到，這樣一來，他們把他們區域裡的高山牧畜業的基礎給摧毀了。」② 但是，這些忠告並沒有引起人們的重視。

---

① 托夫勒. 第三次浪潮 [M]. 朱志焱，潘琪，張焱，譯. 上海：上海三聯書店，1984：72.
② 馬克思恩格斯選集：第 3 卷 [M]. 北京：人民出版社，1973：517-518.

第二，發展與資源的關係。工業社會除大規模的生產與銷售體系的特點外，還有一個顯著特點就是大規模的資源消耗。事實上，化石能源和礦產資源已成為工業化的主導性資源和物質基礎。人們以為自然資源是取之不盡、用之不竭的，因而對自然界進行毫無節制的大規模開採與利用。但是現在人們發現，自然界中的絕大多數資源不僅數量是有限的，而且是不可再生的，這些能源總有一天會被人類消耗完。同時，以石油、煤炭為主的常規能源消耗后產生的廢物，又給環境造成了極大的污染和破壞。20世紀中期，由工業化、城市化帶來的空間有限性和資源有限性，開始影響人們的生活，引起了人們的焦慮和不安，資源的合理利用與有效保護的重要性也逐漸被人們所認識和接受。

工業早期階段出現的種種破壞性后果，引起了人們對生態與環境問題的關注和反思，人們逐漸認識到「人類中心主義」思潮的弊端與危害。在此基礎上，生態整體主義觀念開始出現並為人們所接受。生態整體主義（Ecological Wholism）的核心思想是：把生態系統的整體利益作為最高價值而不是把人類的利益作為最高價值，把是否有利於維持和保護生態系統的完整、和諧、穩定、平衡和持續存在作為衡量一切事物的根本尺度，作為評判人類生活方式、科技進步、經濟增長和社會發展的終極標準。[1]

生態整體主義形成於20世紀，其主要代表人物是利奧波德和羅爾斯頓。利奧波德提出了生態整體主義的三原則，即「和諧、穩定和美麗」，羅爾斯頓在系統論證的基礎上，補充了「完整」和「動態平衡」兩個原則，另一個代表人物奈斯又補充了「生態的可持續性」原則。

生態整體主義超越了以人類利益為根本尺度的人類中心主義，超越了以人類個體的尊嚴、權利、自由和發展為核心思想的人本主義和自由主義，顛覆了長期以來被人類普遍認同的一些基本的價值觀。它要求人們不再僅僅從人的角度認識世界，不再僅僅關注和謀求人類自身的利益，要求人們為了生態整體的利益而不只是人類自身的利益而自覺主動地限制超越生態系統承載能力的物質欲求、經濟增長和生活消費。正因為如此，生態整體主義引起了許多人的質疑和批評，也成為生態思想領域的一個最具爭議的問題。然而，生態整體主義積極倡導人類丟掉舊的觀念束縛，努力認識和瞭解生態系統，並以生態系統的整體利益作為衡量人類一切觀念、行為、

---

[1] 王諾.「生態整體主義」辯 [J]. 讀書，2004（2）.

生活方式和發展模式的基本標準，是非常切合實際的。生態整體主義的提出，為人類緩解和消除生態危機提供了一個新的思維方式和理論依據。無論如何，我們不能忘記這樣一個真理：自然不屈於人類，但人類屬於自然。

二、增長極限的理論爭論

　　在工業化的進程中，人與環境的關係日趨緊張，資源對社會進步和經濟發展的支持程度都日益引起人們的關注。英國早期著名的經濟學家馬爾薩斯在1798年出版的著作《人口原理》中集中探討了資源問題，著重論述了人口生產與資源供給之間的關係。他認為對人口若不加以控制，將會以幾何比率增加，而生活資料將以算術比率增加，人口的增殖力無限地大於土地為人類生產生活資料的能力。馬爾薩斯雖然看起來是在論述人口生產與生活資料生產之間的關係，實質上是在探討人口與資源、環境之間的關係，即人口數量要與自然資源相適應，不能超出自然資源的承受能力，否則就會破壞人與自然之間的相互平衡，人口數量將會因饑荒、戰爭、瘟疫等災難性、強制性的抑制而減少。如果說馬爾薩斯是「資源絕對稀缺論」者的話，那麼李嘉圖則提出了「資源相對稀缺論」的觀點，而約翰·穆勒則是后一觀點的集大成者。他在1848年出版的《政治經濟學原理》一書中，既不同意馬爾薩斯的絕對稀缺論，又堅決反對無止境地開發自然資源，因為自然資源實際上存在著一個極限。他認為自然環境、人口和財富應保持在一個靜止穩定的水平，而且這一水平要遠離自然資源的極限，以防止出現食物缺乏和自然美的大量消失。[①]

　　人類進入現代社會后，隨著工業化進程的加快，資源與環境問題格外引人注目。英國學者福格特（W. Voget）在1949年出版了《生存之路》。在這本書中，他從人口與土地的關係出發，探討了土地的人口承載力等問題，提出世界人口增長已超過土地和自然資源的承載力，人類正面臨滅頂之災，生存之路在於控制人口增長，恢復並保持人口、土地與自然資源之間的平衡。1962年，美國女生物學家萊切爾·卡爾遜（Rachel Carson）出版了引起全球轟動的科普著作《寂靜的春天》。書中描繪了一幅由於農藥污染所帶來的環境被破壞的可怕景象，警告人們將會失去「明媚的春天」，從

---

① 洪銀興. 可持續發展經濟學 [M]. 北京：商務印書館，2002：17.

而在世界範圍內引發了人們對資源環境危機和發展觀念的討論。1966年，美國經濟學家鮑爾丁（K. E. Baulding）發表了《來自地球宇宙飛船的經濟學》，把地球比作茫茫太空中的一艘宇宙飛船，人口和經濟的不斷增長，將會使飛船內有限的資源開發耗盡，人類生產和消費所排出的廢物最終使飛船完全被污染，這最終會導致人類社會的崩潰。1968年，保羅·艾里奇（Paul Ehrlich）發表了《人口爆炸》，認為對人口增長如不加以控制，大約900年以后，地球人口將達到$6×10^{16}$，地球陸地表面每平方米將擠滿100人，地球將人滿為患，人們將無立足之地。中國學者馬寅初在1957年發表了《新人口論》，也提出了人口控制問題。但當時這一觀點不僅沒有得到認同，反而受到了批判。[1]

1968年4月，來自美國、德國、挪威等10個國家的30多名學者在羅馬集會，討論當前和未來人類面臨的困境問題，並成立了一個非正式的國際學術團體——羅馬俱樂部。1972年，以丹尼斯·梅多斯（Dennis Meadows）為代表的一批俱樂部成員，發表了第一個研究報告，即轟動世界的《增長的極限》。20世紀70年代，正是西方經濟快速增長的「黃金時代」，該報告針對長期流行於西方的增長理論進行了深刻的反思，獨樹一幟地提出要關注「增長的極限」問題。該報告認為影響和決定增長的有五個主要因素，即人口增長、糧食供應、自然資源、工業生產和污染。由於人口增長引起糧食需求的增長，經濟增長導致不可再生自然資源耗竭速度加快，環境污染程度加深，而這些都屬於指數增長的性質。

該報告通過對上述五個主要因素的分析，得出了一些重要結論。例如關於發展與環境、資源的關係，報告認為如果世界人口、工業化、污染、糧食生產和資源消耗方面現在的趨勢繼續下去，這個行星上增長的極限終將在今后100年中的某一天發生。最有可能的結果將是人口和工業生產力雙方有相當突然的和不可控制的衰退。[2] 而這些嚴重問題的出現，都產生於現行的增長模式。現在人口和資本的增長模式，實際上在全世界擴大了貧富之間的差距，按照現在的模式，不斷試圖增長，必然以災難性的崩潰而告終。[3] 該報告深刻地批判了現有的增長方式，認為如果這種增長方式持續

---

[1] 張二勛, 等. 20世紀資源述評 [J]. 史學月刊, 2002 (12).
[2] 梅多斯, 等. 增長的極限 [M]. 李寶恒, 譯. 成都：四川人民出版社, 1983：19.
[3] 梅多斯, 等. 增長的極限 [M]. 李寶恒, 譯. 成都：四川人民出版社, 1983：206.

下去，必然會導致人類社會的崩潰。而要避免這一災難性的結局，最好的辦法就是維持出生率、產出率等不變。我們現在對全球均衡狀態的一套最低的要求是：①工廠資本和人口在規模上不變。出生率等於死亡率，資本的投資率等於折舊率。②所有投入和產出的速率，包括出生、死亡、投資和折舊保持最小。③資本和人口的水平以及兩者的比例安排得與社會價值一致。① 該報告的觀點后來被認為是「資源有限論」和悲觀派的代表作，它關於經濟增長的觀點也被稱為「零增長」。

《增長的極限》發表後引起了強烈的反響，但也引來了眾多批評，不少學者開始反駁《增長的極限》中的觀點，美國學者朱利安·林肯·西蒙（Julian L. Simon）就是其中的代表人物。他在1981年出版了《最后的資源》（中譯本名為《沒有極限的增長》），對「資源有限論」進行了集中批評。該書首先對「有限」一詞的詞義提出了不同的解釋，認為從實際和哲學的角度來看，「有限」這個詞用在自然資源上不僅是不合適的，而且顯然是錯誤的。世界上有許多重要的爭論，關於「有限」這個詞的爭論不僅僅是語義學的、而有關資源短缺的語義學爭論攪亂了公眾的討論，並導致了錯誤的決策。② 然后，該書著重論述了「無限的自然資源」和「永不枯竭的能源」，提出「從任何經濟意義上講，自然資源都不是有限的」③，因為人們無法準確地探測到自然的蘊藏量，我們可以得到的自然資源的數量，以及更為重要的這種資源可能向我們提供的效用，是永遠不可知的。④ 同時，該書認為隨著科技的進步，新的資源會不斷出現。例如，「從積極的方面來看，我們的能源供應顯然並不局限於地球。太陽是除核能之外所有能源中最后的能源資源。因此，顯然我們不能像重複利用其他礦產資源那樣重複利用能源，但我們的能源供應並不局限於地球現在所擁有的能源數量，

---

① 梅多斯，等. 增長的極限 [M]. 李寶恒，譯. 成都：四川人民出版社，1983：200.
② 朱利安·林肯·西蒙. 沒有極限的增長 [M]. 黃江南，朱嘉明，編譯. 成都：四川人民出版社，1985：44.
③ 朱利安·林肯·西蒙. 沒有極限的增長 [M]. 黃江南，朱嘉明，編譯. 成都：四川人民出版社，1985：7.
④ 朱利安·林肯·西蒙. 沒有極限的增長 [M]. 黃江南，朱嘉明，編譯. 成都：四川人民出版社，1985：55.

所以從任何意義上來說,能源都是無限的」①。上述觀點又被稱為「樂觀派」觀點。

從此以后,「資源有限論」和「資源無限論」的爭論一直沒有停息,雙方不斷有新的作品和新的人物出現,使爭論高潮迭起。例如,美國政府於 1980 年夏季發表了《公元 2000 年的全球研究》,支持了《增長的極限》的觀點;而在 1976 年,美國赫德森研究所發表了《下一個 2000 年:關於美國和世界的遠景描述》的研究報告,逐條批駁《增長的極限》。雖然以朱利安·林肯·西蒙為代表的反對派對「零增長」持有異議,但《增長的極限》所提出的「全球問題」的嚴峻性,已為世人所認同。不時向人類社會襲來的能源危機和資源短缺現象,在事實上已說明了這樣一個真理,即在一定的時期內,由於各種條件的制約,人類所能發現的資源和可供人類利用的資源總是有限的,合理利用資源是人類社會持續發展的必然選擇。

三、轉變經濟增長方式:持續發展的現實基礎

增長的極限論與無限論的爭論,實質上是根源於對工業化初期的經濟增長模式即高耗費、高污染、高速度模式的反思。為了克服傳統經濟增長模式的弊端,爭論各方都對未來的經濟增長模式進行了有益的探討。

1. 均衡增長論

《增長的極限》認為傳統的經濟增長模式,將會導致人類社會的崩潰,而面對增長,人類有三個可供選擇的方案,即不受限制的增長、自己對增長加以限制和自然對增長加以限制,但事實上只有後面兩種方案是可能的。該書認為理想的方案就是全球均衡增長,「全球均衡狀態的最基本的定義是人口和資本基本穩定,傾向於增加或減少它們的力量也處於被認真加以控制的平衡之中」②。根據全球的均衡狀態這一概念,梅多斯等人編製了具有穩定性的人口和資本世界模型。在這個模型中,他們假定自 1975 年起人口停止增長,1985 年起工業資本停止增長,其他條件仍舊維持不變,結果是指數增長情況沒有了,但是由於人口和工業資本仍舊處於相當高的水平上,

---

① 朱利安·林肯·西蒙. 沒有極限的增長 [M]. 黃江南,朱嘉明,編譯. 成都:四川人民出版社,1985:66.

② 梅多斯,等. 增長的極限 [M]. 李寶恒,譯. 成都:四川人民出版社,1983:198.

資源耗竭得相當快，只能達到暫時的穩定狀態。

為了保持均衡狀態，梅多斯等人認為，除了需要控制增長的政策外，還需要技術政策，於是可編製出一個穩定的世界模型。

在這個模型中，他們提出的政策是：在 1975 年通過出生率等於死亡率，使人口穩定下來，並允許工業資本自然增長到 1980 年。在此以後，通過投資率等於折舊率使工業資本穩定下來，每 1 單位工業品的物質消耗降到 1970 年數值的 25%，以避免不可再生資源的短缺。為了進一步延緩資源的耗竭和污染的加深，經濟重點應從生產物質產品轉移到增加學校、醫院等服務設施，污染降低到 1970 年數值的 25%。為了提高按人口平均的食物量，資本要轉到糧食生產上。農業投資的增加會使土壤肥力減少，因此，農業資本應優先使用於增加土地肥力和水土保持。由於工業資本用於服務設施、糧食生產、資源回收和污染控制，工業資本存量將處於低水平上。為了抵消這種影響，工業資本的平均壽命要增加，以便進一步降低資源的消耗和污染。梅多斯認為，在穩定的「世界模型」中，實行控制增長的政策加上技術政策，就能達到一個均衡狀態，並持續到遙遠的未來。

《增長的極限》發表以後，在世界範圍內引起了很大的爭議和非議，本文不可能對全書進行詳細的評論，但有幾點是需要澄清的。第一，該書並沒有提出「零增長」的觀點，而是認為均衡不等於停滯：「用這種方式規定的均衡並不意味著停滯」。我們這裡描繪的均衡狀態的圖景，的確是理想化的。這種狀態也許不可能達到，而且也許是地球上大多數人所願意選擇的。描繪這種狀態的唯一目的是要強調：全球均衡確實不意味著進步或人類發展的終止。[①] 第二，該書認為全球均衡狀態不僅不等於停滯，而且可以與增長並行。「在這樣一種均衡狀態中，生活會是什麼樣子？會窒息發明嗎？社會會固定在我們今天這個世界中所看到的不平等和不公正的模式裡嗎？………一個社會免除了同增長引起的許多問題做鬥爭，就可以有更多的精力和創造才能用於解決其他問題。事實上，我們相信，正如我們下面要說明的，社會的進化有助於發明和技術發展，一個以平等和公正為基礎的社會，與其說是在我們今天所經歷的增長狀態中進化，很可能不如說要在全球均衡狀態中進化。」此外，該書提出在均衡增長模式中，並不是籠統地抑制增長，而是要抑制大量消耗資源、嚴重污染環境的增長，同時要促

---

① 梅多斯，等. 增長的極限 [M]. 李寶恒，譯. 成都：四川人民出版社，1983：200、208.

第三十二章 經濟增長：資源、環境和極限問題的理論爭論與人類面臨的選擇

進不會大量消耗資源、污染環境的增長。那些不需要大量不可代替的資源或不產生嚴重的環境退化的人類活動，可以無限地繼續增長。特別是那些被許多人列為人類的最理想和最滿意的活動，如教育、藝術、音樂、宗教、基礎科學研究、體育活動和社會的相互影響，是能夠繁榮的。[1] 第三，該書提出在增長模式中，人口增長是關鍵因素，這個觀點已被實踐證明是正確的。在當今世界所普遍接受的可持續發展理論中，核心內容是要正確處理人口、資源與環境的關係，要保持人口的合理增長以及人口與資源、環境的相互協調。因此，就實質來說，該書的觀點與可持續發展理論在內容上是一致的。第四，該書提出為了避免未來人類社會走向崩潰，要對現行的經濟增長進行抑制，這一點是不太現實的。人類社會發展的歷史表明，對於增長中出現的問題，僅僅被動地抑制或減慢增長，並不能從根本上解決問題，而應以積極的方式通過探尋新的增長方式來克服舊模式的弊端，在增長中依靠科技進步來不斷解決舊的矛盾。

2. 有機增長論

由於《增長的極限》引起了外界強烈的反響和激烈的爭論，使羅馬俱樂部認為必須對這一引起廣泛關注的問題進行更深一步的探討，更全面地闡述自己的觀點。為此，它於1974年發表了第二份研究報告，即由梅薩羅維克（M. D. Mesarovic）和佩斯特爾（E. Pestel）等人創作的《人類處於轉折點》。

該書認為人類目前面臨著多種前所未有的危機，如人口危機、環境危機、糧食危機、能源危機等，這就使人類處在一個重要的轉折點上：「是繼續走老路還是開闢一條新路。而解決這一問題的前提是要重新看待增長問題，除非首先確定增長的地點、性質和內容以及增長的過程本身，那麼該增長還是不該增長的問題就不僅是一個意義不明的問題，而且也是一個沒有意義的問題。為理解增長概念的豐富和多樣化，我們必須回想一下自然界中所存在的各種增長過程。我們這裡感興趣的有兩種增長過程的類型：一曰無差異增長，一曰有機增長，或曰有差異增長。」[2] 所謂無差異增長，是指沒有質的變化，完全是數量增加的增長；所謂有機增長，是指不僅有數量的增加，而且還包含質的提高的增長。而人類目前面臨的各種危機，

---

[1] 梅多斯，等. 增長的極限 [M]. 李寶恒，譯. 成都：四川人民出版社，1983：201-202.

[2] 梅薩羅維克，佩斯特爾，等. 人類處於轉折點 [M]. 梅艷，譯. 北京：生活·讀書·新知三聯書店，1987：3.

都是根源於無差異的增長模式,所以必須停止這種單純追求規模擴大和數量增加的增長,而轉向有機增長模式。

該書首先改變了《增長的極限》把世界模型作為一個整體看待的缺點,並根據世界各地文化、環境、發展水平和資源分佈的不同,把整個世界系統分成10個地區:①北美;②西歐;③日本;④其他發達市場經濟國家;⑤東歐,包括蘇聯;⑥拉丁美洲;⑦中東和北非;⑧非洲大陸;⑨南亞和東南亞;⑩中國等亞洲中央計劃經濟國家。在上述分類的基礎上,該書編製了「多水平世界模型」。根據這一模型的分析,該書認為在21世紀中期以前,世界不同的地區在不同的時段,由於不同的原因可能會發生區域性的崩潰,而要避免或解決這些問題,則必須各個國家聯合起來,採取全球性的協同行動。同時,另外一個解決途徑,就是要改變無差異的增長方式,採取有機增長方式。

與《增長的極限》相比,《人類處於轉折點》在內容、方法等方面都有一些改進和新穎的地方。第一,該書放棄了梅多斯等人所採用的世界總量分析方法,而採用了非總量分類全球模型分析方法,這更便於分析區域性變化以及國別形勢與全球形勢的相互影響,有助於瞭解全球發展的動態過程。第二,《增長的極限》在對物質極限的研究中,沒有把物質極限與管理體制、政治進程、社會形態、價值系統的變化聯繫起來,忽略了它們之間的內在聯繫。而該書試圖克服《增長的極限》所存在的這一方法的不足,探討了物質極限與社會的、政治的、管理上的極限之間的相互關係,把社會、政治、經濟有機地結合起來,作為一個整體加以研究,探索了一種新的研究方法。第三,該書提出在解決人類所面臨的各種問題與危機時,不可能孤立地、單一地予以解決,而應當實行各國協調、全球合作的方式才能有效地加以解決,通過建立國際經濟新秩序來避免可能發生的國際衝突。這一觀點比較符合當今世界發展的潮流,對解決目前的一些全球性問題有現實意義。

3.「無意外」發展論

美國赫德森研究所的首任所長赫爾曼・卡恩（Herman Kahn）是物理學家和數學家,也是反對羅馬俱樂部的報告《增長的極限》的代表人物。他先後出版了《今后二百年:美國和世界的藍圖》《世界經濟的發展》《即將來臨的繁榮》等書,系統地闡述了他對未來社會經濟發展的構想。

卡恩首先強烈地反對「零增長」論,他認為「無增長」只會使窮國永遠貧困下去,而且會使人們失去對未來的信心。他從經濟史的角度把人類

社會發展分為五個階段，即前農業社會、農業社會、工業社會、超工業社會、后工業社會。在他看來，后工業社會是人類社會發展的最高階段，那麼如何向后工業社會過渡？他認為最重要的是要提高人們對未來的信心。而如果接受了「零增長」論，億萬人就可能被剝奪得到致富機會的任何希望，人們也會失去對未來的信心。

在此基礎上，卡恩對未來的發展進行了分析。第一，關於人口增長，他在「世界藍圖」或「以地球為中心的 400 年設想」中提出一個假說，即世界人口增長率現在已接近於歷史高峰，不久將開始變慢，到最後即從現在起的 100~200 年內，它們將開始趨於平衡，世界人口增長率將會降低。第二，關於經濟增長，他認為在已完成工業化的歐美國家中，經濟增長是一個取得資本、資源、知識和技術的緩慢而持久的過程，這個過程包括從發明、應用、投資到收益，大約需要數十年的時間。從這一點來看，發展中國家將面臨許多發展中的困難，但也有一些有利的因素有助於促進發展中國家的經濟發展，這些有利的因素包括以下十個方面：①可以利用發達國家的資本、技術和市場；②出口勞動力以換取外匯、獲得技術；③引進以出口為方向的工業；④發展旅遊事業來獲得收入；⑤技術轉讓越來越容易；⑥可以利用發達國家的開發經驗、技術和體制；⑦輸入污染和低等的工作，增加就業機會；⑧發展進口替代；⑨存在穩定的國際環境，遭受外國侵略的可能性減少；⑩可獲得發達國家的援助。第三，關於資源與環境，卡恩承認人類社會在人口、能源、糧食、環境等方面存在著嚴重的問題，對這些問題如果不注意加以解決，特別是如果發生戰爭或自然災害，這些問題有可能出現災難性演變。但同時他又認為這些問題「是基本上能解決的問題，或者是在近期或中期的未來可解決的問題，是過渡時期中的一些過渡問題，是處在世界貧窮和世界繁榮之間的一個時期的問題」[1]。

卡恩認為，人類通過科技的進步、健全的管理和明智的政策，能夠解決所面臨的各種嚴重問題。正是由於對人類的未來充滿信心，他認為如果不出現驚人的、出乎意外的「革新和進步」，到 20 世紀末和 21 世紀初，那些發達國家將進入超工業社會，然后進入后工業社會，最后所有國家都會進入到超工業經濟和后工業經濟階段，這就是他所說的關於人類社會未來

---

[1] 卡恩，等. 今后二百年 [M]. 上海市政協編譯工作委員會，譯. 上海：上海譯文出版社，1980：25.

的「無意外世界藍圖」。

由上可見，第一，卡恩強烈反對「零增長」。然而正如本文所提到的，悲觀學派並沒有明確提出「零增長」的觀點，卡恩的思想依然是建立在誤解的基礎上的。第二，卡恩注意到人口問題的重要性，認為人口增長將進入可控制的狀態，並且提出經濟增長也不會無限期地持續下去。這些觀點應當說是符合實際的，與《增長的極限》中的觀點基本上是一致的。第三，卡恩看到了人口增加和經濟增長會帶來資源的過度耗竭，所以他提出要注意解決此類問題，提出要發展能源的代用品、加強原料的回收與保護、建立糧食倉儲制度、控制污染、避免核戰爭的發生等建議，這些建議都是十分合理的。第四，卡恩的理論有很多猜測性的東西，缺乏實證性的、細緻的論證，因而說服力不強。

4. 可持續發展論

進入知識經濟社會后，人們開始更加理性地看待資源與環境問題、增長有無極限問題，認識到這些問題的實質是人與自然的關係問題，保持人與自然的和諧至關重要。於是，可持續發展理論應運而生。

可持續發展的思想最早可追溯到 1972 年的聯合國環境會議。來自 113 個國家的 1,300 多名代表聚集在瑞典首都斯德哥爾摩，圍繞著「我們應當干些什麼，才能保證地球不僅成為現在適合人類生活的場所，而且將來也適合子孫后代居住」的主題，第一次廣泛討論了因發展而引起的全球環境問題，並通過了劃時代的文獻《人類環境宣言》。這次會議雖然沒有明確提出可持續發展的概念，但其主要內容已經十分清晰。

「可持續發展」的概念，最初於 1980 年出現在世界自然保護聯盟起草的《世界自然保護戰略》的文件之中。該文件提出把資源保護與經濟發展結合起來的方針，認為「發展和保護，對於我們的生存以及履行我們作為后代所享用自然資源的代管人的責任來講是同等重要的」。1987 年，聯合國通過了世界環境與發展委員會起草的文件《我們共同的未來》，在這個關係著人類社會未來發展的挑戰與策略的劃時代綱領性文件中，提出「可持續發展」是「既能滿足當代人的需要，又不對后代人滿足其需要的能力構成危害的發展」，並論述了可持續發展的原則、要求、目標和策略，從而為可持續發展思想奠定了基礎。1992 年 6 月，在巴西里約熱內盧召開的聯合國環境與發展大會，通過了《里約宣言》和《21 世紀議程》。這兩個文件是將可持續發展思想和理念付諸行動的開始，它充分肯定了可持續發展道

路，把實現可持續發展作為人類共同追求的目標。至此，可持續發展思想已經成為影響人類文明和人類進步的基本指導原則。

可持續發展的核心內容就是和諧的自然觀。世界環境與發展委員會的《我們共同的未來》文件強調：「從廣義上講，可持續發展的戰略旨在促進人類之間以及人與自然之間的和諧。」《里約宣言》第一條原則也強調：「人類處於廣受關注的可持續發展問題的中心，他們應享有以與自然相和諧的方式過健康而富有生產成果的生活的權利。」由此可見，人與自然的關係是可持續發展方式建立的基礎，而人與自然的和諧是可持續發展追求的最高目標。只有實現了人與自然的和諧，才能實現人類社會的持續發展。

可持續發展理論的重點是發展，它依然把發展放在突出的地位上。它認為發展是人類共同的和普遍的權利，不論是發達國家還是發展中國家，都享有平等的發展權利，而對發展中國家來說發展更為重要。但同時也要看到，人類的發展必須與資源、環境相適應，必須放棄傳統的生產方式與消費方式，改變過去那種通過無限制地消耗資源和犧牲環境來換取發展的錯誤做法，使發展與地球的承載能力相互協調、相互適應。

可持續發展的基本原則，就是要兼顧當代人與后代人的利益，強調當代人在追求發展和增加消費的時候，應當承認並努力做到使自己的機會與后代人的機會平等，不允許當代人犧牲和損害后代人的發展與消費機會，一味自私地追求今世的發展與消費的利益，從而剝奪后代人應當享有的同等發展與消費的機會。

綜上所述，隨著可持續發展思想為世人所廣泛接受，全球性的行動正在展開，理論上的爭論已不再成為問題。美國世界觀察研究所所長萊斯特·R. 布朗（Lester R. Brown）就此說過一段話：「由於持續發展性已成為經濟政策和規劃的目標，所以1972年隨《增長的極限》一書問世后所引起的爭論將告平息。因為與其說在增長與不增長間進行選擇，已不如說在這種或那種持續發展方式間進行選擇更為貼切了。」[1] 應當說，布朗的這段話是一個十分中肯的總結。

目前中國已進入工業化的中期階段。隨著工業化進程的加快，中國的資源供應已日趨緊張，資源承載力在不斷下降。因此，作為中國經濟增長

---

[1] 萊斯特·R. 布朗. 建設一個持續發展的社會 [M]. 北京：科學技術文獻出版社，1984：29.

的關鍵環節，資源的「瓶頸」地位已凸顯出來。這就迫使中國在加快國民經濟發展的同時，必須正確認識人與自然的關係，慎重處理經濟、資源與環境的關係，著力解決資源對經濟增長的制約問題。在解決這一難題的過程中，開源節流是常規手段，而根本的解決途徑還是轉變經濟增長方式，即從「高消耗、高投入、高增長」的模式轉向「低消耗、高效能、高增長」的模式，這是中國經濟增長不得不正視的嚴峻現實。

[本文選自：丁任重. 經濟增長：資源、環境和極限問題的理論爭論與人類面臨的選擇 [J]. 經濟學家, 2005 (4): 11-19.]

第三十三章 生態環境與經濟協調發展的政治經濟學分析

蓋凱程

近年來全球頻發氣候異常現象，人類面臨著日益嚴峻的生態危機，經濟社會的可持續發展受到了空前的挑戰。較之於經濟金融危機和財政債務危機，生態危機與人類的生存發展更為息息相關。傳統的西方主流經濟學作為一門「研究如何將稀缺的資源有效地配置給相互競爭的用途的科學」（羅賓斯，2000），注重研究人與物的關係而不研究人與人之間的關係。這種迷戀於個性貪婪的經濟學專注於「最優化」地攫取和配置稀缺資源，並不關心是否永遠會有足夠的稀缺性資源可供配置和利用，更不會前瞻性地去關心子孫后代未來資源配置的代際公平問題，生態價值觀狹隘到了冷酷無情的程度。構建新的理論範式需要建立在對其反思的基礎上。

一、全球生態危機的政治經濟學釋讀

（一）生態環境危機的內因：資本主義制度的反生態本質

傳統經濟學在做理論分析和模型構建時「並不孜孜計較體制」（庫特納，1987），主要通過負外部性對環境污染進行解釋，但僅僅將環境破壞歸結為市場「外部效應」容易「使人感到引起這種效應的制度本身的原因是無害的」（希亨特布爾格等，2005）。格雷亨·斯米特認為「對生態危機的任何分析，首先應該從分析人類社會的結構開始」（程福祜，2010）。若引入制度變量，運用歷史和邏輯的方法，就不難發現「資本主義制度具有內在的反生態性質」（福斯特，2006），資本主義及其生產方式才是生態危機的真正根源。「經濟增長以及與之有關的環境破壞，乃是市場關係的經濟所

產生的功能的直接污染，這種經濟是建立在兩條首要的原則基礎上的：私人所有制和追求利潤的動機」（阿格爾，1991）。建立在私有制和利潤最大化基礎上的資本主義制度和市場秩序，導致了市場主體利益的對立以及非理性的生態行為和價值觀，生態危機實質上是自然生態系統和資本主義社會經濟制度相互作用的產物，「資本主義呈幾何級數的增長和與之相伴隨的對稀有資源的不斷增長的消耗導致了快速的複雜化了的環境問題」（福斯特，2002）。

（1）表面上看生態危機源於技術進步和工業化，是一種技術「原罪」，但技術和工業的資本主義特質才是生態危機的深層誘因。資本從一開始對技術的選擇是以其對成本和銷售額而非對環境的影響為行動參數的，所以「社會和政治鬥爭是理解資本所採用技術的類型及其對人和自然的影響的關鍵」（奧康納，2003）。技術的作用是同具體社會制度聯繫在一起的，資本主義為技術理性的惡性膨脹和技術異化提供了適宜的制度基礎，資本通過控制技術來統治自然進而為人對人的統治提供工具，工具理性因而取代價值理性成為唯一的統治理性，並構成資本社會控制的深層基礎。資本主義制度下技術理性工具化的結果必然導致人與自然關係的破裂，「科技的發展及科技的資本主義使用，導致了嚴重的生態危機」（Gorz，1980）。

（2）資本主義私有制的本性是維護資本對剩餘價值的追逐，其生產目的是追求資本的投資回報率和利潤，因此資本必然要求不斷擴大生產規模，於是資本主義生產的無限擴張性與自然資源的有限性形成了新的矛盾。資本追求利潤的目的決定了其生產過程必然遵循「成本最小化、利潤最大化」原則，企業並不會去關注「如何實現生產與自然的平衡……它所關注的是花最少的成本生產出最大的交換價值」（Gorz，1980），其結果必然是緊緊圍繞「利潤」這一目標向自然索取，通過對自然資源的快速消耗來謀求高額利潤。追求利潤和剩餘價值是資本的本能，也正是這種本能強化了資本主義的生態危機。

（3）生態危機是資本主義維繫自身統治合法性的客觀邏輯結果。當代資本主義是依靠生產擴張向民眾許諾提供商品消費和物質滿足來維繫其統治合法性的。在生產經常性過剩的制約下，為保證資本累積和擴大再生產持續下去，需要不斷刺激人的需要，使消費成為新的生產力。在生產無限擴張、需求不斷擴大的動態「平衡」過程中，資本家獲得了經濟和政治雙重收益：不僅可以追求利潤最大化，而且可以通過提供源源不斷的商品提

高各階層的滿意度，達到穩固統治的目的。但這一過程是以地球生態系統為支撐的，資本無限擴張的動力導致了日益嚴重的資源耗竭和環境污染問題。

總之，資本主義不僅有生產力和生產關係矛盾運動下的經濟危機，而且還存在著第二重矛盾：資本主義生產方式與其生產條件間的矛盾，即生態系統的有限承載性和資本生產擴張的無限性之間存在不可調和的矛盾，矛盾運動的結果就是生態危機。生態危機既非純粹的自然的或科學的問題，亦非純粹控制自然的觀念和運用科學技術的問題，它實際上是資本主義經濟危機在生態領域的展開。馬克思認為在人與自然關係的調節上「僅僅有認識是不夠的，為此需要對……現今的整個社會制度實行完全的變革」，生態危機的徹底解決有賴於對資本主義社會制度和社會結構的變革。

（二）生態環境危機的外因：大工業活動、市場體制和異化消費

1. 大工業活動

人類活動與生態環境矛盾的真正激化源於工業革命。以蒸汽機的發明為標誌的工業革命使人類首次發現了改變自己在自然面前被動地位的真正武器——由無機自然力本身驅動而自身構成系統的機器，至此人類的「理性技巧」使機械連接為相互連貫的系統，不停地為滿足自身的需要而滿負荷運轉。新能源（煤炭、石油等）的大量投入加上強大連貫的機器系統，快速製造了大量的工業產品，創造了數倍於以前的物質財富。在強大的示範效應下，西方國家在18~19世紀相繼完成了工業革命，實現了從傳統農業社會向近現代工業社會的轉變。資本主義大工業化生產方式的廣泛應用，使人類利用技術理性迫使大自然屈從於商業組織，運用機器體系這一人工的自然武器使自然界成為商品化的自然界，從而徹底地改變了人類經濟活動的方式，人類自身生存與發展的根本基礎——自然生態環境遭到深層次的破壞，資源耗竭、環境污染等「工業病」症狀不斷出現並日趨惡化，資本主義「生產造成的破壞比它所創造的更多」（Gorz，1994）。

2. 市場失靈

現代經濟學中，市場失靈是被廣泛用於解釋經濟活動和環境破壞關係的重要理論。造成市場失靈的原因主要有以下幾種：①資源壟斷定價。某些自然資源往往由政府或壟斷企業定價，價格機制的扭曲導致了資源的過度使用和浪費，導致市場對這部分資源的配置完全失效。②公共產品屬性。

某些生態環境要素如開放型資源的公共產品屬性過強,作為公共產品的生態環境要素難以定價或計費。③產權不清晰。產權模糊與資源的公共產品屬性密切相關。產權模糊導致對資源環境的開發、利用和保護的責、權、利關係模糊,進而導致相關的生產與消費決策只考慮私人邊際成本和收益,完全忽視社會邊際成本。按照外部性理論,市場失靈的原因在於與環境資源配置有關的經濟活動有著顯著的外部性。在市場經濟中,由於個人沒有動力對污染成本進行準確的量化,所以環境污染不是經濟個體的行為決定的。企業生產時缺乏激勵去考慮環境污染帶來的損失,因此,這部分成本就轉嫁到其他社會成員身上。因為市場機制不會自動地提供有效的激勵來鼓勵企業採取降低污染的行為,因而污染是不可避免的。

3. 異化消費

環境破壞的主因不在於「外部效應」,而在於「特殊生產者和消費者使用的具有決定意義的模式所造成的結果」(希亨特布爾格等,2005)。當代資本主義為了延緩經濟危機而力圖歪曲滿足需要的本質,在市場機制的作用下誘使人們把追求消費作為真正需要和最大滿足,從而導致了異化消費。作為對異化勞動的補償和對應,異化消費使資本的統治獲得了廣泛的合法性,客觀上延緩了資本主義的壽命。資本主義為了維護資本追求利潤和穩固統治的目的,把人們引入到由廣告所操縱的商品消費中體驗自由和幸福,經濟增長不斷刺激消費增長,「不消費就衰退」成為共識。而鼓勵消費就是不斷擴大人的基本需要,不斷將奢侈品轉化為「必需品」,消費成為滿足人的需要的唯一方式,並變異為生產進一步擴張的內在動力(萬健琳,2007)。這一模式通過意識形態灌輸被提升為理想,進而成為世界公認的最佳發展模式,消費成為推動經濟增長的「三駕馬車」之一。但是,自然生態承載能力是有限的,高消費生活方式被推廣到全球,必然對全球自然生態造成了巨大壓力。以發達資本主義國家為範例進而擴展成為全球理想的「奢侈型」消費模式主導的消費主義和生活方式造成了過度消費,導致了異化需要和異化消費以及對自然生態系統的破壞。

二、生態環境與經濟協調發展的經濟學分析框架

傳統經濟學見「物」而不見「人」,沉迷於「超歷史、超制度」的資源配置,即使世界上只剩下了最後一個單位的資源,它仍會專注於運用市

場機制這架精巧的機器以最大化法則配置而不問其他。西方馬克思主義的生態危機理論則是一種「缺少實踐的馬克思主義」，其特點在於批判性而非建構性。基於此，我們嘗試建構一個理論分析框架來解讀生態環境與經濟協調發展的命題。見圖1所示。

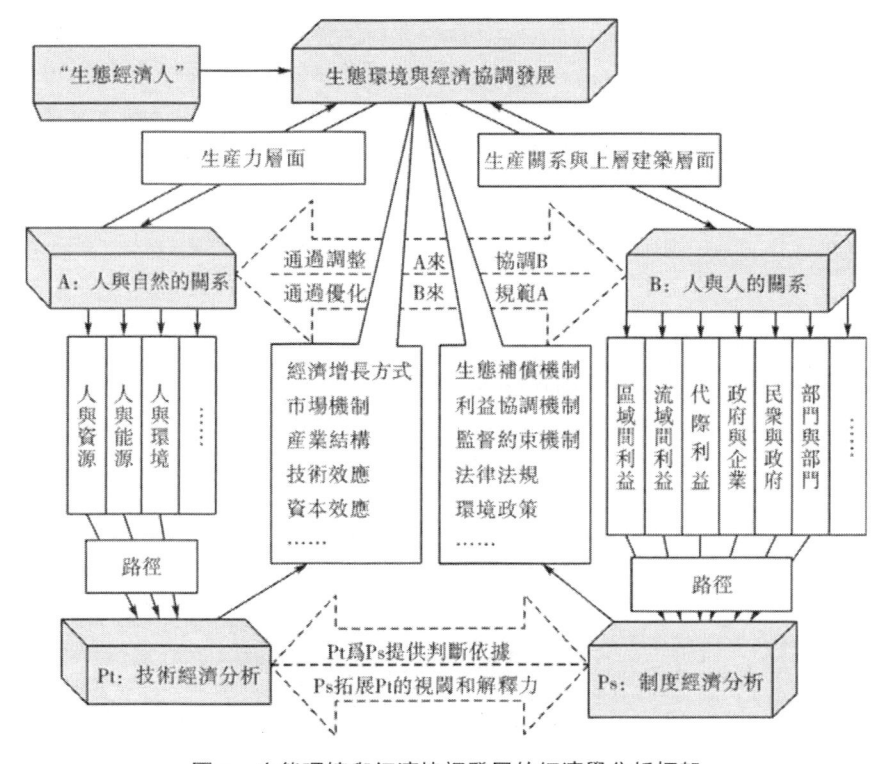

圖1　生態環境與經濟協調發展的經濟學分析框架

（一）視角：「經濟人」與「生態人」的雙重假設

深入到理論假設層面來確立基本思想並由此展開邏輯敘述是現代經濟學研究的應有之義。傳統經濟學的「經濟人」假設有利於激發經濟主體的積極性和創造性，但這一假設剝離了人類其他行為和關係，蠹空了人存在的現實性和歷史性，排斥生態規律對經濟系統的約束作用，其「最小—最大」的直線式思維方式是造成人與自然關係破裂的誘因。這一假設的內在缺陷和人類生存困境呼求一種更加符合人類本質和現實蘊涵的理論設定。馬克思認為，人的本質並不是人的鬍子、血液、抽象的肉體本性，「在其現實性上，它是一切社會關係的總和」，而社會關係是隨著生產力與生產關係

的矛盾運動而變化發展的。在人類邁入生態文明時代之際，人的發展的關鍵是實現從「經濟人」向「生態人」——在生態世界觀範式下，具有生態價值觀和代際公平觀，以生態理性自覺約束個人與集體行為，實現人與自然共生、經濟社會可持續發展的個人或群體——的躍遷。作為新的人格模式，「生態人」不僅追求「對自然的解放」，也追求「對人的解放」，是一種「理性和諧人」。

工業文明向生態文明的過渡不是一蹴而就的，必然是一個交替演進的複雜過程，工業文明孕育出的「經濟人」人性標準並非可以隨意剔除的隨機變量。按照現實世界的本來面目來理解、分析和描述世界，實現在理論嚴密性和現實意義性之間的平衡，應以「經濟人」和「生態人」為前提性假設和邏輯始點，把經濟研究導向將經濟系統和環境、認識主體和對象關係內生化，並且使經濟理論從「外部化」自然生態系統的單一線性研究，轉變為辯證的自然生態系統「內部化」的經濟社會全面協調可持續發展的多樣性和非線性研究，以此來重構經濟學理論體系，推動經濟學理論的綠色變革。

(二) 參照系：生產力與生產關係辯證統一

生產力和生產關係的相互作用是馬克思主義經濟學的邏輯主線，也是理解現實社會的標尺和理論建構的基本參照系。恩格斯將「人類整個進步」的內容歸結為「人類同自然的和解以及人類本身的和解」，即人與自然關係的和諧及人與人關係的和諧這兩個方面。經濟與自然生態的關係不單純是經濟主體與自然環境的直接關係，這一關係背后隱含著另一層關係：人與人之間的物質利益關係，即在物質資料生產過程中通過物而形成的人與人的關係。人與人之間的利益衝突是自然生態破壞的癥結所在：人類社會誕生后相當長的一段時期內，人和自然的相處相對而言是和諧的，只是在進入資本主義社會后，工業革命的出現才真正惡化了人類和自然界的關係。工業革命催育了生產力的發展，改變了人與人之間在生產過程中的相互關係和各階層的社會地位，工業資本家階層迅速壯大，逐利的本性驅使其拋棄封建社會落后的生產手段，採取新的生產技術和工具去攫取利潤。技術本身並不必然造成對生態的破壞，但以私有制為基點的資本主義生產關係濾掉了技術之於人類的自由和解放價值維度，為技術理性的膨脹提供了最適宜的現實基礎，從而徹底改變了人類的生產方式，造成了自然與社會之

間新陳代謝的斷裂。此外，為了緩和階級矛盾，在資本主義範圍內調整改善其生產關係，並保證資本累積和擴大再生產持續不斷，就需要不斷刺激人的需要，使消費成為新的生產力，於是資本家將工人引入到過度消費中去體驗幸福以補償勞動所帶來的痛苦，加上資本家本身對奢侈消費的痴迷，也在很大程度上造成了人類與自然生態平衡的破壞。

總之，人與自然的關係只是在生產力層面上指稱的，最終還是要反應到生產關係和上層建築層面上的人與人的關係上來，人與人的關係和人與自然的關係是互為前提和互為影響的關係。生態環境與經濟協調發展需要一方面通過調整人與人的關係來調整人與自然的關係，另一方面通過人與自然的關係來反應人與人之間的關係，並通過人與自然關係的規範來調整人與人之間的利益關係。

(三) 分析工具：技術分析與制度分析

生態環境與經濟協調發展既著眼於緩和人與自然間的矛盾衝突，又強調協調人與人之間的利益關係。理論研究的規範要求以此作為邏輯始點進行邏輯分析和推理，技術經濟分析和制度經濟分析雙重路徑並重：既分析人與自然之間的技術關係，又分析人與人之間的制度關係。既要重視定量研究，通過模型構造、參數估計來研究生態環境質量水平與人類經濟活動的技術函數和關聯性；同時又要重視定性研究，以制度為內生變量，充分研究相關主體生態利益及經濟利益分配關係的平衡對生態經濟協調發展的作用機理。

技術分析的特點是舍象掉人與人之間的利益關係，重點研究人與自然間的數量關係，特別是從理性、最優化、均衡等為出發點來研究人作用於自然的行動並做出最優選擇。如環境污染與人均收入之間的統計相關性、生態足跡與經濟增長之間的協調度、人口規模對資源消耗和環境污染的影響因子貢獻、生態補償成本與價值核算、綠色國民帳戶和資源環境帳戶核算等。相應地，經濟主體和生態環境矛盾的調和手段包括經濟增長方式的轉變、市場機制的最優配置、資本技術的促進效應、產業結構的升級等「技術性」的手段。制度分析則是針對所有制度因素進行經濟分析的方法，包括結構分析法、演化分析法和交易費用分析法等，尤以人與人之間的互動關係為研究對象的聚焦點，研究觀念、意識、法律法規、政治決策、經濟環境政策等社會關係形式對經濟主體生態行為的影響。生態環境與經濟

協調發展過程中人與人之間關係的優化有賴於合理的制度安排,如區際生態補償機制、代際道德約束機制、公眾參與機制、中央對地方的激勵約束機制、政府的環境稅收政策等「制度性」手段。

制度和技術分析路徑並非截然分開的,二者相互聯繫、互為補充,技術經濟分析為制度經濟分析提供判斷依據,而制度經濟分析則拓展了技術經濟分析的視閾,以增強理論對現實的解釋力。

三、基於內生性市場體制改進的生態環境與經濟協調發展

生態危機既涉及社會性質和社會制度,又涉及社會的科學水平和技術使用方式,以及人們的價值觀念、生態文化與生態意識等。因此,生態環境與經濟協調發展有賴於構建一種維護生態的經濟社會文化體制,關鍵在於形成一種維護生態的市場體制,建立生態友好的生產方式和生態文明的生活方式。

(一) 建立一種維護生態的內生性市場體制

市場經濟作為當前最具活力的經濟體制,實質上是一種利益經濟,它滿足了利益關係是人類一切社會關係的基礎這一條件。建立一種維護生態的市場體制的根本途徑在於將建立在私有制下經濟主體個體利益基礎上的市場經濟昇華為建立在公有制下符合普羅大眾整體利益的市場經濟。從生態保護的角度看,傳統市場經濟倚重於經濟規模和經濟人的作用,忽視自然對經濟的約束力,將經濟運行看作是「生產—分配—交換—消費」的封閉式單向度循環過程,生態變量被獨立於經濟運行之外,從而缺乏一種內生性的可持續增長體制和自我調控運行協調機制。事實上,經濟發展過程不僅受社會經濟系統本身規律的支配,而且受自然生態系統進化和發展規律的制約,因此需要將這種把「自然生態」要素排除在經濟運行之外的外生性市場經濟提升為將自然生態要素內生化於經濟社會發展過程中的內生性市場經濟。

要使經濟主體保護生態環境的行為主動化、自覺化並持之以恒,從可行性及可操作性考慮,必須抓住調節利益關係這個關節點。內生性市場經濟決定了生態要素是除勞動、資本等傳統要素之外的一種新的生產要素,這就需要建立一個能充分流動、價格信號傳遞充分及時的生態要素市場。

現實中部分生態問題如資源耗竭現象往往是由於資源的非市場定價致使價格傳導機制不暢通，進而導致價格扭曲和資源配置失效，引起過度使用和消耗。以生態環境要素化、商品化的方式將其納入市場經濟的內生要素，充分利用市場主體的利益動機，通過市場價格機制配置生態要素，使生態要素的配置狀態由市場機制自動表達出來，在利益的驅動和誘導下自動解決部分生態問題如資源過度耗費問題，從客觀上引導人們走維護生態環境的發展道路。此外，由於部分生態產品屬於公共產品，會產生負外部性（如環境污染）或正外部性（如生態建設），純粹的市場機制對其無能為力，離不開制度供給者——政府的介入，如界定產權結構，建立政府主導的排污權交易市場、生態補償機制等，通過市場機制和制度機制的整合來降低外部性，通過社會性管理體制來調節經濟與自然的關係。

（二）建立生態友好的生產方式和生態文明的生活方式

人作為經濟系統中的生產者和消費者，其活動必然對環境、資源造成一定的壓力。但生態經濟系統的穩定不是以犧牲人的全面自由發展為代價的，而是在充分尊重人的全面自由發展的基礎上，在生產活動中改變人們的生產方式，在消費活動中改變人們的消費模式，從而實現人口、資源、環境與經濟的和諧統一。由於傳統的生產方式和不合理的生活方式與內生性市場經濟具有邏輯上的背離性和制度上的摩擦性，因此應從改變無限增長的生產方式和高消費的生活方式入手，尋求新的社會發展模式和消費模式。

傳統增長模式帶來了嚴重的生態問題，從根本上來說是由於傳統生產方式過分強調了發展的客體而忽略了發展的主體。它以經濟增長為核心，以追求物質財富增長為目標，認為人們追求幸福生活就是追求大量的物質財富，物質財富無限增長被誤認為社會進步的唯一標誌。社會發展歸根究柢是以人的發展為本位的，經濟增長只是為人的發展提供物質條件，生產的終極目的仍是追求人的全面發展。人的全面需求不僅包括物質需求、精神需求，也包括生態需求；人的全面發展既包括物質文明、精神文明，也包括生態文明。改變傳統的生產方式，關鍵在於以人為本，把滿足人的全面需求和促進人的全面發展作為經濟社會發展的根本出發點和落腳點。只有如此方有可能使人們自覺地在生產中完善自己，在完善自己中調整生產方式——生態友好的生產方式。

建立生態文明的生活方式，關鍵在於轉變人們傳統的消費觀念，重塑人的需要觀和價值觀，樹立正確的消費觀、勞動觀和幸福觀。這首先需要人們對自身滿足方式進行重新評價，重新審視自己的需求方式，徹底改變那種把勞動看成是獲得應用未來消費的財富的源泉的觀念，改變那種把幸福完全等同於受廣告操縱的消費觀念，削減對奢侈品的病態消費，使人們從消費中體驗幸福和自由的異化消費轉向從勞動過程中尋求滿足的文明生活方式，在勞動過程中去實現自身價值，通過勞動來體現自身的主體性和體驗幸福的感覺，變「勞動—閒暇二元論」的生活方式為「創造性勞動」和「生產性閒暇」的生活方式。

參考文獻：

　　［1］J K FAIRBANK. China：A New History［M］. Cambridge：Harvard University Press，1992.

　　［2］J B FOSTER. Ecology' Against Capitalism［M］. New York：Monthly Review Press，2002.

　　［3］A GORZ. Ecology as Politics［M］. Boston：Southend Press，1980.

　　［4］A GORZ. Capitalism, Socialism, Ecology［M］. London：Verso，1994.

　　［5］本·阿格爾. 西方馬克思主義概論 LM］. 慎之，等，譯. 北京：中國人民大學出版社，1991.

　　［6］程福祜. 生態經濟學源流［EB/OL］. http：// chengfuhu.blog.sohu.com/159177715.html.

　　［7］弗里德·希亨特布爾格，弗萊德·路克斯，班爾庫斯·史蒂文. 生態經濟政策——在生態專制和環境災難之間［M］. 葛競天，譯. 大連：東北財經大學出版社，2005.

　　［8］萊昂內爾·羅賓斯. 論經濟科學的性質和意義［M］. 朱泱，譯. 北京：商務印書館，2000.

　　［9］羅伯特·庫特納. 論經濟學現狀［J］. 美國，交流，1987（3）：15-18.

　　［10］馬克思恩格斯全集：第3卷［M］. 北京：人民出版社，2002.

　　［11］馬克思恩格斯選集：第1卷［M］. 北京：人民出版社，1972.

[12] 約翰·貝拉米·福斯特. 生態危機與資本主義 [M]. 耿建新, 譯. 上海：上海譯文出版社, 2006.

[13] 萬健琳. 異化消費、虛假需要與生態危機——評生態學馬克思主義的需要觀和消費觀 [J]. 江漢論壇, 2007 (7)：48-52.

[14] 詹姆斯·奧康納. 自然的理由——生態學馬克思主義研究 [M]. 唐正東, 臧佩洪, 譯. 南京：南京大學出版社, 2003.

[本文選自：蓋凱程. 生態環境與經濟協調發展的政治經濟學分析 [J]. 中國經濟問題, 2012 (2)：16-22.]

第三十四章 轉變經濟發展方式：三個命題

魯保林　趙磊

一、問題的提出

　　圍繞轉變經濟發展方式這一主題，中國學者從不同側面、不同層次對於轉變的實質、轉變的重要性以及轉變的具體路徑等展開了深入的討論。程恩富教授從落實科學發展觀的必然性出發，深刻闡述了科學發展觀與轉變經濟發展方式的內在聯繫，並指出，「為實現國民經濟的全面發展、協調發展和可持續發展，需要轉變經濟發展方式」[1]。針對2008年國際金融危機對中國的衝擊，程恩富教授又從適當控制外貿依存度、外資依存度、外技依存度、外源依存度和外匯儲備規模五個方面提出：「加快轉變對外經濟發展方式，建立起低損耗、高效益；雙向互動，自主創新的『精益型』對外開放模式。」[2] 顧鈺民教授認為，「轉變經濟發展方式的實質是實現經濟增長拉動力、貢獻率、增長源三大轉變。也就是說要使消費成為經濟增長的主要拉動力，使第三產業成為對經濟增長貢獻率最大的產業，使科技進步、勞動者素質提高、管理創新成為經濟增長的主要源泉」[3]。李炳炎教授著重討論了轉變經濟發展方式所蘊含的政治經濟學原理，即「生產關係一定要適應生產力發展要求；科學技術是第一生產力；按照價值規律的要求，將社會總勞動按比例地分配於不同的生產領域；人的全面自由發展是社會主

---

[1] 程恩富，王中保. 科學發展觀的經濟理論探討 [J]. 前線，2010 (4).

[2] 程恩富，尹樂玉. 加快轉變對外經濟發展方式須實現「五個控制和提升」[J]. 經濟學動態，2009 (4).

[3] 顧鈺民. 論經濟發展方式的三大轉變 [J]. 福建論壇：人文社會科學版，2008 (8).

義社會發展的基本原則；人與自然和諧相處與協調發展」[1]。

現有的文獻對於轉變經濟發展方式的重要性、著力點、基本途徑等方面做了精闢分析，具有理論意義和現實意義。本文將在此基礎上，進一步挖掘馬克思主義經典著作中的精髓，以馬克思經濟學為分析框架，從「現實的人」出發，對於經濟發展方式的轉變做深層的政治經濟學分析，以期探究轉變經濟發展方式的根本指向究竟何在。

二、生產的指向：大眾消費

2008年爆發的席捲全球的金融危機是自1929年「大蕭條」以來最嚴重的一次經濟金融危機，在這場危機中，西方資本主義經濟體系遭受重創，但中國也未能幸免，外需下滑，內需不振，經濟增長速度回落，GDP增速從2007年的13%陡然下降為2008年的9%，大批農民工返鄉，出口製造業受到重挫。中國的經濟為何弱不禁風？這固然與全球化條件下國與國之間的經濟聯繫日益緊密有關，但是不容否認的是，需求結構的長期不協調，即投資需求旺盛而消費需求不足，降低了中國應對外部衝擊的「免疫力」。

長期以來，我們一方面推行投資驅動和出口導向的戰略，經濟增長主要依靠投資和出口來拉動；另一方面，政績考核指標唯GDP增長至上，民生方面的投入相對不足，結果造成居民消費水平的增速大大落后於投資增速，最終導致累積和消費的比例關係嚴重失衡。中國的消費率從1990年的62%下降到2006年的50%，居民消費率則從1990年的49.8%下降到2006年的36%[2]。1978—2008年，中國職工工資總額和居民消費支出分別占國內生產總值的比重呈明顯下降趨勢（見圖1）。其中職工工資總額占國內生產總值的比重1978年為15.6%，1998年為11%，2008年為11.2%。而居民消費支出占國內生產總值的比重下降的速度更為突出，在1982年處於最高點54.53%，在2008年達到最低值36.05%。可見居民消費水平的增長與GDP的增長是不同步的，經濟發展了，國民收入增加了，但是人民共享經

---

[1] 李炳炎，向剛. 新時期中國轉變經濟發展方式的政治經濟學闡釋 [J]. 雲南財經大學學報，2009（1）.

[2] 車春鸝，高汝熹，李鐵霖. 低消費率對中國經濟危害的實證分析及對策 [J]. 宏觀經濟研究，2008（11）.

濟發展成果的程度却相對滯后了。

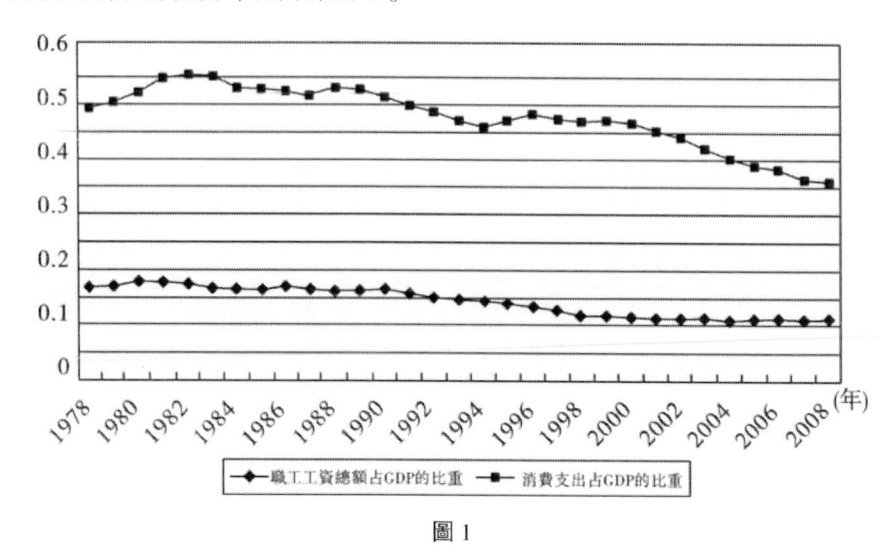

圖1

馬克思認為，消費活動本身是生產的一個內在要素，生產和消費之間既非一種表面的聯繫，也不是概念的邏輯推理和演繹，而是經濟活動中一種客觀存在的聯繫和辯證的對立統一。「沒有生產，就沒有消費。但是，沒有消費，也就沒有生產，因為如果沒有消費，生產就沒有目的。」①

這次金融危機已經給我們敲響了警鐘：生產和消費的脫節極易演變成以生產過剩為特徵的經濟危機。為避免重蹈西方市場經濟國家的覆轍，我們必須既要重視生產力的發展，又要重視消費力的提高。以轉變經濟發展方式為契機，切實提高居民消費水平對經濟增長的拉動力，是防範金融危機衝擊的最佳方法。如何提高居民的購買力和消費率呢？顯然首先要提高居民的收入水平，而居民收入水平的提高有賴於改革當前的分配體制。1978年中國衡量貧富差距的「基尼系數」只有0.310，2007年却已經上升到0.454。原因何在？根據馬克思主義的觀點，「在社會中，產品一經完成，生產者對產品的關係就是一種外在的關係，產品回到主體，取决於主體對其他個人的關係」②。由此看來，產品能否回到主體，回到主體多少，並不單純地依賴生產力的發達與否，根源在於「主體對其他個人的關係」，也就是說在於生產資料歸誰所有和由此決定的生產過程中人與人之間的關係。

---

① 馬克思恩格斯選集：第2卷[M]．北京：人民出版社，1995：9．
② 馬克思恩格斯選集：第2卷[M]．北京：人民出版社，1995：12．

據有關學者調查,「私營企業主和員工的收入都相差 20~30 倍,平均收入差距為 25 倍」①。勞資衝突、消費不足的根源在於初次分配的天平向資本傾斜。能否有效地解決收入分配問題是構建現代經濟發展方式的重要環節之一。

為什麼多年來我們一直強調調整分配關係却始終不得要領?實際上,對症下藥,才能標本兼治,關鍵的癥結在於初次分配中的「強資本,弱勞動」上,這不可能單靠再分配甚至三次分配就能彌補或解決。生產與消費的脫節源於生產與分配的矛盾,有效需求不足乃貧富懸殊所致。馬克思說:「照最淺薄的理解,分配表現為產品的分配,因此它離開生產很遠,似乎對生產是獨立的。但是,在分配是產品的分配之前,它是(1)生產工具的分配,(2)社會成員在各類生產之間的分配(個人從屬於一定的生產關係)——這是同一關係的進一步規定。這種分配包含在生產過程本身中並且決定生產的結構,產品的分配顯然只是這種分配的結果。」② 分配關係和所有制關係水乳交融、密不可分,分配與生產有著內在的邏輯聯繫,生產資料所有制的性質和形式規定了個人消費品分配的性質和形式,分配結構的調整必然涉及所有制結構的調整,因此,那種以為完全依賴市場調節就能徹底解決中國的收入差距的觀點不啻為一種幼稚淺薄的看法。程恩富教授曾一針見血地指出:「勞動報酬占比下降的首要因素是所有制結構的變動……在私有經濟中,雇主為了追逐利潤最大化,必然極力壓低工資,使得勞動生產率提高的好處盡量為雇主和資本所得,從而隨著勞動生產率的提高,勞動報酬占比必然越來越低。當前,中國在經濟結構轉型中強調更多地發展私有經濟和對外招商引資,現存的國有和集體企業也大量被股份私有化,這必然會導致勞動報酬占比的下降。」③ 有人把收入差距擴大歸結為市場經濟體制不完善或不成熟,用這種思路解決收入差距問題無異於南轅北轍。美國的市場經濟體制不可謂不成熟,然而「從 20 世紀 80 年代至今,美國工人的實際工資幾乎沒有增加,國民收入分配差距持續擴大,基尼系數從 1980 年的 0.4 左右上升到 2006 年的 0.47;1975—2005 年,美國

---

① 楊承訓. 從所有制關係探尋分配不公之源 [M] //海派經濟學:第 11 輯. 上海:上海財經大學出版社, 2005.

② 馬克思恩格斯選集:第 2 卷 [M]. 北京:人民出版社, 1995:14.

③ 程恩富. 提高產業工人工資水平具有重大現實意義 [EB/OL]. http://theory.people.com.cn/GB/12141339.html.

最富有的1%的家庭實際收入增長了175%，最富有的25%的家庭實際收入增長超過70%，而其他家庭實際收入的增長都不足30%」①。其實問題恰恰是市場的弊端所致：「市場經濟條件下的分配原則必然是『按要素分配』，這是不以人的意志為轉移的客觀法則。『按要素分配』的靈魂就是『按資分配』，資本的所有權決定了分配必然呈現向『兩極』運動的趨勢。」② 當前在調整分配結構時，我們不能離開生產、分配和消費之間的有機聯繫而孤立地去看待收入分配問題，否則就會重新陷入新自由主義的誤區。從長遠來看，彌合生產與消費的鴻溝的關鍵在於消滅舊的社會分工和私有制經濟制度，因為「分工不僅使精神活動和物質活動、享受和勞動、生產和消費由不同的個人來分擔這種情況成為可能，而且成為現實」③。在當前條件下，完全消滅私有制的條件尚不具備，但這應當是我們努力的方向。

三、發展生產力的指向：滿足人的需要

人的需要是人的本能，需要是人們生產活動的原動力。馬克思說：「任何人如果不同時為了自己的某種需要和為了這種需要的器官而做事，他就什麼也不能做。」④ 在人類歷史的發展進程中，人的需要的產生和滿足呈現出一個「需要→生產→需要」螺旋式上升和波浪式前進的辯證發展過程，需要是生產活動的起點，又是生產活動的目的和歸宿，當然這裡的生產既包括物質生產又包括精神生產。在《德意志意識形態》中，馬克思從「現實的、有生命的個人本身」⑤ 出發，指出人類必須首先滿足生存的需要：「人們為了能夠『創造歷史』，必須能夠生活。但是為了生活，首先就需要吃喝住穿以及其他一些東西。因此第一個歷史活動就是生產滿足這些需要的資料，即生產物質生活本身。」⑥ 生理的需要由人的肉體組織決定，是僅僅維持個體生命存在的最基本的需要，但需要的層次不會僅僅停留在這個

---

① 馬豔. 金融危機與經濟危機相互關係的理論分析——基於馬克思主義經濟學的視角 [J]. 華南師範大學學報：社會科學版，2009（5）.
② 趙磊. 關於現代經濟學的幾個誤讀 [J]. 當代經濟科學，2006（3）.
③ 馬克思恩格斯選集：第1卷 [M]. 北京：人民出版社，1995：83.
④ 馬克思恩格斯全集：第3卷 [M]. 北京：人民出版社，1960：286.
⑤ 馬克思恩格斯選集：第1卷 [M]. 北京：人民出版社，1995：73.
⑥ 馬克思恩格斯選集：第1卷 [M]. 北京：人民出版社，1995：79.

基本的層次上。隨著生產力的發展，人類又會生成新的更高層次需要，「已經得到滿足的第一個需要本身、滿足需要的活動和已經獲得的為滿足需要而用的工具又引起新的需要」①。正是這種舊的需要被揚棄、新的需要不斷產生以及滿足這種新需要的生產和再生產活動推動著人類社會滾滾向前發展。從某種意義上說，人類的發展史就是人的需要不斷生成和發展的歷史，是需要和生產這對矛盾產生並不斷得到解決的歷史，需要的最高階段就是「完整的人」②的需要。以公有制為經濟基礎的社會主義市場經濟決定了生產力的不斷提高只是滿足人的需要的手段，而人們的需要的滿足和更新又會推動著勞動效率的提高和生產力的提高，二者之間的矛盾不斷產生又不斷解決，構成一個良性的循環。一旦按需分配的時機成熟，生產力的高度發展能夠充分滿足人民的物質文化需求，我們就能從必然王國走向自由王國，最終邁入共產主義的理想境界。

改革開放30多年來，中國經濟一直保持高速增長，2009年國內生產總值已達340,507億元。但是多年的發展也積聚了不少的社會矛盾，突出表現在住房、就業、醫療、教育、養老等民生問題上。從住房來看，2009年中國房價收入比達8.03，創歷史新高，京、滬、深、杭四地純商品住宅的房價收入比均超過14。③按照國際慣例，房價收入比在3~6倍之間為合理區間，可見住房壓力已成為普通居民不能承受之重。從醫療衛生來看，中國的衛生總費用占GDP的比重在2006年為4.6%④，政府衛生支出占衛生總費用的比重為40.7%，而同一時期的古巴分別為7.7%和91.6%，日本分別為8.1%和81.3%。⑤從教育來看，中國的總教育經費中政府負擔65%左右，但大多數國家，包括印度，總教育經費中政府負擔達75%以上，甚至接近80%。「多數農村家庭反應教育負擔沉重，已經成為生活中的一項主要支出」，「一人上學，全家受窮」，「高中生拖累全家，大學生拖垮全家」⑥。這正是當代農村家庭教育負擔過重的真實寫照，教育負擔過重和大學生就業低迷正在導致「讀書無用論」的不良思想泛濫成災。雖然說這些問題本

---

① 馬克思恩格斯選集：第1卷［M］. 北京：人民出版社，1995：79.
② 馬克思恩格斯全集：第42卷［M］. 北京：人民出版社，1979：123.
③ 去年中國房價收入比達8.03［N］. 上海證券報，2010-05-21.
④ 1978—2007年間從未超過5%，這個數字最高是在2003年，為4.85%。
⑤ 數據來源於《中國衛生統計年鑒》(2009).
⑥ 張靜. 農民教育負擔問題研究［J］. 山東農業大學學報：社會科學版，2006 (2).

質上是經濟發展過程中的必然現象，但也與多年以來我們在實踐中一味強調生產而忽視了人民的物質文化需要有關。在社會化大生產條件下，發展生產力的目標不是別的，而是為了滿足「社會需要即社會地發展了的人的需要」①。因此生產力的發展必須以人民的需要為指向，讓經濟發展與人民的物質文化需求的滿足程度比翼齊飛。

四、技術進步的指向：人的解放和全面發展

技術進步是轉變經濟發展方式的關鍵，這是不爭的事實，但是在中國農業和製造業中的就業人口還占很大比重②、勞動力素質不高的背景下，新技術的採用必定會產生「機器排斥人」的現象。馬克思在《資本論》中指出，隨著機器的應用所帶來的勞動生產力的提高，資本有機構成有不斷提高的趨勢，「勞動生產率的增長，表現為勞動的量比它所推動的生產資料的量相對減少，或者說，表現為勞動過程的主觀因素的量比它的客觀因素的量相對減少」③。資本有機構成的提高必然會使一部分工人遊離出來，從而造成相對過剩人口。由於社會財富的累積和新的產業部門並不能充分吸納過剩人口，因此隨著社會財富的增長，必定會有更多的勞動者流向勞動力的蓄水池。在資本主義社會，過剩人口的增加同資本的累積成正比，累積的規律導致兩極分化，一極是財富的累積，一極是貧困的增加。資本有機構成提高、相對過剩人口不斷產生，是市場機制作用的必然結果，這就是技術進步和就業增長的「二律背反」。科技本質上來源於物質生產活動的實踐，是勞動群眾的體力和智力的結晶，其和勞動者本應天然地結合起來，使得勞動者從那種繁重的體力勞動和腦力勞動中解放出來，去從事更多的藝術和科學創造活動。然而現實的情形卻是：技術進步雖然為社會創造了巨額的財富，但是並未解放財富的生產者，生產者反而要受技術進步的束縛。這種「二律背反」在資本主義制度框架內是無法解決的，資本的本性決定著其把技術進步作為加強對勞動者剝削的手段。

隨著市場經濟在中國的確立和逐步成熟，其固有的對勞動力的排斥效

---

① 馬克思. 資本論：第3卷 [M]. 北京：人民出版社，1975：288.
② 2008年第一產業和第二產業就業人員之和占總就業人員的比重約66.8%。
③ 馬克思. 資本論：第1卷 [M]. 北京：人民出版社，1975：683.

應也日益顯現。一方面，技術進步絕對地減少了就業需求。齊建國的研究表明，在 20 世紀 80 年代，中國的技術進步對就業的影響是正方向的。1978—1990 年，技術進步的綜合作用使得就業人數淨增加了 936 萬人。1991 年以後，情況發生了明顯的變化。1991—1999 年，技術進步對就業的影響變為負方向，即變為絕對減少就業需求。9 年中，廣義技術進步使就業需求少增加了 5,545 萬人。尤其是第二產業吸納就業的能力呈明顯下降趨勢。改革開放前的 26 年，第二產業邊際就業彈性高達 0.544。而 1979—1990 年，工業邊際就業彈性快速下降到 0.325，1991—1995 年進一步降低到 0.142，1996—2000 年再度下降到 0.003，接近於零。[1] 邊際就業彈性的下降伴隨著失業率的攀升。1985 年，中國的城鎮登記失業率為 1.8%，1990 年為 2.5%，1995 年為 2.9%，2002 年達到 4%，之后一直在 4% 以上徘徊。[2] 另一方面，中國的許多行業存在著過度勞動的現象。其中建築業、出租車行業比較嚴重，還有服務業、軟件業的從業人員，某些高新技術領域（如制藥、新材料）的研發人員，以及部分非通用性管理崗位人員，長期處於過度勞動的就業狀態。[3] 國家統計局 2006 年 11 月份抽樣調查的數據表明：城鎮就業人員周平均工作時間為 47.26 小時；如果按受教育程度分組，初中教育水平的就業人員周平均工作時間最高為 49.25 小時；如果按行業分組，住宿和餐飲業就業人員周平均工作時間最高為 54.4 小時。而製造業、建築業、交通運輸、倉儲、郵政業、批發和零售業的就業人員周平均工作時間均在 50 小時以上，[4] 均超過了《中華人民共和國勞動法》第三十六條的規定：「國家實行勞動者每日工作時間不超過八小時、平均每週工作時間不超過四十四小時的工時制度。」

　　這種矛盾怎樣解決呢？那就是落實科學發展觀的要求，以人為本，增加勞動者的自由時間，縮短工作日，也就是說，「要使他們的絕對勞動時間能夠由於勞動時間內所使用的不變資本的數量和效率而得到縮短」[5]。如果真的能夠做到這樣，當前中國的生產過剩和就業壓力就會迎刃而解。

---

[1] 齊建國. 中國總量就業與科技進步的關係研究 [J]. 數量經濟技術經濟研究，2002（12）.
[2] 數據來源於《中國統計年鑒》(1996—2009).
[3] 王艾青. 過度勞動及其就業擠出效應分析 [J]. 當代經濟研究，2007（1）.
[4] 數據來源於國家統計局《2006 中國勞動統計數據》.
[5] 馬克思. 資本論：第 3 卷 [M]. 北京：人民出版社，1975：287.

自由時間即「使個人得到充分發展的時間」「閒暇時間」「從事較高級活動的時間」①「個人受教育的時間，發展智力的時間，履行社會職能的時間，進行社交活動的時間，自由運用體力和智力的時間，以至於星期日的休息時間」②。「閒暇時間與人的全面發展有著密切聯繫，它實質上是對人類自身動物性生存的超越，是人類全面發展自身潛能的空間和前提。」③ 反過來，個人潛能的發揮和充分發展又會轉變為巨大的生產力並反作用於社會生產。人的全面發展將為社會生產力的可持續發展和財富的創造奠定宏大基石。「勞動時間減少→個體得到發展→勞動生產力提高」良性循環，這種情形才是真正意義上的人與社會和諧發展。

從短期看，增加勞動者自由時間的具體途徑有：第一，改革初次分配制度，打破「地板工資」，提高最低工資標準，建立職工工資的正常增長機制和支付保障機制。在經濟增長和勞動生產率提高的基礎上，相應地提高勞動者的工資水平。第二，加快推進集體工資協商機制，維護職工的權益。第三，發揮工會組織在維護職工權益方面的積極作用，向資方傳達職工的利益訴求。第四，嚴格執行8小時工作日，禁止企業不合理的加班和變相加班行為。對於違法企業，採取必要的法律措施。第五，把帶薪休假制度落到實處，讓勞動者真正享受到國家的優惠政策。

從長遠看，增加勞動者自由時間的前提條件是：第一，把人類最先進的科學技術廣泛應用到生產過程中。隨著科技轉化為現實的生產力，勞動生產率會越來越高，這是贏得自由時間的物質條件或技術條件，也是起決定性作用的條件。「只有通過大工業所達到的生產力的大大提高，才有可能把勞動無例外地分配於一切社會成員，從而把每個人的勞動時間大大縮短，使一切人都有足夠的自由時間來參加社會的理論和實際的公共事務。」④ 第二，完全實行「生產資料由社會佔有」⑤，即生產資料的公有制，這是獲得自由時間的所有制條件。缺乏上述兩個條件中的任何一個，自由時間的充分而全面的獲得都只是空想。沒有勞動生產力的發展，增加自由時間等同

---

① 馬克思恩格斯全集：第46卷（下）[M]. 北京：人民出版社，1980：225-226.
② 馬克思. 資本論：第1卷 [M]. 北京：人民出版社，1975：294.
③ 許崇正. 論馬克思可持續發展經濟思想 [M] //海派經濟學：第23輯. 上海：上海財經大學出版社，2008.
④ 馬克思恩格斯選集：第3卷 [M]. 北京：人民出版社，1995：525.
⑤ 馬克思恩格斯選集：第3卷 [M]. 北京：人民出版社，1995：633.

於促使人類走向懶惰、普遍貧窮和為佔有生存資料而野蠻鬥爭。沒有公有制為基礎的基本經濟制度，自由時間的增加只是部分的並被少數人享有，不可能和技術進步同步增長，這正是市場經濟條件下的情形：絕大部分自由時間變成剩餘勞動時間，被資本霸占而用於生產剩餘價值，從而實現資本增殖。以上兩個條件是相互作用、相互促進的：一方面，技術的進步和應用必然會加速共產主義公有制的實現；另一方面，公有制的實行可以促進科技更有效和在更大規模上的應用。在二者的共同作用下，隨著技術進步趨於無窮大和公有制的普遍程度趨近於無窮高，人類的勞動時間將趨近於零，人類享受的「免費午餐」會越來越多。正如我們曾經強調的那樣，「機器的使用及其自然力的貢獻在廣度和深度上的發展，意味著人類勞動在廣度和深度上的淡出」，「科技的發展使自然力『無償服務』的範圍越來越廣……伴隨著這種變化，人類社會中的免費商品和無償服務將會越來越多，與今天的社會福利相比，其廣度和深度會極大地拓展」[1]。這是社會發展的必然趨勢，是一種自然歷史過程。

與現實社會相反，自由時間的多少是衡量未來共產主義社會財富的價值尺度，共產主義社會以「每個人的全面而自由的發展為基本原則」[2]，未來社會的終極價值目標是促進人的個性的自由發展，在那裡，「不是為了獲得剩餘勞動而縮減必要勞動時間，而是直接把社會必要勞動縮減到最低限度，那時，與此相適應，由於給所有的人騰出了時間和創造了手段，個人會在藝術、科學等等方面得到發展」[3]。必要勞動時間的減少和工作日的縮短是人類自由發展和全面發展的充分條件，閒暇時間的增加將被用於滿足人類從事科學、藝術等「較高級形式」的活動的需要。自由王國既非空中樓閣，也不是存在於玄想和觀念中的虛無，「自由王國只有建立在必然王國的基礎上，才能繁榮起來。工作日的縮短是根本條件。」[4]

五、結語

需要是生產活動的原動力，生產是滿足需要的工具和現實手段，消費

---

[1] 趙磊. 勞動價值論的歷史使命 [J]. 學術月刊，2005 (4).
[2] 馬克思. 資本論：第1卷 [M]. 北京：人民出版社，1975：649.
[3] 馬克思恩格斯全集：第46卷 (下) [M]. 北京：人民出版社，1980：218-219.
[4] 馬克思. 資本論：第3卷 [M]. 北京：人民出版社，1975：927.

則是生產的目的和歸宿，需要的滿足既依賴於生產又依賴於消費，消費是需要的最終實現。技術進步和勞動生產力的提高既為需要層次的升級換代提供了可能，又為人的解放和全面發展贏得了更多的閒暇時間。然而在不同的生產方式下，需要的滿足程度、生產與消費協調與否、科學技術成果能否得到合理利用，結果大不相同。在資本主義社會，「生產表現為人的目的，而財富則表現為生產的目的。」① 資本的目的是追逐更高的利潤率，生產單純為利潤而盲目擴張，又隨著利潤的降低而收縮，在這裡，技術必定淪為資本剝削勞動的工具。相反，作為揚棄了資本主義生產方式的社會主義社會，生產的目的不再表現為財富，而是以人為中心，滿足人民的物質文化需求，並且依靠技術進步去推動生產力的發展，從而為人類的最終解放創造堅實的物質基礎和時空條件。當前，只有徹底轉變傳統經濟發展方式和發展理念，構建以科學發展觀為指導的現代經濟發展方式，中國經濟才能真正步入科學發展、和諧發展的軌道。

參考文獻：

[1] 程恩富，何干強. 堅持公有制為主體，多種所有制經濟共同發展的基本經濟制度 [M] //海派經濟學：第24輯. 上海：上海財經大學出版社，2009.

[2] 趙磊. 改革三十年：面臨的問題與出路 [J]. 江漢論壇，2008（4）.

[3] 程言君. 經濟發展方式轉變規律、動因和歷史方位的文明形態視角研究 [M] //海派經濟學：第23輯. 上海：上海財經大學出版社，2008.

[4] 吳棟. 關於社會主義市場經濟條件下勞動者地位若干問題的探討 [M] //海派經濟學：第20輯. 上海：上海財經大學出版社，2007.

[5]「促進形成合理的居民收入分配機制研究」課題組. 促進形成合理的居民收入分配機制研究 [J]. 經濟研究參考，2010（25）.

[本文選自：魯保林，趙磊. 轉變經濟發展方式：三個命題 [J]. 馬克思主義研究，2011（1）：72-78.]

---

① 馬克思恩格斯全集：第46卷（上）[M]. 北京：人民出版社，1979：486.

第四篇

當代資本主義研究

論金融化與美國的金融危機

金融化何以可能——一個馬克思主義的解讀

信用的發展與資本主義演進

全球金融危機下的就業衝擊

當代資本主義國家勞資關係的變化及企業治理的新特點

勞資關係研究的理論脈絡與進展

現代社會的雙重困惑：經濟危機與生態危機

第三十五章　論金融化與美國的金融危機

劉詩白

2008年爆發的美國金融危機，並非一項突發事件，它是資本主義週期性危機的新形式。金融壟斷資本主推的經濟過度金融化與虛擬化，特別是「有毒的」衍生金融產品的引進，使美國金融結構畸化，金融體系風險增大，並導致這場空前嚴重金融危機的爆發。這場金融危機儘管是金融體系內在矛盾激化的直接產物，但其最深根子仍然是實體經濟中不斷擴張的生產能力與內生需求不足的矛盾。

一、一場百年難遇的、嚴重的金融、經濟危機

2008年9月爆發於美國的危機，是一場自1929—1933年「大蕭條」以來未曾有過的嚴重的經濟危機，其特點是：①首先是一場金融危機，它引發銀行、投行等金融機構大量破產，股市暴跌，銀行信貸收縮，資金週轉停滯，金融體系陷於癱瘓。②由金融領域危機演變為企業破產，大規模失業。2009年3季度失業率為10.2%，達到數十年來所未有的高度。③是一次還需要不短的時日才能完全擺脫的十分沉重的甚至會有反覆的經濟危機。④危機嚴重衝擊美國經濟，美國經濟核心陣地華爾街遭受重挫，美元發生貶值，人們擔心濫印貨幣而發生美元危機。美元作為世界儲備貨幣的地位和美國在世界經濟政治中的獨霸地位已經被嚴重動搖。后危機時期為眾多矛盾困擾的美國經濟將低速發展，美國會走向衰落。世界的多極化，以中國為首的新興國家引領世界經濟發展，將成為新時代的特徵。⑤危機給世界資本主義體系帶來了一次大衝擊，促使拉美社會主義興起，社會民主主義思潮又在歐洲獲得一定支持，而奧巴馬則在「變革」的口號下採用了一些「羅斯福新政」式的政策措施，如像提出為3,600萬未參加醫保者提供

醫療保險的社會福利措施。人們說：美國時鐘的鐘擺正在由自由市場經濟擺向國家干預的市場經濟。

可見，2008年9月在美國首先爆發的金融危機，在經濟全球化的背景和機制下，引發和演變為世界各國無一幸免的國際金融危機，並且進一步發展為全面的經濟危機，在一些國家引發政治危機和社會動亂。為應對危機，政府採用巨大財政赤字、零利率和信貸擴張等刺激計劃，使后危機時期的美國面對著美元危機和滯脹等風險。

二、美國的金融壟斷資本和經濟的過度金融化

美國是當代壟斷資本主義的典型和頂峰。壟斷資本主義指的是私有制的大企業在生產中占很大比重，它們對價格的形成施加影響，對廣泛的經濟生活進行控制。壟斷價格有別於充分競爭價格，價格不是定於供給曲線和需求曲線相交的點，而是位於其上，因而，它包含有超出平均利潤的壟斷利潤。如圖1所示：

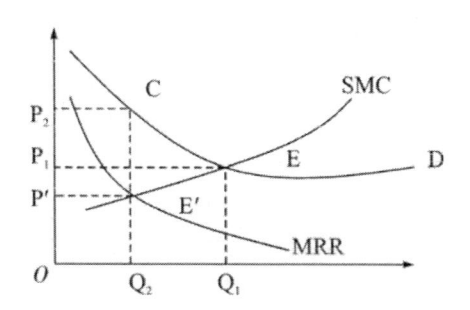

MR 為邊際收益　　MC 為邊際成本　　$P'E'CP_2$ 為壟斷利潤

圖1　壟斷價格的形成

壟斷價格等於＝成本＋平均利潤 P_1＋壟斷利潤 P_2，它意味著大企業從市場價格中獲得高額壟斷利潤。

美國早期的資本主義，是自由放任的市場經濟，實行中小工廠主自由競爭。這是一種由充分競爭和競爭價格調節的經濟，企業主獲得的是平均利潤。20世紀以來的現代美國資本主義，則是由福特（汽車）、美孚（石油）、花旗（銀行）等工業和銀行巨頭不同程度控制的市場經濟，在一些重要經濟領域現實的價格形成中壟斷的影響表現得十分明顯，大企業獲得高額壟斷利潤。私人壟斷資本對生產、交換的支配，在美國有著最鮮明的

表現。

現代美國資本主義，還具有金融壟斷資本主義的性質。金融壟斷資本主義指的是：①通過集中而形成具有市場壟斷性的大金融公司對金融市場交易的控制。美國「3%的銀行控制了多於70%的資產。16家最大銀行……控制著整個銀行系統1/3的資產」[①]，一批金融巨鱷在金融活動中佔有支配地位，它們從事數額龐大的信貸與投資業務。②金融業獲得更高的額外利潤，成為金融壟斷資本「淘金」的沃土。20世紀90年代以來，金融產業公司的利潤比國內其他部門高30%，2009年產業總利潤比1970年增大100%（《商業周刊》2009年5月）。美國前10%的家庭的可支配收入中8%來自金融領域，在2006年提升為22.5%。格林斯潘也說：「最近幾十年中國民收入轉移到金融、保險機構的份額急遽增大……有金融技巧的人員收入快速增長。」畸高的額外利潤是社會資本流入金融業、貨幣信貸活動活躍和不斷擴張的驅動力量。③社會資本流入金融業和信貸、投資活動的發展，使金融業在國民經濟中的比重大大提升。1995—2005年，美國的金融資產與GDP之比從303%上升至405%。1929年美國銀行信貸本息占GDP 9%，2008年上升為70%，達14萬億美元。特別是資本市場不斷發展和擴大，股市資產市值達到美國GDP的1.5倍。

可見，經濟的金融化是20世紀80年代以來美國經濟發展的鮮明趨勢，當代美國資本主義不僅是壟斷資本主義，而且是金融資本快速發展和占主導地位的資本主義。

三、經濟過度金融化與虛擬化

金融業的快速發展和在產業中地位的突出，是現代發達市場經濟的特徵。銀行信貸是金融活動的重要部分，是發展現代化大生產所必需和十分重要的槓桿。沒有銀行信用制度，就不會有19世紀下半葉英、美等國的鐵路交通和海輪運輸業的發展。資本市場是現代金融體系的重要組成部分；沒有發達的證券市場，就不可能有現代股份制企業的發展，沒有20世紀末出現的創業板市場，就不可能有激勵和孵育高技術經濟的風險資本和科技

[①] 斯蒂格利茨. 經濟學（下冊）[M]. 4版. 黃險峰，張帆，譯. 北京：中國人民大學出版社，2000：204.

性企業的快速發展；沒有期貨交易就不能發揮發現商品市場價格，穩定市價波動的功能和使市場適應發達商品交易的需要；沒有衍生金融產品，就不能充分發揮這一新型金融資產的市場融資、再融資功能和充分釋放金融市場的活力。

可見，發達的金融體系和發達的資本市場的形成和發展，起著積極促進產業經濟發展的功能。在現代化、市場化、全球化大背景下，金融業的加快發展和趨於發達是一個大趨勢。問題是貨幣信用事業的發展要適應實體經濟的需要，而不能聽任其自我膨脹，形成貨幣信用過度擴張。

信用，我們指的是銀行的信貸，以及資本市場上的金融資產如像股票、債券以及衍生金融產品等的買賣活動。這些買賣總與貨幣有關，因而，確切地說，這是貨幣信用。我們把貨幣信用過度擴張規定為：①社會資本過多流入和集中於金融領域，特別是股市；②在金融自我循環中銀行和金融事業機構過度發展；③劣質或「有毒」的金融工具的使用和多次使用，即槓桿率過度增大。上述情況，意味著國民經濟活動中超出實體經濟發展需要的貨幣信用交易活動量的過度增大，特別是金融虛擬資產交易量的過度擴大。

顯然，上述貨幣信用過度擴張，鮮明地體現在20世紀80年代以來美國經濟的發展中。如像金融部門提供的信用1980年為5,783億美元，2002年初達9.6萬億美元，在GDP中的比重由21%躍升至93%；消費者信用貸款2002年達7.9萬億美元，占GDP的77%。一方面是金融業的不斷發展和信貸以及資本市場交易活動的急遽擴大，另一方面是製造業出現萎縮和移至國外。美國1998—2006年工業產值不斷下滑，工業中就業占總就業比重，50年代為50%，1998年下降為15%，2008年下降到10%以下，大量就業轉移到金融以及商業零售、旅遊、物流等低端服務業，呈現出「去工業化」現象。

金融業的發展以及信貸與投資的擴大，意味著債務的增長和債務違約引發的信貸危機的產生。根據美國聯邦儲備委員會的材料，美國1998年一季度至2008年一季度債務增長狀況是：金融業為128%；家庭為97%，約為15萬億美元；企業為65%，約為24萬億美元；州及地方政府為61%，約為4萬億美元；聯邦政府為9%，美國國債規模約為12萬億美元。美國總共債務規模達55萬億美元，為GDP的3倍多，從而使美國經濟成為高債務經濟。特別是近10年中家庭債務翻番，其中住房債務的壞帳導致了次貸

危機的發生。

可見，美國經濟出現了超過實體經濟需要與承載能力的經濟過度金融化和虛擬經濟過度發展，與這種發展相伴隨的是實體經濟部門的萎縮。這種過度金融化和過度虛擬化的經濟，成為美國市場經濟模式的鮮明特徵，可以稱之為金融資本主導的市場經濟。顯然，經濟金融化過了頭，奧巴馬也宣稱要「重返實體經濟」。

四、20世紀80年代以來美國的里根主義：金融過度擴張的政策背景

金融活動的過度擴張與政府的自由主義政策密切相關。1980年里根主政，實行放寬管制政策，聽任市場自由活動，人們稱之為里根主義。美國於1913年創立了中央銀行制度——美聯儲。20世紀30年代，美國加強了對銀行信貸活動的管理，如建立儲蓄帳戶的準備金制度，對銀行信貸利率上限進行管制。1980年以后取消了上述規定，實行銀行利率市場化，美聯儲對商業銀行信貸的調控功能也由此減弱。20世紀30年代設立聯邦存款保險公司FDIC，政府為銀行存款提供保險並在危機時處理銀行破產事務。1933年實施的《格拉斯·斯蒂格爾法》（Glass-Stegall Act）規定銀行只能從事存貸業務以保護存款人利益，嚴禁銀行從事股權投資。這一法令在1999年被廢止。主流金融理論片面宣稱：實行商業銀行業務多元化，有助於減少金融風險。1971年，尼克松政府終止美元與黃金掛勾制度。由於貨幣與黃金脫鈎，一方面黃金自發調節貨幣供求功能喪失，另一方面貨幣信用的擴張更加容易。在聽任金融自由創新的政策支持下，金融機構熱衷於開發衍生金融產品。一些大金融公司在高額利潤驅使下製造出一些「有毒的」金融衍生產品，后者在金融市場中的炒賣增值，誘發出更多的「有毒資產」產生和入市，由此增大了金融市場體系的風險。衍生金融產品入市成為引爆金融危機的直接動因。美國借助於美國霸權和美元作為世界儲備貨幣的地位，保持大量進口和貿易逆差，也就是以債務融資形式維持其國內的過度消費。作為債務的資產——國庫券、財政部擔保債券——的大量發行，進一步擴大了國內外的信貸活動。在當代資本主義經濟、政治形勢下，為了保持社會穩定和爭取選民，政府對不可持續的住房信貸實行自由放任和金融支持。1979年，英國首相撒切爾夫人提出「居者有其屋」，美

國政治家——從里根迄至小布什的歷屆總統，在競選中也均做出保障居民住房的承諾。羅伯特·希勒說，政府「對居者有其屋的承諾不斷加碼」①，放寬住房信貸是政府「這一政策的直接后果」②。而且，應該看到美聯儲和政府聽任高風險私人住房信貸畸形發展，與其說是為了滿足居民的住房需求，毋寧說是為了滿足 AIG 等大公司獲取壟斷利潤的要求。

五、虛擬經濟運行機制與金融過度擴張

當代發達國家金融的過度擴張，其重要原因是市場經濟中金融化、虛擬化的機制。對此，我們略加分析。

1. 金融活動成為經濟活動的重要支撐

金融活動包括①銀行信貸；②資本、證券、外匯市場交易；③保險業務。資本市場活動發達是現代市場經濟的特徵。在現代化、市場化、全球化大背景下，信用在發展中的作用更加強化。週期長的技術開發活動、新興產業創業活動、小企業包括科技個體企業的興辦等，均有賴於銀行信貸與資本市場的支撐。因此，促使現代金融業——包括從事資金信貸的銀行業、從事資本市場交易的證券業和各種基金、吸收保費和進行資本市場營運的保險業、參與資本市場的養老基金等的興起，形成高效、有序和低風險的金融活動，是現代市場經濟的特徵和加快經濟發展的需要。

2. 金融交易工具的增多和現代金融創新中的 M 擴張

證券交易是現代金融活動的主要部分。實體經濟主要通行的是物品與貨幣交換，即商品→貨幣→商品，但在資本市場上存在證券與貨幣的交換，即貨幣→證券→貨幣。在發達市場經濟下，適應著融資與發展金融業務的需要，出現了包括衍生金融產品在內的證券的多樣化。進入金融市場的產品日益增多，包括國債、公司債券、各種抵押證券、期貨，特別是衍生金融產品，等等。這些產品能夠在資本市場迅速變現，即變為現金，由此發揮交易媒介功能，因而，它屬於「準貨幣」性質。現代金融學使用 M_3、M_4 等術語來稱謂這些金融工具。美國自 20 世紀 80 年代以來，華爾街大公司在壟斷利潤驅使下不斷進行花樣百出的「金融自由創新」，多種金融產品

---

① 羅伯特·希勒. 終結次貸危機 [M]. 何正雲，譯. 北京：中信出版社，2008：58.
② 羅伯特·希勒. 終結次貸危機 [M]. 何正雲，譯. 北京：中信出版社，2008：58.

特別是衍生金融產品被創造出來並被推向市場，如 CDO，即債務抵押證券（Collateralized Debt Obligations），以及 CDS 即信貸違約互換（Credit Default Swap）等。我們稱這種現象為現代金融創新中的 M 擴張，它意味著貨幣範疇內涵的擴大，反應了立足於私有制的發達的市場經濟中貨幣信用活動自我擴張趨勢。

3. 虛擬資產交易具有自我膨脹的機制

證券是一種虛擬資產。股票、國債、公司債券、期貨以及衍生金融產品等都是實在資產價值的憑證。證券的市場交易價格或市值，不等同於其實在價值，它經常地高於實在價值，也會跌到實在價值以下。即使在較成熟的美國資本市場，其 NDQ 市場上的市盈率水平，1994—1999 年上漲 907%，在 2001 年又一落千丈。虛擬資產市場交易，帶有強烈的投機性，人們通過低價買進高價賣出來賺取投機利潤。資本市場上的資產價格，①決定於實在價值，②更多地決定於產品供求，③特別受到心理因素的影響。在人們預期良好時，會出現「牛市」，它實現的高額投機利潤吸引大量社會資金入市。人們在市場上為哄抬虛擬資產價值而互相博弈，由此形成金融資產交易中資產價格膨脹和「泡沫化」的出現。虛擬資產的價格變動機制及其引發的資本市場自我膨脹，是當代發達金融經濟的特徵。

4. 衍生金融產品促進金融資產自我膨脹

衍生金融產品，是以一項基礎支持資產，例如以住房抵押信貸為基礎，開發出若干次的重複抵押證券。這樣，一項始發債券交易，可以生長出為其實在資產價值數倍、數十倍的后續衍生證券交易。如像美國立足於 12 萬億美元房貸而開發入市交易的 CDO、CDS 市值達 100 萬億美元，為全球 GDP 的 3 倍。金融企業可以用這種成倍放大的虛擬資產收益來改善其資產負債表，進一步擴大其信貸和投資活動。衍生金融資產的創造和引入資本市場，促使一種倒金字塔式的虛擬資產不斷自我擴大機制的形成，由此出現了快而大的泡沫化。

虛擬經濟的快速自我膨脹總是會帶來突發的收縮，也就是經濟「泡沫化」導致泡沫破裂，即出現虛擬資產運行危機。虛擬資產市場交易具有投機性。投機性交易中對產品的需求和產品價格決定，更多地從屬於人們的心理預期。在市場上人們心理預期看好時，就會有對資產的投機性搶購和價格的節節攀升，而在人們心理預期逆轉時，則會有競相拋售和價格的不斷下挫。這是一種更多地受心理預期影響的市場。而人們的心理預期則決

定於多種因素，包括企業的經營和利潤率、市場銷售狀況、宏觀經濟狀況、調控政策的走向甚至包括社會、政治狀況與自然環境變化等。這種心理稱為市場心態，它本身具有不確定性和非理性特質。市場心態的不確定性質，決定了產品市價的易變性和資本市場高風險，后者在本質上是不可計量的。

可見，金融虛擬資產交易是一項高風險交易。特別是在出現「泡沫化」態勢下，市場行情就更加不穩，在人們瘋狂的市場博弈中，泡沫破裂就將發生。泡沫化到泡沫破裂應該是金融虛擬資產市場交易的客觀規律。一些西方經濟學家認為人們可以做到「理性預期」，或認為可以通過金融業務工具多元化消除風險，並且認為可以憑藉數學模型精確計量風險。當代市場經濟體頻頻發生的金融危機，證明了金融虛擬資產交易泡沫化到泡沫破裂，是不依人們意志轉移的客觀必然性。[1]

5. 金融業中通行強激勵機制，促使金融高管行為畸化，增大了虛擬資產市場交易活動的不確定性

國外的現代金融業是以高風險、高盈利、高報酬為特徵的。金融業萌芽期雇員的報酬（工資）不超過商業雇員的工資水平，當代華爾街金融高管層的工資卻大大超過其他各產業的工資水平，金融行業雇員被稱為「金領」階層。特別是華爾街金融高管的年報酬，通常是中產者收入的數十倍。

一般地說，經理人員的高薪產生於人力資源的市場價格機制，它是管理者從企業良好業績中獲得的回報，實質上體現了現代市場經濟中高管層對企業利潤的分享機制，現代管理學稱之為收入分配激勵機制。金融高管以及科技創新尖子的高回報的產生，一方面是由於現代金融運行的高不確定性，決定了金融企業高管活動是一項高知識含量從而高複雜性活動，這種人力資本的形成，不僅需要有更多的學校學習費用，而且需要有更長的專業實踐學習費用，因而，金融高管的工資屬於複雜勞動報償的範疇。另一方面更主要的是，金融高管作為公司以市場方式招募的人員，他的報酬是在市場競爭中形成的，那些稀缺的人力資源就會獲得遠高於其自身價值

---

[1] 里查德·鄧肯在《美元危機》一書中說：衍生金融產品交易「本身就構成了一個產業，不但蓋著神祕的面紗，而且也證明它是全球經濟的『阿基里斯的足后跟』……該市場所產生的任何系統動盪都有可能讓美國政府付出昂貴的代價，甚至束手無策」，「衍生性金融產品市場的瓦解會導致全球銀行體系的崩潰，而這種可能性是沒有一個政府有能力補救的」。里查德·鄧肯. 美元危機 [M]. 王靖國, 等, 譯. 大連：東北財經大學出版社，2005：94.

的工資。特別是在從事投機性金融市場活動時，金融博弈能手自然會成為最搶手的人力資源，這就是國外金融高管以及金融技術創新尖子獲得價格遠遠高出其內在價值的畸高報酬的現實依據。

實踐表明，金融虛擬資產營運中的強激勵制度是一把「雙刃劍」，它一方面會提升金融經營管理勞動的效率，另一方面它又導致經營決策行為的投機性與風險性。人們可以看見，在華爾街，不少金融高管在天價式的報酬刺激下，頭腦發熱，喪失從事風險事業所必需的經營行為的謹慎性，千方百計尋找和設計出能「賺大錢」的金融工具，在金融活動中「不惜冒險一搏」。這種通行於金融行業的現代強激勵機制不僅有悖於「勞有其值」之理，而且帶來嚴重的負效應：①它助長金融投機活動和「非理性繁榮」；②助長企業經營中的瞞報和財務作假——如像2003年美國世通公司等的財務醜聞，因為只有捏造出業績，公司經理層才能獲得與業績掛鉤的巨額的薪酬；③助長追求短期的投機盈利，而不是謀取公司長期穩健的成長。總的說來，現代強激勵機制激發出來的金融大公司的「畸化」行為，影響和造成金融活動中的不良態勢，強化了金融泡沫化發展和金融運行的不穩定性。

綜上所述，市場經濟中貨幣信用活動具有自我膨脹機制，這比較像西方經濟學所說的「貨幣乘數」作用。而越來越立足於虛擬資產之上的現代金融信貸活動，其自我膨脹機制就更加強化，金融運行的風險就更加增大。可見，在發展金融虛擬經濟活動和利用其積極功能時，需要有效的制度約束以及政府的宏觀調控和管理。而聽任金融自由創新，聽任金融信貸自我膨脹，就會走向經濟過度金融化和過度虛擬化，不僅引起經濟結構失衡，而且增大金融運行中的風險，最終導致金融信貸危機發生。

六、過度金融化的根子是制度性的生產能力過剩

2008年的危機首先發生於金融領域，表現為金融危機。一些人由此認為，當前這一場危機純粹產生於金融運行失序，而與生產能力過剩的經濟危機不相干。這是一種停留於事物表象的淺見。馬克思闡明了資本主義實體經濟中不斷擴張的生產能力和市場需求不足的矛盾，是經濟危機產生的根本原因，「市場的擴張趕不上生產的擴張，衝突成為不可避免的了，而且，因為它在把資本主義生產方式本身炸毀以前不能使矛盾得到解決，所

以它就成為週期性的了」①。

我們認為，2008年美國的這場經濟災難，儘管是一場金融危機，是美國金融體系的內在矛盾激化的直接產物，但仍然與美國實體經濟內在矛盾有關，其最深的根子仍然是資本主義制度下實體經濟中不斷擴張的生產能力與內生需求不足的矛盾。

20世紀80年代以來，一方面科技革命與新技術的使用，使勞動生產率大大提高，總供給不斷擴大；另一方面，資本主義所有制結構下的國民財富分配機制和人力商品制度下固有的收入重大差別，決定了居民有購買力需求的增長落後於生產能力的擴張。儘管20世紀30年代以來，特別是二戰結束後，美國加強了社會福利制度建設，一定程度上治理和緩解了貧困化，但是國民收入分配向資本傾斜而不是向勞動傾斜的機制不曾改變。特別是由於美國存在大量低收入階層，占勞動力40%的棕色、黑色人口的絕大多數從事低收入工作，低收入層的實際收入增長長期落後於企業利潤的增長。收入差距的拉大，兩極分化越發嚴重，是80年代以來經濟高科技化時期的特徵。1978年，占居民10%的最富有層的收入為低收入層收入的20倍，在2008年擴大為77倍。1990年美國有13.5%的人口處於貧困狀態，貧困人口中男性為32%②，美國基尼系數在1980年突破0.4，2005年為0.469，高於北歐、澳洲、加拿大和日本，收入分配差距居發達國家首位③。國外媒體稱：「美國貧富差距正在不斷加大，比任何時候都嚴重，而赤貧人數攀升到近30年的最高點。」美國的淨資產貧困人口，即沒有收入，其淨資產價值減去債務後剩余部分不足以維持現有消費水平3個月的人，在1999年約占美國家庭的26%。美國存在上千萬缺房戶，他們依賴房貸來解決「居者有其屋」。

可見，財富富裕的美國資本主義經濟，不斷擴大的財富生產能力與貧困造成的內生需求不足的矛盾，不僅仍然存在，而且表現得十分鮮明。即使是像格林斯潘這樣的美國自由市場體制的熱烈擁護者，於2002年2月27

---

① 恩格斯. 反杜林論 [M] //馬克思恩格斯選集：第3冊. 北京：人民出版社，19：315.
② 斯蒂格利茨. 經濟學（上冊）[M]. 4版. 黃險峰，張帆，譯. 北京：中國人民大學出版社，2000：524.
③ 斯蒂格利茨. 經濟學（上冊）[M]. 4版. 黃險峰，張帆，譯. 北京：中國人民大學出版社，2000：534.

日在國會作證時也多次談到美國生產能力過剩。在有效需求與供給能力發生制度性失衡的大格局下，政府唯有借助於信用擴張如像消費信貸、房貸來刺激大眾消費和支撐有效需求。2001年網路危機爆發後，出現技術創新低潮和技術轉化為生產力對經濟增長驅動力的變弱，而房地產在經濟增長中的作用增大。為發揮房地產的拉動增長功能，2001年以來美聯儲一直以低利率來維持和擴大房貸。廉價的甚至無須首付的房貸，擴大了人們對住房的需求，也促使房價不斷攀升，並進一步推動了住房投資和促使住房生產能力擴大。房地產泡沫由此出現，2007年發生的次貸危機也由此釀成。里查德·鄧肯在2005年出版的《美元危機》一書中就已經指出：「房地產市場繁榮不可能持續長久……最后會在危機中結束。」[1]

可見，大眾購買力的增長滯后和有效需求不足，是2001年以來美國住房信用擴大的現實基礎，也是美國式的消費債務經濟出現的深層原因。正如英國倫敦經濟學院韋德教授所說：「在美國人口中占90%的低層的收入沒有增長的條件下，借助貨幣信貸來增大人們的消費。」

可見，政府主導的貨幣信用的擴大固然能夠在短時期內起著創造和擴大需求的功能，甚至能帶來短期的經濟增長，而刺激和擴大貨幣信用也就成為一個有效需求不足經濟中保持增長的外生力量和槓桿。但是貨幣信用的擴張畢竟不能消除生產能力擴張和有效需求不足的矛盾，特別是持續的貨幣信用擴張會滋生出一個過度金融化、虛擬化的畸化經濟結構，這一結構導致：一方面，金融體系因其龐大蕪雜，內在矛盾更加眾多和更不穩定；另一方面，膨大的虛擬經濟與萎縮的實體經濟的矛盾也更為突出。這一過度金融化的經濟的運行中不僅導致金融危機，而且也會使實體經濟矛盾深化並演化為全面的經濟危機。

綜上所述，美國2007年爆發的次貸危機，其深層原因仍然是來自於實體經濟的矛盾。也就是說，在實體經濟中擴大的生產能力受困於不足的有效需求的情況下，為了支撐市場需求，經濟過度信用化、金融化、虛擬化的趨勢將難以避免，而這一畸化的經濟結構的運行必將導致金融、經濟危機的爆發。

---

[1] 里查德·鄧肯. 美元危機 [M]. 王靖國，等，譯. 大連：東北財經大學出版社，2005：86.

七、經濟自由主義釀成的惡果

對於2008年的經濟危機的發生，西方國家的人們普遍感到彷彿是突然禍從天降，當局在救市中倉促應對，政治家對於緩解失業、促進復甦的政策措施爭論不休，這些充分暴露了人們對資本主義週期性經濟危機的運行規律缺乏理性認識。而這種認識缺失的根源，在於西方主流經濟學的缺陷和科學性的「貧乏」。戰后西方主流經濟學，在研究對象上使政治經濟學變成了一門單純研究經濟運行瑣碎機制的學科，在研究方法上熱衷於數學模型的搭建和使用。經濟學家們不曾著力於剖析產生某種經濟運行態勢的體制基礎，摒棄對經濟深層制度即所有制的理論剖析，更不願承認資本主義有其嚴重的內在矛盾。如諾貝爾經濟學獎首位得主薩繆爾森自稱，對於凱恩斯主義的有效需求不足和有非自願失業的均衡命題，他一直難以從內心加以接受。

在二戰后美國經濟相對平穩發展的大背景下，特別是1980年以來，美國經濟學思潮中出現了離棄凱恩斯的有政府調節的市場經濟論，而向「市場自律論」迴歸。「市場自律論」即實行自由放任，認為放手聽任市場機制自發調節，就能使資源配置達到均衡點，從而實現經濟穩定增長並「自動熨平」週期波動。這種教義成為20世紀80年代以來美國的主流經濟學說，並成為美國政府制定經濟政策的理論基礎。這一理論來源於馬歇爾的一般均衡論。在這裡需要指出的是，對美國金融政策具有重要影響力的米爾頓·弗里德曼的貨幣金融理論。弗里德曼論述了取消政府干預的金融市場自我調節理論，這一理論成為現代金融學的基本原理，貫穿在各種金融學教材之中。

弗里德曼所闡述的現代貨幣主義理論，其基本觀點是：①資本主義市場活動擁有自我調節能力，能使經濟自動實現均衡，而無須政府加以干預；②在出現經濟波動時，市場價格和工資伸縮性的機制會迅速地加以校正；③政府只需確定和保證貨幣數量穩定增長率，無須採用其他工具來管理市場，包括對過熱的、泡沫化的資產市場的管理；④主張保持有一定失業的經濟均衡。弗里德曼提出了一個「自然失業率」概念，認為失業是「自然的」和合理的。

弗里德曼否認1929—1933年的「大蕭條」的原因是資本主義實體經濟

固有的生產能力過剩和「內需不足」，而認為是注入流通的貨幣不足導致蕭條的發生。基於這一理論，只要當局根據經濟運行態勢調控貨幣，特別是降低利率、增加貨幣數量，就可以通過貨幣乘數以及信用的功能創造出需求，及時消除危機。這種「貨幣增長消滅危機」的理論，通行於現代金融學教科書中。薩繆爾森在發行量達數百萬冊的《經濟學》教材中，極力宣揚戰后資本主義經濟運行的可調控性，認為美國經濟已經「不至於擴大成為長期持續的蕭條狀態，如果馬克思主義者在等待資本主義在最后的危機中崩潰的話，他們就是徒勞的」[1]。主持美聯儲長達20年的格林斯潘，在2007年出版的《格林斯潘回憶錄——動盪的年代》一書中，充滿了對美國「自由市場制度的優越性」的讚揚；宣稱自由市場制度擁有強大的自我調適的功能；認為美國1956年以來50年的信貸擴張和各種債務——家庭、公司、政府——的增長「不值得擔憂」，「這種擔憂忽視了現代生活中的一項基本事實：在市場經濟中，進步是與債務相伴的」。這本書片面宣揚現代金融體系促進增長和減少風險的美妙能力。格林斯潘對美國20世紀90年代末的房地產與股市繁榮有一句經常重複的話：「我們面臨的不是泡，只是沫——大量細小的沫子，這種沫子不可能膨脹到對我們整個經濟體制的健康產生威脅的那種程度。」而在他闡述的「金融泡沫消散」理論后不過兩年，一場特大的美國金融危機就爆發了。

由於「自由市場萬能」的教條束縛著人們的頭腦，美國領導層「對美國存在的問題視而不見……對資本主義體制的優越性過分自信，這種自信幾乎接近宗教狂熱程度」[2]。在美國金融危機的嚴峻形勢下，2008年11月25日，美國200多名教授包括多個諾獎獲得者，寫信給國會，反對保爾遜的政府救市計劃，除指責它安排操作上的不公平外，更認為對私人企業的政府干預的做法，會影響一代人以來通行的政策和改變美國的自由金融體制。

在市場自由主義理論影響下，人們對2008年危機的發生，感到十分突然，主流經濟學家也不能對它做出理論闡釋。危機發生之時，政府官員、總統、美聯儲主席互相推諉責任。一時間對金融危機的解釋是：①華爾街

---

[1] 保羅・A. 薩繆爾森. 經濟學：上冊 [M]. 12版. 蕭琛，等，譯. 北京：中國發展出版社，1992：330.

[2] 羅伯特・希勒. 終結次貸危機 [M]. 何正雲，譯. 北京：中信出版社，2008：15.

經理的貪婪論。布什說：華爾街「喝醉了」，將金融危機的產生歸於金融高管的失誤；②一些人則將危機歸於宏觀金融當局即格林斯潘個人決策失誤；③似乎成為共識的金融活動缺乏監管論，也只是著眼於個人造成的監管制度的缺失，人們並未能更深入一步去尋找造成放棄和疏於監管的制度性原因。

2009年美國政府換屆后，不少人抨擊奧巴馬提出的救市新政——包括對金融業進行干預監管、減少失業以及擴大醫療保險的措施——為「搞社會主義」，這也是以經濟自由主義作為他們立論的依據。

總之，由弗里德曼等所宣揚的自由競爭和市場價格機制能使企業「自我約束」，使它們從事的金融風險業務與它們自身的風險承擔能力相當，這一條現代金融基本原理經不起實踐的檢驗。在實際生活中，在「經濟自由主義」旗號下，金融大鱷在市場上為所欲為，進行金融擴張和各種「非自律性」的冒險行為，推動金融運行的泡沫化。如果說，在早期資本主義自由競爭的市場經濟條件下，經濟運行中體現了企業自律作用，眾多中小企業主使它們的經營行為從屬於充分競爭市場的約束，那麼，在當代金融資本壟斷條件下，充分的平等競爭實際上不再存在，而缺乏政府的規制和調節，大企業就利用其壟斷地位和政府的「隱性支持」，做出許多「非自律」的行為，包括將「有毒的」金融產品肆意批量推向市場。實踐表明，聽任市場機制自發調節和金融自由演化，恰恰促使金融主體行為畸化和金融運行失序，並最終導致金融危機的爆發。

八、小結

（1）2008年的美國金融經濟危機，並非一項突發事件，而是資本主義經濟週期性危機的新形式，其初始表現是金融危機，后續表現是實體經濟領域的危機。

（2）立足於私有制的金融大資本主推的金融自由演化，導致經濟過度金融化與虛擬化。「有毒的」衍生金融產品的引進，使金融結構畸化，造成金融活動脫離了實體經濟的需要與承載能力，加劇了金融運行與實體經濟運行的矛盾。這一畸化的西方盎格魯撒克遜式金融體系與金融運行的矛盾的累積，導致了這一場空前嚴重的金融危機的爆發。而20世紀80年代以來的金融的自由演化，則是美國政府實行經濟自由主義政策促成的。

（3）危機迫使西方國家進行政策和體制調整。在各國政府大力救市和增加就業的實踐中，國家調節的市場經濟取代了經濟自由主義，而加強對金融業的監管成為體制調整的中心環節。當然，西方國家能否推出真正有效的金融監管和使金融體制完善化，人們還需拭目以待。而在資本主義制度框架下，人們難以做到制止由私人金融壟斷主推的金融自由演化和經濟的過度虛擬化，因而這一場危機後在發達國家的「體制調整」，仍將是停留在表層結構。資本主義基本矛盾將不會消失，制度性的週期性經濟危機仍將是資本主義經濟運行中難以擺脫的痼疾。

（4）金融體系是社會主義市場經濟體制的重要組成部分。當前中國尚處在創建現代金融業的初始階段，構建發達的、結構完備和完善的金融體系，是推進工業化、城鎮化、國際化和推進科技創新加快發展的迫切需要。及早構建起完善的現代金融體制和機制，就能大大提升中國國民經濟的活力和發展動力。基於金融產品的特殊性，特別是證券虛擬資產在市場流通中的自我膨脹即資產泡沫化和泡沫破裂的規律，要求我們：①尋找和構建起一種適應於社會主義市場經濟性質和要求的完善的金融結構。要尋找活而不亂的銀行模式與資本市場模式，要恰當處理好實體經濟與資本市場的關係，防止金融虛擬經濟過度發展。②加強對金融活動的監管。金融活動需要放手發揮主體自主性，才能使金融運行生氣勃勃，有效發揮市場的金融資源配置功能。但金融運行固有的風險性，要求有政府的嚴格規制和有效的管理。特別是對於金融虛擬資產市場運行狀況要進行引導，對市場行情變動極端態勢要進行有效的宏觀調控，而不能聽任金融市場泡沫自由發展、自生自滅。總之，我們應該把構建具有強大投資、消費推動力的、「活而不亂」、能加以有效調控的現代發達金融體系，作為金融體制改革和創新的目標。

[本文選自：劉詩白. 論金融化與美國的金融危機 [J]. 經濟學家，2010（6）：5-14.]

第三十六章 金融化何以可能

——一個馬克思主義的解讀

趙 磊 肖 斌

從 20 世紀 80 年代開始，資本主義主要經濟體都朝著金融化的方向加速發展，經濟活動的重心從產業部門轉向金融部門。從經濟累積的角度來看，金融業的利潤在總經濟利潤中的份額不斷上升，同時非金融企業的收入源於金融活動的比重也越來越大。這種金融化的經濟模式，儘管帶來了短暫的經濟繁榮，卻造成了實體經濟與虛擬經濟發展的嚴重不平衡，最終加速了經濟危機的到來。近年來發生的美國次貸危機和歐洲主權債務危機，都跟經濟金融化直接相關。本文基於馬克思主義的分析方法來探尋產生這種模式的深層次原因。

一、經濟金融化原因：一個簡要的文獻綜述

金融化（Financialization）是對一種經濟現象的描述，格萊塔·克瑞普納的定義最能反應其本質。他將「金融化」定義為一種經濟累積模式：「利潤的獲取越來越多地通過金融渠道進行，代替了傳統的商品生產和貿易渠道。」[1] 這就是說，經濟中真實資本的累積越來越依賴於金融市場。近年來，金融化現象越來越受馬克思主義者的關注，其中有關金融化原因的觀點歸納起來主要有以下幾種：

第一，金融權勢膨脹論。埃德溫·狄更斯對世界經濟金融化進程中的

---

[1] GRETA R KRIPONER. The Financialization of the American Economy [J]. Socio-Economic Review, 2005, 3 (2): 173-208.

重大事件做了歷史性的描述，把金融化的主要驅動力概括為金融機構政治影響力的重新崛起以及金融精英勢力的不斷膨脹。① 持類似看法的還有杜梅尼爾、列維和愛潑斯坦等人。金融資本權勢的上升左右了一些政府決策和制度安排，從而放大了金融市場上具有破壞性的「羊群效應」，催生了金融泡沫。②

第二，新自由主義體制論。詹姆斯·克羅蒂等人研究了韓國的金融危機，並認為韓國建立高度金融化和全球化的經濟體系的原因在於，金融管制遭受持續的攻擊。③ 大衛·科茨也認為，「近幾十年來推動金融化進程的直接原因在於新自由主義的重構」④，但他覺得金融化更深刻的原因並不在此。

第三，投資回報下降論。格萊塔·克瑞普納認為，美國經濟金融化趨向的起源是20世紀70年代困擾企業獲利能力的危機。正是由於勞工鬥爭和國際競爭的加劇，造成了美國非金融企業的投資回報不斷下降，從而資本從生產領域轉移到金融市場。投資回報下降和實體經濟增長停滯只不過是同一硬幣的兩個面，所以約翰·福斯特認為金融化是源於資本主義經濟停滯的趨勢。⑤

第四，資本主義階段論。此觀點認為金融化是公司資本主義仍在繼續的趨勢，持這一觀點的代表人物是大衛·科茨。「……進入公司資本主義階段，人們不難發現在資本主義核心發展過程中所表現出的強烈的金融化趨勢。」⑥

以上幾種觀點對經濟金融化現象的產生都有一定的解釋力，但也存在某些局限性。比如，金融權勢膨脹論正確地認識到了政治對經濟的能動作

---

① GERALD A EPSTEIN. Financialization and the World Economy [M]. London: Edward Elgar Pub., 2005: 210-219.

② GERALD A EPSTEIN. Financialization and the World Economy [M]. London: Edward Elgar Pub., 2005: 111-148.

③ GERALD A EPSTEIN. Financialization and the World Economy [M]. London: Edward Elgar Pub., 2005: 77-110.

④ 大衛·科茨. 金融化與新自由主義 [J]. 孫來斌，李軼，譯. 國外理論動態，2011（11）：5.

⑤ JOHN BELLAMY FOSTER. The Financialization of Accumulation [J]. Monthly Review, 2010, 62 (5): 1-17.

⑥ 大衛·科茨. 金融化與新自由主義 [J]. 孫來斌，李軼，譯. 國外理論動態，2011(11)：10.

用。但我們認為金融權勢膨脹，更多的是金融化的一個表現或者結果。而用結果來解釋原因，容易陷入邏輯上的混亂。新自由主義的思潮影響了整個世界經濟的發展，金融化趨勢也因它得到了強化。雖然新自由主義體制論看到了放鬆管制對金融自由與繁榮發展的影響，但是沒能發現金融化現象更深刻的原因。投資回報下降論雖然突破了金融化的表面原因，肯定了投資回報下降與金融化的聯繫，但對投資回報下降的解釋僅限於勞工鬥爭和國際競爭，而沒有進一步深入到資本主義生產關係的層面。資本主義階段論看到了金融化是一定階段的必然現象，但未認識到公司資本主義只是為金融化提供了一個理想的制度環境，也未能看到金融化現象與資本主義生產關係的長期共存性。

上述幾種理論觀點從不同的角度和深度來解釋經濟金融化趨勢的原因，對我們進一步解讀金融化的根源大有啓發。雖然有些學者部分堅持了馬克思主義的分析框架，但是這些理論解釋缺乏深入的分析，也沒有統一的邏輯體系。本文擬運用馬克思主義的分析方法，從生產力和生產關係方面對經濟金融化產生的根源做一個探討。

二、社會分工需要的資本裂變與經濟金融化

社會生產力的進步引起了社會分工的發展，歷史上每一次社會大分工出現的原動力都在於此。對前三次社會大分工的劃分學術界一致公認，分歧頗多的是有關第四次社會大分工出現的標誌，有學者認為是「腦力勞動和體力勞動的分離」[1]，也有人認為是科技業的興起。比較流行的是把服務業的產生作為第四次社會大分工出現的標誌。[2] 而金融業就是在第四次社會大分工中出現的，屬於服務業的亞種分工，它為生產和消費提供融資服務、調節社會資金的流動、向企業和個人供給信用以及信息產品等。下面將介紹社會分工產生金融業的兩條邏輯路徑，說明分工機制如何促進了金融業的膨脹式發展，從而使資本主義經濟日趨金融化。

---

[1] 錢書法. 勞動分工深化、產業組織演進與報酬遞增 [J]. 馬克思主義與現實, 2003 (6): 99.

[2] 李鐘. 論社會分工、企業分工和企業網路分工——對分工的再認識 [J]. 當代經濟研究, 2005 (2): 18.

1. 金融業的產生：基於社會分工需要的職能資本裂變過程

在資本主義的生產方式下，當貨幣預付到商品生產領域並追求價值增殖時，就成了貨幣資本。這種貨幣不僅具有基本的貨幣職能，也具有一般資本的職能。貨幣作為預付形式的資本，是保持產業資本連續運動的前提條件，從而再生產過程中的一部分產業資本必須要以貨幣資本的形式存在。貨幣也是借貸資本、貨幣經營資本形成的初始條件，從而天然地構成了金融業產生的邏輯起點。雖然如此，但我們認為現代金融業是基於社會分工的需要由職能資本裂變而來的。

（1）金融業沿著借貸資本而發展

產業資本循環用簡單公式表示為：$G—W\cdots P\cdots W'—G'$，這體現了價值增殖是一切資本生產運動的目的。在循環的三個不同階段，產業資本採取了不同的職能形式，商品形態和貨幣形態的資本不斷地相互轉化，從而保證了再循環的連續性。我們可以觀察到，在不斷循環的過程中，會有一部分剩餘價值既非用於資本累積也非用於個人消費，而是以貨幣的形式作為風險準備金閒置著；還有一部分剩餘價值正處於累積週期和消費週期之中，也會暫時地閒置起來。這些從產業資本循環中游離出來的貨幣資本，以獲取一定的利息為報酬，把生產剩餘價值的支配權貸給需要的職能資本家，就成了借貸資本，是資本主義生產方式下生息資本的主要形式。馬克思說：「生息資本的形成，它和產業資本的分離，是產業資本本身的發展、資本主義生產方式本身的發展的必然產物。」[1]

隨著資本主義生產的發展，產業資本的規模越來越大，循環週轉的鏈條越來越粗，再生產需要的資本累積也越來越多，從循環中游離出來的資本就會越來越龐大。另外，由於競爭的需要和再投資規模的擴大，那些依賴於借貸資本進行生產的資本家，對貨幣的需求量也會越來越大。那麼，剛開始只發生在一小部分職能資本家之間的借貸市場就會進一步擴大，貨幣借貸業務量隨之增多，這對同時也是借貸資本家的產業資本家來說，需要對那種與本身生產無關的環節投入更多的精力和勞動。這種業務越是成熟和擴大化，就越需要大量專門的資本和勞動，而業務本身與產業資本家的生產過程是分離的，從而不利於職能資本家專注於生產和售賣，增加了

---

[1] 馬克思. 剩餘價值理論：第3冊 [M]. 北京：人民出版社，1975.

資本循環過程的繁瑣度。為了提高效率，減少交易的成本，分工成立專職於借貸業務的機構就成了現實需要。這些專職機構的資本家也雇傭勞動幫助經營，通過一定的信用橋樑，收取利息報酬，進行資本使用權的讓渡。

隨著社會分工的進一步發展和生產的繼續擴大，出現了更加獨立的、專職於借貸的機構——銀行。相對於產業資本家而言，這個機構系統中的資本家是食利階層，他們預付一小部分的資本金，主要靠吸收社會閒散的資金來轉貸給貨幣需求者以賺取利息差。為了適應資本主義發展的需要、方便市場交換，銀行也發行簡單的金融工具如本票、匯票、銀行券等，從而為現代金融業的發展確立了最基本的組織形式。

（2）金融業沿著貨幣經營資本而發展

在產業資本和商業資本的運動中，由於循環活動可能的不連續性或者為了保證循環活動的連續性，資本的一部分必須不斷地作為貯藏貨幣、作為可能的貨幣資本而存在。這部分是等待使用的暫時閒置資本，是貨幣形式的購買準備金和支付準備金，而且資本的一部分也以這種形式不停地流回。在價值循環過程中，處於流通階段的資本家要向市場中支付大量的貨幣，同時也從市場中獲得大量的貨幣支付。這些技術性的收付貨幣和記帳業務，以及管理貯藏貨幣的業務，主要管理著貨幣的流通和支付職能，讓貯藏貨幣不斷分解為流通手段和支付手段，也使售賣回流的貨幣和到期應收款項重新形成貨幣準備金，但需要分配大量的勞動去專門從事。馬克思認為這些技術性的業務，是與資本職能本身相分離的，並且會耗費一定的勞動從而引起相應的費用，但不創造任何新的價值。

當產業資本和商業資本經營的規模擴大時，貨幣的收付活動會更加頻繁，留作準備金用的貯藏貨幣也會愈來愈多，企業固定資本的折舊和流動資本的沉澱總量也會增大。這使得以貨幣形式存在的資本，在收支上的規模越來越大，流轉的速度越來越快，流通的市場越來越擴大化。因此，那些由資本的職能決定的技術性業務獨立出來進行專門化經營就有了可能性，也顯得很有必要。

為了提高資本增殖的效率，資本營運體系的社會分工客觀要求盡可能地由一類代理人或者專職的資本家，來替整個資本家階級完成這種貨幣技術性的業務。由此，貨幣經營資本家產生了，他們預付一定的貨幣經營資本進行特殊的營業：一方面為整個資本家的貨幣機制進行集中性的、專業

化的服務，另一方面在營業內部又發生細密的分工，形成相互獨立的子部門，如國內和國際貨幣的收付、貨幣貯藏保管、差額平衡、來往帳目登記等。它們形成了一個龐大的行業體系，與銀行機構共同構成較完整的金融系統。

2. 金融化趨勢：對馬克思有關產業資本邏輯的一個發展

馬克思認為，在資本主義生產方式的統治下，其他派生資本要從屬於產業資本的發展。然而，馬克思也強調：資本家存在的意義就是為了不斷地累積抽象財富，「生產過程只是為了賺錢而不可缺少的中間環節，只是為了賺錢而必須干的倒霉事。(因此，一切資本主義生產方式的國家，都週期性地患一種狂想病，企圖不用生產過程作媒介而賺到錢。)」[1] 從某種程度上來說，資本以產業資本的形式存在是資本家必需的選擇。馬克思在分析銀行資本的組成部分時，反覆強調了銀行資本（大部分由債權、國家債券、股票構成）的虛擬性。可見，經典作家們在樂觀預見產業資本統治的時候，並沒有忽視金融的膨脹式和寄生性發展趨勢，只是當時還未顯現出那種趨勢。

現代金融業正是以那種虛擬性的資本為基礎，進行「錢生錢」（G……G′）的活動，迎合了剝削者「拼命想要錢的暴發戶」本質。「人們對財富的競爭，異化為對虛擬資本的競爭，對財富的追求異化為對投機利潤的追逐——人們越來越熱衷於金融投機而不是生產性投資，人們確信虛擬資本能夠更快地使人致富。」[2] 為了獲取更多的潛在利潤，金融業資本家在行業內部不斷地創新和細化分工，企業之間分工與企業內部分工相互轉化，促進了金融業的膨脹式發展。事實也證明，在后來資本主義的發展過程中，金融擴張主要是採取馬克思所說的寄生性的資本形式：個人貸款、信用卡貸款、債券融資、債務槓桿等。顯然，金融業資本並未從屬於產業資本的發展，而是越來越脫離其原本的服務性，使資本主義的經濟逐步地走向了金融化。

---

[1] 馬克思. 資本論：第 2 卷 [M]. 北京：人民出版社，2004：67-68.
[2] 楊慧玲. 現代資本主義發展軌跡與美國金融危機——全球化與金融化的角度 [J]. 海派經濟學，2009（27）：47.

三、經濟金融化根源的進一步解讀：
基於資本主義生產關係的邏輯

前面的分析表明，金融業是生產力發展到一定階段，由社會分工需要而產生的。雖然社會分工機制對資本主義的金融化有一定的推動作用，但是經濟金融化更為深刻的原因在於資本主義生產關係的特殊性，下面將從兩個方面展開分析。

1. 金融化是解決資本主義生產關係與價值增殖悖論的必然途徑

資本主義的所有制決定了資本家和工人之間的雇傭關係與剝削關係，因為這種剝削關係才使資本價值增殖成為可能，進而決定了資本主義價值增殖目的的實現。資本增殖程度由利潤率來反應，利潤率高資本增殖率就高，反之則低。我們發現，利潤率與剩餘價值率是同向變動的，而與資本有機構成是反向變動的。為了追逐更多的利潤，資本家或是提高勞動生產力來提高剩餘價值率，或是增加資本投資額，但由於資本主義生產關係的特殊性，最終都會引起資本有機構成的提高，從而利潤率下降，阻礙了資本進一步的價值增殖。首先，勞動生產力的提高如果是由再生產勞動力商品價值的降低引起的，那麼不變資本的價值相對於可變資本增加了；如果是推動一定量不變資本的可變資本數量減少了，同樣會提高不變資本相對於可變資本的價值比。其次，由於生產資料資本主義私人佔有制決定了雇傭勞動力的工資運動範圍極其狹窄，且因相對過剩人口規律的作用，工人實際工資的增長不能達到威脅資本累積的地步[①]，從而增加資本投資額的結果也會提高不變資本相對於可變資本的比例。因此，資本追逐利潤的行為造成了自身利潤率的下降，而利潤越下降就越有擴大這種行為的傾向。

總之，資本及其自行增殖是資本主義生產的動機和目的，這是生產資料的資本主義私人佔有制決定的。資本主義生產關係下的資本要不斷地追逐利潤，但最終又會引起資本利潤率的下降。這種特殊的生產關係既決定了價值增殖的目的，又阻礙了價值增殖的進一步擴大，從而形成了悖論。

前面那種在資本主義生產關係下與累積結合的利潤率下降，勢必會促

---

① 魯保林，趙磊，林浦．一般利潤率下降的趨勢：本質與表象［J］．當代經濟研究，2011(6)：40.

使資本謀求利潤量的增加。然而，由利潤量的增加來謀求補償並不是資本家的普遍情況，這只適用於社會總資本雄厚和地位鞏固的大資本家。要達到價值增殖的目的，資本之間必須進行競爭以取得這種補償條件。競爭的手段無論是降低產品價格，還是提高工資來爭奪工人，都會使其利潤進一步降低。

在競爭中總是有些資本因得不到補償而處於閒置的狀態，也不能獨立行動而以信用的形式交給大產業資本家進行支配，從而以較低的利潤進行增殖。這部分不會由利潤量的增加而得到補償的過剩資本，會力求尋找新的增殖途徑，「因此，大量分散的小資本被迫走上冒險的道路：投機、信用詐欺、股票投機、危機」[①]。當利潤率下降到一定程度時，不僅過剩資本會從生產部門中撤出，而且大資本也會退出傳統的實體經濟部門，轉移到更為虛擬的金融業，它不再直接創造剩餘價值，而主要是以「複利率魔法」方式對包括產業利潤、政府稅收、個人的可支配收入進行掠奪。

2. 金融化是緩解資本主義分配關係下需求不足的必然選擇

在由資本主義生產關係決定的分配關係中，分配的前提是資本主義的所有制結構，那就是：勞動者的一切勞動條件都被剝奪。而這些條件集中在少數資本家手中，並據此來源源不斷地佔有剩餘勞動產品。作為工人勞動價值補償的工資，首先是以預付資本的形式同工人相對立的，然后工人自己創造出與之等量的價值額，經過分配之后轉化為工資收入形式，最后形成再生產勞動力的基本資料。而由工人超額勞動所創造的剩餘價值，則無償地轉化為資本家階級的收入。

資本家要把收入（剩余產品）的一部分作為消費基金，把另一部分轉化為資本投入到再生產中，從而不斷地再生產上述的分配過程和分配關係。這造成大多數的社會財富越來越集中在極少數的資本家手中，形成財富壟斷。與此同時，占社會大多數的工人却只擁有極少數的財富總量。這種分配方式使得構成社會產品主要消費者的工人日益地相對貧困化，進而制約了產品市場的消費能力。關於分配與消費的關係，馬克思更精準地描述說：「社會消費力既不是取決於絕對的生產力，也不是取決於絕對的消費力，而是取決於以對抗性的分配關係為基礎的消費力；這種分配關係，使社會上

---

① 馬克思. 資本論：第 3 卷 [M]. 北京：人民出版社，2004：279.

大多數人的消費縮小到只能在相當狹小的界限以內變動的最低限度。」①

　　資本主義以價值增殖為目的和動機的商品生產，並不是為了滿足市場消費需要。發展的結果就是，膨脹式的產品堆積與狹小的市場消費能力越來越矛盾，造成了有效需求的不足，出現大量的產品過剩，從而實體經濟停滯，嚴重的時候就會引發經濟危機。在這種情況下，一部分在競爭或者危機中被擠出生產部門的資本，繼續尋求增殖轉而投向金融業，使資本累積逐步地走向金融化。斯威齊指出：「由於經濟整體增速的放緩和實體經濟增長的停滯，資本主義經濟正越來越多地依賴金融部門的擴張增加貨幣資本量，資本累積的過程逐步被金融化取代。」② 面對有效需求不足時，資本家也向消費者提供各式的金融貸款，試圖通過「透支消費」來解決生產相對過剩的問題，從而家庭的負債比越來越高，使得消費者也被攪進了經濟金融化的「羅生門」。然而「透支消費」的悲劇性因素在於，透支消費在擴大需求的同時，它又成為新的麻煩製造者：生產過剩催生了透支消費，透支消費導致了金融危機；把透支消費打壓下去了，生產過剩的問題必將浮出水面；一旦社會難以承受生產過剩之重，透支消費又必將卷土重來。③ 事實也證明了這種消費模式是不可持續的，雖然可以解決短期的過剩問題，但是潛藏了未來更嚴重的生產過剩，也加深了資本主義經濟的金融化程度。

四、結語

　　我們迴歸到馬克思主義的基本分析方法，重新解讀經濟金融化產生的根源。從生產力角度分析，社會分工產生了金融業，主要是從借貸資本和貨幣經營資本獨立化、專業化的經營發展而來。雖然金融業不創造剩餘價值，但參與剩餘價值的分配，正是這種「食利性」迎合了資本主義價值增殖的動機，使得資本主義的經濟模式逐步地金融化。

　　資本主義生產關係與價值增殖悖論的集中點是利潤率的下降。在利潤率下降規律的作用下，過剩資本從傳統生產部門抽出轉入到金融業尋求資

---

① 馬克思. 資本論：第3卷 [M]. 北京：人民出版社，2004：273.
② PAUL MARLOR SWEEZY. Economic Reminiscences [J]. Monthly Review, 1995, 47 (1)：1-11.
③ 趙磊，李節. 金融危機：為什麼要重提馬克思 [J]. 馬克思主義研究，2009 (6)：67.

本的增殖。另外，由資本主義生產關係決定的分配關係，使不斷擴大的社會產品總量與相對有限的市場消費能力形成了難以調和的矛盾，生產過剩成了常態。解決途徑要麼是生產性資本轉移到金融市場，要麼是讓消費者透支消費來緩和有效需求不足的壓力，但都會引起經濟的金融化。綜上可知，經濟金融化的根源在於資本主義內在的生產關係。

[本文選自：趙磊，肖斌. 金融化何以可能——一個馬克思主義的解讀[J]. 當代經濟研究，2013（3）：61-65.]

第三十七章 信用的發展與資本主義演進

楊慧玲

一、信用是商品交換的產物

貨幣的支付職能使它超越了交易媒介的一般意義，作為構築信用的基本物質載體，貨幣由於擔當最終償付手段，從而為借貸行為的發生從而為債權債務關係的形成提供著保證，信用鏈條因此才得以建立，「生產者和商人的這種相互預付形成信用的真正基礎」[1]。借貸雙方簽訂的各種借貸合同既代表特定的支付要求權，同時它們也是債權債務關係的法律表示，當合同被交易轉讓，就意味著借貸關係主體發生了變更，因此，這些借貸合同是建立、表示和更改信用關係的信用工具。

交易者為了克服暫時的流動性不足對交易活動所產生的限制而進行借貸，由此建立信用關係，這說明信用對商品交換從而對市場範圍在時間和空間上的擴展發揮著積極的作用。但是，它也因此為市場帶來了風險隱患：貨幣介入的商品流通已經改變了物物交換條件下商品供給與需求的時空統一性，而貨幣的支付職能則一手造就了債權債務關係。如果說商品流通造成的買賣脫節並非交易者的主觀意願，而信用則一開始就認可並強化了供求的不統一，信用經營的正是生產和消費之間的鏈條。從生產到消費，本身已經是「驚險的一跳」，供求的鏈條愈是拉長，這個驚險系數愈是增大。

信用是商品交換的產物，但是它的真正發展卻是在資本主義生產方式下實現的。封建社會末期，生產者和商人相互之間的預付關係就已經發生，

---

[1] 馬克思. 資本論：第 3 卷 [M]. 北京：人民出版社，1975：450.

這就是信用的最初形態——商業信用，它一般以個人之間的相互瞭解和信任為基礎，因此只能在有限的時空範圍內發揮作用。

二、信用推動著市場擴展，也隱藏著投機和風險

1. 資本主義信用的發展

資本主義經濟是市場經濟，商品交換的普遍化使得在買和賣脫離的基礎上，更把供求的鏈條結成在時間和空間上縱橫交織的流通網路，這不僅為信用的發展奠定了客觀基礎，更為重要的是，這樣高度發展的市場，要求富有彈性的信用制度和信用體系為之服務，以盡可能突破流通的局限來滿足資本無限地創造需求和開拓市場的內在要求。「隨著商業和只是著眼於流通而進行生產的資本主義生產方式的發展……信用制度的這個自然基礎也在擴大、普遍化和發展。」[①]「很明顯，隨著勞動生產力，從而大規模生產的發展，信用的數量和生產的價值量一起增長，信用的期限也會隨著市場距離的增長而延長。在這裡是互相影響的。生產過程的發展促使信用擴大，而信用又引起工商業活動的增長。」[②]

資本主義初期，出現了專門的信用機構——銀行，銀行通過其傳統業務——貨幣資本借貸，在有多余貨幣資本的人和需要借入貨幣資本的人之間提供了建立借貸關係的可能性，把信用的基礎由私人信任上升為社會信任，彰顯了信用的社會性。這樣，銀行信用使債權債務關係具有了在無限廣闊的時空維度中擴展的潛力，信用成為經濟體系運行普遍依賴的系統，信用關係趨於穩定化和制度化。

資本主義信用把分散的、閒置的資本集中起來，快速地輸送到最需要的、最具有投資效率的領域，這能大大緩解買賣時空分離造成的資本週轉困難與再生產過程連續性之間的矛盾，從而提高社會資本運行效率，「信用是商品形態變化的媒介，即不僅是 W—G 而且也是 G—W 和現實生產過程的媒介」[③]。從宏觀看，信用強化了資本的社會屬性，它實現了「很大一部

[①] 馬克思. 資本論：第3卷 [M]. 北京：人民出版社，1975：450.
[②] 馬克思. 資本論：第3卷 [M]. 北京：人民出版社，1975：544.
[③] 馬克思. 資本論：第3卷 [M]. 北京：人民出版社，1975：546.

分社會資本為社會資本的非所有者所使用」①,「信用制度加速了生產力的物質上的發展和世界市場的形成;使這二者作為新生產形式的物質基礎發展到一定的高度,是資本主義生產方式的歷史使命」②。對信用的依賴是資本主義社會再生產的基本特徵,資本主義經濟是信用經濟。

2. 借貸資本是虛擬資本的基本形態,銀行信用是金融衍生的基礎

銀行借貸業務與單純的貨幣經營業務有著本質的區別。早在資本主義之前,就產生了貨幣經營業,純粹的貨幣經營業務是社會分工的結果,在那裡貨幣仍然是充當一般等價物的商品,它的功能就是保管商品經營者手中多餘的準備金並為貨幣流通提供各種技術手段,通過集中、簡化貨幣流通程序,減少了買賣中所需的貨幣量。「但它既不決定各種互相支付的聯繫,也不決定它們的規模。」③資本主義生產方式則把貨幣轉化為可以帶來利潤的資本,這也是銀行借貸業務產生和發展的社會基礎。以牟取貨幣資本利潤為目的的銀行信用,依靠借貸資本(生息資本)經營而實現,因此,銀行從借貸資本獲取的利息可以看成是銀行信用的市場價格。

「生息資本的形式造成這樣的結果:每一個確定的和有規則的貨幣收入都表現為資本的利息,而不論這種收入是不是由資本生出。貨幣收入首先轉化為利息,有了利息,然后得出產生這個貨幣收入的資本。」④虛擬資本就是在這個資本化的過程中形成的,「人們把虛擬資本的形成叫做資本化」⑤。銀行信用使貨幣「轉化為借貸資本,並且同一貨幣反覆代表借貸資本時,很清楚,它只是在一點上作為金屬貨幣存在,而在所有其他點上,它只是以資本索取權的形式存在」⑥。借貸資本的虛擬性為資本主義信用走向異化埋下了伏筆,只不過在資本主義經濟矛盾達到一定程度之前的很長一段時間裡,只是一種可能性而已。

在資本主義經濟發展的歷史進程中,信用始終迎合資本擴張的要求,起著推動經濟發展的積極作用,也正是在這個過程中,信用自身不斷發展演變,以銀行信用為基礎,逐漸衍生出了股票、債券、期貨等信用工具,

---

① 馬克思. 資本論:第3卷 [M]. 北京:人民出版社, 1975: 498.
② 馬克思. 資本論:第3卷 [M]. 北京:人民出版社, 1975: 499.
③ 馬克思. 資本論:第3卷 [M]. 北京:人民出版社, 1975: 359.
④ 馬克思. 資本論:第3卷 [M]. 北京:人民出版社, 1975: 526.
⑤ 馬克思. 資本論:第3卷 [M]. 北京:人民出版社, 1975: 528.
⑥ 馬克思. 資本論:第3卷 [M]. 北京:人民出版社, 1975: 576.

專門經營信用的金融產業迅速發展起來。信用工具屬於虛擬資本，它們歸根到底只是現實資本的紙質副本，是一種索取權，或者是收入的索取證書。隨著信用的發展，衍生的信用工具種類和數量越來越多，虛擬資本價值因此迅速增長。「信用又使買和賣的行為可以互相分離較長的時間，因而成為投機的基礎」[1]，作為信用發展的邏輯和現實結果的虛擬資本，其價值的虛幻性為投機的發生提供了物質前提。正是在這樣的條件下，虛擬資本價值過度膨脹，遠遠超過了現實資本價值，泡沫經濟也就具有了發生的可能性。

三、資本主義演進與信用的不斷發展

信用的演進始終都是圍繞著資本獲取利潤這一內在要求而展開的，因此，資本主義發展的各個進程，也就是信用發展的不同階段。

資本主義經濟發展的前提和動力是資本增殖和資本累積，因此，擴展投資市場成為資本增殖的第一要訣。市場依靠有效需求的支撐，需求需要持續的收入來維持，而收入的源泉則在於生產效率。從市場開拓的角度看，資本主義信用的發展經歷了兩個階段。在第一階段，信用的發展基本沿著拉長供需鏈條調劑資本餘缺，以釋放和發掘社會生產能力，從而創造市場需求，最終實現資本累積這一路徑進行；資本主義信用發展的第二階段，則開始尋求通過信用自身的擴張，借助虛擬資本價值泡沫製造虛假需求，以滿足資本增殖的內在要求。在第二階段，資本主義信用已經發生了異化——不是以現實資本為本位，提高資本生產率，進而推動經濟增長實現資本累積，而是反過來依靠自身的擴張，製造價值泡沫，利用由此產生的虛假需求引導資本。這種信用變異的根源在於資本擴張的內在要求與資本主義生產方式之間的固有矛盾隨著生產的發展而越來越難以調和。

1. 第一階段——信用是資本的「婢女」

資本主義信用發展的第一階段，信用是資本的「婢女」，它傾力於以提高資本營運效率的方式拓展市場。銀行借貸和股份制度把分散的資本迅速集聚起來，形成了資本的社會力量。後者不僅是現代重要的交通設施鐵路修建的關鍵條件，而且推動了投資和技術創新，在此背景下發生的工業革命極大地提高了生產率，收入大大提高，人口增加，巨大的國內市場被創

---

[1] 馬克思. 資本論：第3卷 [M]. 北京：人民出版社，1975：493.

造出來，這為資本的國內擴張提供了前所未有的基礎。

但是，資本的擴張並不能改變資本主義生產方式下收入差距拉大的趨勢，這使得國內市場相對縮小，越來越與資本擴張的無限慾望不相匹配。有了鐵路和汽船，資本的視線瞄準了海外。面對資本主義國家之間爭奪世界市場的競爭，資本主義信用體系又一次發揮了作用，資產階級政府通過發行大量國債，在短時間內籌集巨額軍費，用堅船利炮打開了海外的工業品原料市場，為資本增加了利潤砝碼。同時，資本家以股份公司的形式，聯合資本力量把產成品傾銷在落後的占領地，以加強資本的海外掠奪，當年的東印度公司就扮演了這樣的角色。「到1913年，英國對其他國家的長期投資超過40億英鎊。儘管英國一半以上食品和八分之七的原材料（煤除外）靠進口，但其對外貿易的利潤足夠支付進口價款……」[①]。

不僅如此，資本的貪欲促使它強化了對勞動力的控制，殖民主義由此逐漸演變為帝國主義，「帝國主義的政治邏輯由『經濟滲透』上升為對工人階級的『影響領域』進行間接控制，由軍事占領升級為吞並」[②]。隨著競爭的日益激烈，最終引發了製造業的聯合和壟斷，鋼鐵、石油等巨頭紛紛形成，金融業也不甘示弱，「由ＪＰ摩根領導的金融界通過合併將可觀的加盟費（通常還有部分股權）收入囊中（如今還在這麼做）」[③]。

這一階段，資本主義經歷了工業主義、殖民主義、帝國主義，而正是在不斷發達的信用體系的推動下，資本有效地把它的觸角伸向世界：由國內到國外，由原材料的廉價購買到產成品的傾銷再到直接投資，對他國的勞動力進行直接剝削……這是橫向和縱深雙重的市場拓展，它造就了資本主義的繁榮。但是，過剩問題卻愈演愈烈。資本主義生產方式只是鼓勵提升生產效率卻不鼓勵保證工人購買力成比例增長。於是，資本主義信用的另外一個重要職能日益突出：增加信貸，提供更多的支付手段，在此基礎上創造各種信用工具，在時間和空間上把信用鏈條暫時拉伸到極限，將未來需求調劑過來滿足資本的擴張，甚至通過製造虛擬資產泡沫的方式釋放

---

① 道格拉斯·多德. 資本主義經濟學批評史 [M]. 熊嬰、陶李，譯. 南京：江蘇人民出版社，2008：76.

② 道格拉斯·多德. 資本主義經濟學批評史 [M]. 熊嬰、陶李，譯. 南京：江蘇人民出版社，2008：76.

③ 道格拉斯·多德. 資本主義經濟學批評史 [M]. 熊嬰、陶李，譯. 南京：江蘇人民出版社，2008：82.

虛假需求以暫時渡過危機。生產相對過剩的消極能量釋放之前，信用暫時緩解或者轉移了矛盾，當危機不得不爆發的時候，就是從信用的源頭——作為支付手段的貨幣職能開始的：一個早已經包含在貨幣作為支付手段職能中的直接矛盾被引發了，「貨幣作為支付手段的職能包含著一個直接的矛盾。在各種支付互相抵銷時，貨幣就只是在觀念上執行計算貨幣或價值尺度的職能。而在必須進行實際支付時，貨幣又不是充當流通手段……這種矛盾在生產危機和商業危機中稱為貨幣危機的那一刻暴露得特別明顯。這種貨幣危機只有在一個接一個的支付的鎖鏈和抵銷支付的人為制度獲得充分發展的地方，才會發生。當這一機構整個被打亂的時候，不問其原因如何，貨幣就會突然從計算貨幣的純粹觀念形態變成堅硬的貨幣」①。隨著信用基礎的坍塌，信用體系金字塔上端的各種金融資本價值泡沫——破裂，人們急切地希望把手中的這些信用工具——各種虛擬資本還原成貨幣，貨幣荒出現了：「在再生產過程的全部聯繫都是以信用為基礎的生產制度中，只要信用突然停止，只有現金支付才有效，危機顯然就會發生，對支付手段的激烈追求必然會出現。所以乍看起來，好像整個危機只表現為信用危機和貨幣危機。」②

無論是資本主義的演進，還是資本主義信用的發展，都是量的累積過程。量變達到一定程度就會引起質變。資本主義進入金融資本主義階段時，正是這種質變的開始——資本主義信用離開原先的軌道而走向異化。

2. 第二階段——信用異化為資本的主導者

在資本主義信用發展的第二階段，信用反客為主，通過自身的絕對擴張，以資產泡沫製造虛假需求的方式拓展市場，資本主義進入金融資本主義階段。

（1）過剩矛盾日益突出，使金融化趨勢在世界上最發達的資本主義國家——美國逐漸展現。二戰後 20 年的經濟繁榮，使全球資本主義經濟進一步發展，資本主義的累積規律充分表露：「一端是財富的累積，一端是貧困的累積」。貧富分化明顯抑制了資本主義國內的消費需求，製造業產品和生產能力長期過剩，利潤率下降的總趨勢已經無法避免，這也是全球經濟衰退的根本原因。而相對於后起的資本主義工業國日本、德國，種種原因使

---

① 馬克思. 資本論：第 1 卷 [M]. 北京：人民出版社，1975：158.
② 馬克思. 資本論：第 3 卷 [M]. 北京：人民出版社，1975：554-555.

美國逐漸失去競爭優勢，這進一步加劇了美國的過剩矛盾，其經濟增長因此受到嚴重抑制。到了 20 世紀 60 年代中后期，走弱的經濟開始推高失業，20 世紀 80 年代，平均失業率高達 7% 以上。

為了克服利潤率下降趨勢，統治集團開始打壓工人運動，製造業部門中的工會會員由 20 世紀 70 年代末期的 32.3% 下降到 1995 年的 17.6%。美國製造業的實際小時工資年均增長率大幅壓縮，從 1960—1973 年的 2% 壓縮到 1973—1979 年的 1%，甚至在 1979—1995 年間只有 0.65%[①]。在過去近 40 年之中，美國居民的收入差距不斷拉大，基尼系數從 20 世紀 70 年代初不到 0.4 上升到 2005 年的 0.46[②]。

（2）維持信用的基本物質載體——貨幣的供應趨於虛擬化。無產階級貧困化與生產相對過剩相互推動，形成惡性循環，傳統的信用手段已經越來越難以發揮緩解矛盾的作用，自然而然，信用制度的最基本物質載體——貨幣，其供應基礎開始發生根本性的變化：1971 年 8 月，美國停止了美元對黃金兌換業務，接著於 1973 年 2 月又迫使資本主義世界放棄了布雷頓森林體系，實行浮動匯率。這意味著美國的基礎貨幣供應已經掙脫了約束而虛擬化，其意義在於無限放大了銀行信貸的基礎。以此為前提，美國開始實施大規模的擴張性貨幣政策，促使美元貶值，使外國政府和私人持有的美元儲備貶值。從 1985 年開始，美國的信貸規模占 GDP 的比重持續增大。2001 年美國新經濟泡沫破裂后，美聯儲又一次實施了擴張性貨幣政策，2002—2003 年度，信貸規模占 GDP 的比例一下子提高了 15%，2004 年這一比例繼續大幅度提高到 215.48%[③]。美國銀行系統提供的信貸超額情況類似於日本在 20 世紀 80 年代末 90 年代初所經歷的泡沫經濟時期。美國通過這些金融政策，不僅使本國製造業因成本降低而提高了競爭力，而且也成功地使美國政府海外赤字大幅度下降[④]。

（3）金融化的標籤——信用泡沫推動式經濟增長。在 20 世紀 70 年代之后的幾十年中，美國多次遭遇危機，幾乎每次都是依靠使美元貶值的手

---

① 羅伯特·布倫納. 繁榮與泡沫——全球視角中的美國經濟 [M]. 王生升，譯. 北京：經濟科學出版社，2003：47.

② Business Statistics of the US January [R]. by Beman Associates, 2005：52.

③ 國家信息中心，中經網數據有限公司. 2006 年 8 月 21 日數據。

④ 羅伯特·布倫納. 繁榮與泡沫——全球視角中的美國經濟 [M]. 王生升，譯. 北京：經濟科學出版社，2003.

段為自己爭取國外需求，大規模的信貸擴張為所謂的「資產證券化」提供了溫床，刺激了金融衍生從而助推了虛擬資產增值的財富效應，以此創造國內需求，獲得經濟復甦。法國學者讓·克洛德·德羅奈認為，這是繼國家壟斷資本主義之後，資本主義一個新的階段——金融壟斷資本主義階段。

這種信用泡沫推動的增長模式在 20 世紀 80 年代之后開始強化，信用異化逐漸達到了前所未有的程度，以虛擬資本拜物教為基礎、以過度投機為特徵的華爾街金融制度正是異化了的信用制度的集中體現。金融投機家為了中飽私囊，瘋狂炒作，最終使虛擬資本價值運動完全背離了現實資本運動，並且漸行漸遠，整個信用體系因此沉溺於自我欣賞的游戲之中，完全拋棄了服務於現實資本的傳統義務和責任。到 2008 年，美國的投資銀行只有 30% 的業務是從事傳統的投資業務，而絕大部分的資源和財富則偏離正常軌道，用於所謂的「自營業務」，也就是自己製造並包裝金融衍生品，進行純粹的金融炒作。

由信用泡沫而不是由生產效率推動購買力增長而支撐的需求，一部分是從別國手中搶來的需求（使其競爭對手陷入衰退），一部分是從不確定的未來時間借來的超前需求，加上為數眾多的投機者在巨大的資產泡沫中產生的貨幣幻覺引起的虛假需求，都既不能持續，更無法從根本上滿足資本擴張的需求。同時，過度的金融投機嚴重地抑制了實體投資，不利於生產效率的提高，「在製造業部門中彌漫著金融投機的氣氛，動用所有可得的金融資源進行金融操縱的做法十分普遍，其中又以通過貸款進行槓桿合併與收購或股權回購最為突出。由於大部分資金都用於這種投機活動，因此固定資本投資的數量就少之又少了」[1]。

異化的信用體系還會帶來更嚴重的后果：如脫韁野馬的信貸產生的巨額虛擬貨幣，溢出到原本健康的實體經濟領域，在這些市場上炮製虛假的繁榮，誤導資本，最終使過剩痼疾蔓延開來。「到 2007 年夏，在扣除通貨膨脹因素之後，美國房地產價格與其 1995 年的水平相比上漲了 7%。據估計，在當時美國房地產總價值（21 萬億美元）中有 8 萬億美元的泡沫成分，相當於總價值的 38%。」[2]

---

[1] 羅伯特·布倫納. 繁榮與泡沫——全球視角中的美國經濟 [M]. 王生升, 譯. 北京：經濟科學出版社, 2003：60.

[2] 朱安東, 尹哲. 長波理論視野中的美國金融危機 [J]. 馬克思主義與現實, 2008（4）.

(4) 金融化及其實質。值得注意的是，開始異化的資本主義信用，在使美國等發達資本主義國家自身面臨巨大風險之前，就已經通過資本主義信用的全球擴張，使發展中國家為所謂的「金融化」付出了慘痛的代價。20世紀80年代到90年代，金融危機在拉美各國開始蔓延，美國經濟學家保羅·克魯格曼說：「拉美各國政府或者會被迫向冷漠的外國銀行家借款，或者乞靈於印鈔機：前者的最終結果是國際收支危機和拖欠債務，後者的最終結果是惡性通貨膨脹。」① 南半球的噩夢還沒有結束，1997—1998年間，又發生了亞洲金融危機。對此，有西方學者尖銳地指出：「對美元的不當管理造成了全世界的貨幣動盪和經濟災難。」② 正如馬來西亞總理馬哈蒂爾·穆罕默德所總結的：「這些超級大國為自己開出的處方會毀了它們自己。高利率、撤銷補貼以及浮動匯率制使得經濟進一步惡化並造成了嚴重的社會動盪。而能夠從這些政策中獲得利益的只會是那些貨幣投機商。」③

可見，資本主義信用已經變異為金融資本剝削本國勞動者、掠奪發展中國家的工具。

總之，當資本主義的基本矛盾發展到一定階段，已經無法依靠提高生產率來推動購買力增長這一傳統路徑來維持資本擴張的時候，它必然另闢蹊徑——使信用變異，並推動所謂的金融化。金融資本在全球化進程中逐漸取代了產業資本而居於資本擴張的主導地位。金融化既是資本擴張的新模式，更是資本主義發展的必然結果。

上述信用形式的嬗變與資本主義的演進，都說明資本主義的自我調節功能在相當長的歷史時期內仍然發揮著作用。但是，這也意味著資本主義經濟在暫時克服危機的同時面臨了更大的風險，這種風險已經覆蓋了資本主義信用鏈條觸及的世界各個角落。

[本文選自：楊慧玲. 信用的發展與資本主義演進 [J]. 當代經濟研究，2009 (11)：12-16.]

---

① 保羅·克魯格曼. 蕭條經濟學的迴歸和2008年經濟危機 [M]. 劉波，譯. 北京：中信出版社，2009.
② 內森·劉易斯. 貨幣煉金術 [M]. 董梅，彭濤，趙婭，譯. 北京：機械工業出版社，2009.
③ 內森·劉易斯. 貨幣煉金術 [M]. 董梅，彭濤，趙婭，譯. 北京：機械工業出版社，2009.

第三十八章　全球金融危機下的就業衝擊

王朝明　姚　毅

一、引言

　　自 2006 年下半年以來美國房地產價格持續下降,以及 2004—2006 年美聯儲基準利率連續上調,使得次級抵押貸款者的違約率大幅度上升,並最終導致了次貸危機在 2008 年夏天集中爆發,標誌性的事件是同年 9 月,美國雷曼兄弟公司、美林證券等投行宣布破產。就像多米諾骨牌倒下一樣,在次貸危機的影響下,美國房市紊亂、股市大跌,次級抵押貸款支持證券的市場價值大幅度縮水,信貸泡沫破滅,到 2008 年 11 月底,美國已有 19 家銀行倒閉,進而引發美國金融危機的全面爆發。危機病毒迅速傳導向實體經濟,汽車工業首當其衝,美國三大汽車寡頭:通用、福特、克萊斯勒的經營陷入困境,現金流量不足維持半年,紛紛申請破產保護。同時,在當前世界經濟一體化的形勢下,由於美元以及美國的特殊經濟地位,使得美國國內的金融危機迅速向全球蔓延,尤其是與之經濟聯繫緊密的歐盟、日本、北美國家等深受牽累。因為一方面,在當前的國際貨幣體系下,許多國家為了穩定本國貨幣的幣值而大量持有美元外匯儲備,因此美元的大幅貶值必然對各國經濟產生直接影響;另一方面,美國金融危機導致其國內消費需求下降,進而使得其進口需求不斷萎縮,並最終使得各出口國經濟受損,經濟衰退明顯,演變為全球性的金融危機。

　　在國際金融危機的背景下,全球勞動力市場遭受了劇烈的就業衝擊。國際勞工組織（ILO）的相關報告顯示:到 2009 年底,全球將有 2.1 億失業人口,比 2007 年同期上漲 10.5%。同時,隨著危機的不斷加劇,失業率的上漲將從金融行業擴展到其他經濟部門,並最終使得全球貧困問題和收

入不平等狀況進一步惡化。①國際勞工組織專家的預測顯示：到 2009 年底，此次全球性的金融危機將使得亞洲地區 1.4 億人口陷入貧困。

因此，在經濟不景氣時期解決失業問題就顯得至關重要。然而，全球金融危機對各國的就業衝擊如何？金融危機對就業衝擊的機制是什麼？怎樣從理論上加以解讀？這些問題都有待進一步研究。本文首先考察了金融危機的就業衝擊效應，並進一步依據馬克思主義失業理論和西方主流失業理論探討了就業衝擊的發生機制。

二、全球金融危機的就業衝擊效應

目前，全球金融危機自爆發以來對世界勞動力市場產生了巨大的衝擊效應。大型企業紛紛裁員，中小企業面臨破產、倒閉、全員失業的風險，並由此導致失業率快速攀升，就業質量大幅度下降。

(一) 金融危機引發全球就業危機

1. 金融危機引發企業大幅裁員

在金融危機的背景下，裁員風潮從美國向全球蔓延，並從金融業向汽車業、航空業、零售業以及 IT 行業等實體經濟部門擴展。

作為危機的始發國，美國金融行業首當其衝。自 2008 年以來，華爾街的工作崗位減少了 12 萬個，2009 年還將進一步裁員 24 萬人。另外，花旗集團、摩根大通銀行、高盛集團以及美國銀行等跨國金融企業也紛紛宣布裁員計劃。② 國際勞工組織 2009 年的相關報告指出，全球金融行業是此次金融危機受衝擊最大的行業，自 2007 年 8 月以來，全球金融行業累計裁員超過 35 萬人。③

隨著金融危機的惡化，金融行業的裁員風波很快衝擊到其他行業，並進一步擴展到全球的實體經濟部門。全球最大的客機製造商波音公司宣布

---

① EMPLOYMENT TRENDS TEAM. Global Employment Trend [R]. International Labor Organization, 2009 (1)：18.

② 楊偉國. 全球緊急應對就業危機 [J]. 求是，2009 (7)：60.

③ EMPLOYMENT TRENDS TEAM. Global Employment Trend [R]. International Labor Organization, 2009 (1)：9.

裁員 4,500 人，美國英特爾、摩托羅拉以及陶氏化學公司的裁員規模均在 5,000 人以上。德國大眾裁減 2.5 萬名臨時工，日本豐田裁減 3,000 人；英國伍爾沃斯連鎖超市陸續關閉旗下分店，2.7 萬名員工面臨失業。① 國際勞工組織的報告預測顯示，2009 年底，此輪金融危機將會導致全球失業人口達到 2.1 億，這將是近 10 年來全球失業人口首次突破 2 億。②

2. 金融危機導致失業率大幅上升

受金融危機的影響，全球經濟衰退，進而導致失業率驟升。國際勞工組織 2009 年 1 月的報告顯示，2009 年全球經濟增長率將為 2.2%，為 2003 年以來的最低水平。其中發達國家經濟增長率為 -0.3%，這是 2003 年以來首次出現負增長。③ 在此經濟形勢下，世界各國失業率都出現了大幅上升，尤其是危機肆虐的發達國家，失業率均創近 20 年來的新高（見表 1）。

表 1　　　　　　西方主要發達國家失業率變動情況　　　　單位:%

	1961—1970 年	1971—1980 年	1981—1990 年	2008—2009 年*
英國	1.7	3.8	9.8	7.8
歐盟（15 國）	2.2	4.0	9.0	9.4
美國	4.7	6.4	7.1	9.5
日本	1.2	1.8	2.5	4.4

*2009 年數據截止到上半年。

[資料來源] 朱鐘棣. 當代國外馬克思主義經濟理論研究 [M]. 北京：人民出版社，2004：123；國際勞工組織（ILO）有關數據。

美國勞工統計署（BLS）的報告顯示，截至 2009 年 2 月，美國失業率達到 8.1%，為 25 年來最高。2008 年 2 月以來，美國新增失業人口 500 萬，失業人口總數達到 1,250 萬。同時，自 2007 年 9 月以來美國的職位空缺累計下降 35%，截至 2009 年 1 月，美國的職位空缺為 300 萬個，空缺率為 2.2%，為 2001 年以來的最低點。④

---

① 楊偉國. 全球緊急應對就業危機 [J]. 求是，2009（7）：60.

② EMPLOYMENT TRENDS TEAM. Global Employment Trend [R]. International Labor Organization，2009（1）：35.

③ EMPLOYMENT TRENDS TEAM. Global Employment Trend [R]. International Labor Organization，2009（1）：27.

④ 楊偉國. 全球緊急應對就業危機 [J]. 求是，2009（7）：60.

歐盟統計局 2009 年 4 月發布的數據顯示，2009 年 2 月歐元區的失業率為 8.5%，比 2008 年同期的 7.2% 上升了 1.3%。其中，德國的失業率為 7.4%，法國為 8.6%。數據還顯示，歐盟 27 國在 2009 年 2 月的失業率為 7.9%，遠高於 2008 年同期的 6.8%，總失業人口為 1,915.6 萬。同時，根據歐盟委員會 2009 年 1 月的預測，2009 年歐元區的失業率將由 2008 年的 7.5% 上升至 9.3%，並於 2010 年達到 10.2%。①

國際勞工組織 2009 年 1 月的報告顯示，全球失業率將從 2007 年的 5.7% 上升至 2009 年的 6.1%，比 2007 年增長 7%。最壞的預計是，2009 年底全球將有 5,100 萬人失去工作機會，並使得失業率達到 7.1%。②

3. 金融危機導致就業質量迅速下降

在全球性金融危機的背景下，大量勞動者被迫從事非全日制工作，同時在職者的工資也普遍下降。

美國勞工署調查顯示，2009 年 2 月，美國有 860 萬原本需要全職工作的人，被迫接受臨時性工作，一年之內上升了 370 萬人；實現非全日制就業的勞動者占總就業人口的 6.1%，接近 2000 年同期的 3 倍。③

此外，在職者的工資也普遍出現下降。國際勞工組織報告顯示，2008 年全球實際工資增長率為 2.0%，其中發達國家的工資增長率僅為 0.8%，而到 2009 年實際增長將放緩，分別為 1.7% 和 0.1%。同時，報告還特別強調，儘管工資的下降一般滯后於整體經濟的衰退，但工資下降的幅度將比經濟衰退的程度更大。④

（二）金融危機加大中國的就業壓力

中國是世界上最大的發展中國家，同時也是美國主要的債權國和商品進口國，此輪金融危機所引發的就業危機也對中國的就業產生了巨大的衝擊。國家人力資源和社會保障部的報告顯示，中國勞動力市場的求人倍率從 2001 年的 0.75 逐年回升，並持續增至 2007 年的 0.98，但 2008 年第四

---

① 楊偉國. 全球緊急應對就業危機 [J]. 求是，2009 (7)：60.

② EMPLOYMENT TRENDS TEAM. Global Employment Trend [R]. International Labor Organization，2009 (1)：34.

③ 楊偉國. 全球緊急應對就業危機 [J]. 求是，2009 (7)：60.

④ INTERNATIONAL LABOR ORGANIZATION. Global Wage Report 2008/09 [R]. International Labor Organization，2008 (9)：30.

季度中國勞動力市場的求人倍率降至 0.85，為 2002 年以來的最低點。① 金融危機對中國就業的衝擊主要表現為對農民工以及高校畢業生就業的影響較為明顯。

根據國家統計局統計，目前中國外出務工的農民工總數約為 1.3 億人。而據中國社科院調查，中國「有 40% 的中小企業已經在此次金融危機中倒閉，40% 的中小企業目前在生死線上徘徊，只有 20% 的中小企業未受此次金融危機的影響」。金融危機引發的裁員潮和失業增加，目前中國大約有 2,000 萬農民工失去工作或沒有找到工作，占農民工總數的 15.3%。②

同時，金融危機不僅對中國農民工產生了巨大的就業衝擊，也對中國高校畢業生的就業產生了巨大的壓力。自高校擴招以來，中國每年高校畢業生人數激增。由 1998 年的 100 萬增長到 2006 年的 413 萬，2008 年則達到 559 萬，2009 年更是達到 611 萬，加上 2008 年未就業的高校畢業生，2009 年需要就業的高校畢業生總數達到 711 萬。③ 而根據中國青少年研究中心 2008 年發布的信息顯示，中國 2008 年高校畢業生失業率達到 15%，遠高於社會 4% 至 5% 的平均失業率。④ 而 2009 年大學生的初次就業率僅達到 68%，比上年低了 0.2 個百分點。

綜上所述，此次金融危機對全球產生了劇烈的就業衝擊，該衝擊不僅使得各大企業大量裁員，從而引發失業率大幅增長，還對就業人員的職位選擇和工資水平產生了明顯的負面影響。

三、全球金融危機下就業衝擊的經濟學解讀

全球金融危機下西方國家失業凸顯，暴露了資本主義經濟內在矛盾的深化；就中國而言，就業問題不僅是關係民生的大事，同時就業問題的解決也是減緩國際金融危機衝擊，防止金融危機向經濟危機乃至向社會危機演變的關鍵。本文主要借助馬克思主義失業理論和西方經濟學失業理論對此次全球金融危機下的就業衝擊進行解讀，並進一步對兩者的理論解讀進

---

① 譚建生. 金融危機下就業難題的思考 [N]. 中國改革報，2009-05-26.
② 譚建生. 金融危機下就業難題的思考 [N]. 中國改革報，2009-05-26.
③ 譚建生. 金融危機下就業難題的思考 [N]. 中國改革報，2009-05-26.
④ 馮淑娟. 金融危機影響下大學生就業問題及對策思考 [J]. 浙江金融，2009 (5)：55-56.

行比較分析。

(一) 金融危機下就業衝擊的西方經濟學解讀

西方經濟學把資本主義生產方式作為一種既定的體制，並在此前提下考察失業問題。其失業理論主要從技術進步、勞動分工、工資彈性以及消費需求的角度考察失業發生機制。說到理論體系，西方經濟學中主流的失業／就業理論大致有如下內容：

1. 古典失業理論及其對就業衝擊的解讀

古典失業理論是從工資彈性的角度解釋失業問題的。其代表人物是薩伊、馬歇爾和庇古。該理論從完全競爭的市場結構出發，將勞動力看成與其他商品等同的一般商品，並認為「看不見的手」通過價格的調節作用，使勞動力的供求自動達到均衡。工資對勞動力供求的自發調節，表明勞動力供求失衡是短期的，由於工資具有彈性可以自由調整，勞動力市場總能達到充分就業均衡，因此，長期的非自願失業不可能存在，存在的也只是自願失業和短期的摩擦性失業。①

按照古典失業理論的觀點，可以得出以下判斷：首先，從就業衝擊的發生機制來看，此次就業衝擊出現的原因在於金融危機引發勞動力供求的短期失衡，從而使得自願失業和短期的摩擦性失業大量出現。其次，從失業問題治理策略來看，通過該理論，只能得出失業問題會隨著市場機制的自身調節而自動消失的結論。顯然這個理論結論和政策主張與現實的經濟情況是圓鑿方枘，無法符合的。

2. 凱恩斯失業理論及其對就業衝擊的解讀

凱恩斯的失業理論是從有效需求不足的角度來解讀失業問題的。該理論認為，市場的有效需求不足必然導致經濟蕭條，而經濟的蕭條則會導致失業增加。同時，該理論還主張採取擴張性的財政政策和貨幣政策以及政府干預的對外貿易政策來解決失業問題。在凱恩斯的理論框架中，引起失業的根本原因在於週期性的經濟蕭條，因此凱恩斯失業理論也被稱為「週期性失業理論」或「蕭條經濟學」。②

從凱恩斯失業理論，可以得出這樣的判斷：首先，從就業衝擊發生機

---

① 厲以寧．西方就業理論的演變 [M]．北京：華夏出版社，1988：1-9．
② 厲以寧．西方就業理論的演變 [M]．北京：華夏出版社，1988：10-46．

制來看，由於「邊際消費傾向遞減」「資本邊際效率遞減」以及「流動性偏好」這三大心理規律的存在，使得有效需求不足，因而使得社會總供給相對過剩，進而勞動力供給也相應過剩，並在勞動力市場的供求機制的作用下，使得「非自願失業」大量出現。其次，從緩解就業衝擊的策略來看，該理論認為，可以通過積極的政府干預來緩解就業衝擊。凱恩斯承認了資本主義市場經濟下的失業問題（「非自願失業」），提供了政府干預失業的政策通道，在失業表象上尋找到「有效需求不足」為支點，與馬克思主義失業理論有一定共性，但凱恩斯最終將失業歸因於心理的作用，滑向了主觀唯心的泥潭。

3. 貨幣主義失業理論及其對就業衝擊的解讀

貨幣主義學派的代表人物弗里德曼將失業問題歸結為「自然失業率假說」。他認為「自然失業率」是指沒有貨幣因素干擾的情況下，勞動力市場和商品市場自發供求力量發揮作用時的失業率，這種失業不僅在經濟衰退時難以消除，即使在經濟繁榮時也大量存在，它是經濟處於均衡狀態下的失業率。「自然失業」由「自願失業」「摩擦性失業」以及「結構性失業」構成。其中，自願失業是由於勞動者不願接受現行工資而出現的失業現象；摩擦性失業則是由勞動力市場的信息不完備以及工作搜尋成本引致；而結構性失業則是由技術進步以及需求結構的轉換造成。同時，弗里德曼還提出，過多的政府干預會導致實際失業率偏離「自然失業率」，不利於失業問題的解決。因此，他認為解決失業問題的關鍵在於完善市場機制，讓市場自發調節，而政府應保持貨幣供給的穩定性以實現經濟穩定增長下的就業。[1]

從貨幣主義失業理論，可以看出：首先，以就業衝擊的發生機制來說，失業增長的出現，或是由於金融危機引發工資的下降而進一步導致的「自願失業率」的上升，或是由於金融危機引發信息傳遞不暢以及工作搜尋成本的上升而增加的「摩擦性失業」，或是由於金融危機引發技術和需求的變革而促使「結構性失業」上漲。同時，通過該理論，還可以得出結論：失業率的上升僅是一種短期的暫時現象，長期中失業率會回到「自然失業率」水平，政府不必干預。其次，從失業問題的應對策略來看，貨幣主義學派強調市場機制自我調整、自我修復功能的重要性，反對政府過度干預，強

---

[1] 厲以寧. 西方就業理論的演變 [M]. 北京：華夏出版社，1988：56-79.

調政府應以穩定的貨幣政策和人力資本投資來完善市場機制功能,從而解決失業問題。所以,貨幣主義失業理論實際上是向古典失業理論的迴歸,它同樣不能擺脫古典經濟理論的局限和偏激。

4. 新凱恩斯主義的失業理論及其對就業衝擊的解讀

新凱恩斯主義的失業理論主要圍繞著勞動力市場的功能性障礙來解釋失業問題,其核心是工資黏性理論。所謂的工資黏性,是指工資不能隨著勞動力市場的需求迅速調節,而是緩慢地變動。工資黏性理論包括名義工資黏性理論和實際工資黏性理論。[①]

名義工資黏性理論包括長期勞動合同論和交錯調整工資論。該理論指出由於勞動合同的存在,使得名義工資的變動滯后於勞動力市場需求的變動,進而導致勞動力市場不能出清和失業的出現。費雪的長期勞動合同論認為,由於長期勞動合同的存在,因而在合同期內工資不能根據勞動力市場的供求關係及時調整,而最終使得勞動力市場供求扭曲,從而導致失業的出現。另外,泰勒的交錯合同調整工資論指出,由於勞動合同並非同時簽訂的,因此工資不是同時調整而是交錯調整的。交錯調整使得總工資水平具有慣性,從而進一步影響產出和就業。

實際工資黏性理論包括隱含合同理論、內部人—外部人理論及效率工資理論。

隱含合同理論最早是由阿扎里亞蒂斯、貝利和戈登提出的。該理論指出由於勞資雙方風險態度的差異以及信息不對稱的存在,使得工資不能及時調整,而最終出現無效率的非充分就業狀態。

內部人—外部人理論是由林德爾伯格和斯洛爾最早提出的。他們將勞動者分為「內部人」和「外部人」兩類。並認為,由於工作調整成本的存在,使得內部人擁有更多的就業機會。同時內部人通過「干中學」所累積的知識和技能,實施「內部人控制」,從而產生非自願失業。同時,該理論還指出,工會代表內部人參與廠商的工資決策會進一步使得外部人長期處於不利地位,結果使失業長期存在。

效率工資理論最早是由索洛提出的。該理論假設勞動者的工作效率是與廠商支付的實際工資正相關的。因此,廠商為保持較高的工作效率會支付高於勞動者保留效用的效率工資,效率工資使勞動力市場不能出清,從

[①] 劉蘭. 西方失業理論的最新發展及啟示 [J]. 經濟縱橫, 2004 (1): 48-52.

而產生失業現象。另外，當所有廠商都採取高工資來刺激效率時，平均工資水平就會上升，進而加劇失業狀況。

綜上所述，新凱恩斯主義為了應對貨幣主義學派或其他非主流學派對凱恩斯關於「工資剛性」的責難而提出「工資黏性」的觀點；儘管新凱恩斯主義對「工資黏性」產生的微觀機制的論述存在差異，但是其對失業發生機制解讀的核心理念在於：「工資黏性」使得工資水平不能針對勞動力市場的供求變動而及時調整，並進一步導致非市場出清，從而最終使得勞動力市場中的失業大量出現。

從新凱恩斯主義的黏性工資的失業理論，可以得出結論：首先，以就業衝擊發生機制來看，在全球金融危機的背景下，危機的出現必然會引發勞動力市場的供求關係的變動，而由於「黏性工資」的存在，使得工資水平不能及時根據勞動力市場供求關係的變動及時調整，從而導致市場非出清出現，並最終使得勞動力市場中的失業增加。其次，從失業問題的治理策略來看，該理論倡導積極的政府干預，從而緩解「工資黏性」問題，並最終實現就業的擴大。可見，新凱恩斯主義僅僅是放松了標準凱恩斯理論的勞動力市場不能出清的約束條件，並沒有多少新東西。

(二) 金融危機下就業衝擊的馬克思主義經濟學解讀

19世紀40年代，馬克思在《哲學的貧困》《雇傭勞動與資本》《關於自由貿易的演說》以及與恩格斯合著的《共產黨宣言》中，開始研究資本主義經濟危機的可能性、必然性和週期性；而後隨著科學的勞動價值論和剩余價值論的創立，馬克思在《1857—1858年經濟學手稿》《1861—1863年經濟學手稿》以及1863年以后的《資本論》三卷手稿中繼續深入探討經濟危機問題，其基本內容涉及經濟危機的性質、根源和普遍性，資本累積與危機，再生產與危機，固定資本更新與危機，世界市場與危機，通貨膨脹與危機，銀行信用及虛擬資本與危機，農業和工業危機，經濟危機與社會革命以及對資產階級經濟危機理論的批判，等等。雖然馬克思沒有出版專門系統論述經濟危機的著作，但19世紀50年代以來對危機的研究一直融入了他關於政治經濟學批判性研究的宏大結構之中。1857年12月21日馬克思在致裴迪南·拉薩爾的信中說：「目前的商業危機促使我認真著手研

究我的政治經濟學原理,並且搞一些關於當前危機的東西。」[1] 這便是很好的證明。后來一些西方馬克思主義研究者堅持用馬克思的危機理論來解釋現實問題,並對馬克思危機理論進行學理性歸納,如澳大利亞墨爾本維多利亞工業技術大學工作場所研究中心的執行主任陶尼(James R. Doughney)在1999年發表的文章《馬克思主義的經濟危機理論和澳大利亞的實證研究》(Marxist Theories of Economic Crisis and The Australian Evidence)中提出了經典馬克思主義危機理論的兩大類型和四種原因的歸納(見表2),而當代西方馬克思主義研究者如多布(Maurice Dobb)、霍華德(M. C. Howard)和金(J. E. King)、斯威齊(P. M. Sweezy)等人有關資本主義經濟危機的理論,均被包括在這個歸納之中。[2]

表2　經典的馬克思主義危機理論:兩大危機類型和四種危機原因

研究的起點範式	制度內生危機	危機類型	危機原因
馬克思「資本循環」公式: M—C⋯P⋯C′—M′	固有的危機	利潤率下降	資本有機構成不斷提高
			勞動力過度供給和使用
		產品實現困難	消費不足
			各生產部門的比例失調

同時,馬克思的危機理論與他的失業理論有著內在的邏輯聯繫。馬克思認為:「工業的生命按照中等活躍、繁榮、生產過剩、危機、停滯這幾個時期的順序而不斷地轉換。由於工業循環的這種週期變換,機器生產使工人在就業上並從而在生活上遭遇的無保障和不穩定狀態,已成為正常的現象。」[3] 這個思想在《資本論》中得到了科學的闡釋,資本累積的發展、資本有機構成的提高、機器排擠工人、相對過剩人口不斷生成、社會購買力下降、最終利潤率下降、危機爆發,更多的在業工人失去工作,這樣一個累積→危機→失業→累積的理論邏輯鏈條得以成立。西方馬克思主義研究者斯威齊在《資本主義發展論》(The Theory of Capitalist Development)一書中,也提煉出了累積、危機、失業的因果關係是:累積率→就業量→工資水平→利潤率。利潤率下降使累積無利可圖並引發危機,危機轉變成蕭條

---

[1] 馬克思,恩格斯. 資本論書信集 [M]. 北京:人民出版社,1975:41.
[2] 朱鐘棣. 當代國外馬克思主義經濟理論研究 [M]. 北京:人民出版社,2004:117-118.
[3] 馬克思恩格斯全集:第23卷 [M]. 北京:人民出版社,1975:497.

后，又為累積創造了良好條件。斯威齊認為：「從馬克思的資本累積分析中脫胎出來的經濟週期概念，至少在原則上是非馬克思主義的政治經濟學所可以接受的。」①

這樣，馬克思主義失業理論主要從資本累積發展和資本有機構成提高規律、資本主義生產方式下的資本對勞動的控制以及資本主義生產的週期性這三個方面來考察資本主義生產方式下的失業發生機制。

首先，資本主義生產方式必然導致資本累積增長，而資本有機構成隨之提高。從馬克思經濟學的相關論述中我們可以看出，在資本主義經濟中，追求利潤的內在動力和企業之間競爭的外部壓力必然導致個別企業競相累積而提高個別勞動生產力。而所有企業都努力將個別勞動生產力提高到社會平均勞動生產力之上的結果，使得社會平均勞動生產力不斷提高。勞動生產力的提高表現在資本有機構成的提高上。

其次，資本累積和資本有機構成的提高影響勞動供求。馬克思指出：「資本在兩個方面同時起作用。它的累積一方面擴大對勞動的需求，另一方面又通過『遊離』工人來擴大工人的供給，與此同時，失業工人的壓力又迫使就業工人付出更多的勞動，從而在一定程度上使勞動的供給不依賴於工人的供給。」② 從馬克思的論述中可以看出，資本的累積和資本有機構成的提高會對勞動的供求兩個方面都產生影響。一是，從勞動的需求來看，資本累積對勞動需求的影響取決於資本有機構成的變化。當資本有機構成不變時，資本的累積會引起勞動需求的同比增加；當資本有機構成提高時，資本的累積會導致勞動需求的相對下降。因而，資本主義生產方式下的資本有機構成提高規律的存在，使得勞動需求隨著資本累積的增長而相對下降。二是，從勞動供給來看，資本累積對勞動供給外延和內涵都會產生影響。馬克思研究認為，「勞動生產力越是增長，資本造成的勞動供給比資本對工人的需求越是增加得快。工人階級中就業部分的過度勞動，擴大了它的產業后備軍隊伍，而後者通過競爭加在就業工人身上的增大的壓力，又反過來迫使就業工人不得不從事過度勞動和聽從資本的擺布。工人階級的一部分從事過度勞動迫使它的另一部分無事可做，反過來，它的一部分無

---

① 保羅·斯威齊.資本主義發展論[M].陳觀烈、秦亞男、譯.北京：商務印書館，2006：174.

② 馬克思.資本論：第 I 卷[M].北京：人民出版社，1975：702.

事可做迫使它的另一部分從事過度勞動，這成了各個資本家致富的手段，同時又按照與社會累積的增進相適應的規模加速了產業后備軍的生產。」①由此可見，資本家通過提高勞動力的勞動強度來應對勞動需求的增加，並對勞動供給產生影響。同時，機器的使用「使工人家庭全體成員不分男女老少都受資本的直接統治，從而使雇傭工人人數增加」②。這表明，機器的大規模使用擴大了勞動供給的外延，增加了相對過剩人口的基數。

最后，相對過剩人口是資本主義生產的必要前提。馬克思認為：「現代工業特有的生產過程，由中等活躍、生產高度繁忙、危機和停滯這幾個時期構成的、穿插著較小波動的十年一次的週期形勢，就是建立在產業后備軍或過剩人口的不斷形成、或多或少的被吸收、然后再形成這樣的基礎之上的。」③由上述論述可知，生產的週期性波動是資本主義生產不可避免的經濟現象，而生產的週期性波動則需要資本主義特殊的失業人口——相對過剩人口與之相適應。

從馬克思主義失業理論的分析，可以看出：首先，從失業的發生機制來看，以馬克思的失業理論來研判此次金融危機，能夠發現危機首先在虛擬資本集中的金融行業出現，並迅速傳遞到資本有機構成較高的汽車業、航空業、零售業以及IT行業等實體經濟部門，而這些行業的裁員規模和失業率均遠高於其他行業。這種現象的出現充分印證了馬克思關於資本有機構成和資本累積規律使勞動需求相對降低的論述。同時，金融危機所導致的就業質量的下降，特別是非全日制工人的大量出現，則正體現了資本主義生產方式下資本對勞動供給的影響。另外，馬克思關於生產週期性波動與相對過剩人口之間的相關性的論述則是對金融危機下就業危機發生機制的更為綜合的反應。

更為重要的是，能夠從社會經濟制度深層次地解釋此次金融危機始發於美國的原因的，還是馬克思主義的危機理論。馬克思認為，資本主義經濟危機的根源就在於資本主義經濟運動中物質生產能力發展和它的社會形式之間的衝突：「當一方面分配關係，因而與之相適應的生產關係的一定歷史關係，和另一方面生產力，生產能力及其要素的發展，這二者之間的矛

---

① 馬克思. 資本論：第1卷 [M]. 北京：人民出版社，1975：698.
② 馬克思. 資本論：第1卷 [M]. 北京：人民出版社，1975：433.
③ 馬克思. 資本論：第1卷 [M]. 北京：人民出版社，1975：694.

盾和對立擴大和加深時，就表明這樣的危機時刻已經到來。這時，在生產的物質發展和它的社會形式之間就發生衝突。」[①] 這就深刻地洞悉了為什麼二戰以後最嚴重的全球金融危機會首先爆發在最發達的資本主義國家，這是有其制度根源的。可見馬克思主義經濟學解讀危機和失業問題，不僅揭示二者之間的內在必然關係，而且追根溯源地追溯到資本主義生產方式的內在矛盾之中。

(三) 馬克思主義失業理論與西方失業理論的比較

從馬克思主義經濟學的失業理論與西方經濟學的失業理論的比較來看，可以發現二者對失業問題的解讀存在下列不同之處：

首先，西方經濟學將失業看成市場機制條件下勞動者失去勞動崗位從而沒有相應收入的一般經濟現象；馬克思主義則認為失業在資本主義條件下是一種相對人口過剩的現象，而且是一種勞動人口的相對於資本主義生產的過剩，而非自然人口的絕對過剩。這不單純是一個勞動力市場問題，而且是資本主義的雇傭勞動制度與剩餘價值生產的特定要求，這就更加清楚地揭示了資本主義失業的本質。其次，西方經濟學是在資本主義生產方式的既定前提下，集中於交換領域對失業問題進行分析；而馬克思主義經濟學的失業理論則是以資本主義生產領域研究為重心，通過對資本主義生產方式中生產力與生產關係矛盾運動的考察來研究失業問題。最後，馬克思主義經濟學通過對資本主義生產的週期性波動的分析，來說明相對剩餘人口存在的必要性並論證了相對過剩人口週期性變動的實質；而西方經濟學大多是對失業問題的一般性分析，忽視了資本主義生產的週期性波動下失業的事實，因而難以把握失業的長期變動。另外，雖然凱恩斯主義的失業理論也結合經濟週期波動的事實進行相關分析，但是其理論對經濟週期的解讀是建立在三大心理規律之上的，未能深刻地揭示資本主義生產方式下經濟週期波動的客觀根源，因而其對危機與失業問題的解讀也缺乏可信的依據。

當然，在經濟全球化和市場經濟體制下，馬克思主義失業理論與西方經濟學的失業理論在經濟運行層面解讀經濟危機傳導機制對失業的影響；從勞動力市場功能與結構、技術進步、勞動分工、工資彈性以及消費需求

---

① 馬克思恩格斯全集：第 25 卷 [M]．北京：人民出版社，1975：999．

的角度考察失業發生機制等方面是有共性的。這也是我們能以馬克思主義經濟學為指導，借鑑西方經濟學的失業理論結合中國國情分析社會主義初級階段市場經濟體制下失業問題的基本出發點。

四、簡要的結論

（1）由美國次貸危機演變成的金融危機，進而釀成二戰結束以來資本主義世界最嚴重的金融危機，表明經歷了二戰以後黃金發展時期的資本主義並沒有跳出繁榮—危機的週期律，沒有擺脫馬克思在《資本論》中所刻畫的資本主義歷史命運，即當一個社會的生產力發展，只能依靠對這種生產力本身的暴力破壞才能前進時，這一社會肯定無法逃脫最后崩潰的歷史命運。

（2）作為此次危機的附加產物——發達資本主義國家出現的失業高峰，與20世紀30年代大危機中的失業現象仍有異曲同工之處，仍然符合馬克思當年揭示的資本有機構成提高趨勢、相對人口過剩規律和資本累積一般規律的基本要求，只不過在形式上表現為金融危機中的失業給廣大勞動群眾帶來的痛苦與折磨同大公司、大財團的資本家及高管們的高收益、高新酬仍成正比例上演。

（3）作為解釋人類社會工業化、市場化和城市化以來失業問題的馬克思主義經濟學的失業理論與西方經濟學的失業理論，在經濟運行和經濟機制層面對失業發生的分析有其共性（如看到供求失衡、產品滯銷、有效需求不足等），但馬克思主義經濟學的失業理論比西方經濟學的失業理論更能從社會生產方式內在矛盾的高度來探究資本主義社會危機與失業的根源，這是西方經濟學的失業理論無法比擬的。

（4）中國處於經濟全球化的背景和建設及完善市場經濟的進程中，仍不能幸免這場全球性危機的拖累，加上中國的特殊國情，某些社會階層會被捲入失業的旋渦，因而堅持以馬克思主義經濟學為指導，借鑑西方經濟學的失業理論分析和認識這場危機及其對失業走勢的影響，從而防範危機與失業疊加放大，衝擊社會穩定，解決民生問題，這是中國經濟學人義不容辭的責任。

［本文選自：王朝明，姚毅．全球金融危機下的就業衝擊——基於經濟學理論的解讀與比較［J］．當代經濟研究，2009（10）：32-38．］

第三十九章　當代資本主義國家勞資關係的變化及企業治理的新特點

劉　燦

在當代社會生產力發展尤其是知識經濟和經濟全球化的推動下，西方發達國家的生產關係和經濟結構有了較大調整，勞資關係也隨之發生了深刻變化。員工持股、參與式管理、分享經濟、利益相關者治理、勞資合作與衝突管理等一系列新的經濟現象在資本主義企業制度的框架內產生，這些新現象、新動向值得我們充分關注和研究，從而進一步認識當代資本主義發展的客觀規律和歷史趨勢。

一、成員契約型勞資關係與「民主的公司制」

在資本主義企業制度中，雇主（資本家）與雇員（工人）之間的勞資關係衝突已有幾百年的歷史。馬克思深刻地揭示了這種關係的實質是資本主義私有制條件下資本家憑藉資本所有權對他人勞動的無償佔有，並認為勞資關係是建立在生產資料私有制基礎上的具有階級鬥爭性質的關係。在資本家和雇傭工人勞資雙方之間存在著不可調和的階級矛盾，工人們只有通過自己的組織如工會組織起來，運用集體談判和罷工等方式爭取自己的權利，減輕受剝削的程度。在19世紀中葉以後資本主義的發展進程中，產業工人和資本家之間的勞資衝突明顯激化，引起了整個社會的關注，如何改善勞資關係也成為各個國家的統治者和企業雇主面臨的共同問題。

資本主義經濟在整個20世紀得到了很大的發展，其間伴隨著資本主義企業制度的不斷自我完善，特別是現代股份公司內部財產權關係的變化，勞資關係在不斷調整中由激烈對抗趨向緩和。值得注意的是，近一二十年

來，建立一種「成員契約型勞資關係」以代替「資本雇傭勞動」的傳統勞資關係的做法在各個企業中得到提倡。所謂成員契約型勞資關係，即把企業看成各生產要素所有者之間的一組契約，出資人（股東）、職業經理、工人都是企業的成員並擁有相應的權利，企業的控制權和剩餘索取權在這些成員之間分配。美國學者大衛·艾勒曼在他的著作《民主的公司制》中闡述了從資本主義企業內部勞動產權入手建立「民主制公司」的思想。他認為資本主義制度的弊病是那種不顧及「勞動財產權」的雇傭契約，這種雇傭契約把勞動者應獲得的剩餘索取權剝奪了。他提出在成員契約型關係的基礎上，可以「構架另外一種企業形式，這種形式中，公司的雇傭制被成員制所取代」[1]。民主制公司建立在兩個基本原則的基礎上：一是自我管理的民主原則，即企業成員都擁有選舉權；二是勞動財產理論，即企業成員擁有剩餘和淨收入權。這兩種權利都應賦予工人。在雇員關係層次上，原來由資本強權決定的「企業權威」與服從關係，現在表現為上級要求工作成績和下級要求權利與報酬之間的「依賴的協同作用」，要求下屬對經營成績負責，但允許他們在工作中有自主權。企業成員的財產權利到個人權利性質的變化意味著公司本身的性質也相應地發生變化，公司不再歸任何人所「擁有」，或者說「所有權」確實掌握在現有的職工手中，因此他們能夠自我管理他們的工作和獲得他們勞動的全部成果，但是他們不能將這些權利作為需要買或能夠出賣的財產來擁有。「雇傭關係的廢除（改變）並沒有廢除私有財產、自由市場和企業家的權力，卻改變了這些制度的範圍和本質。」

　　20世紀末在西方發達國家出現的知識經濟改變了許多企業傳統的管理方式，特別是那些依靠知識創新和員工智力勞動的企業，合作式的成員關係是公司治理的基礎。近一二十年來，在美國高科技企業中出現了以員工為首的管理。「在美國的高科技公司，工作環境的設計和對員工的管理都以有利於最大限度地激勵員工的創造性勞動為標準。走進一家科技公司，你會發現員工的著裝很隨意，廚房裡並排著彈球桌和裝滿可樂的冰箱，到處都放著糖果（能讓你一時興奮），一堆堆好像在親密、輕鬆聊天的員工，牆上貼著家人、同事和寵物的照片。員工和經理毫無區別，你看不到總裁套

---

[1]　大衛·艾勒曼. 民主的公司制 [M]. 李大光, 譯. 北京: 新華出版社, 1998.

房、專用車位、私人秘書和漂亮的辦公室。」① 在這些企業中知識的流動性模糊了經理和員工之間的界限。以前是能獲得最多信息的人位居企業科層的榜首，但在如今的網路時代，信息非常豐富並且易於得到，成功的總裁不再只是掌握信息，而是理解信息，並且保證公司的每一個人得到其工作所需要的信息，以保證最大限度地提高生產力。「這種經營模式是真正的『平面』結構。這種直流方式組合的結構中，沒有階層，也很少有微觀管理，但它却能達到目的，因為它有一種無形的文化和機制，能夠讓每一個人自覺地去做他該做的事，並把它做好。」②

二、利潤分享和職工持股計劃

20世紀70年代以后，資本主義企業中開始實行「利潤分享制」。例如，日本的公司制企業通常把利潤按一定比率分給股東後，將其剩餘部分以工資外的附加形式分給企業全體職工，包括與個人勞動貢獻掛勾的獎金、退職金、職工住宅、保健設施、旅遊度假等附加性福利，讓員工一定程度上分享了企業的廣義的利潤，這實際上是一種利潤分享制。這種利潤的分享，把企業職工的利益與企業的經營效益、企業的長期發展聯繫在一起。

20世紀80年代中期，美國經濟學家 M. L. 威茨曼提出了「分享經濟」理論。分享經濟主要是指職工參與利潤分配和收益分享的一種經濟，其形式主要有獎金制、分紅制、刺激工資制、利潤分享制、純收入分享制等，特點是在固定工資之外，根據企業經營效益的好壞分給工人部分利潤，目前在當代資本主義企業中已相當普遍。分享制實施的背景是20世紀70~80年代資本主義經濟中長期存在的經濟滯脹和失業，有些人企圖通過分享制來改變勞動報酬的性質從而改變資本主義經濟運行的狀況。威茨曼主張把工資制度改變為分享制度，即把工人的工資與某種能夠反應廠商經營的指數（如利潤）相聯繫。在實行分享制的情況下，在企業內可以引入工資成本的自我約束機制，有助於抑制通貨膨脹。后來，分享經濟的概念被擴大了，涉及工人參與產權分配、參與企業管理以及與資方共享收益的各種形式都被歸入分享經濟的範疇。按照英國經濟學家詹姆斯·米德的劃分，分

---

① 卡倫·索斯威克. 新經濟規則 [M]. 孟祥成，等，譯. 北京：中國標準出版社，2001.
② 卡倫·索斯威克. 新經濟規則 [M]. 孟祥成，等，譯. 北京：中國標準出版社，2001.

享經濟可以包括職工持股計劃、勞動者管理合作社、利潤分享制、收入分享制、勞動資本合股制等。

職工持股計劃是當代各股份公司為使職工能在他所工作的公司得到有意義的所有者利益而進行的努力。威茨曼的分享經濟理論為職工持股計劃提供了有力的支持。20世紀80年代以來，在日本、德國、美國和英國等發達市場經濟國家的公司制企業中，分享制更多地用來提高組織效率，降低代理成本。分享制在現代公司中的實踐主要有職工持股制和利潤分享制，前者是職工憑藉擁有部分股權而參與企業剩余利潤分配，而后者是年終根據企業利潤實現情況而發放獎金，職工無股權。

職工持股制度在各國公司制企業中有不同模式。在日本，主要是推行內部職工持股會，其做法是：職工持股會主要由職工個人出資形成，公司給予一定的補貼，以這種方式幫助職工個人累積資金，陸續購買本公司的股票。職工持股會的管理體制是設立理事會，理事會由會員大會選舉產生，理事長代表持股會參加股東大會，行使決議權。職工持股會的推行，其目的一是為了形成穩定的股東，二是增強職工的歸屬感，三是幫助職工形成個人財產。在美國，主要是以職工持股基金會方式推行，其做法是：企業每年在淨利潤中提出一定百分比作為「職工持股信託基金」，規定凡在該企業工作一定年限以上的職工都是該基金會的成員。在記分制的基礎上，確定每個職工根據自己的情況即相應的工資水平或勞動貢獻的大小從基金中獲得一定的股份，並憑此股份份額獲得股息，參與企業利潤分享。這一做法實際上是把職工提供的勞動作為享有公司股權的依據。1994年美國通過了《美國雇員退休收入保障法案》，該法案明確提出了公司實行職工持股計劃問題，並就相關的各類稅收優惠政策做出了法律規定。美國各個州也紛紛立法，鼓勵職工持股。到1998年，實行職工持股的公司達14萬家。現在美國有1/4的職工擁有他們公司的部分股票或全部財產，參加職工持股計劃和期權的職工人數超過了3,000萬人，職工持股計劃涉及的資產總值已達4,000多億美元。[①] 在公司實踐中，職工持股計劃被看成是所有權轉移的一種形式，並認為職工持有股權的理由是「所有權既是責任，也是權利。作為企業的受益人，員工們不僅能夠對其影響負有責任，而且由於他們能

---

① 王玫. 發達國家的職工持股制評析 [J]. 當代世界與社會主義, 2003 (5).

代表勞動力和資本提供者的利益以及社會利益,他們有資格擔當這一角色。」① 美國學者哈拉爾在他的著作《新資本主義》中把職工持股計劃看成是「新資本主義」的一種現象。他說:「我們不得不尋找一條出路,以保證普通雇員有機會(在他們的工作場所)擁有股票和參與管理。這就是雇員擁有股票計劃的全部目的。這個計劃起了作用。」②

但雇員持股和利潤分享並沒有改變私有財產制度以及資本與勞動之間的根本關係。要看到,雇員持股和利潤分享扎根於資本主義的政治和文化結構之中,是社會各派力量相互鬥爭和妥協的產物。在當代資本主義體系中,那些完全由職工股份控股的企業仍占少數,更多的還是在少數大股東控股下的職工持股,有的國家還規定職工持股一般不超過企業股份的10%。在企業中,雇員與資本所有者之間的契約關係並沒有改變資本索取剩餘的權利,正是這種雇傭契約把勞動索取剩餘權給剝奪了。認為只要通過職工持股方式變職工的雇傭關係為成員關係,資本主義就可以改造出合理的經濟制度,這並不符合當代資本主義的現實。資本主義生產關係的缺陷和經濟制度的不合理性,是不會通過職工個個都成為企業的股東(相對於大股東所占的股份比例來講是微不足道的)就能夠消除的。

三、利益相關者治理

在舊的資本主義體系中,公司是一個封閉的私有體系,通過不受個人感情影響的市場機制的支配來追求利潤是公司的唯一目標。「股東至上主義」是公司治理的邏輯,也就是說,股東利益就是公司的利益,而雇員、客戶、社會公眾等的利益並不被看成與公司的利益相關。從20世紀70年代開始,特別是進入90年代以後,股東至上主義面臨著來自經理、雇員、供應商等諸多利益相關者的詰難。來自不同利益主體的觀點認為,公司應該更有責任感,它的責任範圍不應該僅僅局限於股東,它應該有利於更大範圍的群體——所有與公司利益相關者的團體。

這些利益相關者包括公司雇員、債權人、所處社區成員等。同時,公司也應該將其決策建立於倫理、道德的考慮——保護生態環境,肩負社會

---

① 羅伯特·蒙克斯. 公司治理 [M]. 李維安,譯. 北京:中國財政經濟出版社,2004:207.

② W. E. 哈拉爾. 新資本主義 [M]. 馮韻文,黃育馥,譯. 北京:社會科學出版社,1999.

責任之上。與股東的地位不同，這些利益相關者與公司本身並沒有契約關係，單純地追求股東利益的最大化可能會給他們帶來負的外部性。因此，追求利益相關者團體總體福利的最大化應該將各種外部效應內部化。從公司治理的角度看，這一方面要求公司具有一個更加廣泛的管理目標——最大化各種利益相關者團體的總體福利，另一方面則意味著利益相關者團體應該分享控制權。

  利益相關者理論是20世紀80年代以來在西方發達資本主義國家興起的一種政治和經濟思潮，是資本主義在其發展過程中不斷調整政治、經濟和社會關係使之達到更加和諧而在企業治理層面上的體現。至今，美國已有29個州修改了公司法，新的公司法要求公司經理為公司的利益相關者服務，而不是僅僅為股東服務。1998年，由29個發達國家組成的經濟合作與發展組織（OECD）通過了《公司治理結構原則》，提出了公司治理結構的框架應當確認利益相關者的合法權益，並且鼓勵公司和利益相關者為創造財富和工作機會以及保持企業財務健全而積極地進行合作。其具體原則包括：①公司治理結構的框架應保證公司利益相關者受到法律保護的權利得到尊重；②由於利益相關者的利益受到法律保護，在其權利受到侵害時，應有機會得到有效補償；③公司治理結構的框架應使利益相關者的參與有助於建立提高公司經營績效的機制；④當利益相關者在參與公司治理過程時，應當得到有關的信息。[①]

  從企業治理的理念看，由股東至上演進到利益相關者共同治理反應了當代資本主義社會各利益主體需要一種新的協調關係，給企業創造一種更加和諧的經營環境。它是資本主義生產關係的一種調整。利益相關者理論反應出在企業發展中已經建立起一系列的人力資本、營銷網路、社會社區關係，這些關係如果被股東短期獲利動機所打斷，必然影響企業效率。因此，滿足利益相關者的需求，為他們提供服務，被看成是企業獲取更多利潤的手段。利益相關者共同治理並沒有取消資本所有權及其在企業中的實現，這種治理結構安排歸根到底還是體現在資本所有者利益上——企業的績效和市場價值。公司的首要任務就是要承認：公司的命運不再取決於不惜一切代價追求利潤，而是越來越多地取決於商業行為的廉正性與可信度，以及對整個社會的責任感。許多企業家認識到，提倡這種風氣並建立一種

---

① OECD.公司治理結構原則［N］.中國經濟時報、1999-09-24.

具有誠信、歸屬感和責任感的開放式企業文化,才有可能被這個不斷變化的市場所接受。

四、勞資關係衝突管理

在西方學者看來,「勞資關係研究的中心問題是:雇主和雇員之間如何形成相互的合作關係、衝突關係和權力關係……雇傭關係既是一種交換關係又是一種權威關係:雇員在得到工資或其他福利時,放棄了對時間使用的控制權,並將其交給雇主處理。」[①] 二戰后到20世紀90年代,發達資本主義國家的勞資關係變化的最大特點就是通過國家干預,對資本運行以及勞資關係構建了一套規範和制衡機制,各國政府竭力平衡勞資雙方實力,緩和勞資衝突。在企業層面,勞資關係衝突管理是現代企業管理實踐中最重要的內容。

按照企業契約理論,勞資雙方(企業契約的當事人)在權利上是平等的,在利益上沒有根本衝突,只有談判能力的差別從而決定剩余權利的配置,勞資關係基本上是和諧的。但是這種和諧有時也會被暫時的衝突破壞。在勞資衝突時,矛盾的主要方面在於一般員工,他們在企業中的弱勢地位(如沒有或有很少的股份、在人力資本上沒有專用性)使得他們要採取消極行動(如偷懶等)。因而人力資源管理、激勵理論、雇員期限、利益相關等理論紛紛應用在企業勞資衝突管理實踐中,其目的主要是為了提高員工對工作的滿意度和員工自願提高工作效率。

20世紀60年代庫茲涅茨、西奧多·W.舒爾茨等學者提出人力資本理論,實際上是注意到了勞動者的積極性和創造力對經濟產出和增長的貢獻;而行為科學與人際關係理論改變了過去單純把勞動者作為管理、監督的對象的觀點,強調企業管理中,要重視人的心理及行為。為了尋求更加有效的刺激勞動者的動力機制,他們提出:①工人不是簡單的經濟人或理性動物,而是「社會人」,工人追求的不只是物質利益,還有友誼、安全感、歸屬感,被人信任和受人尊重等;②個人的態度、情感等非經濟因素是決定人們行為的重要方面,管理人員掌握情感溝通的管理藝術對提高生產率至

---

① 魯塞弗爾達特,等. 歐洲勞資關係——傳統與轉變 [M]. 佘雲霞,等,譯. 北京:世界知識出版社,2000.

關重要;③工作群體等非正式組織是影響工作態度的重要因素,團體成員的滿意程度與企業組織效率密切相關。

激勵理論主要利用委託代理理論對激勵問題進行經濟分析。1976年,杰森(Jensen)和麥克林(Meckling)建立了一個如何激勵經理使其按股東的利益行動的分析框架,這個框架具有一般性,也可以用來分析作為整體的勞動力的激勵問題。一般說來,委託人是指雇主,他們雇傭代理人(包括經理和工人)來從事某一確定性任務。問題的關鍵是雙方目標的衝突。委託人的目標是資本收益的最大化,而代理人的目標是自身效用最大化。在完全信息的條件下,代理人的努力是可以觀察到的,激勵問題就有一個直接的解。但是,現實中信息是不完全的,而且在委託人和代理人之間是不對稱的,因而不存在完全的企業契約。企業要解決的問題就是設計一個激勵結構,在實踐中激勵工資合約就是一個十分普遍的形式。激勵工資合約是對群體而非個人的績效工資制,通過這種制度來激勵企業內工人群體的工作努力,把衝突化為合作。

雇員期限的長短對勞資合作與衝突也有著重要影響。企業要減少損失和雇員的衝突,就要對企業的員工進行分類比較,看哪一種雇員對雇主更為稀缺,對稀缺的採取長期雇員的制度,這樣可以降低交易成本,也可以減少員工流動對雇主的不利影響,從而減少衝突,加強合作。青木昌彥就日本企業的終身雇員制建立了一個合作博弈模型,其結論是長期雇傭合約本質上是一個雇傭雙方的合作博弈關係,兩者彼此合作,可以增加企業的收益。

工會的作用和集體談判在企業勞資衝突管理中,也很受重視。在西方勞動經濟學理論中,工會被看成是工人聯合起來的一種特殊力量。當工會作為一種特殊力量就工資和其他雇傭問題與雇主進行談判時,就將其界定為「雙邊集體行為」,即集體談判。200多年來,集體談判是西方國家普遍實施的解決勞資衝突、協調勞資關係的勞動法律制度。在政府越來越深地介入勞資管理過程之後,集體談判成為工人和工會、雇主和雇主協會、政府三方協調的政治過程。在集體談判的內容上,工資問題是一個永恆的主題。但是在20世紀90年代以來,西方各國工人面臨著巨大的失業威脅和政府大幅度削減社會福利開支,包括美、日、法、意等在內的各國工會都及時調整各自的政策,力圖與資方達成積極合作關係,有的還提出發展與政府、雇主合作的「社會夥伴關係」,在經濟困難時與雇主達成凍結工資的

協議，並對發動經濟性罷工持謹慎態度。實踐證明，集體談判已成為保障勞動關係和諧發展的「安全閥」，是緩解勞資和社會衝突的有效制度手段。

五、進一步研究和把握當代資本主義的本質

資本主義制度在歐美國家確立其統治地位以來，迄今已有 100 多年歷史。在相對來說比較短暫的一個世紀中，資本主義國家的社會生產力得到了迅速的發展，經濟總量增長了幾十倍，大多數社會成員的經濟收入和享受到的社會福利也不斷增加，人們的物質生活也變得越來越豐富。在西方學者看來，所有這一切的功績都要歸功於適應於生產力發展的資本主義制度框架以及它的文化意識形態。馬克斯・韋伯把它稱為「新教倫理」的資本主義精神。但是，資本主義不可能創造永久的「神話」。20 世紀七八十年代以後，隨著資本主義國家經歷了戰後嚴重的滯脹，新自由主義思潮崛起，經濟社會結構發生深層變化，資本主義進入了一個新的壟斷後的發展階段，產生了許多新現象、新問題。如何認識當代資本主義的變化，我們認為應該注意以下四個方面的問題：

第一，當代資本主義在二戰後發生了一系列重要的變化，但這種變化是否使資本主義處於一種相對穩定的形式或者是進入了一個新的發展階段，還值得進一步研究。中國在相當長的一段時間內是把資本主義當成「惡」的代名詞而把它與社會主義根本對立的，因而對當代資本主義的變化缺乏深入研究。近 10 多年來，我們大力發展社會主義市場經濟並加快了體制轉軌，特別是在經濟全球化的浪潮中，我們不容選擇地要融入世界經濟體系之中，對當代資本主義的研究才受到應有的重視並取得了一些重要的成果。

第二，堅持馬克思主義的方法，用辯證唯物主義和歷史唯物主義觀點來認識當代資本主義在企業制度、公司治理結構和勞資關係等層面上發生的新現象和新問題，既不能認為它們所帶來的都是資本主義生產關係的根本的質的變化，也不能都歸結於較淺層次的「局部調整」，而應該實事求是地加以具體分析。W. E. 哈拉爾認為當代資本主義的最大變化就在於「企業正在迅速發展成一種以美國傳統為基礎的新式制度，它將改變整個經濟制度，並最終改變西方資本主義社會本身，從而形成新資本主義」[①]。我們

---

① 羅伯特・蒙克斯. 公司治理 [M]. 李維安，譯. 北京：中國財政經濟出版社，2004：5.

認為，至少在 21 世紀的今天，資本主義在本質上並沒有發生這種變化。

第三，近幾十年來發達資本主義國家公司制度的一些變化值得我們充分注意。在這些國家的現代企業中，財產關係、權力結構、控制權和剩余索取權的分配、激勵結構和勞資雙方新型的契約關係的出現等，都會對資本主義制度的微觀基礎產生重要影響。

第四，既要研究當代資本主義的新變化、新問題，也要重視研究資本主義發展的歷史趨勢。關於資本主義發展的歷史趨勢，應該看到資本主義本身所具有的開放性和自我調節能力以及不斷容納先進生產力的能力，這決定了它在相當長的時間內仍然具有生存和發展的歷史空間，它向社會主義的過渡將是一個比原來的預測要漫長得多的歷史過程。馬克思在《〈政治經濟學批判〉導言》中也曾強調：「無論哪一個社會形態，在它所能容納的全部生產力發揮出來以前，是不會滅亡的；而新的更高的生產關係，在它的物質存在條件在舊社會的胎胞裡成熟以前，是決不會出現的。」① 美國學者萊斯特·瑟羅論證說：「過去的 150 年間，是社會主義制度和社會國家制度提供了這種新思想的來源。來自這兩種制度的某些因素滲入了資本主義制度的結構。」② 但是也要看到，當代資本主義的新變化只不過是其客觀歷史規律在現階段發生作用的必然結果而非最終結果，資本主義必然被社會主義代替的歷史趨勢並沒有改變。至於這一過程的長期性，或許像美國經濟學家保羅·斯威齊所預見的：「一種社會制度歸於消滅的過程，就只能用另外一種或若干種社會制度去代替它。而這通常是一個漫長的過程。其中需要經歷很多階段。根據歷史經驗來看，這一過程所涉及的時間長短，應該按若干個世紀來考慮，而不是幾年、幾十年或者幾代人的時間。」

[本文選自：劉燦. 當代資本主義國家勞資關係的變化及企業治理的新特點 [J]. 貴州財經學院學報，2006（2）：1-6.]

---

① 馬克思恩格斯全集：第 2 卷 [M]. 北京：人民出版社，1995：33.
② 萊斯特·瑟羅. 資本主義的未來 [M]. 周曉鐘，譯. 北京：中國社會科學出版社，1998.

第四十章　勞資關係研究的理論脈絡與進展

羅寧　李萍

一、引言

改革開放30年來，經濟體制、社會結構和發展方式的多重轉型，是對中國特色社會主義發展道路的有益探索。隨著轉型的逐步深入，社會不同領域、階層、組織、群體之間開始出現分化，對中國高度整合的傳統社會結構造成了極大的震撼和衝擊。在經濟、社會、政治、文化等諸方面因素的共同作用下，中國社會經濟結構逐漸向多元化方向發展，社會利益結構的變遷也十分迅速，各個社會利益群體不斷分化（Disunion）、解組（Disorganization）、重新整合（Reintegration）。在這一過程中，勞資關係正在成為中國社會主義市場經濟中一個重大的基礎性關係。然而，近期中國收入差距擴大、社會矛盾衝突加劇、分配格局嚴重失衡等重大社會經濟問題，凸顯和預示著中國經濟低成本、低風險期可能一去不返，伴隨著高成本的來臨，高風險期將至：強資弱勞失衡格局下勞資關係矛盾增多、衝突升級，成為當前中國經濟社會發展中最為突出的矛盾和風險源頭之一。

從西方國家的發展歷史來看，儘管經濟高速發展給人們創造了大量財富及實現自我價值的機會，但是社會結構的變遷與複雜化，也給人們帶來了一種前所未有、不斷擴散的不確定性。這種不確定性的極度增長，導致了風險社會的形成。正如烏爾里希·貝克所指出的那樣，「在發達的現代性中，財富的社會生產系統地伴隨著風險的社會再生產」。「在現代化進程中，生產力的指數式增長，使危險和潛在威脅的釋放達到了一個我們前所未知

的程度。」「風險社會從這個意義上是世界性的風險社會。」① 儘管貝克關於風險社會的論述，主要是基於西方國家現代化發展由簡單階段進入晚期階段后的社會走向而展開的，但隨著改革開放的逐步深入，中國經濟持續快速增長，業已進入人均 GDP 1,000～3,000 美元的轉型關鍵時期。根據國際經驗，這一時期孕育著矛盾凸顯的可能性。這種可能性因改革採取了先易后難的方式，潛伏的深層次矛盾在累積中逐漸走向凸顯、聚集形成社會風險。由此可見，在中國已經逐漸步入現代社會發展的高風險階段的特定背景下，勞資關係在社會經濟結構變遷中扮演的關鍵角色以及在風險社會發展過程中的重要影響作用，使其相關主體之間的矛盾與衝突問題成了當前最為突出的社會經濟問題之一。鑒於此，對國內外勞資關係研究的主要理論成果進行回溯檢視和系統梳理，對於當前有效協調勞資關係、控制社會風險、構建和諧社會，具有重要的理論及現實意義。

本文認為，勞資關係作為一種複雜的社會關係和生產關係，其實質是不同的要素所有者在相互結合進行生產活動並獲得收益的一系列過程中所形成的衝突與合作的關係。對其研究所涉及的領域跨越了經濟學、管理學、社會學等多個方面。不同領域的學者對於勞資關係的認識和理解不盡相同、各有側重，他們的研究成果從不同視角啓發我們多維度、多視角地思考轉型期中國勞資關係問題，因此有著重要的借鑒意義。

二、國外經濟學、管理學、社會學對勞資關係問題的研究：理論脈絡

經濟學領域對勞資關係的相關研究可以追溯到亞當·斯密。在討論勞動分工和社會分工問題時，他就已經認識到「在文明社會，雖然實行分工，却沒有平等的分工，因為許多工人沒有工作……負擔著最艱難勞動的人，所得的利益反而最少」②。斯密看到了勞資雙方既存在著利害衝突關係也存在著合作的基礎。他指出，「這兩方的利害關係絕不一致。勞動者盼望多

---

① 烏爾里希·貝克. 風險社會：通向一種新的現代化 [M]. 何博聞，譯. 南京：譯林出版社，2004：15-21.

② 布坎南. 亞當·斯密關於法律、警察、歲入及軍備的演講 [M]. 陳福生，陳振驊，譯. 北京：商務印書館，1962：179-180.

得，雇主盼望少給。勞動者都想為提高工資而結合，雇主却想為減低工資而結合」，但在市場機制的作用下，勞動力供求均衡決定了工資水平，因此「就長時期說，雇主需要勞動者的程度，也許和勞動者需要雇主的程度相同」。[1]

斯密之后，隨著資產階級逐步取得社會統治地位，雇傭勞動者階級與資本家階級的矛盾由潛伏轉向公開化、尖銳化並開始成為社會的主要矛盾，勞資之間的利益對立在形式上也由原來自發的、個別的、局部的經濟鬥爭，開始轉變上升為階級的、社會的、政治性的鬥爭。這時，古典經濟學完成者李嘉圖的分配觀反應了勞資關係對抗、衝突的基調，即勞資階級利益對立的變化態勢。由於其在一定程度上科學揭示出雇傭勞動者、資本家、大土地所有者三大階級之間的利益對立、此消彼長的關係，因而不再適合資產階級維護統治和掩蓋階級矛盾的需要了。在這一新的歷史背景下，19世紀中葉前后，英國的西尼爾、美國的凱里和法國的巴師夏提出了「節欲」論、「階級利益和諧」論和「經濟和諧」論，這一「階級利益調和論」的共同點是否認資本主義社會階級矛盾的存在，從抽象的和諧原則出發論證工人與資本家之間的階級利益是「一致」的，資本主義社會是一個資本家和勞動者共同合作的、公平、公正、美妙的「和諧社會」。

幾乎是在同一時期，卡爾·馬克思在批判地揚棄了古典經濟學勞動價值論的基礎上，系統研究了歐洲的勞工運動特別是以英國資本主義發展中的勞資關係為典型樣本進行了深入分析，形成了一套獨特的經典勞資關係理論。馬克思通過對貨幣與資本、勞動與勞動力、勞動力商品的使用價值與價值、資本主義勞動過程、價值形成過程與價值增殖過程、勞動從屬於資本等重要概念和範疇的闡釋，揭示了資本主義勞資關係的本質特徵，構建起其勞資關係的理論硬核。[2]

第一，從流通領域來看，資本主義制度下勞資之間存在著形式上平等而實質上不平等的關係。

在 G—W—G′ 的經典公式中，資本家用原初的貨幣在第一次流通過程中去購買商品，又通過第二次流通過程去銷售商品。前后兩次流通過程的

---

[1] 亞當·斯密. 國民財富的性質和原因的研究（上卷）[M]. 王亞南, 郭大力, 譯. 北京: 商務印書館, 1974: 108, 60-61.

[2] 馬克思. 資本論: 第 1 卷 [M]. 北京: 人民出版社, 1975: 221-222.

结束，原初货币发生了「蝶变」，变为了包含剩余价值从而超过原初货币价值的「美丽的蝴蝶」，实现了货币到资本的根本转变。从形式上来看，无论是第一次流通过程的买，还是第二次流通过程的卖，均遵循了价值规律，劳资双方进行著「自由」「平等」交换。一个愿买，一个愿卖，似乎是等价交换，各有所得。但实际上，货币到资本的飞跃，秘密发生在资本家原初货币购买到的商品并非一般商品，而是劳动力这种特殊商品。特殊就特殊在资本家使用、消费劳动力商品的过程中，与一般商品使用价值伴随消费的结束而消失不同的是，劳动力这种特殊商品在消费过程中，不仅能够创造价值、创造出相当於劳动力自身价值的价值，而且还能创造出超过劳动力自身价值以上的剩余价值。而这一秘密却隐藏在了两次所谓等价交换的流通过程中的生产环节。正是在生产过程中劳动力商品的使用价值与价值的不同揭示了资本家剥削雇佣劳动者的不平等关系的实质。

第二，从生产领域和再生产过程来看，劳资之间不平等的关系从根本上说，是生产资料资本家私人佔有制下，资本家无偿佔有和继续佔有雇佣工人剩余劳动创造的剩余价值的剥削与被剥削关系。

进入生产领域，马克思抽丝剥茧地对不平等关系进行了揭秘。马克思指出，资本主义生产过程是劳动过程和价值增殖过程的统一，「价值增殖过程不外是超过一定点而延长了的价值形成过程。如果价值形成过程只持续到这样一点，即资本所支付的劳动力价值恰好为新的等价物所补偿，那就是单纯的价值形成过程。如果价值形成过程超过这一点而持续下去，那就成为价值增殖过程。」[1] 而「劳动过程只是价值增殖过程的手段，价值增殖过程本身实质上就是剩余价值的生产，即无酬劳动的物化过程。生产过程的整个性质就是由这一点专门规定的。」[2] 伴随著资本主义再生产过程的周期性循环，劳资之间的剥削与被剥削关系也会不断地被再生产出来。从根本上说，生产资料资本家私人佔有制决定了资本主义劳动过程的特点，以及价值形成过程向价值增殖过程的延展，从而决定了劳资之间不平等关系的实质是资本家无偿佔有和继续无偿佔有雇佣工人剩余劳动创造的剩余价值的剥削与被剥削关系。

第三，马克思在深刻揭示劳资之间剥削与被剥削的阶级利益冲突关系

---

[1] 马克思恩格斯全集：第49卷 [M]．北京：人民出版社，1972：50-51．
[2] 马克思恩格斯全集：第49卷 [M]．北京：人民出版社，1972：50-51．

的基礎上，同時探討了勞資之間存在合作的可能性或基礎。

從上述資本主義流通過程、生產領域和再生產過程中所揭示出的勞資雙方不平等的剝削與被剝削關係來看，無疑昭示著勞資兩大階級利益對立的衝突關係。馬克思政治經濟學研究中辯證法的光輝同樣也閃耀在他的勞資理論的分析之中。與斯密有著相似之處，在某種意義上，馬克思也對勞資之間存在著合作的相反需要進行了探討：「資產者及其經濟學家們斷言，資本家和工人的利益是一致的。千真萬確！工人若不受雇於資本家就會滅亡。資本若不剝削勞動（力）就會滅亡，而要剝削勞動（力），資本就得購買勞動（力）。投入生產的資本即生產資本增殖愈快，也就是說，產業愈繁榮，資產階級愈發財，生意愈興隆，資本家需要的工人也就愈多，工人出賣自己的價格也就愈高。」同時，他也指出，「斷言資本的利益和勞動的利益是一致的，事實上不過是說資本和雇傭勞動是同一種關係的兩個方面罷了。一個方面制約著另一個方面，就如同高利貸者和揮霍者相互依存一樣。」[①] 這裡，我們不難看出，馬克思與斯密的觀點又有著根本的不同。馬克思是在資本家剝削雇傭工人的本質意義的高度上來看待勞資雙方存在合作的可能性的。

隨著西方社會經濟的發展和勞資關係的變遷，經濟學對於勞資關係問題的研究逐步脫離了本質角度的研究，而從供求關係等方面入手，研究勞動力要素市場的運行，開始向細化方向發展，並形成了當代西方經濟學在勞資問題上的不同學派。比如，以馬歇爾、弗里德曼、吉爾德等為代表的新古典學派，承襲古典學派的市場自發調節、市場至上的觀點，認為市場是決定就業狀況及勞資關係的關鍵因素，工會實質上是勞動力供給壟斷組織，只會使勞動力市場力量失衡，政府作為勞資關係中的「守夜人」，應維護勞資之間的自由選擇。又如，以科斯、諾思、加爾布雷思、威廉姆森等為代表的新制度學派認為，現實中的產品市場並非高度競爭的，勞動力市場也有許多缺陷，一些企業佔有某種壟斷力量。通過勞動法和集體談判確保所謂公平與效率的和諧發展，是解決勞資關係問題的有效途徑。這些學派的研究對於現代勞資關係的維護與協調，有著一定價值的啟示與借鑑意義。

在管理學領域，伴隨著管理學史上由經驗管理向科學管理並進一步向

[①] 馬克思. 雇傭勞動與資本 [M]. 北京：人民出版社，1971：29-30.

行為管理轉變的三個階段、兩次革命的變遷，管理學者對勞資關係的研究也留下了不同階段管理思想革命的印記。

在經驗管理階段，查爾斯·巴貝奇從工廠的興衰與勞資間工資與利潤增減的相關性經驗事實出發，對勞資關係進行了研究。他認為支付報酬的方式能夠安排得使每個被雇傭的人都會從整個工廠的成功中得到好處，以及每一個人的收益會因工廠本身獲得利潤的增加而增加，並提出通過「利潤分享計劃」來解決勞資衝突。[1]

歷史上，科學管理革命取代經驗管理源於社會化大生產與資本主義生產關係矛盾的發展。19世紀末20世紀初，資本主義從自由競爭走向壟斷競爭。當時，資本主義社會的生產力有了更大的發展，生產關係亦發生了較大的變化，勞資矛盾日益尖銳，企業規模不斷擴大，生產技術更加複雜，這些都要求提高企業管理水平，將過去累積的管理經驗系統化、標準化，用科學管理來替代傳統的經驗管理。適應這種需要，最先提出科學管理理論體系的是美國的泰羅和法國的法約爾。泰羅的提高勞動生產率的車間管理與法約爾的企業組織與經營管理相結合，形成了較完整、系統、科學的企業管理理論框架，其基本原理仍是現代管理的基礎。[2] 就勞資之間關係而言，泰羅認為勞資之間的對立關係源自工作場所不當的組織方式和生產分配手段。而生產與分配受到不可更改的自然規律的支配，是不以人的意志為轉移的。因此，勞資雙方的注意力不應放在盈餘的分配上，而應放在發現和應用科學管理的「自然規律」上面。科學管理的目的在於發現這些規律，並應用「一條最佳途徑」去選拔、提升、獎賞和培訓工人。於是，泰羅提出勞資分別作為雇員和雇主，雙方必須在思想上進行一場深刻的革命，使「雙方不再把注意力放在盈餘的分配上，不再把盈餘分配看作是重要的事情」[3]，即雙方合作並盡到生產最大盈餘的責任。

任何領域革命的出現，往往都是建立在歷史的比較與選擇基礎之上的。回望管理變革的歷史，傳統的經驗管理忽視對工人的訓練和激勵，嚴重制

---

[1] 丹尼爾·A. 雷恩. 管理思想的演變 [M]. 孫耀君，等，譯. 北京：中國社會科學出版社，1986：80-81.

[2] 梁家強. 論科學技術革命與管理理論發展 [J]. 科學管理研究，2005（2）：32-34.

[3] 克勞德·小喬治. 管理思想史 [M]. 孫耀君，等，譯. 北京：商務印書館，1985：105-106.

約了勞動生產率的提高；而科學管理刻板的制度、規則和定額的約束，則加劇了工人勞動行為的異化。在此背景下，勞資關係更遭遇 1929—1933 年資本主義經濟大危機的衝擊，矛盾更加尖銳激化，引致勞動生產率大幅度下降，泰羅的科學管理開始失靈。一場以梅奧領導的「霍桑實驗」為發端的行為革命來臨。行為科學學派強調工人士氣等因素對企業效率的影響，進而揭示了勞資衝突並非單一的經濟動機導致，與此對應的衝突管理對策也應多樣化。其后的許多學者承繼了這一思想，提出通過目標管理、員工參與管理、浮動工資等方式，提高工人的主動性、積極性和創造性，激勵其努力工作。[1]

20 世紀是社會學迎來大發展的時代。社會學重點關注與社會經濟結構相關的社會秩序和進化等理論的新發展，與經濟學、管理學一道為人文社會科學的進步添上了濃墨重彩的一筆。著名社會學家悉德尼·韋伯同其夫人比阿特麗絲·韋伯通過對勞工運動的研究，提出「產業民主理論」。他們認為，勞資衝突不必通過革命，而是通過交涉權力的均衡就可以解決的。他們強調，工會具備保護工人的經濟利益和促進生產管理的職能，同時也具備一定的政治職能，因此應永恆存在。[2] 享有盛名的社會學家涂爾干與馬克斯·韋伯也對勞資關係問題進行了深入的研究。涂爾干認為，階級衝突是從「前工業化社會」到「工業化社會」過渡過程中由於被迫進行勞動分工和「無機整體」瓦解的一種表現，或者說，它不是資本主義制度本身的問題，而是工業化進程的過渡期現象。[3] 馬克斯·韋伯認為，產業衝突儘管反應了投資者與勞動者之間更為廣泛的衝突，但它却以勞動者與管理者之間的衝突為表現形式，並按照一種被細緻規劃好了的規則和過程來進行。勞動者受到大型官僚組織的雇主、工會和政府機構的統治，無法從工作中找到生活的意義和目標。[4] 一言以蔽之，他們均把勞資衝突僅僅看成是工業

---

[1] 李敏，張彤. 西方勞資關係衝突管理研究綜述 [J]. 華南理工大學學報：社會科學版，2002（9）：46-48.

[2] SIDNEY, BEATRICE WEBB. The History of Trade Unionism [M]. London: Longmans, Green and Co., 1920.

[3] EMILE DURKHEIM. The Division of Labour in Society [M]. Trans. by W. D. Halls and with an Introduction by Lewis A. Coser, London: Macmillan Publishers Ltd., 1984.

[4] MAX WEBER. The Protestant Ethic and the Spirit of Capitalism [M]. London: Unwin Hyman, 1930.

化進程的一種過渡現象，隨著工業化的完成，勞資衝突將被消除，而與資本主義制度本身無關。

縱觀幾百年間勞資關係的理論研究，與資本主義發展的不同階段相適應，大致呈現出如下演進軌跡：早期資本主義發展階段，亞當·斯密客觀地看到了勞資既對立又合作的雙重關係；在資本主義成長並走向成熟階段，古典經濟學的完成者李嘉圖反應了這時勞資及其三大階級利益對立的變化態勢；而當資產階級取得統治地位、勞資衝突凸顯危及資本主義社會時，巴斯夏等人的勞資階級利益調和、經濟和諧論粉墨登場；與此同時，以代表和體現勞動者利益的勞動價值論為基礎，馬克思深刻揭示出勞資關係根本對立的本質所在，進一步地，馬克思在資本家剝削雇傭工人的本質意義的高度上也指出了勞資雙方存在合作的可能性；進入當代，西方學者大多沿著勞資階級利益調和論的路徑，致力於淡化、緩和、化解勞資衝突的研究，強調勞資合作共利。歷史地看，資產階級學者對緩和勞資關係的研究，結合理性選擇、邊際分析、博弈分析等工具的運用，已有比較成熟的理論成果，並通過職工持股、分享利潤、參與式管理、民主決策、利益相關者治理、勞資合作與衝突管理等一系列新的規則或改良措施嵌入了資本主義企業制度的框架之內，但由於其把勞資衝突視為工業化進程的伴隨和過渡現象，與資本主義制度無關，因而，總體上更多地還停留在對勞動市場缺陷、勞資關係的技術性分析表層，而馬克思對勞資關係中的社會經濟利益關係的深刻把握和辯證分析，迄今仍然是其他各學科、學派無法超越的。

三、國內學者對勞資關係問題的研究：最新進展

隨著經濟體制轉型的逐步深入，勞資關係問題開始成為中國學術界的熱點，包括經濟學、管理學、社會學、政治學、歷史學等多個學科均從不同角度切入，對中國當前勞資關係及其問題進行了多方面、多層次的思考和研究。這裡，主要歸納和提煉了經濟學領域的一些專家和學者對現階段中國勞資關係的特徵、衝突的形成原因等問題的研討和爭論，以及他們在思考中國勞資關係如何走向合作、和諧問題時就政府的相關職能、工會的作用、實現勞資合作共贏的具體途徑所進行的思考。

在中國勞資關係的特徵方面，專家學者們分別從勞資雙方力量對比、相對強弱以及市場競爭三個方面進行了歸納和總結。盧現祥認為，轉型期

勞資關係呈現不平等性、不穩定性、契約的不完全性和三方機制不健全等特徵，在非公有制經濟範圍內，勞資雙方力量的對比更有利於資方。[1] 姚先國認為，轉型時期民營企業的勞資關係，實質上是「相對的弱資本與絕對的弱勞動」的關係，協調勞資關係的關鍵在於對物質資本產權和人力資本產權做出合理界定，實行同等保護，從而為勞資互利雙贏創造制度條件。[2] 周其仁則指出，要用一種經濟思維而不是階級鬥爭的思維來看勞資之間的矛盾，維護員工的利益，讓企業競爭大過勞務競爭，以市場的力量來改善勞資關係。[3]

關於勞資衝突形成的原因，國內存在著「雇傭論」「單一產權論」和「市場供求論」等觀點。常凱認為，私營企業勞動關係雇傭勞動的本質特點，使勞資雙方處於利益衝突甚至階級衝突之中，這是私營經濟的一般屬性。[4] 姚先國也認為，在雇傭制度條件下，勞資衝突具有內在的必然性。企業主是資本人格化的代表，資本必然追逐利潤最大化。如果沒有來自外部的有效約束，這種逐利行為往往就會導致其侵犯勞動者的正當權益。王珏基於勞資產權制度的研究指出，人們根深蒂固的財產觀是把有經濟價值的有形物（如土地、工具、貨幣等）和某些無形物（如商標、專利等）看成財產，現有的和曾經出現的一切社會制度法律上都沒有把人的勞動力當成財產來對待。[5] 這種單一的產權制度必然會形成勞資矛盾。蔡昉則認為，在勞動力豐富從而勞動力市場供大於求的條件下，勞動者在雇傭關係中經常處於不利的地位，易於受到不平等對待。雇主違反勞動立法侵害勞動者利益的現象時常發生，勞動者的工作條件和待遇也不盡如人意。這種不平等現象必然會加大勞資之間的矛盾，誘發勞資衝突。[6]

對於轉型期中國勞資關係如何從對抗走向合作、由衝突走向和諧的問題，國內的專家學者們除了基於中國勞資關係的特徵以及勞資衝突形成的

---

[1] 盧現祥. 轉軌時期中國非公有制企業勞資關係形成的特徵［J］. 經濟問題，1999（11）：13-15.
[2] 姚先國. 民營經濟發展與勞資關係調整［J］. 浙江社會科學，2005（2）：78-85.
[3] 周其仁. 重要的是讓企業競爭大過勞務競爭［J］. 中國企業家，2008（2）：74.
[4] 常凱. 勞動關係、勞動者、勞權：當代中國的勞動問題［M］. 北京：中國勞動出版社，1995.
[5] 王珏. 勞動力產權及其實現［J］. 江蘇行政學院學報，2004（6）：39-44.
[6] 蔡昉. 劉易斯轉折點：中國經濟發展新階段［M］. 北京：社會科學文獻出版社，2008.

原因等方面提出相關的建議與對策外，更多的是從當前中國的現實出發，著重就政府與工會這兩個勞資關係中的關鍵角色的行為與作用，展開了廣泛的討論與深入的思考。

對於勞資關係中政府行為問題，學術界大致有著「第三方主體說」「政府主導過渡說」以及「發展轉折說」等觀點。楊瑞龍認為，政府作為勞資關係的第三方主體，在保護勞方合法權益方面的不力，必然導致勞方選擇契約的其他執行方法，使得契約的實施由「公共強制」倒回「私人秩序」進而導致暴力的無序使用，危及社會穩定。[1] 夏小林指出，治理勞資關係首先要「治吏」。解決政府目標與行為的二元結構偏差，端正目標，強化理性干預機制。[2] 在法律法規體系和工會、雇主組織發育都不完備的市場中，對日益凸顯的勞資矛盾，政府應該發揮行政優勢，先形成政府主導型的勞資關係調整模式，再逐步向非政府組織的勞資關係調整轉移，政府實行適當監管和裁判。蔡昉認為，作為改革特別是勞動力市場發育以及經濟發展的結果，中國經濟已經進入一個以勞動力無限供給性質逐漸改變為表徵的轉折點。在這個發展階段的轉折點上，政府應該積極地通過立法和各種規制，保護普通勞動者的利益和權益。[3]

在對待工會的問題上，學者們關注的重點較為集中地體現在勞方組織的實效性上，分別從市場經濟發展程度、工會獨立性與影響力、工會組建主導方等視角出發進行闡述。程恩富提出，目前中國市場經濟所形成的決策分散化、利益多元化、階級階層明晰化和行為貨幣化，日益要求工會作為工人階級的一個具有廣泛性的群眾組織具有更強大的功能，使之成為企業和政府的領導者同群眾之間一個強有力的信息通道，成為民主化決策博弈的一個有效場所。[4] 夏小林認為，中國工會獨立性、效率和凝聚力都存在明顯問題，往往既受到政府行為的影響，更受到雇主力量的制約。[5] 姚先國認為，目前工會獨立性不夠，總體上影響力不強，對爭取工資上升沒有什麼影響，但在維護勞動者社會福利保障、勞動合同簽訂等權益方面具有積

---

[1] 楊瑞龍，盧周來. 正式契約的第三方實施與權力最優化——對農民工工資糾紛的契約論解釋 [J]. 經濟研究，2004 (5)：4-11.

[2] 夏小林. 私營部門：勞資關係及協調機制 [J]. 管理世界，2004 (6)：33-50.

[3] 蔡昉. 勞動力無限供給時代結束 [J]. 金融經濟，2008 (3)：16-17.

[4] 程恩富. 社會進步與工會的作用 [J]. 工會理論研究，2000 (2)：5-6.

[5] 蔡昉. 勞動力無限供給時代結束 [J]. 金融經濟，2008 (3)：16-17.

極作用。① 常凱認為要保護工人的權利，關鍵是要保障工會的自主性。目前，在已經建立工會的私企或外企，相當多數是由雇主或企業方控制或操縱工會，更有甚者，有的工會就是由雇主親自或指派親信建立的。② 對於這種情況，需要通過不當勞動行為立法以法律救濟等形式對其進行約束和糾正。

在對政府行為與工會作用開展討論的基礎上，中國專家學者進一步對緩和勞資矛盾，實現勞資合作共贏的途徑進行了深入的思考。在諸多論述中，較為取得共識的一個方向是建立集體談判（或者協商）制度。程延園指出，集體談判是市場經濟條件下調整勞動關係的重要機制，也是現代西方國家規範和調整勞動關係十分有效的基本手段和主要方法。集體協議不僅是實施立法的一種手段，而且對於工作場所中法律沒有規定的領域，集體協議也可以作為一種「修正措施」來彌補法律的空缺。③ 孫立平認為，保護勞工權益、實現勞資共贏，除了勞動立法外，更重要的是要有勞資雙方協商、談判和博弈的方式與機制。當然，對於集體談判（協商）制度，學術界也有著不同的聲音。④ 李稻葵指出，中國當前勞動份額在初次分配中的比重呈下降趨勢以及由此帶來的相關問題，應該依照經濟發展的客觀規律，健全高效、可持續發展的現代市場經濟勞動體系，工資集體協商機制對於提高勞動報酬在初次分配中的比重並不像有些專家說的那樣具有決定性的意義。⑤

四、總結、述評與展望

綜觀以上文獻可以看出，由於西方資本主義經歷了數百年的發展過程，有關勞資關係的研究相應地也有了長期的累積，其關涉的範圍較為廣泛，內容較為全面，理論較為成熟。其中，馬克思對資本主義勞資關係的分析

---

① 姚先國、賴普清. 中國勞資關係的城鄉戶籍差異 [J]. 經濟研究，2004（7）：82-89.
② 常凱. WTO：勞工標準與勞工權益保障 [J]. 中國社會科學，2002（1）：126-134.
③ 程延園. 集體談判制度在中國面臨的問題及其解決 [J]. 中國人民大學學報，2004（2）：136-142.
④ 孫立平. 勞動合同法的負面效應是如何產生的 [J]. 新遠見，2008（8）：116-120.
⑤ 李稻葵. 中國現階段初次分配中勞動收入下降分析 [J]. 經濟理論與經濟管理，2010（2）：13-19.

深刻揭示出勞資衝突的根源在於資本主義社會的基本矛盾——生產社會化與生產資料資本主義私人佔有制之間的矛盾。儘管其分析得出的結論，特別是對矛盾根本解決方式的設想受到部分西方學者的詆毀，但是馬克思的思想在客觀上啓發了其后西方經濟學、管理學和社會學等領域的專家和學者對勞資關係問題的思考。各種危機的爆發也使人們逐漸正視資本主義的基本矛盾，重視勞資之間的衝突與合作關係的研究。其研究成果的付諸實施具體表現在：首先，為了避免勞資之間矛盾的進一步激化，一些有限度的利潤分享契約得以實行。資本家在佔有剩余價值的同時返還一部分給勞動者，從而使過去僅僅獲得勞動力價格（成本）的勞動者具備了部分收益權，殘缺的勞動力產權得以改善。其次，為了保障自身的利益和社會的穩定，資本家集團以及代表其利益的政府機構還從多個角度、多個方面去探尋緩和勞資矛盾的方法和途徑，形成了集體談判、三方協商、共同參與、利潤分享等勞資關係協調機制。總之，在當代勞資關係理論的指導下，儘管西方國家的生產資料所有制並沒有根本改變，勞資關係也沒有發生本質上的變化，但是勞資之間矛盾却在一定程度上得以緩和。

對於轉型期中國來講，學界對現實中的勞資關係問題關注時間相對較短，相關研究尚處於初步階段。特別是在對中國勞資關係問題的認識上，受傳統計劃經濟體制時期的思想影響，在勞資關係的理解上還存在著某些認識誤區和模糊概念。

其一，對於勞資關係的分析主要側重於市場經濟條件下勞資關係的共性規律，而對轉型時期體現市場經濟與社會主義基本制度相結合的勞資關係的特殊規律揭示不夠深入，部分學者對於研究勞資關係的指導思想更存在著認識上的誤區。某些學者提出，馬克思勞資關係理論主要針對和研究的是一百多年前西方資本主義國家的生產關係問題，其對於分析中國社會主義市場經濟體制下的勞資關係已經不再具有指導意義了，而西方經濟學、管理學、社會學等各個學科自20世紀以來在利益選擇、工具運用、技術分析等方面進一步細緻化，對勞資關係做出了一些新的解釋。據此，他們認為，在研究方法上應以西方勞資關係理論為指導。本文認為，馬克思經濟學勞資關係理論和西方勞資關係理論分別是對勞資關係問題不同層面的分析，具有不同的理論與實踐意義。馬克思經濟學勞資關係理論揭示了勞資關係的本質與勞資衝突的根源，並指明了勞資合作的最終方向和途徑，對於當今中國勞資關係問題的分析仍然具有不可替代的重要指導意義。西方

勞資關係理論則更多地從勞資關係的運行層面入手，運用勞動力市場的技術分析解釋勞資之間的衝突與合作，對於處在社會主義市場經濟運行中的勞資關係向合作博弈的方向發展是具有一定啟示意義和借鑑價值的。

其二，對於勞資關係的分析主要側重於私營或民營企業下的勞資衝突，而對轉型期日益增加的混合所有制企業的勞資關係問題基本沒有涉及，採取迴避的態度，論述與分析相對較少。部分學者在研究勞資關係時，對這一概念的適用性存在著一定的模糊認識。如在混合所有制企業中，籠而統之地仍用勞動關係來論述，而未正視市場經濟體制運行中混合所有制企業現實存在著的勞動力要素所有者與物質資本要素所有者之間即勞資之間客觀存在的矛盾與衝突關係。事實上，許多學者都把過去單一公有制的計劃經濟體制下人們在生產勞動過程中所形成的這種社會經濟關係稱為勞動關係，以區別於市場經濟體制下私營企業或民營企業的勞資關係，這種思維沿襲至今。我們認為，由於當時特定的歷史時代背景對計劃經濟體制的超前選擇，體制與政策的抑制形成「去商品化」傾向，勞動力要素被排除在商品範疇之外，生產資料僅被人為地賦予了「外殼性」的規定，從而有了計劃經濟體制下的「勞動關係」。然而，客觀上存在的低水平、多層次、發展極不平衡的生產力狀況，決定了在計劃經濟體制下被強制「消除」的要素所有者意義上的一般性的勞資關係「仍然以一種隱性的、潛在的方式存在。改革開放以來，隨著體制變革和政策的放開，勞資關係逐漸由隱性的、潛在的形式轉化為顯性的、現實的形式。想到此，我們不禁感嘆」。一般性意義的勞資關係的這一變化，與人們對待價值規律的認識有著驚人相似之命運。在計劃經濟體制下，體制與政策同樣抑制、否認價值規律的作用與存在，但價值規律仍在縫隙中頑強地存在，且以扭曲的形式發揮著有限的作用。即使是在這樣的形勢下，也有像孫冶方那樣求真務實的學者，秉持實事求是的原則，發出「千規律、萬規律，價值規律第一條」的呼聲，深刻分析了價值規律存在的客觀事實，體現出其大無畏的理論求真的勇氣。[①]改革后，價值規律回到了經濟生活中，客觀上發揮著重要的基礎性調節作用。

結合近期國內外學界對勞資關係問題的關注熱點，本文認為，勞資關係運行層面的研究在未來可能還將呈現強化趨勢。西方諸多學科在勞資關

---

① 孫冶方. 千規律、萬規律，價值規律第一條 [N]. 光明日報，1978-10-08.

係研究方面的交叉、滲透以及計量分析工具的應用會使更多新理論、新成果不斷湧現，緩和勞資矛盾、強化合作博弈的技術手段和制度安排將推陳出新。就國內而言，隨著社會主義市場經濟的快速發展，現代企業制度的不斷完善，客觀上存在的勞資關係問題最終將為人們主觀所承認，相關理論研究也會進一步展開。最后本文還要強調的是，只有堅持以馬克思主義經濟學揭示的經濟制度本質層面的勞資關係理論為指導思想，在此前提下，綜合借鑑西方諸多學科理論研究的有益成果，運用現代分析工具和方法，有針對性地就社會主義市場經濟運行層面的勞資衝突與合作的博弈關係展開研究，才能最有效地為解決當前勞資關係問題提供理論基礎和平臺。

[本文選自：羅寧，李萍. 勞資關係研究的理論脈絡與進展 [J]. 當代財經，2011（4）：120-128.]

第四十一章 現代社會的雙重困惑：
經濟危機與生態危機

於開紅　趙磊

　　隨著全球經濟的發展，生態問題已經成為人類普遍關心的重大問題之一，諸如全球氣候變暖、生物多樣性遭到破壞、自然資源減少等，已成為影響人類社會經濟進一步可持續發展的重要因素。同時，自資本主義產生以來，大大小小的經濟危機不但破壞了社會經濟的正常秩序，也帶來了一系列的生態環境問題。而同樣的問題，不僅在發達國家存在，也在發展中國家存在；不僅在資本主義社會存在，社會主義社會也未能幸免。生態問題和經濟發展儼然已經成為現代社會不能不面對、不能不著手解決的重大課題。對此，生態馬克思主義從經典馬克思主義出發，做出了深刻的思考。

　　生態馬克思主義作為20世紀西方馬克思研究中最為重要也最為閃耀的一顆新星，對西方資本主義制度進行了深刻的批判，也對社會主義制度進行了反思。它產生於環境污染嚴重、生態問題突出的20世紀五六十年代的西方資本主義社會，經過了法蘭克福學派的馬克斯·霍克海默（M. Max Horkheimer）、西奧多·阿多爾諾（Theoder Wiesengrund Adorno）和赫伯特·馬爾庫塞（Herbert Marcuse）以及安德烈·高茲（André Gorz）、威廉·萊易斯（William Leiss）等人的研究和發展，最后由加拿大著名哲學家、社會學家、生態馬克思主義的領軍人物本·阿格爾（Ben Agger）在其著作《西方馬克思主義概論》中對「生態馬克思主義」這一概念進行了歸納、提煉，標誌著生態馬克思主義的正式誕生。在阿格爾等人以後，詹姆斯·奧康納提出了資本主義雙重危機理論，這既有別於馬克思的經濟危機理論，也有別於法蘭克福學派的生態危機理論，被眾多學者認為是對馬克思主義和法蘭克福學派思想的繼承和發展。本文對奧康納的雙重危機理論的產生

根源和主要內容進行了詳細的梳理,並討論了該理論的積極性和局限性。

一、馬克思的經濟危機理論

生態馬克思主義的危機理論是對馬克思經濟危機理論的繼承,因此有必要重新梳理下馬克思當年對資本主義經濟危機的解釋。

經濟危機理論是馬克思主義中的重要組成部分,是馬克思批判資本主義制度的有力工具。雖然馬克思在《資本論》中沒有專門分章節對經濟危機進行論述,但是在《資本論》和《剩余價值》中,馬克思對資本主義經濟危機進行了深入的分析。馬克思認為,資本主義經濟危機實質上是生產相對過剩的危機,即資本主義生產相對於人們的有效需求的過剩,並不是真正的過剩。馬克思進一步指出,資本主義經濟危機的根源在於資本主義制度本身,只有消滅資本主義制度,才能根除資本主義經濟危機。在資本主義制度下,資本家作為生產資料的所有者,總是以利潤的最大化來進行生產和管理。馬克思深刻地揭示了經濟危機的實質:伴隨著大工業發展的資本累積的一般規律使得收入分配兩極分化加劇、大量失業人口即「產業後備軍」出現,結果必然導致生產能力無限擴張與人民群眾的有支付能力的需求之間的矛盾不斷激化,最終引發以生產相對過剩為特徵的經濟危機。首先,資本家總是希望通過不斷地擴大規模來實現收益的最大化。其次,在擴大規模的同時,他們還通過不斷壓低工人的工資來實現勞動力成本的最小化,這就為市場產品供給的不斷增加與勞動者購買力的相對不足的矛盾埋下了伏筆。當然,這裡所說的勞動者工資的不斷降低只是個相對的概念,不是絕對的。最后,資本家通過不斷地進行技術創新,提高企業的資本有機構成,即不變資本在資本有機構成中的比例不斷趨於上升,而可變資本在資本有機構成中的比例不斷趨於下降,最終迫使大批工人失業,勞動力供給出現相對過剩。源源不斷的勞動力大軍湧入市場的結果,是勞動力價格的進一步降低,從而導致勞動者的實際購買力進一步降低。而新技術帶來的資本有機構成的提高必然導致生產率的進一步提高,產品過剩更加突出。這種生產過剩的危機還會因為資本主義個別企業生產的有組織性與整個社會的無政府狀態之間的矛盾而不斷加強。馬克思在《資本論》第二卷論述資本週轉理論時,專門分析了固定資本的週轉與週期性經濟危機

之間的關係。他認為這兩者週期剛好一致，兩個週期之間存在著內在的必然的聯繫，固定資本的週轉週期是週期性危機的物質基礎。馬克思指出：「雖然資本投下的時期是極不相同和極不一致的，但危機總是大規模新投資的起點，因此，就整個社會考察，危機又或多或少地是下一個週期的物質基礎。」[1] 隨著資本主義信用制度的建立和發展，經濟危機的可能性不僅加強了，而且隨時都會成為現實。正如馬克思所指出的「信用加速了這種矛盾的暴力的爆發，即危機」[2]。資本主義經濟危機通過對於信用關係的破壞，引發資本主義金融危機。馬克思也指出，如果虛擬資本過度膨脹，也會導致金融危機的獨立發生，而金融危機的爆發又會反過來對實體經濟產生影響，引發實體經濟的經濟危機。隨著地區經濟的一體化、全球經濟的一體化，一國生產過剩引發的資本主義經濟危機必然會傳遞到其他國家，導致地區性的或全球性的經濟危機。馬克思在《關於自由貿易問題的演說》中指出：「在任何別的國家內的自由競爭所引起的一切破壞現象，都會在世界市場上以更大的規模再現出來。」[3]

二、奧康納雙重危機理論的提出

在生態馬克思主義的研究中，學者們繼承和拓展了馬克思主義和法蘭克福學派的思想，從不同的角度闡述當前資本主義制度的危機，比較典型的包括馬爾庫塞、高茲、萊易斯、阿格爾等人的生態危機理論和奧康納的經濟危機和生態危機並存的雙重危機理論。本文所論的單一危機並不是指馬爾庫塞等人的生態危機理論，而是卡爾·馬克思的經濟危機理論。阿格爾等人認為，「歷史的變化已使原本馬克思主義關於只屬於工業資本主義生產領域的危機理論失去效用」[4]，並進一步指出，生態危機已經取代經濟危機成為資本主義制度的主要危機。但是，詹姆斯·奧康納却提出了與馬克思的單一經濟危機理論和阿格爾等人的單一生態危機理論不同的資本主義

---

[1] 馬克思恩格斯全集：第24卷 [M]. 北京：人民出版社，1975：207.
[2] 馬克思. 資本論：第3卷 [M]. 北京：人民出版社，2004：500.
[3] 馬克思恩格斯選集：第1卷 [M]. 北京：人民出版社，1995：228.
[4] 本·阿格爾. 西方馬克思主義概論 [M]. 慎之，等，譯. 北京：中國人民大學出版社，1991：486.

雙重危機理論,即在資本主義制度下,既存在經濟危機又存在生態危機。這一理論被看成是對馬克思主義和法蘭克福學派思想的繼承和發展,是對生態馬克思主義危機理論的豐富,因此受到了中外諸多學者的肯定,並被運用於相關研究中。

(一) 奧康納對經典馬克思主義資本主義基本矛盾的拓展

1. 奧康納對經典馬克思主義基本矛盾的分析

奧康納認為資本主義的基本矛盾除了經典馬克思主義的生產力與生產關係的矛盾外,還存在一組重要的矛盾,即生產力和生產關係與生產條件的矛盾。

經典馬克思主義認為資本主義的基本矛盾是生產力與生產關係的矛盾,它的一個特定形式是價值與剩餘價值的生產與實現(或被剝削)之間的矛盾,這是資本的生產與週轉之間的矛盾中的一種。奧康納指出,馬克思本人較少在其著作中談及資本由於對其自身的社會及環境條件的損害,因而導致資本的成本及花銷的增大,從而威脅到資本獲得利潤的能力,也就是說,帶來了經濟危機的潛在的威脅的問題,同時也沒有論述圍繞生產條件的供應而展開的社會經濟及政治鬥爭對資本的成本、花費及變化性的影響問題。正是由於馬克思較少或根本沒有論述上述問題,才使得某些學者(如卡爾·波蘭尼)不能把理論關注點集中在資本主義獨特的稀缺性所具有的理論意義的問題上,也就是說,沒能關注資本自我設置障礙(或限定性)的過程,從而對資本主義、自然界及社會主義問題的討論模式不能得出正確的結果。而且在對「增長的極限」的辨析問題上,通常的研究往往是依據「資源的稀缺性」「生態的脆弱性」「工業技術的有害性」「有些文化價值所具有的破壞性」「與普通百姓有關的一些悲劇」「人口過剩」「浪費性的消費方式」「生產的單調性」等因素來進行的,這種研究不是忽視了就是歪曲了馬克思主義在自然界及資本主義累積與發展形式問題上的歷史生成性理論。雖然馬克思也在其著作中指出了在資本主義制度下,某些具有妨礙性的生產條件或「自然條件」會以經濟危機的形式表現出來,而且馬克思也相信資本對自然價值的破壞性,如資本主義剝削無論是從身體的角度還是從生物學的角度來說,對勞動者都是有害的;又如資本主義農業的發展也破壞了土壤的質量,但是奧康納認為:「馬克思並沒有將多方面的因

素統一起來,並闡明自然性的妨礙因素有可能是由資本化導致的,即『第二重』資本化的自然。馬克思雖然做出了暗示,但始終沒有發展出如下的觀念:資本主義的矛盾有可能會導致一種在社會轉型問題上的『生態學』理論。」[1]

2. 奧康納的資本主義第二重矛盾

由於上述原因,奧康納把經典馬克思主義的資本主義基本矛盾概括為資本主義的第一重矛盾,這一矛盾與生產條件無關。與此相反,他把資本主義生產關係(及生產力)與資本主義生產的條件,或者說「社會再生產的資本主義關係及力量」之間的矛盾概括為資本主義的第二重矛盾。而且,他認為,對第二重矛盾的解釋要比第一重矛盾更複雜,第一重矛盾有一個核心範疇,即剝削率,但是第二重矛盾卻沒有,解釋第二重矛盾的術語很多,「這也是為什麼當今會出現多種多樣的社會運動的原因之一」[2]。

3. 資本主義同時面臨雙重矛盾

資本主義第一重矛盾和第二重矛盾分別從需求和成本的角度對資本構成衝擊。首先,第一重矛盾是從需求的角度對資本構成衝擊的,當資本家對利潤無限追求而不斷降低成本(如勞動力成本)的時候,卻使市場需求隨之也降低了,價值和剩餘價值的實現受阻,從而降低了資本家最終獲得的利潤水平;其次,第二重矛盾從成本的角度對資本構成了衝擊,當資本家對利潤無限追求而不斷將成本外化到生產條件的時候,卻導致了其他資本成本(或者是總體資本的成本)的上升,影響了剩餘價值的生產,從而資本家真正獲得的利潤也在降低。今天的資本主義既面臨著市場需求疲軟帶來的第一重危機,也面臨著總體資本成本上升的第二重危機。如圖1所示。

---

[1] 詹姆斯·奧康納. 自然的理由——生態學馬克思主義研究 [M]. 唐正東,臧佩洪,譯. 南京:南京大學出版社,2003:256-257.

[2] 詹姆斯·奧康納. 自然的理由——生態學馬克思主義研究 [M]. 唐正東,臧佩洪,譯. 南京:南京大學出版社,2003:283.

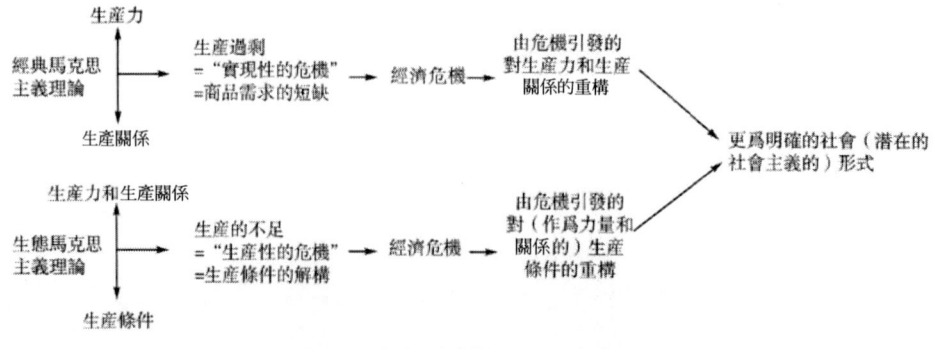

圖1　資本主義雙重矛盾結構圖

（二）奧康納的雙重危機理論

奧康納把資本主義生態危機的產生概括為兩個方面，一是由資本主義累積引起的生態危機，二是由資本主義經濟危機引起的生態危機。由資本主義累積導致的生態危機與由資本主義經濟危機導致的生態危機在類型和程度上都是不同的，但是這兩種生態危機又是時時刻刻都以不平衡的方式結合在一起的，並且是相互並存的。

奧康納認為資本主義累積會導致一定程度和一定類型的生態危機。資本主義累積是建立在不斷增長的生產率的基礎上的，也就是建立在一定數量的工人不斷加工比以前更多的自然資源基礎上的。如果經濟的發展是不斷繼續的，那麼工人加工的自然資源也將不斷增加。如果自然資源（原材料）的價格很低，社會對自然資源需求的不斷增加將導致對自然資源開發水平的提高，從而降低生產成本，而生產成本的降低又將帶來新一輪的利潤和累積率的提高。如果自然資源（原材料）的價格很高，資本投資就會用在降低成本或提高使用效率的地方。但是，不管自然資源（原材料）的價格是高還是低，整個社會的資本累積和經濟增長都依賴於第Ⅰ部類投資的增加。如果第Ⅰ部類投資較高，那麼整個社會的生產率、利潤和經濟總體的平均增長率就會比較高。相反，在其他條件不變的情況下，經濟增長速度的加快，必將導致自然資源耗費的增加，同時，生產出更多的副產品（污染）。他以美國1987—1988年間石油冶煉、煤產品、化學產品、原生金屬以及紙張和紙漿產品等行業所產生的能源消耗、有害物排放在全美所有行業產生的能源消耗和有害物排放中所占的比例（分別是78%和88%）為例，說明了資本主義經濟發展特別是第Ⅰ部類的發展與擴張所帶來的生態

問題。如果說對於經濟發展而言，自然界既是一個水龍頭又是一個污水池的話，那麼，這個水龍頭的水有被放干的可能，而這個污水池也有被塞滿的可能。但是，一般情況下，作為水龍頭的自然界往往被人們資本化了——它是一個私人財產，而作為污水池的自然界則沒有被資本化——它是一個公共財產。處於困境中的企業為了獲利以求生存，是不會重視環境的清潔和保護的，反而可能會引進更具危害性的生產資料；而不斷擴張的企業或部門，為求更大規模的累積和利潤，除非有非社會運動或立法部門要求他們重視環境的清潔和保護，他們也會因為迎合不斷擴大的市場需求而加快資源的耗費，忽視環境保護，從而使污水池被塞滿。

資本主義既是一個充滿危機的制度，也是一個依賴危機的制度。首先，由於資本的生產能力的增長速度要快於對商品的有效需求的增長速度，也就是說資本流通就會被中斷，從而資本的累積受阻，經濟危機成為現實。其次，資本主義通過經濟危機得以重組和新生。企業通過經濟危機優勝劣汰，並加大對新技術、新產品的研發力度，大量雇傭勞動者由於經濟危機被解雇，降低了勞動力成本，對於整個經濟體系而言，也通過經濟危機優化了產業結構，為下一次繁榮奠定了基礎。但是，奧康納認為，經濟危機會導致生態危機的爆發。從整體上來看，經濟危機是與過度競爭、效率迷戀和成本削減聯繫在一起的，這必然帶來兩個方面的后果：一方面是環境污染的加劇，在經濟危機的過程中，企業總是想方設法地降低成本，引進一些被明令禁止的有害技術或生產資料，同時也會刺激企業加快對新的有害技術的開發；另一方面，企業可能會更加忽視雇傭工人的身心健康、產品生產的環境和衛生條件、城市條件和基礎設施的可持續性存在等問題，以降低資本的流通時間，從而引發一些新的生態問題。同時，奧康納分析了生態危機對經濟危機的影響。他說，「生態危機有可能引發經濟危機」[1]。他以20世紀70年代的「石油危機」為例，說明了由於「規範化的」市場力量、高額的地租以及擁擠成本、能源成本的提高等因素造成的原材料短缺帶來的利潤降低和通貨膨脹的危險。而且，由生態危機導致的環境運動以及其他社會運動還會成為加重經濟危機的重要因素。這是因為在經濟危機過程中，環境運動有可能會導致企業成本提高、資本靈活性或自由性降

---

[1] 詹姆斯·奧康納. 自然的理由——生態學馬克思主義研究 [M]. 唐正東，臧佩洪，譯. 南京：南京大學出版社，2003：293.

低，從而加深危機的程度。由此，他認為，那些沒有涉及資本主義運行方式和那些無法為資本主義提供運行空間的環境政策，和那些總體上沒有涉及生產條件和具體層面上沒有涉及生態學的經濟政策，都有可能失敗，更有甚者會加劇環境的惡化。

三、對奧康納雙重危機的評價

（一）奧康納雙重危機理論對馬克思主義的繼承和拓展

從對經典馬克思主義的批判、吸收和發展的層面上來說，奧康納相比於阿格爾、萊易斯、高茲等無疑是一個更大的進步。阿格爾等人從對經典馬克思主義的資本主義經濟危機理論的否定基礎上，運用異化理論分析了資本主義生態問題，提出了資本主義生態危機理論。但是，奧康納不僅沒有否定經典馬克思主義，反而把馬克思和馬克思主義推到了至關重要的位置上。他沒有從消費異化的角度去分析資本主義的生態危機，而是將馬克思的歷史唯物主義作為了其理論的支撐點和出發點，將文化和自然兩個維度融合進了經典馬克思的勞動或物質生產的維度，對馬克思的歷史唯物主義進行了重新建構，並「運用歷史唯物主義的方法對環境史這一學科本身加以探討」[1]，提出了資本主義雙重矛盾理論。他批評了當今社會中存在的對馬克思和馬克思主義的曲解和誹謗的人士及其言論。他認為馬克思主義就是「『密納發的貓頭鷹』『在天亮的時候却收起了它的翅膀』」[2]。當人類社會及其經濟真正被馬克思言中的時候，馬克思主義却被連同嬰兒和洗澡水一起潑掉了，被否認掉了。因此，他認為如果要認可生態馬克思主義就必須首先認可馬克思主義。他認為馬克思主義譜系中的理論在解釋生態危機的時候，要比自由主義以及其他的主流思想更具有發言權，因為馬克思主義擁有能夠解釋資本主義矛盾的經濟危機理論。

---

[1] 詹姆斯·奧康納. 自然的理由——生態學馬克思主義研究 [M]. 唐正東，臧佩洪，譯. 南京：南京大學出版社，2003：4.

[2] 詹姆斯·奧康納. 自然的理由——生態學馬克思主義研究 [M]. 唐正東，臧佩洪，譯. 南京：南京大學出版社，2003：1.

(二) 奧康納雙重危機理論對馬克思主義的誤解

奧康納雖然聲稱自己的資本主義矛盾二重性理論以及雙重危機理論是建立在對經典馬克思歷史唯物主義的重構基礎上的，但是他認為經典馬克思主義不存在自然的維度和生態的維度，這其實是對經典馬克思主義的誤解。雖然經典馬克思主義的生態思想並不像他本人的其他思想那樣體系化，而是散見於其社會觀、歷史觀、實踐觀等思想中，但是並不能由此否定經典馬克思主義的生態維度或自然維度。比如，馬克思在《1844年經濟學哲學手稿》中指出：「人是自然界的一部分。人置於自然之中……要受到其他自然物的制約。」① 恩格斯也在其著作中不斷表明了生態的、自然的觀點，他在論述人類活動對自然界、對生態環境的破壞時，曾指出：「美索不達米亞、希臘、小亞細亞以及別的地方的居民，為了得到更多的耕地，大量砍伐森林，導致森林的毀滅，但是他們沒有想到這些地方今天竟因他們當初的短視行為而成為荒蕪不毛之地。阿爾卑斯山的義大利人把那些精心培育的樅樹林濫用個精光時，沒有預料到他們把區域內的山區畜牧業的根基挖掉，更嚴重的是他們的行為使山泉在一年的大部分時間內枯竭了，而在雨季又使更加凶猛的洪水瀉到平原上來。」② 馬克思對恩格斯的這些自然的、生態的觀點表示非常讚同，並進一步指出了資本主義制度下，人類行為對生態的破壞：「資本主義農業的任何進步，都不僅是掠奪勞動者的技巧的進步，而且是掠奪土地的技巧的進步；在一定時期內提高土地肥力的任何進步，同時也是破壞土地肥力持久源泉的進步。」③

奧康納對經典馬克思主義的這種誤解在 J. B. 福斯特那裡得以被正視。正如福斯特所說，馬克思的生態觀「是一種深刻的、真正系統的生態（指今天所使用的這個詞的所有積極含義）世界觀，而且這種生態觀是來源於他的唯物主義的」④。

---

① 馬克思.1844年經濟學哲學手稿 [M]. 北京：人民出版社，2000：85.
② 馬克思恩格斯全集：第4卷 [M]. 北京：人民出版社，1995：383.
③ 馬克思恩格斯全集：第42卷 [M]. 北京：人民出版社，1995：553.
④ 福斯特.馬克思的生態學：唯物主義與自然 [M]. 劉仁勝，肖峰，譯. 北京：高等教育出版社，2006：Ⅲ.

(三) 奧康納雙重危機理論明確指出了資本主義經濟危機和生態危機的爆發具有必然性

奧康納從資本主義雙重矛盾的角度指出，在資本主義制度下，生態環境的發展不可能具有持續性，隨著資本主義矛盾的不斷深化，資本主義生態危機的爆發具有必然性。資本主義的第一重矛盾必然帶來以生產不斷增加而人們需求相對縮小為特徵的生產過剩的危機，從而使資本主義再生產無法繼續下去。資本主義的第二重矛盾又必然帶來以成本危機為特徵的經濟危機。首先，資本主義累積一般而言會導致一定類型的生態危機；其次，經濟危機與部分相異、部分相似的生態問題聯繫在一起；再次，資本的外在性障礙表現在稀缺資源、城市空間、健康及訓練有素的雇傭勞動者以及其他一些生產條件方面，它們有可能會使成本增加，從而對利潤構成威脅；最後，以保護生產條件、森林、土壤質量、環境的舒適、衛生條件以及城市空間等為目的的環境運動及其他社會運動，也有可能提高成本，並使資本缺乏靈活性。因此，「資本在損害或破壞其自身的生產條件的時候，便會走向自我否定。在這一意義上，生態危機和經濟危機是由自身導致的」[1]。也就是，資本主義自身的發展必然會導致經濟危機和生態危機的爆發。

(四) 奧康納的「雙重危機理論」具有重大現實意義

中國改革開放30多年來，經濟發展取得了舉世矚目的成就，國民生產總值超過日本而成為世界上第二大經濟體。但是，伴隨著經濟成就同時產生的是環境污染、物種消滅等生態問題的不斷加劇，特別是2012年年底以來，中國中東部地區因生態環境破壞導致PM2.5指數不斷攀升而引發的「霧霾」天氣，更是廣受國內外各界的關注和質疑。正如奧康納指出的一樣，「社會主義國家是從西方引進技術、生產系統和勞動控制（甚至還有關於技術和生產的核心觀念）的，從這個意義上來說，社會主義國家環境破壞的原因同資本主義國家是類似的。而且，在社會主義陣營中，經濟的增長和發展具有壓倒一切的優先權。就此而論，自然退化的原因和后果基本上也是一樣的。最後，因為社會主義國家已把自己融入世界性的資本主義

---

[1] 詹姆斯·奧康納. 自然的理由——生態學馬克思主義研究 [M]. 唐正東，臧佩洪，譯. 南京：南京大學出版社，2003：294.

市場中去了,所以也可以說,同一種系統化的力量在東方就像在西方一樣有效」[1]。因此,當前資本主義廣泛採用的一系列減少污染、改善生態環境的方法和技術都可以像以往引進技術、生產系統和勞動控制等那樣引進中國,以盡快緩解中國因「趕上西方」的政治決策產生的經濟發展策略而帶來的生態環境危機。如健全和完善生態保護法律法規(如美國的《國家環境政策法案》《資源保護與恢復法案》《固體廢棄物防治法》《清潔水法》《聯邦殺蟲劑、殺菌劑和殺鼠劑法》等;歐盟的《歐盟水框架指令》《歐洲野生生物與自然生境保護公約》等)、建立和健全適應市場經濟的污染治理新機制(如美國的污染權轉移和空氣權轉移制度等;歐盟的生態標籤Ecolabel 制度、農業生態補償制度等)。

但是,奧康納同時也指出:「由於社會主義國家的財產關係和法律關係是不同於資本主義世界的,所以,對於它們來說,環境破壞的原因和影響又是不一樣的。也可以這樣說,因為存在著兩種政治體系,而且它們在市民社會和國家之間的關係上也存在著一些相應的差異,所以這也會造成環境破壞的原因和影響的不同。」[2] 因此,在社會主義制度下,生態問題的解決一方面需要借鑑歐美發達國家的成功經驗,另一方面也需要發揮運用社會主義制度的優勢,採取既有別於西方資本主義制度又有效的措施,實現在社會主義制度下的生態環境可持續發展。第一,有甄別地借鑑和吸收西方資本主義的發展模式,防止市場的過度資本主義化和自然資源的過度市場化;第二,加快產業結構調整步伐,杜絕高消耗、高排放、高污染、低產出的「粗放式」發展模式,充分發揮國家所有制和中央計劃的優勢,降低資源耗費、「消極的外在性」(如「工業三廢」的排放)以及對生態環境的破壞;第三,制定嚴格的法令(而不是依靠市場手段),分散生態脆弱地區的工業,通過國家財政,增加對生態環境保護、新型生產技術等科學研究的投入經費,鼓勵科學家和科研機構積極展開相關研究,努力把有害污染逐漸轉化為無害廢物;第四,嚴格規定公有制企業的社會公益性質,加大對集約經濟、清潔生產、循環經濟的投入力度,積極參與植樹造林、水

---

[1] 詹姆斯·奧康納. 自然的理由——生態學馬克思主義研究 [M]. 唐正東, 臧佩洪, 譯. 南京: 南京大學出版社, 2003: 409.

[2] 詹姆斯·奧康納. 自然的理由——生態學馬克思主義研究 [M]. 唐正東, 臧佩洪, 譯. 南京: 南京大學出版社, 2003: 409.

土保持等公益性質的社會活動，通過治污真正體現社會主義公有制經濟在促進經濟發展和保護生態環境方面的優越性。

四、結束語

詹姆斯·奧康納從經典馬克思主義的角度出發，分析了當前資本主義社會普遍存在的經濟危機和生態危機，並以此作為批判資本主義和審視社會主義的工具，建立了他的生態社會主義目標體系。雖然奧康納在批判和繼承經典馬克思主義方面存在偏頗之處，但是瑕不掩瑜，不能否認他對馬克思主義的發掘和拓展，更不能否認他的理論在當前全球生態危機愈演愈烈的境況中的重大現實意義。資本主義並不像法蘭克福學派所說的那樣已經克服了經濟危機，反而正如奧康納所認為的那樣，經濟危機和生態危機並存於資本主義體系之中。同時，由於社會主義國家「非批判性地接受西方發展模式的某些方面常常使社會主義國家機械地模仿西方」①，「『社會主義建設』和『趕上西方』加深了粗放型經濟發展對環境的影響……所有走粗放型發展道路的國家都已經成為污染工業的『專門生產者』了」②。因此，對於當前的社會主義中國來說，既不能再重複蘇聯的「趕上西方」政策導致的嚴重生態問題的老路，同時又要避免機械地模仿西方國家的經濟發展和生態保護模式和政策。奧康納的雙重危機理論給我們提供了一條解決問題的思路，這需要我們認真總結西方發達國家在經濟發展和生態保護方面的得失，並結合社會主義制度自身的制度優勢和政治優勢，探索一條適合社會主義的經濟高效率發展、環境友好和諧的道路。

參考文獻：

[1] 詹姆斯·奧康納. 自然的理由——生態學馬克思主義研究 [M]. 唐正東，臧佩洪，譯. 南京：南京大學出版社，2003.

---

① 詹姆斯·奧康納. 自然的理由——生態學馬克思主義研究 [M]. 唐正東，臧佩洪，譯. 南京：南京大學出版社，2003：411.
② 詹姆斯·奧康納. 自然的理由——生態學馬克思主義研究 [M]. 唐正東，臧佩洪，譯. 南京：南京大學出版社，2003：417.

[2] 福斯特. 馬克思的生態學：唯物主義與自然 [M]. 劉仁勝, 肖峰, 譯. 北京：高等教育出版社, 2006.

[3] 馬克思恩格斯全集：第42卷 [M]. 北京：人民出版社, 1995.

[4] 馬克思恩格斯全集：第4卷 [M]. 北京：人民出版社, 1995.

[5] 馬克思. 1844年經濟學哲學手稿 [M]. 北京：人民出版社, 2000.

[6] 本·阿格爾. 西方馬克思主義概論 [M]. 慎之, 等, 譯. 北京：中國人民大學出版社, 1991.

[7] 馬克思恩格斯選集：第1卷 [M]. 北京：人民出版社, 1995.

[8] 馬克思恩格斯全集：第24卷 [M]. 北京：人民出版社, 1975.

[9] 馬克思. 資本論：第3卷 [M]. 北京：人民出版社, 2004.

[10] 陳學明. 論奧康納對馬克思主義與生態理論內在聯繫的揭示 [J]. 馬克思主義與現實, 2011 (3).

[11] 黃娟, 汪中田, 鄧新星. 中國特色社會主義：應對兩大危機的希望——生態馬克思主義雙重危機論及其啟示 [J]. 北京航空航天大學學報：社會科學版, 2012 (2).

[12] 陳食霖. 當代西方生態學馬克思主義生態危機理論評析 [J]. 武漢大學學報：人文科學版, 2008 (6).

[本文選自：於開紅, 趙磊. 現代社會的雙重困惑：經濟危機與生態危機——詹姆斯·奧康納「雙重危機理論」之評析 [J]. 財經科學, 2013 (6)：80-88.]

第五篇

發展當代馬克思主義政治經濟學研究

中國經濟學構建的若干問題

關於中國特色社會主義政治經濟學的幾點認識

改革開放以來馬克思主義經濟學在中國的運用及經驗

經濟學的發展：馬克思經濟學與西方主流經濟學範式耦合芻議

馬克思主義中國化與中國經濟學理論創新

第四十二章　中國經濟學構建的若干問題

劉詩白

要不要建立中國經濟學、怎樣建立中國經濟學，學術界存在不同看法。本文擬就這一問題略抒己見。

一、中國經濟學產生的條件和內涵

1. 中國改革、開放新時代的需要

經濟理論總是在一定條件下適應時代的需要而形成的。18世紀英國的資產階級革命產生了以斯密和李嘉圖為代表的英國古典經濟學。此后的200多年，適應歐美資本主發展變化，經濟學也不斷發展變化，出現了眾多的流派。這一長期流行和發展演變於發達資本主義國家的經濟理論，我們通稱之為西方經濟學。

19世紀30年代以來，美國和西歐工人運動產生了馬克思的經濟學，恩格斯稱之為「科學的，獨立的，德國經濟學」，它在20世紀表現為列寧、斯大林的政治經濟學以及其他國家的馬克思主義經濟學流派。

中國共產黨強調把馬克思主義和中國實際相結合。20世紀40年代毛澤東在延安就倡導實行馬克思主義中國化，在50年代中葉中國的社會主義建設中，也提倡從本國國情出發，走出一條自己的道路。但是由於社會主義的理論準備薄弱，具有自身特色的開創性的社會主義實踐和理論探索未獲成功，致使中國在社會主義經濟建設上仍然擺脫不了蘇式計劃體制的模式，在經濟理論上則仍然師承和被束縛於斯大林的《蘇聯社會主義經濟問題》和蘇聯的政治經濟學教科書。

中國真正的獨立的經濟學研究肇始於1978年的改革開放。在小平同志建設有中國特色社會主義理論的指導下，中國把社會主義市場體製作為經

濟改革的目標模式，走上了一條建設社會主義的嶄新道路。中國不再師承東方，因為中國面對如此眾多的建立社會主義市場體制的新問題，是根本不可能從傳統的政治經濟學理論中求得解答的。中國也不照搬西方，因為建立有中國特色的社會主義要著眼於解決把市場體制與社會主義制度有機結合，這是西方經濟學很少涉及和不可能加以闡明的新課題。因此，改革開放要求人們必須解放思想，立足實際，針對新情況、新問題進行創造性的思維，得出新答案，形成新原理。同時，改革開放又呼喚經濟理論的創新。中國經濟學的產生，正是順應了時代的潮流。

2. 中國經濟學的內涵

中國經濟學，其核心和主幹是理論經濟學或政治經濟學。因為政治經濟學旨在揭示社會經濟活動的本質聯繫，是分析和揭示社會多樣經濟活動、多層次經濟關係的理論基礎。因而，建立中國經濟學，首先要著眼於政治經濟學的革新，謀求在構建社會主義市場經濟的新的歷史條件下，重新審視和科學闡述經濟學的基本原理，寫出更好更適用的政治經濟學專著。20世紀80年代以來，中國新編出了一批政治經濟學教科書，但是情況遠遠不能令人滿意。就政治經濟學社會主義部分來說，多數教材存在的缺陷是：

（1）對社會主義市場經濟進行浮光掠影式的描述，大多是對政策的淺釋。面對向社會主義制度轉換的規律，對實行社會主義市場經濟的制度特徵，如所有制性質和實現形式、收入分配性質和機制、市場體制的基本框架及其運行機制等，尚未能在科學抽象的高度上予以闡明。

（2）對體制轉軌的進程及其規律的分析和闡述更是薄弱環節。如對體制轉軌進程的啟動點，中心環節（不同階段又有變化），重點突破與全面推進的方式，難點如何攻克、阻力如何克服；宏觀環境（如通貨膨脹）、自然環境（如農業歉收）、國際環境變動下改革如何相互適應；改革中漸進與激進的關係，改革力度的加強與適時調節等問題，人們還來不及進行總結和從理論上加以闡明。主體理論內容的缺乏和薄弱，成為當前新編政治經濟學社會主義部分的「胎記」。

（3）現實的經濟體制在進行根本性的轉變，因此政治經濟學社會主義部分的邏輯起點、基本線索、理論結構和體系，理所當然應該有重大調整和重構。這是新教材應予解決的，但實際上又十分困難的問題。

經濟學基礎理論及其教材建設大大滯后於改革開放的進程，這就要求人們大力進行經濟基本理論的研究，特別是社會主義市場經濟基本理論的

研究，這一研究將成為中國經濟學的主要內容。

中國實行的社會主義市場體制，①它把市場機制引進社會主義的制度框架之中，謀求市場機制與公有制的有機結合；②它引入和利用多種收入機制，謀求使有差別的收入和共同富裕相統一；③它引入和利用多種所有制，謀求所有制多元化和公有制為主體相統一。上述這些問題，以往的經濟學（包括馬克思主義經濟學與西方經濟學）未曾涉及，更談不上加以解決。上述問題似乎都是包含著難以調和的矛盾，站在傳統理論的基點上，似乎是難以求解的「哥德巴赫猜想」。改革的新實踐需要人們重新研究和進行馬克思主義創新。抱住陳舊的觀念不放，是不可能闡釋改革及其帶來的新情況和新問題的。同時，它需要人們重新研究，批判地汲取和發展市場經濟理論：要懂得市場經濟微觀主體的性質、活動動機、組織結構、運行機制；懂得市場機制，即「看不見的手」起作用的全套體制和機制；懂得由「看得見的手」進行引導的宏觀調控機制。特別是要研究上述結構、機制在公有制制度框架內所發生的新變化和具有的新特點。顯然，這不僅僅需要汲取西方市場經濟理論的積極要素，而且要在馬克思主義經濟學的理論基礎上，改造現代市場經濟理論，從而形成嶄新的社會主義市場經濟理論。

中國體制改革的設計師鄧小平，在社會主義發展的關鍵時期，提出以經濟建設為中心，實行改革開放，以社會主義市場體制為目標等一整套的路線和方針，為中國的革命和建設事業指明了航向。他依據馬克思主義的學說，冷靜地總結了國際和國內的經驗，基於中國新時期的新情況和新實踐，對什麼是社會主義和如何建設社會主義這一根本問題以及在中國如何實行改革開放和加快發展等重大問題進行了新的探索，提出了一系列新原理和新命題，形成了建設有中國特色社會主義的理論體系。鄧小平理論是當代的馬克思主義。其理論體系的特色是解放思想、實事求是，特別是體現了馬克思主義的求實創新精神。鄧小平的社會主義市場經濟理論擁有極其豐富的思想內涵，是馬克思主義經濟學的新發展，也是當前進一步研討、發展和形成中國經濟學的理論基礎。

中國經濟學的構建和形成，其性質已經不只是一般的理論聯繫實際，「拿馬克思經濟學之弓，射中國社會主義經濟之的」，而是要大力進行理論創新；不僅僅要發展馬克思經濟學，而且要研究、借鑑和發展西方市場理論，以豐富馬克思主義經濟學。我們應該從中國改革的偉大歷史轉變出發，

從經濟學大發展的高度出發,來認識中國經濟學的內涵以及它的現實任務和理論使命。

由此可見,中國經濟學是社會主義中國實行改革開放這一偉大歷史性的制度創新的產物。正在形成中的中國經濟學是:以馬克思主義和小平同志的理論為指導,以中國改革開放和建設社會主義的實踐為泉源,科學地反應和深入地揭示當代中國社會主義建設的規律,批判地汲取西方經濟學的積極要素和繼承中國歷史上的經濟學優秀遺產。這樣具有中國的理論特色、風格與氣派的新經濟學,是馬克思主義經濟學的新發展。

二、中國經濟學要「學以致用」

經濟科學是對社會生產和各種經濟活動的內在聯繫的理論闡明,它通過一系列經濟學範疇,對支配人類經濟活動的多種多樣的規律(基本規律和非基本規律)和規律體系予以科學分析和理論闡明。具體地說,它把某一經濟活動與現象歸結為「這是什麼,為什麼這樣」從而把十分複雜的社會經濟活動,歸結為簡單的要素:生產、交換、分配與消費;並揭示要素的內在結構和各個要素之間的因果關係,從而使表面上顯得雜亂無章的經濟生活呈現出邏輯的聯繫性和有序性。可見,經濟學首先是一門理論經濟學,它對社會物質生產和多樣經濟活動予以理論上的說明。

科學不只是要說明世界,而且要指導人們去改變、發展和完善世界。對於作為社會科學的經濟學來講,它的指導實踐、服務於社會經濟生活的「致用功能」更是十分明顯的。「經濟」(Economic)一詞,在希臘語中就是指對家庭收入的管理。弗里德曼就強調使用價值財富的獲取即致富,並將這種活動的研究稱為「家計」或「經濟」。「政治經濟學」在西歐,從中世紀到 19 世紀,一直被視為「使國家致富」的學問。20 世紀 30 年代以來,發達資本主義國家實行「有調控的市場經濟」,當代西方經濟學更是強化了它的應用的功能。而馬克思主義經濟學更是公開宣稱:它要服務於無產階級批判舊世界、創造新世界的目標,從而更加強調它的致用功能。儘管不是所有的經濟學都強調致用,西方經濟學發展中曾經不斷有脫離實際甚至鑽牛角尖的傾向,但當代世界各國的實踐表明,經濟生活矛盾越多,越是需要經濟理論的指導。這一嚴峻的現實,使多數經濟學家在經濟學的致用性上大體有了共識。可以說,當今世界人們對經濟學進行社會評價的

標準，越發偏重它的指導社會改造、經濟改革和經濟發展的實踐效果。因此，經濟學不僅要深刻全面地說明某一經濟現象①它是什麼，②為什麼這樣，而且還應說明③人們應該進一步怎麼做。如果理論脫離實際，片面追求形式的「完美性」，其邏輯推導即使有如數學一樣的精確性，「體系全面而系統」，「博大而精深」，却不能說明經濟生活中的重大現實問題，那麼這種缺乏實踐功能的理論無疑也是十分蒼白的。

當前，中國正處在改革開放、建設有中國特色社會主義的新時期，更是需要構建一門理論與實踐密切結合、具有強實踐功能的經濟學。它需要從理論上說明並解決好：什麼是市場經濟，什麼是社會主義市場經濟，怎樣來建設社會主義市場經濟。傳統高度集中的計劃體制下，政策更多地「出自上邊」，經濟學家難以發揮決策諮詢與參與功能，因而經濟學主要是對現行政策的理論說明。在市場體制的新模式下，需要充分發揮決策的民主化和科學化，經濟學家以各種形式參與政府決策和企業經營決策，並通過對實踐的總結，形成新結論和新原理，不斷推動經濟學理論的發展和創新。倡導學以致用和務實，不只是出於現實的功利的考慮，而且是為了使理論緊密結合實際，在新的實踐中受檢驗，獲得創新和發展。改革開放以來，越來越多的經濟學家熱心和投身於對社會經濟廣闊領域內各種各樣的新矛盾、新問題的研究，不僅闡明是什麼、為什麼，而且指出應該做什麼和怎樣做。可以說，馬克思主義的理論聯繫實際的良好學風和學以致用的務實精神，在中國經濟學界已經有了鮮明的表現，這是一種十分可喜的現象。發揚「學以致用」的務實精神，更加自覺地使經濟學研究聚焦於改革開放和經濟發展的實際問題，是進一步發展經濟理論的需要，也應該是中國經濟學的重要特徵。

三、拓寬經濟學的研究範圍

經濟學以經濟領域為研究對象，政治經濟學要研究生產，包括生產的目的、內在要素、社會條件，即生產一般；以及特定條件下生產要素的性質、特定活動動機、具體的組織、運行方式和社會制度條件。由於政治經濟學的致用性質，在近代資本主義產生以來的不同的歷史時期，適應不同的階級、階層、集團的現實利益，政治經濟學在研究對象和範圍、理論的側重點和研究方法上，呈現出許多差別，表現為多種流派。

重農主義、重商主義側重於對國民經濟的某些方面的分析，還未形成十分系統和完整的經濟學。對資本主義經濟進行全方位研究的是亞當·斯密，他開創了從生產、交換、分配、消費等環節來進行「國民經濟」的研究，並將政策也納入政治經濟學的研究領域。19世紀的奧地利主觀效用學派將研究集中於人類主觀心理決定的社會需求這一狹小領域。當代西方經濟學的主要研究領域是市場經濟的運行。20世紀30年代凱恩斯經濟學產生后，政治經濟學引入了宏觀經濟運行和政府的調控行為作為其研究側重點。當代資本主義面對加強政府的宏觀調控，調節收入分配關係，完善微觀組織及行為，優化自然經濟環境和加強資源利用等一系列新問題，使西方經濟學的研究範圍進一步拓寬。但是對基本「制度」——資本主義所有制——研究的薄弱，仍然是西方主流經濟學的鮮明特徵。馬克思經濟學全面分析了資本主義商品經濟的運行機制、它的所有制結構、微觀組織的特徵、宏觀經濟運行的條件。但馬克思經濟學以生產關係即「制度分析」為重點，著眼於揭示資本主義生產關係的產生、形成、發展和為更高的社會主義、共產主義生產關係替代的規律。列寧進一步發展了對生產關係的研究，並且明確地把政治經濟學定義為研究生產的社會制度。他把研究對象定位於生產關係，其時代背景是20世紀初葉以來資本主義矛盾空前激化的世界經濟與政治形勢，它適應了當時無產階級進行社會主義革命的現實需要。二戰結束以來，多數社會主義國家長期流行的傳統的政治經濟學，其藍本是斯大林《蘇聯社會主義經濟問題》以及蘇聯編寫的《政治經濟學教科書》。這種傳統理論把研究對象限制在生產關係範圍內，排斥對生產力和經濟運行的研究。在這種思路下，政治經濟學的主要內容是對五大經濟規律的抽象闡述，著眼於論述社會主義制度和體制的優越性，遠離了經濟運行的現實問題和矛盾，實際上把研究對象鎖定於生產關係這一十分狹窄的領域，使社會主義經濟理論內容十分空洞，越來越不反應更不解決實際問題。這樣的經濟學研究，既不能得到他人和社會的重視，又使研究者感到沮喪，從而經濟學的日益衰落是不可避免的。

1. 為解放和發展生產力服務——中國經濟學的重要現實使命

1978年以來進行的改革開放帶來了中國經濟的歷史性大變化，也帶來了經濟理論繁榮和興旺的新局面。社會主義旨在解放和發展生產力，以實現社會共同富裕。為解放生產力和發展生產力服務，理所當然成為中國經濟學的重大現實使命。經濟學要有所作為，並爭取大有作為，首先要弄清

經濟學在社會主義條件下的實踐功能。新中國成立以來人們對於社會主義政治經濟學的實踐功能模糊不清，把生產關係作為唯一研究對象的傳統觀念，長期束縛了經濟理論研究者的視野，極大地限制了經濟學的致用於經濟建設的功能的發揮。改革開放后建設有中國特色社會主義的實踐，使政治經濟學的現實功能得到了明確：為經濟建設服務，為解放生產力服務。這是經濟學的主要功能，也是經濟學這一門學科的特點和優勢。中國經濟學的重要任務，就是要從理論上闡明社會主義中國解放和發展生產力的規律。實踐功能的明確，對於中國經濟學的發展是十分重要的。因為它既使政治經濟學研究獲得了新的視野，又大大拓寬了政治經濟學的研究範圍。

2. 生產關係的完善——中國經濟學的重要研究課題

社會主義生產關係的不斷完善是發展生產力的根本前提。如何使中國的改革開放充分體現社會主義生產關係的完善，是一篇需要精心做好的大文章，它要求抓好所有制結構、企業、財產結構和收入分配方式、政府宏觀調控方式等方面的改革。為此，人們必須勇於實踐，大膽探索，按照「三個有利於」的標準，進一步解放和發展生產力，同時，又要使改革體現以公有制為主體和共同富裕。這樣的史無前例的改革顯然面臨著許多難點，也使改革面對著許多風險，需要人們始終保持頭腦清醒；始終堅持黨的基本路線、改革的社會主義方向；始終堅持解放思想，實事求是，並且正確引導和解決好改革中出現的各種各樣的新問題，以實現社會主義生產關係的發展和完善，從而為解放和發展生產力創造根本的經濟條件。可見，改革的性質決定了中國經濟學要深入研究改革中的深層次的生產關係問題，特別是佔有和分配問題。因而，制度分析——基本制度即生產關係的分析——仍然是政治經濟學研究的重要內容。而那種把新時期中國理論經濟學歸結為就事論事，只是分析具體進程、運行機制，弄清參數的變化，而不需要再進行質的分析和制度完善的研究的看法是不可取的。至於那種反對政治經濟學要進行制度——生產關係——分析的主張更是錯誤的。

3. 經濟體制結構的優化——中國經濟學研究的重要任務

在實現了生產關係由私有制到公有制變革的社會主義國家，體制的完善，對於生產力的發展具有決定性意義。體制完善，則主體行為合理，經濟活動的組織高效，運行順暢，增長快，經濟充滿活力。體制不適合，則主體行為失序，經濟活動效率低下，運行就不暢，增長就緩慢，經濟就萎靡不振。

社會主義國家在很長時期內實行高度集中的計劃體制，這與社會主義初生期所處的環境有關，也與經濟理論特別是對體制和經濟運行的理論的模糊不清有關。具體地說，與把市場體制和市場運行機制——由「看不見的手」調節的機制當成是資本主義固有特徵的錯誤理論有關。

　　中國正在進行以建立社會主義市場體制為目標的模式轉換和機制轉換，為此要構建社會主義市場經濟的微觀主體，要形成完整的社會主義市場體系，要建立高效的宏觀調控體系，還要建立各種各樣的仲介組織與自律組織，同時還需要改革科技、文化、教育體制，還需要健全法制和發揚政治民主。可見，這是一場全面而深刻的制度創新。它不是要照搬西方模式，而是要按照市場經濟的一般規律，汲取西方市場經濟實踐的積極成果，使市場體制適應公有制和中國具體國情和特點，既充分發揮市場調節的活力，又實行有效的宏觀調控，保證經濟運行有序，這是一項全新的探索。

　　實現由計劃體制到市場體制的轉軌，是一項極其艱鉅的任務。如何使市場機制與公有制有機結合，這一全新課題涉及①如何改革和重組國有制經濟，尋找和形成公有制的新實現形式，使它充分適應於市場機制的作用；②如何在多種所有制、經營形式發展中，保證公有制的主體地位；③如何形成社會主義市場體系，在實行全面市場化放開價格，充分發揮市場調節作用的同時，加強和完善政府的宏觀調控，做到在增強經濟活力的同時保持價格和宏觀經濟運行的穩定；④如何形成社會主義收入體制，在允許收入差距拉大中防止貧富懸殊和兩極分化。為較好地解決上述問題，需要對社會主義市場經濟的體制構架進行深入的理論剖析，明晰社會主義國家市場體制的共性與特性，用它來指導中國社會主義市場體制的構建。例如，在企業改革中，堅持企業的獨立化法人化、產權多元化和市場流動化，形成真正的市場主體和法人實體。又如保證企業的公有制主體地位、國有企業的主導作用，堅持分配的社會公正，堅持收入的調節和差別的合理化，等等。總之，要使中國新經濟體制既體現「市場經濟的一般」，又體現「社會主義制度的特殊」和具有中國的「具體形式和特色」。這樣的體制完善和體制創新，需要不斷總結實踐經驗，發展和形成科學的體制改革和創新理論。這一任務，天然地應由政治經濟學來承擔。可見，把研究聚焦於體制改革，從理論上全面、系統地闡明社會主義體制改革就成為中國經濟學的特色和優勢，這一中國經濟學獨特優勢的研究領域的理論成果將成為對世界經濟學的重要貢獻。

4. 經濟運行機制的研究——中國經濟學的重要內容

經濟運行指的是經濟活動流，是持續不斷的經濟活動，如持續不斷的生產、購買和銷售、消費、投資、股市交易、儲蓄和銀行信貸、財政支出以及經濟增長、價格波動、就業變動、人口增殖，等等。

進行動態的研究，分析經濟運行，有利於進一步揭示經濟的發展趨勢和本質特徵，因而政治經濟學理所當然要對經濟運行進行研究。

經濟運行可以按經濟活動的性質進行分別的研究，如生產、交換、分配、消費等運行狀況；可以按微觀的、中觀的、宏觀的角度進行研究，如一個企業、一個城市、一個地區或一個國家的經濟活動的狀況；也可以按各種不同主體的角度進行研究，如個人消費行為、企業經營行為、政府的調控行為，等等。

經濟運行的狀況、特點，取決於多種要素：所有制、經濟體制、經濟各個有關的要素、政策環境、外部的自然環境等。一般地說，經濟體制對主體行為和經濟運行狀況有著直接的影響，個人的、企業的、政府的行為，無不直接地決定於體制的性質與結構。但是具體的經濟運行是相關的多因素的產物。簡單的經濟運行，如市場經濟中的個人消費需求，取決於價格、個人收入和個人主觀的消費偏好。而複雜的經濟運行，如國民經濟運行狀況則決定於企業投資、居民消費、儲蓄和銀行信貸、市場融資、農產品供給、人口增長、體制變遷等一系列的要素。總之，具體的經濟運行是在經濟的各個環節、要素、層面以及非經濟的相關要素包括科技、文化、環境等作用下形成的。要確定經濟運行的性質，揭示其特徵，人們就應著力於找出其相關要素，並確定其決定要素。

在市場經濟條件下，經濟具有自發性，經濟運行具有不確定性（Uncertainty），特別是為了實行有效的宏觀調控，人們需要對各種經濟運行狀況和發展態勢進行研究。實現經濟運行的穩定性是社會主義市場體制的重大要求，因此更加需要對宏觀、中觀、微觀經濟的多種運行規律進行理論的闡明，這是中國經濟學必須承擔起的一項任務。對經濟運行的研究，要求人們把經濟生活中各種互相聯繫、互相制約的環節、層面、要素納入研究領域，從更廣更全面的聯繫上——它是21世紀高度現代化和社會化經濟固有的特徵——來觀察、研究和揭示經濟規律。這既是政治經濟學的「廣義化」的一個重要方面，也是中國經濟學研究具有開放性和與國際接軌的表現。

5. 生產組織形式——中國經濟學的另一個研究課題

生產組織形式是在一定的生產力條件下，為實現符合目的的生產而實行的一定的生產要素的組織形式，也就是馬克思經濟學中使用的「勞動方式」範疇。勞動方式是以勞動手段為基礎的一定的生產方法和勞動組織，作為生產要素的組織形式，它屬於生產力的範疇。

勞動方式是社會經濟組織的基礎和社會生產關係的物質載體。人們要深刻把握生產關係的性質和特徵，必須從對它所依附和植根的勞動方式的剖析著手。例如，以榨取地租為內容的封建生產關係，是以使用手工工具的農民家庭生產或農奴勞動協作為物質載體的；以榨取剩餘價值為內容的資本主義生產關係，是以機器大生產和工廠制度為其物質載體的。政治經濟學對經濟體制和生產關係的理論分析，都離不開對生產組織形式即勞動方式的研究和分析。在《資本論》等著作中，人們可以看見，馬克思對人類歷史上的勞動方式——原始畜牧、原始農業、家長制家庭生產、個體家庭生產、協作勞動、有分工的協作勞動、家庭手工業、機器大生產等所做的十分深刻的考察。

服務與組織好社會主義經濟，實現最大限度地解放生產力和發展生產力的中國經濟學，除了分析發展生產力的制度條件、體制前提、運行機制外，還應闡明直接決定生產經濟效益的生產要素組合方式。

中國經濟學不應該只是抽象地論述社會主義物質技術基礎——現代化大工業生產，而且要從中國社會主義初級階段的實際出發，闡述使用先進技術的現代化生產，使用一般技術和使用落後技術的中小生產的並存；以及資本、技術密集型生產和勞動密集型生產的並存；要深入研究經濟發展不平衡的條件下，技術水平和效率不一的多樣生產組織和勞動方式存在的合理界限；特別是要基於社會主義現代化和增長方式轉換這一歷史趨勢，深入闡明中國生產組織發展變化的規律。基於中國擁有 12 億人口這一現實，要深入研究中國現代化過程中大生產和中小生產的合理結構，技術、資本密集型生產和勞動密集型生產的合理結構，以達到有效地利用勞動資源，實現最大社會效益的目的。基於中國農村的具體條件和家庭生產保持的長期性，要深入闡明農業領域的家庭生產、合作生產、實行專業化分工協作的合作生產（農業產業化）的逐步遞進的發展趨勢和道路，探索並闡明中國農業和農村現代化的規律。

上述對生產組織和勞動方式的研究和闡明，不只是著眼於增長方式的

根本性轉換，而且借助於生產力決定勞動方式，勞動方式決定生產關係的原理，可以更清楚地闡明多種所有制以及多種經營方式發展的必然性及其合理界限，從而有助於人們揭示實現體制根本性轉換的規律。可見，深入研究實現要素有效組合的生產組織形式或勞動方式，揭示生產力發展的規律，是中國經濟學不可缺少的內容。

綜上所述，旨在為解放和發展生產力服務的中國經濟學，要全面研究生產力發展的條件即制度、體制、運行機制、生產組織，並促使人們自覺地致力於上述條件的創造，推進制度創新和組織完善，從而實現生產力的解放。為此，中國經濟學研究領域的廣闊性質是必然的和必要的，同時，拓寬研究範圍，也將成為中國經濟學獲得進一步發展的重要契機。

四、改進經濟學研究方法

科學的理論必須要有科學的方法。建立中國經濟學，就方法論來說，涉及許多問題。這裡，只談以下幾個問題：

1. 堅持唯物辯證法和歷史唯物主義

唯物辯證法和歷史唯物主義是馬克思主義政治經濟學的根本方法，建立和形成中國經濟學，同樣要堅持這一方法論。中國經濟學的重要內容，是進一步從理論上闡明有中國特色社會主義的經濟制度，特別是所有制和分配關係的特點，要闡明既反對全盤私有化和收入上的兩極分化，又不搞「一大二公」的「純社會主義」和吃「大鍋飯」的窮社會主義。中國經濟學還要闡述社會主義物質文明和社會主義精神文明的關係及其相互促進的規律，進一步指明社會主義社會的本質特徵和建設社會主義的道路。中國經濟學的制度分析，同樣需要堅持歷史唯物主義有關生產力與生產關係、經濟基礎和上層建築的基本原理。

關於體制結構和經濟運行的分析，是中國經濟學中十分重要的內容，如社會主義市場體制的結構，特別是微觀主體的性質和行為特徵、價格變動機制下宏觀經濟的運行狀態和經濟週期等，都是經濟研究的重大課題。對體制、主體行為、經濟運行的研究既涉及定性的制度分析，更多的是涉及各種相關經濟要素的相互作用的分析，這就需要從事物的相互聯繫性、對立的統一、量變到質變、形式與內容、現象與本質、一般與特殊等方面進行全面的剖析。可見，堅持歷史唯物主義和唯物辯證法，對於中國經濟

學的形成和發展是不可缺少和至關重要的。

2. 用好科學抽象方法

政治經濟學是一門理論經濟學，它依靠一系列經濟學的範疇、原理、規律體系來反應經濟活動、關係變動的客觀規律。上述經濟學的範疇、原理和規律的揭示，不是借助於科學實驗，而是要通過人類的思維活動，這就是從現實的具體實際出發，進行理論的抽象，去粗取精，去偽存真，由此及彼，由表及裡，提煉出經濟學的一般範疇，如商品、貨幣、市場、資本等，然後由反應事物規定的抽象範疇，上升到具體實際，從而在本質上把握住有血有肉的現實。

科學抽象法是進行社會主義生產關係的研究——制度分析的需要。構建社會主義市場體制，建設有中國特色的社會主義，要求不斷發展和完善社會主義生產關係。因而，政治經濟學不僅需要研究有關經濟活動的具體組織形式的問題，以及大量多種多樣的經濟運行問題、生產力的組織問題，而且要通過上述經濟活動的具體組織，深入到經濟關係的裡層，揭示出社會主義生產關係發展變化的狀況和性質（主要是佔有和分配的狀況和性質）。不使用科學抽象，不接觸深層的制度，只是借助實踐材料的驗證，就事論事，這種方法是與經濟科學不相容的。

正確而合理地使用科學的抽象法，不是要在研究市場機制下產生的新的經濟組織形式、財產權結構、收入分配方式以及經營管理方式時，先行定性和簡單地使用「姓社」「姓資」兩分法，並按這種「性質」畫線加以取捨，而是要基於對生產關係和生產力的矛盾的科學估量和按照解放和發展生產力的現實的需要以及社會主義初級階段的性質，有效地加以利用，合理地予以調節引導和促使社會主義生產關係逐步完善。認為經濟學不需要進行制度分析，以及任何放棄科學抽象研究方法的主張，都是不正確的。

3. 引入和正確地使用數量分析

對經濟現象活動的分析，不僅要著眼於定性，而且也要著眼於定量。中國經濟學不應滿足於「帽子大、內容空」的「理論闡述」，而是要用務實的態度，以實證的資料為基礎，去闡明經濟活動和關係的演變，從而使人們對經濟發展的趨勢、規律有更加具體的認識。特別是中國經濟學要進行經濟運行的研究，這種運行研究首先要對某一經濟活動、現象進行定性的理論分析，抽象出制約這一事物的各種因素，即經濟參數，然後在研究實證資料的基礎上，採用各種定量的數學方法和工具，設計出由各種經濟

參數組成的方程式（數學模型），由此簡潔而清晰地甚至以可解的精確的數學語言來揭示經濟運行的規律。

傳統的政治經濟學在研究方法上的缺陷，在於不重視和不提倡定量的分析，缺乏量和度的概念，未能把定性分析和定量分析相結合。這種方法導致經濟工作中無視現實經濟關係的差別性的「一刀切」。這種研究方法已經很難用來說明改革開放后中國生產關係的現實。例如，不分析各類出資人——國家、集體、職工、私有企業主、外資——股權的比例及其演變的趨勢，人們就很難對股份制企業予以定性。特別是這種研究方法不能適應於市場條件下經濟運行的研究，例如它不能形成以統計資料為基礎的有關市場價格變動→企業行為變動的經驗性的論斷，而后者是企業經營決策和政府宏觀調控的重要依據。

中國經濟學中對數量分析方法的使用，其前提是：一，堅持歷史唯物主義的基本方法論前提，二，堅持科學抽象法對經濟事物進行定性的理論分析。因而，它要根據其具體研究的對象和課題，恰當地做到把理論分析和數量分析相結合。某些具體問題，如貨幣流通量與價格變動、居民收入增長與購買力，等等，要建立計量的分析工具和大量使用數量分析。但是要注意，對當代十分複雜的經濟活動和社會現象的分析和規律的揭示，數量分析法不是唯一的，更不可能是基本的方法。

發源於20世紀30年代，在戰后西方經濟學中十分流行的數量分析方法，對經濟學的發展是具有積極的意義的。經濟計量學借助於數量分析，開展對需求、生產、成本、供給、分配等函數的研究，特別是制定了各種宏觀經濟模型，這對於預測市場經濟下的價格波動、主體經濟行為的變化和國民經濟總體的運行，具有實用價值。可以說，數量分析方法強化了西方市場經濟理論的致用性質，它為政府進行宏觀調控和主體進行經濟活動提供了一種認識工具。但是也應該看到，西方經濟學中使用數量分析方法中的片面性和嚴重的局限性，這就是：①把趨勢性的規律當成有精確數量的精密的自然規律。一些數量經濟學家費盡心機，搜羅各種有關經濟參數，設計出一系列數學公式來論證某種市場過程、現象，並為形成這一市場現象的條件求解。例如，一些計量經濟學家用上百個聯立方程式來論證形成一般均衡的條件，德布魯（Debreu）更是力圖用拓撲學來對這種一般均衡的條件求出唯一解。這種用數量分析求解來闡述價值規律的做法，實際上是把受到十分複雜的因素制約的處在不斷變動中的「趨勢」的規律，等同

於自然物質的規律。對本來沒有確切數字解的經濟過程求解和進行複雜的數學邏輯推演，可以說是一種數學游戲，並沒有任何現實意義。②西方經濟學家大多有良好的數學功底，熟悉統計學方法。他們的長處在於能夠用數學工具來揭示經濟運行的各種因素之間的相互聯繫，闡述經濟活動具體進程的規律，但是多數學者拙於「制度」——深層制度即所有制結構——分析，而是多半停留在市場經濟運行的表層研究，不能或者甚至有意迴避對市場經濟深層結構的分析。缺乏定性分析的定量研究法，無論如何也是不可能全面地、科學地闡明「是什麼」「為什麼」「怎麼辦」問題的。而用這種數量研究來代替或是取消定性的理論分析的流行趨勢，表明了在當代資本主義條件下的西方經濟學的歷史局限性。當前一些年輕同志在學習和研究西方經濟學並試圖進行對經濟活動和進程的數量分析時，切不可陷入數學崇拜的誤區。人們可以看見，一些能超越傳統、擁有創新思維能力的西方經濟學家，都試圖接觸資本主義深層關係，而對數量分析不予重視。

可見，我們只能有取捨地吸取西方經濟學中數量分析方法的積極成果，而不能全面照搬，更不能用數學計量來取代理論分析。對那種關於只有複雜的數學模式的設計和精確數學分析的方法，才意味著經濟學的「與國際接軌」並將它視為中國經濟學發展方向的主張，筆者是不敢苟同的。

[本文選自：劉詩白. 中國經濟學構建的若干問題 [J]. 經濟學家，1997（1）：4-13.]

第四十三章 關於中國特色社會主義政治經濟學的幾點認識

劉 燦

一、要構建中國特色社會主義政治經濟學的理論體系

　　黨的十八大報告指出，要推進馬克思主義中國化時代化大眾化，深入實施馬克思主義理論研究和建設工程，建設哲學社會科學創新體系，堅定中國特色社會主義現代道路自信、理論自信、制度自信。這就需要理論界構建一套中國特色的社會主義理論體系，而社會主義政治經濟學是其中最重要的組成部分之一。2014年，習近平總書記在聽取專家學者對當前經濟形勢和做好經濟工作的意見和建議時，提出各級黨委和政府要學好用好政治經濟學。所謂學好，指的是認知，也就是對政治經濟學揭示的客觀經濟規律的認知；所謂用好，指的是實踐，也就是按經濟規律辦事。這裡講的政治經濟學是馬克思主義政治經濟學。學好用好馬克思主義政治經濟學，對於新形勢下中國經濟學的學科發展及理論創新有著重要的基礎性意義。

　　30多年來，在中國特色社會主義經濟建設的實踐中產生的中國化馬克思主義經濟學已經成為指導中國經濟改革和經濟發展的理論經濟學科，同時又具有強烈的實踐性特點。政治經濟學以現代化建設中提出的重大理論和實踐問題為主攻方向，研究經濟運行機制、經濟體制、宏觀經濟政策，研究戰略性、全局性、前瞻性的重大課題，可以為國家和企業的經濟決策提供理論依據。政治經濟學要成為指導中國經濟改革和發展的理論經濟學，需要根據中國經濟改革發展的需要不斷創新發展，需要重構中國特色社會主義政治經濟學的理論體系，塑造政治經濟學對中國特色社會主義經濟建

設的解釋力、前瞻力和影響力。

構建中國特色社會主義政治經濟學的理論體系，首先要做好三件事：一是以馬克思主義經濟學（《資本論》）為基礎，構建一套中國特色社會主義政治經濟學的學術話語體系（基本範疇），包括對現有、正在使用的學術名稱和概念進行全面梳理，給予它們豐富的內涵（文獻中的語言和實踐運用中的語言）。二是對基於中國特色社會主義實踐的理論創新成果進行全面總結、梳理、提煉，這些成果是我們政治經濟學領域的原創性成果，它推進了20~21世紀現代經濟學的繁榮與發展，對世界經濟發展和發展中國家轉型發展有重要貢獻。三是構建中國經濟學（政治經濟學）的理論體系，包括對象和方法、基本範疇、基本理論問題（回答中國特色社會主義經濟建設、改革和發展要解決的重大理論和實踐問題）。構建一套真正適合中國特色社會主義的理論經濟學學科體系，既是對堅持中國特色社會主義的道路自信、理論自信、制度自信的重大貢獻，也是一個極具挑戰性的課題。

二、要加強新常態下中國特色社會主義經濟的政治經濟學研究

2014年5月，習近平總書記首次以「新常態」來描述中國經濟發展的階段性轉換和新特徵；之後，他又提出認識新常態、適應新常態、引領新常態是當前和今後一個時期中國經濟發展的大邏輯。適應新常態、剖析新規律，是時代賦予政治經濟學的新課題。政治經濟學不僅要研究新常態的經濟運行特徵和問題，更重要的是要從基本經濟關係層面上研究新常態下全面深化改革帶來的社會權利、利益關係的變化（所有制和產權問題），揭示生產力和生產關係變化的經濟規律。例如：

1. 關於社會主義市場經濟中政府與市場的關係

在社會主義市場經濟體制中，政府與市場都有著自己的功能和作用邊界，在此基礎上，政府和市場都可以充分而有效地發揮作用，政府作用和市場作用不是對立的，不能以為強市場就一定是弱政府，強政府則一定是弱市場。當代資本主義國家奉行自由市場經濟政策，其模式的特徵也不是一個強市場、弱政府的問題，資本主義市場經濟在社會經濟結構失衡問題上也十分強調政府通過各種手段來積極干預。

經濟學在200多年的發展過程中，其理論主線一直沒有離開過政府與

市場的關係。斯密的經濟自由主義構成資本主義市場經濟模式的基礎，並在馬歇爾的均衡價格理論基礎上形成了 20 世紀微觀經濟學的主流，它成為后來以弗里德曼新自由主義經濟學建立競爭市場均衡及其效率模型的分析工具；20 世紀 30 年代凱恩斯以非充分就業均衡提出國家干預主義學說以及與此相匹配的一整套財政和貨幣政策。20 世紀 70 年代之后，代表新自由主義的各種學派應運而生，並在一系列背景下在實踐中被推至極端，而近兩次金融危機后社會矛盾的激化又使學界和政策制定者重新反思自由市場經濟體制的缺陷，有學者還提出了「重構經濟學」的問題，以及是否要「回到凱恩斯」的問題。①

市場決定資源配置是市場經濟的一般規律，市場與政府兩種機制的交織和互補作用，是現代市場經濟運行的常態。但是，在社會主義市場經濟中政府與市場的關係以及各自作用的邊界，有著其制度和體制的特徵，我們不能僅在西方主流經濟學理論框架內來解讀這個問題，而應該進行基於馬克思主義政治經濟學的分析。從政治經濟學的基本命題和研究方法看，政府與市場的關係本質是上層建築與經濟基礎的關係，社會主義市場經濟的逐步建立和成熟使得生產關係適應了生產力的發展的需求，作為生產關係之總和的經濟基礎出現的變革也同時要求上層建築要進行相應的調整，全面深化經濟體制改革反應了這一規律的要求。與社會主義市場經濟的經濟基礎相對應的上層建築結構中，最重要的就是政府職能。在尊重市場經濟的一般規律，讓市場在資源配置上起決定性作用問題上，主要是起到服務型政府和法治型政府的作用。服務型政府要求政府能夠提供良好的市場運行基礎環境，能夠發揮宏觀調控的作用以解決微觀市場的不足，能夠調和市場在優勝劣汰的資源配置過程產生的負面作用，等等；而法治型政府則更多的是給政府劃定了運用權力的界限，避免權力介入到市場中去產生權力尋租，防止行政壟斷，保障市場主體的機會均等、交易自由、信息對稱和權利公平。這些問題都需要我們進行政治經濟學的分析。

2. 關於壟斷行業國有企業改革

關於壟斷行業國有企業改革，自然壟斷行業引入競爭可能性以及所有

---

① 斯蒂格利茨說：「經濟學已經從一門科學的學科變成自由市場資本主義最大的啦啦隊了，儘管經濟學家們可能並不這樣想。如果美國要想在經濟改革中獲得成功，那它必須從重構經濟學開始。」參見：斯蒂格利茨. 自由市場的墜落 [M]. 李俊青，楊玲玲，等，譯. 北京：機械工業出版社，2011.

制改革模式,一直是理論與實踐研究的熱點。許多研究發現,轉軌國家自然壟斷行業改革進程取決於轉軌國家市場發育程度以及改革的初始條件;混合所有制的企業競爭模式比完全私有化的社會福利水平要高,也是更適合於轉軌國家自然壟斷行業改革的所有制模式。目前,中國國有經濟在郵電通訊、鐵路航空、金融保險、城市公用事業等領域仍占壟斷地位,因而就這些國有公共企業自身而言,政府管制的低效和行業壟斷是兩大頑症,並沒有得到解決。從中國國有企業改革的整體情況看,放鬆管制和引入競爭機制是市場化改革和滿足消費者福利的必然要求;從自然壟斷行業組織效率和國內市場開放後產業的競爭力看,又需要政府以一定的管制來實現這些行業的產業集中度,遏制無效率的過度競爭。這樣,決定了改革決策者要不斷地在這兩者之間尋找到均衡點。我們需要研究在這些背景下自然壟斷行業發展混合所有制與放開市場、引入競爭的關係是什麼,混合所有制在什麼樣的企業制度基礎上才是有效率的,並以此指導中國自然壟斷行業具體的改革路徑選擇。

　　產業組織理論的傳統分析範式是把技術和市場特徵作為重要的解釋變量來討論市場結構和企業行為的相互關係,在「市場結構—行為—績效」的分析框架中,從結構到績效,必須通過企業行為才能傳遞這種決定關係。但是,企業行為不僅來自技術和市場的約束,還受制度(產權)約束。對於在轉型期制度環境不穩定的國家,應著重探討制度因素,分析一個產業的所有制結構、企業制度和政企關係對企業行為的影響。國有企業的技術低效率也會由於政府的政策性或制度性保護而導致進入管制壁壘的發生。在不改變產業內所有制結構和企業制度的前提下,放鬆管制的結果,也可能無法保證市場競爭性的提高。在中國自然壟斷行業中,有兩種主要的因素在影響企業績效:一是由於行政壟斷造成的進入壁壘,使企業能獲得高額壟斷利潤;二是在政府長期行政保護下不求進取,服務質量低下,缺乏創新動力,並將低效經營的結果向社會轉嫁。在這些部門,政府管制下的嚴格的市場准入使競爭無法充分展開,企業缺乏競爭壓力,而這種競爭恰恰是促進效率的。因此,在這些部門,從單個企業的經營效率看,用同樣的經濟指標評價,它可能超過其他的競爭性產業的企業,但是,從整個國民經濟的效率看,行政性壟斷的維持將是負效率的。在自然壟斷行業選擇一個合理有效的所有制結構,國有產權並不是一個簡單的「退」字,並不是所有的企業都非國有化和民營化不可,而是重新佈局。應根據自然壟斷

行業的經營業務的性質，分層次、多環節地推進民營化的改革措施，實行國有經濟為主體、多種所有制並存的所有制結構。一般在自然壟斷行業中的（基礎性和關鍵性）網路環節應保持國有經濟和國有企業的主體，可以是國有獨資的有限責任公司，即使是混合所有制，產權結構中的國有股份也應保持絕對控股地位；在競爭性環節，降低國有經濟的比重，引入民間主體，形成多種所有制結構，企業的產權結構中的國有股份可相對控股和一般參股。這就是自然壟斷行業混合所有制改革的政治經濟學分析視角。

3. 關於深化收入分配體制改革

西方主流經濟學認為，在經濟增長過程中收入差距是不可避免的，而它提供的激勵是經濟增長的必要條件；進一步的經濟增長會自動導致差距縮小（「倒 U 形」假說）。這是一個未經證實的假說。20 世紀六七十年代的新型工業化浪潮，拉美國家的快速增長與巨大的貧富差距被稱為「雙重奇跡」，至今還看不出有差距自動縮小的趨勢。

中國的市場化改革過程，是一場涉及社會成員之間利益結構調整和財產權利重新配置的深刻的社會變遷。改革 30 多年後，社會財產權結構發生了一系列新的變化，當前中國財產權結構矛盾的主要表現是社會成員間財產佔有的差距過大，財產權利分配失衡。因此，在收入差距擴大的同時，我們還面臨財產差距擴大的問題。據國家統計局公布的數據，2014 年中國基尼系數為 0.469[①]；根據中國家庭金融調查（CHFS）的數據，2012 年中國家庭收入的基尼系數為 0.62[②]；根據北京大學社會調查中心的數據，2012 年中國財產基尼系數為 0.73[③]。

根據各個國家的經驗，在經濟增長過程中，隨著低收入人群的收入增加以及政府加大收入分配調節政策的力度，有可能縮小差距而且同時使收入分配的市場激勵作用充分發揮。中國也是這樣，在保持經濟高速增長的同時保持了社會穩定，按要素貢獻分配也發揮了它的作用。但是，如果在這一過程中，社會財富分配不公問題不能被有效遏制而持續惡化，將成為一個潛在危險的因素而影響中國在經濟新常態下實現穩定、高質量增長和

---

① 國家統計局 2015 年 1 月 20 日發布數據 [EB/OL]. 中國網財經頻道，2015-01-20.
② 中國家庭金融與研究中心. 中國家庭收入差距報告（2013）[R/OL]. 中國家庭金融與研究中心官網.
③ 北京大學社會調查中心. 中國民生發展報告 2014 [R/OL]. 中國社會科學網，2014-07-28.

社會長期穩定。

從較表象的層次看，當前收入和財產結構的矛盾主要表現為城鄉居民之間、不同階層居民之間以及不同區域居民之間財產性收入差距的持續擴大，而導致居民財產性收入差距擴大的原因，我們可以看到主要是居民擁有財產的形式和數量差異、區域經濟發展不平衡、市場體系及市場制度不完善，以及居民個人禀賦差異等。而深層次原因，我們應該回到初次分配領域去看財產權利在社會成員間的分配即分佈狀況，進行政治經濟學的分析。

我們知道，馬克思是從經濟結構和制度結構的層面分析資本主義的私有財產制度和財產結構的。馬克思把財產關係作為社會生產關係來研究，批判地分析了資本與勞動之間的財產佔有及利益關係，揭露出資本主義財產權的核心實質是資本強權，分配的不公源於財產權佔有的不平等。財產權的分配使沒有財產權的人成為被剝削者，財產權的缺乏使其無法參與社會生產成果的分配，更談不上參與市場的選擇權。而經濟危機恰恰根源於資本主義生產關係決定的分配關係即按資本權力分配使沒有資本權力的廣大勞動者的收入從而消費被限制在一個最低的水平上，以及由此衍生出來的社會利益關係失衡的財產權結構。因此，資本主義市場經濟內在的貧富分化和財產權結構失衡是由它的基礎生產關係決定的。

在市場經濟中，財產權利是一種財產性生產要素，財產性要素在不同主體間的配置是經濟主體獲得財產及財產性收入的基礎性條件，而財產性要素的獲得又與個人的年齡、職業、受教育程度有關；也與社會政治因素、主觀行為特徵（對待風險的態度）、有無財產遺贈以及正式制度之外的非正當聚財行為等非市場因素有關。從體制性因素看，農村居民土地財產權缺失、弱勢群體獲得財產的能力低、資本強權下的分配不公、一部分人非正當性途徑獲得財產權利等，是導致中國轉型期財產權在社會成員間分佈失衡的重要原因。

財產佔有的問題源於財產所有權即生產關係。要解決社會財富分配不公和差距過大問題，應首先解決財產權利在社會成員之間合理分配、平等受益的問題，以及在第一次分配中如何以有效的手段保證資本收益與勞動收益的合理比例問題。因此，對於中國當前收入分配領域的矛盾以及深化改革的基本思路，需要進行政治經濟學的分析。

三、政治經濟學要在學科開放和競爭中不斷創新

馬克思主義政治經濟學是一個開放和不斷發展的體系，自它在150多年前由馬克思、恩格斯創立以來至今仍有強大的生命力，即使是不接受它的意識形態的西方學者也不否認馬克思、恩格斯對人類社會歷史發展的進程以及資本主義經濟運動規律揭示的科學性。但是，我們也要看到，20世紀以來人類文明和社會思想的巨大發展，使經濟學已經發展成為一個龐大的體系。就如有的學者說的那樣，在20世紀初，馬歇爾的《經濟學原理》就是經濟學，你只要讀懂這本書就夠了。而今天，就連有260多萬字、收錄2,000多個詞條的《新帕爾格雷夫經濟學大辭典》恐怕也難以包括經濟學發展的全部內容。進入21世紀，社會科學領域學科的開放、融合、創新態勢更加明顯，馬克思主義政治經濟學要繼續保持它長久的生命力和創造力，在中國特色社會主義經濟建設中保持它的指導力和解釋力，就必須以更加開放的態度參與21世紀世界範圍內經濟學學科之間的競爭。

21世紀西方主流經濟學向何處去？自2008年美國金融危機爆發並蔓延至世界多個國家以來，金融危機使資本主義社會的政治分裂、兩極分化、貧富差距等深刻問題凸顯在世人面前。在反思金融危機的根源，希望對金融體系進行改造時，越來越多的人更加關注社會不平等與貧富差距擴大的問題。西方國家許多學者都敏銳地看到資本主義市場制度出了問題[1]，也看到了主流經濟學「市場原教旨主義」的缺陷，並有「回到凱恩斯」「回到馬克思」的說法。但是我們認為，建立在一般均衡基礎上的主流經濟學的根基並沒有動搖，微觀經濟學和宏觀經濟學對市場經濟運行機制還有其解釋力，因此它在21世紀相當長的時間內仍有可能是西方經濟學的主流，也是經濟學教科書的主流。

同時，我們要注意到20世紀以來到進入21世紀，西方經濟學中新制

---

[1] 斯蒂格利茨（2003）在《不平等的代價》中認為，「已為公眾所知的市場經濟最黑暗的一面就是大量的並且日益加劇的不平等，它使得美國的社會結構和經濟的可持續性都受到了挑戰……」；托馬斯·皮凱蒂在《21世紀資本論》中認為，不加制約的資本主義導致了財富不平等的加劇，自由市場經濟並不能完全解決財富分配不平等的問題；克里斯特曼提出了一個「走向平等主義的所有權理論」（2004），對資本主義的財產權結構進行了批判性分析。

度經濟學、演化經濟學的興起，以及新奧地利學派、李斯特經濟學、熊彼特經濟學等新發展。例如，在當今經濟學的學科領域裡，制度的經濟分析已經成為一個極為活躍的研究領域。這是因為，無論是市場經濟中資源配置的效率，還是一個國家的經濟增長，有效的產權或者說制度安排都是重要的；並且，新制度經濟學的交易費用分析方法和對經濟學假定的修改影響了主流經濟學的理論工具。演化經濟學不同於靜態均衡的新古典經濟學，它以歷史的不可逆視角觀察經濟現象，研究開放的系統，關注變革、學習、創造、競爭過程是非均衡的，具有路徑的依賴性的。適應知識經濟和信息革命時代的要求，演化經濟學認為經濟學研究的問題中重要的因素是新偏好的形成、技術和制度的創新以及新資源的創造等。這是不是針對主流經濟學範式的一種根本性轉變，還有待於我們觀察，但我們至少可以看到經濟學發展多元化時代已經到來。在這個多元化時代中，值得注意的還有推崇自由主義、崇拜市場自發勢力而反對國家計劃調節的新奧地利學派；以及在經濟學中最早系統地揭示欠發達國家向發達國家轉變的歷史規律，對美國和德國的興起產生了重大影響的李斯特學派[①]，等等，它們也可能影響21世紀西方經濟學的發展方向以及馬克思主義政治經濟學與之競爭的格局。

　　馬克思主義政治經濟學的開放與競爭，還需要借鑑和吸收西方馬克思主義經濟學研究的成果。20世紀30年代，在蘇聯社會主義經濟建設取得巨大成就而資本主義世界陷入大蕭條危機的雙重背景下，馬克思主義經濟學在西歐繼而在北美引發了人們強烈的研究興趣，兩地逐漸成了馬克思主義經濟學研究的新中心。二戰后期起，在羅賓遜和斯威齊等學者相關著作的推動下，學院派馬克思主義經濟學（相對於蘇聯馬克思主義經濟學）開啓了同西方非馬克思主義經濟學流派的對話，對勞動價值理論、利潤率下降趨勢、資本主義危機等基本理論問題都展開了更具現代性的分析。例如，二戰中到60年代中期，多布、斯威齊、曼德爾、置鹽信雄等學者代表了學院派用現代分析更為準確和細緻的方法重新考察馬克思的經濟思想（代表性文獻包括：Dobb, 1932; Sweezy, 1942; Mandel, 1962; Okishio, 1961，等）；60年代中后期到80年代末，面對現實經濟體中繁榮與衰退的更替，資本主義生產方式多樣性特徵的演進，馬克思主義經濟學在研究視野、方

---

　　① 參見：賈根良. 李斯特經濟學的歷史地位、性質與重大現實意義 [J]. 學習與探索, 2015 (2).

法層面都有了新的突破，大量學術流派亦集中興起，包括「轉型問題」的研究、長波理論的重構、調節學派和累積的社會結構理論，等等；20世紀90年代以來，新自由主義的擴張不斷擠壓和挑戰馬克思主義經濟學的活動空間和話語權，然而新自由主義累積體制內生的矛盾又為馬克思主義經濟學的研究提供了新的素材和理論進步的空間（Kotz，2011），例如，新帝國主義的擴張（Harvey，2003）、資本累積的金融化趨勢（Lapavitsas，2009）、生態危機的加劇（福斯特，2015）、長期困擾發達國家市場的過度競爭和產能過剩（Crotty，2003；Brenner，2006）、2007年金融危機后對馬克思危機理論和利潤率變化趨勢的熱烈討論（McDonough，2010；Shaihk，2010；V. Brown，S. Mohun，2011）等成為最近20年西方馬克思主義經濟學研究最關注的話題。系統梳理當代國外馬克思主義經濟學的研究成果，我們可由此獲得政治經濟學研究視野和分析方法的拓寬，在理論演進的背后，我們也能把握當代資本主義生產方式的演化路徑和多樣性特徵。這對於增強政治經濟學揭示當前資本主義的發展階段和未來走向，以及對中國特色社會主義經濟建設道路選擇問題的解釋，都具有極強的現實意義。

在21世紀知識經濟和信息化時代，經濟學越來越從科學技術與社會進步的相互關係中得到全面的發展。隨著經濟學認識領域的拓寬和方法論的多元化，經濟學與其他學科的交流和相互滲透得以大大加深，大量非經濟學概念和研究方法的引入使得現代經濟學極大地增加了它的包容性。面對物理學、生物學等自然科學的挑戰和哲學、歷史學、倫理學、心理學等諸多人文社會科學學派的「入侵」，現代經濟學領域中又發展出許多交叉學科和邊緣學派，例如，混沌經濟學、不確定經濟學、行為經濟學、法律經濟學、實驗經濟學等。學科交叉和學科融合將是21世紀經濟學發展必然面對的新環境，馬克思主義政治經濟學應主動融入這種學科生態，在學科開放、學科包容和學科競爭中實現其不斷的發展和創新。

參考文獻

[1] 斯蒂格利茨. 自由市場的墜落 [M]. 李俊青，楊玲玲，等，譯. 北京：機械工業出版社，2011.

[2] 斯蒂格利茨. 不平等的代價 [M]. 張學源，譯. 北京：機械工業出版社，2013.

［3］克里斯特曼. 財產的神話——走向平等主義的所有權理論［M］. 張紹宗, 譯. 桂林: 廣西師範大學出版社, 2004.

［4］托馬斯·皮凱蒂. 21世紀資本論［M］. 巴曙松, 等, 譯. 北京: 中信出版社, 2014.

［5］賈根良. 李斯特經濟學的歷史地位、性質與重大現實意義［J］. 學習與探索, 2015（2）.

［6］M DOBB. On Marxism ToDay［M］. London: The Hogarth Press, 1932.

［7］P SWEEZY. The Theory of Capitalist Development［M］. New York: Oxford University Press, 1942.

［8］E MANDEL. Marxist Economic Theory［M］. New York: Monthly Review Press, 1962.

［9］N OKISHIO. Technical Change and the Rate of Profit［J］. Kobe University Economic Review, 1961（7）: 85-99.

［10］D KOTZ. Over-Investment and the Economic Crisis of 2008［J］. World Review of Political Economy, 2011, 2（1）: 5-25.

［11］H HARVEY. Spaces of Capital: Towards a Critical Geography［M］. London: Routledge Press, 2001.

［12］C LAPAVITSAS. Financialised Capitalism: Crisis and Financial Expropriation［J］. Historical Materialism, 2009, 17（2）: 114-148.

［13］約·貝·福斯特. 生態革命——與地球和平相處［M］. 劉仁勝, 李晶, 董慧, 譯. 北京: 人民出版社, 2015.

［14］R CROTTY. Why Do Global Markets Suffer From Chronic Excess Capacity?: Insights From Keynes, Schumpeter and Marx［R］. Amherst: Economics Department of UMass Amherst. Working Paper, 2003.

［15］R BRENNER. The Economics of Global Turbulence: the Advanced Capitalist Economies From Long Boom to Long Downturn［M］. New York: Verso Books, 2006: 1945-2005.

［16］T MCDONOUGH, et al. Contemporary Capitalism and Its Crises: Social Structure of Accumulation Theory for the 21st Century［M］. New York: Cambridge University Press, 2010.

［17］A SHAIKH. Reflexivity, Path-Dependence and Disequilibrium Dynamics [J]. The Journal of Post Keynesian Economics, 2010, 33 (1): 3-16.

[18] V BROWN, S MOHUN. The Rate of Profit in the UK, 1920—1938 [J]. Cambridge Journal of Economics, 2011, 5 (6): 1035-1059.

[本文選自: 劉燦. 關於中國特色社會主義政治經濟學的幾點認識 [J]. 南京大學學報, 2016 (2).]

第四十四章　改革開放以來馬克思主義經濟學在中國的運用及經驗

蔣南平　湯子瓊

新中國成立后的計劃經濟時期，我黨運用馬克思主義經濟學於中國的實踐，取得了不少的成績，但也有不少教訓。改革開放以來，我黨繼續運用馬克思主義經濟學於中國的實際，並正確地反思了過去的經驗與教訓，取得了更加豐碩的理論與實踐成果。

一、運用馬克思主義經濟學構建中國經濟學的理論框架

改革開放以來，中國堅持以馬克思主義理論為指導，在批判吸收西方市場經濟理論的基礎上，結合改革開放的實踐，把馬克思主義經濟學中國化。探索馬克思主義經濟學中國化的理論框架，是一項開創性的工作。事實說明，當代中國的改革開放，既沒有照搬蘇聯模式，又沒有照搬西方模式，因此，在理論上有許多獨特的地方需要加以總結，並提煉、昇華為中國經濟學。構建中國經濟學的理論框架，用中國的經濟理論來解釋「中國道路」「中國模式」現象，指導中國的經濟改革，也是中國改革開放以來運用馬克思主義經濟學解決中國問題的又一貢獻。

1. 中國經濟學的建立過程

鄧小平同志是改革開放的總設計師，為中國設計出了一幅「建立社會主義市場經濟體制」的美好畫卷。在改革開放的實踐中，鄧小平是創建中國經濟學的第一人，是中國經濟學的倡導者和開啓者。應該說他首先思考了構建中國特色經濟學的問題。1984 年，中共十二屆三中全會通過《中共中央關於經濟體制改革的決定》時，鄧小平就說，「這個決定，是馬克思主

義的基本原理和中國社會主義實踐相結合的政治經濟學」①。鄧小平的這一思想和觀點，就是最早的中國經濟學的正式發端，對構建中國經濟學具有重大意義。

從國際上看，世界資本主義體系在二戰爆發前完成了市場化的殖民擴張，二戰結束後的「冷戰」時期，開始了進一步的軍備競賽。「冷戰」結束以後，市場經濟的全球化進程加快。東西方國家在和平與發展的新時代背景下，開始彼此打開對外貿易的大門，原來非市場化的國家紛紛以市場為紐帶，融進了經濟全球化的進程。

實際上，西方國家在經歷了20世紀20~30年代的大危機以後，羅斯福新政證明市場是有效的，50~60年代在凱恩斯主義的國家干預下，出現了資本主義發展的黃金時期。但是到了20世紀70年代，西方國家經濟危機再次爆發，並出現經濟滯脹。20世紀70年代末80年代初的美國，里根政府以供給學派為基礎制定政策，開始減少國家干預，轉向了新自由主義的市場經濟。英國撒切爾夫人上臺后，同樣也轉向了新自由主義的市場經濟。其他西方國家紛紛仿效，使西方經濟持續了20年的發展，但最後還是導致了2008年以來的全球金融危機，宣告了新自由主義的破產。

反思西方經濟發展，不難發現，西方市場經濟在最近30年的發展中，總是搖擺不定，或國家干預過度或市場自由過度，始終沒有克服資本主義社會存在的基本矛盾。

而從中國經濟的自身發展來看，新中國的社會主義經濟建設，始終堅持以馬克思主義為指導，在1956年確立了生產資料公有制的社會主義經濟制度以後，開始了全面的社會主義經濟建設。中國在社會主義經濟建設初期，學習蘇聯模式，實行高度集中的計劃經濟體制，「文化大革命」結束時，中國經濟已到了崩潰的邊緣。1978年年底，黨的十一屆三中全會重新確立了馬克思主義「實事求是」的認識路線和思想路線，對社會主義發展的歷史階段進行了再認識，提出了社會主義初級階段的理論。為了解決商品經濟落後、生產力水平較低和人民生活貧困的現實矛盾，開始在理論上進行了創新和突破，選擇了市場化的改革戰略，找到了一條適合中國特色的社會主義經濟建設道路，建立中國特色的社會主義市場經濟體制，其效

---

① 中共中央文獻研究室. 鄧小平年譜（一九七五——一九九七）（下）[M]. 北京：中央文獻出版社，2004.

果十分明顯，人民生活水平普遍得到提高。在 2008 年世界金融危機爆發后，中國採取的應對危機的措施和政策是有效的，國家的宏觀調控力度是適當的。事實說明，改革開放 30 多年來，中國國內生產總值年均增長保持了 9.8%的速度，即使在金融危機爆發以後，國內生產總值年均增長仍保持在 9%以上，對世界經濟的發展做出了重要貢獻。這些成績，都是在中國經濟學的發展過程中取得的。因此，國內外的經驗與教訓都表明了建立中國經濟學的必要性。

2. 中國經濟學建立的理論基礎

所謂中國經濟學，就是馬克思主義基本原理與中國實踐相結合的政治經濟學（鄧小平，1984）。因此，構建中國經濟學，既要繼承和發展馬克思主義經濟學基本理論，又要對當代西方經濟學中的科學的合理的成分加以借鑒。

中國經濟學的理論基礎仍然是馬克思的勞動價值論。馬克思的勞動價值論認為，價值是凝結在商品中的無差別的人類勞動。商品的價值量是由生產商品的社會必要勞動時間決定的，這種社會必要勞動時間是「在現有的正常的生產條件下，在社會平均的勞動熟練程度和勞動強度下，製造某種使用價值所需要的勞動時間」[1]。商品的價值形式表現為一種商品與另一種商品相交換所產生的交換價值，價值的本質是凝結在商品體背後的人與人之間的無差別的人類勞動。價值規律是商品經濟的基本規律。它的內容是，商品的價值量是由生產商品的社會必要勞動時間決定的，商品交換以價值為基礎，實行等價交換。價值是價格的基礎，價格是價值的貨幣表現，價值決定價格，價格圍繞價值上下波動並趨於一致。勞動力的價值是維持勞動者需要的生活資料的價值，其使用價值是勞動力的使用，即勞動。在勞動過程中，勞動者能創造出比自身勞動力價值更大的價值。

馬克思的勞動價值論，是在資本主義處於上升時期的 19 世紀 40 年代，批判吸收了亞當·斯密勞動價值論的基礎上，創立和發展起來的；馬克思的工資和分配理論，是在批判吸收了大衛·李嘉圖的資本主義工資、分配理論的基礎上產生和發展的。可見，馬克思主義經濟學是對西方經濟學的合理的科學成分的繼承和發展。

當代西方經濟學有很多學派，比較有影響的如凱恩斯主義、新自由主

---

[1] 馬克思恩格斯全集：第 23 卷 [M]．北京：人民出版社，1972．

義等。而凱恩斯主義、新自由主義的主張及對策，在有些方面也有借鑑意義。第二次世界大戰結束后，凱恩斯主義占據了西方經濟學的統治地位，西方國家普遍依據凱恩斯的理論制定政策，對經濟進行管理，取得了一定的效果。凱恩斯主義者阿羅、卡恩等認為，政府干預經濟是社會經濟發展的需要，並非政治家們的任意設計。二戰結束后，西方國家在資源分配和利用、保持經濟穩定、收入再分配等方面，實行國家干預和調節，對經濟發展起了一定的促進作用。

在20世紀80年代后產生的供給學派、貨幣主義學派、理性預期學派等的西方經濟理論中，也有許多合理的、科學的地方值得我們借鑑。如供給學派認為，1929—1933年的世界經濟危機並不是由於有效需求不足造成的，而是當時西方各國政府實行一系列錯誤政策造成的。政府不應當刺激需求，而應當刺激供給。因此，政府的經濟政策是經濟主體經營活動的刺激因素，其中財政政策最為重要。在分析經濟政策對行為的影響時，供給學派反對凱恩斯主義只注意政策對經濟主體收入和支出的效果，而強調政策對生產活動的作用。供給學派的論點和主張，也受到西方經濟學界的關注，但也有反對之聲。凱恩斯主義者薩繆爾森認為，供給學派的理論既沒有經濟史上的有力證據，又缺乏理論分析上的合理推斷。中國在市場化改革的初期，借鑑了供給學派的觀點，為了滿足人民群眾對物質生活的需要，制定了增加有效供給的經濟刺激政策來指導經濟實踐。

現代貨幣主義的創始人是1976年諾貝爾經濟學獎獲得者、芝加哥大學教授米·弗里德曼。弗里德曼從「個人主義」的微觀經濟結構入手，在「永久收入」的理論基礎之上，恢復了貨幣在宏觀經濟結構中的關鍵地位，提出了與凱恩斯干預主義相抗衡的自由主義論點。他認為在國家不進行任何干預的情況下，市場經濟的行情動盪遠遠低於干預時的程度。國家的真正作用不在於短期內影響市場，而在於首先應保證貨幣總量能定期和有規律地增加。弗里德曼的貨幣主義，與其說是反對國家干預，不如說他希望政府只對貨幣供給進行干預。弗里德曼曾受到中共中央領導人的接見，他向中國提了不少貨幣主義的建議。事實上，1997年亞洲金融危機爆發以后，中國實行的積極的財政政策和寬鬆的貨幣政策，就是對貨幣主義學派合理的、科學的觀點的批判吸收。顯然，西方經濟學的合理、科學內容，也是構建中國經濟學理論框架的理論基礎。

二、建立中國經濟學的實踐基礎

馬克思主義原理告訴我們，一切理論都是來源於社會實踐的，並在實踐中得到檢驗和發展。中國經濟學理論的產生，也正是來源於中國改革開放30年的偉大實踐，並在進一步深化改革開放的實踐中得到檢驗和發展。

第一，農村改革的實踐。從1978年開始，中國進行了農村經濟體制改革。首先，改革人民公社制度，建立了家庭聯產承包責任制。1983年，通過撤銷人民公社，建立鄉政權，改變過去的「三級所有、隊為基礎」為村民委員會和村級生產合作組織。隨之，建立了鄉鎮財政管理制度。從體制上解決了人民公社時期「一平二調」和生產上「瞎指揮」的問題，消除了「共產風」產生的根源，釋放了農村勞動生產力。農業糧食連年豐收，人民群眾的溫飽問題基本得到解決，農民的勞動力價值通過商品交換得到了社會認可。正是在農村改革實踐的基礎上，鄉鎮企業「異軍突起」。鄉鎮企業的不斷發展為東南沿海地區的城市化進程做出了重要貢獻，創造了「蘇南模式」的中國奇跡。「1978—1986年，當中國西部地區鄉鎮企業正在起步萌生之時，這裡的鄉鎮企業已創造了年平均增長34%的蘇南速度，在全國獨領風騷」[1]，並進一步推動了農村產業化的發展。與此同時，家庭聯產承包責任制的實行，調動了農民的生產積極性，但客觀上也要求改革農村商品流通體制。1984—1993年，中國進行了糧食與市場相結合的「雙軌制」改革，理順農產品價格，取消統購派購任務，改革供銷合作社和國營商業體制，2001年建立了適應市場經濟的糧食流通體制。以後，還啓動了農村稅費改革的全面試點。2006年，中國全面取消了農業稅，與農村稅費改革前相比，「全國農民共減輕負擔1,265億元」[2]。減輕農民負擔，既是中央財政增加農民收入的一個重要舉措，又是世界經濟史上罕見的成功案例。2008年以來，隨著中國社會主義新農村建設的推進，農村改革給中國農民帶來了更多的實惠。總之，農村改革的成功經驗，為構建中國經濟學的理論框架提供了現實依據。

---

[1] 林凌.中國經濟的區域發展[M].成都：四川人民出版社，2006.
[2] 張宇.中國模式——改革開放三十年以來的中國經濟[M].北京：中國經濟出版社，2008.

第二，城市改革的實踐。在農村改革取得成功的基礎上，1984 年開始，中國將改革重點轉向了城市的企業改革。改革的內容是實行廠長、經理承包責任制，改革的目的是搞活企業，發展商品經濟，調動城市職工的生產積極性。制定的具體政策是：在城市國有企業的利潤分配中，採用了「包干上交」的經營原則，實行「放權讓利」和「利改稅」。1984 年 10 月 20 日，黨的十二屆三中全會召開。在這次會議召開前的 10 月 10 日，鄧小平會見聯邦德國總理科爾時說道：「前一次三中全會的重點在農村改革，這一次三中全會則要轉到城市改革。無論是農村改革還是城市改革，其基本內容和基本經驗都是開放，對內把經濟搞活，對外更加開放。」[1] 這次會議通過了《中共中央關於經濟體制改革的決定》。這個決定突破了將計劃經濟與商品經濟對立起來的傳統觀點，規定了經濟體制改革的目標是建立以公有制為基礎的有計劃的商品經濟。鄧小平說：「這個決定的內容寫得很好，好就好在解釋了什麼是社會主義，有些是我們老祖宗沒有說過的話，有些新話。」[2]「我的印象是寫出了一個政治經濟學的初稿。」[3] 實際上，鄧小平在這裡指的就是中國經濟學的初稿。

　　從 1984 年年底開始，國有企業改革進一步深化，實現了所有權與經營權適當分離，進行了企業承包制和租賃制的改革探索，調動了企業職工的生產積極性。經過了幾年的改革和全面開放實踐，許多經驗進一步得到總結，特別是經濟特區的市場化改革取得的成功經驗，證明了「市場多一點還是計劃多一點，不是資本主義和社會主義的本質區別」（鄧小平，1992）。鄧小平關於計劃和市場都是經濟調節手段的思想，為社會主義市場經濟體制的建立奠定了理論基礎。在此基礎上，1992 年 10 月，黨的十四大明確提出，中國經濟體制改革的目標是建立社會主義市場經濟體制，並要求圍繞社會主義市場經濟體制的建立加快經濟改革的步伐。1993 年 11 月，黨的十四屆三中全會通過的《關於建立社會主義市場經濟體制若干問題的決定》，提出了國有企業改革的方向是建立現代企業制度。從 1994 年《中

---

[1] 中共中央文獻研究室. 鄧小平文選：第 3 卷 [M]. 北京：人民出版社，1993.

[2] 中共中央文獻研究室. 鄧小平思想年編（一九七五——一九九七）[M]. 北京：中央文獻出版社，2011.

[3] 中共中央文獻研究室. 鄧小平思想年編（一九七五——一九九七）[M]. 北京：中央文獻出版社，2011.

華人民共和國公司法》頒布實施開始，我們進入了建立現代企業制度的新階段，開始了股份制改革的試點。「1995年，全國確定了100戶試點企業按公司法進行制度創新。到1997年8月，全國國有企業改造為股份公司的達9,000戶左右。」[1] 1997年黨的十五大報告明確提出：「股份制是現代企業的一種資本組織形式，有利於所有權和經營權的分離，有利於提高企業和資本的運作效率，資本主義可以用，社會主義也可以用。」[2] 2003年10月，黨的十六屆三中全會召開，通過了《關於完善社會主義經濟體制若干問題的決定》，提出要進一步增強公有制經濟的活力，大力發展混合所有制經濟。隨著企業改革的進一步深化，價格改革、銀行改革、財政體制改革、社會保障制度改革、就業制度改革、醫療體制改革也在進一步推進。城市改革的經驗，也為構建中國經濟學的理論框架奠定了實踐基礎。

第三，中國經濟學的基本內涵。事實上，中國在改革開放30多年的經濟實踐中，已經初步形成了具有中華民族特色的中國經濟學理論。這個理論的淵源來自馬克思主義經濟學和鄧小平建設有中國特色的社會主義經濟理論以及當代西方市場經濟理論中的合理內容。

中國經濟學即中國化的馬克思主義經濟學，是馬克思主義經濟學在中國改革開放實踐中的具體運用和發展，是改革開放後馬克思主義經濟學中國化的理論成果，是中國特色社會主義經濟理論體系在經濟領域中的集中體現。它主要包括以下幾個內容：

(1) 社會主義初級階段理論。這一理論形成於改革開放初期。十一屆三中全會以後，鄧小平領導中國人民重新恢復了實事求是的思想路線，客觀地分析了中國的基本國情。他在科學判斷當代中國基本國情的基礎上提出了中國還處在社會主義初級階段的論斷。

這一理論提出了社會主義初級階段包括兩層含義：其一是中國已經是社會主義，其二是中國的社會主義還處在初級階段；指出了社會主義初級階段的主要矛盾是人民群眾日益增長的物質文化的需要同落後的社會生產之間的矛盾；提出了要解決現階段的主要矛盾，必須大力發展商品經濟，

---

[1] 張宇. 中國模式——改革開放三十年以來的中國經濟 [M]. 北京：中國經濟出版社，2008.

[2] 中共中央文獻研究室. 江澤民論建設有中國特色社會主義（專題摘編）[M]. 北京：中央文獻出版社，2002.

提高勞動生產率，逐步實現工業、農業、國防和科學技術的現代化，提出以經濟建設為中心，建設現代化的國家，是中國經濟發展的必由之路。黨的各項工作都要服務和服從於這個中心。

這一理論根據中國現實生產力水平較低的實際情況，提出發展社會主義經濟，必須參與經濟全球化；改革不適應生產力發展的生產關係和上層建築；加強對外經濟技術交流和合作，實行對外開放；努力吸收世界文明成果，逐步縮小同發達國家的差距。在這個理論基礎上，還提出了改革開放是中國必須長期堅持的一項基本國策。

這一理論提出了社會主義初級階段的基本經濟綱領：在以公有制為主體的前提下發展多種經濟成分；在以按勞分配為主體的前提下實行多種分配方式；在共同富裕的目標下鼓勵一部分人通過誠實勞動和合法經營先富起來；先富帶后富，最終實現共同富裕。

這一理論提出了社會主義初級階段的基本路線：以經濟建設為中心，堅持四項基本原則，堅持改革開放，把中國建設成為富強、民主、文明的社會主義現代化國家。

這一理論還具體地規劃出分三步走的發展戰略——「第一步，實現國民生產總值比1980年翻一番，解決人民的溫飽問題。這個任務已經基本實現。第二步，到本（20）世紀末，使國民生產總值再增長一倍，人民生活達到小康水平。第三步，到下個（21）世紀中葉，人均國民生產總值達到中等發達國家水平，人民生活比較富裕，基本實現現代化。然後，在這個基礎上繼續前進。」①

從以上內容來看，這個理論是馬克思主義關於科學社會主義發展階段理論的發展和創新，豐富了馬克思主義科學社會主義發展階段的內容。中國改革開放的一切工作，不同階段所形成的具體經濟思想和經濟理論，都是立足於初級階段這個基本國情的，因此，社會主義初級階段理論是馬克思主義經濟學中國化的基礎理論（蔣南平，2009）。

（2）中國社會主義所有制理論。馬克思主義基本原理告訴我們，生產關係的核心問題是所有制問題。實踐證明，追求「一大二公」的單一所有制，已經嚴重地阻礙了生產力的發展，必須加以改革，在改革中形成了以

---

① 中共中央宣傳部. 鄧小平建設有中國特色社會主義理論學習綱要 [M]. 北京: 學習出版社, 1995.

公有制為主體、多種所有制經濟共同發展的所有制理論。

　　這個理論認為多種經濟形式的合理配置和發展有利於繁榮城鄉經濟。改革開放後，在農村實行家庭聯產承包責任制的基礎上，鼓勵「多余的農民」進城務工和經商，搞活經濟，繁榮流通市場。在堅持公有制為主體的前提下，鼓勵發展個體經濟，同時在經濟特區鼓勵發展「三資企業」經濟。

　　這個理論認為私營經濟的發展是對社會主義經濟的有益補充。在社會主義條件下，一方面要鼓勵私營經濟的發展，另一方面要加強對私營經濟的監督和管理。

　　這個理論指出了以公有制為主體、多種所有制經濟共同發展，是中國社會主義初級階段的一項基本經濟制度；提出了公有制經濟不僅包括國有經濟和集體經濟，還包括混合所有制經濟中的國有成分和集體成分。「公有制的主體地位主要體現在：公有資產在社會總資產中占優勢；國有經濟控制國民經濟命脈，對經濟發展起主導作用。國有經濟起主導作用，主要體現在控制力上。」[1]

　　這個理論強調要「堅持和完善公有制為主體、多種所有制經濟共同發展的基本經濟制度，毫不動搖地鞏固和發展公有制經濟，毫不動搖地鼓勵、支持、引導非公有制經濟發展，堅持平等保護物權，形成各種所有制經濟平等競爭、相互促進的新格局」[2]。

　　這個理論提出的堅持公有制為主體、發展多種所有制經濟的思想，是馬克思主義經濟學中沒有的內容，但符合當代中國的實際，有利於生產力的發展，因此，這個理論是對馬克思主義經濟學理論的一個偉大創新。

　　(3) 中國現代企業制度理論。該理論吸收了西方現代產權理論的合理內容，提出國有企業改革的方向是建立現代企業制度。中國改革開放前的國有企業又叫國營企業，實行的是把所有權和經營權高度集中統一起來進行生產經營的工廠制度。該理論提出了建立現代企業制度，按現代產權理論的要求，理順產權關係，深化國有企業的改革；健全責權統一、運轉協調、有效制衡的公司法人治理結構；以公司法為法律依據，實行股份制下

---

[1] 中共中央文獻研究室. 江澤民論有中國特色社會主義（專題摘編）[M]. 北京：中央文獻出版社，2002.

[2] 胡錦濤. 高舉中國特色社會主義偉大旗幟，為奪取全面建設小康社會新勝利而奮鬥——在中國共產黨第十七次全國代表大會上的報告 [M]. 北京：人民出版社，2007.

的公司制度。建立現代企業制度是中國經濟體制由計劃體制向市場體制轉軌的核心。

這一理論提出了現代企業制度的基本特徵：一是產權關係明晰。國家擁有企業中的國有資產所有權，企業擁有包括國家在內的出資者投資形成的全部法人財產權，成為享有民事權利、承擔民事責任的法人實體。二是企業以其全部法人財產，依法經營、自負盈虧、照章納稅，對出資者承擔資產保值增值的有限責任。三是出資者按投入企業的資本額享有所有者的權益。四是企業按市場需求組織生產經營，政府不直接干預企業的生產經營活動。五是建立科學的企業領導體制和組織管理制度，形成激勵和約束相結合的經營機制。這一理論提出了現代企業的形式是公司制。按公司法的規定，公司形式有股份有限公司和有限責任公司。

這個理論是在改革開放中吸收西方經濟理論中符合中國基本國情的東西而形成的，也是馬克思主義經濟學理論中沒有的內容，體現了當代中國經濟學對西方經濟學的和諧包容。事實上，在這個理論的指導下，中國國有企業通過公司制的改造，完成了由計劃經濟下的國有（國營）「工廠制」向市場經濟下的「公司制」轉型，實現了企業內部所有權與經營權的分離，解決了中國經濟體制改革的核心問題。隨著價格改革、財政、稅收體制改革的相繼推進，中國實現了由計劃經濟體制向市場經濟體制的轉軌，為建立社會主義市場經濟體制奠定了基礎。可以說，這個理論在中國經濟史上是一個偉大的創舉。

（4）中國社會主義收入分配和社會保障理論。這個理論提出了社會主義初級階段的分配制度、分配原則、分配政策、分配措施。按照馬克思主義經濟學的基本原理，分配是由生產決定的，同時分配又決定消費。分配制度的合理與否決定人們最終消費結構的合理與否。在社會主義初級階段，分配問題決定改革的最終目標能否實現，因此社會主義初級階段的所有制決定了社會主義初級階段的分配制度是以按勞分配為主體、多種分配方式並存的分配制度。

分配制度必須堅持把按勞分配形式和多種分配形式結合起來。按勞分配的形式有工資、獎金、津貼，其他分配形式有個體勞動所得、利息、股息、紅利、勞動力價值、福利。為了體現社會主義的公平性和公正性，這個理論提出了應鼓勵一部人和一部分地區先富起來，合理拉開收入差距，先富帶動后富，最終實現共同富裕的分配政策，以及體現效率優先兼顧社

會公平的分配原則。在具體執行分配政策的過程中，當城鄉居民收入差距逐漸擴大時，該理論提出了要積極擴大就業，努力改善人民生活，通過調整分配格局，使經濟發展成果惠及全體人民。在具體分配措施上，提出了要「正確處理一次分配和二次分配的關係，在經濟發展的基礎上普遍提高居民收入水平，逐步形成一個高收入人群和低收入人群占少數、中等收入人群占大多數的『兩頭小、中間大』的分配格局」[1]。

這個理論提出，隨著國有企業改革的深入發展以及現代企業制度的建立，對國有企業下崗職工實行最低生活保障制度，建立健全社會保障體系。對國民收入的分配，要體現社會主義經濟的公平性和均衡性，實行社會統籌和個人帳戶相結合的養老、醫療保險制度，完善失業保險和社會救濟制度。這個理論始終體現了社會主義的本質屬性，要解放生產力、發展生產力，在分配上必須堅持效率優先的原則，要消滅剝削、消除兩極分化，最終實現共同富裕，必須在分配上體現社會公平。可見，這個理論是對馬克思主義經濟理論的繼承和發展。

（5）社會主義市場經濟理論。社會主義市場經濟理論是鄧小平理論的核心理論，也是中國化的馬克思主義經濟學即中國經濟學的核心理論。

這個理論衝破了傳統的思想束縛，提出了在社會主義條件下可以搞市場經濟的思想，解決了多年來一直爭論不清的「姓社」「姓資」問題。長期以來，中國的經濟建設，往往忽略了中國人口多、底子薄，人民生活貧困，還處在社會主義初級階段的基本國情，把計劃經濟當成了社會主義的本質，沒有弄清楚什麼是社會主義、怎樣建設社會主義的問題。中國經濟體制改革十年以後，鄧小平在「南方談話」中才明確指出了計劃與市場的關係問題不是社會主義的本質問題。他說：「計劃多一點還是市場多一點，不是社會主義與資本主義的本質區別。計劃經濟不等於社會主義，資本主義也有計劃；市場經濟不等於資本主義，社會主義也有市場。計劃和市場都是經濟手段。社會主義的本質，是解放生產力，發展生產力，消滅剝削，消除兩極分化，最終達到共同富裕。」[2] 社會主義本質理論為社會主義市場經濟理論奠定了基礎。社會主義市場經濟理論的提出，解決了在社會主義

---

[1] 中共中央文獻研究室．江澤民論有中國特色社會主義（專題摘編）[M]．北京：中央文獻出版社，2002．

[2] 鄧小平文選：第3卷 [M]．北京：人民出版社，1993．

制度下可以搞市場經濟的矛盾，這也被一些學者稱為「是對馬克思主義的偉大超越，馬克思主義並沒有『社會主義市場經濟』的理論，馬克思本人甚至沒有提出『市場經濟』這個概念」[1]。可見，社會主義市場經濟理論是世界經濟理論史上的重大突破。正如江澤民所說的那樣，社會主義市場經濟理論是「我們黨對馬克思主義的社會主義經濟理論一個嶄新的創造性發展」[2]。

這個理論提出了我們要建立的社會主義市場經濟體制，就是要讓市場在社會主義制度下、在國家宏觀調控下對資源配置起基礎性作用，充分發揮市場機制的作用。在對經濟體制進行的市場化改革中，要建立和完善統一的市場體系以及宏觀調控體系。宏觀調控的主要任務，是保持經濟總量平衡，抑制通貨膨脹，促進重大經濟結構優化，實現經濟穩定增長。宏觀調控的主要手段是經濟手段和法律手段。宏觀調控的政策是實施適度的財政政策和貨幣政策。

面對當前全球金融危機，中國運用宏觀調控手段，實施了適度的財政政策和貨幣政策，沉著應對了金融危機的衝擊，使中國的市場經濟始終保持快速健康發展。事實雄辯地證明了這個理論鮮明的中國特色和對中國經濟發展的巨大作用。

（6）中國經濟體制改革及轉型理論。中國經濟體制改革及轉型理論是對中國30年來經濟體制改革的總結和概括。該理論肯定了中國經濟體制改革的性質是中國社會主義制度的自我完善和發展，批判了那種乘改革之機、借改革之名搞私有化的錯誤思想，提出中國經濟體制改革必須堅持四項基本原則。

該理論提出了中國經濟體制改革的目的是解放生產力和發展生產力，提出了判斷經濟體制改革是非成敗的標準是「三個有利於」，即「是否有利於發展社會主義社會的生產力，是否有利於增強社會主義國家的綜合國力，是否有利於提高人民的生活水平」[3]。在這一理論中，提出了中國經濟

---

[1] 李曉西. 時代變遷中的求索與吶喊——改革開放30年回顧思考 [M]. 北京：北京師範大學出版社，2010.

[2] 中共中央文獻研究室. 江澤民論有中國特色社會主義（專題摘編）[M]. 北京：中央文獻出版社，2002.

[3] 鄧小平文選：第3卷 [M]. 北京：人民出版社，1993.

體制改革的目標是建立社會主義市場經濟體制。在經濟體制改革的方式上吸取了蘇聯改革的教訓，拋棄了蘇聯的激進式改革方式，採取了漸進式改革方式。

這一理論提出了中國經濟體制改革的方法是「體制外與體制內改革相結合，增量改革與存量改革相結合，中國經濟體制改革的路徑是先農村后城市、先試驗后推廣，改革的核心是國有企業改革，改革的關鍵是價格改革」①。每一個階段改革的重點都要適應變化了的新情況。中國經濟體制改革經歷了從黨的十二大提出建立有計劃的商品經濟，到黨的十四大提出建立社會主義市場經濟體制的目標模式，以及十四屆三中全會提出建立社會主義市場經濟的基本框架，到十六屆三中全會提出完善社會主義市場經濟體制，到十七屆三中全會提出按照科學發展觀的要求完善社會主義市場經濟體制的發展過程，順利實現了由計劃經濟體制向社會主義市場經濟體制的轉型。

(7) 中國經濟發展理論。改革開放之初，鄧小平首先提出了發展是時代的主題，「發展才是硬道理」，以及中國經濟發展分三步走的戰略思想。

這一理論提出了中國經濟發展走「臺階式」的發展道路，提出要抓住機遇，加快發展，爭取隔幾年使國民經濟上一個新臺階。鄧小平說：「可能我們經濟發展規律還是波浪式前進。過幾年有一個飛躍，跳一個臺階，跳了以后，發現問題及時調整一下，再前進。」②

這一理論提出，社會主義的發展就是要把速度搞上去。鄧小平強調「貧窮不是社會主義，發展太慢也不是社會主義」③。他說：「中國能不能頂住霸權主義、強權政治的壓力，堅持我們的社會主義制度，關鍵就看能不能爭取較快的增長速度。」該理論提出經濟發展要服從「兩個大局」的思想。鄧小平提出，先發展東部地區后發展中西部地區，這是一個大局；當東部地區發展到一定程度的時候再發展中西部地區，這又是一個大局。20世紀末，當東部地區經濟發展到一定程度時，中共中央及時提出了實施西

---

① 蔣南平. 馬克思經濟學中國化的幾個問題 [J]. 江漢論壇, 2009 (4).
② 中共中央宣傳部. 鄧小平建設有中國特色社會主義理論學習綱要 [M]. 北京: 學習出版社, 1995.
③ 中共中央宣傳部. 鄧小平建設有中國特色社會主義理論學習綱要 [M]. 北京: 學習出版社, 1995.

部大開發的戰略思想。實施西部大開發，是保持中國經濟持續快速健康發展的重大戰略舉措。

這個理論提出了科學發展觀的核心是以人為本，基本要求是全面協調可持續，根本方法是統籌兼顧；提出了隨著經濟的發展，產業結構必須優化升級，逐步形成同社會生產力水平相適應的第一、二、三產業的合理結構；提出了地區結構必須優化，逐步縮小區域發展差距，實現基本公共服務均等化，引導生產要素跨區域合理流動；提出了堅持走中國特色新型工業化道路；提出了轉變經濟增長方式，促進經濟增長由主要依靠投資、出口拉動向依靠消費、投資、出口協調拉動轉變。

（8）中國社會主義新農村建設理論。中國社會主義新農村建設理論是對中國農村改革的總結和發展。這個理論提出了農業是國民經濟發展的基礎以及新時期解決「三農」問題的思想。這個理論提出了農業的改革和發展有兩個飛躍。「第一個飛躍是廢除人民公社，實行家庭聯產承包為主的責任制；第二個飛躍，就是發展集體經濟。」[1]

中國經濟體制改革是從農村改革開始的，首先是實行家庭聯產承包責任制，其次是取消農業稅，對農民實行糧食直補，提高農村居民生活水平，逐步縮小城鄉差距。這個理論提出了堅持工業反哺農業、城市支持農村和多予少取放活的方針，千方百計增加農民收入，保障農民權益，促進農村和諧。這一理論提出瞭解決城鄉二元結構造成的深層次矛盾，按照科學發展觀的要求，統籌城鄉發展，推進社會主義新農村建設。建設社會主義新農村的基本要求是：生產發展、生活寬裕、鄉風文明、村容整潔、管理民主。

這個理論提出，解決好農業、農村、農民問題，事關全面建設小康社會大局，是全黨工作的重中之重。提出了按照統籌城鄉發展要求切實加大「三農」投入力度，鞏固、完善、強化強農惠農政策，形成農業增效、農民增收的良性互動格局，探索建立城鄉一體化的體制機制。這個理論提出了「走中國特色農業現代化道路，建立以工促農、以城帶鄉長效機制」。提出了按照城鄉一體化發展的要求，完善各級行政管理機構和職能設置，逐步實現城鄉社會統籌管理和基本公共服務均等化。

---

[1] 中共中央宣傳部. 鄧小平建設有中國特色社會主義理論學習綱要 [M]. 北京：學習出版社，1995.

當然，上述理論只是當前形成的中國經濟學的一部分主要內容，中國經濟學的內容還在馬克思主義經濟學的中國化過程中不斷充實和發展。

三、馬克思主義經濟學在中國運用的實踐成果

改革開放以來，中國的社會主義經濟建設在馬克思主義經濟理論的指導下，在改革原有計劃經濟體制模式，吸收西方市場經濟理論中的合理內容，吸取蘇聯改革失敗教訓的基礎上，取得了舉世矚目的成就，即使在全世界受金融危機衝擊下的近些年，中國經濟仍然保持了9%以上的增長速度，出現了中國經濟增長的奇跡，形成了具有中國特色的市場經濟模式。

（一）改革開放以來，中國經濟發展保持了高速的年均增長速度，創造了中國經濟增長的奇跡

中國經濟增長的奇跡主要表現為中國經濟總量的持續增長，見表1。

表1　　　　1978—2011年中國經濟總量的增長情況

年份	GDP（億元）	人均GDP（元）	經濟增長率（%）
1978	3,645.2	381.2	11.7
1980	4,545.6	463.2	7.8
1985	9,016.0	857.8	13.5
1989	16,992.3	1,519.0	4.1
1990	18,667.8	1,644.5	3.8
1991	21,781.5	1,892.8	9.2
1992	26,923.4	2,311.0	14.2
1993	35,333.9	2,998.4	14.0
1994	48,197.9	4,044.0	13.1
1995	60,795.7	5,045.7	10.9
1996	71,176.6	5,845.9	10.0
1997	78,973.0	6,420.1	9.3
1998	84,402.3	6,796.0	7.8
1999	89,677.0	7,158.5	7.6

表1(續)

年份	GDP（億元）	人均 GDP（元）	經濟增長率（％）
2000	99,214.6	7,857.7	8.4
2001	109,655.2	8,621.7	8.3
2002	120,332.7	9,398.0	9.1
2003	135,822.8	10,542.0	10.0
2004	159,878.3	12,335.6	10.1
2005	183,084.8	14,040.0	10.4
2006	209,407.0	16,084.0	10.7
2007	246,619.0	18,665.0	11.4
2008	300,670.0	23,129.0	9.0
2009	335,353.0	25,796.0	9.0
2010	397,983.0	30,614.0	10.3
2011	471,564.0	36,274.0	9.2

［數據來源］根據國家統計局2007—2008年、2009年、2010年、2011年中國經濟統計年度公報數據整理而得。

1. 國民生產總值保持了持續增長的勢頭

從表1中可以看出，1978年以來，中國國內生產總值（GDP）總量保持了持續高速增長的勢頭。從1978年到2011年，中國GDP和人均GDP的增長每年都呈上升趨勢，中國GDP總量從1978年的3,645.2億元增長到了2011年的471,564億元，可見中國財富的增加是異常驚人的。從中國經濟增長的三個10年來看，第一個10年，經濟總量從1978年的3,645.2億元，增長到1989年的16,992.3億元；第二個10年，經濟總量從1989年的16,992.3億元，增長到1998年的84,402.3億元；第三個10年，由於增長基數的加大，經濟總量增長有所放緩，但也是顯著的，從1998年的84,402.3億元，增長到2008年的300,670.0億元。即使在世界金融危機衝擊下的近四年，中國經濟總量也從2008年的300,670億元增加到2011年的471,564億元。可見，中國國內生產總值GDP總量是持續保持高增長的，在世界上是獨一無二的。

事實上，中國經濟總量在2010年就超過了日本，躍居世界第二。「根據日本共同社2011年2月14日報導，日本內閣府2月14日公布的2010年

日本名義國內生產總值（GDP）換算成美元為 54,742 億美元，首次被中國趕超。后者為 58,786 億美元，日中相差 4,044 億美元。」[1] 這些事實表明，體現中國綜合國力的國內生產總值（GDP）總量在世界上是領先的。

2. 人均國內生產總值也同樣保持了持續增長的趨勢

從表 1 中可以看出，1978 年以來，中國人均國內生產總值（GDP）同樣保持了持續高速增長的勢頭。從 1978 年到 2011 年，中國人均 GDP 從 1978 年的 381.2 元增長到 2011 年的 36,274 元，可見中國人均 GDP 的增長速度是罕見的。在改革開放的 30 多年的經濟發展中，每一個 10 年，中國人均 GDP 都保持了高速增長。如第一個 10 年，中國人均 GDP 從 1978 年的 381.2 元，增長到 1989 年的 1,519.0 元；第二個 10 年，從 1989 年的 1,519.0 元，增長到 1998 年 6,796.0 元；第三個 10 年，從 1998 年的 6,796.0 元，增長到 2008 年的 23,129.0 元。即使金融危機爆發后的 2008 年以來的近四年，人均 GDP 仍從 2008 年的 23,129.0 元，增長到 2011 年的 36,274.0 元。可見，中國人均 GDP 在 34 年的經濟發展中都保持了高速增長。

3. 1978 年以來，中國經濟增長率持續保持高位運行

從表 1 中可以看出，改革開放 34 年來，中國經濟增長率始終保持在年均 9% 以上。只有在中國經濟發展的特殊年份，如治理整頓期間的 1989 年和 1990 年，經濟增長率分別為 4.1% 和 3.8%，1997 年亞洲金融危機爆發后的 1998—2001 年，中國經濟增長率連續四年在 9% 以下，如 1998 年為 7.8%，1999 年為 7.6%，2000 年為 8.4%，2001 年為 8.3%。即使在 2008 年世界金融危機爆發后，近四年中國經濟增長率仍保持在 9% 左右。這些事實表明，30 多年來，中國經濟增長的速度是保持持續高位推進的。

據統計，2010 年 GDP 相當於 1978 年的 20.57 倍。1978—2008 年 30 年間，中國在世界上可計算的 166 個國家中增長最快，平均增長率為 9.9%，比排名第二的新加坡高 3 個百分點，遠遠超過「世界 GDP 年均增長率 4.9%、人均 GDP 年均增長率 2.9%」[2] 的水平。事實證明，改革開放以來，把馬克思主義經濟學理論與中國實際相結合，我們取得了巨大的實踐性

---

[1] 北京大學中國國民經濟核算與經濟增長研究中心. 2011 中國經濟增長報告 [M]. 北京：中國發展出版社，2011.

[2] 胡鞍鋼，鄢一龍，魏星. 2030：中國邁向共同富裕 [M]. 北京：中國人民大學出版社，2011.

(二) 改革開放以來，中國人均可支配收入逐年提高，提前達到小康水平

1978—2011年人民生活水平得到較大改善，如表2所示，中國城鄉居民的生活水平已經擺脫了貧困，由溫飽階段達到小康階段，城市居民已經達到了較富裕階段。

表2　　　　1978—2011年中國人民生活水平的改善情況

年份	城鎮居民人均可支配收入（元）	農村居民人均可支配收入（元）	城鎮居民恩格爾系數（%）	農村居民恩格爾系數（%）
1978	343	133	57.5	67.7
1980	477	191	56.9	61.8
1985	739	397	53.3	57.8
1989	1,373	601	54.5	54.8
1990	1,510	686	54.2	58.8
1991	1,700	708	53.8	57.6
1992	2,026	784	53.1	57.6
1993	2,577	921	50.3	58.1
1994	3,496	1,221	50.0	58.9
1995	4,283	1,577	50.1	58.6
1996	4,838	1,926	48.8	56.3
1997	5,160	2,090	46.6	55.1
1998	5,425	2,162	44.7	53.4
1999	5,854	2,210	42.1	52.6
2000	6,280	2,253	39.4	49.1
2001	6,859	2,366	38.2	47.7
2002	7,702	2,475	37.1	46.2
2003	8,472	2,622	37.7	45.6
2004	9,421	2,936	36.7	47.2
2005	10,493	3,254	35.8	45.5

表2(續)

年份	城鎮居民人均可支配收入（元）	農村居民人均可支配收入（元）	城鎮居民恩格爾系數（%）	農村居民恩格爾系數（%）
2006	11,759	3,587	36.3	43.0
2007	13,786	4,140	37.9	43.1
2008	15,781	4,761	36.9	43.7
2009	17,175	5,153	36.5	41.0
2010	19,109	5,159		
2011	21,810	6,977		

［數據來源］根據《中國統計年鑑》(2007) 和 2011 年國民經濟和社會發展統計公報有關數據整理而得。

1. 1978 年以來，中國城鎮居民人均可支配收入保持高速增長

從表 2 中可以看出，中國城鎮居民人均可支配收入從 1978 年的 343 元增加到 2011 年的 21,810 元，這一增長速度是相當驚人的，說明城鎮居民在改革中真正得到了較大的實惠。改革開放后的第一個 10 年，城鎮居民人均可支配收入從 1978 年的 343 元，增長到 1989 年的 1,373 元；第二個 10 年，城鎮居民人均可支配收入從 1989 年的 1,373 元，增長到 1998 年的 5,425 元；第三個 10 年，城鎮居民人均可支配收入從 1998 年的 5,425 元，增長到 2007 年的 13,786 元。2008 年世界金融危機爆發后，城鎮居民人均可支配收入從 2008 年的 15,781 元，增加到 2011 年的 21,810 元。可見，30 多年的發展中，中國城鎮居民的生活水平得到了顯著的提高，34 年來，城鎮居民人均可支配收入增加了 62 倍多。

2. 1978 年以來，中國農村居民人均可支配收入同樣保持高速增長

從表 2 中可以看出，中國農村居民人均可支配收入從 1978 年的 133 元增加到 2011 年的 6,977 元，可見，這一增長速度同樣是相當驚人的。在 30 多年的發展中，第一個 10 年，農村居民人均可支配收入從 1978 年的 133 元，增加到 1989 年的 601 元；第二個 10 年，農村居民人均可支配收入從 1989 年的 601 元增加到 1998 年的 2,162 元；第三個 10 年，農村居民人均可支配收入從 1998 年的 2,162 元，增加到 2008 年的 4,140 元。2008 年世界金融危機爆發后，農村居民人均可支配收入從 2008 年的 4,761 元增加到 2011 年的 6,977 元。這說明了一個事實：中國農村居民在改革開放的過程

中也得到了較多的實惠，34 年來，農村居民人均可支配收入增加了 51 倍多。

3. 中國城鄉居民已經擺脫了貧困，開始奔向富裕的生活

從表 2 中還可以看出，中國城鎮居民的恩格爾系數，從 1978 年的 57.5%下降到 2009 年的 36.5%，表明城鎮居民生活水平從溫飽階段轉向較富裕階段。在這 30 年的發展中，第一個 10 年，城鎮居民的恩格爾系數從 1978 年的 57.5%降低到 1989 年的 54.5%，表明城鎮居民還處在溫飽階段；第二個 10 年，城鎮居民的恩格爾系數從 1989 年的 54.5%降低到 1998 年的 44.7%，表明城鎮居民處在小康階段；第三個 10 年，城鎮居民的恩格爾系數從 1998 年的 44.7%降低到 2007 年的 36.3%，表明城鎮居民已處於較富裕階段，同時也說明中國城鎮居民在 2007 年就已進入較富裕階段。

從農村居民的恩格爾系數來看，從 1978 年的 67.7%降低到 2009 年的 41.0%，表明農村居民生活水平從貧困階段進入了小康階段。在這 30 年的發展中，第一個 10 年，農村居民的恩格爾系數從 1978 年的 67.7%降低到 1989 年的 54.8%，表明改革的早期成果是解決了農村居民的溫飽問題；第二個 10 年，農村居民的恩格爾系數從 1989 年的 54.8%降低到 1998 年的 53.4%，表明農村居民還處在溫飽階段；第三個 10 年，農村居民的恩格爾系數從 1998 年的 53.4%，降低到 2007 年的 43.1%，2009 年降到 41%，表明農村居民在 21 世紀的頭 10 年就提前進入了小康階段。事實證明，中國經濟學在改善人民生活方面也取得了巨大的實踐成果。

(三) 改革開放以來，中國財政收入增加、國家經濟實力增強

中國的經濟體制改革，經歷了放權讓利、利改稅、財政「分竈吃飯」的發展過程。改革開放之初，國家鼓勵一部分人先富裕起來，政府的財政收入向個人傾斜，實行了「民富」的政策。隨著財政體制改革的不斷深入，國家的財政收入逐漸增加，財政在國家宏觀調控的經濟職能得到強化，財政所體現的國家利益得到加強，出現了社會主義市場經濟條件下的民富與國富同時並存的局面。尤其是從近 6 年的財政收入情況來看，國家的財政收入逐年提高，2011 年國家財政收入達到了 10 萬億元以上，創造了市場經濟模式下的中國經濟增長的奇跡。見表 3 所示。

表3　　2006—2012年中國公共財政收入及其增長速度

年份	公共財政收入（億元）	比上年增長速度（%）
2006	38,760	22.5
2007	51,322	32.4
2008	61,330	19.5
2009	68,518	11.7
2010	83,102	21.3
2011	103,740	24.8
2012	103,874	25

［數據來源］根據國家統計局《中國2012年國民經濟和社會發展統計公報》數據整理而得。

從表3中可以看出，2006年以來，國家財政收入有了較大的增長，從2006年的38,760億元增加到2012年的103,874億元，年均增長27.94%，為政府的公共開支奠定了重要的經濟基礎，為改善和保障民生起了重要的作用。從公共財政收入的實際增長率來看，除了世界金融危機爆發的2008年和2009年兩年以外，其他年份都在20%以上。正是有了國家財政的經濟保障，在面臨世界金融危機和四川汶川特大地震災難時，國家的宏觀調控才能及時和有效，確保了中國經濟的穩定增長。這些是世界上其他任何一個市場經濟國家都無法做到的。這有力地證明了中國化的馬克思主義經濟學取得了巨大的實踐成果。

（四）改革開放以來，中國利用外商直接投資規模增加，對外經濟實力增強

中國改革取得的一項重大成果就是充分利用國外資金來發展本國經濟，實現本國經濟的高速增長。從改革開放之初的1983年到2011年，中國利用外資的規模逐年增加的事實，證明了在改革開放的過程中，中國充分利用國外資源和國外市場發展外向型經濟理論的正確性。如表4所示。

從表4可以看出，中國改革開放30多年來，實際利用FDI規模逐年增長。1983年，中國實際利用外商投資規模（FDI）不到9.2億美元，2011年就達到了1,160.1億美元。這表明中國在實際利用FDI促進經濟增長方面做出了重要貢獻，同時也表明中國經濟增長中對外依存度較高。但在2008年世界金融危機爆發以後，受世界經濟的不利影響，實際利用FDI的

增長速度明顯下降,特別是 2009 年,實際利用 FDI 的增長速度下降了 6%。但如表 3 所示,2009 年中國財政收入比上年增長了 11.7%,國家通過宏觀經濟調控,向市場投放 4 萬億元的投資計劃刺激國內市場,確保了中國在全球金融危機中保持高速的經濟增長,創造了世界經濟增長的中國奇跡,有力地證明了中國化的馬克思主義經濟學取得了巨大的實踐成果。

表 4　　1983—2011 年度中國實際利用外商投資 (FDI) 的規模情況

年份	實際利用 FDI 總額 (億美元)	比上年實際增長率 (%)
1983	9.2	
1984	10	8.7
1986	20	100
1988	30	50
1991	40	33.33
1992	100	150
1993	200	100
1994	300	50
1996	400	33.33
2002	500	25.00
2004	600	20.00
2005	700	16.67
2007	800	14.29
2008	1,000	25
2009	940	-6.00
2010	1,057	12.45
2011	1,160.1	9.75

[數據來源] 根據:華民. 世界經濟研究報告 2010 [M]. 上海:復旦大學出版社,2011:74;以及國家統計局 2010 年、2011 年數據整理而得。

(五) 改革開放以來,中國的國際經濟地位快速提高

改革開放以來,馬克思主義經濟學中國化的過程,其實質就是使中國經濟從弱國經濟走向強國經濟的過程,就是逐步提高中國經濟的國際地位的過程,也就是中國經濟學在世界市場經濟體系中得到認可和證實的過程。尤其是近 6 年來國家外匯儲備的高速增長和中國對外直接投資的增長,充

分體現了中國在國際上的經濟地位得到了大幅度提高。如表 5 所示。

表 5　　　　　2006—2012 年年末中國外匯儲備及其增長速度

年份	總量（億美元）	比上年增長速度（%）
2006	10,663	30.2
2007	15,282	43.3
2008	19,460	27.3
2009	23,992	23.3
2010	28,473	18.7
2011	31,811	11.7
2012	33,116	4.1

［數據來源］國家統計局《中國 2011 年國民經濟和社會發展統計公報》。

　　從表 5 中可以看出，中國外匯儲備近 6 年來達到 3 萬多億美元，2012 年達到了 33,116 億美元。在全球金融危機爆發後，中國的高額外匯儲備向世界證明了中國經濟的實力，證實了中國化的馬克思主義經濟學取得的巨大實踐成果。由於中國國家財力的增強，即使在世界金融危機的不利影響下，中國通過實施更加開放的「走出去」的發展戰略，轉變經濟增長方式，中國對外直接投資迅速增長，占全球流出量的比重已「從 2002 年的 0.5% 增加至 2009 年的 4.4%，增長了 7 倍多，中國成為全球第五大對外直接投資國」[1]。這就在事實上證明了改革開放後形成的中國特色的市場經濟模式在實踐中取得了重大成果，並在國際上得到了認可。

四、理論運用模式的選擇：
蘇聯模式、西方模式、中國模式

　　中國改革開放以來對馬克思主義經濟學的運用，也是通過馬克思主義經濟學中國化來實現的。馬克思主義經濟學中國化，是指把馬克思主義經濟學基本原理與中國改革開放的具體實踐相結合，從而產生出具有中國特色的馬克思主義經濟學理論，並以此指導中國新形勢下經濟改革和社會主

---

[1] 胡鞍鋼，鄢一龍，魏星. 2030：中國邁向共同富裕 [M]. 北京：中國人民大學出版社，2011.

義實踐的過程。從馬克思主義方法論的角度來看，馬克思主義經濟學中國化的過程，也是馬克思主義經濟學從內容到形式與中國社會主義實踐相結合的過程。為了指導中國的改革開放，選擇何種理論運用模式，成為運用馬克思主義經濟學理論指導中國實踐的首要問題。而理論運用模式的正確選擇成了我們實行改革的重要保障，也成了馬克思主義經濟學中國化的一大貢獻。

（一）關於蘇聯模式的選擇

蘇聯模式即蘇聯時期的社會主義經濟理論運用模式，主要是指高度集中的計劃經濟體制。它包括在所有制方面實行單一的生產資料公有制（全民所有制、集體所有制）；在管理體制上，執行國家指令性計劃，實行以條條塊塊為主的中央各部管理體制；排斥市場機制（價值規律），從上至下發布行政指令；在經濟結構佈局上，過分強調優先發展重工業（尤其是軍事工業），不重視輕工業和農業的發展；在經濟發展方式上，實行粗放式發展。這種模式的特點主要表現在三個方面：一是否定商品貨幣關係和市場機制；二是建立在政治強人的威權與「唯意志論」基礎上；三是在經濟發展上忽視民生，極度偏重軍事工業和重工業，實行片面的「超趕戰略」。蘇聯模式長期被人們看成是傳統馬克思主義經濟理論運用模式。二戰結束後，蘇聯的計劃經濟模式逐漸演化為個人崇拜下的高度中央集權制模式。

20世紀80年代，以美國為主的西方自由市場經濟模式十分盛行，並向全球化發展，這對一些國家的計劃經濟模式產生強烈的衝擊，此時蘇聯和東歐國家的計劃經濟模式的弊端也更加暴露出來。計劃經濟模式的低效率使社會主義制度的優越性不能充分顯示，其生產力水平低下，於是社會主義各個國家開始嘗試市場化的改革。作為蘇聯領導人，戈爾巴喬夫以其《新思維》為主導思想，在意識形態領域大搞「公開性」，放棄馬克思主義經濟學理論，照抄照搬西方自由市場經濟模式，其結果是導致蘇聯解體，宣告了蘇聯模式的失敗。

在改革開放前，中國儘管根據自己的國情，運用馬克思主義經濟理論，成功地實現了「一化三改造」，建立了自身特色的經濟制度，但主體上仍借鑑了蘇聯模式，實行高度集中的計劃經濟管理體制。實踐證明，這種模式同樣嚴重阻礙了中國社會生產力的發展。黨的十一屆三中全會以後，中國對蘇聯模式進行了反思，既充分肯定了這種模式為新中國成立初期國民經

濟的發展奠定了物質技術基礎的事實，但同時又指出這種模式在中國社會主義初級階段，越來越不適應現代化生產發展的要求，束縛了生產力的發展的弊端，強調應當放棄蘇聯模式。正如鄧小平指出的那樣：「我們以前是學蘇聯的，搞計劃經濟。后來又講計劃經濟為主，現在不要再講這個了。」①

（二）關於西方模式的選擇

社會主義條件下搞市場經濟，在世界上是沒有先例可循的。所以借鑑西方經驗，在中國搞市場經濟，「這是一個偉大的實驗和艱辛的創造，西方模式中許多有規律性的東西我們還不熟悉」②。選擇怎樣的西方模式，也是理論及實踐中的重大問題。在20世紀80年代，對世界經濟影響較大的西方模式有兩種，即英美模式和德國模式。

以美國為代表的英美模式，即自由市場模式，是里根總統和撒切爾夫人實行新保守主義革命后很快發展起來的經濟模式。這種模式的理論基礎是以米爾頓·弗里德曼為基礎的供給學派。這個學派主張減少稅收負擔、放松管制和實行私有化。這種模式鼓勵以市場需求為前提的產品研發和專利創新；要求資本運作的社會化程度高；這是一種徵服或掠奪性的資本主義模式。20世紀80年代，這種模式風行全球，推動了經濟全球化的進程。這種模式持續發展了20年后，其弱點和不足逐漸暴露出來，最終導致了2008年由美國開始的世界性經濟危機，危機的爆發使資本主義較為穩定的社會產生了不安全感，社會各階層的衝突頻仍。如2010年發生在英國的「倫敦騷亂」和美國的「占領華爾街」運動等。中國為了國家安全和社會的穩定，不可能全盤照搬這一模式。

另一種西方模式是以德國為代表的德國模式，又稱社會市場模式或萊茵模式。這種模式奉行以私有制為前提的市場經濟和自由競爭原則，在政府和企業的關係上，非常重視中小企業的發展。政府規定壟斷企業所從事的行業為農業、信貸、保險、運輸、市政等行業，政府運用經濟槓桿調節

---

① 中共中央文獻研究室. 鄧小平年譜（一九七五——一九九七）（下）[M]. 北京：中央文獻出版社，2004.

② 中共中央文獻研究室. 江澤民論有中國特色社會主義（專題摘編）[M]. 北京：中央文獻出版社，2002.

市場的競爭。這種模式的重要特徵之一，就是在私有制企業裡，要求員工與企業的利益高度一致。企業員工與企業主共同決策，企業主關心員工的生活，使員工對企業產生強烈的歸屬感，甚至願意終身受雇。同時這種模式也使銀行成為企業穩定的股東，銀行和企業形成利益共同體，使企業管理更加安全和有效。但是，在全球金融危機中，歐洲主權債務危機嚴重，日本自泡沫經濟破滅到 2011 年遇到福島地震、海嘯和核泄漏，使其經濟陷入困境而難以自拔，宣告了這種模式的破產。事實證明，目前沒有哪一種西方模式能消除西方國家固有的基本矛盾。

顯然，我們搞市場經濟，「不能照抄照搬西方資本主義市場經濟模式，而應在總結我們搞計劃經濟的經驗與教訓和借鑑西方國家搞市場經濟的有益經驗的基礎上，通過實踐、認識、再實踐、再認識，開拓一條發展中國社會主義市場經濟的正確道路」①，根據新的理論建立一種新的市場模式。

(三) 關於中國經濟理論運用模式

既然我們無法照搬蘇聯模式及西方模式，則我們在理論與實踐上就只有走自己的路，形成中國經濟理論或實踐中的中國市場經濟模式。中國市場經濟模式既非蘇聯計劃模式，也非純粹的西方市場模式；既非西方自由市場模式，也非西方社會市場模式，它只能是中國特色的社會主義市場經濟理論與實踐模式。這種模式形成的理論基礎是馬克思主義經濟學中國化的最新成果——中國特色社會主義理論體系，這種模式產生的實踐基礎是改革開放 30 年的市場化改革實踐。

在中國模式中，我們首先確立了中國經濟改革的目標模式。中國經濟改革目標模式的形成過程，實際上就是正確認識和處理計劃與市場關係的過程。在這個過程中，我們逐步擺脫了計劃與市場不相容的傳統觀念，經歷了「計劃經濟為主，市場經濟為輔」→「公有制基礎上的有計劃商品經濟」→「計劃與市場內在統一的體制」→「計劃經濟與市場調節相結合的經濟體制和運行機制」的理論探索過程。1992 年鄧小平「南方談話」突破了社會主義制度下不可以搞市場經濟的思想束縛。他說：「計劃多一點還是市場多一點，不是社會主義與資本主義的本質區別。計劃經濟不等於社會

---

① 中共中央文獻研究室. 江澤民論有中國特色社會主義（專題摘編）[M]. 北京：中央文獻出版社，2002.

主義，資本主義也有計劃；市場經濟不等於資本主義，社會主義也有市場。計劃和市場都是經濟手段。社會主義的本質，是解放生產力，發展生產力，消滅剝削，消除兩極分化，最終達到共同富裕。」① 這個精闢論斷，為中國社會主義市場化改革目標模式的建立奠定了理論基礎。根據鄧小平關於社會主義可以搞市場經濟的一系列論述，江澤民當時在中央黨校的講話中，主張把「社會主義市場經濟體制」作為中國要建立的新的經濟體制的方向，黨的十四大明確確定把建立社會主義市場經濟體製作為經濟體制改革的目標，黨的十四屆三中全會通過的《中共中央關於建立社會主義市場經濟體制若干問題的決定》，進一步勾畫了建立社會主義經濟體制的藍圖和基本框架，這個基本框架標誌著中國經濟模式開始建立。

黨的十四屆三中全會通過的決定將中國社會主義市場經濟理論模式的內容概括為六個方面，江澤民在《江澤民論有中國特色社會主義》一書中，對中國社會主義市場經濟理論模式的六個方面內容做了進一步的闡述。這就是：①在公有制為主體、多種經濟成分共同發展的方針指導下，建立適應社會主義市場經濟要求的現代企業制度；②形成全國統一開放的市場體系，促進資源的優化配置；③轉變政府管理經濟的職能，建立以間接手段為主的完善的宏觀調控體系；④建立以按勞分配為主體、多種分配方式並存，效率優先、兼顧公平的收入分配制度，鼓勵一部分地區一部分人先富起來，最終實現全體人民的共同富裕；⑤建立多層次的社會保障制度，為城鄉居民提供同中國國情相適應的社會保障，促進經濟發展和社會穩定；⑥建立和完善相應的法律體系。

關於中國社會主義市場經濟理論模式具有的基本特徵，我們認為體現在以下幾個方面：

第一，中國模式的形成具有革命性和科學性。中國市場模式的形成過程，是在馬克思主義科學理論指導下，經過實踐、認識、再實踐、再認識的不斷發展的認識過程。就是說，中國市場模式是在馬克思主義理論指導下產生的新的理論成果。因為馬克思主義理論是科學的理論，因此中國化的馬克思主義經濟學理論就具有科學性，因而中國模式的形成也具有科學性。中國化的馬克思主義經濟學是在中國的改革開放中產生和形成的。在中國化的馬克思主義經濟學指導下，中國市場模式也是在改革原有的計劃

---

① 鄧小平文選：第3卷 [M]. 北京：人民出版社，1993.

模式中形成的。這是一項嶄新的事業。美國前國務卿亨利·基辛格來訪時曾對鄧小平說:「像中國這樣大規模的改革是任何人都沒有嘗試過的,世界上還沒有別的國家嘗試過把計劃經濟和市場經濟結合起來。這是一個有歷史意義的事件,因為你們的嘗試是一個全新的實驗。如果你們成功了,就將從哲學上同時向計劃經濟國家和市場經濟國家提出問題。」[1] 當前中國已向世界提出了問題,這個問題就是:為什麼世界上只有中國能把計劃和市場結合起來?對這個問題最有說服力的回答,就是中國進行的30多年的自我改革取得的理論成果和實踐成果,為世界提供了一個更有效率更能取得更大經濟成果的經濟發展模式。在這30多年的實踐中,中國完成了經濟體制上的一場深刻的革命,實現了社會主義制度的自我完善和發展。正如鄧小平所說,「改革也是一場革命」。因此,從這個意義來說,中國模式具有革命性。

第二,中國模式的形成具有原則性和靈活性。由於中國共產黨領導的中國特色社會主義建設,始終堅持「一切從實際出發,實事求是」的思想路線和基本原則,所以走中國特色的經濟改革之路,是歷史的必然選擇,除此之外,沒有別的出路。在20世紀80年代初,在堅持公有制經濟不變的前提下,採取「摸著石頭過河」的改革方式,放棄蘇聯模式,允許部分私有制經濟作為公有制的補充,開放市場,引進自由競爭機制,打破地區平衡,在公有制以外發展私有制。如改革開放初期,東南沿海地區的非公有經濟發展較快,並取得了較好的市場效果。據統計,「在1994年的工業總產值中,國有經濟為30.26%,非國有經濟為69.74%,在非國有經濟中,集體經濟占全部工業總產值的比重為33.72%,個體經濟占12.28%,股份制經濟占5.84%,外商和港澳臺經濟占17.9%」。這種30%和70%的比重說明,在東南沿海地區,非公有經濟已佔有相當地位。於是,當有人擔心非公有制經濟的過快發展會影響到公有制的主體地位時,鄧小平提出了經濟體制改革必須堅持社會主義根本原則的思想。他說:「我們允許個體經濟發展,還允許中外合資經營和外資獨營的企業發展,但始終以社會主義公有制為主體。社會主義的目的就是要全國人民共同富裕,不是兩極分化。如果我們的政策導致兩極分化,我們就是失敗了。如果產生了什麼新的資

---

[1] 中共中央文獻研究室. 鄧小平年譜 (一九七五—一九九七) (下) [M]. 北京: 中央文獻出版社, 2004.

產階級，那我們就真是走了邪路了。總之，一個公有制占主體，一個共同富裕，這是我們所必須堅持的社會主義根本原則。」① 正是這個原則體現了中國模式所具有的原則性，以及在社會主義體制外發展私有制的靈活性。

第三，中國模式的形成具有開創性和特色性。在世界經濟發展史上，20世紀80年代以來，最大的難題是社會主義與市場經濟能否相容的問題，也就是計劃和市場在社會主義國家中能否實現「結合」的問題。按照傳統的認識，社會主義與市場經濟是矛盾的，要解決這一矛盾，就必須突破認識上的「姓社」「姓資」的思想禁區，找準市場經濟與社會主義制度的結合點。正如江澤民指出的那樣：「西方市場經濟符合社會化大生產、符合市場一般規律的東西，毫無疑問，我們要積極學習和借鑑，這是共同點；但西方市場經濟是在資本主義制度下搞的，我們的市場經濟是在社會主義制度下搞的，這是不同點，而我們的創造性和特色也就體現在這裡。」② 可見，找到西方市場經濟和社會主義制度的共同點是一項具有創造性的工作。從這個意義而言，中國市場模式具有創造性和特色性。

第四，中國模式的形成具有民族性。在改革開放30多年的實踐中，鄧小平以政治家的膽識和勇氣，解放思想，實事求是，大膽改革和創新。他繼承了中華民族傳統的價值觀，盡量避免走極端，既沒有全盤肯定蘇聯模式，也沒有全盤肯定西方市場模式，而是在實事求是的基礎上，把社會主義和市場經濟結合起來，使中國經濟持續了30多年的快速增長。這種「不走極端」的思想，既堅持了馬克思主義矛盾同一性的原理，又繼承了中華民族的傳統價值觀。在建設和完善有中國特色的市場經濟模式的過程中，胡錦濤又繼承中華優秀文化，大膽開拓創新，提出了在科學發展的基礎上，構建和諧社會的思想，進一步推動了馬克思主義經濟學中國化的進程。可見，中華民族的包容、求同，尤其是社會主義制度對市場經濟的包容、求同的品格，是世界上的許多國家所不具備的。中華民族做到了把社會主義與市場經濟結合起來，形成具有獨立的民族風格的中國模式。對於中華民族在改革開放中體現的一以貫之的大智慧及創新精神，鄧小平早就給予了

---

① 中共中央文獻研究室. 鄧小平年譜（一九七五——一九九七）（下）[M]. 北京：中央文獻出版社，2004.

② 中共中央文獻研究室. 江澤民論有中國特色社會主義（專題摘編）[M]. 北京：中央文獻出版社，2002.

肯定，認為「中華民族不是低能的民族，這一點是肯定的」[①]。從這個意義來說，中國模式的形成體現了中華民族的民族性。

第五，中國模式具有宏觀調控的主導性和有效性。中國建立的社會主義市場經濟理論模式，就是要使市場在社會主義國家宏觀調控下對資源配置起基礎性作用，中共十八屆三中全會又提出讓市場經濟起決定性作用，就是說，在國家宏觀調控下發揮市場機制的作用。當市場機制失靈時，政府會及時和有效地進行調控。目前，世界上在搞市場經濟的國家中，沒有哪一個國家的市場經濟是不受政府干預和調控的。「自從凱恩斯主義產生以後，在西方發達國家就根本不存在什麼完全自由的市場經濟。」[②] 在中國市場模式下的宏觀調控之所以及時和有效，是因為中國的市場經濟從一開始，就是在國家宏觀調控下運行的。從這個意義上說，政府對市場經濟的調控是可控的、易控的、能控的，因而具有政府主導性的特點，且這種調控在國家遇到重大突發事件和經濟危機時，效果是明顯有效的，因而中國模式的形成又具有有效性。例如，1997年東南亞經濟危機爆發時，中國提出實施積極的財政政策和寬鬆的貨幣政策，將出口轉內銷，擴大內需，保持人民幣不貶值，成功應對了東南亞經濟危機，並在一定程度上維護了亞洲乃至世界的金融秩序穩定；2008年下半年開始的由美國次貸危機引發的金融危機波及全球，當時的中國政府又面對四川汶川特大地震災難，在抗震救災的三年中，通過宏觀調控這一主要經濟手段，提出了十大經濟政策，使中國沉著應對了這次金融危機並且給世界經濟發展樹立了信心。可見，中國模式具有宏觀調控的主導性和有效性。

第六，中國模式具有特殊性和普遍性。從內容上來看，中國社會主義市場經濟模式包括國家投資在內的混合所有制模式、多種分配模式、宏觀調控模式和經濟發展模式，具有世界上獨一無二的中國特色，因而具有特殊性。這種特殊性、個別性的中國市場模式包含在世界上其他國家市場模式的普遍性、共性之中，如中國市場模式中既包含了英美模式中的競爭機制，又包含了萊茵模式中的社會調節機制，還包含了私有制下靈活的市場

[①] 中共中央文獻研究室. 鄧小平年譜（一九七五——一九九七）（下）[M]. 北京：中央文獻出版社，2004.

[②] 中共中央文獻研究室. 江澤民論有中國特色社會主義（專題摘編）[M]. 北京：中央文獻出版社，2002.

運行機制,以及市場失靈狀態下的國家干預機制。但是,雖然中國的市場模式含有上述市場模式的因素,却絕不是簡單的「拿來」和組合。根據馬克思主義辯證統一關係的原理,我們認為,中國市場模式包含在所有市場經濟國家的模式之中,是世界經濟模式的普遍性之中的特殊性表現。當前在全球經濟危機中,各個國家經濟復甦乏力,中國經濟却沉著應對了危機,並保持了較快的增長速度,顯示出了中國市場模式對世界的普遍性,因而具有普遍性的特徵。中國模式帶動了全球經濟復甦,為世界經濟發展樹立了榜樣,提供了一條新路。

五、成功的經驗:基於計劃經濟時期的正確反思

綜上所述,改革開放以后,我們把馬克思主義經濟學理論運用到經濟體制改革的實踐中,取得了理論上和實踐上的成果。在實踐中產生的中國化的馬克思主義經濟學,作為經濟改革的指導思想,具體指導了經濟體制改革各個方面的實踐,其實踐成果已經從國內生產總值(GDP)、人均國內GDP、人均收入、恩格爾系數、公共財政收入、利用外商直接投資規模、中國直接對外投資規模、國家外匯儲備的經濟指標的統計分析中得到了證實。事實充分說明,改革開放30多年來,中國把馬克思主義經濟學理論與中國社會主義初級階段的實際相結合,在社會主義制度內,在國家政治穩定的前提下,實行市場化改革,在改革的過程中產生了中國化的馬克思主義經濟學,即中國特色的社會主義經濟學,其核心是建立了社會主義經濟理論,在社會主義經濟理論的指導下,進行了改革開放的新的實踐,並取得了豐碩的實踐成果。而在此過程中,中國經濟學的理論內容又不斷得到豐富,從而不斷地創新及發展馬克思主義的經濟學。總之,中國改革開放以來對馬克思主義經濟學運用的經驗表明,必須認清中國的國情,根據中國的實際情況,在堅持馬克思主義經濟學基本內容的基礎上,借鑑而不照搬西方理論,形成中國化的馬克思主義經濟學,用以指導中國改革開放,並在改革開放的實踐中進一步豐富中國經濟學內容,從而發展馬克思主義經濟學。這是在當代中國運用馬克思主義經濟學的一條必由之路。

我們之所以能取得改革開放以來的成功,筆者認為主要是因為我們對計劃經濟時期我們運用馬克思主義經濟學原理於中國的經驗與教訓進行了正確的反思。

(一) 反思一：中國當前已經進入社會主義時期了嗎？

綜觀中國革命的歷史，可以發現，從 1921 年中國共產黨成立以來，乃至在此之前進行的馬克思主義經濟學的早期探索，都有一個明確的指向，即是要在中國建成社會主義，進而實現共產主義的目標。因此，從中國共產黨成立到中華人民共和國成立的幾十年中，革命志士艱苦奮鬥，流血犧牲，都是為著這樣的目標和理想。奪取了國家政權之後，確立了在中國要搞社會主義制度，這個制度是包括政治制度、經濟制度、文化教育制度、軍事外交制度等在內的一個制度系統。但是「要搞社會主義制度」儘管與「建設社會主義制度」是同義語，然而決不能等同於「進入了社會主義」或「建成了社會主義制度」，也不是「確立了社會主義制度」。馬克思主義基本原理告訴我們，社會主義經濟建設的成功，是主觀條件與客觀條件很好結合的結果，對主觀條件或客觀條件認識不足或結合得不好，必然招致失敗。我們長期致力於實現社會主義或共產主義，並為之奮鬥不息，這使我們在新中國成立之後從事經濟建設具有了很好的主觀條件，而使社會主義經濟建設能取得成功的客觀條件就是中國現有的生產力及生產關係。

新中國成立初期，我們對中國現實情況（包括生產力與生產關係）的認識，很大程度上受到蘇聯《政治經濟學教科書》的影響，但在 20 世紀 50 年代，也有不少學者就做過一些反思。毛澤東在認真研究了斯大林《蘇聯社會主義經濟問題》以及蘇聯《政治經濟學教科書》之後，相繼發表了一系列著作，如《論十大關係》《正確處理人民內部矛盾》等，除了認為必須正確認識中國的實際情況，處理好經濟建設中人與人之間特別是人民內部矛盾之外，還必須正確認識和處理農業、重工業、輕工業之間，中央與地方之間，各地方與企業之間，內地與沿海經濟發展之間的關係，並提出不同於蘇聯模式與蘇聯理論的「走自己的路」，實現馬克思主義與中國實際的第二次結合的思想。這些思想無疑具有真理性。但我們在具體認識中國實際客觀條件的過程中產生了一些偏差。這種偏差的最終原因是忽視了社會主義發展的階段性問題。事實上，馬克思主義創始人馬克思、恩格斯早就認為社會主義社會不是在無產階級推翻資產階級的統治之後就可以立即建立起來的，而是要經歷一個較為長期的過程。「在資本主義社會和共產主義社會之間，有一個從前者變為后者的革命轉變時期，同這個時期相適

應的也有一個政治上的過渡時期,這個時期的國家只能是無產階級的革命專政。」① 這就是說,無產階級在推翻了資產階級的國家政權,建立了無產階級專政的國家之後,仍然存在階級和階級鬥爭。但這裡有兩個問題需要解決:一是這個過渡期在什麼條件實現后結束,這些條件的具體內容是什麼;二是這個過渡期的經濟內容及經濟特徵是什麼。可惜馬克思沒有來得及論述。要注意的是,馬克思及恩格斯的著作中,儘管往往將「社會主義」與「共產主義」作為同義語,但是他們十分注意社會主義或共產主義的發展過程及發展的階段,例如,馬克思在《哥達綱領批判》中指出了共產主義低級階段或第一階段的特徵:一方面,「它在各方面,在經濟、道德和精神方面都還帶著它脫胎出來的那個舊社會的痕跡」②,但這個階段已經是「集體的、以共同佔有生產資料為基礎的社會」,因為除了自己的勞動,誰都不能提供其他任何東西;另一方面,「除了個人的消費資料,沒有任何東西可以成為個人的財產」。而在個人消費資料的分配方面,則是在社會做了各項扣除之後,由每個勞動者「從社會儲存中領得和他們所提供的勞動量相當的一份消費資料」③,即人們通常所說的按勞分配。因此,從馬克思、恩格斯的理論來看,馬克思是把無產階級奪取國家政權之後的歷史階段劃分為過渡時期、共產主義第一階段即低級階段、共產主義的高級階段三個階段的。而列寧在馬克思、恩格斯之后,對無產階級奪取國家政權之後的歷史階段又做了進一步的劃分及論述。「人類從資本主義只能直接過渡到社會主義,即過渡到生產資料公有和按勞分配。我們黨看得遙遠些,社會主義必然會漸漸成長為共產主義,而在共產主義的旗幟上寫的是:各盡所能,按需分配。」④ 列寧在這裡把共產主義的低級階段明確稱之為社會主義,把共產主義的高級階段稱之為共產主義。列寧在另一著作中,更是明確地把無產階級奪取國家政權之後的歷史時期劃分為「從資本主義向共產主義過渡」「共產主義社會的第一階段」「共產主義社會的高級階段」,認為「在資本主義向共產主義過渡的時候鎮壓還是必要的,但已經是被剝削者多數

---

① 馬克思. 哥達綱領批判 [M] //馬克思恩格斯選集:第3卷. 北京:人民出版社,1972.
② 馬克思. 哥達綱領批判 [M] //馬克思恩格斯選集:第3卷. 北京:人民出版社,1972.
③ 馬克思. 哥達綱領批判 [M] //馬克思恩格斯選集:第3卷. 北京:人民出版社,1972.
④ 列寧. 無產階級在中國革命中的任務 [M] //列寧選集:第3卷. 北京:人民出版社,1973.

對剝削者少數的鎮壓」①。而在共產主義的第一階段,「國家正在消亡,因為資本家已經沒有了,階級已經沒有了,因而也就沒有什麼階級可以鎮壓了」②。這一時期的社會基本特徵,列寧認為主要有:生產資料歸全社會所有;個人消費品實行按勞分配;消滅了階級和階級剝削;國家的鎮壓職能已經消失,但國家還沒有消亡,其職能是保證社會其他職能如按勞分配職能的實施等。列寧的這些思想,對馬克思主義經濟學中國化的探索產生了巨大影響。然而,在我們的理論和實踐探索中,如何認識我們在建立新中國之後的歷史時期的發展過程,如何劃分社會主義的歷史時期,如何確定不同的中國社會主義發展的歷史時期,都是這一階段馬克思主義經濟學中國化的重大課題。比較有代表性的劃分是將其劃分為「從資本主義到社會主義的過渡時期」「不發達的社會主義時期」「發達的社會主義時期」「共產主義時期」,但即使這樣劃分,不少學者也認為還有進一步研究的地方。但不論如何,至少說明了在中國,如何正確認識中國的客觀實際已受到廣泛關注。

  如何認識新中國成立之後社會主義發展的階段性,將直接影響中國的經濟建設,影響馬克思主義經濟學中國化的理論與實踐探索的進程。認識這一段時期中國的實際客觀國情,應從兩個方面來考慮:其一是這一時期的中國生產力的狀況;其二是中國在這一時期的生產關係的狀況。對這兩個方面認識清楚之後,才能認識到我們處於什麼樣的社會主義歷史時期,也才能考慮通過何種手段及途徑使生產關係適應現有的生產力,從而推動中國社會主義經濟社會的發展。

  首先,在認識中國當時的生產力狀況方面,我們最初是比較清醒的。從統計數據來看,新中國剛成立時,國民經濟基本上已被破壞。農業部門沿用小農經濟方式,產量低,質量差,效率十分低下;工業方面,從19世紀60年代清朝政府興辦軍事工業算起,近100年的時間,只累積了100多億元的工業固定資產;商業方面,除了一些傳統落后的小商業之外,基本上沒有現代商業。為此,我們進行了三年國民經濟的恢復和第一個五年計劃的實施,這為新中國經濟建設提供了進一步發展生產力的基礎,然而在如何認識我們具有的這個基礎方面卻產生了偏差。例如,沒有認識到當時

---

① 列寧. 國家與革命 [M] //列寧選集:第3卷. 北京:人民出版社,1973.
② 列寧. 國家與革命 [M] //列寧選集:第3卷. 北京:人民出版社,1973.

中國人口多，底子薄，人均資源少、技術裝備力量差，難以承受單一結構的資源消耗，必須要走逐步累積、逐步發展、和諧發展的道路。於是「大煉鋼鐵」「迅速地趕英超美」的「大躍進」就發生了，加上天災人禍，中國經濟建設在 1958—1963 年間受到重大損失，並帶來生態資源破壞等一系列嚴重問題。1958—1962 年，中國工業增長平均每年僅遞增 3.8%。1961 年比 1960 年下降 38.2%，1962 年比 1961 年下降 16.6%。工業內部比例也嚴重失調，1960 年輕重工業的比例為 33.3∶66.7，以至於人民生活必需品嚴重短缺。

從經濟效益來看，1957—1962 年，中國每百元固定資產（原值）實現的利潤由 23.8 元降為 8.9 元，下降幅度高達 62.6%；每百元固定資產（原值）實現的產值由 139 元降為 71 元，下降幅度為 48.9%。但資金卻大量被積壓，難以週轉。如中國在 1962 年每百元產值占用的流動資金達到了 38.7 元，比 1957 年的 19.4 元高出近 1 倍。當然，在「文化大革命」期間，中國國民經濟「瀕於崩潰的邊緣」。例如，1967 年和 1968 年，工業生產連續下降，且整個「文化大革命」時期，能源消耗浪費驚人，經濟效益方面，截至 1976 年年底，每百元固定資產（原值）實現的利潤為 12.1 元；每百元資金實現的利潤稅金僅為 19.3 元；每百元工業產值實現的利潤僅為 12.6 元，分別比 1965 年下降 42.1%、35.2%、40.8%。此外，企業虧損占全民獨立核算企業的 31.5%，虧損金額高達 76.9 億元。[1]

其次，在認識這一階段中國的生產關係方面，也存在很大偏差。新中國成立初期，我們認識到中國還沒有進入到社會主義社會，還處於新民主主義的階段，因而新民主主義革命的任務還沒有完成。新民主主義革命的一個重要任務，除了奪取全國政權之外，就是建立社會主義的生產關係。這個認識在當時是正確的。僅以工業經濟形式為例，1949 年在工業總產值的比例中，國營工業占 26.2%，公私合營工業占 1.6%，合作社營工業占 0.5%，私營工業占 48.7%，個體手工業占 23%。經過三年國民經濟的恢復期，國營工業比重上升為 41.5%，公私合營工業比重上升為 4.0%，合作社營工業比重上升為 3.3%，私營工業比重下降為 30.6%，個體手工業比重下降為 20.6%。這一段時期，中國以公有制為主體的多種經濟成分的共同存在的生產關係，已經形成。這段時期，生產關係是符合當時生產力水平的，

---

[1] 根據歷年《中國統計年鑒》及國家統計局官方網站數據計算整理。

因此，當時中國生產力發展處於一個很好的時期。這已被國民經濟恢復時期以及「一五時期」的經濟建設的成就證明。然而，這時我們未能解決怎樣讓適當的生產關係在適合生產力的發展水平上保持生產力最大發展的問題，主觀認為生產關係的變動越快，或者說越是盡快建立完全的社會主義生產關係，越能促進社會生產力的發展。因此，從1953年開始至1956年，我們迅速完成了工業化體系及對農業、手工業及資本主義工商業的社會主義改造，公有制關係幾乎占絕大部分，特別是1966年之後，取消了「定息」，在形式上也不再保留「公私合營」這種混合所有制的生產關係，公有制生產關係幾乎100%確立。但是，基於對快速改變生產關係以求「跑步進入社會主義」的認識所形成的公有制生產關係，的確達到了馬克思、恩格斯、列寧所描述的社會主義生產關係的特徵，但這種先進的生產關係對當時中國的生產力發展的促進效果，如果我們用1957—1976年的經濟數據來衡量，真正會使人產生困惑：先進的社會主義公有制生產關係，沒能促進當時的生產力的迅速發展。如果用經濟發展的數據指標來衡量，其數量指標及質量效益指標均比1949—1956年的情況低很多。可能有人會說，這是由於「三年自然災害」「蘇聯片面撤走專家」「文化大革命發生」造成的，而1963年前後及1977年我們對國民經濟進行結構調整，不是使中國的國民經濟開始好轉嗎？這些調整在當時的確起到了積極作用，但這些調整的作用是極為有限的。

第一，它只對社會經濟資源進行調整，在一定程度達到組合優化，但這種優化的結果是局部的，無法對社會生產力的整體狀況產生作用。第二，這種調整只是部分產業的經濟組織結構調整，不是從根本上優化生產關係。第三，「自然災害」「蘇聯專家撤離」只是影響中國整體生產力發展的外因，即使在這樣的情況下，我們也能使原子彈爆炸、衛星上天，但總體生產力水平十分低下，也說明了它們的影響作用是有限的。第四，「文化大革命」結束之後，我們經過調整，情況有些好轉，但實際上仍然無法改變整體社會生產力低下、勞動生產率不高的局面，以至於不得不改革。因此，這一時期中國經濟的發展與生產關係仍需要進一步調整。

單一的生產關係，片面追求「一大二公」的社會主義生產關係，難以適合當時中國落後的生產力。對生產關係的片面認識，也導致諸多問題的出現。例如，由於對生產關係的認識不同，形成對不同社會階段的社會矛盾的認識不同，從而處理這些矛盾的方法也會不同，從而推進經濟社會發

展的動力大小也會不同。毛澤東同志曾指出:「社會主義生產關係已經建立起來,它是和生產力的發展相適應的;但是它又還很不完善,這些不完善的方面和生產力的發展也是相矛盾的。除了生產關係和生產力發展的這種又相適應又相矛盾的情況以外,還有上層建築和經濟基礎的又相適應又相矛盾的情況。」① 為此,在當時社會主義生產關係條件下,處理社會矛盾的方法手段又將是不相同的。所以毛澤東又認為:「社會主義社會的矛盾同舊社會的矛盾,例如同資本主義社會的矛盾,是根本不同的……它不是對抗性的矛盾,它可以經過社會主義制度本身,不斷地得到解決。」② 從毛澤東的論述中我們可以看出,新中國成立之後,我們要建立一種社會主義生產關係的主觀願望是一以貫之並予以實現的,只是「社會主義生產關係已經確立」,「但還很不完善」。實際上,這種社會主義生產關係,並不是達到成熟的或是發達的社會主義階段的生產關係。正因為如此,這種生產關係還要逐步地不斷完善及發展,而這種完善及發展,是由生產力水平來決定的。當現實社會的生產力水平還並不要求改變現存的生產關係時,就說明現存的生產關係還是合理的,還有容納生產力發展的巨大空間。而在這個時候,人為地通過行政力量強制改變生產關係,反而會阻礙生產力向前發展。我們認為,實際上我們當時把經過國民經濟恢復時期前後的生產關係看成非社會主義生產關係,沒有顧及當時公有制經濟(包括混合所有制經濟中的公有制成分)已占主體和主導地位的國情,沒有顧及當時的生產關係已經適合生產力的發展水平,並還有容納生產力發展的巨大空間的實際國情。因此,迫切地希望建立一種純粹的社會主義生產關係,認為這樣的生產關係才能將社會生產力提高到更高的水平。這客觀上違背了馬克思主義經濟學「生產關係一定要適合生產力發展水平」的原理,在認識根源上忽視了社會主義社會或共產主義社會發展的階段性,企圖「畢其功於一役」,急於建成成熟的社會主義或甚至認為經過「一化三改造」,我們就處於成熟的社會主義時期了。顯然這種看法在理論上說不通,在實踐上也行不通。當然,這也是探索中難以避免的,它為人們以後避免發生類似失誤

---

① 毛澤東. 關於正確處理人民內部矛盾的問題 [M] //毛澤東選集:第5卷. 北京:人民出版社,1977.

② 毛澤東. 關於正確處理人民內部矛盾的問題 [M] //毛澤東選集:第5卷. 北京:人民出版社,1977.

提供了借鑑和經驗。

馬克思主義經濟學中國化在這一時期的理論與實踐，明確地告訴我們要正確認識我們所處的社會主義發展階段，我們從事經濟建設的思想根據、計劃方案、行動實踐等都不能超越特定的社會主義某一發展階段。正是這種反思，使我們認識到我們當前是處於社會主義初級階段，而不是處於成熟的社會主義時期。

(二) 反思二：我們應該建立什麼樣的社會主義生產關係

建立怎樣的社會主義生產關係的前提是要認識清楚我們當時處於何種社會主義階段。正如前述，一般而言，社會主義的生產關係的核心部分是生產資料的所有制關係。這是人類從事社會生產，使社會生存發展的首要關係。所以，馬克思認為：「只有一個事先就以所有者的身分來對待自然界這個一切勞動資料和勞動對象的第一源泉，把自然界當成隸屬於他的東西來處置，他的勞動才成為使用價值的源泉。」[1] 而以生產資料所有制為主體的生產關係，不只是生產資料歸誰所有的問題，還包括生產資料歸誰佔有、支配和使用的問題。這些所有、佔有、使用與支配的生產關係，反應在法律層面上就體現為所有權、佔有權、使用權與支配權。

按照馬克思主義經濟學的原理，在任何社會經濟時期，要建立一種新的社會生產關係或社會經濟制度，都要對生產資料的所有制或所有權進行變革。正如馬克思、恩格斯在《共產黨宣言》中所指出的那樣，「共產黨人應特別強調所有制問題，把它作為運動的基本問題」，「共產黨人可以用一句話把自己的理論概括起來：消滅私有制」[2]。正因為如此，新中國成立之後，我們正是遵循馬克思主義經濟學的原理，根據中國的情況，開展「一化三改造」來建立社會主義公有制的生產關係。我們當時過分強調和突出了生產關係對生產力的推動作用，因此，將應該建立一個適應當時初級階段條件的社會主義生產關係，設計為一個成熟社會主義條件的生產關係，以至於出現了嚴重的問題，當時也沒有認識到是生產關係不適應當時生產力，而是認為「生產關係還不完善」，還應進一步「一大而公」，建立單一的公有制。誠然，馬克思、恩格斯的確對社會主義社會建立單一的全社會

---

[1] 馬克思恩格斯選集：第3卷 [M]. 北京：人民出版社，1972.
[2] 馬克思恩格斯選集：第3卷 [M]. 北京：人民出版社，1972.

公有制有很好的設想，但認為只有在資本主義生產方式消亡之後，才能建立單一的全社會的公有制。

馬克思在《論土地國有化》的著作中說過這樣的話：「生產資料的全國性的集中將成為自由平等的生產者的聯合體所構成的社會的全國性基礎。」① 這裡，馬克思不僅強調生產資料的全國性集中，更強調這種集中的社會條件——自由平等的生產者的聯合體。而這種社會條件，我們當時是不具備的。馬克思繼而又在《哥達綱領批判》中提出在未來的社會主義社會中，勞動資料將「變成社會的公共財產」②。恩格斯也強調，「由社會佔有全部生產資料」③，「社會成為全部生產資料的主人」④。而在當時的中國，事實上還沒出現直接由社會全部佔有生產資料的客觀條件，還無法形成「平等自由的社會成員的聯合體」。因此，馬克思主義經濟學的經典作家在設想建立單一的全社會公有制時，明確強調社會發展的階段性。例如，馬克思、恩格斯設想在國家還存在時，全社會公有制應先採用國家所有制。他們分別在《共產黨宣言》及《反杜林論》中指出，無產階級奪取國家政權之後，應立即「把一切生產工具集中在國家手裡」⑤，「首先把生產資料變成國家財產」，「國家真正作為整個社會的代表」，「並且以社會的名義佔有生產資料」⑥。而只有國家消亡之後，生產資料才由整個社會直接佔有。綜觀馬克思主義經濟學關於建立社會主義社會單一的公有制的原理，顯然只能是在生產力高度發達基礎上才能實現的，但至今尚無一個國家具備這種單一的全社會公有制的條件。

蘇聯在奪取國家政權之後，列寧分析了當時俄國的現實生產力情況，認為在當時的蘇聯實行單一的全社會公有制還沒有條件，於是提出了社會主義公有制的兩種形式的思想，即全民所有制形式及合作社經濟形式也即勞動群眾的集體所有制形式的思想，這是符合當時蘇聯的實際的。最初，列寧也是僅把合作經濟看成向社會主義經濟過渡的「中間環節」，即把集體所有制看成向單一社會公有制過渡的「中間環節」。他後來再次根據蘇聯社

---

① 馬克思恩格斯選集：第2卷 [M]. 北京：人民出版社，1972.
② 馬克思恩格斯選集：第3卷 [M]. 北京：人民出版社，1972.
③ 馬克思恩格斯選集：第3卷 [M]. 北京：人民出版社，1972.
④ 馬克思恩格斯選集：第3卷 [M]. 北京：人民出版社，1972.
⑤ 馬克思恩格斯選集：第1卷 [M]. 北京：人民出版社，1972.
⑥ 馬克思恩格斯選集：第3卷 [M]. 北京：人民出版社，1972.

會主義社會的發展狀況，明確地將集體所有製作為社會主義制度下的一種公有制生產關係。列寧認為：「在生產資料公有制的條件下，在無產階級對資產階級取得了勝利的條件下，文明的合作社工作者的制度就是社會主義制度。」[1]「在中國現存制度下，合作企業與私人資本主義企業不同，因為合作企業也是集體企業，但它與社會主義企業沒有區別。」[2]「單是合作社的發展就等於社會主義的發展，因此我們不得不承認我們對社會主義的整個看法根本改變了。」[3] 可見，列寧已經認識到馬克思主義經濟學關於實施單一社會主義的公有制的社會條件的重要性了。列寧之後，斯大林也堅持社會主義公有制存在兩種基本形式的思想。他在《關於蘇聯憲法草案》報告中認為，在當時蘇聯的「生產工具和生產資料的社會主義所有制」的形式，除了全民所有制外，另一種則是「在集體勞動基礎上成長起來的集體所有制」[4]。同時，在1936年他接見美國羅易·霍德華時也強調，「我們蘇聯社會，是社會主義社會」。「這個社會的基礎就是公有制：國家的即全民的所有制以及合作社——集體農莊的所有制」[5]。但是，斯大林對當時蘇聯普遍存在的個體經濟以及被禁止的地下經濟視而不見，超越了當時蘇聯的客觀條件，建立了當時蘇聯的社會主義生產關係。

中國最初對現實生產力狀況及經濟社會發展的狀況的判定是客觀的。「一化三改造」之后，毛澤東在1956年年底的一次談話中，提出中國應當允許一些私人經濟存在，甚至說可以消滅了資本主義又搞資本主義。而陳雲也在1956年召開的中共第八次代表大會第一次會議上，在《關於社會主義改造基本完成以後的新問題》的發言中也提出：「我們的社會主義經濟的情況將是這樣，在工商業經營方面，國家經營和集體經營是工商業的主體，但是附有一定數量的個體經營。這種個體經營是國家經營和集體經營的補充。」[6] 毛澤東還在1959年對蘇聯的《政治經濟學教科書》發表看法時談到，蘇聯現在還有三種生產資料所有制，即全民所有制、集體所有制、個人所有制。他實際上認可了在社會主義的不發達階段，可以容許這三種生

---

[1] 列寧選集：第4卷 [M]. 北京：人民出版社，1973.
[2] 列寧選集：第4卷 [M]. 北京：人民出版社，1973.
[3] 列寧選集：第4卷 [M]. 北京：人民出版社，1973.
[4] 斯大林文集（1934—1952）[M]. 北京：人民出版社，1975.
[5] 斯大林文集（1934—1952）[M]. 北京：人民出版社，1977.
[6] 陳雲文選（1956—1985）[M]. 北京：人民出版社，1986.

產資料所有制關係的存在，而不提倡不顧現實條件地搞單一的社會主義公有制。早在中共七屆二中全會上，毛澤東就對當時中國的國情及將建立的生產關係做了認真分析及正確的決定：「中國的工業和農業在國民經濟中的比重，在抗日戰爭以前，大約是現代性的工業占10%左右，農業和手工業占90%左右。這是帝國主義制度和封建制度壓迫中國的結果，這是舊中國半殖民地和半封建社會性質在經濟上的表現，這也是在中國革命的時期內和在革命勝利以後一個相當長的時期內一切問題的基本出發點。」① 在此基礎上，毛澤東對當時中國應建立的生產關係做了如下描繪：「革命勝利後，我們建立新民主主義社會，新民主主義社會是過渡性的五種經濟成分並存的新民主主義社會的經濟形態」，「在國營經濟的領導下，多種經濟成分並存，共同發展，實行公私兼顧、勞資兩利、城鄉互助、內外交流的政策。在革命勝利後的一個相當長的時期內，還需要盡可能地利用城鄉私人資本主義的積極性」；「必須謹慎地、逐步積極地引導占國民經濟總產值90%的分散的個體農業經濟和手工業經濟向著現代化和集體化的方向發展，單有國營經濟而沒有合作社經濟我們就不可能領導勞動人民的個體經濟逐步地走向集體化，就不可能由新民主主義社會發展到將來的社會主義社會」。② 1955年10月4日至11日，中國共產黨七屆六中（擴大）全會在北京召開，主要討論中國農業合作化的問題。在會上，毛澤東表達了他要加快資本主義工商業改造步伐的設想。「這些論述實際上是向全黨發出了一個明確的信號：農業合作化的步伐加快之後，資本主義工商業改造的步伐也將跟著加快。」③ 出現這種要急遽改變當時中國生產關係的依據，是對當時中國的生產力水平的盲目樂觀。根據薄一波的回憶，1955年11月6日至24日，中共中央召開會議討論《中共中央關於資本主義工商業改造問題的決議（草案）》。毛澤東認為，「帝國主義眼前還不敢發動戰爭，我們要趁這個機會，加快社會主義改造，加快中國的發展」，並認為民族資本階級現在它是一只半腳踏進社會主義，人家「現在快要變工人階級了，人家已經是半社會主義者了」，「它只有四分之一沒有進來了」。毛澤東的這種判斷，代表了當時人們對社會主義生產關係確立的社會條件或生產力條件的判斷。而

---

① 毛澤東選集 [M]. 北京：人民出版社，1967.
② 薄一波. 若干重大決策與事件的回顧 [M]. 北京：中共中央黨校出版社，1996.
③ 薄一波. 若干重大決策與事件的回顧 [M]. 北京：中共中央黨校出版社，1996.

1956年，在中國完成了「一化三改造」后，這種新的「一大二公」傾向的社會主義生產關係的建立，實際上比中共中央預先的設想更快。因為按照原來的設想，「到1957年爭取90%的工商業實現公私合營，1962年基本完成資本主義工商業的社會主義改造」①。從此之后，中國當時的生產關係與生產力不適應的矛盾加劇，而通過確立或迅速實現單一的社會主義公有制來推動生產力的發展越來越困難。1956—1978年的經濟建設實踐中，儘管我們投入了大量的人力、物力、時間及其他資源，但經濟效益仍十分低下，除了「自然災害」及「十年文革」的原因，生產關係不適應生產力當時水平是主要原因。

(三) 反思三：我們應該建立怎樣的社會主義分配關係？

根據馬克思主義經濟學原理，社會主義分配關係是由社會主義所有制關係決定的。也就是說，一定社會主義發展階段的公有制，對應一定的分配制度。馬克思提出了社會主義應按勞分配的思想。因為按勞分配以生產資料的社會主義公有制為前提。「消費資料的任何一種分配，都不過是生產條件本身分配的結果。」② 值得注意的是，按照馬克思、恩格斯的設想，社會主義應該實行單一的生產資料公有制並實行相應的分配制度，但這時生產力發展水平還不足以做到「按需分配」，還有許多問題要解決。這時生產資料與勞動力的結合方式儘管已不同於資本主義社會，但還與共產主義高級階段有很大不同。生產資料的公有制與勞動力部分個人所有也形成一個矛盾。而勞動者的勞動力這個「天賦特權」，在勞動者之間也有重大差別。在現有公有制條件下，既不能按資本及生產資料所有權進行分配，又無法按需分配，那麼就只能按勞分配。

要注意的是，「按勞分配」有特定的含義。按馬克思的原意，社會主義的社會總產品並不是「不折不扣」地分配給勞動者個人的，而是要做若干扣除后的部分消費資料的分配。而要扣除的，「第一，用來補償消費掉的生產資料的部分。第二，用來擴大生產的追加部分。第三，用來應付不幸事故、自然災害等的后備基金或保險基金」③。剩下作為消費資料的還要做下

---

① 薄一波. 若干重大決策與事件的回顧 [M]. 北京：中共中央黨校出版社，1996.
② 馬克思. 哥達綱領批判 [M] //馬克思恩格斯選集：第3卷. 北京：人民出版社，1972.
③ 馬克思. 哥達綱領批判 [M] //馬克思恩格斯選集：第3卷. 北京：人民出版社，1972.

列扣除：「第一，和生產沒有關係的一般管理費用」；「第二，用來滿足共同需要的部分」；「第三，為喪失勞動能力的人等設立的基金」。[1] 被扣除的部分，對於社會的發展有著極為重要的意義。在恩格斯看來，「勞動產品超出維持勞動的費用而形成的剩餘，以及社會生產基金和后備基金從這種剩餘中的形成和累積，過去和現在都是一切社會的、政治的和智力的繼續發展的基礎」[2]。那麼，在社會主義條件下，究竟怎樣按勞分配呢？由於「一方面，除了自己的勞動，誰都不能提供其他任何東西；另一方面，除了個人的消費資料，沒有任何東西可以成為個人的財產」[3]，因此，「每個生產者在生活資料中得到的份額是由他的勞動時間決定的」[4]，「它不承認任何階級差別，因為每個人像其他人一樣只是勞動者」[5]。這樣，「每一個生產者，在做了各項扣除之後，從社會方面正好領回他所給予社會的一切」。「他以一種形式給予社會的勞動量，又以另一種形式全部領回來」[6]。這就是后來列寧概括的「等量勞動領取等量產品」[7]。按勞分配是在社會主義條件下的「默認不同等的個人天賦，因而也就默認不同等的工作能力是天然特權」[8] 的一種分配，並非一種完全合理的分配，它會造成「在勞動成果相同、從而由社會消費品中分得份額相同的條件下，某一個人事實上所得到的比另一個人多些，也就是比另一個人富些」[9]。這種情況，「在共產主義社會的第一階段，在它經過長久的陣痛剛剛從資本主義社會裡產生出來的形態中，是不可避免的」[10]。「這是因為按勞分配這種平等權利，對於不同等的勞動來說是不平等的權利」[11]，而且也因為「權利永遠不能超出社會的經濟結構以及由經濟結構所制約的社會的文化發展」[12]。顯然，馬克思主

---

[1] 馬克思. 哥達綱領批判 [M] //馬克思恩格斯選集：第3卷. 北京：人民出版社，1972.
[2] 馬克思. 哥達綱領批判 [M] //馬克思恩格斯選集：第3卷. 北京：人民出版社，1972.
[3] 馬克思. 哥達綱領批判 [M] //馬克思恩格斯選集：第3卷. 北京：人民出版社，1972.
[4] 馬克思恩格斯全集：第23卷 [M]. 北京：人民出版社，1975.
[5] 馬克思恩格斯全集：第3卷 [M]. 北京：人民出版社，1972.
[6] 馬克思恩格斯全集：第3卷 [M]. 北京：人民出版社，1972.
[7] 列寧選集：第3卷 [M]. 北京：人民出版社，1975.
[8] 列寧選集：第3卷 [M]. 北京：人民出版社，1975.
[9] 列寧選集：第3卷 [M]. 北京：人民出版社，1975.
[10] 列寧選集：第3卷 [M]. 北京：人民出版社，1975.
[11] 列寧選集：第3卷 [M]. 北京：人民出版社，1975.
[12] 列寧選集：第3卷 [M]. 北京：人民出版社，1975.

義經濟學的奠基人馬克思與恩格斯明白無誤地告訴了我們，在社會主義社會中，分配關係也是一種不完善的、不盡公平合理的、只能是「按勞分配」的分配關係。特別值得一提的是，馬克思、恩格斯提出的這種分配關係所對應的所有制關係，從邏輯上講是一種單一的社會主義公有制關係。否則，就會存在由於所有制的差別，產生多種分配形式或多種分配尺度的狀況。

在蘇聯，列寧對馬克思、恩格斯的社會主義分配關係做了充分肯定，認為「不勞動者不得食」，這是「社會主義的第一個主要根本原則」，「包含了社會主義的基礎」。[1] 斯大林也認為，「各盡所能、按勞分配是馬克思主義的社會主義公式」[2]。然而我們看到的是，儘管列寧與斯大林根據當時蘇聯的實際情況，承認並確立了兩種社會主義公有制，即全民所有制與集體所有制，也建立了對應的兩種分配形式，但事實上，蘇聯還存在許多處於「地下經濟」的個體經濟，因此還存在個體經濟的分配形式，然而却被禁止和取締，真正的按勞分配也未完全實現。這實際上也是對當時蘇聯的所有制形式應當對應的分配關係的客觀事實認識不足的表現。

我們對中國社會主義社會的分配關係最初是有足夠的認識的。早在新中國建立前，毛澤東就指出：「社會主義時期，物質的分配也要按照各盡所能、按勞取酬的原則和工作的需要，決無所謂絕對的平均。」[3] 當然，在當時的戰爭時期，根據實際的情況，解放區或根據地實行消費品的供給制。新中國剛成立之時，當時的中國還存在多種生產資料的所有制，因此，在民族資本主義的企業裡，是按資分配，工人的必要勞動創造的價值轉化為自己的工資。而在社會主義性質的國營企業中，仍只能沿用原有的工資制度，但是廢除了「包工制」和「包身工」等封建性的剝削方式並逐步提高職工工資，特別是提高體力勞動的工資。1953 年，我們實行了新的工資制度，基本上是根據按勞分配的原則，在工人中實行八級工資制，企業管理人員和國家機關工作人員則實行職務等級工資制，留用的原有企業管理人員，其工資還高於新訂工資標準，實行所謂的「保留工資」。但是，這個時期的分配關係，顯然不是完全的按勞分配，實際是包含按勞分配在內的多

---

[1] 列寧選集：第 3 卷 [M]. 北京：人民出版社，1975.
[2] 斯大林選集（下）[M]. 北京：人民出版社，1977.
[3] 毛澤東. 關於糾正黨內的錯誤思想 [M] // 毛澤東選集：第 1 卷. 北京：人民出版社，1972.

種分配制度，這是符合當時的現實情況的。而即使是在公有制的國營企業中，按照按勞分配的原則實行的工資制度，實際上因為多種原因及差別，也不可能完全按勞取酬。在以後的 20 多年中，在實踐的過程中，實際存在著一種趨向，就是將按勞分配原理理解為「既反對勞動報酬高低懸殊，又反對平均主義」。因此，為了縮小高級腦力勞動者與體力勞動者之間的收入差別，多年來採取「高工資不提，中工資少提，低工資多提」的方針，實際上並沒有很好地解決按勞分配的問題。如此一來，反而在一段時間中助長了平均主義的傾向。例如，1958 年以後，在中共中央的多次會議上就曾多次討論是否在幹部中恢復供給制。而且由於實行「低工資多提」的方針，在當時中國經濟發展還不夠快、物質還比較匱乏的時候，每每提工資時往往都照顧困難戶，這種照顧性的工資分配，就破壞了按勞分配的原則。同時，在工資的具體形式上，多年來採取計時工資為主、計件工資為輔，並適當給予獎金的形式，但在實施過程中，一度廢除獎金，並使計件工資減少，因此，不論勞動者的勞動是否有效勞動及有用勞動，一概以計時工資計酬，這也不符合按勞分配的原理。正如列寧所說，「在完全的共產主義制度下獎金是不允許的，但在從資本主義到共產主義的過渡時代，如理論推斷和蘇維埃政權一年來的經驗所證實的，沒有獎金是不合理的」[1]。除了在城市的情況，在中國農村也是參照計時工資及計件工資的做法實行計時工分與計件工分（或稱定額記分），但長期以來，同樣沒有很好地起到按勞分配的效果。

　　作為分配關係中的重要部分的獎金、津貼及福利，是按勞分配的輔助部分。毛澤東同意「獎勵生產戰線上成績顯著者」[2]，「獎勵那些勤儉的、產量最高的、各方面都辦得好的合作社」[3]，並認為「工人的勞動生產率提高了，他們的勞動條件和集體福利就需要逐步有所改進」[4]。可以說，這些認識都是正確的。新中國成立到 1977 年，這期間中國的分配關係發生了幾次較大的變化。從新中國成立初期的多種分配形式到 1956 年以後按照按勞分配原則但以平均分配的傾向出現的多種分配形式，以及 1966 年以后完全

---

[1] 列寧. 俄共（布）黨綱草案 [M] //列寧選集：第 3 卷. 北京：人民出版社，1975.

[2] 毛澤東. 中華蘇維埃共和國中央執行委員會與人民委員會對第一次全國蘇維埃代表大會的報告 [M] //毛澤東選集：第 6 卷. 北京：人民出版社，1978.

[3] 毛澤東. 勤儉辦社 [M] //毛澤東選集：第 5 卷. 北京：人民出版社，1977.

[4] 毛澤東. 論十大關係 [M] //毛澤東選集：第 5 卷. 北京：人民出版社，1977.

的平均主義分配形式，使得分配關係始終處於不正常的狀態。即使毛澤東對按勞分配有不少正確的認識，但始終在分配關係的實踐上存在問題，以至於嚴重地挫傷了勞動者的積極性，自然也影響了經濟的發展。因此，回顧這一時期馬克思主義經濟學中國化的歷程，我們應該明確：第一，馬克思主義經濟學經典作家提出的按勞分配思想是社會主義條件下的分配原則，是單一公有制條件下的分配關係。在中國還沒有具備單一公有制條件的情況下的分配關係無法完全實現按勞分配。第二，在不顧中國實際情況，超越生產力發展水平的情況下建立單一公有制，從而強力推行按勞分配在實踐中是行不通的，在理論上也是站不住腳的。第三，實行按勞分配是生產力發展到一定水平，形成較高級的單一公有制時期採用的或對應的社會主義分配關係，是一個自然歷史過程，不能一蹴而就。第四，按勞分配也有多種實現形式，這是由勞動者本身勞動的多樣性、複雜性、多變性決定的。因此，工資收入所體現的分配關係也是多樣的、複雜的、多變的。

（四）反思四：如何看待社會主義社會的商品貨幣現象及價值規律？

在新中國成立到1977年間的馬克思主義經濟學中國化的過程中，還面臨如何處理社會主義社會的商品貨幣現象及價值規律的問題。馬克思、恩格斯所構想的社會主義及共產主義社會的經濟，是單一的公有制經濟。由於公有制經濟中實行的是有計劃地分配社會勞動時間，按勞乃至按需分配消費品，因此商品、商品生產及流通、貨幣、價值及價值規律等商品經濟及市場經濟的情況就會消失。「一旦我們逃到其他的生產方式中去，商品世界的全部神祕性，在商品生產的基礎上籠罩著勞動產品的一切魔法、妖術，就立刻消失了。」「最后我們換一個方面設想，有一個自由人聯合體，他們用公共的生產資料進行勞動，並且自覺地把他們許多個人勞動力當成社會勞動力來使用……勞動時間的社會的有計劃的分配，調節著各種勞動職能同各種需要的適當的比例……在那裡，人們同他們的勞動和勞動產品的社會關係，無論在生產上還是分配上，都簡單明瞭。」[1] 馬克思還進一步明確地認為在把共產主義劃分為兩個階段後的社會主義階段中公有制社會不存

---

[1] 馬克思恩格斯全集：第23卷 [M]．北京：人民出版社，1976．

在商品生產。他在《哥達綱領批判》中說：「在一個集體的、以共同佔有生產資料為基礎的社會裡，生產者並不交換自己的產品，耗費在產品生產上的勞動，在這裡也不表現為它們所具有的某種物的屬性，因為這時和資本主義社會相反，個人的勞動不再經過迂迴曲折的道路，而是直接地作為總勞動的構成部分存在著。」① 恩格斯也同樣認為公有制社會中將不存在商品經濟。因此，他在其著作《反杜林論》第三編中說：「一旦社會佔有了生產資料，商品生產就將被消除，而產品對生產者的統治也將隨之消除，社會生產內部的無政府狀態將為有計劃的自覺的組織所代替。」② 列寧、斯大林在領導蘇聯的經濟建設中，也認為「社會主義就是消滅商品經濟」③。因此在十月革命奪取了國家政權之後，在實踐上蘇聯最初實行戰時共產主義，推行單一的計劃經濟，取消貨幣商品關係。經過三年的實踐，列寧正確地認識到當時如實行無償調撥的統一生產及分配是不切合實際的，是脫離客觀實際的，因此迅速做了糾正。他認識到：「我們原來打算（或者更確切些說我們是沒有充分根據地假定）直接用無產階級國家的法令，在一個小農國家裡按共產主義原則來調整國家的生產和產品分配，現實生活說明我們犯了錯誤。」④ 因此，蘇聯從1921年3月份開始，實行新經濟政策，主要是恢復商品生產和商品流通，並從1922年6月開始宣布以貨幣流通取代實物交換。但列寧實際上並不認為社會主義可以實行商品經濟，因此，把新濟政策只是作為一種退却及讓步。而斯大林比列寧又進了一步，儘管他肯定社會主義社會必須堅持計劃經濟，但基於蘇聯實際存在兩種社會主義公有制，因此認為應當在一定範圍內保留商品生產及商品交換。因此，斯大林的做法在幾十年中是矛盾的，即一方面實行高度集中的計劃經濟，另一方面又不得不承認商品關係及價值規律的存在。他在共產國際執行委員會第七次擴大全會上認為，「社會主義經濟是最統一最集中的經濟」⑤，並在另一篇著作中認為，「我們實行計劃經濟，有計劃地累積資財，並且按國

---

① 馬克思恩格斯全集：第3卷 [M]. 北京：人民出版社，1975.
② 馬克思恩格斯全集：第3卷 [M]. 北京：人民出版社，1973.
③ 列寧全集：第15卷 [M]. 北京：人民出版社，1973.
④ 列寧選集：第4卷 [M]. 北京：人民出版社，1975.
⑤ 斯大林全集：第9卷 [M]. 北京：人民出版社，1972.

民經濟各部門合理地加以分配」①。

　　計劃經濟與商品生產的糾結體現在當時的蘇聯學界,對社會主義公有制基本確立之後是否存在商品生產的問題進行了長達20多年的爭論,最終由斯大林通過1952年發表的《蘇聯社會主義經濟問題》一書做了總結。在該書中,斯大林認為,由於社會主義社會公有制還存在兩種基本形式,即全民所有制形式和集體所有制形式,則這兩種形式之間及各生產單位之間的產品交換只能作為商品來加以交換,因此,商品生產及價值規律仍然存在,並且在此書中首次區別了商品生產及資本主義生產。「不能把商品生產和資本主義生產混為一談。這是兩種不同的東西。」「決不能把商品生產看成是某種不依賴周圍經濟條件而獨立自在的東西。商品生產比資本主義生產更老。它在奴隸制度下存在過,並且替奴隸制度服務過,然而並沒有引導到資本主義。它在封建制度下存在過,並且替封建制度服務過,可是,雖然它為資本主義生產準備了若干條件,却沒有引導到資本主義……試問,為什麼商品生產就不能在一定時期內同樣為中國社會主義服務而不引導到資本主義呢?」② 當然,斯大林認為商品只存在一定的範圍,如生產資料不是商品,而價值規律對社會主義生產只產生局部影響,其調節作用僅表現在對某些個人消費品的流通方面的調節。

　　新中國成立初期,在對待社會主義社會的商品現象及價值規律問題上,就一直存在著不同看法。1950年有學者在《學習》雜誌第一期就發表了關於社會主義社會商品問題的文章,毛澤東也根據中國當時的具體情況,認為從事社會主義經濟建設除要實行社會主義計劃經濟之外,還一再強調要發展商品生產。因此在20世紀50年代他在閱讀斯大林《蘇聯社會主義經濟問題》一書時,就認為存在兩種公有制,實際上就提供了商品生產存在的主要前提。在生產力發達時,即使是過渡到單一的公有制即全民所有制,商品生產及交換也仍然會存在。同時,他發展了斯大林的觀點,認為社會主義條件下的商品範圍,不能只限於個人的生活資料,有些生產資料如拖拉機等也是商品。同時,價值規律會同時在流通領域及生產領域起作用,因此,凡是經濟單位都要自覺地利用價值規律。在他看來,「價值法則是一

---

① 斯大林全集(下)[M]. 北京:人民出版社,1973.
② 斯大林全集(下)[M]. 北京:人民出版社,1973.

個偉大的學校,只有利用它才有可能教會我們幾千萬幹部和幾萬萬農民,才有可能建設我們的社會主義和共產主義。否則一切都不可能」①。但是面對中國的社會主義社會迅速發展,黨內一些人希望迅速地將資本主義工商業改造為社會主義的成分。如希望加工訂貨,限制私人工商業發展,「這是逐步消滅無政府狀態的手段。通過這種辦法,把他們夾到社會主義」②。但毛澤東却針對 1953 年以前曾對私商採取「對抗式代替」政策的做法持謹慎態度。因為按照當時的想法,商業資本家有中間剝削,合作社要減少中間剝削,兩者之間的鬥爭不可避免。對工業資本家採取團結的方針,而對商業資本家採取競爭的手段,通過競爭迫使其向工業資本轉移。因此,統購統銷意味著在流通上排擠私商。但這樣做,由於實際上是限制了商品流通,於是出現了許多經濟矛盾。1953 年 9 月 7 日,毛澤東在接見民主黨派及工商聯部分代表時指出:「私營商業亦可以實行國家資本主義,不可能以『排除』二字了之。這方面經驗少,尚須研究。」③ 但是「一化三改造」之後,由於國營經濟、集體經濟已占很大比重,個體經濟及公私合營經濟中的私營成分已經很小,特別是 1966 年之後,幾乎完全消滅了私營經濟及個體經濟,僅存在兩種公有制形式,而全民所有制經濟及集體所有制經濟中,也存在集體經濟力求轉變成全民所有制經濟的傾向,因此,商品生產及商品流通的存在空間越來越小,價值規律越來越難起到對經濟的調節作用。這實際上遠遠脫離了我們原來對商品生產與流通的正確認識,也脫離了對蘇聯經驗與教訓的正確認識。根據薄一波的回憶,1956 年年底,毛澤東曾三次同工商界人士談話,認為中國還需要繼續實行類似蘇聯當時恢復商品生產和流通的「新經濟政策」。毛澤東認為:「現在中國的自由市場,基本性質仍是資本主義的,雖然已經沒有資本家與國家市場成雙成對。上海地下工廠同合營企業也是對立物,因為社會有需要,就發展起來。要使它成為地上、合法化,可以雇工。現在做衣服要三個月,合作工廠做的衣服一長一短,扣子沒有眼,質量差。最好開私營工廠,同地上的作對,還可以開夫妻店,請工也可以。這叫新經濟政策。我懷疑俄國新經濟政策結束得早

---

① 毛澤東. 對《關於五級幹部會議情況》的批語 [N]. 人民日報,1978-07-12.
② 陳雲文選 (1949—1956) [M]. 北京:人民出版社,1985.
③ 薄一波. 若干重大決策與事件回顧 (上) [M]. 北京:中共中央黨校出版社,1996.

了，只搞兩年，退却就轉為進攻，到現在社會物資還不足。我們保留了私營工商業職工 250 萬人（工業 160 萬、商業 90 萬），俄國只保留了八九萬人。還可以考慮，只要社會需要，地下工廠還可以增加。可以開私營工廠，訂條約，十年、二十年不沒收。華僑投資的，二十年、一百年不要沒收。可以開投資公司，還本付息。可以搞國營，也可以搞私營。可以消滅了資本主義，又搞資本主義。當然要看條件，只要有原料，有銷路，就可以搞。……這樣定息也有出路。」[1] 從這些論述來看，以毛澤東為代表的中共領導人即使在完成了「一化三改造」后的時期，也希望通過商品生產及商品流通來搞活社會主義中國的經濟。而且對商品經濟的肯定，比列寧、斯大林等蘇聯領導人更加明智、更具有眼光。當然，我們當時儘管肯定在社會主義社會初期還允許存在商品及商品生產流通，承認價值規律的作用，但也把其限制在一定的範圍之內。事實上，1957 年以后到 1977 年間，中國的商品生產及商品流通很快就沒有了生存的空間。當然，商品經濟社會裡的價值規律也無從產生作用。究其原因，我們認為主要有下列幾個方面原因：

第一，在認識根源上對馬克思主義經濟學關於社會主義社會的性質及發展階段理論沒有正確的理解，而這主要應歸結於蘇聯領導人及其《政治經濟學教科書》的誤導。因為馬克思、恩格斯在他們的著作中對社會主義社會將實行單一的公有制形式，其經濟形式是計劃經濟體制的形式的設想，其前提在於整個社會的生產力要達到一定的高度，即是說要在較成熟的社會主義階段才能實現。馬克思、恩格斯在他們的著作中，多次提到這種單一的公有制所對應的計劃經濟是在「共產主義的第一階段」即成熟的、發達的社會主義階段。而且按照馬克思、恩格斯關於無產階級革命的勝利將首先在發達資本主義國家取得勝利的思想，實際上也是指在發達資本主義國家的高度生產力基礎上，建立起與之相適應的社會主義生產關係。而這種生產關係的核心是單一的公有制，並對應於計劃經濟形式。或者反過來說，這時，只有單一公有制所主要表現的生產關係，才適合這種高度的社會生產力，這時的社會是「共產主義第一階段」，這才叫成熟的社會主義社會。而蘇聯及包括中國在內的一大批社會主義國家，儘管無產階級取得了國家政權，但其社會生產力遠遠落后於發達資本主義國家。這種情況在理

---

[1] 薄一波. 若干重大決策與事件回顧（上）[M]. 北京：中共中央黨校出版社，1996.

論上被一致認為是列寧發展了馬克思主義「無產階級首先在發達資本主義國家取得勝利」而提出「無產階級可以在資本主義統治薄弱的環節的落后國家取得勝利」的理論的實現，實際上已和馬克思、恩格斯所表達的理論內容及實踐意義相去甚遠。列寧的理論固然有其真理性，但只是將馬克思、恩格斯對社會主義革命的有關理論中被抽象掉的特殊內容加以具體表述，並成功地運用於落后國家的實踐罷了。因此，蘇聯及中國還有其他社會主義國家奪取了政權之后，其生產力仍極為落后，難以與單一公有制生產關係適應，因此，只是「萬里長徵走完了第一步」。這些國家如果強行地實行單一的公有制，這種生產關係因嚴重不適應生產力也會導致許多嚴重的經濟社會問題。

第二，對社會主義社會的所有制關係、分配關係及相應的體制構成缺乏認識。如前所述，我們缺乏對取得全國勝利之后中國所處的社會階段的正確認識，這種正確認識的缺乏，一是因為社會主義事業沒有可以借鑑的現存樣板；二是蘇聯十月革命之后的一段時間內的成功，被廣泛認為是普遍適用的模式；三是蘇聯經濟理論的誤導，使得我們必然在認識上有這樣一個過程。正因為我們自認為已經是成熟的社會主義國家了，應該實行單一的公有制。而面對落后的社會生產力，也片面認為可以通過先進的單一公有制加以推動。而在出現了嚴重問題的時候，仍沒有認識到是生產關係對生產力水平的不適應，反而認為是生產關係落后對生產力水平的不適應造成的，因而愈發要求「一大二公」「越公越好」，使問題更加嚴重。同樣，由於對社會主義發展階段及公有制的片面認識，造成了對按勞分配的片面認識，認為這時我們只能實行單一的「按勞分配」，而不允許有其他分配形式。正是這些錯誤認識，使得我們在經濟體制上，必然實行高度集中的計劃體制，而這種體制擠掉了商品貨幣、商品生產和流通、價值規律等最后的生存空間。

第三，在實踐上違反規律地人為排斥商品生產和商品流通。除了理論認識方面的偏差，我們在實踐中違反規律地人為排斥商品經濟也是造成我們經濟發展落后的一個重要原因。本來在新中國成立之前的廣大根據地及解放區，為了戰爭的需要，已經有一定的商品生產和流通，雖然存在不少合作社經濟，但商品經濟仍普遍存在。新中國成立之后至1956年，中國商品經濟也是十分活躍的。當時，根據中國的現實情況，中共領導人也認為

在中國發展一定的商品經濟是有必要的，所以毛澤東說「消滅了資本主義還可以搞資本主義」。然而，隨著「一化三改造」的進展，為了改造手工業，特別是在改造資本主義工商業的過程中，因害怕資本家多賺了利潤，擔心商業流通環節獲利過多，於是採用多種方法，特別是「統購統銷」等方法，控制了原材料及產品市場，逼得手工業和民族工商業無利可圖，於是，商品生產、商品流通被扼殺了，價值規律也不起作用了。這種狀況一直到改革開放后才得以扭轉。

正是有了上述反思，使我們能在計劃經濟時期運用馬克思主義經濟學成果的基礎上，認識到中國的現有國情，確立了中國社會主義初級階段的基本經濟制度及相應的分配制度，實行了市場經濟，從而取得了改革開放以來馬克思主義經濟學中國化的更大成果。

［本文選自：蔣南平，湯子瓊. 改革開放以來馬克思主義經濟學在中國的運用及經驗［J］. 經濟學動態，2014（1）：18-42.］

第四十五章 經濟學的發展：馬克思經濟學與西方主流經濟學範式耦合刍議

蓋凱程　李俊麗

經濟學是研究人類社會經濟活動以及人們在經濟活動中如何進行權衡取捨的學說。資源稀缺性與人的慾望無限性的基本矛盾決定了經濟學存在的必要性，使人們不得不做出權衡取捨，以有限的資源來最大限度地滿足人們的慾望。當代經濟學學派紛繁多樣、錯綜複雜，但是，真正形成體系的是馬克思經濟學和由西方新古典主義以及凱恩斯主義組成的西方主流經濟學兩大流派，它們互相對峙，相互競爭。兩大經濟理論體系究竟是具有相通之處，進而存在著相互融合、互相補充的可能，還是完全對立、無法耦合的兩大邏輯體系，迄今為止，並未有確定的結論。馬克思經濟學範式和西方主流經濟學範式，究竟誰是科學的理論，我們暫不輕易地下結論，但可以肯定的是，作為對經濟學問題進行系統回答的經濟學思想體系，無論哪種經濟學，它都只是在一定歷史時期內相對正確地解釋了世界，並給予經濟實踐活動以相對真理性的理論指導。

一、範式與經濟學範式

托馬斯·庫恩（Thomas Samuel Kuhn）和伊姆里·拉卡托斯（Irare Lakatos）認為科學的全部是方法、研究課題和範式（Paradigm）。「範式」一詞首先由科學史學家和科學哲學家托馬斯·庫恩在《科學革命的結構》（1962年第一版）一書中用於科學史和科學哲學領域。庫恩后來在《科學革命的結構》第二版中對範式做了相對通約的定義，指出範式是觀察世界和實踐科學的方法，是特定學科的一般研究人員所共同掌握的信念、價值

標準、技術手段等的綜合體。① 「範式」一詞包括既相互聯繫又相互區別的兩個方面：一方面它是指世界觀，即共同信念及價值標準；另一方面，它是指方法論，即一套概念體系及分析方法。

庫恩的範式概念被引進西方主流經濟學，主要表現在邊際主義的發展中。Peter Urbach 指出：「經濟學作為一種範式，最重要的恐怕要數邊際主義的發展，尤其是主觀效用價值論以及隨之而來的邊際分析方法」。② 后來，經濟學家從這個一般方法中選出一部分用於構造其獨立的範式，形成了主流經濟學範式。主觀效用論和邊際分析方法迅速成為經濟學者們共同的分析工具，也由此推動了新古典主義主流地位的形成。宏觀經濟學內部也有相對立的範式：既有以理性預期為基礎的市場出清假設即古典宏觀經濟學，也有凱恩斯主義和后凱恩斯主義範式。

馬克思經濟學範式則擅長對規模宏大的社會經濟形態及其演變規律以及經濟系統的歷史性、整體性和社會性進行分析，遵循「勞動價值論、剩余價值論、生產價格論」的基本邏輯結構，以科學抽象法、辯證法、邏輯和歷史的統一法作為其基本的方法論原則。

然而，範式是一把「雙刃劍」：一方面，範式作為一門學科知識的概念體系和分析方法，在經濟學科範圍內易被一批理論家和實踐者共同接受，並作為交流思想的共同工具，進而促進經濟理論的系統化、科學化；另一方面，範式會使得各經濟理論體系下的研究者產生「惰性」。經濟學理論作為一個總體的邏輯系統，需要接受經濟問題和經濟實踐的檢驗。在既定範式的支配下，只要現有範式的邏輯體系和方法論能夠在一定經濟分析工具的幫助下合理地解釋經濟現象，這種範式就會得到認可和維護。即使經濟分析的邏輯結論和現實經驗並不相符，經濟學家也不會懷疑範式本身是否出現了危機，通常是通過修正自身對範式的認識和理解，將反常的經濟現象勉強納入到既定範式所蘊含的邏輯空間中，進而去維護舊範式，從而阻礙科學的進步。因此，在批判西方主流經濟學範式和運用馬克思經濟學範式構建中國經濟學之時，要特別小心地尋找和建立自己的經濟學範式，使其走向科學，並將其納入時代的背景。應充分認識到，經濟學的範式不是一經形成就一成不變的，而是在歷史的演進過程中有其歷史的、動態的發

---

① T S KUHN. The Structure of Scientific Revolution [M]. Chicago: University of Chicago, 1970.

② PETER URBACH. The New Palgrave [M]. Beijing: University of Beijing, 1996.

展邏輯。

二、馬克思經濟學範式與西方主流經濟學範式的比較

馬克思經濟學範式與西方主流經濟學範式在邏輯前提、研究方法、核心概念和邏輯體系等基本要素方面，都存在著較大的區別。

1. 馬克思經濟學範式

馬克思經濟學範式主要以資本主義社會為研究對象，研究的重點是社會的生產關係，目的在於揭示一定生產方式條件下的特殊經濟規律。馬克思經濟學理論框架的生命力植根於各概念、範疇之間較強的邏輯關係，對資本主義在 19 世紀已經達到的生產力水平及其帶來的生產關係變化進行了最科學的概括。可見，馬克思經濟學體系是從總體上去把握社會經濟關係，整個體系的概念、範疇、環節之間有著緊密聯繫，並從抽象到具體，運用唯物辯證法的科學的方法論，不僅可以正確地分析現代資本主義社會，而且也可以此來指導現實。①

方法論往往是經濟理論體系穩定範式形成的先導和標誌。馬克思經濟學方法論以辯證唯物主義和歷史唯物主義為基本指導思想，在唯物史觀的指導下形成自己的方法論體系，並奠定其方法論基礎。馬克思在批判繼承古典經濟學方法論、反對庸俗方法論的過程中，把以往的經驗歸納法與抽象演繹法的結合推向了高峰，以辯證邏輯和規範分析作為主要分析工具。此外，也採用了分析與綜合的方法、歸納與演繹的方法、數學的方法等。其中，最重要的是歷史的研究方法，這種方法體現了馬克思經濟學方法論的本質特徵，它在方法論上打破了西方資產階級經濟學把資本主義制度永恆化的神話，指出了人類經濟發展的歷史道路。

由於馬克思經濟學範式的「追隨者」和「維護者」曲解了經典作家的原意，過分注重對生產關係的研究，而忽略了對生產力和生產關係中交換關係的研究，導致其理論分析的範式脫離了現實的經濟過程和經濟實踐。馬克思經濟學當然不是單純研究人與物、物與物之間的關係，后人把提高經濟效率、合理利用資源、加速經濟發展都看成是人與人的關係。這種過分強調事物本質的做法，導致了后人和理論應用者對馬克思經濟學範式應

---

① 張旭. 中國經濟學：歷史、理論與實踐 [J]. 經濟學家，1998 (3).

用的僵化。作為一個科學的經濟理論體系，其分析範式應強調經濟學的致用性，而不是將自身導向經濟哲學的虛幻高度。西方主流經濟學最為人詬病的是其並不注重將歷史與制度因素作為理論分析的重要變量，而馬克思經濟學者也絕不應該將一個半世紀前形成的馬克思經濟理論體系當成一成不變的、僵化的理論範式。如果將馬克思經濟學理論已經解釋不了的經驗事實硬要勉強地納入其分析範式所蘊含的邏輯空間內進行分析，那麼，只會使其喪失範式轉換的空間和生命力。因此，維護和鞏固馬克思經濟學範式的真正科學的態度就是辯證地繼承和發展，而非一味盲目地維護。

(二) 西方主流經濟學範式

西方主流經濟學主要由以瓦爾拉斯一般均衡論為基礎的新古典主義(從馬歇爾和瓦爾拉斯開始) 和對馬歇爾均衡過程分析進行了發展的凱恩斯主義組成，當代主要以薩繆爾森等新古典綜合、貨幣主義學派和理性預期學派為代表。西方主流經濟學範式圍繞假定前提、硬核、防護帶、方法論原則等固定的思維和認知模式，強調事物的開放性、無序性、不確定性、非線性等對經濟活動的影響。自馬歇爾以來形成的西方主流經濟學範式的硬核主要有三個部分：理性選擇、穩定性偏好和均衡狀態。防護帶也分為三個部分：經濟主體面臨的市場環境是充分競爭；經濟主體面臨的世界是無摩擦的世界；經濟主體擁有的信息是完全信息。[①]

西方主流經濟學注重經濟運行機制等較低理論層次的分析，注重運用富有特點的新穎研究方法和分析工具，並不研究資本主義生產關係的內部聯繫，其研究目標是實用化和總量分析。西方主流經濟學一經形成，再沒有進行過整體理論範式的轉變，而是致力於在新古典主義以來所形成的主流範式基礎上，進一步通過數理化手段對主流範式進行維護和鞏固。Robert Kuttner (1987) 指出：「就方法而言，標準經濟學高度抽象，倚重……數學和演繹，並不孜孜計較體制。」[②] 如果單純進行理論分析，在一個相對封閉、靜態的經濟體系中，這種分析方法有助於對複雜的經濟現實進行抽象地把握，也有助於順利地構建經濟理論體系。在假定前提的基礎上進行演繹邏輯推理，進而得到結論，僅僅從理論體系本身而言，這種分析沒有問

---

① 楊瑞龍, 楊其靜. 企業理論：現代觀點 [M]. 北京：中國人民大學出版社, 2005.

② 羅伯特·庫特納. 論經濟學現狀 [J]. 美國, 交流, 1987 (3).

題，這實際上也是經濟學範式不同於其他理論的獨特之處。這種發端於李嘉圖的抽象演繹方法是獨創性的，它指出了通向現代經濟分析的道路，並產生了最終可能轉化為數學形式的定理。

由於西方主流經濟學未隨時代變化而進行整體的理論範式變遷，因此，隨著時代的發展，其範式的「硬核」「防護帶」均受到了理論與現實的衝擊。以對物與物關係的分析代替對社會生產關係的分析，非歷史地說明在資源稀缺條件下人們怎樣最有利地生產與使用資源和物品，把生產關係排除在研究方法之外，並把資本主義生產過程抽象為單純製造產品的勞動過程，將資本主義生產關係作為既定的前提基點來研究經濟現象，企圖以所謂純科學的方式（實際是自然科學的研究方式）去研究經濟現象，而避開諸如價值判斷、思維規範等主觀因素，使西方主流經濟學範式看不到社會關係的實質①，使其成了一門「現象經濟學」。

三、馬克思經濟學範式與西方主流經濟學範式的耦合

經濟學範式發生了危機，一方面說明過去的經濟理論對解釋現實世界無能為力，另一方面也說明大批理論家和實踐者對世界的本質的認識又前進了一步，又向真理接近了一步。當範式發生危機時，也正是理論創新的好時機。經濟學範式的具體內容除了隱含在其背後的世界觀、價值觀外，通常還包括經濟學的概念體系、假定前提、邏輯結構以及研究方法等。具體來說，馬克思經濟學範式和西方主流經濟學範式的耦合也就是這些要素的耦合。

（一）背景

1. 理論背景

理論的累積推動著經濟學範式不斷向前演進。經濟理論最初源於人類實踐，人類運用演繹思維能力，通過歸納形成了經驗性理論。在假設演繹模型的基礎上，通過間接驗證原理來進行理論檢驗，避免歸納邏輯可能存在的缺陷，從而產生了邏輯性理論。當在實踐中進行解釋和預言時，人們會自覺或不自覺地在原有理論的假設前提和概念基礎上加入新的假設和概

---

① 高福來. 現代經濟學範式演變及評價 [J]. 首都經濟貿易大學學報, 2001 (1).

念，以符合檢驗現實的需要，因而得到瞭解釋性理論。[1] 勞動價值論是馬克思經濟學範式的理論基礎，同時，在一定程度上也是亞當‧密斯、李嘉圖等範式的理論基礎。供求論、費用論、要素論（三要素論、四要素論）、效用論等，則是古典和新古典學派範式的基礎，甚至也是新制度經濟學（新政治經濟學）的理論基礎。知識經濟表明了知識對經濟發展的決定性作用，知識創造價值，因而把「知識勞動價值論」作為新範式的理論基礎，是順理成章的事。知識勞動價值論要作為兩大理論範式融合的理論基礎，需要其合理而有效地吸收勞動價值論、費用論、供求論和效用論的科學成分。此外，多學科交叉與多視角審視為經濟學範式提供了演進空間，經濟學數學化就是在經濟學和數學兩門學科本身獲得極大發展以及相關理論累積取得了質的飛躍的基礎上發生的。物理學、生物學、心理學、社會學、政治學等其他學科的滲入，更為經濟學範式演進開闢了廣闊的前景。唯有如此，經濟學範式才可能在經濟學理論累積的推動下不斷向前演進。

2. 實踐背景

實踐的發展是經濟學範式演進的根本決定因素，經濟學範式的轉換也與一定的社會條件緊密聯繫。經濟學理論不可能超越歷史憑空設計出問題和對象，現實經濟發展的歷史性與必然性蘊含著經濟學範式演進的必要性利可行性。客觀經濟過程的發展變化，使經濟學擁有一個動態的歷史發展邏輯，具體表現為經濟學範式及範式的轉換。從國際範圍看，社會主義與資本主義兩種對立的社會制度相互並存。社會主義一方面面臨著經濟全球化和發達國家信息經濟、網路經濟等新經濟的挑戰，經濟的全球化、信息化已經成為時代特徵，人類進入全球化時代是不以人的意志為轉移的客觀經濟趨勢；另一方面社會主義面臨的主要矛盾不再是階級鬥爭，其主要任務是大力發展生產力，促進經濟發展，以滿足人民群眾不斷提高的物質文化生活需求。時代背景的變遷和實踐對理論的要求，必將加快經濟學範式的轉換。

（二）內容

馬克思經濟學和西方經濟學是兩個理論體系，其基本前提、基本方法和基本內容都有較大差異，要完全融合為一體是不可能的，只能是在若干

---

[1] 梁林. 經濟學範式轉換及啟示 [J]. 蘭州學刊，2004（2）.

範疇、概念、方法上的交叉和吸納。拒絕吸收西方經濟學的優秀成果是錯誤的，但試圖全盤照搬西方經濟學原理並應用於中國的實際，也是注定行不通的。

1. 假定前提的耦合

「人」是所有社會科學的核心。「人」是多種社會屬性的複合，經濟屬性是其一，所以，經濟學認定「經濟人」是其範式的核心。亞當·斯密提出「經濟人」假設，即經濟活動中的人都是以追求個人利益最大化為目的的，並在這一過程中實現社會福利的最大化。西方經濟學繼承了斯密的「經濟人」假設，形成了在這一假設下證明「看不見的手」原理正確性的基本分析範式。此后，這一分析前提再沒有發生根本性的轉變。

在政治經濟學社會主義部分，傳統的經濟學分析要麼迴避對人的性質的分析，要麼把人假設為利他主義者或「道德人」。「這種分析假設，既不符合客觀實際，同時也阻礙了我們對問題的深入分析。」①

在馬克思經濟學範式和西方主流經濟學範式的融合與發展的過程中，經濟學分析中的人既不完全是亞當·斯密假設的「經濟人」，也不完全是我們傳統經濟學分析中的「利他主義者」或「道德人」。馬克思認為，人的本質是一切社會關係的總和，具體到經濟活動中，就是人的經濟行為從本質上要受到當時的生產關係的制約。在私有制的生產關係下，尤其是在市場經濟條件下，基於分工和交易基礎上的競爭成為市場經濟的本質特徵。此時，如果市場經濟中的個體在經濟活動中的行為是利他的而非利己的，那麼經濟個體可能會在競爭中被淘汰，出於趨利避害的本能，該經濟個體選擇了「經濟人」行為，這是合理的。但是，如果人所處的生產關係發生了變化，那麼這種假定就是不合理的。例如，在原始社會的經濟形態條件下，由於並未出現分工和交易，合作而非競爭是當時經濟活動的主要特徵，此時，如果把人定性為「經濟人」就不合乎邏輯。私有制是人類社會發展過程中的特定社會經濟制度，在此條件下形成的「經濟人」也只是一個歷史的概念，不可能概括人的全部本質。

承認在社會主義市場經濟條件下的人是具有自利性質的人，對於統一現行政治經濟學的分析假設，調整經濟學分析範式，深化在人具有自利性前提條件下的經濟理論和經濟政策研究，將具有十分重要的理論意義和現

---

① 金成曉. 兩種範式之爭與中國經濟學的構建 [J]. 上海經濟研究，1997（2）.

實意義。否則，馬克思經濟學範式和西方主流經濟學範式的耦合將缺乏最基本的前提和基礎，當然，就更談不上經濟學範式的突破與發展。

2. 核心概念和邏輯體系的耦合與創新

概念體系的創新過程是對傳統的概念體系的揚棄過程，它可賦予傳統概念以新的含義，也可直接創造出新的概念，使經濟學的發展進入一個新的時代。如剩餘價值概念促成了馬克思經濟學範式的形成、交易費用概念促成了新制度經濟學範式的形成等。在馬克思經濟學和西方主流經濟學兩個理論體系中，存在著一系列對立的核心概念。這些核心概念之間的分歧成為兩大範式耦合與創新的障礙。

(1) 價值與價格。價值概念在馬克思經濟學中有著獨特的含義，是馬克思經濟學體系中的核心概念，其定義為「凝結在商品中的無差別的人類勞動」。在西方主流經濟學中，「價值」一詞代表「使用價值」或「效用」，而「價格」成為實現一般均衡的唯一力量。是以價值為基礎，還是以價格為基礎，這已經成為區分馬克思經濟學和西方主流經濟學範疇的一個重要標誌。價值和價格作為理論基礎能否統一，是否有共同存在的平臺，這將成為馬克思經濟學範式與西方主流經濟學範式耦合和發展的基石。樊綱曾嘗試建立一種新的交換價值理論，使勞動價值論和邊際效用價值論有機地結合起來，對阻礙這兩大範式耦合的概念進行了嘗試性的統一。[1]

(2) 階級與個體主義。階級是馬克思經濟學中一個至關重要的概念，卻受到西方主流經濟學的極力排斥，他們極力推崇個人在經濟體系中的作用。其實，馬克思經濟學強調的「階級」是一個社會存在，有其歷史規定性。對個人行為的理解，應該放入「階級」的背景中予以考慮。個人行為的性質是不以個人的意志為轉移的，人的深刻性與群體有關，二者是辯證的關係，並非根本對立的。西方經濟學家 D. 諾思在借鑑馬克思的階級分析方法的基礎上，發展了新的國家理論，並在經濟史分析方面，取得了重大成就。中國部分馬克思經濟學者借鑑個體主義分析了經濟現象，結果也有異曲同工之處。因此，排除對階級和個體主義的偏見，將兩者有機地結合起來，才有可能為馬克思經濟學範式和西方主流經濟學範式的耦合提供新的核心概念。

在對兩大範式的核心概念進行比較和耦合的基礎上，建立新的經濟學

---

[1] 樊綱. 現代三大經濟理論體系的比較與綜合 [M]. 上海：上海三聯書店，1990.

範式還需要相對規範而統一的邏輯體系。就基本分析框架與研究方法而言，規範而統一的邏輯體系包括從界定經濟環境到設定行為假設、給出制度安排、選擇均衡結果以及進行評估比較，從提供研究平臺到建立參照系、給出度量標尺以及提供分析工具等。[①] 兩大範式耦合和發展后的新經濟學範式的分析框架應具有較高的規範性和較強的邏輯一致性。只有如此，一個邏輯體系科學嚴密、研究方法先進的現代經濟學範式才能得到支持與發展。

3. 研究方法的耦合

研究方法的耦合與創新是經濟學範式轉變與發展的重要內容。在研究方法上，馬克思經濟學範式和西方主流經濟學範式最具對立性的是規範分析與實證分析。西方主流經濟學範式強調實證研究，通過理論研究為政府和經濟主體提供可選擇的政策建議，即「致用性」是第一位的，實證分析成為其主要分析方法，其範式通常具有在不做出價值判斷的前提下分析經濟行為與運行過程的一般規律的特點。與之相對，馬克思經濟學範式比較強調規範分析法，以共產主義信仰為堅定不移的價值判斷標準和邏輯前提，形成了考察經濟行為后果的規範分析範式。

作為對社會經濟實踐活動的理論反應，無論是馬克思經濟學還是西方主流經濟學，其研究對象和內容絕不僅僅包括生產關係或生產力一個方面，而應該是兩個方面的統一。這就決定了經過耦合后的現代經濟學需要研究經濟制度和經濟運行機制兩個層次上的各種經濟關係。對經濟制度的研究，涉及制度變遷和生產關係的演變，所以，對經濟制度本質關係的分析，應以規範分析為主，這樣才能體現經濟學的革命性和發展性。對經濟運行機制及其所蘊含的經濟關係的分析，則只有通過實證分析，才有可能找到解決經濟矛盾的辦法，才能對現實經濟活動做出相對合理的理論解釋和政策指導，才能體現出經濟學的「致用性」。在兩大理論範式真正實現耦合之前，一方面需要提高實證分析在馬克思經濟學分析方法中的地位，另一方面需要提高規範分析在西方主流經濟學分析方法中的地位，使兩者在研究方法上慢慢實現趨同和耦合，進而為新經濟學範式的建立做好準備。

在兩大範式的研究方法的耦合過程中，需要避免一種研究方法對另一種研究方法的完全排斥與替代。傳統的馬克思經濟學者完全排斥西方主流經濟學的研究方法，認為其過於「庸俗化」；而中國一些學者在借鑑西方主

---

① 田國強. 現代經濟學的基本分析框架與研究方法 [J]. 經濟研究, 2005 (2).

流經濟學研究方法的過程中，又完全照搬其研究方法，將制度變量外生化，過分強調用晦澀的數學語言來表達其經濟思想，將作為輔助性經濟分析工具的數理模型當成經濟學研究的唯一追求和終極目的。這兩種傾向均導致了經濟學與現實經濟世界脫節。馬克思經濟學範式與西方主流經濟學範式的耦合與創新，不應當是兩種研究方法的相互排斥與替代，而應該是各種研究方法的結合與發展。只有這樣，才能實現兩大範式的真正耦合和新經濟學範式的建立。

［本文選自：蓋凱程，李俊麗．經濟學的發展：馬克思經濟學與西方主流經濟學範式耦合芻議［J］．當代財經，2007（7）：12-20.］

第四十六章　馬克思主義中國化與中國經濟學理論創新

王朝明

當代中國經濟學如何創新與發展，這是中國經濟學界長期以來一直在探索的問題，其中也有一些疑問和困惑。有相當一部分人認為，中國經濟學必須「與國際接軌」。在他們看來，只有靠西方經濟學才能解決中國的經濟問題。當然，更多的學者主張堅持馬克思主義經濟學，但其中也有人陷入了對馬克思主義錯誤的和教條式的理解中。

尋求這個問題的答案，關鍵要看什麼樣的經濟理論能解決中國的經濟問題。毛澤東同志曾指出：任何思想，如果不和客觀的實際的事物相聯繫，如果沒有客觀存在的需要，如果不為人民群眾所掌握，即使是最好的東西，即使是馬克思列寧主義，也是不起作用的。那麼，究竟是什麼理論解決了中國的革命和建設問題呢？是馬克思主義，是中國化的馬克思主義。改革開放28年來，指導中國社會主義現代化建設取得舉世矚目成就的，不是西方經濟學，而是當代中國發展著的馬克思主義——鄧小平理論、「三個代表」重要思想和科學發展觀。

縱觀歷史，直面現實，按照實踐第一的標準來衡量，中國經濟學的發展方向就是：「馬學」為魂，「中學」為體，「西學」為用。「馬學」就是馬克思主義經濟學，「中學」就是中國化的發展著的馬克思主義經濟學，「西學」就是西方經濟學。

一、用馬克思主義中國化的最新理論成果統領中國經濟學的發展方向

近些年來，在中國經濟學如何發展的問題上，馬克思主義經濟學說在

一些人眼裡不時興、不管用了，也有人認為馬克思主義經濟學說只是學術史上的一個理論流派。持這種觀點的人主要存在著兩種誤解：一種認為馬克思主義僅限於馬克思、恩格斯的著作和詞句，另一種認為馬克思主義不能解決現代資本主義和當代中國的現實問題。這需要在理論上加以澄清。

馬克思主義是發展著的科學體系，是完整的世界觀和方法論。馬克思、恩格斯是馬克思主義的創始人，他們的著作是奠基之作，有著極其重要的原創價值。馬克思、恩格斯經濟學著作的研究對象主要是19世紀的資本主義制度，但只要資本主義制度的本質不變，勞動價值論、剩餘價值理論就仍然是一把揭示資本主義奧秘的鑰匙。但馬克思主義是不斷發展的，馬克思主義並非僅限於馬克思、恩格斯的著作，更不能說「句句是真理」，不能搞本本主義。隨著實踐的發展，馬克思、恩格斯當年所做的個別結論會改變，但它的精髓則是必須堅持的。堅持以馬克思主義為靈魂，就是堅持它的根本立場、基本觀點和科學方法。特別是20世紀以來，隨著資本主義的發展和社會主義的誕生，列寧等後繼的馬克思主義者運用馬克思主義的立場、觀點和方法對其進行研究，業已形成了一系列研究成果。而這些研究成果的取得充分證明了一條道理：發展和創新馬克思主義，必須把馬克思主義的普遍原理同本國的革命與建設的實踐相結合。

因此，馬克思主義的生命力，就在於它是同各個國家的具體實踐相聯繫的。對於中國共產黨人來說，就是要學會把馬克思主義理論應用於中國的具體環境。這樣，必須使馬克思主義中國化，立足於中國國情，按照中國的特點去運用馬克思主義。我們黨在馬克思主義中國化的歷程中，創立了中國化的馬克思主義，形成了三大理論成果：毛澤東思想、鄧小平理論和「三個代表」重要思想。毛澤東是在中國共產黨內提出「馬克思主義中國化」的第一人。是他把馬克思主義的普遍原理同中國革命的實際相結合，在世界無產階級革命和民族解放運動風起雲湧的歷史條件下，科學地回答和解決了中國革命的歷史性課題，使馬克思主義在中國出現了第一次的歷史性飛躍，產生了馬克思主義中國化的第一個偉大理論成果——毛澤東思想。繼毛澤東之後，鄧小平把馬克思主義的普遍原理與中國建設的實際相結合，在和平與發展成為時代主題的歷史條件下，科學地回答和解決了什麼是社會主義以及怎樣建設中國特色社會主義的歷史性課題，使馬克思主義在中國出現了第二次的歷史性飛躍，產生了馬克思主義中國化的第二個偉大理論成果——鄧小平理論。世紀之交，中國社會主義建設和改革進入

了一個新階段，面臨新形勢、新任務，作為中國社會主義事業領導核心的中國共產黨，要把自己建設成一個什麼樣的黨、怎樣建設黨的歷史性課題擺到了面前。江澤民同志作為我們黨的第三代中央集體領導的核心，以非凡的思想智慧和理論勇氣，提出了「三個代表」重要思想，這是馬克思主義中國化的最新理論成果。

正如胡錦濤同志指出的，把馬克思主義基本原理同中國具體實際結合起來，推進實踐基礎上的理論創新，是馬克思主義具有蓬勃生命力的關鍵所在，是我們黨堅持先進性、增強創造力的決定性因素。中國共產黨人推進馬克思主義中國化的過程，正是把馬克思主義同中國國情、中國文化相結合，為實現馬克思主義時代化、本土化和民族化而不斷進行理論創新的過程。黨的十六大以來，以胡錦濤同志為總書記的黨中央堅持以鄧小平理論和「三個代表」重要思想為指導，針對中國經濟與社會發展新階段的新形勢，特別是針對日益凸顯的諸多深層問題，提出了以人為本、全面協調可持續的科學發展觀，提出了構建社會主義和諧社會的重大戰略任務等一系列新思想、新觀點。這表明，隨著中國經濟社會的不斷發展，中國特色社會主義事業的總體佈局更加明確地由社會主義經濟建設、政治建設、文化建設的「三位一體」發展為社會主義經濟建設、政治建設、文化建設、社會建設的「四位一體」。這是馬克思主義時代化在新世紀新階段的必然要求和集中體現，這是與鄧小平理論和「三個代表」重要思想一脈相承的，同樣是馬克思主義與當代中國實際相結合的重要成果，是不斷發展著的中國化的馬克思主義新的理論創造。

概括地講，堅持把馬克思主義與中國實際相結合，解決中國問題，辦好中國的事情，就是馬克思主義的中國化過程。進一步說，我們理解馬克思主義中國化主要有兩方面的意義：一是它要有中國特色的表現形式；二是它的內容必須是對中國革命、建設和改革規律的反應。馬克思主義中國化的三大理論形態——毛澤東思想、鄧小平理論和「三個代表」重要思想，就是通過總結中國經驗，實現了對馬克思主義的豐富和發展。要做到這一點，唯一正確的途徑是堅持實事求是的思想路線，解放思想，與時俱進。在這條反應了認識基本規律的思想路線中，首要的一環是從實際出發，即從中國的基本國情出發。如果脫離了這個出發點，其他環節就失去了前提和基礎。這就是鄧小平同志所指出的：實事求是是馬克思主義的精髓。這是最高層次的概括，也適用於中國經濟學的創新和發展。當然，還包括辯

證唯物論和唯物史觀等基本原理的指導。

現在的關鍵是中國經濟學要不要當代中國發展著的馬克思主義的指導。必須明確，指導思想只能一元化，要毫不動搖地堅持社會主義立場，堅持馬克思主義的基本原理和科學方法論。只有保證馬克思主義在中國經濟學中的主導地位，才能把握中國經濟學建設和發展的正確方向，排除新自由主義的「華盛頓共識」之類理論的誤導，保證中國特色社會主義事業持續勝利前進。

談到馬克思主義中國化，還有一個堅持和發展的辯證關係問題。馬克思主義中國化是在中國革命、建設和改革的實踐中，把堅持馬克思主義和發展馬克思主義統一起來，在堅持中發展，在發展中堅持。在面對否定馬克思主義的傾向時，要強調在堅持中發展；在面對教條主義傾向時，要強調在發展中堅持。然而，不論什麼時候，都不可忘記堅持和發展的辯證法，這就是江澤民同志指出的堅持兩個「堅定不移，不能含糊」：一是必須堅持馬克思主義的立場、觀點和方法，堅持馬克思主義的基本原理。這一點，要堅定不移，不能含糊。二是一定要貫徹解放思想、實事求是的思想路線，堅持勇於追求真理和探索真理的革命精神。這一點，也要堅定不移，不能含糊。能否做到這兩個「堅定不移，不能含糊」，始終是檢驗是不是真正的馬克思主義者的試金石。這同樣適用於如何堅持和發展馬克思主義經濟學問題，這是擺在中國經濟學界面前的突出問題。必須堅持，也必須發展。不發展就不可能堅持，就會回到教條主義，而不堅持的發展，必然滑入自由主義和機會主義。問題在於：堅持什麼？如何堅持？發展什麼？如何發展？我們認為，馬克思主義經濟學的代表作是《資本論》，因此「堅持」主要就是堅持《資本論》中的立場、觀點和方法，堅持其中的勞動價值論、剩餘價值論、資本累積論、資本流通論、剩餘價值分配論中的基本原理；「發展」也主要是結合當前中國改革發展的實踐對這些基本原理的豐富和發展。

二、認識和總結中國特色社會主義經濟運動規律和經濟運行機制成為中國經濟學理論創新的基本內容

中國經濟學的研究對象，是中國社會主義經濟問題，而不是別國的經濟問題。離開了這個主題，就不能稱其為中國經濟學。中國是一個大國，

是一個發展中的社會主義國家，中國的社會主義正處於初級階段，情況非常特殊。經過幾代中國共產黨人的實踐探索和理論昇華，形成了黨的基本理論、基本路線、基本綱領、基本經驗。特別是黨的十一屆三中全會以來，中國步入了改革開放的新階段，開始了由傳統的計劃經濟體制向市場經濟體制轉軌的體制改革，而建立和發展社會主義市場經濟是前無古人的偉大事業，其內容十分豐富，為中國經濟學的創新和發展提供了深厚的土壤與廣闊的舞臺。經過 28 年的改革開放，我們以馬克思主義為指導，對改革開放中的新情況、新趨勢不斷進行分析總結，累積了比較豐富的新經驗，規律性的東西正逐步得以昭示，湧現了一大批經濟理論的創新成果。如社會主義初級階段的基本經濟制度理論、社會主義初級階段的按勞分配與按要素分配相結合的理論、社會主義市場經濟理論、社會主義國有企業改革理論、社會主義轉型經濟理論、社會主義對外開放理論等。中國改革開放取得的輝煌成就和經濟理論創新的豐富成果，就連外國人都十分重視，我們自己為什麼不加以充分的肯定和深入研究呢？

然而有的學者主張用西方經濟學包括西方發展經濟學來統領中國的經濟問題的研究。實踐證明，照搬任何模式都是不成功的。以社會主義市場經濟而論，任何一本西方經濟學著作都沒有闡述過市場經濟與社會主義能夠結合和怎樣結合的問題。研究學問首先要研究矛盾的特殊性，僅僅借用資本主義市場經濟運作的辦法是遠遠不夠的，因為最本質的東西它們沒有。正如鄧小平同志所指出的：社會主義市場經濟的優越性在哪裡？就在四個堅持。這在西方是不可能有的，但在我們這裡却運用得日臻成熟，其中就有特殊的經濟規律在起作用。西方發展經濟學是西方學者研究發展中國家經濟發展的理論成果，值得我們借鑑。然而，發展中國家為數眾多，情況迥異，中國更具有自己的特殊性。事實證明，靠外國人研究本國的問題，很難抓住要害。因此，西方經濟學、西方發展經濟學不可能取代中國特色社會主義經濟學。

有些人對中國特色社會主義經濟理論既不感興趣，更沒有進行過認真系統的研究，只是盲從地認定只有外國人那套令人費解的東西才算是真正的學問。這使我們聯想起當年以毛澤東同志為主要代表的中國共產黨人開闢農村包圍城市的道路、創立新民主主義理論的時候，有人說「山溝裡沒有馬列主義」。然而，恰恰是這個土生土長的理論，使中國革命最終取得了勝利。在改革開放之初，不是也有人說鄧小平同志的論述不是理論，沒什

麼學頭嗎？然而，正是鄧小平理論把中國引向了富強。鄧小平同志的話很精彩：我們講了一輩子馬克思主義，其實馬克思主義並不玄奧。馬克思主義是很樸實的東西，很樸實的道理。經濟學是一門科學，旨在揭示經濟發展規律，並非用玄奧的東西嚇唬人。現在的問題仍在於我們對中國特色社會主義經濟理論缺乏深入系統的研究。因此，我們更應當堅定信心，明確方向，要以認識和總結中國特色社會主義經濟運動規律和經濟運行機制作為中國經濟學理論創新的基本內容。

三、善於借鑑和吸收西方經濟學有用的方法和科學的成分

當代西方經濟學特別是當代西方新自由主義經濟學或新凱恩斯主義經濟學，它們的立場、觀點與方法，從根本上來說是一致的，都是站在發達資本主義國家壟斷資產階級的立場上，是為了鞏固和發展資本主義制度服務的，它們之間的區別和分歧，絕不是在基本經濟制度層面上，而是在經濟體制和經濟運行機制層面上。至於二戰以後出現的西方經濟學各流派，它們的立場、觀點、方法，對於基本經濟制度的態度，與上述兩派仍是一致的，對經濟體制的態度有的可能偏向前者，有的可能偏向后者，也有的可能持中立態度。對於二戰后出現的發展經濟學和「新馬克思主義經濟學」則應當具體分析，如「新馬克思主義經濟學」，情況更複雜，僅從蘇東蛻變以來的原社會主義國家的經濟學界來看，還有不少人仍堅持馬克思主義經濟學，但還存在蘇聯《政治經濟學教科書》中的一些錯誤觀點。當然，這不是馬克思主義經濟學，也不能說是資產階級經濟學。而這些國家新一代經濟學家，絕大多數都轉向西方經濟學了，這個教訓是值得我們深思的。

當然，堅持「馬學」為魂、「中學」為體，並非完全排斥西方經濟學。因為馬克思主義是一個開放的體系，善於吸收人類一切有益的文明成果來豐富和發展自己。研究中國特色社會主義經濟學，決不能把自己封閉起來。不過，應當明確，不能把西方經濟學作為中國經濟學的主流，尤其是不能把新自由主義的「華盛頓共識」作為經濟發展的向導，否則我們就會走到資本主義市場經濟那裡去，甚至變成西方強國的附庸。中國經濟學借鑑西方經濟學，主要應採用西方經濟學的一些有用的方法，如數量分析、比較分析、動態分析和實證分析等，結合中國改革開放的深入轉型，有些西方

經濟學流派（如轉型經濟學、發展經濟學、政府經濟學等）的理論觀點和學術範式中的科學成分也可以參考使用，但更多的是要學習一些分析方法和適用於部門經濟的運作經驗、管理方式等。

  這裡需要指出的是，不應過度強調經濟學的數學化，因為定量分析只是一種研究方法，是經濟學分析工具箱中的一種分析工具，並且不能脫離實際。如果一味追求模型的極致，讓現實為它服務，甚至故弄玄虛，把簡單問題複雜化，而無法解釋正在中國大地上發生的改革現實，那麼這種經濟學模型又有什麼意義呢？它只能將中國經濟學的發展引入歧途。目前在鼓噪中國經濟學數學化的話語中，有一個「與國際接軌」的說法。所謂中國經濟學要「與國際接軌」，實際上是混淆概念。與國際接軌的原意，通常講的是加入世界貿易組織后應遵守國際經濟交往規則。即使那樣，也還要保持民族經濟的自主性和獨立性，並非全盤西化。毫無疑義，我們要參考和借鑑國外經濟學的一些研究成果，但不能把「與國際接軌」作為追求目標和評價標準。中國經濟學並不排斥汲取世界優秀的精神遺產，但更重要的是能解決中國改革發展中的現實經濟問題，是要凸顯中國化的馬克思主義經濟理論品質和創新品格，並用於指導建設、發展經濟、為人民謀福利。

  [本文選自：王朝明. 馬克思主義中國化與中國經濟學理論創新 [C] // 劉詩白. 中國《資本論》年刊：第5卷. 成都：西南財經大學出版社，2007：279-283.]

后 记

2010年10月，這是一個值得紀念的歷史時刻。

西南財經大學馬克思主義經濟學研究院，作為我校國家重點學科——政治經濟學學科建設與創新平臺的一個新的「學科特區」創建設立，至今已六年。六年來，突出傳承和發揮我校理論經濟學尤其是政治經濟學的學科優勢，以我校理論經濟學學科主要是經濟學院政治經濟學學科的研究力量為基礎，聚集和形成學科創新團隊及其研究的有生力量，在堅持馬克思主義基本原理和方法論、堅持馬克思主義與時俱進精神的前提下，借鑒國外馬克思主義經濟學研究的有益成果，結合21世紀科學技術革命和知識經濟的發展，經濟全球化以及中國社會主義市場經濟發展這一新的歷史任務，大力加強對政治經濟學基本理論的科學研究，致力於推進馬克思主義經濟學理論在當代的創新和發展，以及有中國特色的社會主義市場經濟理論的建設和完善，服務中國經濟改革與發展。此間，在馬克思主義經濟學研究院院長劉燦教授的大力倡導和挺身實幹帶領下，「學科特區」緊跟學科發展前沿，推動我校政治經濟學學科建設取得較大進展：積極參與和承擔完成了由新聞出版廣電總局資助的國家出版基金項目「現代經濟學大典」的部分撰寫研究；積極參與和承擔了中共中央宣傳部「馬克思主義理論研究和重大建設工程」和國家社科基金重大項目「中國特色社會主義政治經濟學研究」的部分研究工作；積極舉辦或參與、承辦了全國政治經濟學研究年會、中俄全球化進程理論與實踐研討會等多個學術會議；積極開展了與美國麻省理工學院阿默斯分校、日本東京大學、日本立命館大學經濟學部等高校馬克思主義經濟學學術交流與合作；積極採取有效措施鼓勵和支持對馬克思主義經濟學當代創新基本理論問題研究、中國特色社會主義理論體系政治經濟學基礎研究以及中國市場化改革及經濟轉型的理論與實踐問題研究，等等。本書精選了近年來本學科研究團隊已經公開發表的相關研究成果計46篇文章，編纂成書，以紀念馬克思主義經濟學研究院六周年

華誕！

　　編輯本書的初衷，更主要的是以此作為馬克思主義經濟學高級教程「高級政治經濟學」的一個輔助讀物。全書分為五篇，分別為「政治經濟學的研究對象與方法研究」「政治經濟學的基本理論研究」「中國特色社會主義政治經濟學研究」「當代資本主義研究」「發展當代馬克思主義政治經濟學研究」，一定意義上是近年來本學科研究團隊學術思想的一個綜合性展示。首先，注重基礎理論和方法論研究並將研究成果運用於改革實踐、教學實踐是西南財經大學的一個優良傳統。這一點在輯錄的我校老一輩學術大家劉詩白教授的研究成果中得到了充分的體現。其次，直面現階段中國的具體國情和轉型發展的現實，在堅持馬克思主義經濟學指導思想的前提下，既關注理論研究的一般性，更關注中國問題研究的特殊性，從體制變革、市場運行、制度建設、轉型發展等多個視角探討經濟學在中國的發展、創新和完善，也從信用的發展與資本主義演進、全球金融危機的大視野對當代資本主義的新變化及其對社會主義的影響進行了深刻地思考，深化了對當代資本主義和社會主義市場經濟的運動及其發展規律的認識。

　　可以肯定的是，伴隨著中國社會主義市場經濟實踐的進一步發展，新的問題還會層出不窮，發現問題、解決問題，不可能一蹴而就。同樣，植根於中國特色社會主義實踐土壤，回答和解決新問題，揭示新特點新規律，構建適合中國具體國情的有中國特色的社會主義政治經濟學理論體系，也非一朝一夕所能完成的，需要我們長期努力乃至學術研究新生代的傳承接力。我們希望這本《高級政治經濟學》能夠對培養有著馬克思主義經濟學素養的學術新人有所貢獻！

編　者